D1665430

Kohlhammer

Hans-Werner Wahl
Andreas Kruse (Hrsg.)

Lebensläufe im Wandel

Entwicklung über die Lebensspanne
aus Sicht verschiedener Disziplinen

Verlag W. Kohlhammer

1. Auflage 2014

Alle Rechte vorbehalten
© W. Kohlhammer GmbH, Stuttgart
Gesamtherstellung: W. Kohlhammer GmbH, Stuttgart

Print:
ISBN 978-3-17-022171-0

E-Book-Formate:
pdf: ISBN 978-3-17-023909-8
epub: ISBN 978-3-17-025376-6
mobi: ISBN 978-3-17-025377-3

Inhalt

Inhalt des elektronischen Zusatzmaterials

Zu zahlreichen Kapiteln des Buchs erhalten Sie zusätzliche Materialien im Webshop des Kohlhammer Verlags unter www.kohlhammer.de. (Bitte suchen Sie hier den Buchtitel)

- Fragen zum Beitrag
- Weiterführende Literatur
- »Hot topics« im Bereich der Forschung, in denen in Bezug auf die Thematik des Beitrags besondere Zukunftsherausforderungen bestehen
- Bedeutsame gesellschaftliche Herausforderungen in Bezug auf die Thematik des Beitrags
- Kommentierte Linkliste

Vorwort

Lebensläufe sind, wie es bisweilen heißt, in Veränderung begriffen, und diese Veränderungen zeigen Auswirkungen auf die »Lebenswelt« der Person. So gilt es zum Beispiel, die sich immer weiter ausdehnende Altersphase zu gestalten, ja, zuerst einmal zu lernen, die Gestaltungsmöglichkeiten auch tatsächlich umzusetzen bzw. als neue, späte Freiheit zu begreifen. Aber auch in frühen Lebensphasen ist die Veränderungsdynamik deutlich zu spüren, etwa wenn systematisch neue Bildungsimpulse bereits im Kindergarten gegeben werden, wenn Schule den Beginn einer lebenslangen Bildungssozialisation darstellt. Auch die mittlere Lebensphase, traditionell in der Entwicklungspsychologie eher als »Ruhephase« mit primär stabilen Elementen angesehen, unterliegt deutlichen Veränderungen. Eine Herausforderung besteht zum Beispiel darin, sich in der mittleren Lebensphase beruflich noch einmal neu zu orientieren und insgesamt eine längere »produktive« Arbeitsphase als Teil des eigenen Älterwerdens zu gestalten.

Vor diesem Hintergrund sei gefragt: Wer beschäftigt sich eigentlich wissenschaftlich mit diesen Fragen? Unsere Lebenslaufgestalt ist ein Gesamtganzes, sollte auch wissenschaftlich letztlich so verstanden werden, jedoch ist die wissenschaftliche Beschäftigung mit dem Lebenslauf weiterhin in selten miteinander korrespondierende disziplinäre Sichtweisen gegliedert, etwa jene der Entwicklungspsychologie, der Soziologie, der Bildungswissenschaft, der Ethnologie und der Gerontologie.

In dem vorliegenden, unterschiedliche Disziplinen vereinigenden Buch unternehmen die Autoren den Versuch, diese unbefriedigende Ausgangslage zu verbessern. So kommen in diesem Buch Vertreter der Disziplinen Bildungswissenschaft, Gerontologie, Medizin und Technikforschung, Gesundheitsforschung, Philosophie, Psychologie, Soziologie, Ethnologie, Ethik, Philosophie und Theologie zu Wort.

Das Buch ist wie folgt aufgebaut: In Teil I wird anhand von ausgewählten Zugängen eine Einführung in die Lebenslaufforschung gegeben. In den Teilen II und III werden dann Partialblicke auf »neue Lebensläufe« (ohne den Lebenslauf in seiner Gesamtheit zu vernachlässigen) und Gesamtsichtweisen auf neue Lebenslaufdynamiken (ohne einzelne Phasen zu ignorieren) einander gegenübergestellt. Teil III teilt sich noch einmal auf in einen Teil IIIa (»Sozialkulturelle Kontexte veränderter Lebensläufe«) und Teil IIIb (»Ethische und spirituelle Fragen im Lichte der drei monotheistischen Religionen«). In Teil IV werden schließlich noch zwei uns zentral erscheinende, übergreifende Sichtweisen (De-/Standardisierung des Lebenslaufs, Genderaspekte) thematisiert. Teil IV schließt mit dem Versuch eines Gesamtresümees. Zu Beginn jeden Teils des Buches findet sich ein Vorspann, der das Lesen und Wesen der jeweiligen Kapitel vorbereiten soll. Zu vielen Kapiteln des Buchs liegen zudem weitere Online-Materialien vor (siehe S. 9).

Wir wünschen uns unterschiedliche Leserinnen und Lesergruppen. An erster Stelle richtet sich das Buch an Studierende unterschiedlicher Fachrichtungen. Es möchte dazu beitragen, anhand von theoretischem und empirischem Wissen lebenslange Entwicklung und Lebensläufe im Wandel besser zu verstehen – und dies eben aus Sicht unterschiedlicher Disziplinen. Wir möchten aber auch Kolleginnen und Kollegen aus unterschiedlichen Disziplinen ansprechen, die an Fragen der Entwicklungsforschung interessiert sind. Schließlich würde uns freuen, wenn das Buch in der Praxis (z. B. Pflege, kommunale Planung, Rehabilitation) Interesse fände.

Wir möchten uns sehr herzlich beim Kohlhammer Verlag, Stuttgart, speziell bei Herrn Dr. Ruprecht Poensgen, Frau Celestina Filbrandt und Frau Anita Brutler, dafür bedanken, dass dieses Projekt eine sehr gute Publikationsplattform gefunden hat. Vielfältig vermittelter sehr guter Rat hat unsere Überlegungen im Hinblick auf Inhalt und Gestaltung des Buches immer wieder bereichert. Unser Dank gilt allen Autorinnen und Autoren für Engagement und enge Kooperation. Und schließlich sei Frau Ursula König für die sehr kompetente und wertvolle Unterstützung bei der Vorbereitung des Manuskripts herzlich gedankt.

Heidelberg, im Frühjahr 2014
Hans-Werner Wahl & Andreas Kruse

I Einführung und ausgewählte Zugänge

Teil I – Vorspann der Herausgeber

Hier und im Folgenden zu Beginn aller Teilbereiche des Buches möchten wir Sie als Herausgeber auf die Beiträge einstimmen.

Im ersten Teil des Buches sollen Grundlagen gelegt werden, auf die Sie immer wieder bei der Lektüre der weiteren Teile zurückgreifen können. Schon im ersten Teil wird deutlich werden, dass die Beschäftigung mit dem Phänomen Lebenslauf stets selektiv erfolgen muss. Zahlreiche wissenschaftliche Disziplinen haben zu den Fragen nach der Natur des Ablaufs unseres Lebens viel zu sagen. Einige allerdings haben sich hier traditionell besonders hervorgetan; andere entdecken erst in den zurückliegenden Jahren die intellektuelle und praktische Bedeutung, die in Fragen (und Antworten) nach dem Verlauf unseres Lebens liegt.

Wir beginnen mit einem »Aufschlag« (▶ Kap. 1, Kruse und Wahl) zu Grundfragen der Lebenslaufforschung und ihrer Geschichte. Vor allem soll, zentral für das gesamte Buch, aufgezeigt werden, dass eine umfassende Lebenslaufforschung nur interdisziplinär betrieben werden kann. Unseres Wissens wird in diesem Kapitel zum ersten Mal der Versuch unternommen, ein solches Zusammenwirken unterschiedlicher Disziplinen in Gestalt von insgesamt 18 Zugängen zur Lebenslaufforschung darzulegen.

Für die Soziologie (▶ Kap. 2, Backes) stehen Fragen nach der Ablaufgestalt des Lebens im Zentrum des Interesses: Sind solche Ablauflogiken gesellschaftlich, historisch, politisch weitgehend festgelegt? Leben wir letztlich »nur« das, was uns an Normen und institutionellen Regelungen vorgegeben ist? Wie verändern gesellschaftliche Entwicklungen letztlich auch unsere ganz persönlichen Werdegänge? Wo bleibt dabei so etwas wie »Entwicklungsfreiheit«?

Die Psychologie (▶ Kap. 3, Wahl und Kruse) hat demgegenüber mit dem Begriff der »Entwicklung« stets sehr stark, viel stärker als die Soziologie, auf den Beitrag des Einzelnen im Hinblick auf Gestaltungsmöglichkeiten abgehoben. Ist nicht, so wird gefragt, das lebenslang hochindividualisierte Entwicklungsgeschehen (Biografie!) konstitutiv für eine Anthropologie? Wer überzieht hier den Bogen: die individuelle Sichtweise der Psychologie oder die gesellschaftlich ausgerichtete der Soziologie? Sie werden sich Ihre Meinung bilden.

Und schließen Sie dabei die kulturelle Relativität von angeblich objektiven Größen wie dem menschlichen Alter in Ihre Überlegungen ein (▶ Kap. 4, Poser und Poser). Hier wird es, wie wir finden, noch einmal richtig spannend – und verunsichernd zugleich. Was hat es zu bedeuten, wenn wir zu dem Ergebnis kämen, dass unterschiedliche Kulturen das menschliche Altern, die Gesetze des Lebensablaufs, ja, auch das Ende des Lebens völlig unterschiedlich interpretieren?

1 Lebenslaufforschung – ein altes und neues interdisziplinäres Forschungsthema

Andreas Kruse und Hans-Werner Wahl

Zusammenfassung

In diesem Einführungskapitel, das in einem gewissen Sinne als Fundament für das gesamte Buch dient, gehen wir zunächst auf bedeutsame historische Entwicklungslinien der Lebenslaufforschung ein. Dabei zeigt sich, dass die Lebenslaufforschung auf einer reichhaltigen Ideengeschichte zu Vorstellungen menschlicher Entwicklung bzw. zu den Möglichkeiten und Grenzen von Leben und Altern aufbaut. Anschließend untersuchen wir grundlegende Annahmen der Lebenslaufforschung und setzen uns mit drei zentralen Fragen der Lebenslaufforschung auseinander: (1) Wie lässt sich das Wesen menschlicher Entwicklung angemessen beschreiben? (2) Woher rührt Entwicklung? (3) Erfolgt Entwicklung bzw. operieren die Einflüsse auf Entwicklung über den Lebenslauf hinweg in ähnlicher oder in völlig unterschiedlicher Weise? Im Weiteren gehen wir auf die Lebenslaufforschungstraditionen in unterschiedlichen Disziplinen bzw. entsprechenden Unterströmungen ein und kommen dabei zu insgesamt 18 Spielarten wie folgt (vgl. ▶ Tab. 1.1): Primär Psychologie: (1) Psychodynamische Sichtweisen und die Idee des Primats des frühen Lebens für alles nachfolgende Leben; (2) Stufen- und Phasenmodelle des Lebens; (3) Biografischer Zugang zum Lebenslauf; (4) Lebensspannenpsychologie; (5) Psychologische Theorien zu lebenslanger Entwicklung und Adaptation. Primär Soziologie: (6) Untersuchung von Minoritäten, sozialen Problemlagen und Devianz; (7) Veränderungen in Disengagement und Aktivität bzw. Kontinuität als Lebenslaufmodelle; (8) Standardisierung und Institutionalisierung des Lebenslaufs; (9) Lebenslange Entwicklung als Zusammenwirken von sozialen, kulturellen und historischen Einflüssen; (10) Primär quantitative Lebensverlaufs- und Lebensübergangsforschung. Primär Biologie, Medizin und Epidemiologie: (11) Lebenslange Entwicklung als fortschreitender Wandel der lebenden Substanz; (12) Lebenslaufbezogene Akkumulation von Schutz- und Risikofaktoren. Primär Bildungswissenschaft: (13) Lebenslauf als lebenslange Bildungssozialisation; (14) Idee des lebenslangen Lernens und von lebenslanger Bildung. Primär Demografie: (15) Lebenslauf als markiert von Geburts- und Mortalitätsdynamiken. Primär Philosophie und Theologie: (16) Lebenslange Entwicklung und Altern als Gnade oder Fluch; (17) Lebenslange Glaubensgeschichte als Ressource. Primär Ethnologie/Anthropologie: (18) Kulturen und Ethnien vergleichende Lebenslauf- und Alternsforschung.

1.1 Einführung

Das Bestreben, menschliches Leben als sinnhafte Ablaufcharakteristik verstehen zu wollen, gehört wahrscheinlich zu den ältesten Anliegen der Menschheit überhaupt.

Und bis heute hat die Lebenslaufperspektive in den unterschiedlichsten Disziplinen nichts an Bedeutung und Forschungsimpetus verloren. Gleichzeitig geht die Lebenslaufforschung mit Ambitionen einher, die – theoretisch, methodisch und empirisch – hohe Anforderungen stellen. Dieses Kapitel und dieses Buch möchten sich diesen Fragen und Problemen, den Potenzialen und Grenzen des Lebenslaufansatzes mit dezidierter Beachtung der Sichtweisen unterschiedlicher Disziplinen stellen. In diesem Einführungskapitel wird dazu zunächst die Bedeutung der Lebenslaufforschung, historisch und systematisch, herausgearbeitet, und es werden die wichtigsten Strömungen der Lebenslaufforschung identifiziert und einander gegenübergestellt.

1.2 Zur historischen Entwicklung und Bedeutung der Lebenslaufperspektive in den Verhaltens-, Sozial-, Geistes- und Lebenswissenschaften: Historische und systematische Anmerkungen

Zur historischen Entwicklung der Lebenslaufforschung[1]

Das Verstehen des Rätsels vom Werden und Vergehen in der unbelebten und belebten Natur, in dem hier vor allem interessierenden Humanbereich, hat Menschen, als Teil ihrer »naiven« Alltagskultur, als Thema wissenschaftlicher und künstlerischer Auseinandersetzung und als wichtiger Aspekt unterschiedlichster Beratungsformen (z. B. Philosophie, Theologie, Medizin) von jeher fasziniert. Wie finden wir »richtig« ins Leben? Was sind die dabei auftretenden Risiken? Wie können wir die früh im Leben angesammelten Lernerfahrungen im mittleren Lebensabschnitt optimal nutzen? Wie kann Leben insgesamt, von der Wiege bis zur Bahre, etwas »Gutes« besitzen?

Vor allem Groffmann (1970) und Nühlen-Graab (1990) haben in ihren Analysen die vielfältigen Spielarten des intellektuellen und künstlerischen Umgangs mit derartigen Fragen in Bezug auf den Lebenslauf aufgezeigt. Bedeutsam in der neueren Philosophie war dann vor allem Tetens (1736–1807) im Jahre 1777 erschienene »Philosophische Versuche über die menschliche Natur und ihre Entwicklung«, in denen ganz ausdrücklich argumentiert wurde, dass menschliche Entwicklung über den gesamten Lebenslauf hinweg stattfindet. Der belgische Mathematiker und an demografischen Verteilungen interessierte Quetelet (1796–1874) schließlich inaugurierte die Suche nach den »Gesetzen« des Lebenslaufs im Sinne eines regelrechten Forschungsprogramms, bereits mit Bezügen auf körperliche, kognitive und

---

1 Wenn im Folgenden von Lebenslaufforschung die Rede ist, dann bezieht sich dieser Begriff dem interdisziplinären Anliegen des vorliegenden Buches entsprechend auf die in unterschiedlichen Disziplinen mit zum Teil sehr unterschiedlicher Zielsetzung und Forschungsmethodik angestellten Analysen von Entwicklung im Lebenslauf; wir beziehen uns ausdrücklich nicht auf disziplinspezifische Kontexte und Traditionen, die mit Differenzierungen wie Lebenslauf- vs. Biografieforschung oder Lebenslauf (life course) vs. Lebensspanne (life span) vs. Lebenszyklus (life cycle) verdeutlicht werden können (vgl. hierzu etwa Alwin, 2012).

emotionale Entwicklung bis hin zur Suche nach lebensphasenbezogenen Unterschieden in Delinquenz- und Selbstmordraten.

Sowohl in der Psychologie als auch in der Soziologie hat die Lebenslaufforschung eine lange Tradition. Dabei steht die psychologische Lebenslaufforschung primär unter der Zielsetzung, menschliches Erleben und Verhalten – nicht zuletzt auch in seiner Individualität – zu erklären, während die soziologische Lebenslaufforschung primär auf eine Analyse der für »soziale Wirklichkeit« konstitutiven Strukturen und Lebenswelten zielt.

In den Frühphasen der »Entwicklung der Entwicklungspsychologie« wurde Entwicklung im Allgemeinen nicht mit dem gesamten Lebenslauf, sondern nur mit der Kindheits- und Jugendphase des menschlichen Lebens in Verbindung gebracht. Diese Konzentration erklärt sich vor dem Hintergrund eines in deutlichem Gegensatz zu »modernen« Entwicklungsbegriffen stehenden, traditionellen Verständnisses, demzufolge Veränderungen nur dann als Entwicklung zu beschreiben sind (bzw. Gegenstand entwicklungspsychologischen Interesses werden sollten), wenn sie irreversibel, im Sinne einer »Entwicklungslogik« zwangsläufig, universell, invariant und durch einen qualitativ höherwertigen Endzustand begrenzt sind.

Jedoch findet sich schon früh ein Interesse an Entwicklungsprozessen in späteren Lebensphasen, etwa in den 1880er Jahren bei Preyer und Galton, in den 1910er Jahren bei Stern, in den 1920er Jahren bei Giese, Hall, Hollingsworth und Thorndike, in den 1930er Jahren bei Bühler, Jones und Pressey/Kuhlen. Vor allem das bereits kurz nach seinem Erscheinen intensiv rezipierte und ausstrahlungsreiche Werk von Charlotte Bühler (1933) »Der menschliche Lebenslauf als psychologisches Problem« kann als Wiege der modernen Lebenslaufforschung nach dem Zweiten Weltkrieg angesehen werden. Parallel wurde die Lebens-

laufperspektive vor allem in einer klinischen Sicht auch durch psychodynamische Ansätze wie jene von Alfred Adler und Carl Gustav Jung stark unterstützt.

Seit den 1950er Jahren ist die psychologische Lebenslaufforschung in Deutschland vor allem durch Hans Thomae (z. B. 1983, 1998) und Ursula Lehr (z. B. 1995) befördert worden. International propagierten in dieser Zeit vor allem James Birren, Erik Homburger Erikson, Robert Havighurst und Bernice Neugarten eine Lebenslaufsicht auf Entwicklung, dies nicht nur als Kritik an einer ausschließlich an Kindheit und Jugend interessierten Entwicklungspsychologie, sondern auch an einer nur auf die Beschreibung und Erklärung von Entwicklungsprozessen im Alter interessierten Gerontologie. Seit den 1970er Jahren hat Paul Baltes im Zuge seines Wirkens in den USA ein regelrechtes Programm einer »Lifespan Developmental Psychology«, flankiert von Unterstützern auch aus nicht-psychologischen Bereichen (z. B. Elder, Featherman, Fries, Lerner) und Kontrahenten und Kritikern seiner Sichtweise (z. B. Dannefer, Lehr), auf den Weg gebracht.

Am Beginn der Entwicklung soziologischer Lebenslaufforschung steht die 1918 von William Isaac Thomas und Florian Znaniecki veröffentlichte Studie »The Polish Peasant in Europe and America«, in der umfangreiches biografisches Material über einen polnischen Immigranten für die Analyse von mit Migration einhergehenden Prozessen sozialer Desintegration und Individualisierung genutzt und insbesondere eine methodologische Position entwickelt wurde, der zufolge die Bedeutung sozialer Strukturen nur auf der Grundlage der Berücksichtigung objektiver *und* subjektiver Wirkfaktoren verstanden werden kann und biografische Daten entsprechend »den perfekten Typ soziologischen Materials« darstellen (vgl. hierzu und im Folgenden auch Fuchs-Heinritz, 1998). Ausgehend von dieser Arbeit etablierte sich in Polen bereits in den 20er Jahren eine qualitative Biografieforschung, in den Vereinigten Staaten bildete die später als Thomas-Theorem bekannt gewordene Position (»If men define situations as real, they are real in their consequences«, Thomas & Thomas, 1928) eine Grundlage für die Entwicklung der Chicagoer Schule und später des symbolischen Interaktionismus. Das Interesse an der Nutzung individueller Biografien für die Analyse soziologischer Fragestellungen ging in den Vereinigten Staaten ab den 30er Jahren angesichts einer sich rapide entwickelnden quantitativen Sozialforschung deutlich zurück, in Deutschland blieben die Entwicklungen in der amerikanischen und polnischen Soziologie infolge methodischer Vorbehalte ohnehin weitgehend wirkungslos. Bis in die 60er Jahre konkretisiert sich soziologische Lebenslaufforschung vor allem in Form eines rollentheoretischen Ansatzes; die Sequenzierung von Rollen über die Lebensspanne und Rollenübergänge werden hier im Kontext eines Lebenszyklusmodells unabhängig von Unterschieden in der Art und zeitlichen Taktung von Lebensereignissen, unabhängig von sozialen Beziehungen und unabhängig von Prozessen sozialen Wandels betrachtet (vgl. Elder, 1995). Wesentlich für die weitere Entwicklung der soziologischen Lebenslaufforschung waren die von Norman Ryder (1965) im American Sociological Review veröffentlichte Arbeit »The Cohort As a Concept in the Study of Social Change«, die, aufbauend auf der von Mannheim (1928) vorgelegten Analyse zur Bedeutung der Generationenfolge für sozialen Wandel, in einem »life stage principle« das Konzept der *Kohorte* für die Analyse der Interaktion zwischen individueller Entwicklung und sozialem Wandel nutzt. Mit Kohorte ist die Zugehörigkeit zu bestimmten Geburtsjahrgängen oder Gruppen von Geburtsjahrgängen gemeint, die sich durch spezifische Erfahrungen auszeichnen (z. B. Bildungswege, historische Ereignisse). Bedeutsam war auch

die von Riley, Johnson und Foner erstmals 1972 in *Ageing & Society* publizierte Altersschichtungstheorie, deren Aussagen zur wechselseitigen Abhängigkeit von individueller und gesellschaftlicher Entwicklung als eine mögliche Integration unterschiedlicher Perspektiven lebenslaufbezogenen Denkens angesehen werden (vgl. Alwin, 2012). Die Arbeiten von Glen Elder zu den Folgen der großen Depression (Elder, 1974) und der Rekrutierung im Zweiten Weltkrieg (Elder, Shanahan & Clipp, 1994) können als eine weitere Kontextualisierung von Lebensläufen angesehen werden, insofern sie die soziale Einbindung (»interdependent lives«) und die Bedeutung des Zeitpunktes, zu dem Menschen mit Lebensereignissen konfrontiert werden (»age distinction«), für die Verortung von Menschen im Kontext von historischen Entwicklungen und Kohorten verdeutlichen.

Mit den hier skizzierten psychologischen und soziologischen Ansätzen sind wesentliche konzeptuelle Grundlagen auch der heutigen Lebenslaufforschung geschaffen worden. Empirisch kam – neben der Weiterführung von Studien, die ursprünglich Fragen der Entwicklung im Kindes- und Jugendalter fokussierten – die vor allem nach dem Zweiten Weltkrieg stark angestiegene Zahl an Längsschnittstudien – vermehrt auch zu Fragen der Entwicklung im mittleren, höheren und hohen Erwachsenenalter – hinzu. Die heute verfügbaren Längsschnittstudien umfassen teilweise Beobachtungszeiträume von mehr als 60 Jahren. Aber auch andere Disziplinen haben Bedeutsames zur Lebenslaufforschung beizutragen, worauf weiter unten dezidiert eingegangen wird.

Bedeutung der Lebenslaufforschung: Fundamentale Annahmen, Potenziale und Herausforderungen

Lebenslaufforschung und »Lebenslaufdenken« (»Life Course Thinking«, Alwin, 2012, S. 206) gehen vor allem davon aus, dass alle Phasen des menschlichen Lebens gleichwertig sind, deshalb auch der gleichwertigen Aufmerksamkeit durch Wissenschaften bedürfen, *und* diese Prämisse nur eingelöst werden kann, wenn bestimmte, jeweils fokussierte Lebensphasen stets im Kontext anderer Phasen bzw. des gesamten »restlichen« Lebens betrachtet werden. Die Erhaltung des Entwicklungszusammenhangs über das gesamte Leben hinweg ist gewissermaßen die *sine qua non* jeglicher Lebenslaufforschung. Eine methodisch interessante Implikation eines solchen Verständnisses besteht übrigens darin, dass nicht jede Lebenslaufforschung den gesamten Lebenslauf, eventuell sogar längsschnittlich, untersuchen muss, sondern es vielmehr darauf ankommt, den Konnex zwischen fokussierten Lebensphasen und anderen Lebensperioden explizit im Auge zu behalten bzw. theoretisch und empirisch zu fassen. Dies kann anhand von Längsschnittdaten über längere Zeiträume und mehrere Lebensphasen hinweg empirisch geschehen (muss aber dennoch auch theoretisch verstanden werden), aber auch durch Konzentration auf eine Lebensphase unter expliziter theoretischer Argumentation im Hinblick auf den Lebensgesamtzusammenhang (was natürlich idealerweise zu einem späteren Zeitpunkt auch empirisch untermauert werden sollte). In einer radikalen Anwendung stellt diese Meta-Idee alle ausschließlich lebensphasenspezifisch operierenden Forschungsprogramme in Frage, die sich bisweilen zwar lebenslaufbezogen geben, jedoch einen solchen Anspruch, wie eben beschrieben, letztlich nicht einlösen.

Weitere allgemein akzeptierte Meta-Ideen oder Prinzipien der Lebenslaufforschung (siehe dazu vor allem Settersten, 2003) sind vor allem die Vorstellung der Multisphärizität (manchmal auch Multidimensionalität genannt) und der Multidirektionalität lebenslanger Entwicklung. Hiermit gemeint ist die Notwendigkeit, Entwicklung über das gesamte Leben hinweg

stets auf mehreren Dimensionen (etwa der biologischen, der physisch-funktionalen, der sozialen, der kognitiven, der persönlichkeitsbezogenen, der historisch-gesellschaftlichen) zu betrachten und dabei auch zu berücksichtigen, dass auf diesen Dimensionen potenziell unterschiedliche »Rhythmen« des Werdens und Vergehens oder, allgemeiner, ihres Einflusses auf Leben ganz generell sichtbar werden. Die Analyse von Entwicklung auf einzelnen Dimensionen steht dabei unter der grundlegenderen Zielsetzung, den »Gesamt-Rhythmus« des Lebenslaufs zu rekonstruieren, das eigentliche Ziel der wissenschaftlichen Analysen geht weit über ein Verständnis von bereichsspezifischen Entwicklungen hinaus. Lebenslaufforschung zielt wesentlich auf die Identifikation von für den Lebenslauf in seiner Gesamtheit charakteristischen Stabilitäten und Veränderungen, die Differenzierung von kontinuierlichen und diskontinuierlichen Veränderungen, auf das Verständnis der für den Verlauf weiterer Entwicklung relevanten Übergänge (»Transitions«; »Turning points«). Unabhängig davon, ob sich die Analyse stärker an normativen Ereignissen, die für alle Menschen eines bestimmten Alters bedeutsam sind, oder stärker an der »Innensicht«, subjektiven Repräsentationen von Entwicklung im Lebenslauf, orientiert, zielt Lebenslaufforschung nicht zuletzt auf die Erklärung von Heterogenität, von Unterschieden zwischen Individuen, sozialen Gruppen und Kohorten. Ein wesentliches Merkmal der Lebenslaufforschung ist schließlich, gleich ob biologisch, psychologisch oder soziologisch angelegt, die Vorstellung, dass Lebensläufen etwas Plastisches innewohnt. Featherman und Lerner (1985) sprechen in diesem Zusammenhang von einer Diskrepanz zwischen der jeweils zu beobachtenden *Performanz* (in einem weiten Sinne verstanden) und den jeweils gegebenen, aber noch nicht genutzten *latenten* Reserven und Potenzialen, die möglicherweise erst in Zukunft, durch medizinische

Fortschritte, andere Werthaltungen, neue politische Prozesse und Institutionenbildungen genutzt werden können und auf diese Weise die Charakteristik einzelner Lebensphasen wie auch Lebenslaufgestalten verändern können. Ein in diesem Zusammenhang häufig zu findendes Argument ist beispielsweise die Feststellung von Baltes (1997), das hohe Alter sei noch (historisch) jung und deshalb sein Möglichkeitsraum noch kaum bekannt, geschweige denn genutzt und ausgestaltet. Des Weiteren wird die Grundannahme der Plastizität von Lebensläufen in Untersuchungen deutlich, die sich primär um eine Identifikation von Risiko- oder Vulnerabilitätsfaktoren und deren Wirkmechanismen bemühen. Verwiesen sei an dieser Stelle auf Arbeiten aus der Entwicklungspsychopathologie des Kindes- und Jugendalters (Rutter, 1990; Werner & Smith, 1992), der Psychotraumatologie (Solomon & Ginzburg, 1999) oder der Soziologie devianten Verhaltens (Girtler, 1987; Shaw, 1966). Eng verbunden mit der Idee der Plastizität ist das Interesse an der Heterogenität von Entwicklungsprozessen und dem auf diesem gründenden Bemühen, weniger allgemeine Altersnormen als vielmehr charakteristische Altersformen zu identifizieren (vgl. Thomae, 1983, 1998).

1.3 Grundlegende Fragen der Lebenslaufforschung

Auch wenn, wie wir gleich sehen werden, die Ansätze bzw. Strömungen innerhalb der Lebenslaufforschung vielfältig, vielschichtig und z. T. nicht immer kommensurabel sind, so sind die grundlegenden, übergeordneten Forschungsfragen dennoch ähnlich (Featherman & Lerner, 1985; Settersten, 2003; Baltes et al., 2006). Die vielleicht grundlegendste Frage lautet: Wie lässt sich das Wesen menschlicher Entwicklung angemessen beschreiben? Erwartungsgemäß finden sich hier sehr unterschiedliche Antworten, nicht nur zwischen, sondern auch innerhalb der verschiedenen Disziplinen (Featherman & Lerner, 1985). Aus der Perspektive der Psychologie finden sich so unterschiedliche Antworten wie: als eine geordnete Reihe von dauerhaften Veränderungen zu jedem Zeitpunkt des Lebens, als das Erreichen eines höheren Funktions- und Erlebensniveaus, als das Wechselspiel von Gewinnen und Verlusten, als die erfolgreiche Bewahrung von Kompetenzen und erfolgreicher Umgang mit Verlusten, als Persönlichkeitswachstum. Aus der Pers-

pektive der Soziologie liegen Antworten nahe wie: als Durchlaufen einer Sequenz von sozialen Rollen, als Partizipation an einem bestimmten Ausschnitt gesellschaftlicher Entwicklung oder als Entscheidung unter alternativen Verlaufsoptionen. Dagegen könnte aus der Perspektive der Biologie auf die Entfaltung und Weitergabe des genetischen Potenzials verwiesen werden.

Die nächste grundlegende Frage schließt sich unmittelbar an: Woher rührt Entwicklung? Aus Gegebenheiten der Person, aus ihrer Umwelt, aus einer Wechselwirkung zwischen beiden? Auch hier halten die verschiedenen Disziplinen unterschiedliche Antworten bereit. Aus der psychologischer Perspektive sind hier etwa zu nennen: die frühkindliche Entwicklung, über die gesamte Lebensspanne hin wirksame Selbstregulationsmechanismen oder Persönlichkeitsfaktoren, aus soziologischer Perspektive sozialstrukturelle Merkmale und Stratifizierung der Gesellschaft, gesellschaftliche Opportunitätsstrukturen, Kohortenzugehörigkeit und Generationenlagerung, aus biologischer Perspektive genetische Programme oder das unterschiedliche Altern von biologischen Systemen (Zelle, Organ, Funktionssystem), was wiederum genetisch mitbestimmt sein kann.

Eine dritte grundlegende Frage ergibt sich aus den beiden genannten nahezu zwingend: Erfolgt Entwicklung, operieren die Einflüsse auf Entwicklung über den Lebenslauf hinweg in ähnlicher oder in völlig unterschiedlicher Weise? Ist beispielsweise der Einfluss der sozialen Umwelt auf Entwicklung in der Kindheit größer als im Alter? Wirkt Armut in jeder Lebensphase gleichförmig? Geht der Einfluss der genetischen Ausstattung im Laufe der Lebensspanne eher zurück oder wird er gar noch stärker? Gibt es diesbezüglich Unterschiede je nach dem betrachteten Funktionsbereich (z. B. Kognition, Affektivität, Sozialverhalten). In der dritten übergeordneten Frage sind weitere fundamentale Fragen der Lebenslaufforschung enthalten: Verläuft Entwicklung über den Lebenslauf kontinuierlich oder diskontinuierlich, und was sind die zentralen Rahmenbedingungen/Einflussfaktoren für beide Dynamiken bzw. für den Wechsel von kontinuierlicher Entwicklung und diskontinuierlichen »Brüchen«? Kann man Entwicklung mit quantifizierenden Modellen oder nur mit qualitativen Kategorien adäquat erfassen bzw. verstehen? Es braucht wohl kaum betont zu werden, dass der Versuch einer angemessenen Antwort auf diese Fragen immense theoretische, methodische und empirische Voraussetzungen und Anforderungen beinhaltet.

1.4 Zentrale Strömungen der aktuellen Lebenslaufforschung

Im Folgenden wird der Versuch unternommen, einen Überblick über wesentliche Strömungen bzw. Ansätze zum Verständnis lebenslanger Entwicklung zu geben. Dies unter der Zielstellung, die Vielfalt und Pluralität von Zugängen zum Verständnis von Lebensläufen, die Komplementarität verschiedener Disziplinen und damit letztlich auch die Notwendigkeit einer interdisziplinären Lebenslaufforschung aufzuzeigen (▶ Tab. 1.1). Wenn wir im Folgenden diese Strömungen näher beschreiben, dann kann dies aus Platzgründen nur sehr summarisch geschehen; die Grundidee und die Grundannahmen des jeweiligen Ansatzes sollen deutlich werden, nicht deren oft recht komplexe Details und Binnendifferenzierungen, Überlappungen mit anderen Zugängen oder gar entsprechende empirische Befunde. Dabei erheben wir nicht den Anspruch, die einzelne Ansätze oder gar die für eine spezifische Disziplin relevanten Zugänge erschöpfend darzustellen; an dieser Stelle soll lediglich auf einige zentrale Varianten eingegangen werden.

Psychologie

Die Bedeutung *psychodynamischer Sichtweisen,* oft in ihrer Mutterdisziplin, der Psychologie, kritisch betrachtet, hat bis heute nichts an Kraft verloren, wenn man vor allem ihre klinische und kulturelle Wirkung, weniger ihre wissenschaftliche Heuristik in den Blick nimmt. Vor allem die Freudsche Grundidee der notwendigen Fokussierung und Offenlegung »verdrängter« frühkindlicher Traumata, um Entwicklungen, vor allem psychopathologische Entwicklungen im Erwachsenenleben,

22

Tab. 1.1: Überblick über zentrale Strömungen der Lebenslaufforschung

Primär Psychologie:

1. Psychodynamische Sichtweisen und Idee des Primats des frühen Lebens für alles nachfolgende Leben
2. Stufen- und Phasenmodelle des Lebens
3. Biografischer Zugang zum Lebenslauf
4. Lebensspannenpsychologie
5. Psychologische Theorien zu lebenslanger Entwicklung und Adaptation

Primär Soziologie:

6. Untersuchung von Minoritäten, sozialen Problemlagen und Devianz
7. Veränderungen in Disengagement und Aktivität bzw. Kontinuität als Lebenslaufmodelle
8. Standardisierung und Institutionalisierung des Lebenslaufs
9. Lebenslange Entwicklung als Zusammenwirken von sozialen, kulturellen und historischen Einflüssen
10. Primär quantitative Lebensverlaufs- und Lebensübergangsforschung

Primär Biologie, Medizin und Epidemiologie:

11. Lebenslange Entwicklung als fortschreitender Wandel der lebenden Substanz
12. Lebenslaufbezogene Akkumulation von Schutz- und Risikofaktoren

Primär Bildungswissenschaft:

13. Lebenslauf als lebenslange Bildungssozialisation
14. Idee des lebenslangen Lernens und von lebenslanger Bildung

Primär Demografie:

15. Lebenslauf als markiert von Geburts- und Mortalitätsdynamiken

Primär Philosophie und Theologie:

16. Lebenslange Entwicklung und Altern als Gnade oder Fluch
17. Lebenslange Glaubensgeschichte als Ressource

Primär Ethnologie/Anthropologie:

18. Kulturen und Ethnien vergleichende Lebenslauf- und Alternsforschung

---

verstehen und verändern (therapieren) zu können, ist in ihrem klinischen Impetus als psychoanalytische Behandlungsmethode bis heute weltweit wirkmächtig geblieben. Seit etwa den 1970er Jahren sind zudem psychotherapeutische Behandlungen auf der Grundlage unterschiedlicher psychoanalytischer Ansätze (z. B. Freud, Adler, Jung, Hartmann) auch auf ältere Menschen ausgedehnt worden, womit gewissermaßen auch die klinische Anwendung der Psychoanalyse (traditionell auf das frühe und mittlere Erwachsenenalter begrenzt) einen Le-

benslaufduktus erfahren hat. Aber auch die über klinische Perspektiven hinausgehende Nutzung psychoanalytischer Annahmen zur Deutung der unterschiedlichsten und nicht selten beunruhigenden und verstörenden Trends und Ereignissen im gesellschaftlichen Alltag (Beispiele: Deutungsversuche bei Amokläufern, Sexualstraftätern, Rasern im Straßenverkehr, »Raffgier«, Umgang mit früh im Leben gemachten Erfahrungen im Alter, etwa als früher »Täter« in Nazideutschland) ist weiterhin vielfach zu beobachten. Insgesamt bieten psychodynamische Sichtweisen ein gutes Beispiel für Strömungen der Lebenslaufforschung, die bereits seit vielen Jahrzehnten zwischen hoch akzeptiert und hoch umstritten oszillieren, und vielleicht liegt gerade darin ein Schlüssel für ihre ungebrochene Prominenz und Anwendung. Wir werden gleich sehen, dass dies auch für andere Strömungen der Lebenslaufforschung gilt.

Stufen- und Lebensphasenmodelle der Lebenslaufforschung (siehe auch die sehr anschauliche Dar- und Gegenüberstellung in Faltermaier, Mayring, Saup & Strehmel, 2002 sowie auch Flammer, 1988) sind traditionell bzw. strukturell in der Kinder- und Jugendentwicklungspsychologie beheimatet (z. B. Freud, Piaget, Werner), besitzen jedoch eben eine lebenslange Ausdehnung. Sie zeichnen sich durch eine festgelegte Abfolge von definierten Stufen aus, deren hauptsächliches Definitionsmerkmal wiederum darin besteht, dass in jeder Phase unterschiedliche Entwicklungsthemen dominant werden bzw. unterschiedliche psychische Prozesse zutage treten oder gefordert sind. Die bekanntesten bzw. am intensivsten rezipierten Vertreterinnen und Vertreter dieses Ansatzes sind in chronologischer Reihe ihrer Hauptwerke Bühler (1933: Expansion und Restriktion lebenslanger Entwicklung bis zur Vorbereitung auf das Ende; vor allem anhand von herausragenden künstlerischen und wissenschaftlichen Leistungen, aber auch »Laienbiografien« illustriert), Havighurst (1948: Idee der lebensphasenspezifischen Entwicklungsaufgaben, die aus dem Zusammenwirken von biologischen Gegebenheiten, personalen Ansprüchen und Zielen und gesellschaftlichen Erwartungen resultieren), Erikson (1950: acht Lebensphasen in Gestalt von psychosozialen Krisen zwischen Erfolg und Scheitern; von »Vertrauen versus Misstrauen« im Säuglingsalter« bis zu »Integrität versus Verzweiflung« im späten Erwachsenenalter), Gould (1979: vor allem von klinischer Arbeit abgeleitete Transfor-

mationen im Erwachsenenalter im Sinne einer Evolution des Erwachsenenbewusstseins im mittleren Erwachsenenalter, das dann auch in das verbleibende Leben trägt) und Levinson (1979: auffallend an seinen Entwicklungsstufen des Erwachsenenalters ist eine in keinem anderen Ansatz zu findende Feingliederung des jungen und mittleren Erwachsenenalters nach dem chronologischen Alter; vgl. Faltermaier et al., 2002, S. 61). Eine wesentliche Ähnlichkeit dieser (und verwandter und hier nicht genannter) Ansätze besteht darin, dass eine Zielhaftigkeit im Durchlaufen der postulierten Stufen angenommen wird – Bühler etwa sprach von »Lebensbestimmung«, die nur in einer Gesamtsicht des Lebensdeutlich wird; Erikson legte etwas formaler seinem Ansatz ein epigenetisches Prinzip zu Grunde. Die Kritik an derartigen Modellen wie starke Normativität und überzogene Festlegung der Abfolge »guter Entwicklung« ist altbekannt. Dennoch fällt auch auf, dass diese Kritik bislang die Zitationsintensität von bzw. den Rekurs vor allem auf Erikson und Havighurst nicht ernsthaft beeinträchtigen konnte.

Der *biografische Zugang zum Lebenslauf* geht nicht zuletzt auf Dilthey und Herder zurück und hat dann vor allem in der Psychologie starke Resonanz gefunden (Bühler, Spranger, Stern, Wundt), die sich nach dem Zweiten Weltkrieg vor allem im Werk von Thomae und Lehr niederschlug, aber auch in andere Disziplinen wie beispielsweise der Soziologie (z. B. Weber), der Gerontologie (z. B. Birren), der Ethnologie (z. B. Paul), der Geschichtswissenschaft (z. B. von Plato) oder der Entwicklungspsychopathologie (Rutter) Eingang fand (Jüttemann & Thomae, 1998; Kruse, 2005). Dreh- und Angelpunkt der biografischen Perspektive ist die Annahme des Einzigartigkeitscharakters des menschlichen Lebensverlaufs bzw. das Primat der Innen- gegenüber der Außensicht und die Forderung der Rekonstruktion der subjektiven bzw. emischen Perspektive, der rigorosen Berücksichtigung des »Subjective frame of reference«. Menschen werden in dieser Sichtweise als Expertinnen und Experten ihrer eigenen Entwicklung betrachtet, von denen Forschung lernen kann (und lernen muss!). Im Interesse der als notwendig angesehenen Berücksichtigung subjektiver Deutungen und Bezugssysteme wird ein Verzicht standardisierter Frage- und Antwortformate zugunsten offener oder halbstrukturierter Explorationen und Interviews gefordert. Eine wichtige Grundannahme des biografischen Ansatzes ist darin zu sehen, dass menschliches Leben am besten – vor dem Hintergrund zentraler individueller Themen und Zielsetzungen – ausgehend von den letztlich erreichten Entwicklungszuständen her zu rekonstruieren und zu verstehen ist. Vor allem die Einzigartigkeitsannahme und die sich daraus ergebenden methodischen Implikationen haben immer wieder zu Konfrontationen mit dem in der Psychologie wie in der Soziologie größtenteils vorherrschenden quantitativen Forschungsprogramm geführt (Stichwort Idiografik versus Nomothetik) und auch die internationale Rezeption erschwert bis verhindert. Affinitäten zum biografischen Ansatz besitzen schließlich auch Forschungsprogramme, welche (ähnlich wie bereits Bühler) unterschiedlichen Lebensphasen unterschiedliche »Outputs« an künstlerischen und wissenschaftlichen Leistungen zuordnen (Lehman, Simonton).

Das Programm der *Lebensspannenpsychologie* ist seit Ende der 1970er Jahre vor allem von Paul B. Baltes, einem deutschen Entwicklungspsychologen, der zum damaligen Zeitpunkt in den USA arbeitete, entfaltet worden (Baltes, 1997; Baltes et al., 2006). Auffallend an diesem Programm war das Bestreben nach einem Ansatz ohne deutlichen Rekurs auf zeitlich proximale Personen des deutschsprachigen Raums wie Bühler und Thomae, sondern eher auf zeitlich distale (Quetelet; Tetens) bzw. Vorläufer in den USA (Hall, Hollingsworth,

Pressey, Janney & Kuhlen), ein von Anfang an sehr großes Interesse an der Weiterentwicklung einer lebenslaufbezogenen (quantitativen) Methodologie (z. B. Trennung von Alter, Kohorte und Messzeitpunkt; faktorielle Invarianz von Konstrukten über die Lebensspanne) sowie eine starke Ausrichtung an der Entwicklung der kognitiven Leistungen. Dabei ging es allerdings von Beginn an auch um die Entwicklung eines »Meta«-Systems von Prinzipien, das eine Integration unterschiedlicher theoretischer Zugänge kleinerer Reichweite bzw. inhaltlich stärker fokussierter Fragestellungen erlaubt. Zu den von Baltes vorgeschlagenen Prinzipien bzw. Leitideen zählen etwa die bereits erwähnten Annahmen der Multidimensionalität und Multidirektionalität lebenslanger Entwicklung, ihrer Plastizität, die Vorstellung ungenutzter Reservekapazität, ein Entwicklungsbegriff, der der Gleichzeitigkeit von Gewinnen und Verlusten Rechnung trägt, sowie ein Entwicklungskontextualismus, der Veränderungen über die Lebensspanne als Ergebnis des Zusammenwirkens von altersgradierten, historischen und non-normativen Einflussfaktoren begreift. In seinen späteren Arbeiten ging es Baltes vor allem um Veränderungen im Zusammenwirken von Biologie und Kultur und die sich daraus ergebenden Grenzen von Kompensation und Optimierung im sogenannten vierten Lebensalter (Unvollendetheit der Humanontogenese).

Schließlich sind in der Psychologie *Theorien zu lebenslanger Entwicklung und Adaptation* zunehmend prominent geworden. Der wesentliche Unterschied zur Lebensspannenpsychologie, auf die sich allerdings viele dieser Theorien als Meta-Idee berufen, besteht darin, dass die hier angesprochenen Theorien vor dem Hintergrund eines handlungstheoretischen Menschenbildes von komplementären Selbstregulationsprozessen (»Changing the world or changing the self«, Rothbaum et al., 1982) ausgehen und deren Zusammenspiel im

25

Kontext einer lebenslaufbezogenen Ablauf- und Veränderungsdynamik deuten. Beispielsweise geht Brandtstädter (2007) davon aus, dass das Wechselspiel zwischen assimilativen und akkommodativen Strategien zu den Grundmodalitäten menschlicher Entwicklung gehört, um Ist-Soll-Diskrepanzen im Selbstsystem handelnder Personen zu reduzieren. Assimilative Strategien zielen dabei auf die intentionale Veränderung des Ist-Zustandes (in der Regel der Umwelt), während akkommodative Strategien als subintentionale Veränderungen von Soll-Zuständen (und damit von Aspekten des Selbst) charakterisiert werden können, etwa im Sinne einer Veränderung oder gar Aufgabe von Lebenszielen. Brandtstädter geht nun davon aus, dass – infolge einer Zunahme irreversibler Verluste und zunehmend knapper werdender Handlungsressourcen – der »akkomodative Modus« gegenüber dem »assimilativen Modus« an Bedeutung gewinnt. Gerade im Alter ist hier die akkomodative Bewältigung von Diskrepanzerlebnissen als adaptiv anzusehen, Entwicklungsprozesse im späteren Leben beruhen nach Brandtstädter wesentlich auf Akkomodation, werden durch diese zum Teil überhaupt erst möglich. Nach Carstensen, Isaacowitz und Charles (1999) ist eine zunehmend begrenzte Zukunftsperspektive als entscheidend für sozioemotionale Entwicklungsprozesse (emotionale Ziele gewinnen gegenüber instrumentellen oder identitätsbezogenen Zielen an Bedeutung) wie Veränderungen in der Informationsverarbeitung (zunehmende Bevorzugung von positiver gegenüber negativer Information) im Alter anzusehen. Labouvie-Vief (1982) hat vorgeschlagen, die Piaget'schen Stufen durch eine post-operationale Phase zu erweitern, was erklären soll, dass mit zunehmendem Alter Denkvorgänge und emotionales Erleben zunehmend komplexer, vielschichtiger und »tiefschürfender« werden. Wahl und Lang (2006) gehen davon aus, dass mit zunehmendem Alter hinsichtlich

des Person-Umwelt-Austausches zunehmend kognitiv-emotionale Bindungen an Orte und Menschen in den Vordergrund rücken, »Agency«-Aspekte wie etwa die aktive Veränderung des Wohnens hingegen eher in den Hintergrund treten.

Soziologie

Auch in der Soziologie sind es unterschiedliche Strömungen, die bislang zur Lebenslauforschung beigetragen haben. Chronologisch wäre hier zunächst die mit der Chicagoer Schule in den 1930er-Jahren beginnende *Erforschung von Minoritäten, sozialen Problemlagen und Devianz* zu nennen, Randbereichen der Gesellschaft, zu denen Forscher im Allgemeinen nur schwer Zugang haben und von denen angenommen werden kann, dass die für Entwicklung relevanten Einflussfaktoren bzw. deren subjektive Repräsentation aus der Perspektive der Mehrheitsgesellschaft nicht ohne Weiteres rekonstruiert und verstanden werden können. Diese Variante von Lebenslaufforschung hat in der Soziologie eine lange Tradition, wobei festgestellt werden kann, dass sich das zugehörige Themenspektrum in den letzten Jahrzehnten erheblich erweitert hat (vgl. Girtler, 1987; Fuchs-Heinritz, 1998).

Historisch wäre weiterhin die in einer strukturfunktionalistischen Theorieperspektive (vor allem Parsons) entstandene *Disengagement-Theorie* (Cumming & Henry, 1961) zu nennen, die argumentierte, dass steigendes Disengagement mit zunehmendem Alter, speziell nach der Pensionierung, adaptiv für Individuen *und* die Gesellschaft sei, und die in der Gerontologie über Jahrzehnte intensiv diskutiert wurde. In einer gerontologiegeschichtlich bedeutsamen Gegenbewegung wurde allerdings von Anfang an auch argumentiert, dass nicht Disengagement, sondern die *Wahrung von Aktivität bzw. die Wahrung der inneren und äußeren Kontinuität* zwischen dem mittleren und höheren Lebensalter adaptiv für Lebensvollzüge spät in der Lebensspanne sei (Atchley, 1989).

Kohli (1985) hat die historische Herausbildung eines relativ *standardisierten Lebenslaufs* herausgearbeitet, in dem die Bildungs-, Arbeits- und »Freizeit«-Phase deutlich voneinander getrennt sind und altersgebundene Übergänge wie Eintritt in die Schule, in das Erwerbsleben und in die nachberufliche Phase relativ stark institutionalisiert sind. Laslett (1995) argumentiert in seiner historisch-soziologischen Sichtweise, dass sich die »Landkarte« des Lebens in neuerer Zeit vor allem durch die Herausbildung eines »Dritten Alters«, einer relativ langen Lebensphase nach dem Beruf in relativer Gesundheit und mit beginnenden neuen Rollen bzw. Inhalten (etwa »Universitäten des Dritten Alters«), deutlich verändert habe. Untersuchungen von »Idealtypen« (z.B. Gerhardt, 2001), »wahrscheinlichsten Pfaden« (Kohli, 1985) oder »Lebenslaufregimes« (Leisering, 1992) konzeptualisieren Lebensläufe als Bündel paralleler Verlaufsoptionen, die unterschiedliche Phasensequenzen ermöglichen. Nach diesen Konzepten werden Individuen als ein rational handelnde Subjekte konzipiert, die unter gesellschaftlich zur Verfügung gestellten Handlungsoptionen wählen. Dabei wird davon ausgegangen, dass schicht-, lebenslagen- und rollenspezifische Unterschiede sowohl die zur Verfügung stehenden Handlungsoptionen als auch die individuelle Präferenzbildung beeinflussen.

Weitere zentrale Elemente einer soziologischen Annäherung an den Lebenslauf sind die Fokussierung auf die *Rolle sozial-struktureller und historischer Einflüsse* (»social forces«) auf den Lebensverlauf bzw. lebenslange Entwicklung. Zu Personen, die etwa die Rolle von Bildung, Geschlecht, Armut/Reichtum und sozialer Klasse auf den Lebensverlauf stark gemacht und die argumentiert haben, dass derartige Einflüsse bis zum Lebensende wirken, gehör(t)en bei-

spielsweise Calasanti, Dannefer, O'Rand und in Deutschland Naegele, Dieck und neuerdings Lessenich und Van Dyck. Nach heute klassischen Analysen ist seit den 1960er Jahren vor allem in der amerikanischen Soziologie eine Renaissance der Betonung der Rolle der Geburtskohorte für Lebensverläufe entstanden, markiert vor allem durch Ryder (1965). Interessant ist an Ryders Argumentation insbesondere, dass grundsätzlich betrachtet jede Kohorte »unique« und nicht replizierbar mit den je gegebenen individuellen Entwicklungsgegebenheiten der zu einer spezifischen Kohorte gehörenden Individuen interagiert. Spezifisch sind vor allem der historisch einmalige Geburtsjahrgang als solcher, spezifische und nicht replizierbare historische Ereignisse, der je erfahrene edukative und wertbezogene Input, Populationsparameter wie Größe der Kohorte im Vergleich mit anderen Kohorten, ihre Alterszusammensetzung, Lebenserwartung, vorherrschende Migrationsdynamiken und die Besonderheiten klimatischer und politischer Makrobedingungen. Insofern ist der, wie Ryder es nannte, demografische Metabolismus der kohortenbezogenen Wechselwirkung von Mikro- und Makobedingungen immer »einmalig«, was eine interessante Parallele zur in der psychologischen Lebenslaufforschung (vor allem in Bezug auf die biografische Perspektive) geführten Diskussion um eine idiografische versus nomothetische Sichtweise von Lebensläufen eröffnet. Das bekannteste Beispiel einer solch »einmaligen« Konstellation sind sicher Elders (1974) Untersuchungen der Auswirkungen der Depressionszeit zu Beginn der 1930er Jahre in den USA auf junge Menschen unterschiedlichen Alters. Zu erwähnen ist sicherlich auch das Werk von Riley (1987), welche die Altersstratifizierung von Gesellschaften vor allem als Zusammentreffen und Zusammenwirken von aufeinanderfolgenden Kohorten verstand und daraus ableitete, dass es dabei immer wieder zu bedeutsamen Diskrepanzen zwischen der aktuellen Altersstruktur einer Gesellschaft – im Sinne von sozialen Repräsentationen des Alters, altersspezifisch verfügbaren Rollen und zugehörigen Rollenerwartungen sowie institutionalisierten Opportunitätsstrukturen – und individueller Entwicklung – im Sinne einer Veränderung von Kompetenzen, Kapazitäten und latenten Handlungs- und Erlebensmöglichkeiten über die Lebensspanne – kommen kann (»Structural Lag«).

Eine weitere Variante soziologischer Lebenslaufforschung ist schließlich in *quantitativ angelegten Lebensverlaufs- und Lebensübergangsstudien* (Mayer, 1990) zu sehen, die entwicklungsrelevante Merkmale zu allen Lebensphasen standardisiert erheben und mit quantitativen Methoden Übergangswahrscheinlichkeiten zwischen verschiedenen Lebenszuständen und Lebenslagen ebenso analysieren wie kurz- und längerfristige Auswirkungen distaler und proximaler Vorläuferereignisse für spätere Entwicklungen.

Biologie, Medizin und Epidemiologie

Biologisch gesehen ist die *lebende Substanz über den gesamten Lebenslauf einer fortschreitenden Wandlung* unterworfen. Unter Altern ist demnach jede unumkehrbare Veränderung der lebenden Substanz als Funktion der Zeit zu verstehen. Dabei ist zwischen deterministischen und zufällig auftretenden (stochastischen) Veränderungen zu differenzieren. Zu den deterministischen Ursachen gehört insbesondere, dass Zellen sich nicht unendlich oft teilen können und die Lebensfähigkeit des Gesamtorganismus durch den Ausfall von Zellen begrenzt ist (Hayflick, 1965). Zu den zufällig auftretenden Altersursachen gehören vor allem Schädigungen der DNA. Fehler-Katastrophentheorien nehmen an, dass mutagene Faktoren für eine fehlerhafte Proteinbiosynthese verantwortlich zu machen sind, was zur Beeinträchtigung von

Zellfunktionen und bei Überschreiten einer kritischen Fehlerhäufigkeit zur Katastrophe (Tod) führen sollte.

Medawar (1952) hat in seiner »mutation accumulation theory« argumentiert, dass natürliche Selektionsmechanismen angesichts der im Verlauf der Evolution ausgeprägten externen Mortalität (Sterblichkeit, die nicht auf Charakteristika des Organismus, sondern auf externe Ursachen zurückgeht) allenfalls einen sehr geringen Einfluss auf das Überleben im Alter haben sollten. Williams (1957) postulierte in seiner »antagonistic pleiotropy theory«, die Existenz pleiotroper Gene, die in früheren Phasen der Lebensspanne – wenn der Selektionsdruck besonders hoch ist – positive, in späteren Phasen der Lebensspanne aber negative Auswirkungen auf die Fitness des Organismus haben. Da die evolutionsgenetischen Theorien von Medawar und Williams nicht durch den Nachweis entsprechender Gene überzeugend gestützt werden konnten, sind heute vor allem im Bereich der Evolutionsphysiologie Ansätze bedeutsam, die auf eine Anbindung an genetische Grundlagen des Organismus verzichten (Kirkwood, 2005). So geht die von Kirkwood (1977) vorgeschlagene »disposable soma theory« von der Frage aus, wie der Organismus im optimalen Falle seine metabolischen Ressourcen, insbesondere Energie, auf die Erhaltung des Körpers und andere unter Gesichtspunkten des Erhaltes der Art (darwinistische Fitness) zentrale Funktionen verteilt. Der Körper altert dieser Theorie zufolge, weil es aus der Perspektive der Evolution ökonomischer ist, vorhandene Ressourcen in Fortpflanzung und nicht in Langlebigkeit zu investieren. Nach der Reproduktion wird der Körper »disponibel«, es besteht keine Notwendigkeit mehr zu einer genetischen Optimierung. Der Tod hat aus der Sicht dieser Theorie keine biologische Funktion, Organismen könnten durchaus einfach immer weiterleben. Dies erscheint lediglich infolge zunehmender (nicht mehr reparierter) Schadensereignisse nicht möglich. Hayflick (2000) argumentiert, mit Blick auf die Kindheit sei die Unterscheidung zwischen in der spezifischen Lebensphase auftretenden Krankheiten und Entwicklungsprozessen Allgemeingut, mit Blick auf das Alter müsse man dagegen selbst für weite Teile der wissenschaftlichen Gemeinschaft – insbesondere auch für einschlägige Förderinstitutionen – eine Konfundierung von Krankheitsverläufen und Alternsprozessen feststellen. Im Unterschied zu allen Krankheitsprozessen treten Alternsprozesse bei allen Arten und ausschließlich nach der Reproduktionsphase auf. Nach Hayflick sind auf der Grundlage der Erforschung von Krankheitsprozessen keine nachhaltigen Veränderungen von Alternsprozessen zu erwarten. Das Zurückdrängen aller bei über 65-jährigen Menschen gegenwärtig diagnostizierten Todesursachen könne die Lebenserwartung lediglich um etwa 15 Jahre erhöhen. Wenn es dagegen gelänge, unser Wissen über Alternsprozesse (Warum sind ältere Zellen vulnerabler als jüngere Zellen?) zu verbessern, könnte dies ungleich stärkere Auswirkungen auf die Lebenserwartung haben.

Medizinisch und epidemiologisch sind weiterhin Konzepte zu einem besseren Verstehen der *Wirkung lebenslanger Akkumulation von Schutz- und Risikofaktoren* zu nennen. Das Konzept der »Morbiditätskompression« wurde in den 1980er Jahren als Gegenentwurf zu der von vielen Demografen und Sozialpolitikwissenschaftlern vertretenen Ansicht entwickelt, die durch den medizinischen Fortschritt gewonnenen Monate und Jahre würden in schlechterer Gesundheit verbracht, sodass der demografische Wandel entsprechend fatale Auswirkungen auf die Entwicklung der Kosten im Gesundheitssystem habe. Der damit angenommene Prozess wurde mit dem Begriff des »Failure of Success«, also des Scheiterns oder Versagens des Erfolgs belegt (Gruenberg, 1977). Das Konzept der Morbiditäts-

kompression stellt demgegenüber ein positives Konzept dar, indem es sich am Ideal eines langen Lebens mit einer relativ kurzen Krankheitsphase vor dem Tod orientiert. Dieses Ideal soll insbesondere durch einen Rückgang der schweren chronischen Erkrankungen, wie zum Beispiel der kardiovaskulären Erkrankungen, erreicht werden. Es wird angenommen, dass die aufgrund der steigenden Anzahl älterer Menschen zu erwartende Zunahme der Krankheitslast wenigstens in Teilen dadurch aufgehalten werden kann, dass auf individueller Ebene eine im Durchschnitt geringere Krankheitsbelastung gegeben ist – woraus sich positive Effekte für die Stabilität des Gesundheitssystems ergeben.

Eine Kompression der Morbidität lässt sich für die beiden vergangenen Dekaden eindeutig nachweisen, und dies sogar mit einer relativ hohen Geschwindigkeit. So berichten Manton & Gu (2001) einen Rückgang von Fähigkeitseinbußen (Disability) in der über 65-jährigen Bevölkerung von 1982 bis 1999 von 26.2 % auf 19.7 % bzw. um durchschnittlich 2 % pro Jahr, während in dieser Periode die Lebenserwartung um durchschnittlich 1 % pro Jahr gestiegen ist. Als Gründe für diese Entwicklung werden genannt: Abnahme des Zigarettenkonsums, medizinische Fortschritte, zum Beispiel verbesserte Behandlung des Bluthochdrucks, des Diabetes, der koronaren Herzerkrankung, sowie Entwicklung und Umsetzung präventiver Maßnahmen. In diesem Zusammenhang wird auch darauf verwiesen, dass ein in späteren Generationen höherer Bildungsstand mit gesteigerten Selbstwirksamkeitsüberzeugungen einhergeht, die verstärkt zu gesundheitsfördernden Verhaltensweisen motivieren (Fries, 2003).

Dem Konzept der aktiven Lebenserwartung bzw. jenem der behinderungsfreien Lebenserwartung liegt die Annahme zugrunde, dass Erkrankungen nicht zu Behinderungen führen müssen (Robine & Michel, 2004). Weiterhin wird angenommen, dass sich Erfolge der Prävention, Therapie und Pflege nicht allein in der Kompression der Morbidität (Fries, 2005), sondern auch im späteren Auftreten von Behinderungen widerspiegeln (Dinkel, 1999; Manton, Stallard & Corder, 1997). Eine zentrale Frage, die im Kontext dieses Konzepts gestellt wird, lautet: Wieviele Jahre leben ältere Menschen ohne Einschränkungen ihrer Funktionstüchtigkeit? Dabei wird von einem breiten Spektrum von Funktionen ausgegangen, die sensumotorische, kognitive, sozialkommunikative und emotionale Funktionen umfassen. Aus einer lebenslauforientierten Perspektive ergibt sich die Notwendigkeit, bereits in früheren Lebensaltern physische, kognitive und alltagspraktische Kompetenzen aufzubauen und systematisch zu erweitern, die sich positiv auf die physische und kognitive Leistungskapazität sowie auf die Selbstständigkeit im Alter auswirken – damit Menschen zum einen mit besseren Kompetenzprofilen in das Alter eintreten, zum anderen, im Falle eingetretener Erkrankungen eine höhere Kompensationsfähigkeit und damit höhere Rehabilitationspotenziale aufweisen, die sie eher in die Lage versetzen, auch bei chronischer Erkrankung ihre Mobilität sowie ihre physische und kognitive Leistungsfähigkeit aufrechtzuerhalten (Kruse, 2007). Darüber hinaus sind auch im hohen Alter Maßnahmen zur Förderung der physischen, der kognitiven und der alltagspraktischen Kompetenz anzuwenden, um auf diese Weise die Ausbildung von Hilfe- oder Pfegebedarf bei chronischen Erkrankungen zu vermeiden.

Bildungswissenschaft

Bildung beschreibt im Sinne einer *lebenslang laufenden Bildungssozialisation* zum einen den Prozess der Aneignung und Erweiterung von Fähigkeiten, Fertigkeiten, Erfahrungen und Wissenssystemen, zum anderen das Ergebnis dieses Prozesses (Kruse, 1997). Bildung beschränkt sich nicht auf

den Erwerb von Wissen und Qualifikationen, sondern umfasst auch Fähigkeiten, Fertigkeiten und Erfahrungen, die den kreativen Einsatz von Wissen im Sinne einer effektiven Auseinandersetzung mit aktuellen oder (potenziell) zukünftigen Aufgaben und Anforderungen, die sich im Kontext individueller wie gesellschaftlicher Entwicklung stellen, ermöglichen und fördern (Kruse, 2011). Bildung vollzieht sich nur zum Teil in institutionellen Kontexten, in denen versucht wird, durch die gezielte Anwendung spezifischer Methoden die Aneignung definierter Lerninhalte und das Erreichen von Lernzielen zu fördern, zu beurteilen und in Form von Zeugnissen oder Zertifikaten zu dokumentieren. Bildung umfasst auch nonformale Kontexte, in denen Erfahrungen im Umgang mit Aufgaben und Anforderungen gewonnen werden sollen, ohne dass Lernziele, Lerninhalte und Lernmethoden vorgegeben werden. Des Weiteren vollzieht sich Bildung mehr oder weniger beiläufig in informellen Kontexten, etwa durch den Austausch von Erfahrungen in sozialen Interaktionen, wie er natürlicher Bestandteil gleichberechtigter Kommunikation über Alltag und Lebenswelt ist (Kommission, 2006). Zum Bildungsbegriff gehört sowohl die Ausbildung einer Motivstruktur, die das Interesse an Bildungsprozessen und Bildungsinhalten weckt und die aktive Auseinandersetzung mit Bildungsinhalten fördert, als auch die Fähigkeit des Menschen, Möglichkeiten und Grenzen eigenen Handelns zu reflektieren sowie zukünftige Aufgaben und Herausforderungen zu antizipieren. Die für die Verwirklichung individueller Entwicklungspotenziale – bzw. allgemeiner für den Erfolg einer bestimmten Kultur – jeweils relevanten Bildungsinhalte spiegeln sowohl individuelle Reifungsprozesse und lebensaltersspezifische Entwicklungsaufgaben als auch sozialen Wandel und gesellschaftlichen Fortschritt wider.

In dynamischen Gesellschaften (und, ein umfassendes Verständnis von Bildung vorausgesetzt, nicht nur in diesen) können sich Bildungsaktivitäten weder auf einen bestimmten Lebensabschnitt konzentrieren noch beschränken. Die Teilhabe am gesellschaftlichen Leben, die Partizipation an kulturellen, sozialen und technischen Innovationen setzt unabhängig vom Lebensalter die Fähigkeit und Bereitschaft voraus, andauernd Neues zu lernen, und führt damit nahtlos zur *Idee des lebenslangen Lernens bzw. lebenslanger Bildung.* Entsprechend wird im Fünften Altenbericht der Bundesregierung lebenslanges Lernen als ein für die Gestaltung individuellen wie gesellschaftlichen Alterns zentrales Leitbild herausgestellt (Kommission, 2006; Kruse & Schmitt, 2006). Zahlreiche empirische Untersuchungen belegen, dass auch im Alter noch erhebliche Veränderungspotenziale im Hinblick auf Denken, Lernen und Wissen gegeben sind, die Grundlage für die Fähigkeit zur Lösung *neuartiger* Aufgaben und Anforderungen bilden. Für die Umsetzung dieser Veränderungspotenziale bedeutsam ist zum einen die Offenheit des Menschen für Neues, eine innere Haltung oder Einstellung, die vom grundlegenden Interesse an neuen Erfahrungen und Erkenntnissen bestimmt ist, zum anderen eine soziale Umwelt, die die Person fordert und fördert, die an sie die Erwartung heranträgt, dass sie Neues lernen kann und lernen will, und die zugleich an deren Erfahrungen, Erkenntnissen und Wissen interessiert ist.

Demografie

Gegen Ende des 19. Jahrhunderts lag die durchschnittliche Lebenserwartung bei Geburt in Deutschland noch unter 50 Jahren, seitdem ist sie um mehr als 30 Jahre angestiegen – im Jahr 2011 lag sie nach Angaben des Statistischen Bundesamtes bei 80,2 Jahren. Gleichzeitig ist die Fertilitätsrate deutlich gesunken, diese lag für den Geburtsjahrgang 1870 noch über 5; seit der zweiten Hälfte der 60er Jahre liegt sie deutlich

unter dem für eine langfristige Erhaltung des Bevölkerungsbestands in modernen Gesellschaften mit niedriger Säuglings- und Kindersterblichkeit erforderlichen Wert von 2,1. Für die letzten Jahrzehnte ergeben sich – trotz aller familienpolitischen Bemühungen – durchweg Werte unter 1,4. Der demografische Wandel – also die als Ergebnis von Geburtenziffern, Mortalitätsraten und Zu- und Abwanderung zu beobachtenden Veränderungen im Altersaufbau der Bevölkerung – wird heute als eine globale Herausforderung betrachtet, auch wenn sich diese nach den jeweils betrachteten Ländern und den in den einzelnen Ländern jeweils betrachteten Regionen zum Teil sehr verschiedenartig darstellt. Auf gesellschaftlicher Ebene gewinnt die Frage nach den Möglichkeiten einer nachhaltigen Gestaltung sozialer Sicherungssysteme, nicht zuletzt auch die Frage der Finanzierung von Altersbezügen und Gesundheitsleistungen, ebenso an Bedeutung wie die Frage nach den Möglichkeit der Entwicklung und effektiven Nutzung von Potenzialen des Alters und die Frage nach einem angemessenen gesellschaftlichen Umgang mit der Verletzlichkeit des hohen Alters. Die von Demografen beschriebenen Mortalitäts- und Fertilitätsdynamiken spiegeln sich in veränderten »Normalbiografien« und auf diese bezogenen Verteilungs- und Verantwortungsdiskursen wider; sie haben erheblichen Einfluss auf die gesellschaftliche Gestaltung von sozialen Rollen, die Definition von Rollenerwartungen und die Verfügbarkeit von Opportunitätsstrukturen. Aus der gestiegenen Lebenserwartung ergeben sich für das Individuum zum einen bessere Chancen, nach dem Ende der Erwerbsphase ein an eigenen Bedürfnissen und Präferenzen orientiertes Leben zu führen. Ein großer Teil der »gewonnenen Jahre« wird bei vergleichsweise guter Gesundheit verbracht. Gerade auch in Deutschland verfügen die heute älteren Menschen über vergleichsweise umfangreiche Ressourcen, die im Sinne einer selbst- und mitverantwortlichen Lebensführung eingesetzt werden können (Kruse & Schmitt, 2010). Für spätere Generationen ergibt sich verstärkt die Notwendigkeit, für das eigene Alter vorzusorgen, dies auch, weil vor dem Hintergrund des demografischen Wandels die für die Verwirklichung eigener Vorstellungen eines guten Lebens im Alter notwendige Ressourcen nicht ohne weiteres als durch die Höhe der zu erwartenden Alterseinkünfte gedeckt angesehen werden können. Zum anderen, dies sollte an dieser Stelle nicht übersehen werden, steigt mit der Erwartung, ein (sehr) hohes Alter zu erreichen, auch die subjektive Wahrscheinlichkeit, am Ende des Lebens in besonderer Weise auf die Unterstützung anderer angewiesen zu sein. Im Zuge des demografischen Wandels wird auch die Anzahl der Pflegebedürftigen und an einer demenziellen Erkrankung leidenden Menschen deutlich zunehmen. Vor dem Hintergrund vorliegender Befunde – die auch im öffentlichen Diskurs vermehrt rezipiert werden – sind Pflegebedarf und Demenz durchaus realistische Szenarien eigenen Alters. Entsprechend stellt sich mit zunehmender Lebenserwartung auch stärker die Aufgabe, die Verletzlichkeit des Alters in eigene Lebensentwürfe zu integrieren.

Philosophie und Theologie

Die philosophische Auseinandersetzung mit der Frage, ob das die lebenslange Entwicklung abschließende Alter eher als Gnade oder Fluch anzusehen sei, lässt sich vor dem Hintergrund eines negativen und eines positiven Paradigmas des Alterns rekonstruieren, die beide ihren Ursprung im 6. Jahrhundert v. Chr. haben, das negative Paradigma in einer Elegie über das Altern von Mimnermos, das positive Paradigma in dem Gedicht Lebensalter von Solon, der die Lebensspanne in 12 siebenjährige Phasen unterteilt. Zwar sieht auch Solon deutliche Schattenseiten des Alters, zunehmen-

de körperliche und geistige Abbauprozesse jenseits des 63. Lebensjahres, diesem allgemeinen, gattungsspezifischen Phänomen kann aber individuell durch den Erwerb neuer Erfahrungen und Reflexion begegnet werden (Rentsch & Birkenstock, 2004). In der Tradition des »negativen Paradigmas« können Jean Améry (1969), Simone de Beauvoir (1970) und Norberto Bobbio (1997) gesehen werden, in der Tradition des positiven Paradigmas zunächst Seneca und Cicero, sodann in der Renaissance (mit dem Zusammenbruch religiös geprägter Weltbilder) aufkommende Ansätze einer philosophischen Anthropologie, welche vor dem Hintergrund der Unvollkommenheit und Verletzlichkeit des Menschen dessen Notwendigkeit, sich immer wieder neu zu schaffen, betonen und bedrohtes Leben als eine wichtige Grundlage für das Gewinnen ethischer Einsichten betrachten. Dieser Gedanke findet sich später in der Existenzphilosophie wieder, die den Menschen als frei in der Wahl seiner Entwürfe und entsprechend verantwortlich für sein individuelles Leben betrachtet. In einer existenzphilosophischen Deutung des hohen Lebensalters gelangt der Philosoph Thomas Rentsch (1995) zu folgender Bewertung:

> »Es lässt sich angesichts des Alterns von ganz spezifischen Zügen des menschlichen Werdens zu sich selbst sprechen. Die physische Wandlung im Alternsprozess lässt sich als Radikalisierung der leiblich verfassten Grundsituation des Menschen bezeichnen. [...] Die späte Lebenszeit eröffnet daher in mehrfacher Hinsicht Chancen für die Entwicklung ethischer Einsichten, die in früheren Lebensphasen weniger leicht zu gewinnen sind. Endlichkeit und Fragilität des Lebens werden intensiv erlebbar. Die Angewiesenheit des Menschen auf Kommunikation und Solidarität ist vielfach, auch durch Verluste, erfahrbar geworden. Die Erfahrung der Vergänglichkeit und der Flüchtigkeit manchen Glücks vermag eine Kraft zur Desillusionierung und zur gelassenen Täuschungslosigkeit wach zu rufen. Ethisch ist die einmalige Ganzheit als zeitlich-endlicher Selbstwerdungsprozess erst dann begriffen, wenn das Werden zu sich selbst als

Endgültigwerden verstanden wird« (Rentsch, 1995, S. 59 f).

Indem das Alter als Radikalisierung der menschlichen Grundsituation verstanden wird, wird gleichzeitig – ohne die erheblichen Unterschiede zwischen den Lebensaltern zu übersehen – einem »Isolationismus der Lebensalter« widersprochen, unser Leben als ein »praktisches Werden zu einmaliger Ganzheit, die wir faktisch immer schon sind« betrachtet:

> »Die menschliche Existenz als Werden zu sich selbst erhält ihre unverkennbare Gestalt durch tiefgreifende Wandlungen, die wir erfahren und die vor allem mit den Lebensaltern verbunden sind. Unser Leben ist von Beginn an durchgängig von Endlichkeit geprägt: nur einmal Kind, nur einmal jung, nur einmal das Erwachsenwerden, nur einmal die Erfahrung weichenstellender Lebensentscheidungen, nur einmal der Eintritt ins Alter. Es ist zu fragen, welche Bedeutung diese Grundzüge der menschlichen Lebenssituation – die Ausrichtung auf Sinn und Erfüllung, das kommunikative Wesen, die einmalige Ganzheit und die Endlichkeit des ganzen Lebens – für ein gelingendes Leben im Alter haben« (Rentsch, 2012, S. 63).

Aus der Perspektive lebenslauforientierter Ansätze der Theologie und Diakoniewissenschaft ist im Zusammenhang mit der Gestaltung eigenen Lebens insbesondere die Frage von Bedeutung, inwieweit *die lebenslange Glaubensgeschichte im Sinne einer personalen Ressource*, die sich positiv auf die Verarbeitung von Entwicklungsverlusten auswirkt, zu deuten ist. Darüber hinaus erscheinen Kohortenunterschiede in der Verfügbarkeit (bzw. auch in der Wirkungsweise) dieser Ressource von Interesse. Aus theologischer Perspektive kann das vor allem auf Ritschl (Ritschl & Jones, 1976) zurückgehende Story-Konzept einen umfassenden theoretischen Rahmen für das Verständnis individueller Rekonstruktionen und Interpretationen von Entwicklung über die Lebensspanne bilden (Kruse, 1992). Die Selbst- und Weltsicht der Person

verweist in diesem Verständnis unmittelbar auf individuelle Erfahrungen und zugehörige Erzählungen eigener Lebensgeschichte. Letztere sind nach Ritschl im Zusammenhang mit verschiedenen »metastories« zu sehen, Erzählungen von der Person, Familie, Nation, religiösen Gruppe und so weiter. Diese *metastories* markieren grundlegende Bezugssysteme, die starken Einfluss auf die persönliche Wahrnehmung wie auf die Zuschreibung von Sinn und Bedeutung haben. Ein am Story-Konzept orientierter theologischer Ansatz weist im Übrigen in methodologischer Hinsicht deutliche Ähnlichkeiten zur biografischen Methode in der Psychologie und Soziologie auf (Jüttemann & Thomae, 1998), weshalb diese drei Disziplinen in ihrer Analyse subjektiv erlebter Biografien in hohem Maße voneinander profitieren können.

Ethnologie/Anthropologie

In einer viel zitierten Formulierung hat Bornislaw Malinoswski (1922) die Zielsetzung ethnologischer Analysen als »to grasp the native point of view« umschrieben. Charakteristisch für die Disziplin ist die emische Perspektive, das Interesse an der Innensicht der Forschungspartner, das Bemühen, kulturelle Phänomene in den Kategorien der Vertreter der jeweiligen Kultur oder Subkultur zu erfassen. Zu den interessierenden kulturellen Phänomenen gehören explizite und implizite Verhaltens-, Erlebens- und Deutungsmuster, die durch soziale Interaktion erworben, aufrechterhalten und weitergegeben werden und Errungenschaften, Besonderheiten, Chancen und Benachteiligungen von Personengruppen im Vergleich zu anderen definieren und begründen. Kultur besteht in ihrem Kern aus überlieferten Ideen und diesen Ideen zugeordneten Überzeugungen, Werten, Präferenzen und Bewertungen, die – sowohl als Produkt menschlichen Handelns als auch als dessen Ausgangspunkt und Begründung – ohne hinreichende Vertrautheit mit (sub-) kulturspezifischen individuellen Perspektiven nicht verstanden werden können. Entsprechend ist die Feldforschung, die Exploration kultureller Gegebenheiten *in situ* (Paul, 1998) nach wie vor die primäre Methode der Ethnologie, wobei autobiografische Berichte neben der teilnehmenden Beobachtung als ein zentraler Zugang zu kulturspezifischen Perspektiven betrachtet werden. Das Interesse der Ethnologie an individuellen Lebensläufen beschränkt sich aber nicht darauf, dass sich in diesen kulturspezifische Verhaltens-, Erlebens- und Deutungsmuster widerspiegeln. Darüber hinaus sind altersgebundene Statusübergänge seit langem von ethno-gerontologischem Interesse.

Keck und Wassmann (2010) unterscheiden drei Phasen ethnologischer Alternsforschung. In der ersten Phase konzentrierte sich das Interesse der Ethnologie auf den Status älterer Menschen in sog. primitiven Gesellschaften, kulturspezifische Definitionen von Alter, von einander abgrenzbare Altersklassen und relevante Altersübergänge bzw. Initiationsriten (vgl. auch Zimmermann, 2012). Zu erwähnen ist in diesem Zusammenhang insbesondere das von Simmons 1945 veröffentlichte Werk »The Role of the Aged in Primitive Society«, in dem Rollen und Status von Frauen und Männern in 71 Gesellschaften untersucht wurde. Die zweite Phase lässt sich als intensive Auseinandersetzung mit dem von Cowgill und Holmes 1972 veröffentlichten Werk »Aging and Modernization« charakterisieren, die in ihrer Modernisierungstheorie, ähnlich wie zuvor schon Simmons, davon ausgingen, dass ältere Menschen in einfachen Gesellschaften im Allgemeinen einen hohen Status besitzen, Modernisierung, Urbanisierung und Industrialisierung hingegen über einen Bedeutungsverlust der Großfamilie zu einem zunehmenden Statusverlust beitragen. In diese Phase fallen zahlreiche ethnografische Studien über das Alter und Älterwerden in sehr verschiedenen Regionen und Subkulturen. Die aktuelle dritte Phase ethnologischer Alternsforschung kennzeichnen Keck und Wassmann (2010) durch ein neu entstandenes Interesse an der kulturellen Dimension des Alters, wobei neben der sozialen Sicherheit und der Versorgung im Alter zunehmend Lebenserfahrungen älterer Menschen und deren aktuelle Lebenswelt, Lebensqualität und Potenziale des Alters an Bedeutung gewinnen würden.

1.5   Ausblick

Die unter Verweis auf die verschiedenen Disziplinen (ohne Anspruch auf Vollständigkeit) skizzierten Fragestellungen und Strömungen der Lebenslaufforschung machen deutlich, dass diese in besonderem Maße eine interdisziplinäre Perspektive erfordert. Dies sowohl mit Blick auf relevante Einflussfaktoren der Entwicklung im Lebenslauf und die Erklärung der inter- wie intraindividuellen Variabilität von Entwicklungsprozessen als auch mit Blick auf die Ergebnisse von Entwicklungsprozessen.

Die verschiedenen Disziplinen unterscheiden sich erheblich in den jeweils fokussierten Einflussfaktoren. Vor dem Hintergrund eines handlungsorientierten Menschenbildes werden gerade in aktuelleren psychologischen Ansätzen die Möglichkeiten des Menschen betont, eigene Entwicklung durch die Definition und Priorisierung von Entwicklungszielen, für die verfügbare personale und kontextuelle Entwicklungsressourcen intentional genutzt werden, aktiv mitzugestalten. Dagegen werden in der Biologie und Medizin stärker genetische und physiologische, in der Soziologie, Demografie und Ethnologie gesellschaftliche Faktoren akzentuiert, die einer intentionalen Gestaltung nicht ohne weiteres zugängig sind. Während die entwicklungspsychologisch orientierte Lebenslaufforschung vor allem an intraindividuellen Unterschieden interessiert ist, werden in der Tradition der Differentiellen Psychologie und Persönlichkeitsforschung vor allem interindividuelle Unterschiede zwischen Personen, die sich in vergleichbaren sozialen und historischen Kontexten entwickeln, fokussiert. Aus soziologischer oder ethnologischer Perspektive geht es hingegen stärker um die interindividuelle Variabilität von Lebensläufen in Abhängigkeit von Merkmalen der Kultur, kollektiven Deutungen, sozialen Erwartungen und Rollen.

Bei der Analyse lebenslangen Entwicklungsgeschehens werden naturgemäß je nach Disziplin unterschiedliche Entwicklungsdimensionen in den Vordergrund gestellt. Während sich etwa die Soziologie und die Ethnologie stärker auf die Verfügbarkeit und Ausübung sozialer Rollen oder die soziale Position innerhalb der jeweiligen Gesellschaft konzentrieren, sind für die Psychologie Fragen des Selbstverständnisses und der Zufriedenheit, für die Biologie und Medizin Fragen der (körperlichen) Funktionstüchtigkeit und Leistungsfähigkeit, für die Theologie und Philosophie stärker existenzielle und ethische Fragen von Bedeutung. Während es der Psychologie vor allem darum geht, Erkenntnisse über individuelle Entwicklungsprozesse zu gewinnen, sind vor allem aus der Sicht der Demografie, aber auch aus der Sicht der Soziologie und Ethnologie in deutlich stärkerem Maße auch Fragen des sozialen Wandels im historischen Prozess von Interesse. Wie der Untertitel dieses Buches verspricht, werden viele der in diesem Kapitel angesprochenen Konzeptionen, Ideen bzw. disziplinären Zugänge zu lebenslanger Entwicklung im Weiteren aufgegriffen.

Literatur

Alwin, D. F. (2012). Integrating varieties of life course concepts. *The Journals of Gerontology Series B: Psychological Sciences and Social Sciences*, 67B(2), 206–220.

Améry, J. (1969). *Über das Altern. Revolte und Resignation.* Stuttgart: Klett.

Atchley, R. C. (1989). A continuity theory of normal aging. *The Gerontologist, 29*(2), 183–190.

Baltes, P. B. (1997). On the incomplete architecture of human ontogeny: Selection, optimization, and compensation as foundation of developmental theory. *American Psychologist, 52*, 366–380.

Baltes, P. B., Lindenberger, U., & Staudinger, U. M. (2006). Life-span theory in developmental psychology. In W. Damon & R. M. Lerner (Hrsg.), *Handbook of child psychology* (6. Aufl., Bd. 1: Theoretical models of human development, S. 569–664). New York: Wiley.

Bobbio, N. (1997). *Vom Alter – De senectute.* Berlin: Wagenbach.

Brandtstädter, J. (2007). Entwicklungspsychologie der Lebensspanne: Leitvorstellungen und paradigmatische Orientierungen. In J. Brandtstädter und U. Lindenberger (Hrsg.), *Entwicklungspsychologie der Lebensspanne. Ein Lehrbuch* (S. 34–66). Stuttgart: Kohlhammer.

Bühler, C. (1933). *Der menschliche Lebenslauf als psychologisches Problem.* Leipzig: Hirzel.

Carstensen, L. L., Isaacowitz, D. M., & Charles, S. T. (1999). Taking time seriously: A theory of socioemotional selectivity. *American Psychologist, 54*(3), 165–181.

Cowgill, D. O., & Holmes, L. D. (Eds.). (1972). *Aging and modernization*. New York: Appleton-Century-Crofts.

Cumming, E., & Henry, W. E. (1961). *Growing old: The process of disengagement*. New York: Basic Books.

de Beauvoir, S. (1970). *Das Alter*. Reinbek: Rowohlt.

Dinkel, R. (1999). Demographische Entwicklung und Gesundheitszustand. Eine empirische Kalkulation der Healthy Life Expectancy für die Bundesrepublik Deutschland auf der Basis von Kohortendaten. In H. Häfner (Hrsg.), *Gesundheit – unser höchstes Gut?* (S. 61–83). Berlin: de Gruyter.

Elder, G. H. (1974). *Children of the great depression: Social change in life experience*. Chicago: University of Chicago Press.

Elder, G. H., Jr. (1995). The life course paradigm: Social change and individual development. In P. Moen, J. Glen H. Elder & K. Lüscher (Eds.), *Examining lives in context: Perspectives on the ecology of human development* (pp. 101–139). Washington: APA Press.

Elder, G. H., Jr., Shanahan, M. J., & Clipp, E. C. (1994). When war comes to men's lives: Life-course patterns in Family, work, and health. *Psychology and Aging 9*(1), 5–16.

Erikson, E. H. (1950). *Childhood and society*. New York: Norton & Company.

Faltermaier, T., Mayring, P., Saup, W., & Strehmel, P. (2002). *Entwicklungspsychologie des Erwachsenenalters* (2. überarbeitete und erweiterte Aufl.). Stuttgart: Kohlhammer.

Featherman, D. L. & Lerner, R. M. (1985). Ontogenesis and sociogenesis: Problematics for theory and research about development and socialization across the life span. *American Sociological Review, 50*, 659–676.

Flammer, A. (1988). *Entwicklungstheorien. Psychologische Theorien der menschlichen Entwicklung*. Bern: Huber.

Fries, J. F. (2003). Measuring and monitoring success in compressing morbidity. *Annals of Internal Medicine, 139*, 455–459.

Fries, J. F. (2005). The compression of morbidity. *The Milbank Quarterly, 83*, 801–823.

Fuchs-Heinritz, W. (1998). Soziologische Biographieforschung : Überblick und Verhältnis zur Allgemeinen Soziologie. In G. Jüttemann & H. Thomae (Hrsg.), *Biographische Methoden in den Humanwissenschaften* (S. 3–23). Weinheim: Beltz

Gerhardt, U. (2001). *Idealtypus – Zur methodologischen Begründung der modernen Soziologie*. Frankfurt: Suhrkamp.

Girtler, R. (1987). Die biographische Methode bei der Untersuchung devianter Karrieren und Lebenswelten. In W. Voges (Hrsg.), *Methoden der Biografie- und Lebenslaufforschung* (S. 321–339). Opladen: Leske & Budrich.

Gould, R. L. (1979). *Lebensstufen. Entwicklung und Veränderung im Erwachsenenleben*. Frankfurt: S. Fischer.

Groffmann, K. J. (1970). Life-span developmental psychology in Europe: past and present. In L. R. Goulet & P. B. Baltes (Eds.), *Life-span developmental Psychology: Research and theory* (pp. 53–68). New York: Academic Press.

Gruenberg, E. M. (1977). The failures of success. *Milbank Memorial Fund Quarterly: Health and Society, 55*(1), 3–24.

Havighurst, R. J. (1948). *Developmental tasks and education*. New York: Longman.

Hayflick, L (1965). The limited in vitro lifetime of human diploid cell strains. Experimental Cell Research, 37, 614–636.

Hayflick, L. (2000). New approaches to old age. *Nature, 403*(6768), 365–365.

Jüttemann, G., & Thomae, H. (Eds.). (1998). *Biographische Methoden in den Humanwissenschaften*. Weinheim: Beltz.

Keck, V., & Wassmann, J. (2010). Das Älterwerden, der Tod und die Erinnerung – ein Beispiel aus Melanesien. In A. Kruse (Hrsg.), *Potenziale im Altern* (S. 185–201). Heidelberg: AKA Verlag

Kirkwood, T. B. L. (1977). Evolution of ageing. *Nature, 270*, 301–304.

Kirkwood, T. B. L. (2005). Understanding the odd science of aging. *Cell, 120*(2), 437–447.

Kohli, M. (1985). Die Institutionalisierung des Lebenslaufs. *Kölner Zeitschrift für Soziologie und Sozialpsychologie, 37*, 1–29.

Kommission. (2006). *Fünfter Altenbericht der Bundesregierung »Potenziale des Alters in Wirtschaft und Gesellschaft – Der Beitrag älterer Menschen zum Zusammenhalt der Generationen«*. Berlin: Deutscher Bundestag.

Kruse, A. (1992). Alter im Lebenslauf. In P. B. Baltes & J. Mittelstraß (Eds.), *Zukunft des Alterns und gesellschaftliche Entwicklung*. (Vol. 5: Forschungsbericht der Akademie der Wissenschaften zu Berlin, pp. 331–335). Berlin: De Gruyter.

Kruse, A. (1997). Bildung und Bildungsmotivation im Erwachsenenalter. In F. E. Weinert & H. Mandl (Hrsg.), *Psychologie der Erwachsenenbildung* (S. 117–178). Göttingen Hogrefe.

Kruse, A. (2005). Selbstständigkeit, bewusst angenommene Abhängigkeit, Selbstverantwortung und Mitverantwortung als zentrale Kategorien einer ethischen Betrachtung des Alters. *Zeitschrift für Gerontologie und Geriatrie, 38*(4), 273–287.

Kruse, A. (2007). Präventions- und Trainingsansätze im höheren Alter. In J. Brandtstädter & U. Lindenberger (Hrsg.), *Entwicklungspsychologie der Lebensspanne* (S. 624–655). Stuttgart: Kohlhammer.

Kruse, A. (2011). Bildungsperspektiven im Kontext einer Theorie zum guten Leben im Alter. In W. W. Müller (Hrsg.), *Alter und Bildung: 30 Jahre Seniorenbildung in Luzern* (S. 75–97). Fribourg: Academic Press.

Kruse, A., & Schmitt, E. (2006). Adult education. In J. E. Birren (Ed.), *Encyclopedia of gerontology* (2nd ed., pp. 312–332). Oxford: Elsevier.

Kruse, A., & Schmitt, E. (2010). Potenziale im Alter – Person- und Gesellschaftskonzepte zum Verständnis eines selbstverantwortlichen und mitverantwortlichen Lebens im Alter. In A. Kruse (Hrsg.), *Potenziale im Altern. Chancen und Aufgaben für Individuum und Gesellschaft* (S. 14–32). Heidelberg: Akademische Verlagsgesellschaft.

Labouvie-Vief, G. (1982). Dynamic development and mature autonomy. A theoretical prologue. *Human Development, 25*, 161–191.

Laslett, P. (1995). *Das Dritte Alter – historische Soziologie des Alterns*. Weinheim: Juventa.

Lehr, U. M. (1995). Zur Geschichte der Entwicklungspsychologie der Lebensspanne. In A. Kruse & R. Schmitz-Scherzer (Eds.), *Psychologie der Lebensalter* (pp. 3–14). Darmstadt: Steinkopff.

Leisering, L. (1992). *Sozialstaat und demographischer Wandel*. Frankfurt a. M.: Campus.

Levinson, D. J. (1979). *Das Leben des Mannes. Werdenskrisen, Wendepunkte, Entwicklungschancen*. Köln: Kiepenheuer & Witsch.

Malinowski, B. (1922). *Argonauts of the Western Pacific. An account of native enterprise and adventure in the archipelagoes of Melanesian New Guinea*. London: Routledge & Sons.

Mannheim, K. (1928). Das Problem der Generationen. *Kölner Vierteljahrshefte für Soziologie 7*, 157–185, 309–330.

Manton, K. G., & Gu, X. (2001). Changes in the prevalence of chronic disability in the United States black and nonblack population above age 65 from 1982 to 1999. *Proceedings of the National Academy of Sciences, 98*(11), 6354–6359.

Manton, K. G., Stallard, E., & Corder, L. (1997). Changes in the age dependence of mortality and disability: Cohort and other determinants. *Demography, 34*(1), 135–157.

Mayer, K. U. (1990). Lebensverläufe und sozialer Wandel. Anmerkungen zu einem Forschungsprogramm. In K. U. Mayer (Hrsg.), *Lebensverläufe und sozialer Wandel. Sonderheft 31 der »Kölner Zeitschrift für Soziologie und Sozialpsychologie«*. (S. 7–21). Opladen: Westdeutscher Verlag.

Medawar, P. B. (1952). *An unsolved problem of biology*. London: Lewis.

Nühlen-Graab, M. (1990). *Philosophische Grundlagen der Gerontologie*. Wiesbaden: Quelle & Meyer.

Paul, S. (1998). Funktionen der Biografieforschung in der Ethnologie. In G. Jüttemann, H. Thomae (Hrsg.), *Biographische Methoden in den Humanwissenschaften* (S. 24–43). Weinheim: Beltz.

Rentsch, T. (1995). Altern als Werden zu sich selbst. Philosophische Ethik der späten Lebenszeit. In P. Borscheid (Hrsg.), *Alter und Gesellschaft* (S. 53–62). Stuttgart: Wissenschaftliche Verlagsgesellschaft.

Rentsch, T. (2012). Ethik des Alterns: Perspektiven eines gelingenden Lebens. In A. Kruse, T. Rentsch & H.-P. Zimmermann (Hrsg.), *Gutes Leben im hohen Alter: Das Altern in seinen Entwicklungsmöglichkeiten und Entwicklungsgrenzen verstehen* (S. 63–74). Heidelberg: AKA.

Rentsch, T., & Birkenstock, E. (2004). Ethische Herausforderungen des Alters. In A. Kruse & M. Martin (Hrsg.), *Enzyklopädie der Gerontologie: Alternsprozesse in multidisziplinärer Sicht* (S. 613–626). Bern Huber.

Riley, M. W. (1987). On the significance of age in sociology. *American Sociological Review, 52*(1), 1–14.

Ritschl, D., & Jones, H. O. (1976). *Story als Rohmaterial der Theologie*. München: Christian Kaiser.

Robine, J.-M., & Michel, J.-P. (2004). Looking forward to a general theory on population aging. *The Journals of Gerontology Series A: Biological Sciences and Medical Sciences, 59*(6), M590–M597.

Rothbaum, F., Weisz, J. R., & Snyder, S. S. (1982). Changing the world and changing the self: A two-process model perceived control. *Journal of Personality and Social Psychology, 42*, 5–37.

Rutter, M. (1990). Psychosocial resilience and protective mechanisms In J. Rolf, A. S. Masten, D. Cicchetti, K. H. Nüchterlein & S. Weintraub (Eds.), *Risk and protective factors in the development of psychopathology* (pp. 181–214). Cambridge: Cambridge University Press.

Ryder, N. B. (1965). The cohort as a concept in the study of social change. *American Sociological Review, 30*(6), 843–861.

Settersten, R. A. (2003). Propositions and controversies in life-course scholarship. In R. A. Settersten (Ed.), *Invitation to the life course: toward new understandings of later life* (pp. 15–45). Amityville, NY: Baywood.

Shaw, C. R. (1966). *The Jack-Roller: A delinquent boy's own story*. Chicago: University of Chicago Press.

Simmons, L. W. (1945). *The role of the aged in primitive society*. New Haven: Yale University Press.

Solomon, Z., & Ginzburg, K. (1999). Aging in the shadow of war. In A. Maercker, M. Schützwohl & Z. Solomon (Eds.), *Posttraumatic stress disorder. A lifespan developmental perspective* (pp. 137–154). Göttingen: Hogrefe.

Thomae, H. (1983). *Alternsstile und Altersschicksale. Ein Beitrag zur Differentiellen Gerontologie*. Bern: Huber.

Thomae, H. (1998). Psychologische Biographik. Theoretische und methodische Grundlagen. In G. Jüttemann & H. Thomae (Hrsg.), *Biographische Methoden in den Humanwissenschaften* (S. 75–97). Weinheim: Beltz. PsychologieVerlagsUnion.

Thomas, W. I., & Thomas, D. S. (1928). *The child in America: Behavior problems and programs*. New York: Alfred A. Knopf.

Wahl, H.-W., & Lang, F. R. (2006). Psychological aging: A contextual view. In P. M. Conn (Ed.), *Handbook of models for human aging* (pp. 881–895). Amsterdam: Elsevier.

Werner, E., & Smith, R. S. (1992). *Overcoming the odds. High risk children from birth to adulthood*. Ithaca: Cornell University Press.

Williams, G. C. (1957). Pleiotropy, natural selection and the evolution of senescence. *Evolution, 11*, 398–411.

Zimmermann, H.-P. (2012). Über die Macht der Altersbilder: Kultur – Diskurs – Dispositiv. In A. Kruse, T. Rentsch & H.-P. Zimmermann (Hrsg.), *Gutes Leben im hohen Alter: Das Altern in seinen Entwicklungsmöglichkeiten und Entwicklungsgrenzen verstehen* (S. 75–86). Heidelberg: AKA.

2 Grundlagen der soziologischen Lebenslaufforschung

Gertrud M. Backes

Zusammenfassung

Die soziologische Lebenslaufforschung geht von der Grundannahme aus, dass sich Gesellschaft und Gesellschaftsentwicklung über die Rekonstruktion individueller und/oder kollektiver Lebens(ver)läufe angemessen empirisch erfassen und analysieren lasse. Ein kurzer historischer Abriss macht den sozialen Wandel anhand der Veränderungen von Lebensläufen deutlich und verweist auf gesellschaftlich-institutionelle Entwicklungen und Strukturveränderungen. Im Zuge der soziologischen Analyse von Lebens(ver)läufen wurden – entlang unterschiedlicher methodischer Paradigmen – in den letzten Jahrzehnten zwei Verfahrensformen entwickelt: ein qualitativ-interpretativer Zugang mittels biografischer Interviews und ein quantitativer Zugang mittels Ereignis- bzw. Sequenzdatenanalyse. Im Beitrag wird dargestellt, wodurch und wie der gesellschaftliche Wandel Lebensläufe sukzessiver Kohorten verändert hat und welche soziologischen Konzepte erklärungsrelevant werden, beispielhaft expliziert am Ansatz von Martin Kohli zur »Institutionalisierung des Lebenslaufs« und am Ansatz von Karl Ulrich Mayer zur »Sozialstruktur des Lebensverlaufs«. Die korrespondierenden methodischen Verfahren werden kurz vorgestellt.

2.1 Einführung

Die Gesellschaft befindet sich in einem stetigen sozialen Wandel. Existenz und Lebensrealität der einzelnen Gesellschaftsmitglieder können ebenfalls in ihrer Dynamik, also in Verlaufsperspektive als Lebens(ver)läufe betrachtet und analysiert werden. Der Verlauf ihres Lebens war von jeher an die jeweilige Epoche, den gesellschaftlichen, ökonomischen, politischen Entwicklungsstand gebunden, von politischen Ereignissen wie Kriegen und von Naturereignissen geprägt. Erst in der modernen Gesellschaft haben sich – durch die Entwicklung von Staaten, Institutionen und freiheitlichen Bürgerrechten – Lebensläufe entwickelt,

die für einzelne Gruppen bzw. Kohorten der Gesellschaft auf vergleichbaren Voraussetzungen basieren. Lebensläufe sind gesellschaftlich geformt und prägen sich individuell biografisch aus. Durch einen Perspektivwechsel von einer statischen zu einer dynamischen Betrachtung ergeben sich weitere Chancen einer soziologischen Analyse wie auch der Gestaltung von Gesellschaft. »Ziel einer Soziologie des Lebenslaufs ist es, das Zusammenspiel von Arbeit, Familie und Wohlfahrtsstaat in seinen zeitlichen und auf das Individuum bezogenen Dimensionen zu untersuchen« (Sackmann, 2007, S. 12). Dieser Beitrag stellt zunächst die Veränderung von Lebensläufen im gesellschaftlichen Wandel vor, um im Weiteren die Entwicklung und heutige Ausformung einer soziologischen Lebenslaufforschung darzustellen.

2.2 Gesellschaft und Lebensläufe im Wandel – ein historischer Überblick

Das Leben in der vorindustriellen Zeit wurde geprägt durch Krankheiten, Tod, Missernten und ökonomische Abhängigkeit. Somit war der Lebenslauf nicht kalkulierbares Schicksal und weniger ein planbarer Lebensweg (Mayer, 2001, S. 440). Lebensverläufe waren in dieser Epoche für den größten Teil der Bevölkerung eng an die Lebenswelt der Familie gebunden. Kinder wurden sehr früh zur familiären Mitarbeit herangezogen; deren Schulbesuch fand nur wenige Jahre und überwiegend in den Jahreszeiten statt, in denen auf ihre (Mit-) Hilfe verzichtet werden konnte. Berufliche Erfahrungen wurden in der eigenen Familie oder in außerfamiliären Dienstverhältnissen gesammelt. Eheschließungen waren erst dann möglich, wenn eine ausreichende eigene materielle Lebensgrundlage vorhanden war. Einzelne Lebensphasen, Lebensereignisse und biografische Übergänge fanden entsprechend in sehr unterschiedlichen Lebensaltern statt, ein Teil der Bevölkerung blieb ohne Besitz und Familie.

Mit der Phase einer aufkommenden industriellen Gesellschaft – etwa Mitte des 19. Jahrhunderts bis Ende der 1920er Jahre – entwickelte sich der Typus des Lebensverlaufs als »Cycle of poverty« (Mayer, 2001, S. 441), der durch die Abhängigkeit der Handwerker und Industriearbeiter von ihrer Körperkraft und der Gesundheitsentwicklung gekennzeichnet wurde. Nur in Phasen funktionierender Körperlichkeit konnte Armut vermieden werden. Schulpflicht und Lehrberufe wurden ausgebaut. Die Lebensarbeitszeit begann für viele im Alter von 14 Jahren. Sie erstreckte sich – nach Einführung der Rentenversicherung – bis Ende des 70. (bis 1916) bzw. 65. Lebensjahres oder auch nur bis zur vorzeitigen Invalidität. Ein erlernter Beruf wurde lebenslang – in der Regel in einem Betrieb – ausgeübt. Phasen der Arbeitslosigkeit waren sehr verbreitet. Die Eheschließung war weiterhin abhängig von ökonomischen Voraussetzungen. Frauen gaben mit der Heirat – aber spätestens bei Geburt des ersten Kindes – ihre Erwerbstätigkeit auf.

Seit der Zeit nach dem Zweiten Weltkrieg lassen sich gewandelte Lebensverlaufsmuster beobachten: bis Ende der 1960er Jahre eine Phase der Institutionalisierung mit weitgehend ähnlichen Verläufen hinsichtlich Berufs- und Familienbiografie, seither eine Phase der partiellen Auflösung (De-Institutionalisierung) und anschließenden Restabilisierung biografischer Muster des Lebensverlaufs auf verändertem Niveau (Clemens, 1997). Ein Merkmal dieser Entwicklung war die Verlängerung der Bildungs- und Ausbildungsphase durch den Ausbau des Bildungssystems und ein damit verspäteter Eintritt ins Erwerbsleben. Gleichzeitig trat seit den 1970er Jahren eine weitere »Institution«, der Übergang in Rente und Ruhestand, durch den Ausbau vorzeitiger Rentenregelungen immer häufiger vor der offiziellen Rentengrenze ein (Clemens, 1997). Erst durch die Rentenreform 1992 wurde eine Trendwende zur Verlängerung der Lebensarbeitszeit angestoßen. Versuche einer Verkürzung der Studienzeiten mittels Bachelor- und Masterstudiengängen und der ab 2012 einsetzende Prozess zur »Rente mit 67 Jahren« setzen diesen Trend zur längeren Lebensarbeitszeit fort – im Kontext einer steigenden Lebenserwartung. Im familiären Bereich zeigt sich seit den 1950er Jahren eine Entwicklung zur späteren Familiengründung und späteren Mutter- bzw. Vaterschaft.

Seit den 1950er Jahren entwickelte sich – durch institutionelle Reformen und eine Expansion des Bildungswesens – ein differenziertes Muster von Bildungsverläufen für beide Geschlechter. Frauen arbeiten zunächst nach der Heirat weiter und geben ihre Erwerbstätigkeit nach der Geburt des ersten Kindes auf. Später kehren sie nach einer Familienphase immer öfter auf den Arbeitsmarkt zurück und verkürzen – in Abhängigkeit von der Qualifikation – zu-

dem die Phase der Unterbrechung. Mit dem Wandel bzw. der Erosion des »Normalarbeitsverhältnisses« haben sich Lebensverläufe seit den 1970er Jahren deutlich verändert; so hat der Anteil »atypischer Beschäftigung« wie Teilzeit, geringfügige bzw. befristete Beschäftigung in den letzten Jahrzehnten deutlich zugenommen. Phasen der Erwerbslosigkeit wirken in Zeiten der Massenarbeitslosigkeit auf die Prägung zahlreicher Lebensverläufe – besonders bei Personen mit geringer oder mittlerer Qualifikation. Des Weiteren bewirkte die sozialpolitische Rahmung die Formung des Lebensverlaufs: beispielhaft nachzuvollziehen an der Statuspassage des Übergangs in den Ruhestand beim Paradigmenwechsel vom System beruflicher Frühausgliederung hin zur Rente mit 67 Jahren.

2.3   Entwicklung der soziologischen Lebenslaufforschung

Die Soziologie als Gesellschaftswissenschaft hat den Lebenslauf bzw. Lebensverlauf erst relativ spät zum Fokus wissenschaftlicher Betrachtung gemacht. Obwohl gesellschaftliche Strukturen bereits seit Beginn des 20. Jahrhunderts vereinzelt mittels eines biografischen Zugangs untersucht wurden, hat in Deutschland erst in den 1970er Jahren eine Perspektive des Lebenslaufs die Betrachtung einzelner Lebensabschnitte ergänzt bzw. abgelöst. Erst seit dieser Zeit hat die Rekonstruktion individueller Biografien und vor allem kollektiver Lebensverläufe auch in Form sozialstruktureller Gesellschaftsanalyse zunehmend Konjunktur. Bei diesen Analysen wurden die sozialstaatlichen und sozialpolitischen Einflüsse auf die Prägung des Lebensverlaufs bisher zu wenig berücksichtigt.

Im Gegensatz zur Verlaufs- und prozessualen Betrachtung der Lebensspanne wur-

de die Bedeutung des (individuellen) Lebensalters in der Soziologie schon sehr viel früher hervorgehoben: Die Differenzierung der Gesellschaftsmitglieder nach dem Lebensalter diente stets dazu, im Prozess der Vergesellschaftung Abschnitte zu schaffen, altersspezifische Handlungsmuster bereitzustellen, eine Stabilität der Identität bei Statuspassagen zu gewährleisten und auch der Gesellschaft eine relativ eindeutige Setzung von Verhaltenserwartungen zu ermöglichen. So haben erst eine verlängerte Lebenserwartung, veränderte Lebensphasen und ein Übergang von der »unsicheren zur sicheren Lebenszeit« (Arthur E. Imhof) die Abfolge individueller Ereignisse als Prozess konstituiert, der vorhersehbare und planbare Phasen und Übergänge im Lebenslauf hervorgebracht hat. Eine sozialstaatliche »Rahmung« hat im Weiteren dazu geführt, Verlässlichkeit und Erwartungssicherheit biografischer Phasen und Übergänge soweit zu steigern, dass in der Soziologie schließlich von einer »Institutionalisierung des Lebenslaufs« (Kohli, 1985) gesprochen werden konnte – mit einer sog. ›Normalbiografie‹ als Grundlage für eine lebenszeitliche Verlaufsorientierung. Allerdings haben Kritiker dieses Ansatzes schon früh auf die (z.B. klassen- und geschlechtsspezifische) Variabilität von Lebensläufen verwiesen und eine differenziertere Analyse der Abfolge von Lebensphasen und Übergängen im Lebenslauf eingefordert. Nur so sei die sich seit Beginn der 1970er Jahre anbahnende Entwicklungen einer De-Institutionalisierung (z.B. durch die »Aufweichung« der Rentengrenze) angemessen abzubilden.

Gesellschaftlicher Wandel – durch technologische und ökonomische Entwicklung, veränderte Bildungs-, Arbeits-, Konsum-, Lebens- und Freizeitmuster – hat Lebensläufe sukzessiver Kohorten in der Moderne tiefgreifend verändert. Sozialstaat und Sozialpolitik haben zu den genannten Entwicklungen und damit zu einem Wandel der Lebensläufe maßgeblich beigetragen, wenn auch erst in den letzten Jahren die »Soziologie des Lebenslaufs« dies weitergehend reflektiert (Leisering, 1992; Leisering et al., 2001; Sackmann, 2007). In besonderem Maße trifft dies für Bildung und Rente zu, durch die Sozialpolitik als »Strukturgeber des Lebenslaufs« fungiert (Leibfried et al., 1995, S.23). Der formende Zugriff auf die zeitliche Ordnung des Lebens lässt sich vor allem durch Bildungsprozesse und Renten-

politik verdeutlichen, werden doch durch sie in unserer Gesellschaft die Statuspassagen »Übergang in den Beruf« und »Übergang in den Ruhestand« wie auch das weitere Leben im Alter maßgeblich bestimmt.

Mit der Einführung der gesetzlichen Altersrente hat sich im letzten Jahrhundert eine weitgehende biografische Orientierung auf eine gesellschaftlich organisierte Freistellung von Erwerbsarbeit im Alter entwickelt, die zurzeit durch eine Verschiebung des Rentenzugangsalters brüchig zu werden droht. Die Altersphase geht ökonomisch (für die meisten) mit bedarfsdeckenden und statussichernden Lohnersatzleistungen, normativ und kulturell mit dem Austritt aus den verpflichtenden und legitimierenden Wertungen der Arbeitsgesellschaft einher. Doch die dieser Entwicklung zugrunde liegende biografische Kontinuität scheint bedroht. Der Wandel der Arbeitsgesellschaft bringt immer häufiger diskontinuierliche, dem ursprünglich weiblichen Erwerbsmuster ähnliche Arbeitsbiografien hervor. Nachwachsende Generationen werden mit der Notwendigkeit von »Wahl- bzw. Bastelbiografien« (Ulrich Beck) konfrontiert, indem der Lebensverlauf und die Lebenslage nach dem Erwerbsleben bzw. im Alter – zukünftig noch wesentlich deutlicher als heute – zunehmend als Resultat lebenslanger individueller Entscheidungen aufscheinen. Wird dies mit einem Verlust der Perspektive von Sicherheit und Freiheit (des Alters) – als bedeutsame Merkmale des Wohlfahrtsstaates – einhergehen?

2.4 Zur Konstitution moderner, sich wandelnder Lebensläufe

In modernen Gesellschaften handeln Menschen im Lebenslauf unter dem Einfluss von zwei verschiedenen Sphären:

- unter den *strukturellen Bedingungen der Gesellschaft*, von Organisationen und Institutionen, Ökonomie und (Sozial-)

Politik, Beschäftigung, Arbeitsbedingungen, Wohnbedingungen, Geschlecht, Alter und Nationalität etc. und

- durch die *individuelle Sphäre der Persönlichkeit* mit Charakterzügen, verschiedenen Lebenszielen, Verantwortlichkeiten, Definitionen der Situation unter Bedingungen der Gesundheit, Zeitdimension, Lebenserfahrung, Werte und Einstellungen.

Damit erfolgt die Vergesellschaftung im Lebenslauf einerseits auf der gesellschaftsstrukturellen Ebene – als Abfolge von Positionen oder als institutionelle Karriere –, andererseits auf der Ebene individueller Existenz unter biografischer Perspektive mit dem Hintergrund lebenszeitlicher Verlaufsformen. Änderungen der strukturellen gesellschaftlichen Voraussetzungen wie die des Bildungssystems, der Familienformen, der (sozial-)rechtlichen Voraussetzungen sowie ökonomischer und Arbeitsmarktentwicklungen bewirken Änderungen der Lebenslaufregimes und beeinflussen und wandeln die individuelle Sphäre der Persönlichkeit.

Biografie und Lebens(ver)lauf

Unter jeweils spezifischer Relevanzsetzung dieser beiden Sphären haben sich in der Soziologie verschiedenartige Zugänge zur Analyse des Lebens(ver)laufs und in der Forschungsmethodik ergeben. So unterscheidet Kohli (1978) zwischen »Biografie« als eher subjektiv gedeuteter Lebensgeschichte und »Lebenslauf« als eher objektiver Ereignisgeschichte. Mayer (1990, S. 8) prägt dagegen – orientiert am amerikanischen »Life-course«-Ansatz (vgl. unten) – den Begriff »Lebensverlauf«, um stärker den Verlaufs- und Strukturcharakter sowie die institutionelle Abhängigkeit der lebenszeitlichen Entwicklung zu betonen und die sozialstaatliche Formung von Lebensverläufen hervorzuheben. Eine gesellschaftli-

che Verstetigung der Organisation des individuellen Lebens beschreibt Kohli (1985) im Ergebnis als »soziale Institution«, in der das chronologische Alter zur Bezugsgröße für die Ausbildung einer »Normalbiografie« wird. Als Bezugsgrößen sieht er die gestiegene Lebenserwartung, die Entwicklung eines standardisierten Familienzyklus und die Differenzierung von drei Phasen des Erwerbslebens (Vorbereitungs-, Aktivitäts- und Ruhephase). Eine »Institutionalisierung des Lebenslaufs« organisiert sich nach Kohli um das Berufsleben herum und wurde gesellschaftlich durch das Bildungs- und Sozialversicherungssystem ausgeprägt.

Nach Mayer (1996, 2001) greift allerdings die Vorstellung der »Institutionalisierung« (vor allem bei Kohli) als entsprechende Konstruktion eines ›modernen Lebensverlaufs‹ in ihrer historischen Generalisierung zu kurz, da der Ansatz einer »Institutionalisierung« die Gesellschaftsstruktur und davon geprägte Lebensverläufe unterschiedlicher Geburtskohorten nicht angemessen analysierbar mache. Ebenso wird die Zentriertheit des Ansatzes von Kohli auf männliche Erwerbsbiografien angemerkt, wodurch die Realität weiblicher Lebensläufe nicht ausreichend berücksichtigt werde (Allmendinger, 1994; Clemens, 1997). Außerdem prägt die Familie mit einem eigenen Rhythmus der Gewichtung von Verlaufsrelationen und von Lebensbereichen über die biografische Zeit – vor allem die Existenz von Kindern mit ihren Bedürfnissen in bestimmten Lebensphasen. Der soziale Wandel hat Veränderungen im männlichen und weiblichen Lebenslauf bewirkt, durch die selbstverständlich gesetzte Elternarrangements infrage gestellt werden. Erst in einer gemeinsamen Betrachtung einer Vielzahl von Politikfeldern – z.B. Arbeitsmarkt, Bildung und Soziales, Wohnungsbau, Stadtplanung und Renten – sind deren Auswirkungen auf familiäre Lebenswelten und die Lebensläufe der Familienmitglieder im Zeitverlauf sichtbar zu machen.

43

Eine »Institutionalisierung des Lebenslaufs« bewirkt nach Kohli (1985) eine Ausweitung individueller Handlungsspielräume und eine Entbindung aus gesellschaftlichen Verpflichtungen und sozialen Netzwerken. Biografische Erfahrungen, chronologische Handlungsmuster und Orientierungen an den gesellschaftlich normierten Lebensläufen und Alterspositionen bestimmen Gegenwart und Zukunftsperspektiven der Individuen. Die gesellschaftliche Entwicklung seit Ende der 1960er Jahre habe jedoch zu einem Stillstand des Institutionalisierungsprozesses und zu Tendenzen einer De-Institutionalisierung geführt, allerdings weniger deutlich im Bereich der Erwerbstätigkeit als im Bereich der Familie. Institutionalisiert sei dadurch heute nicht mehr so sehr ein bestimmtes Verlaufsmuster – man denke auch an die Veränderungen der Berufsbiografien, vor allem bei Frauen –, sondern der Zwang zu einer subjektiven Lebensführung mit einer sich ausweitenden Entscheidungsvielfalt.

Geht Kohli vom Lebenslauf selbst aus, indem er mit Hilfe der Zeitdimension Phasenbildung und Entwicklungsdynamiken betrachtet, so bezieht sich Mayers Ansatz des »Lebensverlaufs« (1990, 2001) zentral auf die Sozialstruktur, durch deren Segmente sich gewissermaßen der Lebenslauf bewegt. Er orientiert sich damit am angloamerikanischen Ansatz des »Life-course«, in dem einzelne Phasen des Lebens nicht als isolierte Abschnitte, sondern im Zusammenhang mit vorangegangenen und zukünftigen Lebensphasen sowie als Beziehung zwischen individuellen Entwicklungsprozessen und soziohistorischem Wandel analysiert werden. Entsprechend formuliert Mayer (1990, S. 10f.) zentrale Annahmen der Lebensverlaufsforschung:

- Der Lebensverlauf wird verstanden als endogener Kausalzusammenhang. Spätere Lebensbedingungen sind – wie auch Zielsetzungen und Erwartungen – aus

Bedingungen, Entscheidungen, Ressourcen und Erfahrungen der vorausgegangenen Lebensgeschichte zu verstehen und zu erklären.
- Phasen und Abschnitte des Lebensverlaufs müssen in einem Zusammenhang gesehen werden. Verhalten und Handlungspotentiale werden stärker durch die vorangegangene Lebensgeschichte bestimmt als durch bloße Zugehörigkeit zu einer Altersgruppe.
- Der Lebensverlauf wird primär durch das Abbild gesellschaftlicher Differenzierung innerhalb und zwischen Institutionen geprägt, weniger von Altersnormen und Normalbiografie.
- Die vorausgegangene Lebensgeschichte prägt nicht nur jeweilige Zugangschancen, sondern wirkt auch auf spätere Übergänge.
- Binnenverläufe innerhalb institutionalisierter Lebensbereiche (wie Erwerbsarbeit, Familie) können nicht unabhängig von Bedingungen und Verläufen außerhalb davon betrachtet werden.

Mayer (2001) konstatiert im Lebensverlauf institutionell und nach der Stellung in der Sozialstruktur differenzierte Handlungsrationalitäten, die Individuen prägen und sich in ihren biografischen Deutungen als gesamtgesellschaftliche Struktur- und Ablaufmuster niederschlagen. Staatlichen Interventionen in Institutionen und dem sozialen Sicherungs- und Steuerungssystem schreibt er dabei prägende Wirkungen zu. So werden »Karrieren« des Bildungs- und Erwerbssystems kodifiziert und integriert durch Auswirkungen staatlicher Eingriffe, insbesondere bei den Übergängen zwischen Ausbildung, Erwerbstätigkeit und Leistungen im Rahmen sozialer Sicherheit. Einfluss gewinnen auch die Kollektivbedingungen unterschiedlicher Kohortenlagen wie z. B. demografische Größe, Ausbildungs- und Berufschancen, familiäre Beziehungsformen individueller Lebensgeschichten. Ihre

Veränderungen manifestieren sich im Wandel von Lebensläufen im historischen Verlauf.

Insgesamt wird deutlich, dass Mayer dem Staat, der Sozialpolitik und gesellschaftlichen Institutionen eine zentrale Rolle für die Festigung sozialer Differenzierung und die damit einhergehenden Integrationserfordernisse der institutionellen Teilbereiche zuschreibt. Allgemein sieht Mayer in den Lebensläufen trotz stärkerer Differenzierung keine zunehmende Individualisierung, sondern weist darauf hin, dass Lebensgeschichte über gesellschaftliche Institutionen – und damit auch über Politik – in immer stärkerem Maße Lebenschancen determiniere.

Lebensphasen, Übergänge und Statuspassagen im Lebenslauf

In Hinblick auf die Konstituierung des Lebens(ver)laufs sind die Konzepte einer zeitlichen Strukturierung von besonderer Bedeutung. Das Konzept der »Lebensphasen« differenziert den Lebenslauf in eine kontinuierliche Folge von regelmäßig auftretenden, unterscheidbaren Phasen, wodurch die Lebensspanne eines Individuums zyklisch strukturiert wird (Neugarten & Datan, 1978). Die Lebenslage von Individuen kann dabei durch unterschiedliche Lebens- und Handlungsbedingungen in entsprechenden biografischen Phasen verschiedenartig ausgestaltet werden. Personen in einer bestimmten Lebensphase (z.B. Frauen in der Familienphase) wird eine Reihe sozialer Merkmale zugesprochen, wobei ihr (möglicherweise) unterschiedliches chronologisches Alter außer Acht gelassen wird. Periodisierungen des Lebenslaufs konstituieren Zeiträume, denen eine höhere Relevanz hinsichtlich des Verhaltens und der Einstellungen eingeräumt wird als dem kalendarischen Alter.

Phasen des Lebenslaufs sind auch durch institutionelle Vorgaben bestimmbar. So

sieht Levy (1996) den Lebenslauf als Abfolge von ›Statuskonfigurationen‹, die durch die Partizipation an verschiedenen Organisationen und den darin enthaltenen Handlungschancen strukturiert werden. Diesen Ansatz verdeutlicht Levy mit dem weiblichen Lebenslauf, dessen Erwachsenenstatus Familie, Arbeitsmarkt und andere Bereiche gesellschaftlicher Teilhabe auf spezifische Weise umfassen kann – nacheinander oder auch gleichzeitig. Obwohl hierbei das Individuum als Analyseebene im Vordergrund steht, sind die Übergänge, die Phasen markieren, vor allem gesellschaftlich vorgeprägt, allerdings unter Berücksichtigung biologischer Reifeprozesse. Als wichtige Übergänge zwischen Lebensphasen werden gesehen: Schuleintritt, Verlassen der Schule und des Elternhauses, Eintritt in das Berufsleben, Eheschließung, Elternschaft, beruflicher Aufstieg oder Misserfolge, die Menopause, Auszug der Kinder, Großelternschaft, Übergang in den Ruhestand (Neugarten & Datan, 1978). Unterschiedliche Formen der Konzeptualisierung von Phasen betonen eher gesellschaftlich auferlegte und sozialstaatlich geformte Lebensabschnitte (wie Schulpflicht oder Pensionierung), interpersonelle Konstellationen und Institutionen (wie Ehe und Familienzyklus) oder stark persönlichkeitsorientierte Stadien (wie moralische Entwicklung, veränderte Lebensformen).

Übergänge zwischen Lebensphasen werden theoretisch und empirisch unterschiedlich gefasst als »Statuspassagen«, »Statusübergänge« oder als »(kritische) Lebensereignisse« (vgl. Sackmann, 2007). Der Begriff »Statuspassage« orientiert sich an den Übergängen in normalbiografischen Entwürfen (z.B. Eintritt in den Beruf, »Empty-nest«, Berufsaufgabe, Heimeintritt oder Pflege in der Kinderfamilie bei Aufgabe des eigenen Hausstandes etc.) oder deren Varianten, die zwischen verschiedenen Lebensbereichen und -abschnitten entwickelt, ausgehandelt und verändert werden. Mit Statuspassagen wird einerseits die

Verknüpfung des individuellen Lebens mit der Gesellschaft und ihren Institutionen thematisiert (Makroperspektive), andererseits aber auch die subjektive Seite der Bewältigung von Übergängen durch einzelne Personen und ihr soziales Umfeld (Mikroperspektive). Übergänge sind häufig die Folge struktureller oder institutionalisierter Bedingungen. Sie rufen aber individuell sowohl strukturelle Änderungen als auch Änderungen der Handlungsspielräume in der Lebenslage hervor.

Durch gesellschaftliche Normalitätsunterstellungen von Institutionen und Vorstellungen über die »Normalbiografie« werden Orientierungen vermittelt, auch wenn sie als von der Realität überholt gelten können. Diese Orientierungen wurden mit den Zeitvorgaben sozialer Sicherung, durch die das Leben längerfristig geplant werden konnte, und durch den Einfluss kultureller Bilder von individuellen Entwicklungen ermöglicht. Sie verändern sich mit dem Strukturwandel und vermitteln den Individuen Chancen, sich durch veränderte Verhaltensmuster an gesellschaftliche Normen anzupassen. Am Wandel der Formen des Übergangs in den Ruhestand wird dies deutlich, da sich seit Anfang der 1970er Jahre das lebenszeitliche »Normalarbeitsverhältnis« zunächst durch die Verkürzung der Lebensarbeitszeit und sehr heterogene Regelungen des Übergangs aufzulösen begann, nach der Rentenreform 1992 auf höherem Niveau stabilisiert und inzwischen durch die Verlängerung der Lebensarbeitszeit ausgedehnt werden soll.

Institutionalisierung des Lebenslaufs und lebenszeitliche Perspektive

Als wichtiger Aspekt des Lebenslaufs und der Biografie muss letztlich die subjektive lebenszeitliche Perspektive betont werden, die Individuen aufgrund der »Institutionalisierung des Lebenslaufs« durch gesell-

schaftlich-politische Modernisierung entwickeln. Die Existenz des Einzelnen hat einen irreversiblen Bezug auf den Horizont der gesamten Lebensspanne erhalten. So wurde z. B. durch die Alterssicherung der Lebensabend als dritte große Phase im modernen Lebenslauf geprägt und für Jüngere zugleich der Erwartungshorizont einer gesicherten Lebensspanne geschaffen (Leibfried et al., 1995, S. 28). Ergebnisse des gesellschaftlichen und institutionellen Wandels bewirken bzw. erzwingen – wenn auch manchmal mit zeitlichem Verzug – eine subjektive Neuorientierung der Lebensläufe, so z. B. hinsichtlich späterer Armutsrisiken im Ruhestand durch die Destabilisierung von Erwerbsbiografien und zunehmende Phasen der Arbeitslosigkeit.

Die Einheitlichkeit der Erfahrung von Generationen wird in den letzten Jahrzehnten durch gesellschaftliche Differenzierungs- und Modernisierungsprozesse infrage gestellt. Entwicklungen zur Pluralisierung der Lebensformen und zur Individualisierung zeitigen eine Ausbreitung neuer Lebensformen als Reaktion auf den Zuwachs an Bildung und Mobilität wie auch auf Differenzierungsprozesse im produktiven Bereich: »Durch den Ausbau des Sozialstaates nach dem Zweiten Weltkrieg, durch Bildungsexpansion, Reallohnsteigerung, soziale und geografische Mobilität, durch zunehmende Frauenerwerbstätigkeit, Scheidungsziffern, Flexibilisierung von Erwerbsarbeit werden industriegesellschaftliche Schlüsselbegriffe und -variablen – Klasse, Kleinfamilie, Beruf – vielfältig ausdifferenziert« (Beck, 1991, S. 41). Neue Lebensformen resultieren danach aus der schwindenden Bindungskraft bisheriger institutionalisierter Formen – wie Ehe und Familiengründung. Sie können zu einem höheren Grad an Wahlfreiheit, aber auch zu komplexeren Abhängigkeiten und Zwängen führen. »Individualisierung« bedeutet somit – neben der Chance zur selbst bestimmten Lebensgestaltung – erhöhte Anforderungen an eigene Steuerungsleistungen in der Gestaltung des Lebenslaufs, also soziale Bedingungen, »in denen die Individuen ihre Lebensformen und sozialen Bindungen unter sozialstaatlichen Vorgaben selbst herstellen, inszenieren, zusammenbasteln müssen« (Beck & Beck-Gernsheim, 1993, S. 178).

Der moderne Lebenslauf kann als Resultat sozialer Institutionalisierungsprozesse beschrieben werden, auf die der Arbeitsmarkt, die Familie und zunehmend der Sozialstaat Einfluss nehmen. Insbesondere die prägende Rolle des Sozialstaates als Strukturgeber des Lebenslaufs wird erst allmählich in der Soziologie zur Kenntnis genommen und reflektiert: »Lebenslauf ist Politik und umgekehrt: Politik ist wesentlich auch Lebenslaufpolitik« (Leibfried et al., 1995, S. 23). Damit ist ein formender Zugriff auf die zeitliche Ordnung des Lebens impliziert. Dem zugrunde liegt die gesellschaftliche Organisation von Arbeit als Erwerbsarbeit in fortgeschrittenen, demokratisch verfassten Gesellschaften, die zunehmend und unwiderruflich mit der permanenten politischen Intervention staatlicher Instanzen verknüpft ist. Sozialpolitik beinhaltet deshalb im umfassenden Sinne sämtliche staatlichen Eingriffe in das System individueller und gesellschaftlicher Reproduktion, das über Erwerbsarbeit vermittelt ist.

Insgesamt gesehen muss für alle Lebensphasen – auch für das Alter – im Zeichen der »Individualisierung« (s. oben) von mehr Entscheidungsfreiheit und zugleich mehr Entscheidungszwängen ausgegangen werden, obwohl gleichzeitig grundsätzliche, vor allem durch den Sozialstaat geschaffene Strukturen in unserer Gesellschaft weiter existieren und Orientierung bieten: »Der moderne individualisierte Lebenslauf ist also Ergebnis eines Zusammenspiels von Sozialstaat und einzelnen« (Leibfried et al., 1995, S. 42). So liegt auch der bisher bestehenden Institutionalisierung der Lebensphase Alter eine »soziale Konstruktion« des Lebenslaufs zugrunde, die sich in ihrer prozessualen Struktur gegen eine kurzfristige Umgestaltung von Lebenslaufmustern sperrt. Vor allem die lebensperspektivische Ausrichtung auf einen gesicherten Ruhestand hat sich als Erwartungsmuster durch sozialpolitisches Handeln entwickelt, das sich weder durch individuelles Handeln noch durch staatliche Politik ohne weiteres umkonstruieren lässt (Kohli, 1996, S. 350). Und doch wird die biografische Erwartungssicherheit als Grundlage perspektivischen lebenszeitlichen Handelns zunehmend durch Politik, demografische Entwicklung und sozialpolitische Reaktionen infrage gestellt.

2.5 Methoden der Lebenslaufanalyse

Die in der Biografieforschung und der Lebenslaufanalyse eingesetzten Methoden orientieren sich einerseits an dem Paradigma qualitativer, interpretativer Sozialforschung, andererseits an der quantitativen Verweildauer- und Sequenzmusteranalyse (Sackmann, 2007, S. 63 ff.). Qualitativ wie quantitativ orientierte Verfahren der Datenerhebung und Datenanalyse haben in den letzten Jahrzehnten zahlreiche Innovationen erfahren. In der Biografieforschung hat es vor allem das von Fritz Schütze entwickelte »Narrative Interview« (vgl. Sackmann, 2007) zu einiger Prominenz gebracht und wird in den letzten drei Jahrzehnten immer häufiger als Erhebungsverfahren qualitativer Daten, z. B. der Lebensgeschichte oder spezifischer zeitlicher

Episoden, eingesetzt. In der Forschungspraxis geschieht dies öfter in Kombination mit halbstrukturierten Verfahren, z. B. des »Leitfadeninterviews«, um einen methodischen »Synergieeffekt« von offener und teilweise strukturierter Vorgehensweise zu erzielen. Als Auswertungsverfahren wird zunehmend das im Rahmen der »Objektiven Hermeneutik« von Ulrich Oevermann und Mitarbeitern entwickelte Verfahren der Feinanalyse gewählt (vgl. Sackmann, 2007). Die (quantitative) Lebenslaufanalyse hat methodische Innovation durch die Entwicklung der Ereignisdaten- und Sequenzanalyse erfahren. In der Forschungspraxis zur Lebenslaufanalyse sind im Sinne einer »Methodentriangulation« quantitative und qualitative Verfahren kombiniert worden (Sackmann, 2007, S. 63).

Zentraler Gedanke des »Narrativen Interviews« ist die Rekonstruktion der Konstitution sozialer Realität des handelnden Akteurs mittels erzählter (Lebens-)Geschichte (Rosenthal, 2008). Die Zuverlässigkeit der erhobenen Daten beruht nach Schütze auf einer »Homologie« zwischen der Art, wie etwas erzählt wurde, und der Art, wie etwas erlebt wurde bzw. welcher biografische Gestaltungsmodus im Handeln vorherrschend sei (Sackmann, 2007, S. 65). Im Interview stehen Kommunikation und Offenheit im Vordergrund. Der Interviewpartner präzisiert über Sequenzierung, »Zugzwänge« und Detaillierung die Ereignisabfolge des Lebens – oder des erfragten Lebensabschnitts – durch Narration. Nach einem Erzählstimulus soll zunächst eine Haupterzählung – ohne Eingreifen der interviewen-

den Person – die subjektive Erinnerung zum erfragten Ereignis aktivieren, bevor interne und externe Nachfragen vorgesehen sind. Das Vorgehen der »Objektiven Hermeneutik« zur Auswertung transkribierter Texte basiert auf einer kollektiven Interpretation (z. B. einer Forschergruppe) von nacheinander folgenden Sätzen bzw. von Sequenz zu Sequenz des Textes, wobei dessen subjektiver Sinn durch eine Auseinandersetzung mit der vorhandenen intersubjektiven sozialen Welt durch die Forscher gedeutet wird.

Ereignisdaten- und Sequenzanalyse als Verfahren der quantitativen Lebenslaufanalyse setzen Längsschnittdaten voraus, in der Regel retrospektive bzw. Paneldaten (Sackmann, 2007, S. 72). In der mit multivariaten statistischen Verfahren arbeitenden Ereignisdatenanalyse werden soziale Handlungsabfolgen (wie der Lebensverlauf) als »Zustandsraum« mit einer Vielzahl von »Zuständen« aufgelistet (z. B. berufliche Episoden), die mit zeitlichen Angaben (der Dauer von Zuständen) verknüpft werden. Übergänge von einem Zustand zum anderen werden als »Ereignis« bezeichnet und als Prozess für eine oder mehrere Gruppen ausgewiesen. Die *Sequenzmusteranalyse* wurde in Kritik an der Ereignisdatenanalyse in den 1990er Jahren entwickelt. Man will dabei die Beschränktheit von einzelnen Übergängen überwinden und den theoretischen Anspruch der Analyse ganzer Lebensverläufe einlösen. Den Kern der Sequenzmusteranalyse bildet der paarweise Vergleich von Verlaufssequenzen, um eine Ähnlichkeit zwischen Verläufen zu messen (Sackmann, 2007, S. 79).

2.6 Ausblick

Die zentrale Frage eines Ausblicks lautet: Wie werden sich die Lebenslauf- und Alterns-

perspektiven der heute jüngeren Generationen aufgrund der gesellschaftlichen und möglichen sozialstaatlichen Veränderungen entwickeln? Folgen dem Trend zu »Patchwork«-Lebensentwürfen ein »biografischer Inkrementalismus« und eine »Bastel«-Perspektive für den Lebenslauf und die Lebensphase Alter? Wird man immer mehr von einer »Verflüssigung« des Lebenslaufs sprechen können, wenn zeitliche Anfangs- und Endpunkte von Lebensphasen immer stärker flexibilisiert und individualisiert werden? Die von Anhängern des »Individualisierungsansatzes« – bisher eher für das »normale« Erwachsenenalter – konstatierte Pluralisierung der Lebensformen mit Chancen und Zwängen einer tendenziell größeren Freiheit in der Gestaltung der Lebensweise und des Lebenslaufs wird vor der Lebensphase Alter kaum halt machen. Der Zenit sozialstaatlicher Sicherheit für das Alter ist überschritten, die Formen der traditionellen Vergesellschaftung des Alters als »späte Freiheit« beginnen zu schwinden, ohne dass bisher dauerhaft tragfähige Alternativen entwickelt werden konnten.

Damit wäre der Fokus zu richten auf eine langfristige Änderung des gesamten Lebenslaufregimes, das in allen Lebensphasen durch mehr Offenheit gekennzeichnet sein wird. Es gilt, die bisher noch weitgehend wirksame Dreiteilung des Lebensverlaufs in Ausbildung, Arbeit und Ruhestand als Grundmuster der »Institutionalisierung des Lebenslaufs« aufzubrechen bzw. die bereits stattfindende Erodierung sozialstaatlich und gesellschaftlich zu flankieren und so weit als möglich zu institutionalisieren. Die mit der Dreiteilung verbundenen altersdifferenzierten Strukturen und Rollenmuster stellen zugleich Altersbarrieren und

Altersgrenzen dar. Durch die verstärkte Entwicklung altersintegrierter Strukturen, indem Bildung, Arbeit und Freizeit im Lebenslauf anders verteilt werden, dürfte es eher gelingen, bereits in jüngeren Jahren stärker selbstbestimmte Verhaltensformen und -orientierungen zu entwickeln. So könnten die Betroffenen mit neuen gesellschaftlichen Herausforderungen – wie der Ökonomie, des Arbeitsmarktes, sozialpolitischer Regelungen, der Voraussetzungen zur Vereinbarung von Beruf und Familie etc. – kompetenter umgehen.

Doch entsprechende Formen der Vergesellschaftung, die im Zuge einer De-Institutionalisierung des Lebenslaufs stärker am Individuum als Handlungszentrum ansetzen, sind bisher sozialstrukturell nach Schicht- und Geschlechtszugehörigkeit sowie anderen sozialstrukturellen Differenzierungsmerkmalen (z. B. Ethnie, Region) sehr ungleich entwickelt. Während Personen in günstigeren Lebenslagen bereits in jüngeren und mittleren Lebensphasen durch die Vorteile der Individualisierung ihre Lebensform eher als »Bastelaufgabe« gestalten können und dies als Orientierung mit in die Lebensphase Alter nehmen, werden z. B. Angehörige benachteiligter Sozialschichten weiterhin stärker den Zwängen institutioneller Vorgaben und sozialstaatlicher Programme unterworfen sein. Zukünftige Lebenslaufforschung muss einer fortschreitenden Diversifizierung von Lebensläufen Rechnung tragen, sowohl der Ausweitung struktureller – v. a. sozialstaatlicher – Vorgaben, als auch dem Wandel der subjektiven Reflexion biografischer Verläufe der handelnden Individuen.

Literatur

Allmendinger, J. (1994): *Lebensverlauf und Sozialpolitik. Die Ungleichheit zwischen Mann und Frau und ihr öffentlicher Ertrag.* Frankfurt/New York: Campus.

Beck, U. (1991): Der Konflikt der zwei Modernen. In: W. Zapf (Hrsg.): *Die Modernisierung moderner Gesellschaften* (S. 40–53). Frankfurt/New York: Campus.

Beck, U. & Beck-Gernsheim, E. (1993): Nicht Autonomie, sondern Bastelbiographie. Anmerkungen zur Individualisierungsdiskussion am Beispiel des Aufsatzes von Günter Burkart. *Zeitschrift für Soziologie, 3*, 178–187.

Clemens, W. (1997): *Frauen zwischen Arbeit und Rente. Lebenslagen in später Erwerbstätigkeit und frühem Ruhestand.* Opladen: Westdeutscher Verlag.

Kohli, M. (1978) (Hrsg.): *Soziologie des Lebenslaufs.* Darmstadt/Neuwied: Luchterhand.

Kohli, M. (1985): Die Institutionalisierung des Lebenslaufs. Historische Befunde und theoretische Argumente. *Kölner Zeitschrift für Soziologie und Sozialpsychologie, 1*, 1–29.

Leibfried, S., Leisering, L., Buhr, P., Ludwig, M., Mädje, E., Olk, T., Voges, W. & Zwick, M. (1995): *Zeit der Armut. Lebensläufe im Sozialstaat.* Frankfurt a. M.: Suhrkamp.

Leisering, L. (1992): *Sozialstaat und demographischer Wandel. Wechselwirkungen, Gene-* rationenverhältnisse, politisch-institutionelle Steuerung. Frankfurt/New York: Campus.

Leisering, L., Müller, R. & Schumann, K.F. (2001): *Institutionen und Lebensläufe im Wandel.* Weinheim/München: Juventa.

Levy, R. (1996): Zur Institutionalisierung von Lebensläufen. In: J. Behrens & W. Voges (Hrsg.): *Kritische Übergänge. Statuspassagen und sozialstaatliche Institutionalisierung* (S. 73–113). Frankfurt/New York: Campus.

Mayer, K. U. (Hrsg.) (1990): *Lebensverläufe und sozialer Wandel.* Opladen: Westdeutscher Verlag.

Mayer, K.U. (2001): Lebensverlauf. In: B. Schäfers, & W. Zapf, W. (Hrsg.): *Handwörterbuch zur Gesellschaft Deutschlands* (2. Aufl., S. 438–451). Opladen: Leske + Budrich.

Neugarten, B.L. & Datan, N. (1978): Lebensablauf und Familienzyklus – Grundbegriffe und neue Forschungen. In: L. Rosenmayr (Hrsg.): *Die menschlichen Lebensalter. Kontinuität und Krisen* (S. 165–188). München/Zürich: Piper.

Rosenthal, G. (2008): *Interpretative Sozialforschung. Eine Einführung* (2. Aufl.). Weinheim/München: Juventa.

Sackmann, R. (2007): *Lebenslaufanalyse und Biografieforschung. Eine Einführung.* Wiesbaden: VS Verlag.

3 Grundlagen der psychologischen Lebenslaufforschung

Hans-Werner Wahl und Andreas Kruse

Zusammenfassung

Wir argumentieren eingangs, dass die psychologische Lebenslaufforschung nicht nur naturgemäß eine hohe Affinität zur Entwicklungspsychologie besitzt, sondern auch zu den meisten anderen psychologischen Teildisziplinen. Nach einer kurzen Darstellung der Entstehungsgeschichte der psychologischen Lebenslaufforschung skizzieren wir deren allgemeine Prinzipien und Leitideen wie vor allem: Entwicklung als lebenslangen Prozess zu sehen, die Gleichzeitigkeit von Entwicklungsgewinnen und Entwicklungsverlusten in allen Lebensphasen anzuerkennen, die Multidimensionalität und Multidirektionalität von Entwicklung zu beachten, Entwicklung als Ergebnis kontinuierlicher (kumulativer) und diskontinuierlicher (innovativer) Prozesse zu verstehen, die geschichtliche Einbettung von Entwicklungsprozessen zu beachten, die Plastizität von Entwicklungsprozessen hervorzuheben und schließlich Menschen als aktive (Mit-)Gestalter ihrer Entwicklung zu betrachten. Sodann werden theoretische Perspektiven der psychologischen Lebenslaufforschung diskutiert und schließlich anhand von exemplarischen Befunden in Teilen illustriert.

3.1 Psychologische Lebenslaufforschung im Kontext psychologischer Disziplinen

Der Versuch einer Darstellung von Grundlagen, Entwicklungstrends und zentralen Befunden psychologischer Lebenslaufforschung kann sich nicht auf die Teildisziplin der Entwicklungspsychologie beschränken. Dies, weil Psychologie als empirische Wissenschaft grundsätzlich die Identifikation und Erklärung empirisch prüfbarer, unter definierten Randbedingungen replizierbarer oder falsifizierbarer Gesetzmäßigkeiten des Erlebens und Verhaltens von Personen eines bestimmten Alters in bestimmten Situationen zu ihrem Gegenstand hat (Asendorpf, 1991) und die Frage nach der Generalisierbarkeit von Theorien und Befunden mindestens implizit auf die Frage nach der Stabilität von Merkmalen und Merkmalszusammenhängen im Lebenslauf verweist. Die Lebenslaufforschung hat darüber hinaus auch anwendungsbezogen für die Psychologie erheblich an Bedeutung gewonnen. Angesichts der Tatsache, dass (a) das chronologische Alter kein guter Prädiktor des individuellen Entwicklungsstandes ist, dass sich (b) Menschen gleichen Alters erheblich voneinander unterscheiden und dass (c) Entwicklungsprozesse teils infolge von Unterschieden in Person-, teils infolge von Unterschieden in Umweltmerkmalen sehr unterschiedlich verlaufen, sind interindividuell unterschiedliche Alternsformen (Thomae, 1987) für alle psychologischen Grundlagen- und Anwendungsfächer von prinzipieller Bedeutung. Dies gilt, angesichts einer stark alternden Arbeitswelt und einer stark alternden Bevölkerung insgesamt, nicht zuletzt auch deswegen, weil die Psychologie heute mehr denn je mit dem Anspruch auftritt, bei der Lösung gesellschaftlicher Herausforderungen mitzuwirken. Verwiesen sei an dieser Stelle lediglich auf die immer älter werdende Klientel der Klinischen Psychologie bzw. Psychotherapie, die immer älter werdenden Belegschaften (Arbeits- und Organisationspsychologie), die Herausforderungen einer lebenslangen Bildung (Pädagogische Psychologie),

die noch zu wenig genutzten Potenziale lebenslanger Prävention (Gesundheitspsychologie) oder die Bedeutung von sozialen Repräsentationen des Alters und Alterns für das Selbstbild älterer Menschen, für den Verlauf von Alternsprozessen wie auch für die Verwirklichung von Entwicklungsmöglichkeiten im Alter (Sozialpsychologie). Nicht zuletzt steht auch die psychologische Methodenlehre und Diagnostik vor neuen Aufgaben, etwa wenn es um die optimale statistische Modellierung von Längsschnittdaten und deren Interpretation oder um die Messäquivalenz von Standardverfahren wie Persönlichkeits- oder Depressionsfragebogen für die gesamte Lebensspanne geht.

3.2   Zur Entwicklung der psychologischen Lebenslaufforschung[2]

Entwicklungsprozesse im mittleren und höheren Erwachsenenalter bzw. eine lebenslang angelegte Entwicklungsperspektive sind erst vergleichsweise spät ein wichtiger Gegenstand entwicklungspsychologischer Forschung geworden. Die klassische Entwicklungspsychologie konzentrierte sich vielmehr auf die Beschreibung und Erklärung von Veränderungen im Kindes- und Jugendalter. Dies geschah vor dem Hintergrund der Dominanz eines naturwissenschaftlichen Verständnisses von Entwicklung, demzufolge Veränderungen nur dann als Entwicklung zu beschreiben sind (bzw. Gegenstand entwicklungspsychologischen Interesses werden sollten), wenn sie als irreversibel, im Sinne einer »Entwicklungslogik« zwangsläufig, universell, invariant und durch einen qualitativ höherwertigen

Endzustand begrenzt angesehen werden können. Die psychologische Lebenslaufforschung lenkt den Blick nicht nur auf Entwicklungsprozesse in allen Lebensaltern; sie geht auch, wie später zu zeigen sein wird, mit einem neuen Verständnis von Entwicklung einher.

Historisch gesehen wurden vor allem im Arbeitskreis von Charlotte und Karl Bühler in Wien in zahlreichen Studien neben der systematischen Beobachtung vor allem Biografien und Tagebuchaufzeichnungen für die Analyse von Entwicklungsprozessen über den gesamten Lebenslauf verwendet. In ihrem 1933 erschienen klassischen Werk »Der menschliche Lebenslauf als psychologisches Problem«, das in Deutschland am Beginn psychologischer Lebenslaufforschung steht, stellt Charlotte Bühler mit

---

2 Kleinere Überschneidungen mit Kapitel 1 des Buches sind gewollt.

Blick auf eine Psychologie des Lebenslaufs fest, dass »[…] ein wirkliches Verständnis der Vorgänge bei Bedürfnis und Aufgabe weder durch ein Studium einzelner, aus dem Lebensganzen herausgerissener Handlungen noch aber durch das bloße Bemühen um die Entstehung dieser Vorgänge in der Kindheit zu erlangen ist. Vielmehr [sei es] unbedingt erforderlich, aus dem Ganzen und vor allem vom Ende des menschlichen Lebenslaufs her zu erfassen, was Menschen eigentlich letztlich im Leben wollen, wie ihre Ziele bis zu diesem letzten gestaffelt sind« (Bühler, 1933, S. VII). Nach Charlotte Bühler ist das Individuum durch seine Intentionalität, seine aktive und kreative Hinordnung auf Ziele, charakterisiert. Im Zentrum ihres Interesses steht das »integrierende Selbst«, die Analyse von Aspekten, die dazu beitragen, dass dem Selbst eine Integration gelingen kann. In diesem Zusammenhang verweist sie auf letzte Absichten der Person – zum Beispiel Glück, Erfolg oder Ruhm zu erlangen oder »ein sinnvolles Leben zu führen«, die Teilnahme an einer Gruppe, in der ein Individuum sich in Selbstbeschränkung anpassen kann, ohne sich aufzugeben, sowie Leistungen in Beruf oder Gesellschaft, die schöpferische Expansion ermöglichen: »Man kann […] den Sinn als Grundprinzip für die Aufrechterhaltung der inneren Ordnung und die Integration in unserer Existenz bezeichnen« (Bühler, 1969, S. 295).

Ein früher, für die weitere entwicklungspsychologische Forschung sehr einflussreicher Entwicklungsbegriff geht auf Thomae (1959) zurück. In dem Einführungskapitel seiner Monografie über Entwicklungspsychologie definiert Hans Thomae Entwicklung als »[…] eine Reihe von miteinander zusammenhängenden Veränderungen, die bestimmten Orten des zeitlichen Kontinuums eines individuellen Lebenslaufs zuzuordnen sind« (Thomae, 1959, S. 4). Das hier vertretene historische Verständnis von Entwicklung bildet bis heute eine Grundla-ge (nicht nur) psychologischer Alternsforschung und erscheint als geeignet, die aus der Sicht einer Entwicklungspsychologie der Lebensspanne zentralen Anforderungen an einen »modernen« Entwicklungsbegriff zu erläutern. In diesem Zusammenhang ist zunächst darauf hinzuweisen, dass die Definition von Thomae, anders als klassische Entwicklungsdefinitionen, nicht primär die Entfaltung und Ausdifferenzierung von Anlagen akzentuiert, sondern vielmehr lebenslange Veränderungen menschlichen Erlebens und Verhaltens stärker in das Zentrum des Forschungsinteresses rücken. Die Analyse von miteinander zusammenhängenden Veränderungen umfasst nicht nur im Erleben und Verhalten beobachtbare Veränderungen, sondern prinzipiell auch Veränderungen zweiter Ordnung (Brandtstädter, 2007a), also Veränderungen in den dem Erleben und Verhalten zugrundeliegenden Mechanismen und Prozessen, womit prinzipiell auch die Erklärung von Stabilität (z. B. erhaltene Zufriedenheit trotz abnehmender Ressourcen und zunehmender Verluste) zu einem wichtigen Gegenstand entwicklungspsychologischer Analysen wird. Anders als in der traditionellen Entwicklungspsychologie und der Alltagssprache bezieht sich der Begriff Entwicklung im Kontext einer derartigen Definition nicht allein auf eine Veränderung zum Positiven, vielmehr sind Gewinne und Verluste gleichermaßen von Interesse, was gleichzeitig für die Multidimensionalität von Entwicklungsprozessen sensibilisiert. Des Weiteren ist an der von Thomae vorgeschlagenen Definition hervorzuheben, dass der kulturelle und soziale Kontext berücksichtigt wird und damit den Einwänden, die in der Entwicklungspsychologie gegen eine Akzentuierung der chronologischen Zeit bei der Beschreibung psychischer Veränderungen im Kindes-, Jugend- und frühen Erwachsenenalter erhoben worden sind, Rechnung getragen wird: Mit dem Verweis auf den »individuellen

Lebenslauf« können Entwicklungsprozesse über die Lebensspanne sowohl als Ergebnis sozialer Normierung oder kultureller Konstruktion als auch als Ergebnis der individuellen Aufschichtung von Erfahrungen oder als Resultat von Bemühungen um eine Gestaltung eigener Entwicklung analysiert werden. Nicht zuletzt kann die von Thomae vorgeschlagene Definition für individuelle Unterschiede und die Heterogenität von Entwicklungsprozessen sensibilisieren.

Ab den 1950er Jahren gehörte im deutschsprachigen Bereich vor allem Hans Thomae (1979) zu den Wegbereitern einer Lebenslaufpsychologie, während in den USA ab Anfang der 1970er Jahre vor allem der deutsche Entwicklungspsychologe Paul B. Baltes auf vielfältigen Ebenen (Konferenzserie, Buchreihe, weitere Publikationen) die Lebenslaufpsychologie beförderte (Baltes, 1990). Erwähnt sei auch, dass »das« Lehrbuch der Entwicklungspsychologie im deutschsprachigen Raum, der »Oerter & Montada«, bereits in seiner ersten Auflage im Jahre 1982 auch Beiträge zum Erwachsenenalter und Alter enthielt (Oerter & Montada, 1982). Parallel zu diesen vielfach konzeptuell-theoretisch und methodologisch orientierten Beiträgen war es sicherlich auch die seit den 1950er Jahren anwachsende Zahl an Längsschnittstudien (z. B. die Seattle Longitudinal Study zur Entwicklung der geistigen Leistungsfähigkeit im Erwachsenenalter; Schaie, 2005) bzw. der über die Jahre hinweg bedeutsame Anstieg der Beobachtungszeiträume dieser Studien, welche die Entwicklung der psychologischen Lebenslaufforschung und der dieser zugrunde liegenden Lebensspannensichtweise stark unterstützte.

Trotz der Unterschiede einzelner Sichtweisen im Detail werden heute doch die folgenden Prinzipien und Leitideen allgemein als für die Lebenslaufpsychologie besonders bedeutsam akzeptiert (z. B. Baltes, Lindenberger & Staudinger, 2006; Settersten, 2003):

- Entwicklung als lebenslanger Prozess und Gleichwertigkeit aller Lebensphasen
- Gleichzeitigkeit von Entwicklungsgewinnen und Entwicklungsverlusten in allen Lebensphasen, Multidimensionalität und Multidirektionalität von Entwicklung
- Entwicklung als Ergebnis kontinuierlicher (kumulativer) und diskontinuierlicher (innovativer) Prozesse
- Geschichtliche Einbettung von Entwicklungsprozessen
- Plastizität von Entwicklungsprozessen
- Menschen als aktive (Mit-)Gestalter eigener Entwicklung

Kennzeichnend für die moderne Lebenslaufpsychologie ist ein Entwicklungskontextualismus, der individuelle Entwicklungsverläufe als Ergebnis einer Wechselwirkung zwischen altersbezogenen, historisch-kulturwandelbezogenen und nicht-normativen Einflussfaktoren konzeptualisiert. Mit nicht-normativen Einflussfaktoren sind dabei potenziell jederzeit auftretende, oft kritische Lebensereignisse (z. B. Erkrankung) gemeint. Merkmale der Person und ihrer Umwelt sind grundsätzlich in ihrer Wechselwirkung zu betrachten, Menschen sind nicht einfach entwicklungsrelevanten Einflussfaktoren ausgesetzt, sie suchen Entwicklungskontexte auch aktiv auf und gestalten diese mit, individuelle Entwicklungsprozesse spiegeln immer auch individuelle Intentionen und Zielsetzungen wider. Entsprechend hat Lebenslaufpsychologie immer auch die Aufgabe, die Heterogenität von Entwicklungsprozessen in den Blick zu nehmen und zu erklären; die metatheoretische Position des Entwicklungskontextualismus stellt die Möglichkeit einer universalen Ontogenese prinzipiell in Frage.

Lebensspannenpsychologie steht in besonderer Weise vor der Herausforderung, Entwicklungsprozesse und Entwicklungsergebnisse auch über längere Zeiträume hinweg theoretisch und empirisch miteinander zu verknüpfen. So wird immer wieder argumentiert, dass bereits früh im Leben eingetretene Ereignisse und Erfahrungen die gesamte verbleibende Lebenszeit prägen können bzw. bei jeder weiteren Lernerfahrung des späteren Lebens bis ins höchste Alter hinein eine bedeutsame Rolle spielen. Solche distal wirkenden Entwicklungsdynamiken werden überlagert und möglicherweise auch aufgehoben von proximalen Entwicklungseinflüssen, kritischen Lebensereignissen, für die Person unabänderlichen Widerfahrnissen, neuen Entwicklungsoptionen wie kognitiven Umstrukturierungen als Ergebnis einer erfolgreichen Auseinandersetzung mit Chancen, Aufgaben und Belastungen. Offensichtlich wirken distale und proximale Entwicklungsdynamiken in komplexer Weise zusammen, und das Verstehen dieser Prozesse ist ein anspruchsvolles Unterfangen, für das man von der Lebensspannenpsychologie keine schnellen und endgültigen Antworten erwarten sollte. Zudem können »Frühindikatoren« von späterer Entwicklung auch bereits Ausdruck einer genetischen Ausstattung sein, was dazu führt, dass die empirische Untersuchung langer Beobachtungszeiträume »eigentlich« stets auch genetisch angelegte Untersuchungskomponenten beinhalten sollte. Lebenslaufforschung steht hier vor schwierigen methodischen Anforderungen. Gleichzeitig besitzen (auch vorläufige) empirische Antworten immense praktische Konsequenzen. Würde sich etwa herausstellen, dass die erfolgreiche Bewältigung der Vulnerabilität des sehr hohen Alters systematisch durch frühkindliche Ressourcen und Risiken geprägt wird, so hätte dies erhebliche Implikationen für die Frage nach einer angemessenen Allokation gesellschaftlicher Ressourcen in den verschiedenen Lebensaltern.

Vor dem Hintergrund der genannten Prinzipien und Leitideen menschlicher Entwicklung ist die Lebenslaufpsychologie vor allem als eine metatheoretische Position zu verstehen, die einen Bezugsrahmen für eine Vielzahl von theoretischen Ansätzen und empirischen Zugängen bereitstellen möchte. Entsprechend gehen wir im nächsten Abschnitt auf eine Reihe traditioneller und moderner Ansätze ein, die als verschiedene inhaltliche Konkretisierungen der Lebensspannenpsychologie verstanden werden können.

3.3 Theoretische Perspektiven mit großer Bedeutung für die inhaltliche Ausfüllung einer Lebensspannenpsychologie

Den historisch frühesten Zugang einer theoretischen Konzeptualisierung lebenslanger Entwicklung bilden Phasen- oder Stufenmodelle. Diesen ist die Annahme gemeinsam, dass sich der menschliche Lebenslauf als eine Sequenz von Entwicklungskrisen, -stufen oder -aufgaben beschreiben lässt, die alle Menschen in ihrer Entwicklung gleichermaßen durchlaufen und bewältigen müssen. So charakterisiert Erikson (1950) lebenslange Persönlichkeitsentwicklung als Sequenz von acht qualitativ voneinander abgrenzbaren, weil jeweils durch spezifische Konflikte zwischen psychosexuellen und sozialen Faktoren gekennzeichneten psychosozialen Krisen. Jede dieser Krisen konfrontiert nach Erikson das Individuum mit einem Spektrum von Aufgaben und Anforderungen, deren erfolgreiche Bewältigung als eine notwendige Bedingung für die Entwicklung einer »voll funktionsfähigen Persönlichkeit« anzusehen ist. Persönlichkeitsentwicklung konkretisiert sich hier als Entwicklung von Ich-Identität, die erst im Alter im Kontext einer als »Integrität vs. Verzweiflung« gekennzeichneten Thematik abgeschlossen wird bzw. ihren durch die Akzeptanz von gelebtem und ungelebtem Leben, Endlichkeit und Endgültigkeit sowie durch Empfindungen von Zugehörigkeit und Kontinuität gekennzeichneten Höhepunkt erreicht. Die Entwicklung von Ich-Identität folgt nach Erikson einem »epigenetischen« Prinzip, d.h., für jede Entwicklungsstufe gibt es eine optimale (organismische) Zeit des Auftretens, äußere Ereignisse tragen lediglich zu einer Steigerung oder Milderung der für die einzelnen Stufen charakteristischen Krisen bei.

Der Ansatz von Erikson (1950) wird – ähnlich wie das Konzept der Entwicklungsaufgaben von Havighurst (1948) – bis heute intensiv rezipiert. Phasen- oder Stufenmodelle lebenslanger Entwicklung haben nicht nur dazu beigetragen, dass die für die klassische Entwicklungspsychologie charakteristische Akzentuierung von Entwicklungsprozessen im Kindes- und Jugendalter überwunden wurde. Die Beschreibung qualitativ unterschiedlicher Entwicklungsstufen hat nicht nur zahlreiche empirische Studien angeregt, sondern sich auch für ein umfassendes Verständnis lebenslanger Entwicklung als heuristisch wertvoll erwiesen. So sind die auf Erikson zurückgehenden Konzepte der Generativität und Ich-Integrität nicht nur bis heute wichtige Zielvariablen psychologischer Analysen und Interventionen (Schmitt et al., 2011), sondern auch ein wichtiger Ausgangspunkt späterer Theorienbildung – erwähnt seien hier beispielhaft die Konzeptualisierung von Generativität im Kontext von Active Ageing (Kruse & Schmitt, 2012) und narrativer Identität (McAdams & de St. Aubin, 1992) oder die Theorie der Gerotranszendenz (Tornstam, 1989). Dennoch ist aus der

Perspektive der modernen Lebenslaufpsychologie die Angemessenheit von Phasen- oder Stufenmodellen für die Beschreibung menschlicher Entwicklung grundsätzlich in Frage zu stellen. Angesichts der hohen interindividuellen Variabilität, Multidimensionalität und Multidirektionalität von Alternsprozessen stellt die Annahme einer invarianten Sequenz zu bewältigender Anforderungen eine grobe Vereinfachung dar, die nicht nur aus wissenschaftlicher Perspektive unhaltbar, sondern auch einem adäquaten Verständnis individueller Entwicklung in vielen Fällen eher abträglich ist.

Neuere, »moderne« psychologische Theorieansätze sind mit den Prinzipien und Leitideen der Lebensspannenpsychologie deutlich besser zu vereinbaren. Dies hat vor allem mit zwei Aspekten zu tun. Zum einen beschränkt man sich häufig auf die Annahme altersgebundener intraindividueller Veränderungen in für den Verlauf lebenslanger Entwicklung zentralen Motiven, Prozessen und Mechanismen. Zum anderen werden Entwicklungsprozesse grundsätzlich als Resultat einer komplexen Interaktion von Person und Umweltbedingungen angesehen; gleichzeitig werden – vor dem Hintergrund eines handlungstheoretischen Menschenbildes – die Möglichkeiten der Person, auf die eigene Entwicklung intentional Einfluss zu nehmen, berücksichtigt. Vier Theorieansätze, alle in den letzten 15–20 Jahren intensiv rezipiert und die empirische Forschung hochgradig befruchtend, seien an dieser Stelle genannt.

Zum Ersten argumentiert Carstensen (2006) in ihrer Theorie der sozio-emotionalen Selektivität, dass es im Laufe der menschlichen Entwicklung zu fundamentalen Verschiebungen der »motivationalen Kräfte« kommt und zwar infolge einer veränderten Zukunftsperspektive. Die Offenheit der Zukunftsperspektive hängt zwar empirisch eng mit dem chronologischen Alter zusammen, Veränderungen der Zukunftsperspektive vollziehen sich aber – wie in Feldstudien und experimentellen Untersuchungen gezeigt werden konnte – nicht infolge des Älterwerdens, sondern infolge von Veränderungen in der subjektiven Wahrnehmung der noch verfügbaren Zeit. Je ausgedehnter sich die Zukunftsperspektive darstellt, vor allem in frühen Phasen der Lebensspanne, desto eher rückt das Motiv der Informationssuche in den Vordergrund. Menschen wenden sich eher neuen Möglichkeiten zu und investieren stärker in Lernprozesse und Beziehungen, von denen sie zu einem späteren Zeitpunkt unter Umständen profitieren werden. Wird die Zukunftsperspektive hingegen als stärker begrenzt wahrgenommen, was typischerweise in der zweiten Lebenshälfte bzw. im höheren Lebensalter der Fall ist, zentrieren sich die Ziele menschlicher Entwicklung auf den Erhalt emotionaler bedeutsamer Erlebensinhalte, vor allem im Bereich der sozialen Beziehungen. Des Weiteren verändert sich im Zuge einer verkürzten Zukunftsperspektive die Verarbeitung emotional-relevanter Informationen (Carstensen & Löckenhoff, 2004). Dies in zweierlei Hinsicht: Zum einen werden emotionale Inhalte von älteren Menschen stärker beachtet, höher gewichtet, effektiver verarbeitet und besser erinnert als nicht-emotionale Inhalte, während sich bei jüngeren Menschen kein vergleichbarer Effekt findet. Zum anderen kehrt sich im Laufe des Erwachsenenalters die in der Jugend dominierende Präferenz für negative Informationsinhalte um (»Positivitätseffekt«; Carstensen & Mikels, 2005).

Zum Zweiten unterscheidet Brandtstädter (2007b) in seinem Zwei-Prozess-Modell der Bewältigung zwischen einem assimilativen, durch »hartnäckige Zielverfolgung« gekennzeichneten, und einem akkomodativen, durch »flexible Zielanpassung« gekennzeichneten Modus (Brandtstädter & Renner, 1990) als zwei prinzipiellen Möglichkeiten des Menschen, Ist-Soll-Diskrepanzen zu überwinden. Da die im Alternsprozess auftretenden Einbußen und

Verluste häufig irreversibel sind und die in früheren Lebensabschnitten verfolgten Ziele häufig nicht mehr erreicht werden können, wird angenommen, dass im Alter vor allem ein akkomodativer Bewältigungsstil zur Aufrechterhaltung eines positiven Selbstwertgefühls und zur Lebenszufriedenheit beiträgt. Die Tatsache, dass sich ältere Menschen in ihrer emotionalen Befindlichkeit nicht von jüngeren Menschen unterscheiden (das sog. Zufriedenheitsparadoxon), wird also dadurch zu erklären gesucht, dass Prozesse akkomodativer Bewältigung mit zunehmendem Alter generell an Bedeutung gewinnen, Prozesse assimilativer Bewältigung dagegen mit zunehmendem Alter an Bedeutung verlieren.

Drittens unterscheiden Heckhausen und Schulz (1995) in ihrer Lebenslauftheorie von Kontrolle zwischen primärer und sekundärer Kontrolle. Primäre Kontrolle bezieht sich auf die Möglichkeit, aktiv durch eigenes Verhalten gewünschte Veränderungen in der Umwelt herbeizuführen; sekundäre Kontrolle bezieht sich dagegen auf eine Veränderung der eigenen Person, die dazu beiträgt, dass ein höheres Maß an Kongruenz zwischen eigenen Bedürfnissen und den in der Umwelt bestehenden Möglichkeiten und Anforderungen wahrgenommen wird. Da ein Scheitern primärer Kontrolle nicht lediglich bedeutet, dass ein angestrebter Zielzustand nicht eintritt, sondern vor allem auch eine Gefährdung von Selbstbild und Motivation zur Folge hat, muss durch geeignete Strategien das Vertrauen in die aktuelle und zukünftige Fähigkeit, durch eigenes zielgerichtetes Handeln in effektiver Weise zur Realisierung persönlicher Zielvorstellungen beizutragen (also primäre Kontrolle auszuüben), erhalten, gegebenenfalls auch wiederhergestellt werden. Aufgabe sekundärer Kontrolle ist auch die Steuerung von Selektivität: Sekundäre Kontrolle erlaubt eine effiziente Auswahl und Verfolgung von Zielen, die zu einer Erhöhung primärer Kontrolle beitragen – z.B.

durch Erhöhung der Attraktivität gewählter Ziele, Abwertung nicht gewählter Alternativen oder auch eine moderate Überschätzung eigener Kompetenzen. Nach Schulz und Heckhausen (1996) nimmt die primäre Kontrolle in der Kindheit und Jugend deutlich zu, bleibt dann bis ins höhere Erwachsenenalter nahezu konstant und nimmt erst im hohen Alter – dann allerdings deutlich – ab. Für die sekundäre Kontrolle ist der Theorie zufolge dagegen eine kontinuierliche Zunahme über den gesamten Lebenslauf erkennbar.

Viertens geht die Theorie der selektiven Optimierung mit Kompensation (Baltes & Baltes, 1990) davon aus, dass lebenslange Entwicklung vor allem von der ständigen und immer wieder neuen Orchestrierung von drei grundlegenden Entwicklungsmechanismen geprägt ist. Der Prozess der Selektion bezieht sich auf die Auswahl von Funktions- und Verhaltensbereichen und die damit verbundene Bündelung von (noch) vorhandenen Potenzialen und Ressourcen. In Übereinstimmung mit der jeweils gegebenen Konstellation von persönlichen Motiven, Fähigkeiten, Fertigkeiten und Umweltanforderungen werden subjektiv weniger wichtige Ziele und Funktionsbereiche zugunsten persönlich wichtigerer Ziele und Funktionsbereiche aufgegeben. Der Prozess der Optimierung bezieht sich auf die Wahrung oder Verbesserung von Kompetenzen in spezifischen – im Falle einer selektiven Optimierung mit Kompensation zuvor ausgewählten – Funktionsbereichen. Der Prozess der Kompensation bezieht sich auf den Ausgleich verminderter Potentiale und Ressourcen. Durch die Selektion von Funktions- und Verhaltensbereichen und die gezielte Aufrechterhaltung oder Verbesserung der in diesen Funktions- und Verhaltensbereichen bestehenden Ressourcen wird es dem Modell der selektiven Optimierung mit Kompensation zufolge möglich, die Auswirkungen initialer Defizite durch die Nutzung von zuvor nicht einge-

setzten (teilweise auch zuvor nicht vorhandenen) Ressourcen zu mindern. Folgt man dem Modell, dann kann etwa der Verzicht auf Aktivität in spezifischen Funktions- und Verhaltensbereichen dazu beitragen, dass sich altersgebundene Verluste in persönlich wichtigeren Funktions- und Verhaltensbereichen nicht auswirken.

Neben diesen Ansätzen haben weitere, stärker bereichsspezifisch ausgerichtete Vorstellungen von lebenslanger Entwicklung starke Resonanz gefunden. Für den Bereich der kognitiven Leistungsfähigkeit etwa ist hier ein von Baltes und Lindenberger vorgeschlagenes Zwei-Komponenten-Modell der Intelligenz zu nennen, das von der Zwei-Faktoren-Theorie von Horn und Cattell (Cattell, 1971) – der Differenzierung zwischen fluider und kristalliner Intelligenz – ausgeht und diese insbesondere um Annahmen zur Entwicklung der differenzierten Fähigkeiten über die Lebensspanne ergänzt (Lindenberger & Kray, 2005). Unter »kognitiver Mechanik« wird hier – in Analogie zur Computersprache – die primär auf den Evolutionsprozess zurückgehende neurophysiologische Architektur des Gehirns verstanden, unter »kognitiver Pragmatik« das innerhalb einer Kultur tradierte, vom Individuum im Laufe seiner lebenslangen Sozialisation erworbene Fakten- und Handlungswissen. Während in der Präzision und Geschwindigkeit von Basisprozessen der Informationsverarbeitung oder der Kapazität des Arbeitsgedächtnisses bereits ab dem 25. Lebensjahr Rückgänge erkennbar sind, können sich im Bereich der kognitiven Pragmatik bis ins höhere Alter Stabilität oder Zugewinne finden.

Lebensspannenpsychologie kann, das soll hier abschließend nicht verschwiegen werden, auch rein empirisch betrieben werden. Wir beobachten die uns interessierenden Merkmale über längere Zeiträume und nutzen statistische Analyseverfahren zur Detektion von Entwicklungsverläufen, Entwicklungsmustern und Entwicklungszusammenhängen. Solche primär datenge-stützten Vorgehensweisen benötigen aber am Ende auch theoretische Ansätze, um das in ihnen zum Ausdruck kommende Entwicklungsgeschehen wirklich verstehen zu können.

3.4 Exemplarische Befunde und methodische Aspekte der psychologischen Lebenslaufforschung

Wir haben zu Beginn dieses Kapitels darauf hingewiesen, dass die Lebenslaufperspektive in der Psychologie generell an Bedeutung gewonnen hat, Ergebnisse psychologischer Lebenslaufforschung für alle Teildisziplinen der Psychologie, für Forschung und Anwendung gleichermaßen, von großem Interesse sind. Entsprechend lassen sich Ergebnisse empirischer Untersuchungen zum Verlauf von Entwicklungsprozessen sowohl der Lebenslaufpsychologie als auch verschiedenen psychologischen Teildisziplinen zuordnen. Im Folgenden gehen wir exemplarisch auf Befunde zur kognitiven Leistungsfähigkeit sowie zum sog. Zufriedenheitsparadoxon ein, die im Kontext der zuvor behandelten theoretischen Zugänge ermittelt wurden und geeignet sind, die Prinzipien und Leitideen der Lebenslaufpsychologie empirisch zu fundieren.

Die vorliegenden empirischen Befunde, vor allem auf der Grundlage der Berliner Altersstudie (Lindenberger et al., 2010), bestätigen nicht nur, dass sich die im Zwei-Komponenten-Modell von Baltes und Lindenberger differenzierten Intelligenzkomponenten über die Lebensspanne unterschiedlich entwickeln, sich in der kognitiven Mechanik vergleichsweise früh, bereits im dritten Lebensjahrzehnt, Rückgänge finden, während unter der kognitiven Pragmatik subsumierte Fähigkeiten deutlich länger erhalten bleiben, zum Teil bis ins höhere Erwachsenenalter noch zunehmen. In Übereinstimmung mit den von Baltes und Lindenberger getroffenen Annahmen

erwiesen sich kulturnahe Einflussfaktoren – in der Berliner Altersstudie wurden hier Bildung, Berufsprestige und soziookonomischer Status zu einem »Life History Index« zusammengefasst – als bedeutende Prädiktoren kognitiver Pragmatik, während die unter die kognitive Mechanik subsumierten Primärfaktoren der Intelligenz deutlich besser durch biologienahe Faktoren – in der Berliner Altersstudie Sensorik und Gleichgewicht – vorhergesagt wurden. Des Weiteren bestätigen die Ergebnisse der Berliner Altersstudie in Übereinstimmung mit der von Baltes aufgestellten These der Unvollendetheit der Humanontogenese eine dreifache Dedifferenzierungshypothese: Erstens eine Dedifferenzierung auf der Ebene der Intelligenzstruktur: die Zwei-Komponenten-Struktur der Intelligenz ist im sehr hohen Alter nur noch bedingt zu finden, d. h., die Interkorrelationen zwischen den Primärfaktoren der Intelligenz nehmen zu und ein g-Faktor-Modell klärt deutlich mehr Varianz auf. Zweitens eine Dedifferenzierung auf der Ebene der Entwicklungsverläufe: Anders als im dritten Lebensalter zeigen sich im vierten Lebensalter sowohl für die kognitive Mechanik als auch für die kognitive Pragmatik signifikante Entwicklungsverluste, im sehr hohen Alter verlaufen die entsprechenden Gradienten nahezu parallel. Drittens eine Dedifferenzierung auf der Ebene der Prädiktoren: Im vierten Lebensalter verlieren, wie von Baltes angenommen, kulturelle Einflussfaktoren gegenüber biologienahen Prädiktoren deutlich an Gewicht, die kognitive Pragmatik lässt sich ebenso wie die kognitive Mechanik durch Sensorik und Gleichgewicht deutlich besser vorhersagen als durch Bildung, Berufsprestige und sozioökonomischen Status.

Zahlreiche empirische Untersuchungen belegen, dass die fluide Intelligenz in ihrem Verlauf erheblich beeinflusst werden kann. Zum einen wirkt sich ein hohes Maß an kognitiver Aktivität (im Sinne eines kontinuierlichen Trainings von Denk- und Gedächtnisfunktionen), positiv auf die DNA-Aktivität in den Nervenzellen und damit auf deren Veränderungs- und Anpassungsfähigkeit (Plastizität) aus. Zum anderen können unzureichende Anregungen und Anforderungen – im Sinne einer intelligenzdezelerierenden Umwelt (Baltes, 1990) – dazu beigetragen, dass Verluste in der Geschwindigkeit der Informationsverarbeitung und der Fähigkeit, neue kognitive Probleme zu lösen, gravierender ausfallen.

Bedeutsam für die Lebensspannenpsychologie sind ferner Ergebnisse, die unterstützen, dass Unterschiede in der Intelligenz sehr früh im Leben (etwa im Alter von 11 Jahren) sehr gut die Intelligenz 5–6 Dekaden später und sogar die spätere Mortalität vorhersagen können (Deary et al., 2004). Dieses Beispiel zeigt auch, grundsätzlich bedeutsam für die empirische Lebensverlaufsforschung, dass mittelwertbezogene Veränderungen über längere Zeiträume hinweg, wie sie oben beschrieben wurden, gleichzeitig mit einer langfristigen Stabilität in interindividuellen Unterschieden einhergehen können. Solche Stabilitäten in Rangordnungen (rank-order stability) scheinen im Übrigen nach neueren Befunden im Bereich der Persönlichkeitsentwicklung nicht einfach bis zum frühen Erwachsenenalter zuzunehmen und dann stabil zu bleiben, wie in traditionellen Ansätzen (vgl. etwa Costa & McCrae, 1994) angenommen; vielmehr scheint Persönlichkeit nicht nur in frühen, sondern auch in späten Lebensabschnitten deutlicheren Veränderungen unterworfen

als in der Zeit des mittleren Erwachsenenalters (Specht et al., 2011).

Obwohl ferner mit fortschreitendem Alter die Wahrscheinlichkeit von gesundheitlichen und sozialen Verlusten zunimmt und für die Verwirklichung einer an eigenen Zielvorstellungen und Präferenzen orientierten Lebensführung im Allgemeinen weniger Ressourcen zur Verfügung stehen, sind ältere Menschen im Vergleich zu jüngeren nicht weniger zufrieden, zahlreiche epidemiologische Studien weisen für ältere Menschen kein erhöhtes Risiko für Depressionen und somatoforme Störungen aus. Für dieses sog. Zufriedenheitsparadoxon wurden zahlreiche Erklärungen vorgeschlagen. Aus der Perspektive der sozio-emotionalen Selektivitätstheorie zeigen zwischenzeitlich viele Befunde, dass ältere Menschen ihre sozialen Kontakte zunehmend auf emotional bedeutsame Personen konzentrieren und besser als jüngere in der Lage sind, Ereignissen und Entwicklungen positive Seiten abzugewinnen. Untersuchungen zur Lebenslauftheorie kontrollbezogenen Verhaltens unterstützen die Annahme, dass es vielen alten und sehr alten Menschen gelingt, selbst gravierende, irreversible Verluste von Handlungskompetenzen durch den Einsatz sekundärer Kontrollstrategien zu kompensieren und auf diese Weise primäre Kontrollpotenziale aufrechtzuerhalten (Heckhausen, Wrosch & Schulz, 2010). Die im Kontext des Zwei-Prozess-Modells von Brandtstädter ermittelten Befunde (Brandtstädter, 2007b) weisen in eine ähnliche Richtung: Ist-Soll-Diskrepanzen werden mit fortschreitendem Alter zunehmend durch akkomodative Bewältigungsstrategien beseitigt, die meisten älteren Menschen sind gut in der Lage, ihre Ziele und Ansprüche an Ressourcenverluste und reduzierte Verwirklichungsmöglichkeiten anzupassen.

Erfreulicherweise ist schließlich in den letzten Jahrzehnten auch das verfügbare statistische Arsenal hoch informationsausschöpfender Längsschnittdatenanalysen rasant angewachsen (vgl. z.B. Schmiedek & Lindenberger, 2007; Wahl & Schilling, 2012). Diese fortgeschrittene Längsschnittauswertungsmethodologie erfüllt auch spezielle Anforderungen, wie beispielsweise die Modellierbarkeit nichtlinearer und terminaler Veränderung, die Modellierung kurzfristiger intraindividueller Variabilität und die Behandlung hoher Raten längsschnittlicher Stichprobenausfälle. Beispielsweise kann die Anpassung von Wohlbefindensaspekten an progredient verlaufende gesundheitliche Verluste als Prozess beschrieben werden, der nach Eintritt der chronischen Bedingung mit deutlichen reaktiven Verschlechterungen beginnt, die sich allmählich abschwächen und denen dann eventuell eine Phase teilweiser »restaurativer« Verbesserung des Wohlbefindens folgt (Schilling & Wahl, 2006). Mit Hilfe spezieller Wachstumskurvenmodelle lassen sich Gesamtveränderungen über längere Zeitspannen als ein aus mehreren aneinander anschließenden Phasen mit jeweils unterschiedlicher Veränderungsdynamik zusammengesetzter Prozess modellieren. Die Zeitpunkte des Übergangs zwischen den Phasen sind dabei frei schätzbare und interindividuell variierende Modellparameter. Die neueste Generation solcher Wachstumskurvenmodelle bietet damit die Basis für vielfältige Ausbaumöglichkeiten hin zu nichtlinearen und theoretisch »maßgeschneiderten« Veränderungsmodellen, wodurch für die zukünftige (psychologische) Lebenslaufforschung ein reichhaltiges Arsenal zur statistischen Analyse auch komplexer Entwicklungsprozesse zur Verfügung steht.

3.5   Ausblick

Die Lebensspannenpsychologie hat die Entwicklungspsychologie wie auch die Psychologie insgesamt theoretisch wie empirisch deutlich bereichert. Für die weitere Entwicklung der Lebenslaufpsychologie erscheinen uns vier Punkte von besonderer Bedeutung zu sein: Lebensspannenpsychologie besitzt erstens als Meta-Perspektive den großen Vorteil, dass sie für unterschiedlichste theoretische Ansätze offen ist. Gleichzeitig wäre es wichtig, was wir nur ansatzweise zeigen konnten, das Zusammenwirken, aber möglicherweise auch die teilweise Inkommensurabilität dieser Ansätze systematisch herauszuarbeiten und damit das »Theorieprogramm« der Lebensspannenpsychologie insgesamt zu schärfen (vgl. z.B. auch Dixon, 2011). Was zweitens die empirische Situation betrifft, so stand der Lebenslaufpsychologie weltweit noch nie ein so reichhaltiger Pool an Längsschnittdaten zur Verfügung, mit Beobachtungszeiträumen bis zu etwa 70 Jahren. Dennoch basieren weiterhin viele Studien, die den Anspruch erheben, Entwicklungsprozesse über den Lebenslauf zu untersuchen, auf Querschnittdaten, typischerweise von jungen, mittelalten und alten Erwachsenen. Bei derartigen Daten sind Alter und Kohorte konfundiert, sodass ein wichtiges Ziel der Lebensspannenpsychologie, nämlich unterschiedliche Einflüsse auf menschliche Entwicklung voneinander zu trennen bzw. in ihrer unterschiedlichen Wirkung abzuschätzen, auf diesem Wege nicht überzeugend erreicht werden kann (vgl. dazu z.B. auch Yang, 2011). Erfreulich ist gleichzeitig, dass sich die datenanalytischen Verfahren zur Modellierung längsschnittlicher Verläufe in den letzten 2–3 Jahrzehnten deutlich weiter entwickelt haben und damit die Dynamiken intra-individueller Veränderungsvarianzen immer besser berücksichtigt werden können. Zum Dritten bedarf die Lebensspannenpsychologie in starkem Maße der interdisziplinären Öffnung. Schließlich ist viertens für die Lebensspannenpsychologie die Unterscheidung zwischen dem, was wir manifest beobachten und dem, was bei einer angereicherten Umwelt und Kultur bzw. entsprechenden Interventionen möglich wäre, zentral. Diese Überlegung ist etwa für die Phase des menschlichen Al-

terns sehr bedeutsam, da hier die bislang kulturell, gesellschaftlich und dann letztlich auch individuell ausgebildeten Anregungs- und Deutungsformen noch nicht sehr weit entwickelt sind und damit das menschliche Alter derzeit wahrscheinlich noch weit hinter seinen Erlebens- und Entfaltungsmöglichkeiten zurückbleibt. Gerade auch dieser letzte Gedanke unterstreicht auch die enorme gesellschaftlich-politische Bedeutung der Lebensspannenpsychologie.

Literatur

Asendorpf, J. B. (1991). *Die differentielle Sichtweise in der Psychologie*. Göttingen: Hogrefe.

Baltes, P. B. (1990). Entwicklungspsychologie der Lebensspanne: Theoretische Leitsätze. *Psychologische Rundschau, 41*, 1–24.

Baltes, P. B. & Baltes, M. M. (1990). Psychological perspectives on successful aging: The model of selective optimization with compensation. In P. B. Baltes & M. M. Baltes (Eds.), *Successful aging. Perspectives from the behavioral sciences* (pp. 1–34). New York: Cambridge University Press.

Baltes, P. B., Lindenberger, U. & Staudinger, U. M. (2006). Life-span theory in developmental psychology. In W. Damon & R. M. Lerner (Eds.), *Handbook of child psychology* (6th ed., Vol. 1: Theoretical models of human development, pp. 569–664). New York: Wiley.

Brandtstädter, J. (2007a). Entwicklungspsychologie der Lebensspanne: Leitvorstellungen und paradigmatische Orientierungen. In J. Brandtstädter & U. Lindenberger (Hrsg.), *Entwicklungspsychologie der Lebensspanne* (S. 34–66). Stuttgart: Kohlhammer.

Brandtstädter, J. (2007b). Hartnäckige Zielverfolgung und flexible Zielanpassung als Entwicklungsressourcen: Das Modell assimilativer und akkommodativer Prozesse. In J. Brandtstädter & U. Lindenberger (Hrsg.), *Entwicklungspsychologie der Lebensspanne* (S. 413–445). Stuttgart: Kohlhammer.

Brandtstädter, J. & Renner, G. (1990). Tenacious goal pursuit and flexible goal adjustment: Explication and age-related analysis of assimilative and accommodative strategies of coping. *Psychology and Aging, 5*(1), 58–67.

Bühler, C. (1933). *Der menschliche Lebenslauf als psychologisches Problem*. Leipzig: Hirzel.

Bühler, C. (1969). Das integrierende Selbst. In C. Bühler & F. Masarik (Hrsg.), *Lebenslauf und Lebensziele* (S. 282–299). Stuttgart: Fischer.

Carstensen, L. L. (2006). The influence of a sense of time on human development. *Science, 312*(5782), 1913–1915.

Carstensen, L. L. & Löckenhoff, C. (2004). Aging, emotion, and evolution: The bigger picture. In P. Ekman, J. J. Campos, R. J. Davidson & F. B. M. d. Waal (Eds.), *Emotions inside out: 130 years after Darwin's The Expression of the Emotions in Man and Animals* (pp. 152–179). New York: Annals of the New York Academy of Sciences.

Carstensen, L. L. & Mikels, J. A. (2005). At the intersection of emotion and cognition: Aging and the positivity effect. *Current Directions in Psychological Science, 14*(3), 117–121.

Cattell, R. B. (1971). *Abilities. Their structure, growth, and action*. Boston: Houghton Mifflin.

Costa, P. T. & McCrae, R. R. (1994). Set like plaster: Evidence for the stability of adult personality. In T. F. Heatherton & J. L. Weinberger (Eds.), *Can personality change?* (pp. 21–40). Washington, DC: American Psychological Association.

Deary, I. J., Whiteman, M. C., Starr, J. M., Whalley, L. J. & Fox, H. C. (2004). The impact of childhood intelligence on later life: Following up the scottish mental surveys of 1932 and 1947. *Journal of Personality and Social Psychology, 86*(1), 130–147.

Dixon, R. A. (2011). Enduring theoretical themes in psychological aging: Derivation, functions, perspectives and opportunities. In K. W. Schaie & S. L. Willis (Eds.), *Handbook of the psychoogy of aging* (7th ed., pp. 3–23). Amsterdam: Elsevier.

Erikson, E. H. (1950). *Childhood and society.* New York: Norton & Company.

Havighurst, R. J. (1948). *Developmental tasks and education.* New York: Longman.

Heckhausen, J. & Schulz, R. (1995). A life-span theory of control. *Psychological Review, 102*(2), 284–304.

Heckhausen, J., Dixon, R. A. & Baltes, P. B. (1989). Gains and losses in development throughout adulthood as perceived by different adult age groups. *Developmental Psychology, 25,* 109–121.

Heckhausen, J., Wrosch, C. & Schulz, R. (2010). A motivational theory of life-span development. *Psychological Review, 117*(1), 32–60.

Kruse, A. & Schmitt, E. (2012). Generativity as a route to active ageing. *Current Gerontology and Geriatrics Research.* doi:10.1155/2012/647650.

Lindenberger, U. & Kray, J. (2005). Kognitive Entwicklung. In S.-H. Filipp & U. M. Staudinger (Hrsg.), *Enzyklopädie der Psychologie* (Bd. 6: Entwicklungspsychologie des mittleren und höheren Erwachsenenalters, S. 299–341). Göttingen: Hogrefe.

Lindenberger, U., Smith, J., Mayer, K. U. & Baltes, P. B. (Hrsg.) (2010). *Die Berliner Altersstudie* (3. erweiterte Auflage). Berlin: Akademie Verlag.

McAdams, D. P. & de St. Aubin, E. (1992). A theory of generativity and its assessment through self-report, behavioral acts, and narrative themes in autobiography. *Journal of Personality and Social Psychology, 62*(6), 1003–1015.

Oerter, R. & Montada, L. (Hrsg.). (1982). *Entwicklungspsychologie. Ein Lehrbuch.* München: Urban & Schwarzenberg.

Schaie, K. W. (2005). *Developmental influences on adult intelligence: The Seattle Longitudinal Study.* New York: Oxford University Press.

Schilling, O. K. & Wahl, H.-W. (2006). Modeling late life adaptation in affective well-being under a severe chronic health condition: The case of age-related macular degeneration. *Psychology and Aging, 21,* 703–714.

Schmiedek, F. & Lindenberger, U. (2007). Methodologische Grundlagen. In J. Brandtstädter & U. Lindenberger (Hrsg.), *Entwicklungspsychologie der Lebensspanne.* (S. 67–96). Stuttgart: Kohlhammer.

Schmitt, E., Hinner, J. & Kruse, A. (2011). Dialogue between generations – Basic ideas, implementation and evaluation of a strategy to increase generativity in post-soviet societies. Procedia. *Social and Behavioral Sciences, 12,* 300–310.

Schulz, R. & Heckhausen, J. (1996). A life span model of successful aging. *American Psychologist, 51,* 702–714.

Settersten, R. A. (2003). Propositions and controversies in life-course scholarship. In R. A. Settersten (Ed.), *Invitation to the life course: toward new understandings of later life* (pp. 15–45). Amityville, NY: Baywood.

Specht, J., Egloff, B. & Schmukle, S. C. (2011). Stability and change of personality across the life course: The impact of age and major life events on mean-level and rank-order stability of the Big Five. *Journal of Personality and Social Psychology, 101,* 862–882.

Thomae, H. (1959). Entwicklungsbegriff und Entwicklungstheorie. In H. Thomae (Hrsg.), *Entwicklungspsychologie* (Bd. 3 – Handbuch der Psychologie, S. 3–20). Göttingen: Hogrefe.

Thomae, H. (1979). The concept of development and life span developmental psychology. In P. B. Baltes & O. G. Brim (Eds.), *Life span developmental psychology* (Vol. 2, pp. 281–312). New York: Academic Press.

Thomae, H. (1987). Psychologische Biographik als Synthese idiographischer und nomothetischer Forschung. In G. Jüttemann & H. Thomae (Hrsg.), *Biographie und Psychologie* (S. 108–116). Berlin: Springer.

Tornstam, L. (1989). Gero-transcendence: A reformulation of the disengagement theory. Aging. *Clinical and Experimental Research, 1,* 55–63.

Wahl, H.-W. & Schilling, O. (2012). Hohes Alter. In W. Schneider & U. Lindenberger (Hrsg.), *Entwicklungspsychologie* (7. vollständig überarbeitete Auflage, S. 307–330). Weinheim: Beltz

Yang, Y. (2011). Aging, cohorts, and methods. In R. H. Binstock & L. K. George (Eds.), *Handbook of aging and the social sciences* (7th ed., pp. 17–32). London: Academic Press.

4 Grundlagen der ethnologischen Lebenslaufforschung

Anita von Poser und Alexis Th. von Poser

Zusammenfassung

Die ethnologische Lebenslaufforschung bereichert die Diskussion über die Relevanz von der Arbeit mit biografischem Material um grundlegend andere Sichtweisen. Im Kulturvergleich wird deutlich, dass Altern ein kulturell geprägter und auf unterschiedliche Weise strukturierter Prozess ist, der weder notwendigerweise als linear verlaufend, noch grundsätzlich als auf den Tod ausgerichtet angesehen werden muss. Der Beitrag zeichnet die Geschichte der Lebenslaufforschung innerhalb des Faches nach und stellt die jeweils angewendeten Methoden vor. Anhand eines ethnografischen Fallbeispiels aus Papua-Neuguinea werden alternative Denkmodelle vorgestellt, die andere Vorstellungen von Alter(n) und von der Art, darüber zu sprechen, aufweisen. Hierin zeigt sich exemplarisch die Vielfalt von gedanklichen Lösungen, mit denen die ethnologische Lebenslaufforschung konfrontiert ist.

4.1 Einführung

Der vorliegende Beitrag widmet sich dem Thema der Lebenslaufforschung aus ethnologischer Perspektive und hebt dabei die Bedeutung eines kulturvergleichenden Ansatzes hervor (siehe z.B. Kollewe & Jahnke, 2009). In einem ersten Schritt geben wir eine kurze Übersicht über methodische und theoretische Herangehensweisen innerhalb der Ethnologie im Hinblick auf die Erforschung von menschlichen Lebensläufen. In einem zweiten Schritt widmen wir uns – exemplarisch am Fallbeispiel der im Nordosten von Papua-Neuguinea lebenden Kayan und Bosmun[3] – den sich wandelnden Lebenslaufentwürfen vor dem Hintergrund allgemeiner gesellschaftlicher Umbrüche. Das ethnografische Fallbeispiel macht deutlich, dass die Ethnologie den etwas aus der Mode gekommenen kulturvergleichenden Blick wieder

---

3 Die Gebiete der Kayan und Bosmun zählen zu der im Nordosten Papua-Neuguineas gelegenen Madang-Provinz. Auf unsere ersten längeren Forschungen vor Ort 2004–2005 folgten weitere kürzere Aufenthalte, der letzte davon im Jahr 2010. Alexis Th. von Poser arbeitete bei den Küstenbewohnern von Kayan im Mündungsgebiet des Ramu-Flusses, Anita von Poser bei den Bosmun, die direkt am unteren Ramu-Fluss siedeln.

zulassen sollte in der Analyse sozialer Phänomene, was schließlich im Ausblick – anhand eines weiteren Beispiels, das auf die Situation älterer Arbeitsmigranten[4] in Deutschland verweist – konzis diskutiert werden soll.

4.2 Lebensläufe aus ethnologischer Sicht

Beginnen wir mit einem Zitat aus *The Thread of Life: Toraja Reflections on the Life Cycle* von Hollan und Wellenkamp, die die Lebenswege der Toraja in Südsulawesi, Indonesien, in Form einer personenzentrierten Ethnografie[5] analysieren:

> »All humans are alike in some respects. All people remain dependent on their parents or other caretakers for an extended period of time after birth. All people enter the world without language or knowledge of culturally appropriate behavior patterns and slowly acquire these capacities through processes of socialization and enculturation. All people are born sexually immature, and most eventually develop a biological ability to reproduce – although some people may choose not to or may be prevented from doing so. And all people eventually age and die. Yet the meanings and relative significance of the various phases of the human life cycle vary considerably from culture to culture« (1996, S. 1).

Übergänge von Kindheit über Jugend zu Erwachsenensein, wie auch Heirat, Geburt und Elternschaft, Altern und Sterben stellen allerorts einschneidende soziale und emotionale Ereignisse dar. Dennoch können, wie in obiger Aussage von Hollan und Wellenkamp angedeutet, die Bedeutungen und Bewertungen, die jenen Lebensphasen zugeschrieben werden, sowie auch die Art und Weise, wie Lebensläufe strukturiert werden, interkulturell (und ebenso intrakulturell) variieren.

Die heutige Ethnologie ist kulturrelativistisch verankert. Indem sie kulturelle Vielfalt ohne zu werten in Form detaillierter Ethnografien beschreibt, bricht sie mitunter Annahmen auf, die sich im Diskurs mit anderen Disziplinen über anthropologische Grundfragen zur Gestaltung und Interpretation des Lebens abzeichnen. Ihr methodisches und theoretisches Vorgehen ist induktiv. Ihr primäres Anliegen ist es, soziale Phänomene – und damit auch Lebenslaufmodelle – aus emischen Vorstellungen (d. h. ›Innensichten‹) der Gesprächspartner heraus begreifbar zu machen. Dazu bedient sie sich in ihren Beschreibungen primär lokaler Erklärungsmodelle und Kategorien. So wird im Rahmen ethnologischer Lebenslaufstudien zunächst eruiert, welchen Lebensphasen zentrale Bedeutung beigemessen wird. Man kann beispielsweise nicht davon ausgehen, dass körperlicher Tod überall auf der Welt denselben Stellenwert besitzt und so sollte daher nicht ein eurozentrisch angelegter Fragenkatalog zum Thema körperlicher Tod am Anfang einer solchen Forschung stehen. Ebenso verzichtet man auf Frageformulierungen, die den eigenen moralischen Standpunkt

---

4 Die Verwendung des Maskulinums dient der leichteren Lesbarkeit. Gleichwohl bezeichnen wir damit Personen männlichen wie weiblichen Geschlechts und Personen, die sich nicht im Sinne einer eindeutigen, durch heterosexuelle Norm vorgeschriebenen Zweigeschlechtlichkeit definieren.
5 Unter personenzentrierter Ethnografie ist eine Form der psychologisch-anthropologischen Arbeit zu verstehen, innerhalb derer psychodynamische Interviewtechniken zum Einsatz kommen.

widerspiegeln; auch wenn es sich dabei um für ›uns‹ scheinbar schwierigere Themen wie die Altentötung handelt, die in anderen Gesellschaften als normale Regelung im Umgang mit Menschen hohen Alters in Frage kommen kann. Erst im Anschluss an allgemeinere Sondierungen werden detaillierter Daten erhoben, die Auskunft geben über kollektive und individuelle Deutungen der unterschiedlichen Lebensphasen.

Sicherlich fällt der Wechsel von einem etischen zu einem emischen Blickpunkt, also von einer Außen- zu einer Innensicht, nicht immer leicht. Crapanzano beschreibt in diesem Kontext eine exemplarische Situation, die deutlich macht, dass auch das Formulieren von Fragen stets einer kulturellen Einbettung bedarf:

> »An Indian graduate student from Central America was asked what he thought of the anthropological research done on his tribe. He answered: The antrhopologist [sic] comes. He asks us how many souls we have. We wonder: What can he mean? To count souls! Finally, to please him – the Indian student laughed – we give him a number, say, thirteen. He writes the number down. And then *we* know how many souls we have. And the anthropologist, well, he doesn't have to ask himself whether or not souls can be counted« (1977, S. 3; Hervorhebung im Original).

Auch das Ausblenden möglicher eigener Vorannahmen stand in den Anfängen der Ethnologie nicht immer an erster Stelle. Inzwischen jedoch hat eine Sensibilisierung stattgefunden, durch die Missverständnisse umgangen werden können und auf die wir weiter unten eingehen werden.

Die ethnologische Annäherung an die Innensichten sozialer Gruppen und die ihrer einzelnen Mitglieder geschieht mit Hilfe besonderer qualitativer Methoden im Rahmen meist einjähriger stationärer Forschungen, auf die (idealerweise) kürzere *restudies* fol-

gen. Die teilnehmende Beobachtung – eine besondere Kombination aus Beobachtung von und Teilnahme an täglichen sozialen Ereignissen – bildet den methodischen Grundpfeiler ethnografischer Datengewinnung. An Beobachtungen des Alltäglichen in einer explorativen Anfangsphase schließen sich im weiteren Forschungsverlauf in der Regel systematischere Beobachtungen, die Untersuchung verwandtschaftlicher Beziehungen (genealogische Methode) und personen- oder themenzentrierte Befragungen an. Über Befragungen in spontanen situativen Kontexten hinaus haben sich vor allem semi-strukturierte Interviews bewährt. Diese Form des Interviews räumt befragten Personen ein hohes Maß an Kreativität in der Gestaltung des Gesprächs mit ein und ermöglicht so eine Sichtbarwerdung emischer Positionen, gewährleistet jedoch auch, dass die dem Wunsch nach einem Gespräch zugrunde liegende Intention der Fragenden nicht gänzlich verloren geht.[6]

Von besonderer methodischer und theoretischer Bedeutung für die ethnologische Analyse von Lebenswegen ist der Ansatz der *life history*. Um diesen Ansatz zu verdeutlichen, möchten wir eine analytische Differenzierung von Bruner (1984) aufgreifen, auf die auch Hollan und Wellenkamp (1996, S. 191) verweisen. Bruner unterscheidet zwischen ›gelebtem‹, ›erfahrenem‹ und ›erzähltem‹ Leben:

> »A life as lived is what actually happens. A life as experienced consists of images, feelings, sentiments, desires, thoughts, and meanings known to the person whose life it is. One can never know directly what another individual is experiencing, although we all interpret clues and make inferences about the experience of others. A life as told, a life history, is a narrative, influenced by the cultural conventions of telling, by the audience, and by the social context« (1984, S. 7).

---

6 Aufgrund der Kürze des Beitrags betonen wir hier lediglich die für die Erforschung von Lebensläufen besonders relevanten ethnologischen Methoden. Einen guten Überblick über den Methodenkanon unseres Faches bietet der Sammelband von Beer (2008).

Diese Differenzierung bedeutet keineswegs, dass die ›gelebten‹, ›erfahrenen‹ und ›erzählten‹ Dimensionen des Lebens einander ausschließen. Das ›erzählte‹ Leben ist nicht denkbar ohne das ›gelebte‹ und ›erfahrene‹ und umgekehrt. Dennoch sind es vor allem »[e]rzählte Lebensgeschichten« (Hermann & Röttger-Rössler, 2003, S. 7), die von speziellem ethnologischem Interesse sind, da sie am offensichtlichsten an der Schnittstelle individueller und kollektiver Vorstellungen von Sozialität verortet sind und »auf kulturspezifische Art und Weise vielfältige Aspekte von Person und Selbst« (ibid.) offenbaren.

Die *life history*-Forschung ist auch als Autobiografie- beziehungsweise Biografieforschung in der Ethnologie bekannt. Genauer gesagt dient der Terminus *life history* als Oberkategorie für beide (autobiografische und biografische) Formen des Lebensberichtes (Hermann & Röttger-Rössler, 2003, S. 4–5), da er keine Hinweise über die Autorenschaft gibt. Die Autobiografie ist die Lebensgeschichte, die von der Person erzählt/niedergeschrieben wird, um deren Leben es geht, wohingegen die Biografie die Lebensgeschichte einer Person meint, die auch von anderen Personen wiedergegeben werden kann.

Erste, als autobiografisch bezeichnete Berichte in der Ethnologie finden sich etwa bei Radin (1920) oder Kroeber (1945), die beide der Kultur- und Persönlichkeitsschule (*Culture and Personality School*) innerhalb der US-amerikanischen Ethnologie zuzuordnen sind, die sich mit der Frage nach der Herausbildung einer Grundpersönlichkeitsstruktur unter bestimmten kulturellen Bedingungen beschäftigte. In *The Autobiography of a Winnebago Indian* schrieb Radin, sein Ziel sei nicht gewesen,

> »to obtain autobiographical details about some definite personage, but to have some representative middle-aged individual of moderate ability describe his life in relation to the social group in which he had grown up« (1920, S. 384).

Zu Beginn unserer Disziplin stand die Suche nach altersbezogenen Verhaltensvorgaben und universalen gesellschaftlichen Ordnungsprinzipien im Vordergrund und weniger die Suche nach den individuellen soziopsychischen Erfahrungen ihrer einzelnen Mitglieder. Das Individuum galt gewissermaßen als passiver Träger einer fixen und klar umrissenen Kultur. Daher schien es zu genügen, wenige repräsentative ›Schlüsselinformanten‹ zu befragen, um ausreichende Kenntnisse über eine Kultur zu erhalten. Von besonderer lebenslauftheoretischer Relevanz für die Ethnologie war das von van Gennep 1909 erstmals in französischer Sprache veröffentlichte Werk *Les Rites de Passage*, das von Übergangsriten handelt, die er folgendermaßen beschreibt:

> »In jeder Gesellschaft besteht das Leben eines Individuums darin, nacheinander von einer Altersstufe zur nächsten und von einer Tätigkeit zur anderen überzuwechseln. Wo immer zwischen Alters- und Tätigkeitsgruppen unterschieden wird, ist der Übergang von einer Gruppe zur anderen von speziellen Handlungen begleitet [. . .]. Es ist das Leben selbst, das die Übergänge von einer Gruppe zur anderen und von einer sozialen Situation zur anderen notwendig macht. Das Leben eines Menschen besteht somit in einer Folge von Etappen, deren End- und Anfangsphasen einander ähnlich sind: Geburt, soziale Pubertät, Elternschaft, Aufstieg in eine höhere Klasse, Tätigkeitsspezialisierung. Zu jedem dieser Ereignisse gehören Zeremonien, deren Ziel identisch ist: Das Individuum aus einer genau definierten Situation in eine andere, ebenso genau definierte hinüberzuführen« (1981, S. 15).

Van Gennep brachte damit seine Ritualtheorie zum Ausdruck, der zufolge jede Gesellschaft Rituale (mit Trennungs-, Schwellen- oder Umwandlungs- und Angliederungsphasen) besitze, um Lebensereignisse zu strukturieren und so die als besonders wichtig erachteten Übergänge im Leben von Menschen zu markieren. Nach van Genneps Ansicht hatten diese Rituale die Funktion, die Stabilität sozialer Ordnungen langfristig zu gewährleisten.

Die Ethnologie und auch die Soziologie (vgl. Sackmann, 2007) waren in ihrem Denken über Lebensläufe bis in die 1960er Jahre weitgehend strukturfunktionalistisch[7] geprägt. Im Zuge konzeptueller (sogenannter ›postmoderner‹) Neuerungen in den 1970er und 1980er Jahren, die mit einem dynamischeren Verständnis von ›Individuum‹ und ›Kultur‹ einhergingen, verlor der strukturfunktionalistische Ansatz allmählich seinen Anreiz. Die sich allgemein in den Sozialwissenschaften etablierende Erkenntnis, dass das ›Individuum‹ aufgrund von Alter, Geschlecht und sozialer Stellung spezifische Handlungsmöglichkeiten (*Agency*) besitzt und damit kreativer Akteur des eigenen Lebens ist, bedeutete auch, dass ›Kultur‹ ein kreativer Prozess und damit ein wandelfähiges Phänomen ist. Darüber hinaus kam die Frage nach der Positionierung des Forschers im Prozess der Datengewinnung auf, gefolgt von der Forderung nach größtmöglicher Transparenz der eigenen Subjektivität in der Deskription sozialer Lebenswelten (Clifford & Marcus, 1986).

Dies hatte Auswirkungen auf den *life history*-Ansatz. So wurde deutlich, dass der Terminus *Autobiografie* nur bedingt zutrifft. In ihrer Anthologie über *Lebenswege im Spannungsfeld lokaler und globaler Prozesse* schreiben Hermann und Röttger-Rössler diesbezüglich Folgendes:

> »Die Grenze zwischen Biografie und Autobiografie ist [. . .] keineswegs immer eindeutig zu ziehen. So handelt es sich bei den Lebensgeschichten, die im Kontext ethnologischer Feldforschungen von den Forschenden evoziert werden, genau genommen um Ko-Konstruktionen zwischen erzählendem Subjekt und zuhörendem Forscher [. . .], dessen Fragen, Erwartungen, Kommentare und Einwürfe nicht nur die Form, sondern auch den Inhalt der Lebenserzählung wesentlich mitstrukturieren. Bedenkt man weiterhin, dass die solcherart gemeinsam produzierten Lebensberichte vom

Ethnologen für die Veröffentlichung verschriftlicht, redigiert und meist auch übersetzt werden, so erscheint es fraglich, ob in Bezug auf diese Dokumente von ›Autobiografien‹ gesprochen werden kann« (2003, S. 4).

Ethnologische Darstellungen von Lebensläufen können letztlich nur Biografien sein, da sie stets in Abhängigkeit zur Person des Forschers zustande kommen; aus Sicht mancher Autoren (z. B. Spülbeck, 1998) erübrigt sich daher der Begriff der *Autobiografie* im ethnologischen Diskurs völlig.

Aufgrund einer erstarkenden Sensibilisierung hinsichtlich der Produktion ethnografischer Texte im Allgemeinen und lebenslaufgeschichtlicher Dokumente im Besonderen hat sich inzwischen die so genannte ›dialogische Ethnologie‹ fest etabliert. Tedlock schreibt hierzu:

> »Since we can only enter into another person's world through communication, we depend upon ethnographic dialogue to create a world of shared intersubjectivity and to reach an understanding of the differences between two worlds« (1991, S. 70).

Bekannte Monografien im Zeichen der dialogischen Praxis sind beispielsweise *Tuhami: Portrait of a Moroccan* von Crapanzano (1980) über das Leben, die Ängste und Sorgen eines marokkanischen Ziegelbrenners sowie *Nisa: The Life and Words of a !Kung Woman* von Shostak (1981) über die Lebenserfahrungen einer !Kung-Frau in der Kalahari-Wüste Südwestafrikas.

Ein unserer Meinung nach besonders eindrückliches Beispiel für die Entstehungsbedingungen von Lebensschilderungen stellt der im Ansatz der symbolischen Interaktion verankerte Aufsatz von Angrosino (1989) über die ›zwei Leben von Rebecca Levenstone‹ dar. Angrosino begegnet Rebecca Levenstone während seiner Forschung auf der Insel Saba in der Karibik.

---

7 D. h., die Gesellschaft gleicht einem Organismus, ihre Institutionen den Organen, die jeweils eine Funktion zum Erhalt des Ganzen innehaben.

Dass Bedeutungen in Bezug auf Selbst- und Fremdbild, Situationen, Ereignisse und Meinungen im Kontext sozialer Interaktionen immer wieder neu produziert werden – so der symbolisch-interaktionistische Ansatz in Kürze formuliert – zeigt sich daran, dass der Lebensbericht, den Angrosino von Rebecca erhält, in Form und Inhalt stark von demjenigen abweicht, den sie einem lokalen Journalisten gegenüber offenbart. Die beiden Berichte stellen zwar keine direkten widersprüchlichen Versionen ihres Lebens dar. Dennoch unterscheiden sie sich in Weglassungen und Hinzufügungen und in der Art und Weise, in der Rebecca ihr Selbst und ihre Identität sozial verortet. Die Beschreibung einiger weniger divergierender Aspekte soll an dieser Stelle genügen, um die Bedeutung der Beziehung zwischen Zuhörer und Erzähler für den Entstehungsprozess von Lebensgeschichten zu verdeutlichen: So spricht Rebecca bei beiden Zuhörern von ihrer auf Arbeitsbereitschaft beruhenden Unabhängigkeit. Jedoch betont sie im Gespräch mit Angrosino ihren intellektuellen Fleiß (so brachte sie sich Lesen und Schreiben selbst bei, um nicht länger auf die Hilfe anderer angewiesen zu sein), wogegen sie im Gespräch mit dem lokalen Journalisten ihren physischen Fleiß (so etwa den Bau eines Hauses) betont. Des Weiteren steht ihre Identität als ›Schwarze‹ (und damit als Nachfahrin ehemaliger Sklaven in der Karibik) im Vordergrund des Gesprächs mit dem zwar ebenfalls ortsansässigen, jedoch ›weißen‹ Journalisten, der zudem großen politischen Einfluss auf der Insel besitzt.

Im Gespräch mit Angrosino dagegen spielt dieser Aspekt keine Rolle. Vielmehr stellt Rebecca persönliche Leistungen in den Vordergrund und berichtet von Erfahrungen im Hier und Jetzt. Schließlich unterscheiden sich die beiden Versionen ihres Lebens auch darin, dass sie im Gespräch mit dem ortsansässigen Journalisten Personen- und Ortsnamen nennt, ohne Näheres dazu auszuführen, da sie weiß, dass dieser im Gegensatz zu Angrosino, der von außerhalb kommt, keine weiteren diesbezüglichen Informationen benötigt.

Bevor wir uns unserem ethnografischen Fallbeispiel zuwenden, sei in diesem Abschnitt nochmals abschließend betont: Lebensgeschichten sind von vielfältigem Erkenntnisinteresse für die Ethnologie. Sie geben Einblick in kulturspezifische Konzepte von Zeit, Lebenszyklen und Altersnormen. Des Weiteren eröffnen sie Wege, emische Formen des Erzählens und Erinnerns kennenzulernen. Mit Hilfe von Lebensgeschichten können zudem lokalhistorische Prozesse rekonstruiert werden. Schließlich stehen – insbesondere in der gegenwärtigen ethnologischen Lebenslaufforschung – die »Handlungsstrategien der Protagonisten, ihr schöpferischer Umgang mit kollidierenden kulturellen Werten und asymmetrischen Machtverhältnissen« (Hermann & Röttger-Rössler 2003, S. 3) im Mittelpunkt. In der Schilderung von Lebensentwürfen kristallisieren sich somit Narrative heraus, die das Menschsein im Spannungsfeld kultureller Ideale und konkreter Lebenssituationen offenlegen.

4.3 Der Einzug des ›chronologischen Alters‹ in Kayan und Bosmun

In diesem Abschnitt beschreiben wir den Einzug des ›chronologischen Alters‹ in Kayan und Bosmun. Unter ›chronologischem Alter‹ verstehen wir hier ›westliche‹ Vorstellungen des Alter(n)s, die sich heute vermehrt mit lokalen traditionellen Interpretationen über den Verlauf und die soziale Gestaltung des Lebens vermischen.

Früher wurde an der Nordküste Papua-Neuguineas das Alter relational gemessen. Man orientierte sich am Geburtenrang und an historischen Begebenheiten, um Alter immer im Verhältnis zu anderen festzustellen. Die Darstellungen von Lebensläufen konnten sich radikal von der europäischen Tradition der linearen Erzählform unterscheiden. In Kayan und Bosmun stand und steht oft auch heute noch ein anekdotisches und nicht-chronologisches Erzählen im Vordergrund, wobei meist auf Lebenspunkte abgehoben wird, die positiv oder negativ belegte Verbindungen zu anderen Gruppenmitgliedern beinhalten. Ein wichtiges Beispiel sind hier die Gaben (vor allen Dingen Schweine oder Sago, ein Grundnahrungsmittel aus Stärkemehl), die man anderen macht, jedoch noch nicht nach dem Gesetz der Reziprozität zurück erhalten hat. Eine solche offene Schuld ist ein wichtiger sozialer Kontakt im ruralen Papua-Neuguinea.

Die anekdotische Erzählweise hing ursprünglich auch mit einer anderen Zeitvorstellung zusammen, nach welcher der Ablauf der Zeit nicht linear, sondern zyklisch erfolgt (A. Th. von Poser, 2011). Diese Vorstellung hat die besondere Auswirkung, dass das Altern nicht als selbstverständlich ablaufender und am Ende auf den Tod gerichteter Prozess angesehen wird, sondern als ein durch schlechte soziale Beziehungen allmählich wachsender Verfall und daraus resultierend als additive Ansammlung sich negativ auswirkender Relikte von Angriffen durch bösen Zauber. Diese Sichtweise ist in den letzten Jahrzehnten zunehmend in den Hintergrund getreten, doch konnten auch 2010 noch Personen im Alter von 25–30 Jahren interviewt werden, die diese Vorstellung teilten. Eigentlich, so sagten sie, muss man nicht sterben. Nur wenn man zu viele negative soziale Beziehungen ansammelt, verliert man Kraft und letztlich sein Leben. Es ist also ein sozialer und kein zeitlicher Tod, den man stirbt. Der ehemalige Dorfälteste in Kayan, Blasius Jong, galt trotz seines hohen biologischen Alters von etwa 80 Jahren noch nicht als greisenhaft, da er noch aus eigener Kraft seinen Garten bestellte (▶ Abb. 4.1), und er führte sein für diese Gegend ungewöhnlich hohes Alter auf die Tatsache zurück, dass er stets gute soziale Beziehungen unterhalten hatte.

Abb. 4.1: Blasius Jong aus Kayan

Durch die Mission trat im ausgehenden 19. Jahrhundert eine neue Zeitvorstellung in das lokale Bewusstsein beispielsweise mit der in der Bibel verschriftlichten Erzählweise in Form einer linear-chronologischen Abfolge von Ereignissen. Später trug auch die am Vorbild von Australien orientierte Schulbildung zu dem neuen Zeitverständnis bei und so befindet sich die Art, Lebensläufe darzustellen, in einem tief greifenden Wandel. Neuerdings wird auch das Alter in Jahren gemessen – die direkte Verbindung mit dem missionarischen Einfluss wird deutlich an dem Wort, das für ›Lebensjahr‹ verwendet wird: *krismas*, also ›Weihnachten‹.[8]

Der nun linear gedachte Zeitablauf und das Wissen um den unaufhaltsamen Alterungsprozess schlägt sich zunehmend in einem neuen ›gefühlten Alter‹ nieder: Personen mittleren Alters, mit denen wir sprachen und an deren Leben wir teilhaben durften, fühlten sich ›alt‹, obwohl sie

körperlich noch bei bester Gesundheit waren. Der gefühlte körperliche Verfall wird nun zunehmend mit biomedizinischen Erklärungen gekoppelt (A. von Poser, 2011). Selbst wenn keine gesundheitlichen Mängel festzustellen sind, wird eine hohe Anzahl an Lebensjahren inzwischen mit einer als negativ empfundenen Lebensphase assoziiert. So beklagte sich das Ehepaar Nuŋgap und Samar aus Bosmun (▶ Abb. 4.2), dass sie von den Jungen mit dem Terminus ›alt‹ belegt wurden, obwohl sie selbst sich noch nicht alt fühlten.

Abb. 4.2: Das Ehepaar Nuŋgap und Samar aus Bosmun

Zum Zeitpunkt unserer Forschungsaufenthalte bestanden die unterschiedlichen Vorstellungen zum Lauf des Lebens parallel, doch es ist durchaus möglich, dass die euro-amerikanische Vorstellung auf lange Sicht das alte System ersetzen wird. Das ethnografische Beispiel macht in jedem Falle deutlich, dass neben dem als universal angenommenen Ablauf der Zeit grundsätzlich andere Vorstellungen existieren können, denen im Kontakt mit zunehmend global agierenden Organisationen (Nichtregierungsorganisationen, westliches medizinisches Personal, etc.) Rechnung getragen werden sollte.

---

8 So sagt man: »Ich zähle 21 Weihnachten«, um auszudrücken, dass man 21 Jahre alt ist. Das Wort *krismas* entstammt dem melanesischen Pidgin-Englisch, der Verkehrssprache Papua-Neuguineas, die auch durch Missionierung im gesamten Land verbreitet wurde.

4.4 Ausblick

Spätestens mit den postmodernen Debatten innerhalb der Ethnologie (Clifford & Marcus, 1986) erschien eine kulturvergleichende Sicht als erübrigt oder nicht mehr zeitgemäß. So galt es nun primär, sowohl die kulturellen Partikularismen innerhalb einer Gesellschaft aufzudecken, die sich aufgrund von Geschlecht, Alter und sozialer Position ihrer Mitglieder ergaben, als auch den von der Person des Forschers abhängigen Prozess der Datengewinnung in ethnografischen Repräsentationen transparent zu machen. Inzwischen aber spricht die allmähliche Öffnung des Faches gegenüber anderen Disziplinen im Rahmen fachübergreifender Kooperationen für eine Wiederaufnahme des Kulturvergleichs in den analytischen Kanon der Ethnologie. Röttger-Rössler schreibt hierzu:

»Meiner Ansicht nach könnte die Ethnologie künftig eine enorme Stärkung erfahren, wenn sie sich wieder vermehrt anthropologischen Grundfragen öffnet und vor allem auch die in Misskredit geratene Frage nach menschlichen Universalien wieder zulässt. Ein solcher ›anthropological turn‹ würde allerdings erfordern, dass Ethnologen beginnen hinter ihren endlosen Partikularismen hervorzukommen und die vielen dichten Einzelstudien vergleichend zu betrachten und sie in übergreifende Zusammenhänge zu bringen. In anderen Worten: wir sollten einer weiteren Grundsäule unseres Faches wieder mehr Aufmerksamkeit widmen: dem Kulturvergleich; und zwar keineswegs nur dem empirischen, sondern auch dem, der ethnografische Partikularismen unter fachübergreifenden Fragen re-analysiert und sie dadurch zugleich auch für andere Fächer aufschließt und sichtbar macht« (2010, S. 117).

Darüber hinaus jedoch sollte dem kulturvergleichenden Forschungsansatz auch in Anbetracht zunehmender transkultureller Flüsse weltweit wieder vermehrt Rechnung getragen werden. Im Kontext erhöhter Mobilität und Migration erweist sich dieser als wichtiges Rüstzeug für die ethno-

logische Lebenslaufforschung. So führen Menschen unterschiedlicher Herkunft oft auch unterschiedliche Lebenslaufentwürfe mit sich. Je nach Affinitätsgrad erleichtern oder erschweren diese unterschiedlichen Vorstellungen das soziale Miteinander und je nach biografischem Hintergrund und situativem Kontext zeigen soziale Akteure die Bereitschaft, ihre Vorstellungen einander anzugleichen oder auch nicht. Die im Wandel befindlichen Vorstellungen über das Alter(n) in Papua-Neuguinea, die im vorherigen Abschnitt erläutert wurden, stellen ein Beispiel dar für das Aufeinandertreffen unterschiedlicher Denktraditionen; im Spannungsfeld lokaler und neolokaler (d. h. an der Biomedizin orientierter) Konzeptionen eignen sich soziale Akteure neue Kategorien an, nach denen sie das Leben und die damit einhergehenden sozialen, physischen und psychischen Transformationen ordnen.

Ein weiteres Beispiel ergibt sich aus der heutigen ›multikulturellen‹ Alltagswirklichkeit in Deutschland und anderen europäischen Ländern. Dass transkulturelle Flüsse schon jetzt ihre Auswirkung mit Blick auf die Lebenslaufgestaltung zeigen, wird etwa anhand der Situation von inzwischen älter gewordenen Arbeitsmigranten in Deutschland sowie deren Nachkommen deutlich. Bei Ankunft im Zielland glaubten viele, dass sie mit dem altersbedingten Ende der Arbeitstätigkeit in das Herkunftsland zurückkehren würden. Aufgrund familiärer und/oder statusbedingter Veränderungen, aufgrund einer besseren Gesundheitsversorgung und verbesserter Integrationsmöglichkeiten ist die Rückkehr aber nicht selten in den Hintergrund getreten (Okken, Spallek & Razum, 2008). Rezente Studien über türkische Migranten zeigen, dass die Entscheidung, das hohe Alter in der Nähe der Kinder zu verbringen, keineswegs bedeuten muss, dass hier automatisch die ›traditionelle‹ Form der Altenversorgung – d. h. die Pflege innerhalb der Großfamilie – greift. Im Übrigen ist dies auch im Herkunftsland nicht in dem Maße der Fall, wie dies oftmals vorschnell für die Länder der Mittelmeerregion angenommen wird. So schreibt Zimmermann:

> »[A]uch Altersheime werden von muslimischer Seite mehr und mehr für nötig befunden und gefördert, in Deutschland wie auch in der Türkei [. . .]. Dass es in der Türkei solche Einrichtungen kaum gäbe, und dass dort die Großfamilie dominant sei, ist eine Zustandsbeschreibung, die allenfalls für gewisse ländliche Gebiete in der Osttürkei gelten mag, jedoch keinesfalls für urbane Verhältnisse« (2012, S. 319–320).

Bedingt durch moderne Arbeits- und Wohnbedingungen verbringen jüngere Generationen in der Tat hier wie dort weniger Zeit mit den älteren Angehörigen ihrer Familien. Laut Zimmermann (2012, S. 319) sei es zwar richtig, dass »[d]ie Schlüsselstellung der Familie [. . .] eine scharfe Ablehnung von Alters- und Pflegeheimen nach sich [ziehe]«. Immerhin aber würden ambulante Hilfsdienste vonseiten der Migranten bereits in Anspruch genommen.

Da die Zahl pflegebedürftiger Menschen mit Migrationshintergrund in Deutschland steigt, erstarkt derzeit die Forderung nach einer »kultursensiblen Altenpflege« (Okken, Spallek & Razum, 2008; Gleich, 2011) – mit dem Ziel, die erwähnte Ablehnungshaltung zu reduzieren. Noch sind multikulturelle Seniorenzentren rar in der Pflegelandschaft Deutschlands. Doch ist anzunehmen, dass sich gerade in Begegnungen wie jener von »Frau Hering und Herr Cumali im muslimischen Gebetsraum des multikulturellen Altenheims ›Haus am Sandberg‹ in Duisburg« (Dikmen, 2009, S. 41) folgender epistemologischer Tatbestand auf eindrückliche Weise offenbart: Kulturelle Vorstellungen zum Lauf des Lebens sind durch interne wie externe Faktoren beeinflussbar, anpassungsfähig und somit stets wandelbar.

Darüber hinaus bietet sich in kultursensiblen/multikulturellen Pflegeinstitutionen für die Älteren und für die Jüngeren (Familienangehörige und Pflegepersonal) die Möglichkeit, in Bezug auf Alternsprozesse und intergenerationale Beziehungen voneinander zu lernen. In diesem Lernprozess kommt der Ethnologie eine bedeutende Mittlerfunktion zu. Obgleich einem statischen Konzept von Kultur verhaftet, betonte doch Lévi-Strauss (1974) richtig, dass der Blick auf andere kulturelle Modelle den Blick auf die eigene Lebenswelt schärfen könne.[9] Im Rahmen einer angewandten *Anthropology of Aging,* einem wichtigen Feld innerhalb der ethnologischen Lebenslaufforschung, können qualitative ethnografische Beobachtungen systematisch dazu genutzt werden, um Anregungen zu erhalten für einen differenzierteren Umgang mit älteren Menschen unterschiedlicher Herkunft (vgl. Sokolovsky, 2009).

---

9 So schreibt Lévi-Strauss in *Traurige Tropen,* man müsse »unsere Kenntnis fremder Gesellschaften zur Herausbildung jener Prinzipien sozialen Lebens [. . .] verwenden, die uns erlauben, unsere eigenen Sitten und Gebräuche und nicht die fremder Gesellschaften zu reformieren« (1974, S. 363).

Literatur

Angrosino, M. V. (1989). The Two Lives of Rebecca Levenstone. Symbolic Interaction in the Generation of the Life History. *Journal of Anthropological Research, 45*, 314–326.

Beer, B. (Hrsg.). (2008). *Methoden ethnologischer Feldforschung.* (Überarbeitete und erweiterte 2. Auflage). Berlin: Reimer.

Bruner, E. M. (1984). The Opening Up of Anthropology. In E. M. Bruner (Hrsg.): *Text, Play, and Story. The Construction and Reconstruction of Self and Society* (pp. 1–16). Prospect Heights, Illinois: Waveland.

Clifford, J. & Marcus, G. E. (Hrsg.). (1986). *Writing Culture. The Poetics and Politics of Ethnography.* Berkeley / Los Angeles: University of California Press.

Crapanzano, V. (1977). The Life History in Anthropological Field Work. *Anthropology and Humanism Quarterly, 2* (2), 3–7.

Crapanzano, V. (1980). *Tuhami. Portrait of a Moroccan.* Chicago / London: University of Chicago Press.

Dikmen, Ş. (2009). Mein Leben mit dem Alter. In: C. Kollewe / K. Jahnke (Hrsg.): *FaltenReich. Vom Älterwerden in der Welt* (S. 36–41). Berlin: Reimer.

Gleich, V. (2011). Das Kompetenz-Zentrum Interkulturelle Öffnung der Altenhilfe, Berlin. *Migration und Soziale Arbeit, 33*(1), 42–43.

Hermann, E. & Röttger-Rössler, B. (2003). Einleitung. Persönliche Handlungsmöglichkeiten im lokal-globalen Kontext. In E. Hermann & B. Röttger-Rössler (Hrsg.): *Lebenswege im Spannungsfeld lokaler und globaler Prozesse. Person, Selbst und Emotion in der ethnologischen Biografieforschung* (S. 1–23). Münster: LIT.

Hollan, D. W. & Wellenkamp, J. C. (1996). *The Thread of Life. Toraja Reflections on the Life Cycle.* Honolulu: University of Hawai'i Press.

Kollewe, C. & Jahnke, K. (2009). (Hrsg.). *FaltenReich. Vom Älterwerden in der Welt.* Berlin: Reimer.

Kroeber, A. L. (1945). A Yurok War Reminiscence. The Use of Autobiographical Evidence. *Southwestern Journal of Anthropology, 1*, 318–332.

Lévi-Strauss, C. (1974). *Traurige Tropen* (übersetzt von Suzanne Heintz). Köln: Kiepenheuer & Witsch.

Okken, P.-K., Spallek, J. & Razum, O. (2008). Pflege türkischer Migranten. In U. Bauer & A. Büscher (Hrsg.): *Soziale Pflege und Ungleichheit. Beiträge sozialwissenschaftlich orientierter Pflegeforschung* (S. 396–422). Wiesbaden: VS Verlag für Sozialwissenschaften.

Radin, P. (1920). The Autobiography of a Winnebago Indian. *American Anthropology and Ethnology, 16* (7), 381–473.

Röttger-Rössler, B. (2010). Das Schweigen der Ethnologen. Zur Unterrepräsentanz des Faches in neuro-biologisch-kulturwissenschaftlichen Forschungskooperationen. *Sociologus, 60*(1), 99–121.

Sackmann, R. (2007). *Lebenslaufanalyse und Biografieforschung. Eine Einführung.* Wiesbaden: VS Verlag für Sozialwissenschaften.

Shostak, M. (1981). *Nisa. The Life and Words of a !Kung Woman.* Cambridge, MA: Harvard University Press.

Sokolovsky, J. (2009). Introduction. Human Maturity and Global Aging in Cultural Context. In J. Sokolovsky (Hrsg.): *The Cultural Context of Aging. Worldwide Perspectives* (pp. xv–xxxv).Westport: Greenwood Press.

Spülbeck, S. (1998). *Biographie-Forschung in der Ethnologie. Hamburg:* LIT.

Tedlock, B. (1991). From Participant Observation to the Observation of Participation. The Emergence of Narrative Ethnography. *Journal of Anthropological Research, 47*, 69–94.

van Gennep, A. (1981). *Übergangsriten* (übersetzt von K. Schomburg & S. M. Schomburg-Scherff). Frankfurt a. M. / New York: Campus Verlag.

von Poser, A. (2011). Ageing and Taking Care of the Elderly in Contemporary Daiden (Northeast Papua New Guinea). *Max Planck Institute for Social Anthropology Working Papers No. 129.*

von Poser, A. Th. (2011). Der Kalender der Kayan (Papua-Neuguinea) und sein Einfluss auf Sozialordnung und Religion. *Mitteilungen der Berliner Gesellschaft für Anthropologie, Ethnologie und Urgeschichte, 32*, 133–144.

Zimmermann, H.-P. (2012). Altersbilder von türkischen Migrantinnen und Migranten in Deutschland im Vergleich. In H. Baykara-Krumme et al. (Hrsg.): *Viele Welten des Alterns* (S. 315–337). Wiesbaden: VS Verlag für Sozialwissenschaften.

II Partialblicke auf neue Lebensläufe – Auswirkungen auf den gesamten Lebenslauf

Teil II – Vorspann der Herausgeber

Steigen wir also ein in Lebenslaufkonzeptionen und Veränderungen in Lebensläufen. Wir werfen zunächst Partialblicke auf den Lebenslauf. Warum? Weil Lebenslaufforschung wohl immer beides braucht: den Blick auf das Gesamte, ohne die einzelnen Teile (Phasen des Lebens) aus dem Auge zu verlieren, und den Blick durch die Brille einzelner Phasen auf das gesamte Leben.

Wir beginnen klassisch – mit der Phase des frühesten Lebens und der Kindheit (▶ Kap. 5, Pauen). Eigentlich ist es noch nicht so recht in die Öffentlichkeit gedrungen, was hier gerade in den letzten Jahren an Erkenntnissen gewonnen wurde: Wollen Sie mehr über dieses ganz andere Kind-Sein (und das daraus sich veränderte Danach des Lebens) wissen? Mit diesem Kapitel sind Sie definitiv auf der richtigen Spur. Die Schule bildet, so könnte man angesichts der Bedeutung von Bildung sagen, das Tor zum Leben, gibt früh grundlegende Richtungen vor. Aus diesem Grunde muss sich auch die Schule neu orientieren (▶ Kap. 6, Spinath). Sie ebnet den Weg für weitere Entwicklungsmöglichkeiten. Und in der Jugend und im Übergang werden viele Erlebnisse und Erfahrungen früherer Lebensphasen noch einmal kritisch hinterfragt (▶ Kap. 7, Kruse und Schmitt). Die Jugendphase besitzt sicherlich für das weitere Leben eine besondere Radikalität.

Die »Ruhe« des mittleren Erwachsenenalters – Freude und Genuss, wenn wir sie endlich erreicht haben? Vieles ist an dieser Stelle des Lebens heute im Umbruch, etwa in Bezug auf soziale Beziehungsformen (▶ Kap. 8, Eckhard und Klein), aber auch

darüber hinaus (▶ Kap. 9, Perrig-Chiello und Höpflinger). Viele Fragen stehen in neuer Weise vor uns. Etwa: Was ist mir wichtig im Leben? Was bleibt, wenn ich nicht mehr bin? Was wird das höhere Lebensalter mit mir machen? Eine Anforderung ist angesichts einer stark alternden Arbeitsgesellschaft besonders aktuell: Wie soll mit späten Phasen der beruflichen Entwicklung umgegangen werden? Was ist hier der richtige Weg? Welche neuen Chancen liegen vielleicht gerade gegen Ende der Erwerbsarbeitszeit für uns heute bereit? (▶ Kap. 10, Kruse und Hüther; ▶ Kap. 11, Kruse).

Neues wartet auf uns, so sagen uns theoretische Überlegungen und empirische Daten, wenn wir in die Phase des Alters eintreten (▶ Kap. 12, Kolland und Wanka). Neue Altersformen, die wir historisch so noch nie gesehen haben – neue Pioniere bei der Erschließung später Lebensphasen. Sind wir eventuell gar überfordert angesichts derartiger Möglichkeiten? Ein neues Leben noch einmal im Alter? Bis an die Grenzen des Lebens gehen – ein neues Austesten des Lebens (▶ Kap. 13, Schilling und Wahl)? Liegt da eventuell ein Land vor uns, das wir am liebsten gar nicht kennen lernen sollten? Können wir in diesem Sinn finden, oder antworten wir mit Verzweiflung?

Und das Sterben – steht auch dieses vor neuen Herausforderungen (▶ Kap. 14, Remmers und Kruse)? Grenzen des Lebens sind so alt wie die Menschheit – und stehen doch, wie in diesem den Teil II abschließenden Kapitel deutlich werden wird, immer wieder neu vor uns, individuell und gesellschaftlich.

5 Was ist ein Baby/Kleinkind? Wie unsere Sicht auf die frühe Kindheit das Leben in dieser Phase prägt

Sabina Pauen

Zusammenfassung

Unsere Vorstellung davon, was Babys und Kleinkinder ausmacht, welche Kompetenzen sie bereits mit auf die Welt bringen und wie frühe Erfahrungen ihr späteres Leben beeinflussen, hat sich in den vergangenen 50 Jahren stark gewandelt. Der vorliegende Beitrag gibt einen kurzen Überblick über die wichtigsten Veränderungen dieser Art und diskutiert, welche Implikationen sich daraus für die Entwicklung des Menschen ergeben. Dabei wird vor allem die Lebensphase von der Konzeption bis zum Kindergartenalter in den Blick genommen.

5.1 Einleitung

Wer Entwicklung als lebenslangen Prozess begreift, meint in der Regel die Zeit zwischen Geburt und Tod. Dabei lassen wir außer Acht, dass der Grundstein für alle späteren Entwicklungen bereits lange vor der Geburt gelegt wird. Erst seit wenigen Jahren ist es uns möglich, das Verhalten von Föten genauer zu studieren. Zudem vermittelt uns die moderne Säuglingsforschung eine genauere Vorstellung von den faszinierenden Veränderungen innerhalb der ersten Lebensjahre. Heute scheint klar, dass Schwangerschaft und frühe Kindheit Phasen der nachhaltigen Anpassung an unsere Umwelt sind, die eine gewisse Kontinuität aufweisen. In keiner anderen Zeit durchlaufen unser Gehirn und unser Körper mehr Veränderungen, wobei Reifung und Erfahrung in komplexer Wechselwirkung stehen. Diese Einsicht führt zu Veränderungen im Umgang mit unserem Nachwuchs. Der vorliegende Beitrag möchte entsprechende Zusammenhänge herausarbeiten und diskutieren. Dabei gliedert er sich in die drei Hauptabschnitte, die jeweils dem Leben als Fötus, der Geburt und den ersten Lebensjahren gewidmet sind. Abschließend wird in einem kurzen Ausblick spekuliert, welche Forschungsfragen uns in Zukunft beschäftigen werden.

5.2 Das Leben als Fötus

Früher schien das Leben im Mutterleib wie ein undurchdringliches Geheimnis. Die werdende Mutter konnte ab dem vierten Monat spüren, dass sich in ihr etwas regte;

ihr Bauch wuchs beständig als Zeichen dafür, dass auch das Kind gedieh. Gegen Ende der Schwangerschaft konnte die Hebamme mit dem Hörrohr feststellen, ob das Herz des Fötus schlug. Aber was das Kind im Bauch genau tat und was es bereits konnte, blieb ihr verborgen.

Das ist inzwischen anders: Jede Schwangere unseres Kulturkreises sieht heute Ultraschallaufnahmen – gegen Aufpreis sogar dreidimensional – und gewinnt früh eine visuelle Vorstellung von allen Teilen und Bewegungen ihres Kindes in verschiedenen Stadien seines pränatalen Lebens. Zudem besteht die Möglichkeit der Messung verschiedenster Körperfunktionen, einschließlich der Hirnströme des Fötus. Viele werdende Mütter kennen das Geschlecht ihres Kindes oder/und haben bereits seinen Chromosomensatz untersuchen lassen. Informiert sich die Mutter zudem über Bücher oder andere Medien, so wird ihr rasch klar: Das Kind in ihrem Bauch ist eine eigenständige Person, die lernt, träumt, lächelt und erste Vorlieben entwickelt. Interessierte Leser finden eine ausführliche Darstellung der vorgeburtlichen Entwicklung bei Elsner und Pauen (2012) sowie Nathanielsz (1999). Nachfolgend werden lediglich die wichtigsten Fakten zusammengefasst.

Körperliche Entwicklung

Erste Ansätze zur Gehirnreifung sind bereits zwei bis drei Wochen nach der Befruchtung erkennbar. Ab der dritten Schwangerschaftswoche fängt das Herz des Kindes an zu schlagen, ab der vierten Woche reagiert ein Fötus auf Berührung, ab der achten Woche kann er greifen. Schon bald macht er Turnübungen, lutscht am Daumen oder spielt mit der Nabelschnur. Ab der 9. Schwangerschaftswoche ist am Kind alles dran und drin, was es zu einem Menschen macht. Jetzt muss es nur noch wachsen. Allerdings sind die meisten Organe bis zur Geburt noch nicht voll ausgereift. Das gilt vor allem für das Gehirn. Weil der Kopf sonst zu groß wäre, um den Geburtskanal zu passieren, verdreifacht sich das Gehirnvolumen erst in den Jahren nach der Geburt. Die Entwicklung des Fötus ist dabei in hohem Maße vom Wohlbefinden und Verhalten der werdenden Mutter abhängig.

Die Mutter-Kind-Beziehung

Heute gehen wir davon aus, dass bereits vor der Geburt Prägungen stattfinden, die sich auf basale Körper- und Hirnfunktionen beziehen. Was immer die Mutter zu sich nimmt oder was ihr widerfährt – sie teilt es mit ihrem Kind. Beispielsweise ist gut belegt, dass die Einnahme von Hormonen in der Frühschwangerschaft Einfluss auf die sexuelle Orientierung des Kindes haben kann. Nimmt die Schwangere Tabletten oder Drogen, ist ihr Kaffeekonsum zu hoch, raucht oder trinkt sie, schläft sie zu wenig oder ist sie zu viel auf den Beinen, so hat dies ebenfalls Konsequenzen für den Fötus, die von vermehrter Unruhe über vermindertes Wachstum bis hin zu gravierenden Körperdeformationen und Hirnschäden reichen.

Selbst der emotionale Zustand der Mutter und ihre Haltung zum Kind können dessen Entwicklung beeinflussen: Dauerstress reduziert die Funktionsfähigkeit der Plazenta, eine ablehnende Haltung verschlechtert die Versorgung mit Nährstoffen im Uterus. Geht es der Mutter dagegen gut und sie ist entspannt, dann kann sich auch der Fötus entspannen. Beide Schicksale, das der Schwangeren und das des Fötus, sind also auf vielfältige Weise miteinander verbunden. Die wenigsten Verbindungen sind dabei schon ausreichend verstanden. In jedem Fall aber steht außer Zweifel, dass eine werdende Mutter große Verantwortung für das in ihrem Körper reifende Kind und dessen Start ins Leben trägt.

Frühgeburtlichkeit

Nicht jedes Kind wird termingerecht geboren. Kinder können heute überleben, wenn sie gerade mal die Hälfte der Schwangerschaft über die Nabelschnur versorgt wurden. Schon ab der 20. Woche ist es möglich, sie in Brutkästen zu verpflanzen und am Leben zu halten, bis ihre kleinen Körper so weit entwickelt sind, dass sie auch ohne die Hilfe von Apparaten auskommen. Man lässt ihre Lungen durch Gabe von Surfaktant schneller reifen, einem Stoff, der normalerweise erst in der letzten Phase der Schwangerschaft vom Körper der Mutter produziert wird und dazu beiträgt, dass sich die Lungenbläschen nicht verkleben, sobald sie mit Sauerstoff aus der Luft in Kontakt kommen; man passt die Sauerstoffzufuhr nach der Geburt ständig dem aktuellen Bedarf an und führt über eine Sonde Nahrung zu.

Ohne die moderne Perinatalmedizin wäre das Leben vieler Frühgeborener beendet, bevor es überhaupt richtig begonnen hat. Ohne sie gäbe es vermutlich aber auch weniger Frühgeburten, denn ein steigender Anteil jener Kinder, die vorzeitig das Licht der Welt erblicken, stammt von Frauen, die eine medizinische Behandlung in Anspruch genommen haben, um überhaupt Mutter werden zu können. Als Resultat ergeben sich häufig Mehrlingsschwangerschaften, die ein erhöhtes Risiko für Frühgeburten mit sich bringen.

Für etwa 10 % der Menschheit in unserem Kulturkreis beginnt das Leben daher mehr als drei Wochen vor dem errechneten Geburtstermin und bringt die Erfahrung medizinischer Eingriffe mit sich, die über normale Geburtshilfe hinausgehen. Die Ursachen und Konsequenzen von Frühgeburtlichkeit genauer zu erforschen, ist ein wichtiges Anliegen der modernen Medizin und Psychologie. Hier gilt es, durch interdisziplinäre Zusammenarbeit noch viele Rätsel zu lösen, denn der körperliche Zustand nach der Geburt erlaubt sehr eingeschränkt eine Vorhersage, wie sich das Kind künftig entwickeln wird. So gibt es Frühgeborene mit auffälligem Hirnbefund, die sich später jedoch völlig normal entwickeln, und andere Frühgeborene, die keinen auffälligen Hirnbefund aufweisen, später aber deutliche Defizite in ihrer Entwicklung zeigen, welche systematisch mit Frühgeburtlichkeit in Verbindung stehen.

Erkenntnisse der modernen Säuglingsforschung

Auch die moderne Säuglingsforschung widmet sich der Erkundung des vorgeburtlichen Lebens. Indem Psychologen untersuchen, welche Fähigkeiten Kinder mit auf die Welt bringen, stellen sie gleichzeitig fest, was schon alles während der Schwangerschaft gelernt wurde. Dabei macht man sich raffinierte Untersuchungstechniken zunutze, wie etwa das »präferenzielle Saugen«. Dabei gibt man dem Neugeborenen einen Schnuller und misst zunächst die spontane Saugrate. Anschließend setzt man dem Baby einen Kopfhörer auf und spielt – abhängig davon, ob das Kind langsamer oder schneller saugt, als es der Basisrate entspricht – bestimmte akustische Signale über den Kopfhörer ein.

Unter Verwendung dieser Technik stellten DeCaspar und Fifer (1986) fest, dass Neugeborene die Stimme ihrer Mutter gegenüber anderen Frauenstimmen bevorzugen. Die Autoren sehen hierin einen Beleg dafür, dass die Kinder das Lautmuster der mütterlichen Stimme während der Schwangerschaft gelernt haben und nach der Geburt wiedererkennen. Noch erstaunlicher scheint ihr Befund, dass sich die Kinder offensichtlich sogar an die Lautmuster bestimmter Geschichten erinnern können, die ihnen in den letzten sechs Wochen vor der Geburt täglich einmal laut vorgelesen wurden. Diese Geschichten »saugten« sie sich mit Vorliebe herbei. Dabei war es egal, ob schneller oder langsamer als sonst gesaugt werden musste, um das entsprechende Klangmuster zu hören. Diese überraschende Beobachtung gilt heute als eindrucksvoller Beleg für die differenzierte Hör- und Merkfähigkeit im Mutterleib.

Studien dieser Art zeigen uns, dass schon Neugeborene Wahrnehmungspräferenzen haben, die auf Erfahrung basieren. Sie machen zudem deutlich, dass sich Kinder an die Zeit vor der Geburt erinnern können und offensichtlich Reize, mit denen sie im Mutterleib konfrontiert waren (Lautmuster, Gerüche), als Neugeborene bevorzugen.

Konsequenzen unserer veränderten Sichtweise

Insgesamt vermitteln die dargestellten Beobachtungen den Eindruck, dass wir es von Anfang an mit einer Persönlichkeit zu tun haben, die sich in enger Wechselbeziehung mit den Bezugspersonen entwickelt, sensibel auf ihre Umwelt reagiert und lernfähig ist. Die Vorstellung, das Leben beginne erst mit der Geburt, scheint damit aus heutiger Sicht naiv. Vielmehr wird uns mehr und mehr bewusst, dass Erfahrungen, die wir im Mutterleib gemacht haben, vermutlich einen nachhaltigen Einfluss auf unsere weitere Entwicklung haben. Dieser Schluss liegt auf der Hand, wenn man sich überlegt, dass Gehirn und Körper in dieser Phase ihre genaue Form und Struktur annehmen und dass diese Reifungsprozesse stets mitgeprägt sind von den Umweltbedingungen, unter denen sie stattfinden. Umso erstaunlicher scheint es, dass bislang nur wenige Studien vorliegen, die entsprechende Zusammenhänge systematisch erforschen.

Weil Mütter unseres Kulturkreises im Durchschnitt nur wenige Kinder zur Welt bringen und eher zu den Spätgebärenden zählen, machen sie sich besonders viele Gedanken um ihre Schwangerschaft. Wer nur ein oder zwei Kinder bekommt und womöglich lange auf das erste Kind warten muss-

te, will sicher sein, dass alles optimal läuft. Damit stellt sich die Frage, welche Folgen diese veränderte Realität von Schwangerschaft für die Kinder selbst hat.

Zweifellos trägt das gesteigerte Verantwortungsbewusstsein unserer Gesellschaft gegenüber dem ungeborenen Leben mit dazu bei, dass Schwangere insgesamt stärker auf ihre Gesundheit und ihr Wohlbefinden achten. Die höhere Anzahl kassenärztlich finanzierter Vorsorgeuntersuchungen, die staatliche Unterstützung für werdende Mütter in Form von Beratungsangeboten und Mutterschutz, eine Vielzahl an Geburtsvorbereitungskursen und Büchern für Schwangere tragen alle gemeinsam mit dazu bei, die besonderen Herausforderungen, die mit dem Wachsen neuen Lebens einhergehen, besser zu meistern. Nicht umsonst ist die Sterblichkeitsrate in westlichen Ländern seit der Nachkriegszeit kontinuierlich gesunken. Viele Störungen der pränatalen körperlichen Entwicklung können vermieden werden.

Allerdings gibt es auch Kehrseiten dieser verstärkten Achtsamkeit: So steigt mit der Anzahl der Vorsorgemaßnahmen auch die Erwartung an das noch ungeborene Kind. Es soll nicht nur genetisch gesund sein, sondern zudem bereits im Bauch optimal gefördert werden. Dieser Anspruch treibt zum Teil zweifelhafte Blüten. So etwa, wenn Schwangere regelmäßig speziell für sie zusammengestellte CDs hören, auf denen Mozart und andere Komponisten zu hören sind, weil dies sich positiv auf die Gehirnentwicklung und die Musikalität der Ungeborenen auswirken soll. Kurse vermitteln den Müttern Wissen darüber, wie sie ihr Kind schon im Bauch auf den Spracherwerb vorbereiten können, indem sie mit dem Finger Buchstaben auf die Bauchdecke malen und dazu gezielt die passende Laute ausstoßen. Auch wenn keine dieser Maßnahmen wirklich schädlich sein mag, birgt die Haltung, die Schwangere dazu bringt, entsprechende Angebote in Anspruch zu nehmen, Risiken:

Zu hohe Erwartungen werden besonders leicht enttäuscht, wenn der Nachwuchs am Ende doch nicht musikalisch wird, erst vergleichsweise spät schreiben lernt oder mit anderen Einschränkungen zu Welt kommt.

Aber auch wenn sich die Erwartungen bestätigen, kann dies Probleme mit sich bringen. Implikationen der zunehmend verbreiteten Haltung, schon vor der Geburt müsse alles dafür getan werden, den Lebensweg des Kindes durch seine bewusste Stimulierung im Mutterleib positiv zu prägen, sind bislang kaum erforscht und lassen viel Raum für Spekulationen.

5.3   Die Geburt

Auch der Geburtsvorgang ist heute ein Ereignis, das auf vielfältige Weise bewusst gestaltet werden kann: Ob zuhause oder in der Klinik, per Kaiserschnitt oder auf natürliche Weise, im Hocken, Liegen oder Stehen, im Beisein eines Arztes oder nur mit Hilfe einer Hebamme, unterstützt vom Vater oder alleine, unter Wasser oder im Trockenen – die Qual der Wahl liegt bei der werdenden Familie. Nach dem Geburtsakt kann das Kind zunächst auf dem Bauch der Mutter ausruhen oder es wird zum Beispiel mit einen Klaps auf den Hintern zum ersten Schrei veranlasst. Es gibt zahlreiche unterschiedliche Wege ins Leben. Wie die Geburt konkret verläuft, lässt sich allerdings nie genau vorhersehen.

So kann es zur Vakuumextraktion, zur Zangengeburt oder zum Not-Kaiserschnitt kommen. Bedingt durch zu lange Wehen, eine um den Hals gewickelte Nabelschnur, eingeklemmte Gliedmaßen oder eine vorzeitige Plazentaablösung mag das Gehirn des Kindes unter der Geburt an Sauerstoffunterversorgung leiden und neurologische Schäden davontragen. Jede der genannten Komplikationen hat potentiell massive Auswirkungen auf das gesamte spätere Leben. Viele Menschen sind davon mehr oder weniger stark betroffen. Die häufigste Folge einer leichten Sauerstoffunterversorgung ist eine minimale zerebrale Dysfunktion, die sich etwa in einer Mikrospastik oder in noch subtileren Beeinträchtigungen der Hirnfunktion niederschlägt, welche nur schwer eindeutig auf das Geburtsereignis zurückgeführt werden können.

Während Kinder, bei denen unter der Geburt einiges schief lief, in frühen Zeiten häufiger verstarben, sorgt die moderne Geburtsmedizin inzwischen dafür, dass sie weiterleben können. Weil Geburtsschäden eher verhindert werden, gleichzeitig aber mehr Kinder mit Geburtsschäden überleben, hat sich der Prozentsatz an Menschen, die von Geburt an behindert sind, wenig verändert.

Ausgehend von dem Wissen um die zum Teil beträchtlichen Folgen, die ein ungünstiger Geburtsverlauf für den weiteren Werdegang des Menschen haben kann, entscheiden sich heute immer mehr Schwangere ohne medizinische Indikation für einen geplanten Kaiserschnitt. Was früher als Notplan gedacht war, ist zu einer üblichen Form der Geburt geworden. Kinder, die per Kaiserschnitt geboren werden, sind vermutlich weniger gesundheitlichen Risiken ausgesetzt als Kinder, die normal geboren werden – allerdings drückt sich in der Haltung jener Mütter, die sich für diese Form der Geburt entscheiden, auch eine erhöhte Besorgnis und geringe Risikobereitschaft aus, die unter Umständen symptomatisch für das weitere Erziehungsverhalten sein kann und damit auch auf den späteren Lebensweg entscheidend Einfluss nimmt.

Es scheint als rückten wir dem Zeitalter der Designer-Babys immer näher – nicht nur aufgrund der Fortschritte in der Genforschung, sondern auch aufgrund der Fortschritte der Pränatalmedizin und -psychologie. Noch vor 50 Jahren waren Schwangerschaft und Geburt Ereignisse, die nach ihren eigenen Gesetzen abliefen. Heute

wollen wir nach Möglichkeit genau kontrollieren, wann wir Kinder bekommen, auf welche Weise sie das Licht der Welt erblicken und was sie bis dahin schon erfahren haben. Die Unbefangenheit, Dinge einfach geschehen zu lassen und mit Unwägbarkeiten zu leben, droht uns dabei abhanden zu kommen.

5.4   Die ersten Lebensjahre

Mit der Geburt tritt das Kind in eine völlig neue Phase seines Lebens ein: Es atmet und bewegt sich nicht mehr in Flüssigkeit, sondern ist von Luft umgeben. Seine Körperprozesse müssen sich den veränderten Bedingungen anpassen, das Durchtrennen der Nabelschnur erfordert eine neue Form der Kommunikation zwischen Kind und Mutter. Zahlreiche neue Reize strömen auf das Kind ein.

Auch wenn sich das Entwicklungstempo nach der Geburt immer mehr verlangsamt, passiert in den ersten Lebensjahren extrem viel. Körperliche und geistige Funktionen reifen, erste Beziehungen werden geknüpft und viele Kompetenzen werden neu entwickelt. Es folgt eine kurze Zusammenfassung der wichtigsten Veränderungen sowie eine Diskussion der Implikationen für die gesellschaftliche Gestaltung der frühen Kindheit. Umfassendere Überblicke über die wichtigsten Meilensteine der frühkindlichen Entwicklung finden sich bei Pauen (2011).

Motorik

Ist das Neugeborene noch weitgehend unfähig, sich von der Stelle zu bewegen, so gelingt dies einem Dreijährigen oft schneller, als man das als Eltern möchte. Alles beginnt mit der Fähigkeit, den eigenen Kopf vom

Untergrund zu heben und sich mit beiden Armen abzustützen. Mit wenigen Wochen fängt das Baby dann an, sich auf dem Boden zu rollen, und kann erstmals seine Position im Raum zu verändern. Ab Mitte des ersten Lebensjahres beginnen viele Kinder zu krabbeln. Etwa zeitgleich ist die Rumpfkontrolle so weit entwickelt, dass das Kind frei sitzen kann. Nun dauert es nicht mehr lange, bis sich das Kind an Möbeln hochzieht. Von hier aus geht es im Laufschritt weiter – erst mit und dann ohne Festhalten. Gegen Ende des ersten Lebensjahres sind die meisten Kinder voll mobil und machen ihre Umgebung – vor allem aber ihre Eltern – unsicher. Und das bleibt vorerst auch so. Einerseits wird das Laufen innerhalb des zweiten Lebensjahres perfektioniert, andererseits kommen neue Bewegungsmuster dazu. So etwa das Treppensteigen, das Hüpfen und später das Springen, Klettern und Balancieren. Alle diese spielerischen Übungen trainieren nicht nur die motorische Feinabstimmung und das Kleinhirn, sondern auch die Psyche.

Während Kinder sich früher regelmäßig Beulen und Schrammen holen durften, um ihre Grenzen zu erfahren, entwickeln sie sich in der heutigen Zeit immer häufiger wie unter einer Glasglocke. Der zunehmende Verkehr in den Städten, das Zurückdrängen der Natur, die Begrenzung von

Klettermöglichkeiten auf extra dafür vorgesehene Spielplätze und die ständig über allen Erkundungsversuchen wachende Sorge der Eltern verändern den Entwicklungsraum von Kleinkindern maßgeblich. Sie lernen von Anfang an, vorsichtig zu sein, und schöpfen ihre Möglichkeiten nur noch selten voll aus. Der Weg in die Welt steht ihnen zumeist nur an der Hand von Erwachsenen offen, die bisweilen wie ein Helikopter um sie kreisen, um jederzeit drohenden Schaden abzuwenden.

Wahrnehmung

Schon das Neugeborene ist mit allen Sinnen ausgestattet, die es braucht, um sich Wissen über die Welt anzueignen. Lange dachte man, dass zunächst noch keine Schmerzempfindlichkeit bestehe, weil die Reaktionen auf Schmerzreize stets mit großer Verzögerung auftreten. Das liegt aber ausschließlich daran, dass die Nervenbahnen noch nicht voll ausgereift sind, und bedeutet keinesfalls, dass ein Neugeborenes keine Schmerzen wahrnimmt!

Körperempfinden, taktile Wahrnehmung, Schmecken und Hören sind besonders früh entwickelt, während sich das Sehen noch wesentlich verändert. Erst mit 8–12 Monaten gleicht die visuelle Wahrnehmung annähernd der Wahrnehmung Erwachsener. Zuvor müssen Rezeptoren im Auge, die Nervenbahnen vom Auge zum visuellen Cortex und die Verschaltungen im Cortex selbst reifen – ein Prozess, der nur dann erfolgreich gelingt, wenn das Kind von beiden Augen Input erhält. Ist das innerhalb des ersten Lebensjahres für längere Phasen nicht der Fall, ergeben sich dauerhafte Einschränkungen der Sehfähigkeit, die später nie vollständig behoben werden können.

Entwicklungspsychologen sprechen hier von einer »sensiblen Phase« der Gehirnentwicklung (Pauen, 2004). Das Sinnessystem, mit dem wir uns als Erwachsene die

Welt erschließen, hat bereits in den ersten Lebensjahren seine Prägung erhalten und bestimmt fortan, wie wir unsere Umgebung wahrnehmen. Frühe Erfahrungen sind auch entscheidend für die Entstehung von Wahrnehmungspräferenzen und -expertisen. So ist beispielsweise bekannt, dass Menschen, die im Säuglings- und Kleinkindalter viele mit Vanille verfeinerte Lebensmittel zu sich nehmen, bis ins hohe Alter entsprechende Vorlieben behalten. Weiterhin wissen wir, dass Babys noch mit 6 Monaten die Laute aller Sprachen dieser Welt unterscheiden können, während sie gegen Ende des ersten Lebensjahres nur noch die Laute ihrer Muttersprache differenzieren. In ähnlicher Weise gilt, dass junge Säuglinge Gesichter von Tieren (Affen) und Menschen gleich gut unterscheiden können, während sich diese Fähigkeit gegen Ende des ersten Lebensjahres nur noch auf Menschen zu beschränken scheint. Alle diese Beispiele belegen eindrucksvoll, dass sich unser Wahrnehmungssystem der Umwelt anpasst, in die wir hineingeboren werden. Auf hirnphysiologischer Ebene lässt sich dabei ein interessantes Phänomen beobachten: Reifungsbedingt steigt die Dichte der Nervenverknüpfungen (Synapsen) zunächst stark an, um anschließend auf das spätere Normalmaß zu sinken. Für jeden Hirnbereich liegt das Zeitfenster für diese Veränderungen anders und markiert Phasen, in denen Umwelteinflüsse besonders nachhaltige Effekte auf Entwicklung haben.

Diese Einsicht macht viele Eltern hellhörig und erzeugt die Sorge, dass wichtige Phasen der Gehirnentwicklung nicht hinreichend genutzt werden, um den eigenen Nachwuchs optimal auf das Leben vorzubereiten. So könnte man meinen, es sei sinnvoll, Babyohren mit unterschiedlichsten Sprachlauten zu beschallen, um den späteren Erwerb von Fremdsprachen vorzubereiten. Ganz generell scheinen die neuen Erkenntnisse zu suggerieren, dass man Babys möglichst vielen Reizen aussetzen sollte, um ihr Gehirn in einer wichtigen Reifungsphase optimal zu stimulieren. Dabei bleibt allerdings außer Acht, dass eine Überstimulierung genauso ineffektiv sein kann wie eine Unterstimulierung. Schließlich hat uns die Evolution darauf vorbereitet, jene Verbindungen zu stärken, die auch tatsächlich gebraucht werden, und andere, die wir weniger brauchen, abzubauen. Nur wenn beide Prozesse stattfinden, wird die Informationsverarbeitung nachhaltig gefördert.

Denken

Wahrnehmung und Denken sind eng miteinander verbunden. Die geistige Aktivität von Babys unter einem Jahr umfasst dabei nicht nur Lern- und Erinnerungsleistungen. Babys sind schon mit wenigen Wochen in der Lage, Ähnlichkeitsvergleiche vorzunehmen oder Kategorien zu bilden. Sie bilden Erwartungen aus und übertragen ihr Wissen auf neue Situationen. Zudem scheinen sie zum kausalen und funktionalen Denken fähig. Ab dem zweiten Lebensjahr kann man dann beobachten, dass sie aktiv Probleme lösen, indem sie beispielsweise Werkzeuge einsetzen, um ein bestimmtes Ziel zu erreichen. Nun ist das Kind in der Lage, Gelerntes im Geiste neu zu kombinieren und symbolisch zu denken.

Noch vor wenigen Jahren schien es ganz und gar undenkbar, Babys umfassende kognitive Fähigkeiten der genannten Art zuzusprechen. Unser Bild von der geistigen Leistungsfähigkeit der Kleinen hat sich inzwischen sehr verändert. Einen Überblick über die wichtigsten Forschungsmethoden und Erkenntnisse gibt Pauen (2006). Einige Forscher gehen sogar davon aus, dass wir möglicherweise mit angeborenem Kernwissen oder Mechanismen zum Wissenserwerb zur Welt kommen (Spelke & Kinzler, 2007). Als bedeutsame Wissensdomänen werden in diesem Zusammenhang die Mathematik, die Physik, die Psychologie und die Sprache diskutiert. Aus Platzgründen ist es an dieser Stelle nicht möglich, auf alle genannten Bereiche einzugehen. Einige wenige Beispiele mögen genügen, um zu illustrieren, worum es geht: Zum mathematischen Kernwissen gehört unter anderem die Fähigkeit, zu erkennen, wenn sich kleine Mengen mit bis zu vier Elementen numerisch unterscheiden. Im Bereich Physik scheinen wir von Anfang an zu wissen, dass sich unbelebte Gegenstände nur dann anfangen zu bewegen, wenn eine externe Kraft auf sie wirkt. Und im Bereich Psychologie ist uns klar, dass Menschen und Tiere zielorientiert handeln. Wer sich für neueste Erkenntnisse zur Wissensentwicklung im Säuglingsalter interessiert, sei auf den Sammelband von Pauen (in Druck) verwiesen. Exemplarisch folgen nun Ausführungen zum sozialen Denken.

Soziales Denken

Neugeborene besitzen eine angeborene Präferenz für die Wahrnehmung von Gesichtern, biologischer Bewegung und der menschlichen Stimme. Diese angeborenen Wahrnehmungspräferenzen lenken ihre Aufmerksamkeit automatisch auf Mitmenschen. Aber auch Erwachsene sind darauf vorbereitet, mit ihrem Nachwuchs zu kommunizieren. Sie suchen Blickkontakt zum Baby, lächeln und sprechen in freundlicher Weise. Babys auf der ganzen Welt reagieren auf solche »ostensiven Hinweisreize« mit verstärktem Interesse und Zuwendung.

Einfach mimische Ausdrücke werden zum Teil schon nach der Geburt imitiert (z. B. Mund öffnen, Zunge herausstrecken). Im Verlauf des ersten Lebensjahres erweitern sich diese Fähigkeiten und schließen nun auch komplexere Körpergesten (z. B. soziales Lächeln, Klatschen) sowie Handlungen im Umgang mit Spielzeug oder anderen Artefakten ein (z. B. Rasseln, Ziehen, Drücken).

Ist einmal ein dyadischer Kontakt hergestellt und der Erwachsene wendet sich anschließend einem Gegenstand zu, so wird das Kind der Blickrichtung nach Möglichkeit folgen und Informationen über den betreffenden Gegenstand vertieft verarbeiten. Erste Ansätze zu entsprechendem Verhalten finden sich ab ca. 4 Monaten. Mit zunehmendem Alter stellen die Babys immer zielsicherer Relationen her zwischen dem emotionalen Gesichtsausdruck, der genauen Blickrichtung und der Art des Gegenstandes, auf den sich die andere Person bezieht. Ab ca. 9 Monaten sind sie dann zu »Joint Attention« in der Lage. Sie können ihre Aufmerksamkeit nun gemeinsam mit einer anderen Person auf etwas Drittes lenken und sich dabei bewusst machen, dass die andere Person den gleichen Gegenstand meint wie sie selbst. Dieser neue Bewusstseinszustand ist wichtig für soziales Lernen, denn von nun an verstehen die Babys, dass eine andere Person ihnen möglicherweise gezielt Wissen über den Gegenstand vermitteln will.

Interessant scheint in diesem Zusammenhang, dass Kinder durch Beobachtung gewonnenes Wissen mit höherer Wahrscheinlichkeit auf andere Gegenstände übertragen, wenn der Erwachsene, der ihnen dieses Wissen vermittelt, zuvor ostensive Hinweisreize ausgesendet hat. Weil solche Reize offensichtlich sehr wichtig sind, um einen Lehr-Lernkontext für Säuglinge und Kleinkinder herzustellen, sprechen Experten von »natürlicher Pädagogik«.

Wie wichtig die Perspektive eines vertrauten Erwachsenen für das Kind ist, zeigt sich unter anderem daran, dass ältere Säuglinge und Kleinkinder häufig sozial referenzieren; wenn sie unsicher sind, was sie von einem Gegenstand oder einer Person halten sollen, prüfen sie über den Blick zur Bezugsperson, ob sie der Sache trauen können. Auch wenn es um ihr eigenes Verhalten geht, klären sozial kompetente Babys über einen Seitenblick zu den Eltern oder anderen Bezugspersonen, ob das, was sie vorhaben, bei diesen Vertrauenspersonen auf Zuspruch trifft. Mit anderen Worten: Sie interessieren sich für die Einstellung einer anderen Person und nutzen entsprechende Information, um ihr eigenes Verhalten zu steuern. Mit der Zeit analysieren Kinder das Verhalten anderer Menschen immer genauer und ziehen Rückschlüsse auf deren Wünsche, Vorlieben und Absichten. Sie bauen umfassendes »mentalistisches Wissen« auf. Dabei besteht eine Kontinuität im Aufbau sozialen Wissens vom Säuglingsalter bis zum Vorschulalter (Yamaguchi, Kuhlmeier, Wynn & vanMarle, 2009) und möglicherweise auch darüber hinaus. Dieses Wissen gründet sich auf frühen Erfahrungen in sozialen Beziehungen.

Soziale Beziehungen

Im ersten Lebensjahr werden für die Gestaltung zwischenmenschlicher Beziehungen entscheidende Weichen gestellt: Der Neoanalytiker Erik Erikson postuliert, dass Kinder in dieser Phase den elementaren Konflikt zwischen Urvertrauen und Urmisstrauen zu bewältigen haben. Werden sie liebevoll und zuverlässig betreut, so entwickelt sich mit der Zeit eine sichere Bindung zur primären Bezugsperson, die laut John Bowlby prägend für das Beziehungsverhalten im gesamten späteren Leben ist. Der Mutter kommt hierbei in aller Regel eine Schlüsselstellung zu. Durch regelmäßigen Körperkontakt und die zuverlässige Beantwortung seiner Signale lernt das Kind, Gefühle der Entspannung, der Bedürfnisbefriedigung und des Wohlbefindens mit der Anwesenheit und Nähe der Mutter zu verknüpfen.

Evidenz für die Annahme, dass zuverlässige Bezugspersonen besonderes Ansehen und Vertrauen beim Kind genießen, findet sich ab einem Alter von ca. sieben Monaten, wenn erstmals die so genannte Fremdenangst zu beobachten ist. In einer neuen Umgebung oder in einer ungewohnten Situation sucht das Kind nun aktiv die Nähe der Bezugsperson und zeigt Scheu gegenüber Fremden. Dieses Vertrauen muss nicht ausschließlich auf die Mutter beschränkt sein. Auch der Vater oder andere Personen, die regelmäßig in der Pflege und der Betreuung des Kindes engagiert sind, gehören zu den Vertrauten.

Ist die primäre Bezugsperson aufgrund einer psychischen Erkrankung oder anderer Probleme nicht in der Lage, sensitiv und angemessen auf die Signale ihres Babys zu reagieren, so lernt das Kind rasch, den Blickkontakt zu ihr aktiv zu vermeiden. Entsprechende Reaktionen lassen sich bereits im Alter von 4 Monaten im so genannten Still-face-Paradigma beobachten. Kinder von Müttern mit gestörtem Beziehungsverhalten zeigen teilweise Auffälligkeiten ihrer frontalen Gehirnaktivität und sind im Mittel in ihrer kognitiven und emotionalen Entwicklung gegenüber Kindern gesunder Mütter benachteiligt. Wie stark die Auswirkungen einer gestörten Mutter-Kind-Beziehung sind, hängt also immer mit davon ab, ob noch weitere Bezugspersonen für das Kind zur Verfügung stehen.

Besonders ungünstig ist es für Kinder, wenn sie keinerlei liebevolle Ansprache erhalten. René A. Spitz (1946) berichtet unter anderem, dass Babys, die in einem Heim untergebracht waren, wo sie zwar körperlich ausreichend versorgt wurden, aber niemand ihnen emotionale Zuwendung gab, teilweise schon nach wenigen Monaten verstarben. Auf die schädlichen Auswirkungen fehlender Zuwendung verweisen auch neueste Studien an rumänischen Waisenkindern (Nelson et al., in Druck). Sie dokumentieren, dass Kinder, die früh in einer Pflegefamilie untergebracht werden konnten, eine signifikant bessere Gehirn-, Geistes- und Sozialentwicklung aufwiesen als Kinder, die erst später in Pflegefamilien vermittelt wurden.

Bis heute liefern wissenschaftliche Erkenntnisse der genannten Art Sprengstoff für gesellschaftliche Debatten. Sie werfen unter anderem die Frage auf, ob jedes Kind im ersten Lebensjahr zuhause von seinen Eltern betreut werden muss, um sich gesund entwickeln zu können, ob die Beziehung eines Babys zum Vater genauso intensiv sein kann wie zur Mutter, zu wie vielen unterschiedlichen Personen ein Säugling parallel eine stabile Beziehung aufbauen kann, und wie viele Stunden pro Tag bzw. wie viele Tage pro Woche eine »Fremd«betreuung erfolgen darf, ohne dass das Kind Schaden nimmt. Auch wenn sich die Wissenschaft noch nicht in allen Fällen einig zu sein scheint, zeichnen sich bereits bestimmte Kerneinsichten ab, die als weitgehend gesichert scheinen:

So können neben der Mutter ohne Probleme auch andere Personen die Rolle der primären Bezugsperson einnehmen. Ferner ist davon auszugehen, dass Babys in der Regel kein Problem damit haben, wenn mehr als eine Person für ihre Betreuung zuständig ist. Im Gegenteil: Die Auseinandersetzung mit unterschiedlichen Bezugspartnern, die sich alle liebevoll um das Kind kümmern, kann das kindliche Vertrauen in andere Menschen nachhaltig stärken und erweitert den Erfahrungshorizont. Das gilt auch für die Begegnung mit Kindern. Allerdings ist darauf zu achten, dass die Anzahl der Kontaktpersonen nicht zu groß wird, damit das Kind lernen kann, wer wann für es zuständig ist, auf dass es sich sicher fühlt und Möglichkeiten zum Rückzug erhält, damit Überforderungssituationen vermieden werden. Bei Fremdbetreuung in der Krippe ist es zudem wichtig, die Eingewöhnung gut zu gestalten und die Stundenzahl des täglichen Aufenthaltes zu begrenzen.

Einschränkend sei vermerkt, dass bislang erst wenige systematische Vergleiche der langfristigen Konsequenzen unterschiedlicher Betreuungsarrangements vorliegen. Zwar deutet sich bereits an, dass eine Eins-zu-Eins-Betreuung zuhause in bestimmten Fällen positivere Auswirkungen auf die kognitive Entwicklung hat als eine Gruppenbetreuung in der Krippe (abhängig vom Bildungsstand des betreuenden Elternteils). Umgekehrt scheint die Gruppenbetreuung in der Krippe die Sozialkompetenzen des Kindes besser zu fördern als die Erziehung im häuslichen Umfeld (insbeson-

dere bei Einzelkindern). Das Temperament muss dabei stets als moderierender Faktoren mit beachtet werden. Was als positiv oder negativ für die weitere Entwicklung gilt, hängt aber letztlich immer davon ab, welche Erziehungsziele eine Gesellschaft für sich definiert und wie die Umsetzung eines bestimmten Betreuungsangebotes konkret aussieht.

5.5 Implikationen neuer Forschungsergebnisse für unsere Perspektive auf Babys

Galt der Säugling lange nur als »Reflexbündel« oder als »unbeschriebenes Blatt«, so wissen wir heute, dass Babys von Anfang an mit komplexen Wahrnehmungsfähigkeiten, effizienten Lernmechanismen und möglicherweise sogar mit angeborenem Kernwissen ausgestattet sind. Nun ist die Rede von »schlauen Babys«, in deren Köpfen sehr viel mehr passiert, als wir bislang dachten. Gleichzeitig macht die moderne Hirnforschung in Kombination mit Säuglingsstudien deutlich, dass gerade die ersten Lebensjahre prägende Wirkung in Bezug auf verschiedene kognitive Funktionen haben.

Diese Einsicht hat positive und negative Folgen für den Umgang mit Babys: Auf der positiven Seite ist zu vermerken, dass wir die frühe Kindheit inzwischen wichtiger nehmen und achtsamer mit Säuglingen umgehen. Uns ist klar, dass in dieser Phase der Grundstein für das spätere Leben gelegt wird und dass die Schaffung günstiger Rahmenbedingungen nachhaltige Auswirkungen hat. Wir haben außerdem die Chance erkannt, Fehlentwicklungen früh zu korrigieren, weil die Plastizität des Gehirns in den ersten Lebensjahren am größten ist.

Auf der Negativseite ist zu verbuchen, dass viele Eltern inzwischen sehr verunsichert sind. Häufig stammen sie selbst aus

Familien mit wenigen Geschwistern, so dass es ihnen an Routine im Umgang mit Säuglingen und Kleinkindern fehlt. Immer später bekommen sie ihre eigenen Kinder, oft nur eines oder zwei, in der Regel geplant und mit hohen Erwartungen verknüpft. Aufgrund ihrer Unsicherheit und ihrer hohen Ansprüche an eine optimale Versorgung des Kindes laufen sie Gefahr, ihr Kind zu überfördern, unter eine Glasglocke zu stellen oder/und zu verwöhnen. Die Konsequenzen dieser Haltung betreffen inzwischen eine ganze Generation und dürften zu interessanten Kohorteneffekten führen.

Erst in jüngster Zeit wird zunehmend die Frage gestellt, ob nicht gerade der Umgang mit Langeweile, Frustration und dosierter Überforderung für eine gesunde Entwicklung wichtig sein könnte. Vielleicht sind die Beulen, die sich ein Kind holt, wenn es selbst Dinge ausprobiert, die Misserfolge, die stets mit Lernen durch Versuch und Irrtum verbunden sind und insbesondere auch die Grenzen, die einem durch andere Menschen gesetzt werden, wichtige Impulsgeber für psychisches Wachstum, die fehlen, wenn wir Kinder überbehüten? In dem Maße, in dem wir versuchen, für den Nachwuchs alles perfekt zu gestalten, unterschätzen wir die Nützlichkeit fehlender Perfektion. Über die langfristigen Folgen kann derzeit nur spekuliert werden. Schon jetzt wird aber deutlich, dass die nächste Generation andere Prioritäten im Leben setzt und mit einer anderen Haltung an ihre Zukunftsplanung geht als ihre Eltern. Daher scheint es durchaus plausibel anzunehmen, dass sie auch anders altern wird. Diese Zusammenhänge genauer zu verstehen, ist eine wichtige Aufgabe künftiger Forschung!

5.6 Gesellschaftspolitische Konsequenzen

Die Erkenntnis, dass der Grundstein für unsere Entwicklung in den ersten Lebensjahren gelegt wird, hat schon heute zu neuen gesellschaftlichen Ansprüchen geführt und uns klar gemacht, dass wir schon im Säuglings- und Kleinkindalter für Gleichheit der Bildungschancen sorgen müssen! Wer erst aktiv wird, wenn die Kinder in die Schule kommen, verpasst womöglich die Phase, in der entsprechende Maßnahmen am ehesten greifen können. Größere Längsschnittuntersuchungen, mit denen in den Vereinigten Staaten untersucht wurde, welche Auswirkungen eine gezielte Förderung von Kindern in den ersten Lebensjahren hat, belegen eindrucksvoll, dass institutionelle Angebote zur frühen Bildung sozial benachteiligten Kindern dauerhaft zu einem höheren IQ, besseren Schulleistungen und mehr Berufserfolg verhelfen können, wenn darauf geachtet wird, dass die Förderung früh beginnt, intensiv erfolgt und Elternarbeit einschließt. Dagegen scheinen Kinder aus Familien, in denen sie kaum geistige Anregungen erhalten, bereits benachteiligt, wenn sie in den Kindergarten kommen, und können diesen Nachteil später kaum noch aufholen.

Auch wenn dies eindeutig für den Ausbau von Krippenplätzen zu sprechen scheint, muss gleichzeitig bedacht werden, welche Gefahren eine institutionelle Betreuung in der frühesten Kindheit mit sich bringen könnte. So scheinen viele Menschen besorgt, dass die sozialen Beziehungen in der Familie, vor allem aber die Eltern-Kind-Bindung leiden, wenn das Kind von Klein an den Tag in der Krippe verbringt. Immerhin wissen wir seit John Bowlby, dass die frühe Kindheit auch für die Bindungsentwicklung höchst bedeutsam ist. Zudem machen die oben genannten Studien an Waisenkindern deutlich, dass enge und sichere Beziehungen eine entscheidende Grundlage für jede gute Entwicklung bilden. Nicht zuletzt aufgrund dieses Dilemmas wird heute kontrovers diskutiert, wie Steuergelder besser eingesetzt werden sollen: Ob zur finanziellen Unterstützung der Eltern, die ihr Kind unter drei Jahren zuhause erziehen, oder zum Ausbau von Krippenplätzen und zur Qualifizierung von pädagogischen Fachkräften.

Politik und Gesellschaft scheinen gleichermaßen erkannt zu haben, dass viel auf dem Spiel steht, wenn es darum geht, Lebensumwelten für Babys und Kleinkinder zu gestalten. In keiner Phase des Lebens haben Umweltbedingungen mehr Einfluss auf die spätere Lebensführung als in der Schwangerschaft und frühen Kindheit! Das gilt für alle Aspekte der menschlichen Entwicklung: von der Motorik über die Wahrnehmung bis hin zum Denken und Fühlen. Dabei können ganz unterschiedliche Betreuungsmodelle gute Voraussetzungen bieten – entscheidend ist vor allem, dass die Kinder in einer sicheren, weder über- noch unter-stimulierenden Umgebung aufwachsen und dass zuverlässige vertraute Personen als Interaktionspartner für das Kind zur Verfügung stehen.

Mit dieser Erkenntnis gewinnen wir wieder Flexibilität bei der Lösung drängender gesellschaftlicher Probleme wie etwa der Frage nach der Vereinbarkeit von Familie und Beruf. Entscheidend ist nicht so sehr, wo sich das Kind aufhält, sondern vielmehr, wie man dort mit ihm umgeht. Werden Babys von gut qualifizierten Fachkräften betreut, die ihre geistige, körperliche und seelische Entwicklung angemessen fördern, dann scheinen vor allem benachteiligte Kinder von einem solchen Angebot zu profitieren.

5.7 Ausblick

Wie dieser Beitrag zeigt, haben wir in den vergangenen Jahren viel dazugelernt. Unser erweiterter Erfahrungshorizont hat zu einer veränderten Sichtweise auf den Anfang des menschlichen Lebens geführt und fordert uns auf, die Potentiale, die in jedem einzelnen Kind stecken, nicht erst ab dem Kindergarten- oder Schulalter, sondern schon im Säuglings- und Kleinkindalter nachhaltig zu fördern. Die Effekte entsprechender Bemühungen werden über das gesamte Leben hinweg Früchte tragen. Dabei ist inzwischen recht klar, was Kinder in der ersten Phase ihres Lebens dringend brauchen, um sich gesund entwickeln zu können, und welche Einflüsse eher schädlich sind. Zwischen diesen beiden Polen liegt ein großer Spielraum, der noch lange nicht voll ausgelotet ist. So ist noch unklar, welche Art der Stimulierung in welchem Ausmaß zu welchem Zeitpunkt der Entwicklung besonders günstige Auswirkungen hat. Zudem müssen wir klären, welche Implikationen die veränderte Sichtweise der Eltern auf ihr Erziehungsverhalten und die Entwicklung des Nachwuchses hat. Weiterhin ist offen, wie Krippenerziehung so gestaltet werden kann, dass sie optimale Rahmenbedingungen für frühkindliche Entwicklung bietet. Es gibt also noch viel zu tun für die Forschung. Wenn es ihr dabei gelingt, eine echte Lebensspannensperspektive einzunehmen und zu untersuchen, wie sich Erfahrungen in der frühen Kindheit auf die spätere Kindheit, die Jugend, das Erwachsenenalter bis in das hohe Alter hinein auswirken, warten noch viele interessante Einsichten auf uns!

Literatur

DeCaspar A. J. & Fifer, M. J. (1986). Prenatal maternal speech influences newborns' perception of speech sounds. *Infant Behaviour and Development, 9*, 133–150.

Elsner, B. & Pauen, S. (2012). Vorgeburtliche Entwicklung und frühe Kindheit. In W. Schneider & U. Lindenberger (Hrsg.), *Entwicklungspsychologie* (7. Auflage, S. 259–186). Weinheim: Beltz-Verlag.

Nathanielsz, P. W. (1999). *Life in the womb: the origin of health and desease*. Ithaca (NY): Promethean Press.

Nelson, Ch. A. III, Fox, N. A., & Zeanah, Ch. H. (2013). Early hazards to brain development:

the effects of early institutionalization on brain and behavioral development. In S. Pauen (Ed.), *Early experiences and later childhood development*. Cambridge, UK: Cambridge University Press.

Pauen, S. (2004). Zeitfenster der Gehirn- und Geistesentwicklung. Modethema oder Klassiker. *Zeitschrift für Pädagogik, 4*, 521–530.

Pauen, S. (2006). *Was Babys denken*. München: Beck-Verlag.

Pauen, S. (2011). *Vom Säugling zum Kleinkind. Entwicklungstagebuch zur Begleitung in den frühen Jahren*. Heidelberg: Spektrum/Springer Verlag.

Pauen, S. (Ed.).(in press). *Early childhood experience and later development*. Cambridge University Press: Cambridge UK.

Spelke, E. S. & Kinzler, K. D. (2007). Core knowledge. *Developmental Science, 10(1)*, 89–96.

Spitz, R. A. (1946). Hospitalism; A follow-up report on investigation described in volume I, 1945. *The Psychoanalytic Study of the Child, 2*, 113–117.

Yamaguchi, M., Kuhlmeier, V. A., Wynn, K., & van Marle, K. (2009). Continuity in social cognition from infancy to childhood. *Developmental Science, 12(5)*, 746–752.

6 Schule in neuen Gewändern – Veränderungen der Institution Schule und ihre Auswirkungen auf den Lebenslauf

Birgit Spinath

Zusammenfassung

Die Schulzeit ist von enormer Wichtigkeit für das gesamte Leben. Kinder und Jugendliche zwischen 6 und 16 Jahren können sich den Regeln und Rahmenbedingungen der Institution Schule nicht entziehen und werden durch diese geprägt. Darüber hinaus sind schulische Lernergebnisse und deren formale Beurkundungen zentrale Voraussetzungen für spätere Karrierewege. Das vorliegende Kapitel beschreibt, wie sich die schulischen Rahmenbedingungen in Deutschland in den letzten Jahren verändert haben und welche Auswirkungen dies auf individuelle Lebensläufe hat. Die Veränderungen in Schule und Hochschule führen dazu, dass deutsche Schülerinnen und Schüler heute früher eingeschult werden, die Schullaufbahn in kürzerer Zeit durchlaufen und auch früher einen ersten berufsqualifizierenden Studienabschluss erhalten. Um benachteiligende Herkunftseffekte zu reduzieren, wird stärker als früher bereits vor der Schulzeit mit systematischer Förderung, z. B. im sprachlichen Bereich, begonnen. Auch werden die Ergebnisse schulischen Lernens, d. h., wie gut es Schulen gelingt, auf lebenslanges Lernen vorzubereiten, heute stärker kontrolliert. Es konnte gezeigt werden, dass die veränderten schulischen Bedingungen mit einer Verbesserung der Schülerleistungen sowie einer Verringerung der Kopplung von Herkunft und Bildungserfolg einhergehen. Die Schule entlässt Schülerinnen und Schüler demnach heute mit besseren und gerechter verteilten Chancen als vor den durch die Schulleistungsuntersuchungen angestoßenen Reformen. Die internationalen Schulleistungsuntersuchungen, allen voran TIMSS und PISA, waren für diese Veränderungen nicht nur der entscheidende Auslöser, sondern sie machen auch die Effekte veränderter schulischer Bedingungen messbar. Daher werden die zentralen Befunde dieser Studien hier dargestellt. Das Kapitel schließt mit einem Ausblick auf zukünftige Herausforderungen für Forschung und Praxis im Bereich Schule.

6.1 Einleitung

Es ist der Auftrag der Schule, Schülerinnen und Schülern solche kognitiven, motivationalen und sozialen persönlichen Ressourcen zu vermitteln, die die Chancen auf eine erfolgreiche Bewältigung lebenslanger privater und beruflicher Anforderungen maximieren. Leider unterscheiden sich Schulen stark darin, wie gut sie diesen Auftrag erfüllen. Schulische Lernergebnisse und deren formale Beurkundungen sind zentrale Voraussetzungen für spätere Karrierewege. Sie werden für Auswahlprozesse, zum Beispiel beim Zugang zu Institutionen der höheren Bildung, herangezogen. Neben den formalen Ergebnissen ist aber auch das subjektive Empfinden der Schulzeit eine prägende Erfahrung. Bin ich gern zur Schule gegangen? War die Schule ein Ort, an dem ich interessante neue Dinge kennengelernt habe? Ist es mir leicht gefallen, Freundschaften zu schließen? Hatte ich das Gefühl, dass meine Lehrerinnen und Lehrer das Beste für mich wollten? Waren sie Respektspersonen, Kumpel oder etwas anderes? Diese und weitere subjektive Erfahrungen bilden eine Grundlage für Einstellungen und Motivation gegenüber Lernprozessen über die Lebensspanne.

Stärker als in irgendeiner anderen Phase des Lebens strukturiert die Schule das menschliche Leben für alle Individuen in sehr ähnlicher Weise. Zwar gibt es Unterschiede zwischen den Schulformen (äußere Differenzierung) und zunehmend unterschiedliche Behandlung innerhalb einer Klasse (innere Differenzierung). Jedoch bleiben viele Merkmale für alle Schülerinnen und Schüler gleich oder lassen nur wenig Spielraum zu. Dies gilt zumindest, wenn von Regelschulen die Rede ist, die in Deutschland von der überwiegenden Mehrheit der Schülerinnen und Schüler besucht werden. Diese starke Vorstrukturierung kann ein Vorteil oder ein Nachteil sein, je nachdem, ob die

Schule ihren Auftrag gut erfüllt oder nicht. Aufgrund dieser hohen Standardisierung der Entwicklungsbedingungen in der Schulzeit wird das vorliegende Kapitel weniger darüber berichten können, wie Schule zur Differenzierung von Lebensläufen beiträgt. Stattdessen wird berichtet, wie sich die Bedingungen schulischen Lernens sowie die erzielten Lernergebnisse insgesamt verändert haben. Eine Veränderung dieser Rahmenbedingung ist bereits Teil eines veränderten Lebenslaufs, der jedoch nicht nur von Einzelnen, sondern von ganzen Jahrgängen und Generationen erfahren wird.

In Deutschland besteht für Kinder, die das 6. Lebensjahr vollendet haben, Schulpflicht. Vorher ist es Eltern freigestellt, ob sie ihr Kind eine Institution der vorschulischen Bildung besuchen zu lassen oder nicht. Die Schulpflicht endet nach dem 9. Schulbesuchsjahr. Somit verbringen Kinder und Jugendliche zwischen 6 und 16 Jahren einen großen Anteil ihrer Zeit in der Institution Schule und sind deren Regeln und Rahmenbedingungen unterworfen. Um zu verstehen, warum und wie sich diese schulischen Rahmenbedingungen in Deutschland in den letzten Jahren verändert haben, ist es wichtig, sich die Ergebnisse der internationalen Schulleistungsuntersuchungen in Erinnerung zu rufen, da diese der entscheidende Auslöser für viele Veränderungen waren.

6.2 Auslöser für Veränderungen schulischer Rahmenbedingungen: Internationale Schulleistungsvergleiche

Bildung gilt als die wichtigste Ressource für individuellen und gesellschaftlichen Wohlstand sowie als Garant für eine breite gesellschaftliche Teilhabe. Aus diesem Grund sammeln internationale Organisationen (z. B. UNESCO, OECD) seit den 1950er

Jahren bildungsrelevante Informationen und setzen diese mit der sozioökonomischen Entwicklung von Ländern in Beziehung. Sehr viel später als viele andere Länder, nämlich erst seit der Third International Mathematics and Science Study 1995

(TIMSS; Baumert et al., 1997), nimmt Deutschland flächendeckend und regelmäßig an internationalen Schulleistungsuntersuchungen teil. Die Ergebnisse von TIMSS wurden in der Öffentlichkeit breit diskutiert. Noch größere Aufmerksamkeit erfuhren die Ergebnisse des Programme for International Student Assessment (PISA) 2000, die in Deutschland im Jahre 2001 (Baumert et al., 2001) veröffentlicht wurden.

Dass die internationalen Schulleistungsuntersuchungen in Deutschland soviel Aufmerksamkeit erfuhren und derartige Wirkungen auf die Bildungspolitik, Bildungspraxis und Bildungsforschung entfaltet haben, lag vor allem an den überraschenden Ergebnissen (Baumert et al., 2001). Zwischen ähnlich hoch entwickelten Ländern zeigten sich zum Teil erhebliche Unterschiede hinsichtlich der Leistungen der Schülerinnen und Schüler, deren Alter beim Erreichen bestimmter Abschlüsse sowie der Anzahl von Schülerinnen und Schülern in einer Alterskohorte, die einen bestimmten Abschluss erwirbt. Die Leistungen der deutschen Schülerinnen und Schüler fielen unerwartet niedrig aus, die Streuung der Leistungen dagegen sehr groß, und schließlich bestand in Deutschland die engste Kopplung zwischen sozioökonomischem Hintergrund der Familie und Schulleistung der Kinder. Die Studien zeigten auch, dass die Leistungsunterschiede in solchen Bereichen größer sind, in denen Wissen mehr als in anderen von schulischen Lerngelegenheiten abhängt. Diese Beobachtung legt nahe, dass sich die Leistungsunterschiede zu einem großen Teil auf Unterschiede in schulischen Lerngelegenheiten zurückführen lassen.

Die Leistungen der Schülerinnen und Schüler sind zwar das zentrale, jedoch nicht das einzige Qualitätsmerkmal schulischer Arbeit. Auskunft über weitere Indikatoren der Qualität im Bildungswesen geben in regelmäßigen Abständen erscheinende Berichte, wie der deutsche Bildungsbericht (seit

2006 im 2-jährigen Abstand von der Autorengruppe Bildungsbericht vorgelegt) sowie das internationale Kompendium Education at a Glance (Bildung auf einen Blick). Einige Ergebnisse dieser internationalen Vergleiche, die zusammen mit PISA 2000 Auslöser für Reformen waren, sind (OECD, 2000, 2005):

- Deutsche Schülerinnen und Schüler sowie Studierende sind bei Erreichen einer Qualifikationsstufe im internationalen Vergleich relativ alt.
- Im Verhältnis zu seiner Wirtschaftskraft (Bruttoinlandsprodukt) investiert Deutschland insgesamt unterdurchschnittlich in Bildung. Deutlich unterdurchschnittlich sind die Ausgaben in der Primar- und Sekundarstufe I, in die Sekundarstufe II jedoch überdurchschnittlich.
- Deutsche Schulen haben nur sehr geringe Gestaltungsspielräume z. B. in Bezug auf Personalmanagement, Planung, Ressourcenverwaltung.
- In Deutschland nehmen im Vergleich zum OECD-Durchschnitt deutlich weniger Personen eines Jahrgangs ein Studium an einer Hochschule auf. Dasselbe gilt auch für Studienabschlüsse.
- Trotz rascher Expansion der Abschlüsse im tertiären Bildungsbereich (d. h. deutlich gestiegene Hochschulabsolventenzahlen) gibt es keine Anzeichen für eine Entwertung dieser Bildungsqualifikationen. Zum Beispiel liegt das Verdienstniveau von Personen mit Hochschulabschluss durchschnittlich mindestens 50 % höher als von Personen mit lediglich einem Abschluss der Sekundarstufe II.

Es besteht breiter Konsens darüber, dass ein Land wie Deutschland, in dem die intellektuellen Leistungen für den wirtschaftlichen Erfolg von hervorragender Bedeutung sind, mit einem nur durchschnittlichen oder gar unterdurchschnittlichen Abschneiden bei den internationalen Schulleistungsuntersuchungen alles andere als zufrieden sein kann. Weil sich Deutschland erst so spät an den internationalen Schulleistungsuntersuchungen beteiligte, war der Nachholbedarf in Bezug auf Qualitätsverbesserungen groß. In anderen Ländern waren diese Debatten größtenteils deutlich früher geführt worden, und die eingeleiteten Reformen konnten dort bereits früher zur Verbesserung der Qualität beitragen (z. B. im Bildungs-Musterland Finnland). Durch die internationalen Vergleiche sind einige Besonderheiten des deutschen Schulsystems deutlich geworden, die als Ursachen für das schlechte Abschneiden in Frage kommen. Diese werden im Folgenden beschrieben.

6.3 Besonderheiten des deutschen Schulsystems

Es ist nicht leicht, aus internationalen Schulleistungsuntersuchungen die Ursachen der festgestellten Leistungsunterschiede abzulesen. Internationale Schulleistungsuntersuchungen sollen in erster Linie einen Bericht über den aktuellen Zustand von Bildungssystemen und deren Ergebnisse liefern. Erst in zweiter Linie wird versucht, mit Hilfe der Daten Rückschlüsse auf mögliche Ursachen für bestimmte Ergebnisse zu ziehen. Kausalschlüsse erfordern in der Regel experimentelle oder längsschnittliche Forschungsdesigns. Beides wird im Rahmen von Schulleistungsuntersuchungen typischerweise nicht realisiert. Die internationalen Vergleiche machen jedoch auf Besonderheiten einzelner Bildungssysteme aufmerksam. Wenn diese Besonderheiten systematisch mit besseren oder schlechteren Ergebnissen einhergehen, kommen sie als Ursachen für Unterschiede in Betracht. Tabelle 6.1 gibt einen Überblick über Besonderheiten des deutschen Schulsystems, so wie es zu Zeiten der Durchführung von TIMSS 1995 und PISA 2000 bestand, die im Zuge der internationalen Vergleichsstudien deutlich geworden sind.

Betrachtet man diese Besonderheiten, so wird augenfällig, warum das deutsche Schulsystem zu Zeiten von TIMSS 1995 und PISA 2000 zu so großen Leistungsunterschieden geführt hat. Durch die mangelnde vorschulische Bildung verstärkten sich bereits in dieser frühen Phase Herkunftseffekte: Kinder aus bildungsnahen Familien wachsen auch ohne institutionelle

Tab. 6.1: Besonderheiten des deutschen Schulsystems zu Zeiten von TIMSS 1995 und PISA 2000

Bereich	Besonderheit
Vorschulische Bildung	Keine verpflichtende vorschulische Bildung Wenige institutionelle Bildungsangebote Kaum diagnostische Angebote zur Früherkennung von Förderbedarfen
Grundschule	Nur kurze, 4-jährige Phase gemeinsamen Lernens aller Schülerinnen und Schüler Übergangsempfehlung beruhend auf Lehrerurteil (vor allem Noten)
Sekundarstufe	Trennung der Schülerschaft nach Leistungen in überwiegend dreigliedriges Schulsystem
Förderschulen	Hoher Prozentsatz an Schülerinnen und Schülern mit Behinderung wird an Förderschulen unterrichtet
Allgemein	Keine systematische Kontrolle schulischer Leistungsergebnisse

vorschulische Bildung in einer anregungsreichen Umwelt auf und werden somit mit einem Bildungsvorsprung eingeschult. Auch dadurch, dass besondere Förderbedarfe, wie z. B. das Risiko für Teilleistungsstörungen wie Lese-Rechtschreib-Schwäche, nicht bereits vor der Schulzeit diagnostiziert werden und mit der Förderung begonnen wird, hat zur Folge, dass sich schon zu Beginn der Schulzeit große Leistungsunterschiede zeigen, die durch eine kompensatorische Förderung vermeidbar gewesen wären.

Von besonderer Bedeutung für die gerechte Verteilung von Bildungschancen sind die Gegliedertheit des Schulsystems und die Art und Weise, wie die Übergangsentscheidung nach der Grundschule getroffen wird. Im deutschen Schulsystem, so wie es zur Zeit der ersten großen Schulleistungsuntersuchungen bestand, wechselten die meisten Schülerinnen und Schüler nach der vierjährigen Grundschule in das nach Leistungen differenzierte dreigliedrige Schulsystem. Ausnahmen von dieser Regel waren die in manchen Bundesländern sechsjährige Grundschule sowie die Möglichkeit zum Wechsel auf Gesamtschulen, die neben dem dreigliederigen System bestanden. Damit fiel in Deutschland im Vergleich zu anderen Ländern sehr früh eine Entscheidung für einen bestimmten Bildungsweg, die weitreichende Konsequenzen für das gesamte Leben hatte. In keinem anderen Land außer Österreich fand die Trennung so früh statt.

Diese frühe Trennung ist aus mehreren Gründen problematisch. Es zeigte sich zum Beispiel, dass die zum Ende der Grundschulzeit getroffene Entscheidung für eine Schulform im weiteren Verlauf der Schullaufbahn nur selten revidiert wurde, was insbesondere die Aufwärtsmobilität von Schülerinnen und Schülern innerhalb des Systems betraf (z. B. Trautwein, Baeriswyl, Lüdtke & Wandeler, 2008): Während es relativ leicht war, von einer höheren Schule in eine niedrigere Schulform »abzusteigen«,

schafften vergleichsweise wenige Schülerinnen und Schüler den Sprung in die nächsthöhere Schulform. Diese geringe Mobilität innerhalb des gegliederten Schulsystems ist deshalb problematisch, weil die durch die Grundschulempfehlung ausgesprochenen Prognosen nicht perfekt sind und dies auch nicht sein können.

Die Übergangsempfehlung soll nicht nur die Leistungen der Schülerinnen und Schüler berücksichtigen, sondern auch alle weiteren für den Schulerfolg wichtigen Eigenschaften (Beschluss der Kultusministerkonferenz, KMK, 1966). Die Empfehlung erfolgt durch die Grundschullehrerinnen und -lehrer und beruht in erster Linie auf den Noten der Schülerinnen und Schüler. Die überwiegende Mehrheit der Eltern folgt der Empfehlung der Grundschule bei der Auswahl der weiterführenden Schule (vgl. Bos et al., 2004). Obwohl Noten Schülerleistungen gut abbilden und gute Prädiktoren für zukünftigen Erfolg sind, sind die Übergangsempfehlungen fehlerbehaftet (vgl. Bos et al., 2004). Zum Beispiel orientieren sich Lehrerinnen und Lehrer bei der Vergabe von Noten und daraus folgenden Empfehlungen an einem klasseninternen Bezugsrahmen. Kinder in leistungsstärkeren Klassen haben bei gleicher objektiver Leistung schlechtere Noten als in einer leistungsschwächeren Klasse und haben so geringere Chancen, für eine höhere Schulform empfohlen zu werden (z. B. Baeriswyl, Wandeler & Trautwein, 2011). Als besonders ungerecht wird empfunden, dass nach objektiven Leistungstests gleich leistungsstarke Schülerinnen und Schüler je nach ihrem sozialen Hintergrund unterschiedliche Empfehlungen erhalten (Baumert et al., 1997). Kinder aus Familien mit niedrigerem sozioökonomischem Status haben geringere Chancen auf eine Empfehlung für eine höhere Schulform als leistungsgleiche Kinder aus Familien mit höherem sozioökonomischem Status. Dies führt dazu, dass sich die Verteilungen der Schülerleistungen der drei

Schulformen Gymnasium, Realschule und Hauptschule in erheblichem Maße überschneiden (Bos et al., 2004), was bedeutet, dass leistungsferne Kriterien mitbestimmen, welche Schulform ein Kind besucht.

Dafür, dass die frühe Trennung der deutschen Schülerinnen und Schüler in das dreigliederige Schulsystem eine wichtige Ursache für die starke Spreizung der Leistungen – also das Auseinanderfallen der Leistungen der Stärksten und Schwächsten – ist, liefert eine Studie von Hanushek und Wößmann (2006) Evidenz. Die Autoren verglichen die Streuung der Schülerleistungen in der Grundschule mit derjenigen in der 9. Klasse. Es zeigte sich, dass im internationalen Vergleich der Zeitpunkt der Trennung nach Leistungen systematisch mit der Größe der Leistungsdifferenzen einhergeht. In Ländern mit wenig gegliedertem Schulsystem verringerte sich die Leistungsstreuung von der Grundschule bis zur 9. Klasse, während sich die Leistungsstreuung in den Ländern

mit gegliedertem Schulsystem vergrößerte. Besonders groß war dabei die Vergrößerung der Standardabweichung deutscher Schülerinnen und Schüler, also der durchschnittliche Abstand zwischen Leistungsstarken und Leistungsschwachen. Es kann also mit gebotener Vorsicht der Schluss gezogen werden, dass die Leistungsstreuung durch die Gegliedertheit des Schulsystems vergrößert wird.

Die mangelnde vorschulische Bildung, die Gegliedertheit des deutschen Schulsystems, die frühe Trennung nach Leistungen sowie die nicht optimal validen Prognosen der Grundschulempfehlung können somit als wesentliche Ursachen für die durch TIMSS 1995 und PISA 2000 festgestellten großen Leistungsunterschiede und die damit einhergehenden sozialen Ungerechtigkeiten ausgemacht werden. Diese und weitere Erkenntnisse trugen in der Folge dazu bei, dass zahlreiche Veränderungen der Bildungsadministration und Bildungspraxis stattgefunden haben.

6.4 Veränderungen der Schule

Durch die Schulleistungsuntersuchungen ist viel in Bewegung gekommen, angefangen von der Art, wie die Bildungsadministration Entscheidungen für das Bildungswesen trifft, bis hin zur konkreten Umgestaltung der Schulpraxis. Da Bildung in Deutschland Sache der Bundesländer ist, sind viele konkrete Veränderungen der Schulpraxis nicht flächendeckend, sondern nur in einigen Bundesländern umgesetzt worden. Dies macht eine Zusammenfassung schwierig. Allerdings gibt es einige Maßnahmen, die sehr breit umgesetzt wurden. Tabelle 6.2 gibt einen Überblick über solche Veränderungen der schulischen Praxis, die in der Mehrheit der Bundesländer stattgefunden hat.

Eine weitreichende Konsequenz von TIMSS 1995 und PISA 2000 ist die empirische Wende in der Bildungspolitik. Sehr viel stärker als vorher beruft sich die Bildungspolitik heute bei ihren Entscheidungen über Reformen im Bildungswesen auf Ergebnisse der empirischen Bildungsforschung. Die Kultusministerkonferenz und die Regierungen der Bundesländer lassen sich zunehmend für ihre Aufgabe der Steuerung des Bildungswesens von Expertengremien aus Bildungsforschung und -praxis beraten. Wie stark jedoch der Einfluss der empirischen Bildungsforschung auf Entscheidungen der Bildungsadministration tatsächlich ist, wird von Bildungsforscherinnen und -forschern sehr unterschiedlich und nicht

Tab. 6.2: Übersicht über Veränderungen der Schulpraxis nach PISA 2000

Bereich	Maßnahme
Bildungsadministration	Empirische Wende der Entscheidungsfindung Formulierte Strategie für Bildungs-Monitoring
Einschulung	Erleichterte vorzeitige Einschulung
Grundschule	Flexible Schuleingangsphase (1. und 2. Klasse können in einem Jahr durchlaufen werden) Inklusiver Unterricht von Kindern mit und ohne Behinderung Vergleichsarbeiten in der 3. Klasse (VERA 3) Bildungsstandards
Sekundarstufe	Zusammenlegung von Real- und Hauptschulen Erhöhte Zahl von Ganztagsangeboten Inklusiver Unterricht von Kindern mit und ohne Behinderung Vergleichsarbeiten in der 8. Klasse (VERA 8) Bildungsstandards
Gymnasium	8-jähriges Gymnasium (G8) Zentralabitur

immer optimistisch bewertet (vgl. Spinath et al., 2012).

Eine weitere Konsequenz der internationalen Schulleistungsuntersuchungen ist ein Wandel weg von der Input-Steuerung des Bildungswesens hin zu einer stärkeren Output-Orientierung. Statt immer detailliertere Vorgaben in Form von Lehrplänen, Erlassen, Verordnungen etc. zu machen, sollen den Schulen zunehmend mehr Entscheidungsspielräume zugestanden werden. Gleichzeitig werden die Ergebnisse der Bildungsprozesse stärker und systematischer kontrolliert als vorher. Zu diesem Zweck wurde eine nationale Strategie des Bildungsmonitoring formuliert (KMK, 2006). Unter Bildungsmonitoring wird die systematische Überprüfung von und Berichterstattung über Bildungsindikatoren verstanden. Die deutsche Strategie des Bildungsmonitoring besteht aus vier zentralen Bausteinen. Dazu gehören neben der fortgesetzten Teilnahme an internationalen Schulleistungsuntersuchungen auch die zentrale Überprüfung der Bildungsstandards im innerdeutschen Ländervergleich, die Durchführung von Vergleichsarbeiten zur landesweiten Überprüfung der Leistungsfähigkeit einzelner Schulen sowie die

gemeinsame Bildungsberichterstattung von Bund und Ländern. Durch diese Monitoring-Maßnahmen soll sichergestellt werden, dass den Schülerinnen und Schülern durch die schulische Bildung tatsächlich die bestmöglichen Chancen eröffnet werden und diesbezügliche Unterschiede in der Qualität schulischer Arbeit zugunsten einer durchgängig hohen Qualität überwunden werden.

Mit der Einführung der Bildungsstandards hat sich auch verändert, was als Ergebnis von schulischen Lernprozessen definiert wird. Bildungsstandards sind Erwartungen an die Ergebnisse von Lernprozessen und stellen verbindliche Ziele dar, anhand derer die Ergebnisse schulischer Arbeit bewertet werden können (Klieme et al., 2003). In den Bildungsstandards werden Ziele von Bildungsprozessen Kompetenz-orientiert formuliert. Erwartet werden demnach nicht mehr Kataloge von Wissensbeständen, sondern die Fähigkeit, Wissen situationsangemessen anzuwenden. Dazu gehören neben rein kognitiven Fähigkeiten auch motivationale und soziale Bereitschaften (Weinert, 2001). Ein Beispiel für die Bildungsstandards ist in der nachfolgenden Übersicht dargestellt. In der

Grundschule findet die Überprüfung der Bildungsstandards alle fünf Jahre statt, in der Sekundarstufe ist der Rhythmus 6-jährig. Auf der Grundlage dieser Erhebungen findet ein Vergleich der Leistungen in den Bundesländern statt.

Deutsche Bildungsstandards für den mittleren Schulabschluss (10. Klasse) im Fach Deutsch

Für das Fach Deutsch werden vier Kompetenzbereiche unterschieden (KMK, 2003, S. 8–9):

1) Sprechen und Zuhören
Die Schülerinnen und Schüler bewältigen kommunikative Situationen in persönlichen, beruflichen und öffentlichen Zusammenhangen situationsangemessen und adressatengerecht.

2) Schreiben
Die Schülerinnen und Schüler kennen die vielfältigen Möglichkeiten des Schreibens als Mittel der Kommunikation, der Darstellung und der Reflexion und verfassen selbst adressatengerecht Texte.

3) Lesen – mit Texten und Medien umgehen
Die Schülerinnen und Schüler verfügen über grundlegende Verfahren für das Verstehen von Texten, was Leseinteresse sowie Lesefreude fördert und zur Ausbildung von Empathie und Fremdverstehen beiträgt.

4) Sprache und Sprachgebrauch untersuchen
Die Schülerinnen und Schüler denken über Sprache und Sprachgebrauch nach, um das komplexe Erscheinungsbild sprachlichen Handelns – des eigenen und fremden – und die Bedingungen, unter denen es zustande kommt bzw. aufgenommen wird, zu verstehen und für die eigene Sprachentwicklung zu nutzen.

Der Bereich »Sprechen und Zuhören« wird wie folgt subdifferenziert (S. 10–11):

zu anderen sprechen

- sich artikuliert, verständlich, sach- und situationsangemessen äußern
- über einen umfangreichen und differenzierten Wortschatz verfügen
- verschiedene Formen mündlicher Darstellung unterscheiden und anwenden, insbesondere erzählen, berichten, informieren, beschreiben, schildern, appellieren, argumentieren, erörtern
- Wirkungen der Redeweise kennen, beachten und situations- sowie adressatengerecht anwenden: Lautstärke, Betonung, Sprechtempo, Klangfarbe, Stimmführung; Körpersprache (Gestik, Mimik)
- unterschiedliche Sprechsituationen gestalten, insbesondere Vorstellungsgespräch/Bewerbungsgespräch; Antragstellung, Beschwerde, Entschuldigung; Gesprächsleitung.

vor anderen sprechen

- Texte sinngebend und gestaltend vorlesen und (frei) vortragen,
- längere freie Redebeiträge leisten, Kurzdarstellungen und Referate frei vortragen: ggf. mit Hilfe eines Stichwortzettels/einer Gliederung,
- verschiedene Medien für die Darstellung von Sachverhalten nutzen (Präsentationstechniken): z. B. Tafel, Folie, Plakat, Moderationskarten.

mit anderen sprechen

- sich konstruktiv an einem Gespräch beteiligen,
- durch gezieltes Fragen notwendige Informationen beschaffen,
- Gesprächsregeln einhalten,
- die eigene Meinung begründet und nachvollziehbar vertreten,
- auf Gegenpositionen sachlich und argumentierend eingehen,
- kriterienorientiert das eigene Gesprächsverhalten und das anderer beobachten, reflektieren und bewerten.

verstehend zuhören

- Gesprächsbeiträge anderer verfolgen und aufnehmen,
- wesentliche Aussagen aus umfangreichen gesprochenen Texten verstehen, diese Informationen sichern und wiedergeben,
- Aufmerksamkeit für verbale und nonverbale Äußerungen (z. B. Stimmführung, Körpersprache) entwickeln.

szenisch spielen

- eigene Erlebnisse, Haltungen, Situationen szenisch darstellen,
- Texte (medial unterschiedlich vermittelt) szenisch gestalten.

Methoden und Arbeitstechniken

- *verschiedene Gesprächsformen praktizieren, z. B. Dialoge, Streitgespräche, Diskussionen, Rollendiskussionen, Debatten vorbereiten und durchführen,*
- *Gesprächsformen moderieren, leiten, beobachten, reflektieren,*
- *Redestrategien einsetzen: z. B. Fünfsatz, Anknüpfungen formulieren, rhetorische Mittel verwenden,*
- *sich gezielt sachgerechte Stichwörter aufschreiben,*
- *eine Mitschrift anfertigen,*
- *Notizen selbstständig strukturieren und Notizen zur Reproduktion des Gehörten nutzen, dabei sachlogische sprachliche Verknüpfungen herstellen,*
- *Video-Feedback nutzen,*
- *Portfolio (Sammlung und Vereinbarungen über Gesprächsregeln, Kriterienlisten, Stichwortkonzepte, Selbsteinschätzungen, Beobachtungsbögen von anderen, vereinbarte Lernziele etc.) nutzen.*

Im Vergleich zur Überprüfung der Bildungsstandards, die stets nur an Stichproben durchgeführt wird, bieten Vergleichsarbeiten durch ihren flächendeckenden Charakter die Möglichkeit, die Bildungsqualität auf der Ebene der einzelnen Klassen und Schulen zu erfassen. Vergleichsarbeiten orientieren sich an den nationalen Bildungsstandards und finden in den Klassenstufen 3 und 8 statt (VERA 3 und VERA 8). Im Gegensatz zu anderen standardisierten Leistungsuntersuchungen werden die Vergleichsarbeiten in der Regel durch Lehrkräfte durchgeführt und die Schulen bekommen zeitnah eine Rückmeldung über die Ergebnisse, die Aufschlüsse über Stärken und Schwächen in einzelnen Klassen und Schulen gibt (vgl. Helmke, Hosenfeld & Schrader, 2004). Auch können die Ergebnisse von Vergleichsarbeiten einen Beitrag zu Übergangsempfehlungen am Ende der Grundschulzeit leisten. Die Ergebnisse sollen unter anderem dazu dienen, mit den Eltern den anstehenden Schulwechsel zu besprechen. Die üblichen Übertrittszeugnisse werden weiterhin erstellt und dienen parallel zu den Testergebnissen als Basis der Grundschulempfehlung. Auf diese Weise lassen sich langfristig Erkenntnisse über die Validität beider Datengrundlagen in Bezug auf die spätere Schullaufbahn gewinnen.

Zusammenfassend führen die in Tabelle 6.2 genannten Maßnahmen – außer zu der schon besprochenen stärkeren Kontrolle von Bildungsergebnissen – zu einer Verkürzung der Schulzeit sowie zu heterogeneren Zusammensetzungen der Lerngruppen. Zu einer Verkürzung der Schulzeit kommt es insbesondere für leistungsstarke Schülerinnen und Schüler, die bereits früher eingeschult werden und die ersten beiden Schuljahre in einem Jahr durchlaufen können. Auch die Verkürzung des Gymnasiums auf 8 statt 9 Jahre betrifft leistungsstarke Schülerinnen und Schüler. Werden alle diese Verkürzungen in Anspruch genommen, kann bereits im Alter von 17 Jahren ein Hochschulstudium aufgenommen werden. In Kombination mit den neu eingeführten Bachelor-Studiengängen, die typischerweise 3-jährig sind, kann der erste berufsqualifizierende Hochschulabschluss bereits im Alter von 20 erworben werden. Somit hat die Verkürzung der Schulzeit insbesondere für die Leistungsstärksten einer Alterskohorte enormes Potential, den individuellen Lebenslauf zu beeinflussen.

Zu zunehmend heterogenen Lerngruppen kommt es aus mehreren Gründen. Zum einen werden in vielen Bundesländern Haupt- und Realschulen zusammengelegt, so dass sogenannte Sekundarschulen, Stadtteilschulen oder auch erweiterte Realschulen entstehen. Gleichzeitig strebt ein immer größerer Anteil eines Jahrgangs an die Gymnasien. Die neuen, zusammengelegten Sekundarschulen und das Gymnasium werden sich die Schülerschaft in Zukunft vermutlich in etwa zu gleichen Teilen aufteilen. Drittens wird durch Maßgabe politischer Ziele angestrebt, Kinder mit Behinderungen zunehmend in Regelschulen zu unterrichten. Die Forderung nach inklusivem Unterricht, also der gemeinsamen Beschulung von Kindern mit und ohne Behinderung, ist jedoch nicht Folge der internationalen Schulleistungsuntersuchungen, sondern der im Jahre 2006 formulierten UN-Konvention zu Rechten von Menschen mit Behinderung. Alle diese Entwicklungen führen dazu, dass sich zunehmend Schülerinnen und Schülern mit unterschiedlichen Lernvoraussetzungen in einer Klasse befinden. Dies stellt neue, erhöhte Anforderungen an die Ausbildung der Lehrkräfte und die schulische Arbeit. Zu der Frage, inwiefern diese Entwicklungen zu besseren oder weniger guten Lernergebnisse auf Seiten der Schülerinnen und Schülern führen werden, gibt es derzeit keine belastbaren Befunde.

Es kann festgehalten werden, dass im Anschluss an PISA 2000 eine große Anzahl an Maßnahmen zur Verbesserung des Bildungswesens eingeleitet wurde. Wie diese Maßnahmen im Einzelnen zur beobachteten Verbesserung der Schülerleistungen beigetragen haben, lässt sich kaum feststellen.

Um dies zu ermitteln, wäre eine systematische Variation der Rahmenbedingungen notwendig, was aus ethischen und praktischen Gründen selten möglich ist.

6.5 Veränderte Ergebnisse schulischen Lernens

Nicht nur die Institution Schule hat sich verändert, sondern diese bringt auch veränderte Ergebnisse für Schülerinnen und Schüler hervor. Auch hier sind es wieder die Schulleistungsuntersuchungen, mit deren Hilfe Erkenntnisse über veränderte Ergebnisse schulischen Lernens gewonnen werden können. Zu diesem Zweck werden Veränderungen über die Erhebungswellen betrachtet. Veränderungen eines ganzen Bildungssystems sind nicht von heute auf morgen zu erwarten. Ein Zeitraum von 10 Jahren schien den PISA-Verantwortlichen realistisch, um eine erste Bilanz zu ziehen (Klieme et al., 2010). Die Schülerinnen und Schüler, die bei PISA 2009 getestet wurden, wurden im Jahr 1993 geboren und kurz vor der Veröffentlichung der PISA 2000-Ergebnisse eingeschult. Es besteht also eine gute Chance, dass sich Veränderungen in der Bildungsqualität bei diesem Jahrgang niedergeschlagen haben.

Bei PISA 2009 lagen der Mittelwert und die Streuung der Lesekompetenz deutscher Schülerinnen und Schüler im OECD-Durchschnitt. Dies galt auch für die Prozentsätze der Leistungsschwächsten und Leistungsstärksten. Im Vergleich zum unterdurchschnittlichen Abschneiden und dem besonders großen Auseinanderfallen der Leistungsbesten und -schlechtesten bei PISA 2000 waren die Ergebnisse von PISA 2009 gemessen am OECD-Durchschnitt demnach besser. Veränderungen gegenüber dem OECD-Durchschnitt können jedoch entweder auf eine Veränderung des einzelnen Lan-

desergebnisses oder aber eine Veränderung des OECD-Durchschnitts zurückgehen. Daher muss für eine Bestimmung der Veränderung des Abschneidens von Deutschland der Trend, also die Veränderung über die Zeit betrachtet werden. Tatsächlich verbesserte sich die Lesekompetenz im Durchschnitt der OECD-Staaten nicht von PISA 2000 zu PISA 2009. Die deutschen Ergebnisse wiesen jedoch eine bedeutsame Verbesserung auf. Gleichzeitig ließ sich auch eine Abnahme der Heterogenität der Leistungen gegen den Zufall absichern.

Genauere Analysen zeigen, dass die Verbesserung der deutschen Ergebnisse insbesondere auf die Verbesserung leistungsschwacher Schülerinnen und Schüler zurückgeht. Der Anteil sehr schwacher Leserinnen und Leser konnte deutlich reduziert werden. Im oberen Leistungsbereich zeigte sich, dass das Gymnasium sein Leistungsniveau halten konnte. Dies galt, obwohl ein zunehmend größerer Prozentsatz eines Jahrgangs das Gymnasium besucht. Allerdings konnte im oberen Leistungsspektrum keine Erhöhung der Spitzenleistungen erzielt werden. Der generelle, positive Trend für die Leseleistung ging mit ähnlich positiven Trends für die mathematischen und naturwissenschaftlichen Leistungen einher. Ein weiteres wichtiges Ergebnis der Trendanalyse war, dass sich die Stärke des Zusammenhangs zwischen sozioökonomischem Status des Elternhauses und der Schulleistung der Kinder deutlich verringert hat (vgl. Ehmke & Jude, 2010). Während Deutschland 2000 im internationalen Vergleich die größten sozialen Disparitäten in der Lesekompetenz aufwies, lag das deutsche Ergebnis 2009 im OECD-Durchschnitt. Zusammengenommen können diese Leistungsveränderungen, ihre hohe Konsistenz über die Domänen sowie die Verbesserungen im unteren Leistungsspektrum als großer Erfolg gewertet werden.

Des Weiteren ergaben sich zwischen PISA 2000 und PISA 2009 Veränderungen hinsichtlich verschiedener Unterrichts- und Rahmenmerkmale (vgl. Hertel et al., 2010). Ein deutlich positiver Trend zeigt sich bei der Entwicklung des durch die Schülerinnen und Schüler eingeschätzten Klassenklimas. Auch berichteten deutsche Schülerinnen und Schüler über vergleichsweise weniger Störungen und Disziplinprobleme im Unterricht als im OECD-Durchschnitt. Wenngleich über alle OECD-Staaten hinweg eine positive Entwicklung der Klassenführung von PISA 2000 zu PISA 2009 zu beobachten war, war diese in Deutschland besonders ausgeprägt. Für die kognitive

Aktivierung im Unterricht deuten die Schülerangaben eher auf ein im OECD-Vergleich unterdurchschnittliches Ausmaß hin. Unverändert blieb z. B., dass in Deutschland die Entscheidungsspielräume der Schulen, etwa beim Einsatz von Ressourcen und der Gestaltung des Curriculums, als im OECD-Vergleich unterdurchschnittlich eingeschätzt werden. Dies sind nur einige Beispiele für Veränderungen von Unterrichts- und Rahmenbedingungen, die mit den PISA-Erhebungen erfasst wurden.

Zusammenfassend lässt sich demnach sagen, dass die Schule Schülerinnen und Schüler heute mit besseren und gerechter verteilten Chancen auf eine angemessene Bewältigung privater und beruflicher Anforderungen entlässt als vor den durch die Schulleistungsuntersuchungen angestoßenen Reformen. Dies ist besonders positiv zu bewerten, weil die Verbesserungen in der Lernqualität nicht auf Kosten des Zusammenhalts in der Klasse gehen, sondern sogar mit verbessertem Klassenklima einhergehen.

6.6   Ausblick

Das vorliegende Kapitel hat aufgezeigt, welche Veränderungen der schulischen Praxis als Folge der internationalen Schulleistungsuntersuchungen in Deutschland in den letzten Jahren stattgefunden haben. Ein Vergleich der Ergebnisse von PISA 2000 und PISA 2009 verdeutlicht, dass sich nicht nur die Leistungen der Schülerinnen und Schüler merkbar verbessert haben, sondern auch soziale Disparitäten geringer geworden sind und sich Merkmale des Unterrichts und der Rahmenbedingungen verbessert haben. Dies sind Anzeichen dafür, dass die eingeleiteten Maßnahmen zur Verbesserung der Qualität im Bildungswesen

gefruchtet haben. Das deutsche Bildungssystem ist gerechter geworden. Dies ist ein bemerkenswerter Erfolg, da es großer Anstrengungen bedarf, die Ergebnisse eines Bildungssystems nicht nur punktuell, sondern als Ganzes zu verändern.

Dennoch bleiben einige Probleme zu lösen. Immer noch sind die Leistungen der deutschen Schülerinnen und Schüler im internationalen Vergleich nur durchschnittlich. Es fehlt einerseits eine sichtbare Leistungselite. Andererseits sind die Kompetenzen der Leistungsschwächsten immer noch besorgniserregend gering. Hier gilt es, weitere Verbesserungen anzustreben. Diese Leistungsverbesserungen lassen sich vermutlich weniger durch strukturelle Veränderungen als vielmehr durch Veränderungen der Qualität des Unterrichts erzielen.

Zu bedenken gilt, dass sich Strukturen und Rahmenbedingungen vergleichsweise leicht verändern lassen. Schwieriger ist es, die im Unterricht ablaufenden Prozesse zu verändern. Letzteres gelingt nur über ein Umlernen auf Seiten der Lehrerinnen und Lehrer. Dieses Umlernen fällt jedoch insbesondere Lehrkräften schwer, die ihren Beruf schon viele Jahre ausüben. Um jedem Kind seinen Möglichkeiten entsprechend die bestmögliche Förderung zu geben, ist die Erweitung insbesondere der didaktischen und pädagogisch-psychologischen Kompetenzen der Lehrkräfte unerlässlich. So zum Beispiel stellt der vermehrt in Regelschulen Einzug haltende gemeinsame Unterricht von Kindern mit und ohne Behinderung eine große Herausforderung an die diagnostischen und didaktischen Kompetenzen von Lehrerinnen und Lehrern dar. Um den Lehrkräften das nötige Rüstzeug

mit auf den Weg zu geben, muss sich auch die Lehrerbildung in allen ihren Phasen weiterentwickeln.

Aber auch für die Bildungsforschung gilt es, weitere Herausforderungen zu meistern. Zum einen fehlen in Bezug auf die umgesetzten und noch zu implementierenden Reformen größtenteils empirische Belege für Ursache-Wirkungszusammenhänge. Ohne Wirkungsanalysen, die begleitend zu großen Schulleistungsanalysen experimentelle und längsschnittliche Analysen verwirklichen, bleibt unklar, welche der zahlreichen Maßnahmen wie wirken. Auch fehlt es aufgrund mangelnder gesicherter Forschungserkenntnisse in vielen Bereichen an validierten Diagnoseinstrumenten und evaluierten Förderprogrammen, mit denen Erzieherinnen und Erzieher, Lehrkräfte sowie Schulpsychologinnen und -psychologen arbeiten könnten. Als Beispiel sei die Sprachstandsdiagnostik und Sprachförderung benannt. Solche zum Nachteil gereichenden Maßnahmen könnten weiter dazu beitragen, deutsche Schulen sozial gerechter zu gestalten.

Literatur

Baeriswyl, F., Wandeler, C. & Trautwein, U. (2011). »Auf einer anderen Schule oder bei einer anderen Lehrkraft hätte es für's Gymnasium gereicht«: Eine Untersuchung zur Bedeutung von Schulen und Lehrkräften für die Übertrittsempfehlung. *Zeitschrift für Pädagogische Psychologie*, 25, 39–47.

Baumert, J., Klieme, E., Neubrand, M., Prenzel, M., Schiefele, U., Schneider, W., Stanat, P., Tillmann, K.-J. & Weiß, M. (Hrsg.). (2001). *PISA 2000: Basiskompetenzen von Schülerinnen und Schülern im internationalen Vergleich*. Opladen: Leske + Budrich.

Baumert, L., Lehmann, R., Lehrke, M., Schmitz, B., Clausen, M., Hosenfeld, I., Köller, O. & Neubrand, J. (1997). TIMSS – Mathematisch-naturwissenschaftlicher Unterricht im inter-

nationalen Vergleich: Zusammenfassung deskriptiver Ergebnisse. *http://www.mpib-berlin.mpg.de/TIMSSII-Germany/index.htm* (aufgerufen am 5.9.2012).

Bos, W., Voss, A., Lankes, E.-M., Schwippert, K., Thiel, O. & Valtin, R. (2004). Schullaufbahnempfehlungen von Lehrkräften für Kinder am Ende der vierten Jahrgangsstufe. In W. Bos, E.-M. Lankes, M. Prenzel, K. Schwippert, R. Valtin & G. Walther (Hrsg.), *IGLU – Einige Länder der Bundesrepublik Deutschland im nationalen und internationalen Vergleich* (S. 191–228). Münster: Waxmann.

Ehmke, T. & Jude, N. (2010). Soziale Herkunft und Kompetenzerwerb. In E. Klieme, C. Artelt, J. Hartig, N. Jude, O. Köller, M. Prenzel, W. Schneider & P. Stanat (Hrsg.), *PISA 2009.*

Bilanz nach einem Jahrzehnt (S. 231–254). Münster: Waxmann.

Hanushek, E. A. & Wößmann, L. (2006). Does Educational Tracking Affect Performance and Inequality? Differences-in-Differences Evidence across Countries, *Economic Journal*, 116, C63–C76.

Helmke, A., Hosenfeld, I. & Schrader, F.-W. (2004). Vergleichsarbeiten als Instrument zur Verbesserung der Diagnosekompetenz von Lehrkräften. In R. Arnold & C. Griese (Hrsg.), *Schulmanagement und Schulentwicklung* (S. 119–144). Hohengehren: Schneider-Verlag.

Hertel, S., Hochweber, J., Steinert, B. & Klieme, E. (2010). Schulische Rahmenbedingungen und Lerngelegenheiten im Deutschunterricht. In E. Klieme, C. Artelt, J. Hartig, N. Jude, O. Köller, M. Prenzel, W. Schneider & P. Stanat (Hrsg.), *PISA 2009. Bilanz nach einem Jahrzehnt* (S. 113–151). Münster: Waxmann.

Klieme, E., Artelt, C., Hartig, J., Jude, N., Köller, O., Prenzel, M., Schneider, W. & Stanat, P. (2010) (Hrsg.), *PISA 2009. Bilanz nach einem Jahrzehnt*. Münster: Waxmann.

Klieme, E. et al. (2003). Zur Entwicklung nationaler Bildungsstandards: Expertise. *http://www.bmbf.de/pub/zur_entwicklung_nationaler_bildungsstandards.pdf* (aufgerufen am 9.9.2012).

KMK (1966). *Übergänge von einer Schulart in die andere*. Bonn: Sekretariat der Ständigen Konferenz der Kultusminister der Länder in der Bundesrepublik Deutschland.

KMK (2003). Bildungsstandards im Fach Deutsch für den Mittleren Schulabschluss.

http://www.kmk.org/fileadmin/veroeffentlichungen_beschluesse/2003/2003_12_04-BS-Deutsch-MS.pdf (aufgerufen am 20.2.2012)

KMK (2006). Gesamtstrategie der Kultusministerkonferenz zum Bildungsmonitoring. *http://www.kmk.org/fileadmin/veroeffentlichungen_beschluesse/2006/2006_08_01-Gesamtstrategie-Bildungsmonitoring.pdf* (aufgerufen am 5.9.2012)

OECD (2000). Education at a Glance. *http://www.oecd-ilibrary.org/education/education-at-a-glance-2000_eag-2000-en* (aufgerufen am 5.9.2012)

OECD (2005). Education at a Glance. *http://www.oecd-ilibrary.org/education/education-at-a-glance-2005_eag-2005-en* (aufgerufen am 5.9.2012)

Spinath, B., Hasselhorn, M., Artelt, C., Köller, O., Möller, J. & Brünken, R. (2012). Gesellschaftliche Herausforderungen für Bildungsforschung und -praxis: Beiträge der Pädagogischen Psychologie. *Psychologische Rundschau*, 63, 92–110.

Trautwein, U., Baeriswyl, F., Lüdtke, O. & Wandeler, C. (2008). Die Öffnung des Schulsystems: Fakt oder Fiktion? Empirische Befunde zum Zusammenhang von Grundschulübertritt und Übergang in die gymnasiale Oberstufe. *Zeitschrift für Erziehungswissenschaft*, 11, 1–18.

Weinert F. E. (2001). Vergleichende Leistungsmessung in Schulen – Eine umstrittene Selbstverständlichkeit. In F. E. Weinert (Hrsg.), *Leistungsmessungen in Schulen* (S. 17–31). Weinheim: Beltz.

7 Jugendalter – alte und neue Herausforderungen beim Übergang ins Erwachsenenalter

Andreas Kruse und Eric Schmitt

Zusammenfassung

Die Zielsetzung des vorliegenden Beitrags besteht zunächst in einer entwicklungspsychologischen Charakterisierung des Jugendalters, die zentrale Entwicklungsaufgaben, die sich in dieser Lebensphase stellen, skizziert und in ihrer Bedeutung für lebenslange Entwicklung verdeutlicht. Des Weiteren werden Befunde zur Lebenssituation und Einstellung Jugendlicher in Deutschland dargestellt und in ihren Implikationen für die gesellschaftliche Gestaltung von Rahmenbedingungen der Entwicklung in dieser Lebensphase diskutiert. Im Kontext der entwicklungspsychologischen Charakterisierung gehen wir auf die Bedeutung körperlicher Reifungsprozesse für die Gesamtentwicklung ein, zudem auf den Geschlechtsrollenerwerb und die Geschlechtsrollenidentifikation, die personale und soziale Identität. Weiterhin werden die Bedeutung von Familie und Peergroup für die Identitätsentwicklung sowie die Themen Alkohol- und Drogenmissbrauch, Verhaltensprobleme und psychische Störungen untersucht. Im Zentrum der Darstellung aktueller Befunde steht die 16. Shell Jugendstudie, die in Übereinstimmung mit früheren Studien Jugendliche in Deutschland insgesamt als eine durch Optimismus und Pragmatismus geprägte Generation kennzeichnet. Dabei werden allerdings erhebliche soziale Ungleichheiten deutlich, die im Vergleich zu früheren Studien weiter zugenommen haben. Entsprechend ist in der Reduktion sozialer Ungleichheit eine zentrale politische Aufgabe zu sehen.

7.1 Einleitung

In Deutschland gibt es immer mehr Abiturienten und Studenten und weniger Schulabbrecher. Die Allgemeine Hochschulreife erwerben heute 33,9 % eines Jahrganges, die Fachhochschulreife 15,2 %; 2006 waren dies nur 29,6 beziehungsweise 13,4 % (Autorengruppe Bildungsberichterstattung, 2012). Insgesamt also erreicht fast jeder zweite Jugendliche die Hochschulreife. Gleichwohl gibt es unter den Jugendlichen immer noch einen Anteil von bis zu 20 % »Bildungsverlierern«: Sie können nicht richtig lesen oder Texte verstehen, brechen die Schule oder die Lehre ab und nehmen nicht an Weiterbildungskursen teil. Allerdings ist die Quote der Schüler ohne Hauptschulabschluss von 7,4 % (2008) auf 6,5 % (2010) erneut zurückgegangen (OECD, 2010). Von 100 Akademikerkindern besuchen in Deutschland 81 die Sekundarstufe II; von diesen nehmen wiederum 88 % ein Studium auf, was einer Beteiligungsquote von 71 % entspricht. Unter den Kindern von Nichtakademikern gelangen 45 % in die Sekundarstufe II; von diesen nehmen 53 % ein Studium auf, was einer Beteiligungsquote von 24 % entspricht (Bundesministerium für Familie, Senioren, Frauen und Jugend, 2012b). Diese Zahlen zeigen den engen Zusammenhang zwischen sozialer Herkunft und Bildungsabschluss; dieser Zusammenhang ist in Deutschland stärker ausgeprägt als in den anderen EU-28-Staaten.

> »Derzeit wird sehr viel über den Kindergarten und die frühkindliche Bildung gesprochen. Dort anzusetzen, ist sicherlich der richtige Weg. Wir müssen uns aber auch um die Jugendlichen kümmern, die bereits mitten in unserem Bildungssystem stecken. Die darf man nicht einfach aufgeben. An jeder Stelle der Bildungskette muss überlegt werden, was man verbessern kann« (Solga, 2013, S. 132).

Deutliche Veränderungen im Bildungsbereich, aber auch weiterhin bestehende Einflüsse der sozio-ökonomischen Herkunft auf die Bildungssozialisation in der Jugendzeit stellen sicher nur einen zentralen Bereich einer »neuen« und »alten« Jugendphase dar. Die Jugendzeit ist hochbedeutsam für den weiteren Verlauf des Lebens. Diesbezügliche Veränderungen werden auch den weiteren Lebenslauf erkennbar beeinflussen. In diesem Kapitel sollen beide Aspekte betrachtet werden. Auf der einen Seite geht es um die grundlegenden Aufgaben und Risiken der Jugendphase und deren Rolle für lebenslange Entwicklung. Auf der anderen Seite wird anhand der Daten der neuesten Shell-Studie gefragt: Wie sind unsere Jugendlichen heute? Und wie wird sich dies auf zukünftige Lebensverläufe auswirken?

7.2 Körperliche Reife, Akzeleration und Retardation

Die sich im Jugendalter vollziehenden körperlichen Reifungsprozesse haben erheblichen Einfluss auf die Gesamtentwicklung. So stellen etwa der Beginn der Menstruation bei Mädchen oder die erste Ejakulation bei Jungen Veränderungen dar, die psychische Belastungen und Ängste auslösen können. Die Integration dieser Veränderungen in das bestehende Körperkonzept stellt unter anderem eine entscheidende Voraussetzung für die weitere Entwicklung des Sexualverhaltens und die Identitätsentwicklung dar (Oerter & Dreher, 2008). Für die körperliche Entwicklung lassen sich typische Reifungskurven angeben; schon Shuttleworth (1937) konnte zeigen, dass individuelle Wachstumskurven parallel verlaufen. Unter entwicklungspsychologischer oder sozialisationstheoretischer Perspektive ist aber weniger die charakteristische Form von Verlaufskurven von Interesse als vielmehr die Frage, welche Auswirkungen das gegenüber einer Vergleichsgruppe frühere bzw. spätere Einsetzen von Reifungsprozessen auf die weitere Entwicklung hat. Entwicklung im Jugendalter ist – wie in anderen Lebensabschnitten auch – durch Multidimensionalität und Multidirektionalität gekennzeichnet. Jugendliche, die sich im Grad ihrer körperlichen Reifung erheblich unterscheiden, können in ihrer kognitiven, emotionalen und sozialen Entwicklung durchaus vergleichbar sein (Montada, Lindenberger & Schneider, 2012). Dennoch reagiert die Umwelt auf Unterschiede im Grad der körperlichen Reifung mit differentiellen Erwartungen an den allgemeinen Entwicklungsstand des Jugendlichen. Akzelerierte, d. h. durch im Vergleich zu Altersgenossen beschleunigtes körperliches Wachstum gekennzeichnete Jugendliche werden eher wie Erwachsene, retardierte, d. h. durch ein im Vergleich zum Altersdurchschnitt verzögertes körperliches Wachstum gekennzeichnete Jugendliche eher wie Kinder behandelt. Die vorliegenden Längsschnittstudien sprechen dafür, dass körperlich akzelerierte männliche Jugendliche im mittleren Erwachsenenalter verantwortungsbewusster, kooperativer, selbstbewusster, kontrollierter und sozial angepasster, gleichzeitig aber auch konventioneller, konformistischer und humorloser sind, als körperlich retardierte männliche Jugendliche. Letztere zeichnen sich dagegen dadurch aus, dass sie im Vergleich zu körperlich akzelerierten männlichen Jugendlichen im mittleren Erwachsenenalter impulsiver und unausgeglichener, aber auch selbsteinsichtiger, erfinderischer und spielerischer sind (Oerter & Dreher, 2008). Untersuchungen aus dem Arbeitskreis von Silbereisen verdeutlichen, dass körperliche Akzeleration für männliche Jugendliche auch mit einem höheren Risiko für Drogenkonsum und Devianz einhergeht (Silbereisen & Weichold, 2007). Weit stärker als für Jungen erweist sich körperliche Akzeleration aber für Mädchen als problematisch. Untersuchungen an amerikanischen Jugendlichen sprechen dafür, dass frühreife Mädchen eher unbeliebt sind und sich im Vergleich zu körperlich nicht akzelerierten Mädchen eher unterordnen und zurückziehen. Es liegen auch Befunde vor, die – in Übereinstimmung mit den amerikanischen Untersuchungen – darauf hindeuten, dass eine zu früh ebenso wie eine zu spät einsetzende Menarche dazu führt, dass Mädchen unglücklich sind und geringeres Selbstwertgefühl besitzen (Silbereisen & Weichold, 2012).

7.3 Geschlechtsrollenerwerb und -identifikation

Im Alter von 2 ½ bis 3 Jahren können die meisten Kinder die Frage nach ihrem Geschlecht korrekt beantworten. Das Wissen darum, ein Mädchen oder ein Junge zu sein, ist aber nicht gleichbedeutend mit dem Wissen um die Invarianz des Geschlechts. Bis zum Alter von 6 bis 7 Jahren glauben viele Kinder, das Geschlecht könne im Prozess des Älterwerdens oder in Folge von Veränderungen des äußeren Erscheinungsbildes (z. B. Kleidung, Länge der Haare) wechseln.

Bereits im zweiten Lebensjahr spiegeln sich im Spielverhalten und der Spielzeugpräferenz geschlechtsspezifische Handlungs- und Interessenunterschiede wider, die sich nicht durch Unterschiede in der genetischen Information erklären lassen (Trautner, 2008). Einen frühen Erklärungsversuch für die Übernahme der (männlichen) Geschlechtsrolle bildet die von Freud (1938) vorgeschlagene Theorie der psychosexuellen Identifikation. Diese geht davon aus, dass der kleine Junge die Mutter als Liebesobjekt begehrt, damit zum Vater in eine Konkurrenzsituation tritt, welche wiederum »Kastrationsangst« zur Folge hat und durch eine »Identifikation mit dem Aggressor« gelöst werden muss. Der von Freud vorgeschlagene Erklärungsansatz konnte empirisch ebenso wenig bestätigt werden wie die aus der sozialen Lerntheorie abgeleitete Annahme, die Bevorzugung der weiblichen bzw.

männlichen Geschlechtsrolle sei darauf zurückzuführen, dass Mädchen und Jungen für geschlechtskonformes Verhalten verstärkt würden, während gegengeschlechtliches Verhalten ignoriert oder sogar bestraft werde. Die vorliegenden empirischen Untersuchungen sprechen hingegen dafür, dass Mädchen und Jungen von ihren Eltern sehr ähnlich behandelt werden; das eher geringe Ausmaß an geschlechtsspezifischen Unterschieden in der Sozialisation reicht somit für eine Erklärung der bereits früh zu beobachtenden, sich mit zunehmendem Alter verstärkenden Geschlechtsunterschiede nicht aus (Kracke, 2007). Geschlechtsspezifischen Verstärkungsprozessen wird heute eher eine Stütz- und Orientierungsfunktion bei der Übernahme von Geschlechtsrollen beigemessen (Trautner, 2008). Ein zentraler Kritikpunkt an der aus der sozialen Lerntheorie abgeleiteten Auffassung besteht darin, dass selbst dann, wenn ein hinreichend starker Zusammenhang zwischen Verstärkungsprozessen einerseits und geschlechtstypischen Verhaltensweisen andererseits nachgewiesen wäre, keine Aussage über die Richtung dieses Zusammenhangs getroffen werden könnte. So weisen etwa Oerter und Dreher (2008) darauf hin, dass Verstärkung zwar geschlechtstypisches Verhalten fördern kann, dass sich jedoch Kinder schon vorher geschlechtstypisch verhalten können, so dass das Verstärkungsverhalten der Eltern lediglich als eine Antwort auf das geschlechtstypische Verhalten der Kinder anzusehen ist. Diese wiederum verstärken das Verhalten der Eltern. Diese Kritik bildet den Ausgangspunkt des Erklärungsansatzes von Kohlberg (1974), der davon ausgeht, dass das geschlechtstypische Verhalten des Kindes weniger durch dessen Umwelt geprägt wird, sondern dass das Kind vielmehr seine Geschlechtsrolle in der aktiven Auseinandersetzung mit der Umwelt gestaltet. Nach Kohlberg ist die Identifikation mit dem Geschlecht als eine kognitive Leistung zu interpretieren, die

in vier Schritten erworben wird. Der erste Schritt ist hierbei durch die Differenzierung zwischen den beiden Geschlechtern und die Zuordnung von unterschiedlichen Aufgaben zu diesen gekennzeichnet, der zweite Schritt durch die Selbstzuordnung zu einem der beiden Geschlechter. Den dritten Schritt bildet der Erwerb einer individuellen Rolleninterpretation. Dieser Erwerb ist als ein aktiver Vorgang aufzufassen, der einerseits externe Modelle, Verhaltensmuster und Vorschriften, andererseits eigene Möglichkeiten und Bedürfnisse berücksichtigt. Abgeschlossen wird die Identifikation mit dem Geschlecht in einem vierten Schritt durch den Erwerb der Geschlechtskonstanz, der sich in mehreren Schritten, parallel zum Erwerb anderer Invarianzbegriffe, vollzieht.

Mit Egan und Perry (2001) lassen sich drei für die allgemeine psychologische Anpassung wichtige Komponenten der Geschlechtsidentität differenzieren. Die erste Komponente umschreibt die wahrgenommene Übereinstimmung mit der eigenen Geschlechtskategorie (gender compatibility). Ausgehend von den diagnostischen Kriterien für das Vorliegen einer Geschlechtsidentitätsstörung wird unter dieser Komponente zum einen die Zufriedenheit mit der eigenen Geschlechtszugehörigkeit, zum anderen die wahrgenommene Typizität des eigenen Verhaltens für die jeweilige Geschlechtsrolle subsumiert. Die wahrgenommene Übereinstimmung mit der eigenen Geschlechtskategorie wird als eine kontinuierliche Dimension aufgefasst, die zumindest durch eine moderate Stabilität gekennzeichnet ist, also nicht einen temporären Eindruck widerspiegelt, der, sofern selbstwertgefährdend, in der Regel relativ schnell korrigiert werden kann. Egan und Perry (2001) konnten nachweisen, dass ein hohes Maß an erlebter Übereinstimmung mit der eigenen Geschlechtskategorie das globale Selbstwertgefühl, die wahrgenommene soziale

Kompetenz in der Peergroup sowie die aktuell erfahrene Akzeptanz in der Peergroup positiv beeinflusst. Dieser Befund stimmt mit früheren Untersuchungen überein, die zeigen, dass gegengeschlechtliches Verhalten häufig mit Angstgefühlen, Depression und Zurückweisung durch die Peergroup einhergeht. Während im Kindesalter die erlebte Übereinstimmung mit der eigenen Geschlechtskategorie überwiegend auf einfachen Beobachtungsdaten (z. B. Präferenz von Aktivitäten und Spielkameraden) beruht, gewinnen mit fortschreitendem Alter die wahrgenommene Ausprägung von Persönlichkeitseigenschaften (z. B. Dominanz, Kooperationsfähigkeit) sowie die Ausbildung einer heterosexuellen Orientierung an Bedeutung. Eine zweite für die allgemeine psychologische Anpassung wichtige Komponente der Geschlechtsidentität sehen Egan und Perry (2001) in dem wahrgenommenen Druck zu geschlechtstypischem Verhalten (pressure for sex typing). Die Autoren argumentieren, dass Kinder, die einen stärkeren Druck in Richtung auf geschlechtstypisches Verhalten wahrnehmen, mit geringerer Wahrscheinlichkeit ihre Fähigkeiten und Talente in einer Vielzahl von Bereichen verwirklichen und kultivieren. Entsprechend bilden sie ein vergleichsweise engeres Interessenspektrum aus und sind – in Folge einer solchen Selbstbeschränkung – auf Dauer weniger zufrieden. Des Weiteren sollten Kinder, die einen stärkeren Druck in Richtung auf geschlechtstypisches Verhalten verspüren, eher die Überzeugung vertreten, dass Unterstützungsleistungen an spezifische Bedingungen geknüpft sind und dass sie sich stärker an andere anpassen müssen, um von diesen Liebe und Akzeptanz zu erhalten. Dies wiederum kann zu einem geringeren Selbstwertgefühl und höheren Depressionswerten führen. Nach Egan und Perry (2001) sind die wahrgenommene Übereinstimmung mit der eigenen Geschlechtskategorie und der wahrgenommene Druck in Richtung auf geschlechtstypisches Verhalten ausdrücklich relativ unabhängige Komponenten der Geschlechtsidentität. Dies lässt sich zum einen damit begründen, dass die wahrgenommene Übereinstimmung mit der eigenen Geschlechtskategorie – anders als der wahrgenommene Druck in Richtung auf geschlechtstypisches Verhalten – durch biologische Faktoren und die Imitation gleichgeschlechtlicher Modelle (die in der Regel nicht als durch externen Druck motiviert wahrgenommen wird) beeinflusst wird. Wichtiger erscheint aber, dass die wahrgenommene Übereinstimmung mit der eigenen Geschlechtskategorie und der wahrgenommene Druck in Richtung auf geschlechtstypisches Verhalten einander entgegengesetzte Implikationen für die psychologische Anpassung haben: Während ein hohes Maß an Übereinstimmung mit der eigenen Geschlechtskategorie der psychologischen Anpassung förderlich ist, ist der Eindruck, einem starken Druck in Richtung auf geschlechtstypisches Verhalten ausgesetzt zu sein, der allgemeinen psychologischen Anpassung abträglich. Eine dritte bedeutsame Komponente der Geschlechtsidentität sehen Egan und Perry (2001) in der Bevorzugung des eigenen Geschlechts als einer spezifischen Form von »ingroup-favoritism«. Während eine Bevorzugung der Eigengruppe üblicherweise als dem Selbstwertgefühl förderlich angesehen wird, konnten Egan und Perry (2001) nachweisen, dass Kinder, die in stärkerem Maße zu einer Bevorzugung des eigenen Geschlechts neigen, ein geringeres Maß an psychologischer Anpassung aufweisen. Diese Aussage gewinnt mit zunehmendem Alter der Kinder an Bedeutung. Denn eine ausgeprägte Bevorzugung des eigenen Geschlechts läuft mit Erreichen der Präadoleszenz zunehmend normativen Vorstellungen über heterosexuelles Verhalten zuwider und ist entsprechend mit einer geringeren Akzeptanz Gleichaltriger beiderlei Geschlechts verbunden.

7.4 Entwicklungsprobleme personaler und sozialer Identität

Die Suche nach Identität wird in Lehrbüchern der Entwicklungspsychologie – insbesondere unter Verweis auf das epigenetische Modell von Erikson (1950, 1982) – häufig als das zentrale Thema des Jugendalters dargestellt. Dies sollte allerdings nicht darüber hinwegtäuschen, dass die Herstellung und Aufrechterhaltung von Identität ein lebenslanger Prozess ist. Die Frage nach der personalen Identität, also der Unverwechselbarkeit und Einmaligkeit der eigenen Person bzw. nach dem, was jenseits aller Veränderungen den »Kern« der eigenen Person ausmacht, lässt sich nicht endgültig beantworten. Auch die Frage nach dem Bild, das sich andere Menschen von einem machen, und der Bedeutung von möglichen Widersprüchen zwischen Selbst- und Fremdbild kann sich prinzipiell in jedem Lebensalter (und immer wieder neu) stellen (Brandtstädter & Greve, 2006).

Auch wenn Einigkeit darüber besteht, dass die Herstellung und Aufrechterhaltung von Identität eine zentrale Entwicklungsaufgabe des Jugendalters darstellt, so wird der Begriff der Identität ebenso wie jener des Selbst, der nicht selten dem Begriff Identität synonym gebraucht wird, in sehr unterschiedlicher Weise verwendet; ebenso wie der Begriff des Selbst entzieht sich der Begriff der Identität einer verbindlichen Definition. Im Sinne einer näheren Begriffsbestimmung lassen sich aber zwei Aspekte von Identität unterscheiden. Der erste Aspekt bezieht sich auf die Person, so wie diese sich selbst sieht; in der Literatur finden sich hier Bezeichnungen wie »persönliches Selbst«, »privates Selbst« oder »persönliche Identität«. Der zweite Aspekte bezieht sich auf die Art und Weise, wie die Person durch andere gesehen wird bzw. auch von diesen gesehen zu werden glaubt; in der Literatur finden sich hier Bezeichnungen wie »öffentliches Selbst«,

»soziales Selbst«, »looking-glass-self« (Cooley, 1922) oder soziale Identität (wobei diese nicht mit dem Begriff der sozialen Identität sensu Tajfel verwechselt werden darf. Dieser bezieht sich auf unterschiedlichen Gruppenmitgliedschaften beigemessenen Bedeutungen). Für das Verständnis der Identitätsentwicklung ist nun wichtig, dass die beiden differenzierten Aspekte nicht unabhängig voneinander sind. Dieser Gedanke findet sich in der von James (1890) vorgenommenen Differenzierung zwischen (erkennendem) »I« und (erkanntem) »Me« ebenso wie im Konzept des »verallgemeinerten Anderen« nach Mead (1934). Ähnlich haben Goffman (1963) und Krappmann (1973) in ihren Rollentheorien Prozesse des »Identitätsmanagements« beschrieben und betont, dass Identität im Kontext sozialer Interaktionen ausgehandelt wird.

Der Theorie von Erikson zufolge entsteht durch die erreichte Geschlechtsreife und deren noch nicht vollzogene Anerkennung durch die Gesellschaft eine Diskrepanz, die bei Jugendlichen zu einer Auflehnung gegenüber der Erwachsenenwelt und zu einem experimentellen Durchprobieren verschiedener Verhaltensweisen führt – Erikson spricht hier von »psychosexuellem Moratorium«. Die erfolgreiche Lösung der für die Adoleszenz typischen Identitätskrise trägt zu einem Gefühl persönlicher Kontinuität und Konsistenz ebenso bei wie zu einem Gefühl der Stimmigkeit zwischen dem, was man ist oder zu sein glaubt, und dem Bild, das sich andere von einem machen. Gelingt die Lösung der Identitätskrise nicht, dann ist der Jugendliche nicht in der Lage, psychosexuelle und psychosoziale Veränderungen in sein Selbstbild zu integrieren, sich über persönlich bedeutsame Werte und Ziele klar zu werden und seinen Platz in der »Erwachsenenwelt« zu finden.

Während es Mädchen in der Adoleszenz nach Erikson möglich ist, eine Lösung der Identitätskrise zurückzustellen – und sich stattdessen an der Identität des männlichen Partners zu orientieren –, setzt die Entwicklung einer reifen Sexualität beim Mann nach Erikson eine erfolgreiche Lösung der Identitätskrise voraus.

Inwieweit die Aufgabe der Entwicklung von Identität in der Adoleszenz gelöst werden kann, hängt einerseits von einer erfolgreichen Lösung der in vorherigen Lebensabschnitten dominanten psychosozialen Krisen, andererseits von den innerhalb einer Gesellschaft bestehenden Möglichkeiten, sich an Werten, Vorbildern und gesellschaftlich relevanten Rollen zu orientieren, ab (Nunner-Winkler, 2012). Folgt man der Theorie von Erikson, dann sollte der Prozess der Identitätsfindung in jedem Fall als konflikthaft erfahren werden, da insbesondere die in der frühen und mittleren Adoleszenz bestehenden Identifikationen aufgebrochen und frühere Selbstdefinitionen aufgegeben werden müssen, was sich unter anderem in diffusen Selbstrepräsentationen zeigen sollte. Die vorliegenden empirischen Untersuchungen sprechen aber dafür, dass das Jugendalter im Allgemeinen nicht als besonders krisenhaft erlebt wird (Oerter & Dreher, 2008).

In Weiterentwicklung des Ansatzes von Erikson unterscheidet Marcia (1989) vier Formen von Identitätsstatus. Diese Formen sind weniger als Entwicklungsstufen, sondern vielmehr als unterschiedliche Zustände zu interpretieren, die sich im Entwicklungsverlauf durchaus verändern können. Die Zuordnung zu einer dieser vier Formen kann mit Hilfe eines eigens entwickelten halbstrukturierten Interviews zum Identitätsstatus (Marcia, 1966) erfolgen, das das Ausmaß an empfundener Verpflichtung (Commitment) und erlebter Krisenhaftigkeit (Crisis) in unterschiedlichen Lebensbereichen (Beruf, Religion, Politik) erfasst. Auf der Grundlage dieses Interviews kann

zwischen erarbeiteter Identität (ausgeprägtes Gefühl von Verpflichtung infolge intensiver Auseinandersetzung mit erlebter Krisenhaftigkeit), übernommener Identität (erlebte Verpflichtung ohne vorhergehendes Krisenerleben), Moratorium (andauernde Auseinandersetzung mit aktuell erlebter Krisenhaftigkeit) sowie diffuser Identität (kein Erleben von Verpflichtung mit oder ohne vorhergehende krisenhafte Auseinandersetzung) unterschieden werden. Die letztgenannte Form des Identitätsstatus (diffuse Identität) ist dabei als (noch) nicht gelungene Auseinandersetzung mit der von Erikson beschriebenen Entwicklungsaufgabe zu interpretieren. Nach Marcia (1989) hat sich der Anteil der Jugendlichen, deren Identitätsstatus sich durch diese Form beschreiben lässt, von früher durchschnittlich 20 % auf etwa 40 % erhöht. Diese Zunahme lässt sich vor allem auf eine von vier Unterformen der diffusen Identität, die kulturell adaptive Diffusion, zurückführen: Wenn innerhalb einer Gesellschaft Unverbindlichkeit, Offenheit und Flexibilität als zentrale Werte herausgestellt und gefordert werden, dann erscheint es durchaus verständlich (vielleicht auch angemessen), dass sich einige Jugendliche im privaten und beruflichen Bereich nicht festlegen und vor allem kurzfristige, emotional oberflächliche Kontakte pflegen (Pinquart & Silbereisen, 2007). Dieser Gedanke findet sich auch bei Elkind (1990), der die sog. Patchwork-Identität als eine durchaus adaptive, wenngleich wenig wünschenswerte Persönlichkeitsorientierung beschreibt. Personen, die sich durch diese Art von Identitätsstatus kennzeichnen lassen, verfügen – anders als Personen mit erarbeiteter Identität – über keinen eigentlichen Identitätskern; Werthaltungen und Gewohnheiten stehen vergleichsweise unverbunden nebeneinander und können auch durchaus widersprüchlich sein. Auch wenn die sog. Patchwork-Identität die von Erikson aufgestellten Kriterien einer erfolgreichen Auseinandersetzung mit der dominanten Entwicklungsaufgabe des Jugendalters nicht erfüllt, so ist sie doch nicht selten dem Erreichen von Status und Handlungsoptionen in der Gesellschaft, insbesondere auch dem beruflichen Fortkommen, durchaus förderlich.

Entsprechend kann angenommen werden, dass das Phänomen einer diffusen Identität, die sich gerade durch das Fehlen von Selbstkonsistenz auszeichnet, in multikulturellen Gesellschaften weiter an Bedeutung gewinnen wird.

7.5 Der Beitrag von Familie und Peergroup zur Identitätsentwicklung im Jugendalter

Hinsichtlich der Bedeutung familiärer Beziehungen für die (Identitäts-)Entwicklung im Jugendalter lassen sich mit Baumrind (1991a) drei Sichtweisen unterscheiden. Die erste, »klassische« Sichtweise geht davon aus, dass eine emotionale Lösung von den Eltern entscheidend für die Ausbildung einer autonomen Identität – und damit für eine erfolgreiche Lösung der Identitätskrise – ist. Diese insbesondere von Vertretern der Psychoanalyse vertretene Auffassung wird heute im Allgemeinen als zu einseitig angesehen, da sie die Bedeutung einer Orientierung an der Peergroup überschätzt und den Aspekt einer fortgesetzten Bezogenheit und Kommunikation zwischen Eltern und Kindern vernachlässigt. Die zweite Sichtweise ist durch die Annahme einer Umbruchtendenz gekennzeichnet, die bereits in der frühen Adoleszenz durch vermehrtes Streben nach Unabhängigkeit, sozialen Aktivismus, verminderte Religiosität, Missachtung elterlicher Standards und relative Bevorzugung der Peergroup gegenüber den Eltern gekennzeichnet ist. Diese Umbruchtendenz ist auch im Zusammenhang mit spezifischen Risiken im Jugendalter (verfrühte Sexualität, Drogenkonsum, Schulprobleme) zu betrachten. Allgemein bevorzugt wird gegenwärtig eine dritte Sichtweise, die die wechselseitige Abhängigkeit (Interdependenz) von Jugendlichen und ihren Eltern und die Notwendigkeit der

Herstellung eines Gleichgewichts zwischen emotionaler Autonomie und fortgesetzter Abhängigkeit, selbständigem Handeln und Kommunikation, Trennung und Bindung, Konflikt und Harmonie in familiären Beziehungen betont (Silbereisen & Weichold, 2012). Im Zusammenhang mit der letztgenannten Sichtweise wird die Bedeutung familialer Interaktionsstile für die Entwicklung im Jugendalter untersucht (Baumrind, 1991b, c), wobei zwischen »autoritativen«, »demokratischen«, »hinreichend guten«, »direktiven«, »nicht-direktiven« und »desinteressierten Familien« differenziert wird. Die vorliegenden Ergebnisse lassen sich dahingehend zusammenfassen, dass vor allem die für autoritative und demokratische Familien charakteristischen Interaktionsstile der Entwicklung des Jugendlichen förderlich sind. Diese Interaktionsstile sind gekennzeichnet durch: 1. ein hohes Maß an behauptender Kontrolle (im Sinne von nicht-restriktiver Überwachung, Konfrontation mit und Bekräftigung von Regeln), 2. ein hohes Maß an unterstützender Kontrolle (im Sinne von Empathie, rationaler Erklärung, intellektueller Anregung und Förderung der Individuation), 3. ein geringes Maß an direktiver oder konventioneller Kontrolle (im Sinne von restriktiver Kontrolle und Betonung konventioneller Werte) und 4. ein geringes Maß an aufdringlich-inadäquater Kontrolle (im Sinne von überkontrollierendem Untergraben von Unabhängigkeitsbestrebungen). Dagegen finden sich die ungünstigsten Entwicklungsbedingungen bei Jugendlichen aus direktiven und desinteressierten Familien (Grob, 2007).

Die von Steinberg (1988) formulierte Hypothese der emotionalen Distanzierung besagt, dass der Höhepunkt des pubertären Wachstumsschubs mit einer Zunahme emotionaler Distanz zwischen Jugendlichen und ihren Eltern verbunden ist. Aus dem veränderten affektiven Klima innerhalb der Familie resultieren – so wird weiter angenommen – auf Seiten des Jugendlichen vermehrt Gefühle von sozialer Angst und Depression. Dagegen akzentuiert die von Armsden & Greenberg (1987) entwickelte Dämpfungshypothese stärker die bleibende Bedeutung der Beziehung zu den Eltern für die Entwicklung des Jugendlichen, indem sie davon ausgeht, dass gerade diese Beziehung das in Übergangsperioden vermehrte Erleben von Stress und Angst abzumildern vermag. Gerade in Zeiten sich rasch vollziehender körperlicher Veränderungen – so wird aus der Perspektive der Dämpfungshypothese angenommen – schützen eine starke Bindung an die Eltern, familiärer Zusammenhalt und ein durch Expressivität gekennzeichnetes familiales Klima (im Sinne der Möglichkeit, Gefühle und Gedanken frei in der Familie äußern zu können) vor sozialer Angst und Depression. In mehreren Untersuchungen wurden beide Hypothesen nur zum Teil gestützt. Die Hypothese der emotionalen Distanzierung konnte lediglich für die Beziehung zum Vater bestätigt werden, wobei das Ausmaß der Distanzierung für die Jungen deutlich stärker ausfiel als für die Mädchen. Für die Beziehung zur Mutter fand sich dagegen nur unter den Mädchen eine mit fortschreitender Pubertät geringere Bindung; für die Jungen nahm die Bindung zur Mutter dagegen – anders als nach der Hypothese der emotionalen Distanzierung zu erwarten – mit fortschreitender Pubertät geringfügig zu. In Überein-

stimmung mit der Dämpfungshypothese waren Jugendliche mit stärkerer Bindung an die Eltern weniger sozial ängstlich und depressiv. Der Zusammenhang zwischen der Bindung an die Eltern und der emotionalen Stabilität erwies sich aber als von der pubertären Reife unbeeinflusst.

Mit der Ablösung vom Elternhaus gewinnt die Gruppe der Gleichaltrigen und Gleichgesinnten, die sog. Peergroup, an Bedeutung. Durch diese wird der Ablösungsprozess gestützt und gleichzeitig die Erfahrung neuer Formen von Beziehungen vermittelt. Die Bedeutung der Peergroup für die Entwicklung im Jugendalter lässt sich mit Oerter & Dreher (2008) in vier Punkten zusammenfassen: Die Peergroup kann a) einen Beitrag zur Orientierung und Stabilisierung leisten und ein Gefühl von emotionaler Geborgenheit vermitteln; sie trägt zur Überwindung von Einsamkeitsgefühlen bei, die nicht selten im Kontext der Reflexion von Einmaligkeit und Einzigartigkeit entstehen. Die Peergroup bietet b) einen sozialen Freiraum für die Erprobung und Einübung neuer Formen des Sozialverhaltens, die außerhalb der Gruppe zu riskant wären. Sie unterstützt c) den Ablösungsprozess von den eigenen Eltern, indem sie Vergleichsmaßstäbe zur Verfügung und Argumentationshilfen bereitstellt. Schließlich kann sie d) zur Identitätsfindung beitragen, indem sie Identifikationsmöglichkeiten bietet und Verhalten bekräftigt. Die Auffassung, die Peergroup sei die im Jugendalter entscheidende Sozialisationsinstanz, dem Elternhaus komme dagegen im Vergleich zur Peergroup nur noch eine untergeordnete Bedeutung für den Sozialisationsprozess zu, gilt heute als empirisch widerlegt. Die Hypothese einer Dominanz der Peergroup wurde zugunsten einer Situationshypothese (je nach Bereich überwiegt einmal der Einfluss der Peergroup, ein anderes Mal der Einfluss des Elternhauses) aufgegeben, die später durch eine Interaktionshypothese (je nach sozialem Kontext, sozialer Schichtzugehörigkeit, Minoritäts-

oder Majoritätsstatus, Interaktionsstil im Elternhaus etc. variiert die relative Bedeutung von Peergroup und Elternhaus) ergänzt wurde (Hannover & Greve, 2012).

Empirische Untersuchungen sprechen gegen die traditionelle Verortung von Jugendlichen im Spannungsfeld zwischen Eltern und Altersgenossen (Noack, 2002). Zwischen Peergroup und Eltern scheint eher eine Art Aufgabenteilung zu bestehen: Differenziert man zwischen einer vertikalen (auf die zukünftige Entwicklung bezogenen) und einer horizontalen (vor allem gegenwärtige Status- und Identitätsprobleme betreffenden) Dimension der Biografie, dann scheinen sich Jugendliche in Fragen, die sich auf die zuerst genannte Dimension beziehen (z. B. Schule, Ausbildung, berufliche Orientierung), stärker an elterlichen Ratschlägen, in Fragen, die die zuletzt genannte Dimension betreffen (Freundschaft, Sexualität, Freizeitgestaltung, Kleidung), dagegen stärker an der Peergroup zu orientieren. Der nachhaltige Einfluss der Integration des Jugendlichen in der Peergroup auf das psychosoziale Wohlbefinden ist empirisch gut belegt (Grob, 2007). So konnte etwa der Einfluss der Peer-Integration in der Präadoleszenz auf Selbstwert und psychopathologische Symptome im Erwachsenenalter in einer Längsschnittstudie belegt werden. Es sollte aber nicht übersehen werden, dass Eltern die Peerbeziehungen ihrer Kinder wesentlich mitbeeinflussen, sei es durch die Kontrolle von Randbedingungen (so beeinflussen Wohnlage, Wohnungsgröße oder elterliche Chauffeurdienste die Auswahl von Freunden, die Möglichkeiten der Interaktion mit Gleichaltrigen und die Verfügbarkeit von Freizeitorten), sei es durch eine Art der Erziehung, die spezifische Persönlichkeitseigenschaften fördert und damit auch die Wahl spezifischer (in diesen Persönlichkeitseigenschaften ähnlicher) Interaktionspartner nahelegt, sei es, indem sie als Modelle für die Interaktions- und Gesellungsformen ihrer Kinder wirken, sei es, indem sie Verbote und Auflagen aussprechen. Entsprechend ist im Allgemeinen eher von einer Kontinuität zwischen den jeweiligen Einflüssen von Elternhaus und Peergroup denn von antagonistischen Einflüssen auszugehen.

7.6   Alkohol- und Drogenmissbrauch

Der Gebrauch von Alkohol und anderen Drogen gehört in unserem Kulturkreis von Kindheit an zu den täglichen und weitverbreiteten Erfahrungen; Kenntnisse über Normen und Motive, die den Gebrauch sozial regulieren, finden sich bereits bei dreijährigen Kindern (Silbereisen & Weichold, 2007). Etwa ein Viertel der 11- bis 15-Jährigen berichtete in einer europäischen Vergleichsstudie, im ersten Lebensjahrzehnt Erfahrungen mit Alkohol gemacht zu haben, die über ein einmaliges Nippen am Glas der Eltern hinausgingen; dieser Anteil lag in keinem der beteiligten Länder unter 10 %.

Zahlreiche in Europa und Nordamerika durchgeführte Längsschnittstudien belegen charakteristische Veränderungen der Häufigkeit und Menge des Trinkens über die Lebensspanne: Im Jugendalter nimmt die Häufigkeit rapide zu – im Alter von bis zu 20 Jahren liegt die Lebenszeitprävalenz bei etwa 95 % –, im frühen Erwachsenenalter zeigt sich ein gleichermaßen ausgeprägter Abfall, danach finden sich bis zum Rentenalter keine wesentlichen Veränderungen. Für die Trinkmenge zeigt sich ein ähnlicher Verlauf, auch wenn die im frühen Erwachsenenalter beginnende Abnahme weniger ausgeprägt ist. Etwa ein Zehntel der 18-jährigen Schüler in der Bundesrepublik Deutschland hat Erfahrungen mit illegalen Drogen gemacht. Bei etwa 5 % der 12- bis 25-Jährigen ist von einem akuten Gebrauch illegaler Drogen auszugehen. Die Verläufe des Drogengebrauchs im zweiten Lebensjahrzehnt ähneln dem für den Alkoholgebrauch berichteten Verlauf (Silbereisen & Weichold, 2007).

Folgt man der Definition der American Psychological Association, so ist immer dann von Missbrauch zu sprechen, wenn 1. sich ein Gebrauch über längere Zeit hinzieht und in Situationen auftritt, die eigentlich klares Denken erfordern, 2. wenn die Gesundheit, soziale Beziehungen oder Sachen Schaden nehmen oder 3. wenn der Gebrauch durch Personen stattfindet, die nicht die psychologischen und physiologischen Voraussetzungen dazu mitbringen. Entsprechend dem dritten Kriterium ist der Gebrauch psychoaktiver Substanzen im Kindesalter grundsätzlich als Missbrauch zu werten. Im Jugendalter ist dann von Missbrauch zu sprechen, wenn durch den Gebrauch die Gesundheit geschädigt wird – sei es unmittelbar oder mittelbar (z. B. Autounfall nach Diskothekenbesuch) – oder Problemverhalten als Folge des Gebrauchs auftritt: Zu denken ist hier etwa an Delinquenz, Gewalt oder ungeschützten Geschlechtsverkehr. Im Allgemeinen sind die negativen Folgen von Alkohol- und Drogenmissbrauch umso stärker ausgeprägt, je früher dieser in der Entwicklung auftritt. So ist der Gebrauch psychoaktiver Substanzen im Jugendalter ein bedeutsamer Risikofaktor für Alkohol- und Drogenpro-

bleme im frühen Erwachsenenalter. So tritt der Gebrauch von illegalen Drogen nicht selten in Folge eines regelmäßigen Alkoholgebrauchs auf. So kann selbst der übermäßige Genuss von koffeinhaltigen Getränken zumindest in den USA als den Einstieg in den Missbrauch anderer Substanzen begünstigend gelten. Ergebnisse sprechen dafür, dass Alkohol- und Drogenmissbrauch im Jugendalter – wie Problemverhalten generell – häufig die Funktion haben, die fehlende Synchronisation zwischen biologischer und sozialer Reife zu kompensieren und entsprechend gegen Ende des Jugendalters spontan zurückgehen. Eine Persistenz von Problemverhalten lässt sich – so legen die Ergebnisse nahe – aus der Vorgeschichte im Kindesalter prognostizieren: Jene, die noch im Erwachsenenalter Alkohol- und Drogenprobleme hatten, zeigten bereits während der Kindheit Anpassungsstörungen und dissoziales Verhalten. Die Persistenz des Problemverhaltens lässt sich hier durch das Zusammenwirken von Risikofaktoren wie unzureichende Beaufsichtigung, fehlendes Interesse und inkonsistentes Erziehungsverhalten der Eltern mit einem hohen Bedarf an Stimulation, Hyperaktivität und Impulsivität des Kindes erklären. Dieses Zusammenwirken hat zur Folge, dass Sozialisation und Entwicklung des Jugendlichen beeinträchtigt werden, Verhaltensprobleme entstehen, die von »normal angepassten« Gleichaltrigen abgelehnt werden, was wiederum zur Folge hat, dass sich der Jugendliche zunehmend an anderen, die ähnliche oder schlimmere Probleme aufweisen, orientiert (Silbereisen & Weichold, 2012).

7.7 Verhaltensprobleme und psychische Störungen

Antisoziales Verhalten korreliert mit einer Reihe von Verhaltensweisen (z. B. Delin-

quenz, Substanzgebrauch), die durch das Brechen bestehender Regeln – bzw. durch

Non-Compliance mit sozialen Normen – gekennzeichnet sind. Des Weiteren sind Zusammenhänge zwischen antisozialem Verhalten einerseits und einem vorzeitigen Verlassen der Schule sowie einem früheren Auszug aus dem Elternhaus, früherem Geschlechtsverkehr und früherer Elternschaft, Suizid, depressiven Symptomen und Verkehrsunfällen andererseits nachgewiesen (Silbereisen & Weichold, 2012). Im Zusammenhang mit der Entwicklung und Aufrechterhaltung antisozialen Verhaltens kommt einer devianten Peergroup erhebliche Bedeutung zu; entsprechend besteht in der Vermeidung oder Unterbindung von Kontakten zu einer devianten Peergroup eine aussichtsreiche Präventionsstrategie. Ergebnisse belegen, dass sich Jugendliche in ihrem abweichenden Verhalten gegenseitig verstärken, insbesondere auch dazu neigen, Sexualpartner aus der abweichenden Peergroup zu wählen. Der Zusammenhang zwischen antisozialem Verhalten und sexuellem Risikoverhalten kann sowohl auf die in einer devianten Peergroup generell erhöhte Wahrscheinlichkeit impulsiver Verhaltensweisen und die Orientierung an devianten Normen, als auch auf ein erhöhtes Maß an Substanzgebrauch und dessen enthemmende Wirkung zurückgeführt werden. Capaldi et al. (2002) haben ein Modell der Entwicklung sexuellen Risikoverhaltens vorgeschlagen und überprüft, das davon ausgeht, dass kontextuelle Risiken (sozioökonomischer Status, Einkommen) ein geringeres Ausmaß an Überwachung durch die Eltern zur Folge haben, wodurch wiederum Kontakte zu einer devianten Peergroup begünstigt werden. Durch die Konformität mit abweichenden Regeln und Normen (bzw. Non-Compliance mit sozialen Normen) werden antisoziales Verhalten und Substanzgebrauch gefördert, was wiederum die Wahrscheinlichkeit sexuellen Risikoverhaltens (und damit die Wahrscheinlichkeit durch ungeschützten Geschlechtsverkehr übertragener Erkrankungen) erhöht. Dieses Modell wird durch die Ergebnisse einer Längsschnittstudie gestützt, in der 206 Jugendliche aus Nachbarschaften mit deutlich erhöhter Delinquenzrate im Alter von 13 bis 14 Jahren über einen Zeitraum von 10 Jahren mit Hilfe unterschiedlicher Befragungs- und Beobachtungsmethoden in unterschiedlichen Settings (Familie, Schule) untersucht wurden (Capaldi et al., 2002).

Der Survey des Robert Koch Instituts zur Gesundheit von Kindern und Jugendlichen in Deutschland weist aus, dass 22 % aller Kinder und Jugendlichen von psychischen oder Verhaltensproblemen betroffen sind. Bei 6 % aller Kinder und Jugendlichen unter 18 Jahren besteht dabei *Behandlungsbedürftigkeit*. In diesem Survey konnte zudem gezeigt werden, dass bei 5 % bereits eine Aufmerksamkeitsdefizit- und Hyperaktivitätsstörung diagnostiziert worden war. Zudem liegen bei 20 % der Jugendlichen im Alter von 11 bis 17 Jahren Symptome einer Essstörung vor (Hölling et al., 2012).

7.8   Jugendphase und weiterer Verlauf des Lebens

Das Jugendalter als eigenständige Lebensphase ist ein Produkt der Modernisierung. In modernen, durch ausgeprägte Arbeitsteilung charakterisierten Gesellschaften können die für eine Integration in das Erwerbsleben notwendigen Fähigkeiten und Fertigkeiten nicht mehr durch die Familie vermittelt werden, verlängerte Schul- und Ausbildungszeiten haben nicht nur einen späteren Berufseintritt und längere ökonomische Abhängigkeit, sondern auch neue Freiheiten mit Blick auf die Gestaltung einer durch die Befreiung von Pflichten des Erwerbslebens gewonnenen Freizeit sowie auch mit Blick auf die angestrebte berufliche Karriere – dies allerdings auch auf Kosten gesicherter Arbeitsmarktperspektiven – zur Folge. Das Jugendalter ist weit stärker als andere Lebensphasen durch ein Spannungsverhältnis zwischen persönlicher Individuation und sozialer Integration gekennzeichnet (Hurrelmann, 2003): Auf der einen Seite besteht im Jugendalter ein nicht zu unterschätzender sozialer Anpassungsdruck; Fragen der persönlichen und sozialen Identität müssen, wie auch immer, beantwortet werden, schulische und berufliche Qualifikationen müssen erworben werden. Auf der anderen Seite finden sich in modernen Gesellschaften keine verbindlichen Rollenmodelle (mehr), an denen sich Jugendliche in ihrer Suche nach Orientierung verbindlich orientieren könnten. »An die Stelle einer vorgeprägten Statuspassage tritt eine individualisierte Jugendbiografie« (Hurrelmann, 2003, S. 121).

Nach Hurrelmann (2003) kann vor dem Hintergrund einer zunehmenden Ent-Struk-turierung und De-Standardisierung von Lebensläufen (vgl. dazu auch ▶ Kap. 23 von Scherger in diesem Band) das Jugendalter als »Paradigma für die gesamte Lebensspanne« angesehen werden. Entsprechend vertritt er die These, »dass die im Jugendalter typischen Muster der Bewältigung von Lebens- und Entwicklungsaufgaben paradigmatisch für alle späteren Lebensphasen werden« (S. 121 f.), Entwicklungsprozessen im Jugendalter also entscheidende Bedeutung für den Verlauf aller späteren Lebensphasen zukommt. Diese These wird durch empirische Untersuchungen zur Identitätsentwicklung über die Lebensspanne gestützt, die zeigen, dass Selbsterzählungen ab dem Jugendalter zunehmend »definitive« Geschichten werden, insofern sie als gültig vorausgesetzt werden und eine Grundlage für die Interpretation und Bewertung neuer Ereignisse und Entwicklungen darstellen. Zudem sind Befunde zur autobiografischen Erinnerung zu nennen, die zeigen, dass in diese Lebensphase fallende Ereignisse und Entwicklungen besonders gut erinnert werden und für das Selbstverständnis des Menschen lebenslang besondere Bedeutung besitzen (Berntsen & Rubin, 2002; Birren & Schroots, 2006).

7.9 Die 16. Shell Jugendstudie: Mögliche Implikationen für Lebensverläufe in der Zukunft

In der 16. Shell Jugendstudie (Shell, 2010) wurden wieder 2.500 Jugendliche im Alter von 12 bis 25 Jahren befragt, wobei sich die Befragung auf die subjektiv perzipierte Lebenssituation, die Wert- und Glaubensvorstellungen wie auch auf die Einstellung zur Politik bezog (siehe grundlegend zu diesem Themenbereich Brunstein et al., 2007). Im Vergleich zur 15. Shell Jugendstudie (Shell, 2006) ist der Anteil der Jugendlichen, bei denen sich eine optimistische Lebensein-stellung zeigt, erkennbar höher: Waren es bei der Befragung aus dem Jahre 2006 50 %, die positiv in ihre Zukunft blickten, so belief sich der Anteil der optimistischen Jugendlichen bei der Befragung aus dem Jahre 2010 auf 59 %. Im Jahre 2010 äußerten 75 % der Jugendlichen Zufriedenheit mit ihrer gegenwärtigen Lebenssituation. In den sozioökonomisch benachteiligten Familien wurde nur bei einem Drittel der Jugendlichen Optimismus ermittelt, bei

40 % Lebenszufriedenheit. Ähnlich große Unterschiede zwischen Jugendlichen aus unterschiedlichen Sozialschichten waren im Hinblick auf die Zuversicht, die eigenen beruflichen Perspektiven verwirklichen zu können, erkennbar: Insgesamt äußerten sich hier 71 % der befragten Jugendlichen optimistisch, unter Jugendlichen aus sozioökonomisch benachteiligten Familien lag der entsprechende Anteil lediglich bei 41 %.

Die Bedeutung der Familie für Jugendliche ist ein weiteres Mal angestiegen. 76 % der Jugendlichen sind der Auffassung, man brauche eine Familie, um wirklich leben zu können. Mehr als 90 % der Jugendlichen berichten über ein gutes Verhältnis zu ihren Eltern. Etwa drei Viertel aller Jugendlichen würden ihre eigenen Kinder so erziehen, wie sie selber erzogen wurden. Fast drei Viertel aller Jugendlichen wohnen noch bei ihren Eltern, wobei hier auch materielle Gründe eine wichtige Rolle spielen. 69 % der Jugendlichen wünschen sich Kinder, wobei der entsprechende Anteil bei den jungen Frauen mit 73 % höher ist als bei den jungen Männern mit 65 %. Dies spricht unseres Erachtens eindeutig gegen die These einer abnehmenden intergenerationellen Solidarität in schnell alternden Gesellschaften.

Das politische Interesse liegt bei Jugendlichen deutlich unter dem Niveau der 1970er und 1980er Jahre und erreicht nur einen vergleichsweise niedrigen Wert. Bei den 12- bis 14-Jährigen hat sich das politische Interesse innerhalb der letzten acht Jahre auf nun 21 % nahezu verdoppelt, bei den 15- bis 17-Jährigen stieg es von 20 % auf 33 %. Trotz dieses wachsenden Anteils ist das politische Interesse unter den Jugendlichen als relativ gering einzustufen. Im Gegensatz dazu ist das soziale Engagement der Jugendlichen vergleichsweise hoch. Knapp 40 % setzen sich häufig für soziale oder gesellschaftliche Belange ein. Allerdings zeigt sich auch hier ein deutlicher Zusammenhang mit sozialer Herkunft: Je höher der Bildungsstand und die Sozialschicht,

desto häufiger engagieren sich Jugendliche. Insgesamt sprechen die Ergebnisse für die These, dass auch zukünftige Lebensläufe in hohem Maße von erlebter Solidarität und einem auf dieser gründenden Engagement für andere geprägt sein werden, die im Einzelfall bevorzugte und realisierte Form des Engagements aber eine andere ist. Wenn sich der zu beobachtende Trend zu einer zunehmenden Distanzierung von Politik verstetigt, dann wird dies nicht ohne Auswirkungen auf die zukünftige Gestaltung des Gemeinwesens bleiben. Möglicherweise werden zivilgesellschaftliche Initiativen jenseits von parteipolitischen Präferenzen und Bindungen an Bedeutung gewinnen; in jedem Falle stellt sich aber für die Politik die Aufgabe, zunehmend für politisches Engagement bzw. für die Akzeptanz der Ziele und Ergebnisse politischer Bemühungen um Gestaltung von Gesellschaft zu werben.

Die Religion nimmt unter den Jugendlichen eher eine untergeordnete Rolle ein. Allerdings gibt es Unterschiede zwischen drei sehr verschiedenen religiösen Kulturen: Während Religion für junge Menschen in den neuen Bundesländern fast ohne Bedeutung ist, nimmt sie in den alten Bundesländern einen mittleren Bedeutungsgrad ein. Gott ist für weniger als 50 % der Jugendlichen mit christlich-konfessioneller Bindung wichtig. Aus grundlagen- wie aus anwendungsorientierter Perspektive wird in Zukunft die Frage an Bedeutung gewinnen, inwieweit die in früheren Lebensabschnitten mit Blick auf Religion und Spiritualität bestehenden Unterschiede den Umgang mit Entwicklungsaufgaben in späteren Lebensabschnitten, insbesondere auch die Auseinandersetzung mit Endlichkeit und Endgültigkeit im Alter, beeinflussen.

96 % der Jugendlichen haben Zugang zum Internet. Im Durchschnitt werden ca. 13 Stunden pro Woche im Netz verbracht. Die 16. Shell Jugendstudie differenziert zwischen vier Nutzertypen: 1. Gamer – diese verbringen ihre Zeit im Netz hauptsäch-

119

lich mit Computerspielen; 2. digitale Netzwerker – diese nutzen vor allem die sozialen Netzwerke; 3. Funktions-User – diese gebrauchen Internet für Informationen, E-Mails und Einkäufe; 4. Multi-User – diese nutzen die gesamte Bandbreite des Netzes. Man kann davon ausgehen, dass zukünftige Lebensläufe in zentralen Bereichen (z. B. Identitätsentwicklung, soziale Beziehungen, Bildung, Freizeit und Lebensstil) immer stärker durch Prozesse der Mediatisierung bestimmt sein werden (vgl. dazu auch ▶ Kap. 17 von Misoch, Doh und Wahl in diesem Band).

Die Ergebnisse der 16. Shell Jugendstudie sprechen gegen die Annahme, dass sich die Jugendlichen in Deutschland in ihren Einstellungen und Werten grundlegend von der Gesamtgesellschaft unterscheiden, der Welt der Erwachsenen kritisch gegenüber stehen oder gar dazu neigen, sich von dieser zu distanzieren. Wenn man die ermittelten Durchschnittswerte betrachtet, dann wird auch die These einer mit fortschreitender Modernisierung und Globalisierung zunehmenden Orientierungslosigkeit nicht gestützt.

Die letzten drei Shell Jugendstudien sprechen übereinstimmend dafür, dass die deutschen Jugendlichen zum weit überwiegenden Teil ihrer persönlichen Zukunft optimistisch entgegensehen, dies ausdrücklich unabhängig davon, dass die jeweils thematisierten zeitgeschichtlichen Entwicklungen, die persönliche Ambitionen durchaus in Frage stellen können (2002: Klimakatastrophe, 2006: Ausbeutung der Natur, 2010: Weltwirtschaftskrise), durchaus differenziert wahrgenommen wurden. Entsprechend verweisen die letzten drei Shell Jugendstudien im Untertitel jeweils auf einen unter den deutschen Jugendlichen verbreiteten Pragmatismus (2002: Jugend zwischen pragmatischem Idealismus und robustem Materialismus, 2006: Eine pragmatische Generation unter Druck, 2010: Eine pragmatische Generation behauptet sich). Für die große Mehrzahl der Jugend-

lichen ist es offenbar charakteristisch, dass ein gesellschaftlicher Druck deutlich wahrgenommen und die Notwendigkeit, diesem mit hoher Leistungsbereitschaft zu begegnen, akzeptiert wird.

>»Die Ergebnisse zeigen an, dass sie weiterhin dem Typ einer pragmatischen Generation entsprechen. Im Zentrum steht der persönliche Erfolg in einer Leistungs- und Konsumgesellschaft. Diese Perspektive ist mit großem Optimismus unterlegt und die gegenwärtige Lebenssituation der Jugendlichen mit ausgeprägter Zufriedenheit. Das gute Gefühl der großen Mehrheit der Jugendlichen erfüllt jedoch nicht nur die pragmatische und selbstmotivierende Funktion des positiven Denkens in einem weiterhin als schwierig wahrgenommenen gesellschaftlichen Umfeld. Es hat zu allererst damit zu tun, dass sich die Jugendlichen ein Netzwerk befriedigender Beziehungen in der Familie und im Freundes- und Bekanntenkreis gesichert haben und weiter an der Verbesserung dieser Beziehungen arbeiten« (Albert et al., 2011).

Gleichzeitig sprechen die Ergebnisse der letzten Shell Jugendstudien eindeutig dafür, dass sich soziale Ungleichheit verschärft hat und möglicherweise auch in Zukunft weiter verschärfen wird. Zwischen 15 und 20 % der Jugendlichen blicken pessimistisch auf ihre Zukunft, sie stehen den Normen und Werten der Mehrheitsgesellschaft eher skeptisch gegenüber, und sie sind gegenwärtig sozial nicht angemessen integriert.

Zu einer ähnlichen Schlussfolgerung gelangt im Übrigen der 14. Kinder- und Jugendbericht:

>»Dem Sozialstaat ist es bislang nicht gelungen, herkunftsbedingte Benachteiligungen nachhaltig abzubauen. Im Gegenteil: Die Ausweitung öffentlicher Verantwortung für das Aufwachsen junger Menschen hat sogar unbeabsichtigt zur Entstehung weiterer Ungleichheiten beigetragen. Der Abbau der Ungleichheiten ist eine zentrale Herausforderung der kommenden Jahre, bei der der Kinder- und Jugendhilfe eine wichtige Aufgabe zukommt: Sie muss dafür Sorge tragen, dass benachteiligte Kinder und Jugendliche Zugang zu fördernden Angeboten, Diensten und Einrichtungen erhalten, und muss gewährleisten, dass Barrieren, die

den Zugang zu den Angeboten erschweren oder unmöglich machen, abgebaut werden« (Bundesministerium für Familie, Senioren, Frauen und Jugend, 2012b, S. 50).

Wenn man die Bedeutung der Jugendphase für den Verlauf der weiteren Entwicklung

im Lebenslauf berücksichtigt, dann wird deutlich, dass eine Gesellschaft, die sich um eine positive Gestaltung zukünftiger Lebensläufe in ihrer Gesamtheit bemüht, dem Abbau sozialer Ungleichheiten im Jugendalter Priorität beimessen sollte.

7.10 Ausblick

Im Zuge des demografischen Wandels wird der Anteil junger Menschen an der deutschen Bevölkerung weiter zurückgehen. Der 14. Kinder- und Jugendbericht verweist in diesem Zusammenhang auf zwei Entwicklungen, die sich nachhaltig auf Entwicklungsprozesse im Jugendalter auswirken sollten:

»Auf der einen Seite werden junge Menschen im öffentlichen Raum und im politischen Leben an Bedeutung verlieren. Ihr Einfluss im politischen Raum, aber auch als eigenständige Konsumentengruppe wird entsprechend ihres sinkenden Bevölkerungsanteils eher schwinden. Ihre Rolle im Generationenverhältnis wird daher auch eine andere. Auf der anderen Seite werden sie für das gesamte Ausbildungs- und Beschäftigungssystem zu einem ›knappen Gut‹. Das bedeutet, dass Schulen, Hochschulen etc. sich um diese schwächer werdenden Alterskohorten ebenso bemühen müssen wie ein sich verändernder Arbeitsmarkt, der auf junge und gut ausgebildete Fachkräfte angewiesen ist« (Bundesministerium für Familie, Senioren, Frauen und Jugend, 2012b, S. 62).

Die hier angesprochenen Entwicklungen bergen zunächst die Chance, die Möglichkeiten der Unterstützung von Kindern und Jugendlichen zu verbessern. Nachdem der Ausbau des Bildungs-, Betreuungs- und Erziehungsangebots lange vor allem quantitativ vorangetrieben wurde (und zum Teil bis heute wird), besteht im Zuge des fortschreitenden demografischen Wandels die Möglichkeit, höherwertige Qualitätsstandards zu entwickeln und umzusetzen. Gleichzeitig

ergibt sich aus dem demografischen Wandel die Herausforderung, eine angemessene Infrastruktur für diese Altersgruppe flächendeckend zu sichern. In diesem Zusammenhang kann vermutet werden, dass es in Zukunft wieder stärker einen Unterschied machen wird, wo Kinder und Jugendliche aufwachsen:

»Die Gestaltung der Prozesse des Aufwachsens von Kindern und Jugendlichen, die Gestaltung der Rahmenbedingungen für Familien und ihre Kinder, aber auch das Zusammenleben der Generationen wird damit auch in Zukunft als eine gesellschaftliche Herausforderung auf der politischen Agenda stehen bleiben müssen« (Bundesministerium für Familie, Senioren, Frauen und Jugend, 2012b, S. 63).

Aus der dritten UNICEF-Vergleichsstudie zur Lage der Kinder in Industrienationen (UNICEF Office of Research, 2013), in der 176.000 11- bis 15-Jährige aus 29 Ländern befragt wurden, ergibt sich – ähnlich wie aus der 16. Shell Jugendstudie – zunächst, dass die Lebenssituation der Kinder und Jugendlichen in Deutschland in den letzten Jahren tendenziell günstiger geworden ist: Legt man die erhobenen objektiven Faktoren des Wohlbefindens im Kindes- und Jugendalter (materielle Armut, Bildung, Gesundheit, Wohnung, Umwelt, Risikoverhalten) zugrunde, dann nimmt Deutschland gegenwärtig unter den 29 berücksichtigten Nationen nach den Niederlanden, Norwegen, Island, Finnland und Schweden den 6.

Rangplatz ein, nachdem in den letzten beiden Studien jeweils nur ein Platz im Mittelfeld erreicht wurde. Dieses positive Ergebnis wird aber dadurch relativiert, dass sich in dieser Studie für Deutschland die größte Diskrepanz zwischen den objektiven Indikatoren und der individuellen Bewertung findet: Legt man die auf einer 10-stufigen Skala vorgenommene Einschätzung der subjektiven Lebenszufriedenheit zugrunde, dann nimmt Deutschland unter den 29 Nationen lediglich den 22. Platz ein. Als eher positiv (mit einem Wert von 6 oder darüber) schätzen ihre aktuelle Lebenssituation nicht einmal 85 % der in Deutschland befragten 5.000 11- bis 15-Jährigen ein; in den Niederlanden liegt der entsprechende Wert über 95 %; der geringste Wert ergibt sich mit 77 % für Rumänien. Die UNICEF-Studie macht damit deutlich, dass sich gesellschaftliche Bemühungen um eine positive Gestaltung von Lebensläufen nicht auf Merkmale der objektiven Lebenssituation beschränken dürfen und auch nicht alleine auf deren Grundlage messen lassen. Wenn sich ein erheblicher Teil ausgeschlossen fühlt, nicht glaubt, aktiv an der Gesellschaft teilhaben zu können, muss festgestellt werden, dass unsere Gesellschaft zumindest aus der Sicht der befragten Altersgruppe den Anliegen und Bedürfnissen dieser Lebensphase nicht in ausreichendem Maße entgegen kommt, möglicherweise auch generell nicht kinder- bzw. jugendfreundlich genug ist[10]. Entsprechend sehen wir eine bedeutende Aufgabe für unsere Gesellschaft darin, die Bilder der Lebensphase Jugend stärker zu reflektieren, insbesondere auch, inwieweit sich mit Blick auf diese Lebensphase Diskrepanzen zwischen Selbst- und Fremdbildern finden, die durch geeignete (Bildungs-)Interventionen abzubauen wären.

Literatur

Albert, M., Hurrelmann, K., Quenzel, G., & Schneekloth, U. (2011). Jugend 2010: Die 16. Shell Jugendstudie. *Diskurs Kindheits- und Jugendforschung, 2*, 199–205.

Autorengruppe Bildungsberichterstattung (Hrsg.) (2012). *Bildung in Deutschland 2012. Ein indikatorengestützter Bericht mit einer Analyse zur kulturellen Bildung im Lebenslauf*. Bielefeld: W. Bertelsmann Verlag.

Baumrind, D. (1991a). Parenting styles and adolescent development. In R. M. Lerner, A. C. Petersen, & J. Brooks-Gunn (Eds.), *Encyclopedia of adolescence* (Vol. II, pp. 746–758). New York: Garland.

Baumrind, D. (1991b). Effective parenting during early adolescent transition. In P. A. Cowan, & M. E. Heatherington (Eds.), *Family transitions* (pp. 111–163). Hillsdale: Erlbaum.

Berntsen, D., & Rubin, D. C. (2002). Emotionally charged autobiographical memories across the life span: The recall of happy, sad, traumatic, and involuntary memories. *Psychology and Aging, 17*, 632–652.

Birren, J. E., & Schroots, J. J. F. (2006). Autobiographical Memory and the Narrative Self Over the Life Span. In J. E. Birren, & K. W. Schaie (Eds.), *Handbook of the Psychology of Aging* (pp. 477–498). San Diego, Calif.: Elsevier.

Brandtstädter, J., Greve, W. (2006). Entwicklung und Handeln: Aktive Selbstentwicklung und Entwicklung des Handelns. In W. Schneider, & F. Wilkening (Hrsg.), *Enzyklopädie der Psychologie: Theorien, Modelle und Methoden der Entwicklungspsychologie* (S. 409–459). Göttingen: Hogrefe.

---

10 Vgl. hierzu auch den von UNICEF veröffentlichten Kommentar zu den Ergebnissen unter http://¬www.unicef.de/aktuelles/2013/04/10/die-frage-nach-dem-glueck

Brunstein, J. C., Maier, G. W., & Dargel, A. (2007). Selbst und Identität: Entwicklung als personale Konstruktion. In J. Brandstädter, & U. Lindenberger (Hrsg.), *Entwicklungspsychologie der Lebensspanne* (S. 270–304). Stuttgart: Kohlhammer.

Bundesministerium für Familie, Senioren, Frauen und Jugend (2012a). *Zeit für Familie. Familienzeitpolitik als Chance einer nachhaltigen Familienpolitik. Achter Familienbericht.* Bundestagsdrucksache 17/9000. Berlin: Deutscher Bundestag.

Bundesministerium für Familie, Senioren, Frauen und Jugend (2012b). *14. Kinder- und Jugendbericht.* Bundestagsdrucksache17/12200. Berlin: Deutscher Bundestag.

Capaldi, D. M., Stoolmiller, M., Clark, S., & Owen, L. D. (2002). Heterosexual risk bevaviors in at-risk young men from early adolescence to young adulthood: Prevalence, prediction, and association with STD contraction. *Developmental Psychology, 38,* 394–406.

Cooley, G.H. (1922). *Human nature and the social order.* New York: Scribner's.

Egan, S. K., Perry, D. G. (2001). Gender identity: A multidimensional analysis with implications for psychological adjustment. *Developmental Psychology, 37,* 451–463.

Elkind, D. (1990). *Total verwirrt. Teenager in der Krise.* Bergisch Gladbach: Bastei Lübbe.

Erikson, E. H. (1950). *Childhood and society.* New York: Norton.

Erikson, E. H. (1982). *The life circle completed.* New York: Norton.

Freud, S. (1938). *Abriss der Psychoanalyse.* Frankfurt: Fischer.

Goffman, I. (1963). *Stigma: Notes in the management of spoiled identity.* Englewood Cliffs: Prentice Hall.

Grob, A. (2007). Jugendalter. In M. Hasselhorn, W. Schneider (Hrsg.), *Handbuch der Entwicklungspsychologie* (S. 187–197). Göttingen: Hogrefe.

Hannover, B., & Greve, W. (2012). Selbst und Persönlichkeit. In W. Schneider, & U. Lindenberger (Hrsg.), *Entwicklungspsychologie* (S. 543–562). Weinheim: Beltz.

Hölling, H., Schlack, R., Kamtsiuris, P., Butschalowsky, H., Schlaud, M., & Kurth , B. M. (2012). Die KiGGS-Studie. Bundesweit repräsentative Längs- und Querschnittstudie zur Gesundheit von Kindern und Jugendlichen im Rahmen des Gesundheitsmonitorings am Robert Koch-Institut. *Bundesgesundheitsblatt, 56,* 836–842.

Hurrelmann, K. (2003). Der entstrukturierte Lebenslauf. Die Auswirkungen der Expansion der Jugendphase. *Zeitschrift für Soziologie der Erziehung und Sozialisation, 23,* 115–126.

James, W. (1890). *Principles of psychology.* New York: Holt.

Kohlberg, L. (1974). *Zur kognitiven Entwicklung des Kindes.* Frankfurt/Main: Suhrkamp.

Kracke, B. (2007). Loslösung vom Elternhaus. In M. Hasselhorn, & W. Schneider (Hrsg.), *Handbuch der Entwicklungspsychologie* (S. 501–510). Göttingen: Hogrefe.

Krappmann, L. (1973). *Soziologische Dimensionen der Identität.* Stuttgart: Klett.

Marcia, J. E. (1966). Development and validation of ego identity status. *Journal of Personality and Social Psychology, 3,* 551–558.

Marcia, J. E. (1989). Identity diffusion differentiated. In M. A. Luszcz, & T. Netterbeck (Eds.), *Psychological development across the lifespan* (pp. 289–295). North-Holland: Elsevier.

Mead, G. H. (1934). *Mind, self, and society.* Chicago: University Press.

Montada, L. (2008). Moralische Entwicklung und Sozialisation. In R. Oerter, L. Montada (Hrsg.), *Entwicklungspsychologie* (S. 572–605). Weinheim: Beltz.

Montada, L., Lindenberger, U., & Schneider, W. (2012). Konzepte, Fragen, Perspektiven. In W. Schneider, & U. Lindenberger (Hrsg.), *Entwicklungspsychologie* (S. 27–60). Weinheim: Beltz.

Noack, P. (2002). Familie und Peers. In M. Hofer, & E. Wild, P. Noack (Hrsg.), *Lehrbuch Familienbeziehungen. Eltern und Kinder in der Entwicklung* (S. 143–167). Göttingen: Hogrefe.

Nunner-Winkler, G. (2012). Moral. In W. Schneider, & U. Lindenberger (Hrsg.), *Entwicklungspsychologie* (S. 521–542). Weinheim: Beltz.

OECD (2010). *Equally prepared for life? How 15-year-old boys and girls perform in school.* Paris: OECD.

Oerter, R., & Dreher, E. (2008). Jugend. In R. Oerter, & L. Montada (Hrsg.), *Entwicklungspsychologie* (S. 271–332). Weinheim: Beltz.

Pinquart, M., & Silbereisen, R. (2007). Sozialer Wandel. In M. Hasselhorn, & W. Schneider (Hrsg.), *Handbuch der Entwicklungspsychologie* (S. 443–453). Göttingen: Hogrefe.

Shell (2006). *Jugend 2006. 15. Shell Jugendstudie.* Frankfurt: Fischer.

Shell (2010). *Jugend 2010. 16. Shell Jugendstudie.* Frankfurt: Fischer.

Shuttleworth, F.K. (1937). *Sexual maturation and the physical growth of girls age six to nineteen. Monographs of the Society for Research in Child Development, No 2.* Oxford: Blackwell.

Silbereisen, R., & Weichold, K. (2007). Entwicklungspsychologische Aspekte des Drogenkonsums. In M. Hasselhorn, W. Schneider (Hrsg.), *Handbuch der Entwicklungspsychologie* (S. 581–590). Göttingen: Hogrefe.

Silbereisen, R., & Weichold, K. (2012). Jugend (12–19 Jahre). In W. Schneider, & U. Lindenberger (Hrsg.), *Entwicklungspsychologie* (S. 235–257). Weinheim: Beltz.

Solga, H. (2013). Wir können uns nicht länger leisten, Jugendliche auszusortieren. In Leibniz-Gemeinschaft (Hrsg.), *Zukunft leben – die demografische Chance* (S. 131–134). Berlin: Nicolaische Verlagsbuchhandlung.

Steinberg, L. (1988). Reciprocal relation between parent-child distance and pubertal maturation. *Developmental Psychology, 24*, 122–128.

Trautner, H. M. (2008). Entwicklung der Geschlechtsidentität. In R. Oerter, & L. Montada (Hrsg.), *Entwicklungspsychologie* (S. 625–651). Weinheim: Beltz.

UNICEF Office of Research (2013). *Child wellbeing in rich countries. A comparative overview. Innocenti Report Card 11.* Florenz: UNICEF.

8 Die Entwicklung von sozialen Beziehungs- und Familienformen im mittleren Erwachsenenalter

Jan Eckhard und Thomas Klein

Zusammenfassung

Die nachfolgenden Erörterungen geben einen Überblick über die gegenwärtige Entwicklung der sozialen Beziehungs- und Familienformen im mittleren Erwachsenenalter. Thematisiert werden der Rückgang, der Aufschub und die abnehmende Stabilität ehelicher Beziehungen, die zunehmende Verbreitung nichtehelicher Paarbeziehungen, die aus der abnehmenden Beziehungsstabilität resultierende Häufung von Partnerlosigkeit und der Anstieg der Kinderlosigkeit. Während sich die Ausführungen zunächst auf die allgemeine Entwicklung in Deutschland beziehen, erfolgt danach eine Darstellung der wichtigsten sozialen Unterschiede und eine Einordnung in den internationalen Vergleich. Die abschließenden Abschnitte behandeln sozialtheoretische Erklärungen und Interpretationen der Entwicklungen sowie die gesellschaftlich relevanten Folgen.

8.1 Einführung

Veränderungen der Partnerschafts- und Familienbeziehungen sind seit geraumer Zeit ein vieldiskutierter Gegenstand der Sozialwissenschaften – nicht nur der Familien-, Bevölkerungs- oder Lebensstilforschung, sondern auch zahlreicher Modernisierungstheorien, die partnerschafts- und familienbezogene Veränderungen als charakteristische Aspekte der gesamtgesellschaftlichen Entwicklung interpretieren. Die empirischen Grundlagen dieser Diskussionen sind bei näherem Hinsehen jedoch oft unzureichend gesichert. Beispielsweise spiegeln die vielzitierten Veränderungen der Haushaltsgrößen beziehungsbezogene Prozesse nur unter bestimmten Voraussetzungen wider, und auch die oft angeführte Eheschließungs- und Scheidungsstatistik hat letztlich nur spezielle Aspekte des partnerschaftlichen Zusammenlebens zum Gegenstand. Hinzu kommt, dass in diesem Themenfeld die Kennzahlen der amtlichen Statistik eine breite Angriffsfläche für methodische Kritik bieten und daher häufig keine eindeutigen Schlussfolgerungen zulassen (Klein, 2005, S. 62–80, 165–169). In der Folge sind Veränderungen der Beziehungs- und Familienformen nach wie vor durch Unklarheiten und Kontroversen geprägt. Eine exakte Beschreibung der Entwicklung auf der Basis valider und verallgemeinerbarer empirischer Befunde ist jedoch die Grundvoraussetzung für wissenschaftliche Erklärungen und Deutungen der Wandlungsprozesse. Die nachfolgenden Erörterungen verfolgen daher in erster Linie deskriptive Ziele. Erst auf einer gesicherten empirischen Basis lassen sich die Erkenntnisse über die gegenwärtige Entwicklung privater Beziehungen im Erwachsenenalter abschließend mit sozialtheoretischen Interpretations- und Erklä-

rungsansätzen und mit Annahmen über die gesellschaftlichen Folgen der Wandlungsprozesse konfrontieren.

8.2 Rückgang, Aufschub und abnehmende Stabilität der Ehe

Hinlänglich bekannt ist der Anstieg der Heiratsrate Mitte der 1950er bis Anfang der 1960er Jahre und der darauf folgende und nahezu kontinuierliche Rückgang der Eheschließungszahlen in Deutschland wie in zahlreichen anderen westeuropäischen Ländern. Die Entwicklung basiert z. T. auf dem Aufschub der Ehe in spätere Lebensabschnitte. Bei Männern ist das *Kalenderjahresdurchschnittsalter* der ersten Eheschließung von 25,3 Jahre im Jahr 1975 bis heute auf 31,1 Jahre (Westdeutschland) angestiegen (Klein, 2005, S. 162–163). Bei Frauen liegen die Altersdurchschnitte jeweils etwa drei Jahre niedriger. In Ostdeutschland ist die Entwicklung weitgehend parallel verlaufen, allerdings mit einem konstant niedrigeren Heiratsalter als im Westen, das für Männer in den 1970er Jahren sogar unter 24, für Frauen unter 22 Jahren lag. In den 1990er Jahren hat sich das Heiratsalter in den Neuen Bundesländern dem des Westens stark angenähert. Der Rückgang der Heiratsrate beruht jedoch nicht nur auf dem zunehmenden Aufschub der Ehe sondern auch darauf, dass ein wachsender Teil der Bevölkerung lebenslang unverheiratet bleibt. Anhand der amtlichen Eheschließungsstatistik lässt sich zeigen, dass sich mit der Abfolge der westdeutschen Geburtsjahrgänge von 1945 bis

1960 der Anteil der bis zum 50. Lebensjahr unverheiratet gebliebenen Bevölkerung von 6,5 % auf 15 % (Frauen) respektive von 10 % auf 21 % (Männer) erhöht hat.[11]

Neben dem Aufschub und dem Unterbleiben von Eheschließungen trägt die abnehmende Stabilität der Ehen dazu bei, dass immer weniger Frauen und Männer im mittleren Erwachsenenalter in einer ehelichen Bindung leben. Für die 1955 in Westdeutschland geschlossenen Ehen beträgt die Wahrscheinlichkeit, dass die Ehe nach 25 Jahren durch Scheidung beendet wurde, knapp 12 %. Für die Eheschließungsjahrgänge ab 1975 hingegen wird eine Scheidungsbetroffenheit von bereits über 25 % ausgewiesen. Im Hinblick auf die Verteilung der Beziehungsformen relativiert sich die Bedeutung der gestiegenen Instabilität der Ehen zwar teilweise dadurch, dass ein nicht zu unterschätzender Teil der Geschiedenen abermals heiratet, jedoch ist auch in Bezug auf die Häufigkeit der Wiederheirat eine abnehmende Tendenz zu konstatieren (ebd., S. 211 f.).

Das steigende Erstheiratsalter, die Zunahme der lebenslang ledigen Bevölkerung, die steigenden Scheidungsziffern und die rückläufigen Wiederverheiratungsraten kumulieren in abnehmenden Quoten der

---

11 Die Unterschiede zwischen Männern und Frauen haben verschiedene Ursachen: das höhere Durchschnittsheiratsalter der Männer, ein Männerüberschuss in betreffenden Kohorten sowie das unterschiedliche Wiederverheiratungsverhalten von Männern und Frauen.

in einer ehelichen Verbindung lebenden Männer und Frauen im mittleren Erwachsenenalter. Die auf dem Mikrozensus basierende Rekonstruktion von Lengerer (2010) kommt zu folgenden Größenordnungen: Während in den 1960er und 1970er Jahren noch über 70 % der westdeutschen Männer und über 60 % der westdeutschen Frauen verheiratet waren, sind es im ersten Jahrzehnt dieses Jahrtausends nur noch etwa 60 % der Männer und 53 % der Frauen gewesen. Auch für Ostdeutschland lässt sich mit dem Mikrozensus – datenbedingt allerdings nur fur den Zeitraum ab 1991 – ein deutlicher Rückgang der Verheirateten-

quote feststellen. Im Jahr 2004 liegt diese in Ostdeutschland bei 55 % (Männer) bzw. 50 % (Frauen); Anfang der 1990er waren hingegen noch etwa 65 % der Männer und 60 % der Frauen in einer Ehe gebunden. Der Rückgang der Ehe betrifft zwar vor allem das jüngere Erwachsenenalter, aber auch in der Bevölkerung im mittleren Erwachsenenalter hat sich der in einer Ehe gebundene Anteil in diesem Zeitraum deutlich verringert. In der Gruppe der Männer zwischen 31 und 45 Jahren ist er von etwa 90 % auf unter 60 % gesunken, bei den westdeutschen Frauen dieser Altersgruppe von über 80 % auf 67 %.

8.3 Die zunehmende Verbreitung nichtehelicher Partnerschaften

Auch die Entwicklung der nichtehelichen Lebensgemeinschaft (NEL), d. h. der Partnerschaftsbeziehungen mit unverheiratet zusammenwohnenden Partnern, lässt sich – wenn auch unter Zugrundelegung von Zusatzannahmen[12] – auf der Grundlage des Mikrozensus nachvollziehen. Entsprechende Arbeiten von Lengerer (2010) zeigen eine kontinuierliche Zunahme der NEL seit den frühen 1970er Jahren, die sich vor allem auf das jüngere Erwachsenenalter bezieht, aber auch höhere Altersbereiche tangiert. 1969 liegt die Quote von in einer NEL lebenden Personen noch bei unter 0,3 %. In den frühen 1970er Jahren finden sich erstmals nennenswerte Anteile an Personen in nichtehelichen Lebensgemein-

schaften, die bis zum Jahr 2004 auf 7 % ansteigen.[13] In Ostdeutschland lag der Anteil der NEL an allen Lebensformen bereits Ende der 1990er Jahre bei über 7 % und stieg bis 2004 weiter an bis auf über 9 %. Vor allem die unter 30-Jährigen leben zunehmend häufig in nichtehelichen Lebensgemeinschaften. Im Jahr 2004 betrifft dies in Westdeutschland über 10 % der Frauen und Männer in dieser Altersgruppe. Damit ist die NEL unter jüngeren Erwachsenen heute häufiger als die Ehe. In Ostdeutschland ist dies bereits seit Ende der 1990er Jahre der Fall. Im mittleren Erwachsenenalter ist in beiden Teilen Deutschlands zwar nach wie vor die Ehe häufiger als die NEL, aber auch hier ist eine deutliche Zunahme

---

12 Die NEL wird im Mikrozensus bis 1997 nicht erfasst. Eine NEL wurde dann unterstellt, wenn der Haushalt neben etwaigen Kindern zwei ledige, über 16 Jahre alte Personen unterschiedlichen Geschlechts umfasst, die nicht mit einander verwandt sind. Lengerer (2010) optimiert dieses Schätzkonzept, indem sie zusätzlich den Altersabstand zwischen den Haushaltsmitgliedern berücksichtigt.
13 Die Entwicklung der NEL beruht nur zu einem sehr geringen Teil auch auf einer Zunahme gleichgeschlechtlicher Lebensgemeinschaften (Lengerer, 2010).

der NEL zu verzeichnen. So stieg der NEL-Anteil bei den 31- bis 45-Jährigen im Laufe der vergangenen zwei Jahrzehnte bis auf über 10 %, in Ostdeutschland sogar auf ca. 15 % an (Lengerer, 2010, S. 128–129, 136–137).

Anders als im Falle der NEL lässt sich die Verbreitung von Paarbeziehungen, bei denen die Partner nicht in einem gemeinsamen Haushalt zusammen leben, auch unter Zugrundelegung von Zusatzannahmen nicht anhand amtlicher Datenquellen analysieren. Zur wissenschaftlichen Beurteilung der Verbreitung und Entwicklung haushaltsübergreifender Paarbeziehungen eignet sich jedoch der Familiensurvey des deutschen Jugendinstituts.[14] Untersuchungen mit dem Familiensurvey zeigen für die Partnerschaft ohne gemeinsame Haushaltsführung eine Zunahme, die sich allerdings noch stärker als bei der NEL auf das jüngere Erwachsenenalter konzentriert. Bezogen auf 20-jährige Männer und Frauen (in Westdeutschland) erhöht sich Anteil der Partnerschaft ohne einen gemeinsamen Haushalt von etwa 25 % bei den 1933–1942 Geborenen auf über 35 % bei den 1963–1970 Geborenen (Klein, 1999b). In den Altersstufen ab 30 Jahren ist die Partnerschaft ohne einen gemeinsamen Haushalt bei allen Generationen deutlich geringer und die Generationenunterschiede fallen entsprechend kleiner aus.

Obwohl auch das langfristige Zusammenleben in einer NEL bei den jüngeren Generationen deutlich häufiger geworden, sind nichteheliche Partnerschaften mehrheitlich immer noch eine Übergangsform, die – sofern die Paarbeziehung nicht durch eine Trennung beendet wird – früher oder später in eine Ehe mit gemeinsamer Haushaltsführung mündet. Auch bei den in den 1970er Jahren geborenen Männern und Frauen trifft dies noch auf über 50 % der Paarbeziehungen zu, wenngleich die voreheliche Phase bei den jüngeren Generationen zunehmend länger dauert (Eckhard, 2010).

8.4   Die Häufung von Partnerlosigkeit

Während kalenderjahresbezogene Untersuchungen auf der Basis der 1988 erhobenen ersten Familiensurvey-Welle noch von konstanten »Bindungsquoten« ausgehen (Klein, 1999b), lassen sich mit der 3. Welle (aus dem Jahr 2000) erhöhte Partnerlosigkeitsquoten beobachten (Klein, Lengerer & Uzelac, 2002). Dies deutet darauf hin, dass insbesondere die jüngeren Jahrgänge von Veränderungen der Partnerlosigkeit betroffen sind. Um die Partnerlosigkeit insbesondere auch der jüngeren Generation beurteilen zu können, wurde der Familiensurvey für die in Abbildung 8.1 dargestellten Berechnungen mit dem 2008 erhobenen Beziehungs- und Familienpanel »Pairfam« (des DFG-Schwerpunktprogramms 1161) kombiniert. Die Abbildung zeigt, dass Partnerlosigkeit

---

14 Neben dem Familiensurvey gibt es mittlerweile neuere Surveys mit validen, haushaltsübergreifenden Partnerschaftsdokumentationen. Der Familiensurvey ist dennoch weiterhin von Interesse, weil er die Generationen erfasst, über deren Lebensläufe hinweg sich einschneidende Veränderungen vollzogen haben.

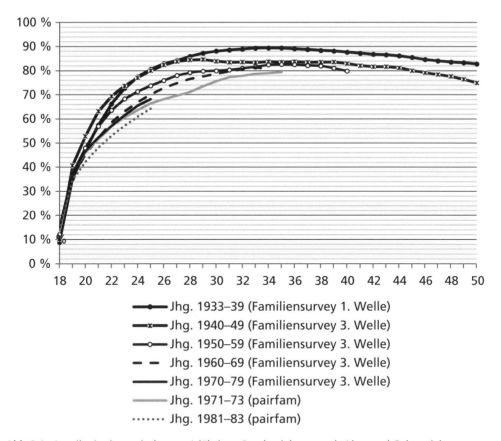

Abb. 8.1: Anteil mit einer mindestens 1-jährigen Paarbeziehung nach Alter und Geburtsjahrgang; eigene Berechnung auf der Basis des Familiensurvey (1. und 3. Welle) und des Beziehungs- und Familienpanels »Pairfam« (1. Welle)

vor allem im jüngeren Erwachsenenalter von Generation zu Generation häufiger geworden ist. Eine zunehmende Tendenz der Partnerlosigkeit ist dennoch auch für das mittlere Erwachsenenalter erkennbar.

Die zunehmende Partnerlosigkeit begründet sich in erster Linie durch die gestiegene Instabilität der Paarbeziehungen. Verschiedene Forschungsbefunde deuten darauf hin, dass es sich primär um eine Zunahme der (zeitlich begrenzten) Partnerlosigkeitsphasen zwischen dem Ende einer alten und dem Beginn einer neuen Beziehung handelt (Eckhard, 2010, S. 96–112): Im Vergleich zu älteren Generationen

finden erste Partnerschaftsgründungen bei den jüngeren Generationen in einem zunehmend jüngeren Alter statt. In der Generationenabfolge erhöht sich aber in allen Altersbereichen die durchschnittliche Anzahl begonnener und beendeter Partnerschaften. Vergleicht man die kumulierte Lebenszeit, die die verschiedenen Generationen im Zustand der Partnerlosigkeit verbracht haben, so stellt man kaum nennenswerte Unterschiede fest. Hingegen ergeben sich deutliche Unterschiede, wenn man den Generationenvergleich auf die in *ein und derselben* Paarbeziehung verbrachte Lebenszeit oder auf die mittlere Dauer der jeweils längsten erlebten Paarbeziehung bezieht. Im Ergebnis sind Partnerschaftserfahrungen bei den jüngeren Generationen keineswegs seltener, aber deutlich diskontinuierlicher geworden. Bezogen auf beispielsweise das 30. Lebensjahr unterscheiden sich die Bindungsquoten der 1940er Jahrgänge kaum von denen der 1960er Jahrgänge (90 % der in den 1940ern geborenen Frauen gegenüber 87 % der in den 1960ern geborenen Frauen hatten im 30. Lebensjahr einen Partner). Aber während in diesem Alter etwa 72 % der in den 1940er Jahren geborenen Frauen bereits über 7 Jahre mit ihrem Partner zusammenleben, ist dies bei den zwischen 1960 und 1969 Geborenen nur bei etwa 54 % der Fall.

8.5 Die Zunahme der Kinderlosigkeit

Neben dem Wandel der partnerschaftsbezogenen Lebensformen besteht ein weiterer wichtiger Aspekt veränderter Beziehungsstrukturen darin, dass ein zunehmender Teil der Bevölkerung im mittleren Erwachsenenalter kinderlos und somit nicht in kernfamiliale Beziehungen eingebettet ist. Neben einer steigenden Kinderlosigkeit im jüngeren Erwachsenenalter, die aus dem steigenden Erstgeburtenalter resultiert, gibt es auch einen Anstieg der Kinderlosigkeit im mittleren und höheren Erwachsenenalter (vgl. Pötsch & Sommer, 2009). Die Kinderlosenquote der heute 30- bis 34-Jährigen liegt bei etwa 40 %. Hierbei ist allerdings noch offen, in welchem Ausmaß sich dieser Wert mit voranschreitendem Alter der betreffenden Jahrgänge noch reduziert. Hingegen kann man für die heute 45- bis 49-jährigen Frauen, die immer noch zu etwa 20 % kinderlos sind, davon ausgehen, dass deren Geburtenbiografie weitestgehend abgeschlossen ist und es sich hierbei mit wenigen Abstrichen um die endgültige Kinderlosigkeit der betreffenden Jahrgänge handelt. Fertilitätsanalysen, die sich (auch) auf die Kinderzahlen von Männern beziehen, deuten für alle Altersstufen auf eine noch höhere Kinderlosigkeit der Männer hin. Dies beruht zum einen auf dem höheren Erstgeburtenalter der Männer, zum anderen aber auch darauf, dass Männer häufiger partnerlos sind und in der Folge auch häufiger dauerhaft kinderlos bleiben (Klein, 2005, S. 77–78).

Seit den 1930er Jahrgängen weisen alle ostdeutschen Frauenjahrgänge niedrigere Kinderlosenanteile auf als die gleichaltrigen westdeutschen Frauen. Während sich im Westen bereits bei den um 1950 geborenen Frauen eine Zunahme der Kinderlosigkeit abzeichnet, nimmt der Kinderlosenanteil im Osten noch bis zu den Jahrgängen der späten 1950er ab und steigt erst ab den Jahrgängen 1962 bis 1966. Z. B. sind die 1952 bis 1956 geborenen Frauen im Westen zu 20 % kinderlos geblieben, im Osten hingegen nur zu etwa 5 %. Trotz sinkenden Familiengründungsraten in beiden Teilen Deutschlands finden sich derzeit auch in den jüngeren Altersstufen deutlich niedrigere Kinderlosenquoten in den neuen Bundesländern (Pötsch & Sommer, 2009, S. 381–383).

Der Wandel der partnerschaftsbezogenen Lebensformen und die Zunahme der Kinderlosigkeit sind eng miteinander verbunden. Zum einen zählen partnerschaftsbezogene Merkmale zu den wichtigsten Einflussgrößen der Familiengründungsrate (Eckhard, 2010), zum anderen weisen – wie in der Scheidungsforschung vielfach belegt wurde – Paare mit Kindern eine signifikant höhere Beziehungsstabilität auf als kinderlose Paare (z. B. Rapp & Klein, 2010). In Westdeutschland, nicht aber in Ostdeutschland, besteht zudem nach wie vor ein deutlicher Zusammenhang zwischen der Familiengründung und Eheschließung (Eckhard, 2010, S. 132).

8.6   Soziale Unterschiede

Von den geschilderten Veränderungen der Beziehungs- und Familienformen sind nicht alle Subgruppen der Bevölkerung gleichermaßen betroffen. Bereits zur Sprache gekommen sind Unterschiede zwischen Ost- und Westdeutschland, namentlich die geringere Eheschließungsneigung und die geringere Kinderlosigkeit in den östlichen Bundesländern. Ebenfalls bereits erwähnt wurden Geschlechterunterschiede der Beziehungs- und Familienformen, wobei Männer im Vergleich zu Frauen häufiger unverheiratet, partnerlos und auch kinderlos sind. Die Geschlechterunterschiede sind in erster Linie eine Auswirkung von demografischen Prozessen, die zu restringierten Partnerfindungschancen für bestimmte Männerjahrgänge geführt haben (Klein, 2005, S. 214).

In der empirischen Forschung sind neben den Ost-West- und den Geschlechterunterschieden vielfach Effekte des Schul- und Ausbildungsniveaus auf die Beziehungsform aufgezeigt worden. Erstens sind in den höheren Bildungsschichten nichteheliche Paarbeziehungen häufiger und die Heiratsneigung ist entsprechend geringer (Klein, 1999a). Zweitens gibt es einen negativen Zusammenhang zwischen Bildung und Beziehungsstabilität (Klein, 2005, S. 216). Drittens ist das Zusammenleben mit Kindern ungleich zwischen den Bildungsschichten verteilt, wobei vor allem Akademiker vergleichsweise häufig kinderlos bleiben (Pötsch & Sommer, 2009). Die genannten Effekte beziehen sich in erster Linie auf die Bildungsmerkmale der Frauen, aufgrund der hohen Verbreitung bildungshomogamer Paare übertragen sie sich jedoch auch auf die männliche Bevölkerung.

Von den Bildungseffekten analytisch zu unterscheiden sind die Auswirkungen der Ausbildungsdauer (Klein et al., 2002), die allerdings eher das jüngere Erwachsenenalter betreffen. Auch für das mittlere Erwachsenenalter relevant ist jedoch der v.a. bei Männern mit dem Ausbildungsdauereffekt korrespondierende Effekt der Etablierung im Berufsleben. Die Heiratsneigung und Familiengründungsbereitschaft insbesondere der Männer ist stark durch die Etablierung im Berufsleben bestimmt. Neben dem Ausbildungsdauereffekt resultieren hieraus entsprechende Effekte der Beschäftigungssituation. So gehen auch Arbeitslosigkeit, eine unsicherere oder befristete Beschäftigung sowie diskontinuierliche Erwerbsbiografien bei Männern mit reduzierten Heirats- und Familiengründungsraten (Tölke & Diewald, 2003) und mit einer verminderten Beziehungsstabilität (Eckhard, 2010, S. 187) einher.

8.7   Internationale Unterschiede

Der Rückgang der Eheschließungsneigung, steigende Scheidungsraten sowie die Zunahme nichtehelicher Partnerschaftsformen lassen sich in zahlreichen westlichen

Staaten beobachten. Gleichwohl sind Länderdifferenzen des Wandels der privaten Lebens- und Beziehungsformen festzustellen, die systematisch mit den verschiedenen wohlfahrtsstaatlichen Ausrichtungen der Staaten korrespondieren. So bestehen auffällige Unterschiede in Europa v. a. zwischen dem mediterranen, dem zentraleuropäischen und dem skandinavischen Cluster.

In einigen zentraleuropäischen Staaten wie Deutschland und Österreich geht der Aufschub der Heirat mit einem starken Anstieg der NEL im jüngeren Erwachsenenalter einher. Hier verbreitet sich die NEL in erster Linie als »Vorphase« zur Ehe. In südeuropäischen Staaten wie Italien und Spanien geht der Aufschub der Eheschließungen hingegen nur in sehr begrenztem Ausmaß mit einer nennenswerten Zunahme nichtehelicher Lebensgemeinschaften einher. Stattdessen ist im Bereich des jüngeren Erwachsenenalters eine deutliche Zunahme der Partnerlosigkeit bzw. der getrennt wohnenden Paare zu beobachten. Anders stellt sich die Entwicklung wiederum in den skandinavischen Staaten und in Frankreich dar. Die NEL verbreitet sich in diesen Ländern nicht nur als Vorphase, sondern auch als dauerhafte Alternative zur Ehe (Klein et al., 2002). Systematische Unterschiede zwischen den genannten Ländergruppen lassen sich auch mit Blick auf weitere Aspekte der Beziehungs- und Familienformen der Bevölkerungen im jüngeren und mittleren Erwachsenenalter erkennen. So weisen die skandinavischen Staaten und Frankreich relativ niedrige Quoten der Kinderlosigkeit und keine Bildungsabhängigkeit der Familiengründungsrate auf, während Deutschland und Österreich sowie bei den jüngeren Jahrgängen auch südeuropäische Länder einen starken Zuwachs der Kinderlosigkeit zu verzeichnen haben, der sich insbesondere auf die höheren Bildungsschichten bezieht (Huinink, 2002). Systematische Unterschiede bestehen ferner in Bezug auf die Scheidungsraten, die in südeuropäischen Ländern anders als in Nord- und Zentraleuropa kaum gestiegen sind (Klein & Kopp, 2002).

8.8 Soziologische Perspektiven und Erklärungen

Die Entwicklung der Lebens- und Beziehungsformen ist Gegenstand zahlreicher gesellschaftstheoretischer Überlegungen. Vereinfachend wird im Folgenden zwischen Theorien des soziokulturellen Wandels auf der einen und Theorien veränderter Anreizstrukturen auf der anderen Seite unterschieden.

Theorien des soziokulturellen Wandels richten den Fokus auf veränderte Normen, Idealvorstellungen und Selbstverständlichkeiten des partnerschafts- und familienbezogenen Verhaltens. So kontrastiert die These der *Deinstitutionalisierung von Ehe und Familie* (Tyrell, 1988) gegenwärtige familien- und partnerschaftsbezogene Diskurse und Tendenzen mit den Leitbildern der 2. Hälfte des 20. Jahrhundert. Das unter spezifischen historischen Bedingungen entstandene »bürgerliche« Familienleitbild der Moderne (Rosenbaum, 1982) erfährt demnach zwar noch bis in die 1960er Jahre hinein eine fortschreitende gesellschaftliche Institutionalisierung, ab den 1960er Jahren verliert es seine bisherige Monopolstellung als soziokulturelles vorgesehenes Lebensführungsmuster. Vormals durch soziokulturelle Sinn- und Verweisungszusammenhänge aneinander gekoppelte Elemente des Lebenslaufs – wie

Paarbeziehung (Liebesbeziehung), Ehe, Sexualität und Elternschaft – gehören nicht mehr aus einem unhinterfragten Selbstverständnis heraus zusammen. Folglich erweitert sich das Spektrum der soziokulturellen Lebensführungsoptionen. In diesem Sinne wird die Deinstitutionalisierungsthese auch im Rahmen der *Individualisierungstheorie* (zusammenfassend Klein, 2005, S. 182–184) vertreten. Individualisierung, verstanden als die wachsende Unabhängigkeit der Verhaltensweisen des Einzelnen von sozial tradierten Vorgaben und Orientierungsmöglichkeiten, impliziert eine abnehmende Wirkmächtigkeit des überkommenen Leitbildes und eine Erweiterung der biografischen Optionen. Ähnlich gehen systemtheoretische Überlegungen von einer Erweiterung der soziokulturell vorgegebenen Optionen aus (zusammenfassend Eckhard, 2010, S. 17–21). Die Gesamtheit der gesellschaftlichen Normen und Idealvorstellungen der privaten Lebensführung und des Lebenslaufs wird hier als ein gesellschaftliches Teilsystem interpretiert, das in einem funktionalen Zusammenhang mit den anderen Teilsystemen (Wirtschaftssystem, Erziehungssystem, etc.) der Gesellschaft steht. Die Erweiterung der Lebenslaufoptionen versteht sich in dieser Theorieperspektive als Prozess einer internen Ausdifferenzierung, mit der das Teilsystem der privaten Lebensführung auf die zunehmende Komplexität und Vielfalt gesamtgesellschaftlicher Funktionserfordernisse reagiert.

Vor allem für die Deinstitutionalisierungsthese lassen sich durchaus aussagekräftige empirische Evidenzen finden (Beispiele bei Eckhard 2010, S. 9–10). Ein Defizit der Theorien des soziokulturellen Wandels besteht jedoch darin, dass sie die sozialen und internationalen Unterschiede des Vorkommens von unterschiedlichen Beziehungs- und Familienformen in den Lebensläufen nur unzureichend erfassen. Dies wiederum ist die Stärke der auf veränderte Anreizstrukturen rekurrierenden

Erklärungsansätze, die ihren Erklärungsargumenten (implizit oder explizit) ein *rational-choice*-theoretisches Handlungsmodell zugrunde legen. Die Ausgestaltung des Lebenslaufs basiert in dieser Perspektive auf spezifischen Kosten- und Nutzenerwartungen. Die erwarteten Nutzen und Kosten etwa des Eingehens einer Paarbeziehung, einer Eheschließung, des Zusammenwohnens in einem gemeinsamen Haushalt oder einer Trennung resultieren aus gesellschaftlichen Rahmenbedingungen und verändern sich im Zuge des sozialen Wandels.

Ein Beispiel hierfür ist die Ruckfuhrung des Aufschubs der Eheschließungen auf die verlängerten Ausbildungszeiten. Die verlängerte Abhängigkeit vom Elternhaus und die berufsbiografische Unsicherheit während der Ausbildungsphase sind mit erhöhten Kosten der frühen Festlegung auf einen bestimmten Partner verbunden. Mit dem gleichen Argument begründet sich, dass zudem die wachsenden Berufseinstiegsschwierigkeiten und Flexibilitätsanforderungen verbindliche Partnerschaftsfestlegungen zunehmend verhindern (Klein, 1999b). Das steigende Heiratsalter und die vergleichsweise weite Verbreitung nichtehelicher Partnerschaftsformen und Partnerlosigkeit im jüngeren Erwachsenenalter lässt sich hierdurch gut erklären. Aus der Angleichung der Bildungs- und Erwerbschancen von Frauen und Männern während der letzten Jahrzehnte erklärt sich zudem, dass die Ehe auch im mittleren Erwachsenenalter an quantitativer Bedeutung verloren hat. Die gestiegenen Erwerbschancen von Frauen relativieren die Versorgungsfunktion von Paarbeziehungen und sorgen für verbesserte Alternativen gegenüber dauerhaften Partnerschaftsbindungen. Damit vermindern sich die Anreize zur Absicherung der Bindung an den Partner durch eine Eheschließung sowie zur Aufrechterhaltung von konfliktreichen Partnerschaften. Aus der steigenden Frauenerwerbspartizipation resultieren zudem erhöhte Opportunitätskosten der Mutterschaft, wodurch sich der Anstieg der Kinderlosigkeit begründen lässt. Die genannten Argumente machen zugleich verständlich, warum die betreffenden Entwicklungen (Rückgang der Ehe, Verbreitung nichtehelicher Partnerschaftsformen, abnehmende Beziehungsstabilität, steigende Kinderlosigkeit) auch im mittleren und höheren Erwachsenenalter zu beobachten sind und dort vor allem die höheren Bildungsschichten betreffen.

Darüber hinaus trägt der Rekurs auf divergierende Anreizstrukturen zu einem besseren Verständnis der internationalen Unterschiede der Beziehungsbiografien bei. Je nach Ausbau und Zielrichtung der Sicherungssysteme und der Gleichstellungs- und Familienpolitik variiert sowohl der Stellenwert der Versorgungsfunktion von Ehe und Familie als auch die Vereinbarkeit von Beruf und Mutterschaft zwischen den Staaten. So sind die südeuropäischen, »familialistischen« Staaten durch einen nach wie vor hohen Stellenwert der Versorgungsfunktion der Ehe und durch eine kaum vorhandene Vereinbarkeit von Beruf und Mutterschaft gekennzeichnet. In der Folge weisen diese Länder nach wie vor sehr niedrige Scheidungsraten und eine nur marginale Verbreitung der NEL, aber auch eine sehr niedrige Geburtenrate und ein vergleichsweise hohes Heiratsalter auf. Insbesondere hochqualifizierte Frauen verzichten in diesen Ländern aufgrund der schlechten Vereinbarkeit von Beruf und Familie häufig auf Kinder (Huinink, 2002). Auch in einigen zentraleuropäischen Staaten hat die mangelnde Vereinbarkeit von

Beruf und Familie diesen Effekt. Dies betrifft u. a. Westdeutschland und Österreich, nicht aber Ostdeutschland und Frankreich, wo Kinderbetreuungseinrichtungen für bessere Bedingungen der Erwerbspartizipation von Müttern sorgen. Staatliche Unterstützungen oder Vergünstigungen für Familien mit in Ausbildung befindlichen Kindern sorgen in den zentral- und nordeuropäischen Ländern zudem dafür, dass der Auszug aus dem Elternhaus und der Zusammenzug mit einem Partner vielfach während der Ausbildungszeit erfolgt und sich die NEL als Lebensform der jüngeren Erwachsenen etabliert. Im mittleren Erwachsenenalter hingegen bestehen spezifische Anreize zur Eheschließung fort, v. a. in Ländern bzw. Regionen mit mangelnder Vereinbarkeit von Beruf und Familie, in denen Frauen ihre Erwerbskarrieren im Kontext von Familiengründungen vielfach aufgeben und in der Folge auf der Versorgung durch den Partner angewiesen sind. In den skandinavischen Ländern sowie in der Tendenz auch in Ostdeutschland hingegen expandiert die NEL auch als dauerhafte Alternative zur Ehe (s. o.). Auch dies lässt sich mit divergierenden Anreiz- und Kostenstrukturen begründen. Durch die vergleichsweise gute Vereinbarkeit von Beruf und Mutterschaft und die »de-familialisierende« Sozialpolitik der skandinavischen Länder relativiert sich die Versorgungsfunktion der Ehe, und aufgrund der geringeren Opportunitätskosten der Elternschaft sind die Kinderlosenquoten trotz geringer Eheschließungsraten relativ gering und zudem auch von Bildungsunterschieden geprägt (Huinink, 2002).

8.9   Gesellschaftliche Folgen

Mit gesellschaftlichen Folgen verbunden ist neben der steigenden Kinderlosigkeit vor

allem die durch die Destabilisierung der Paarbeziehungen hervorgebrachte rückläufige Einbindung in haushaltskontextuelle Beziehungskonstellationen (Klein, 2005, S. 156–157, 218–220). Wegen der Einsparungen und der zusätzlichen Erträge die vor der Trennung durch den gemeinsamen Haushalt und durch gemeinsames Wirtschaften erzielt wurden, geht die Auflösung des gemeinsamen Haushalts der Partner häufig mit einem Wohlstandsverlust einher. Im Besonderen betrifft dies Trennungen von Paaren mit Kindern. So sind die Alleinerziehenden, deren Erwerbsmöglichkeiten gerade in Ländern mit mangelnden Möglichkeiten zur Vereinbarung von Familie und Beruf sehr begrenzt sind, in Deutschland neben den Langzeitarbeitslosen die Gruppe mit dem höchsten Armutsrisiko (Statistisches Bundesamt, 2006). Hieraus resultieren hohe Kinderarmutsquoten sowie reduzierte Bildungschancen von Kindern mit getrennten Eltern. Trennungen von Paaren mit Kindern tangieren zudem die Quantität und Qualität von Generationenbeziehungen, da sie häufig zu Reduzierungen des Kontakts zwischen Kindern und Vätern führen. Vermutet wird allerdings auch, dass in der Folge Großeltern-Enkel-Beziehungen intensiviert werden und an Bedeutung gewinnen (Bengston, 2001).

Die steigende Kinderlosigkeit ist ein primärer Faktor der demografischen Alterung und des Bevölkerungsrückgangs, deren direkte Folgen für die sozialen Sicherungssysteme bekannt sind und deren Implikationen für den gesellschaftlichen Wohlstand kontrovers diskutiert werden. Einige Zusammenhänge finden hierbei allerdings eher

selten Berücksichtigung. Dies betrifft etwa den Sachverhalt, dass die ökonomischen Sozialisationsbedingungen von Kindern vom Aufschub der Familiengründungen in höhere Altersbereiche profitieren (Klein, 2005, S. 83–85). Familiengründungen werden an die Bedingung ökonomischer Selbstständigkeit und Planungssicherheit geknüpft – der beobachtete Aufschub der Familiengründung kann deshalb Verarmungsprozessen entgegenwirken. Auswirkungen des steigenden Geburtenalters auf das wirtschaftliche Wohlergehen bestehen aber nicht nur bezüglich der nachwachsenden Familiengeneration, sondern auch bezüglich der Lebensphase, in der Sorge um die und ggf. Pflege der Eltern notwendig werden. Von Bedeutung ist zudem, dass schichtspezifisch unterschiedliche Kinderzahlen einen Einfluss auf intergenerationale Mobilitätsprozesse haben. Eine geringe Kinderzahl in oberen Sozialschichten impliziert, dass die betreffenden Berufspositionen in der nächsten Generation tendenziell mit den Nachkommen niedrigerer Herkunft besetzt werden. Die allgemeine Erfahrung einer kollektiven intergenerationalen Aufwärtsmobilität trägt daher trotz hoher Statusvererbung und ungleicher Bildungschancen zur Systemstabilität bei. Im Hinblick auf die Vermögensungleichheit hat allerdings eine entsprechende Schichtdifferenzierung der Kinderzahlen zur Folge, dass sich große Erbschaften gerade in den wohlhabenden Gesellschaftsschichten konzentrieren und somit die Wohlstandsungleichheit vergrößern (ebd.).

8.10 Ausblick

Neben den genannten, mitunter sehr komplexen und schwierig zu beurteilenden Implikationen der veränderten Lebens- und

Familienbeziehungen sollte ein weiterer, vergleichsweise schlichter Sachverhalt nicht vergessen werden: Die erfolgreiche Realisierung verlässlicher Partnerschafts- und Familienbeziehungen gehört für den überwiegenden Teil der Bevölkerung nach wie vor zu den wichtigsten Lebenszielen und ist daher ein zentraler Faktor der allgemeinen Lebenszufriedenheit. Im Einklang mit den gesellschaftstheoretischen Überlegungen deutet dies darauf hin, dass sich weniger die Präferenzen als vielmehr die Rahmenbedingungen der Realisierung stabiler Beziehungen geändert haben. Für die Sozialwissenschaften resultiert hieraus die Aufgabe, die im Zuge des sozialen Wandels aufkommenden Barrieren stabiler Bindungen weitergehend zu erforschen und Handlungsoptionen aufzuzeigen. Insbesondere die Partnerlosigkeit

inklusive deren Ursachen und Implikationen ist im Vergleich zu den unterschiedlichen Paarbeziehungsformen bislang nur wenig untersucht worden. Viele Aspekte der derzeitigen Veränderungen können zudem erst durch zukünftige Forschungsanstrengungen aufgedeckt werden. Zum einen ist der Verlauf der Entwicklung auch von der Durchsetzung und Effizienz politischer Bemühungen abhängig. Zum anderen werden einige Implikationen der gegenwärtigen Trends erst mit zunehmendem Alter der betroffenen Jahrgänge sichtbar. Dies betrifft vor allem mögliche Nachwirkungen der derzeitigen Entwicklung für die Lebenssituation im höheren Erwachsenenalter.

Literatur

Bengston, V. L. (2001). Beyond the Nuclear Family – The Increasing Importance of Multigenerational Bonds. *Journal of Marriage and Family, 63*(1), 1–16.

Eckhard, J. (2010). *Partnerschaftswandel und Geburtrückgang.* Berlin: Suhrkamp

Huinink, J. (2002). Polarisierung der Familienentwicklung in europäischen Ländern im Vergleich. In N. F. Schneider & H. Matthias-Beck (Hrsg.), *Elternschaft heute. Gesellschaftliche Rahmenbedingungen und individuelle Gestaltungsaufgaben.* (S. 49–73). Opladen: Leske+Budrich.

Klein, T. (1999a). Partnerwahl in Ehen und Nichtehelichen Lebensgemeinschaften. In T. Klein & W. Lauterbach (Hrsg.), *Nichteheliche Lebensgemeinschaften. Analysen zum Wandel partnerschaftlicher Lebensformen* (S. 207–234). Opladen: Leske + Budrich.

Klein, T. (1999b). Pluralisierung versus Umstrukturierung am Beispiel partnerschaftlicher Lebensformen. *Kölner Zeitschrift für Soziologie und Sozialpsychologie, 51,* 469–490.

Klein, T. (2005). *Sozialstrukturanalyse. Eine Einführung.* Reinbek bei Hamburg: Rowohlt.

Klein, T., & Kopp, J. (2002). Divorce in Europe – a Cohort Perspective. In F.-X. Kaufmann, A. Kuijsten, H.-J.Schulze & K. P. Strohmeier (Eds.), *Family Life and Family Policies in Europe.* Volume II: Problems and Issues in Comparative Perspective (pp. 149–174). Oxford: Clarendon Press.

Klein, T., Lengerer, A., & Uzelac, M. (2002). Partnerschaftliche Lebensformen im internationalen Vergleich. *Zeitschrift für Bevölkerungswissenschaft, 27*(3), 359–379.

Lengerer, A. (2010). *Partnerlosigkeit in Deutschland. Entwicklung und soziale Unterschiede.* Wiesbaden: VS Verlag für Sozialwissenschaften.

Pötsch, O., & Sommer, B. (2009). Generatives Verhalten der Frauenkohorten im langfristigen Vergleich. Ergebnisse der laufenden Statistik der Geburten und der Erhebung «Geburten in Deutschland». *Wirtschaft und Statistik, 2009*(5), 377–397.

Rapp, I., & Klein, T. (2010). Der Einfluss des Auszugs aus dem Elternhaus auf die Beziehungsstabilität der Eltern. *Zeitschrift für Soziologie, 39*(2), 140–150.

Rosenbaum, H. (1982). *Formen der Familie. Untersuchungen zum Zusammenhang von Familienverhältnissen, Sozialstruktur und sozialem Wandel in der deutschen Gesellschaft des 19. Jahrhunderts.* Frankfurt am Main: Suhrkamp.

Statistisches Bundesamt. (2006). *Armut und Lebensbedingungen.* Wiesbaden: Destatis.

Tölke, A., & Diewald, M. (2003). Berufsbiographische Unsicherheiten und der Übergang zur

Elternschaft bei Männern. In W. Bien & J. H. Marbach (Hrsg.), *Partnerschaft und Familiengründung. Ergebnisse der dritten Welle des Familiensurvey* (S. 349–384). Opladen: Leske + Budrich.

Tyrell, H. (1988). Ehe und Familie – Institutionalisierung und Deinstitutionalisierung. In K. Lüscher, F. Schultheis & M. Wehrspann (Hrsg.), *Die ›postmoderne‹ Familie* (S. 145–156). Konstanz: Universitätsverlag.

9 Herausforderungen und neue Gestaltungsmöglichkeiten des mittleren Lebensalters

Pasqualina Perrig-Chiello und François Höpflinger

Zusammenfassung

Im Vergleich zu Kindheit und Jugend oder aber zum höheren Alter wurde das mittlere Erwachsenenalter in der Entwicklungspsychologie bislang wenig beachtet. Diese Randstellung steht im Widerspruch zum demografischen und gesellschaftlichen Wandel. So hat die längere Lebenserwartung zu einer Zunahme der gemeinsamen Lebenszeit der Generationen geführt, eine Tatsache, welche vor allem für die mittlere Generation weitreichende Implikationen hat (Verantwortlichkeiten der jüngeren als auch der älteren Generation gegenüber). Die Entwicklungspsychologie ist daran, die Bedeutung dieser Lebensphase zu erforschen. Dabei zeigt sich, dass trotz zunehmender Individualisierung der Lebensläufe und Pluralisierung der Lebensformen das mittlere Lebensalter eine eigenständige Lebensphase ist, gekennzeichnet durch spezifische biografische Übergänge mit multiplen Herausforderungen und Chancen. Dieser Beitrag leuchtet exemplarische Themen rund um diese Lebensübergänge aus (Bilanzierungsprozesse, Auszug der Kinder, Altern der Eltern, Scheidung nach langjähriger Partnerschaft). Letztlich wird der Frage nachgegangen, inwiefern von einer Lebenskrise der mittleren Jahre gesprochen werden kann.

9.1 Einführung

Im Gegensatz zum medialen Diskurs – etwa mit Themen rund um die Midlife-Crisis – kam dem mittleren Erwachsenenalter in der sozialwissenschaftlichen Forschung bislang eine bescheidene Beachtung zu. Dies gilt insbesondere für die Entwicklungspsychologie, wo diese Lebensphase – im Vergleich zu Kindheit und Jugend oder zum höheren Alter – weit weniger im Fokus von Forschungsbemühungen stand. Diese wissenschaftliche Randstellung steht in klarem Widerspruch zum demografischen Wandel der europäischen Gesellschaft und den damit assoziierten bedeutsamen Verschiebungen der Lebensverhältnisse und individuellen Lebensperspektiven: So hat sich die durchschnittliche Lebenserwartung etwa in mitteleuropäischen Ländern seit 1900 fast verdoppelt[15], was unvermeidlich eine Definition der neu gewonnenen Jahrzehnte nahe legte. Die Zeit zwischen dem jüngeren und dem höheren Lebensalter – das mittlere Alter also – wurde immer mehr zu einer eigenständigen Lebensphase mit

---

15 Schweiz von 47 auf 85 Jahre; Deutschland von 46 auf 80 Jahre.

spezifischen Entwicklungsaufgaben und Handlungsmöglichkeiten sowie kulturellen Ausdrucksformen.

Ferner hat sich das demografische Gewicht der Bevölkerung im mittleren Lebensalter erhöht, einerseits als Folge der hohen Geburtenraten in den Nachkriegsjahren, andererseits aber auch aufgrund der reduzierten Geburtenhäufigkeit ab den 70er Jahren des 20. Jahrhunderts. Dadurch repräsentieren Leute in den mittleren Jahren gegenwärtig die größte Altersgruppe in der Bevölkerung.

Schließlich kam es aufgrund der längeren Lebenserwartung zu einer bedeutsamen Zunahme der gemeinsamen Lebensspanne der Generationen. Damit sind viele Vorteile verbunden, wie etwa längere emotionale Unterstützung und sozialer Austausch sowie gegenseitige materielle und praktische Hilfeleistung. Aufgrund der stärkeren Überlappung ihrer Lebenszeit ergeben sich aber auch neue Herausforderungen. So befindet sich die Mehrheit der Menschen im mittleren Alter in einer intergenerationellen Scharnierposition, in welcher sie sowohl für das Wohlergehen der jüngeren als auch der älteren Generation verantwortlich sind, eine Tatsache, die für viele nicht einfach ist.

Vor diesem Hintergrund ist es umso erstaunlicher, dass diese Lebensphase sowohl auf wissenschaftlicher als auch gesellschaftlicher Ebene lange vernachlässigt wurde und immer noch definitionsbedürftig ist. Dieser Mangel wurde in den letzten zwei Dekaden zunehmend erkannt, was in einer Intensivierung der Forschungsbemühungen ersichtlich ist. Aus den Forschungsarbeiten resultiert klar, dass – trotz verstärkter Diversifizierung und Individualisierung der Lebensverläufe – auch im mittleren Erwachsenenalter bedeutsame spezifische Entwicklungsprozesse stattfinden. Diese sind auch das Thema des ersten Teils dieses Beitrags. In einem zweiten Teil soll auf die Frage der Auseinandersetzung mit denselben und auf die körperliche und psychische Befindlich-

keit eingegangen werden. Zuvor soll aber die Frage geklärt werden, was unter »mittlerem Lebensalter« zu verstehen ist.

Wann ist das »mittlere Lebensalter«?

Trotz Vorbehalte hinsichtlich des chronologischen Alters als Indikator für Entwicklungsgeschehen gibt es in der wissenschaftlichen Literatur einen breiten Konsens, wonach das mittlere Lebensalter ungefähr mit 40 Jahren beginnt und mit 60–65 endet. Die Differenzierung des Lebenslaufes in verschiedene Phasen (Kindheit, Jugend, junges Erwachsenenalter, mittleres Lebensalter, Alter) widerspiegelt in beachtlichem Maße soziale Regulierungen. So weist in unserer Gesellschaft etwa die berufliche Phase immer noch eine strukturierende Funktion auf. Beruf und Erwerbssituation bestimmen nach wie vor die soziale Stellung einer Person in der Gesellschaft. So wird auch das mittlere Lebensalter mit Vorliebe erwerbsbezogen definiert: Demnach ist das mittlere Lebensalter die Zeit nach der beruflichen Aufbauphase, wo eine verstärkte berufliche Verankerung erwartet wird. Gleichzeitig ist es die Zeit vor der Pensionierung, welche sozial nach wie vor als bedeutsamer Übergang ins Alter gilt.

Aber nicht nur die berufliche Arbeit hat eine strukturierende Funktion, sondern auch biografische Übergänge, die typischerweise von einer Mehrheit der Personen in dieser Lebensphase erfahren werden, wie etwa die Menopause, das Erwachsenwerden der Kinder oder das Altwerden und Sterben der Eltern. In diesem Kontext entstand auch die Aussage, dass das mittlere Lebensalter ein »State of Mind« sei (Perrig-Chiello, 2011) – ein Bewusstseinszustand also – geprägt von den spezifischen Herausforderungen und Optionen dieser Lebensphase.

Hier stellt sich die Frage, ob angesichts der zunehmenden Individualisierung der Lebensläufe und einer Pluralisierung der

Lebensformen die Annahme eines kollektiven »State of Mind« angemessen ist. So kann beispielsweise beobachtet werden, wie sich die Tendenzen verstärken, biografische Festlegungen zu verzögern und bis ins höhere Lebensalter möglichst reversibel zu gestalten. Vieles weist allerdings drauf hin, dass es – trotz unbestrittener Heterogenität der Lebenswelten von Frauen und Männern in den mittleren Jahren – substantielle Argumente für eine Eingrenzung des mittleren Lebensalters auf ein Alter von rund 40 bis 60/65 Jahren gibt:

- Befragungen verschiedener Altersgruppen in unterschiedlichen europäischen Ländern zeigen übereinstimmend, dass das Ende des Jungseins um das 41./42. Altersjahr wahrgenommen wird und der Beginn des Alters mit rund 62–65 Jahren (Bühlmann et al., 2012).
- Klimakterische Veränderungen in dieser Lebensphase sind ein zeitstabiles Faktum:

So erfolgte die Menopause in Mitteleuropa in der Zeit zwischen 1900 und 1998 zwischen dem 46. und 50. Lebensjahr (Kytir, 1998). Aber auch bei den Männern fängt in dieser Zeit eine hormonelle Umstellung an (Andropause mit einem progressiven Absinken des Testosteronspiegels). Im Zuge dieser hormonellen Veränderungen werden die körperlichen Alterungsprozesse verstärkt spürbar und wirken sich bei Frauen und bei Männern auf Aussehen und Befindlichkeit aus.

- Die intergenerationelle »Sandwich-Position« ist für die meisten Frauen und Männer dieser Altersgruppe eine Tatsache: Die Eltern werden alt und viele von ihnen pflegebedürftig, die Kinder sind im Ablösungsprozess – und beide sind auf die Hilfe der mittleren Generation angewiesen. Diese Stellung zwischen Jung und Alt ist nicht nur familial eine Realität mit weitreichenden Implikationen, sondern auch im Beruf und in der Gesellschaft.

9.2 Herausforderungen und Gestaltungsmöglichkeiten des mittleren Lebensalters im Spiegel biografischer Transitionen

Sowohl der Übergang in die zweite Lebenshälfte in der Lebensmitte als auch die verschiedenen biografischen Transitionen über das gesamte mittlere Lebensalter hinweg kennzeichnen diesen Lebensabschnitt als eine dynamische Phase mit multiplen Herausforderungen, aber auch vielen Chancen. Biografische Übergänge oder Transitionen sind Zeiten der Veränderung, ausgelöst durch innere oder äußere Faktoren. Zu den inneren gehören körperliche (z.B. die Menopause) und psychologische Determinanten (etwa eine spirituelle Krise). Zu den äußeren Determinanten gehören zum einen gesellschaftlich altersnormierte Erwartungen wie die Pensionierung, zum anderen unvorhergesehene Einwirkungen wie etwa eine Kündigung. Transitionen sind Zeiten der Neudefinition von Identität und sozialen Rollen: Man kann unter den neuen Umständen nicht nach dem alten Muster weiterfahren. Aus psychologischer Sicht ist die Frage relevant, inwiefern solche Phasen vorhersehbar sind. Unvorhersehbare Lebensübergänge werden stille oder nicht-normative Transitionen genannt und stellen zumeist eine erhebliche psychische Herausforderung dar. Transitionen sind Konstituenten des menschlichen Lebenslaufs und bergen ein Potential zum persönlichen Wachstum.

In diesem Abschnitt sollen exemplarisch einige dieser Lebensübergänge ausgeleuchtet werden, wobei der Fokus in erster Linie auf altersnormative Transitionen (Auszug der Kinder, Altern und Sterben der Eltern) sowie auf zentrale nicht-normative Transitionen (z. B. Scheidungen nach langjähriger Partnerschaft) gelegt werden soll. Diese Auswahl trägt theoretischen Ansätzen zu lebenszyklischen Übergängen (Erikson, 1982), vor allem aber empirischen Arbeiten Rechnung. Bei diesen Transitionen gilt es zu beachten,

- dass ihre Bewältigung starken individuellen Unterschieden unterliegt, abhängig von den verfügbaren individuellen und sozialen Ressourcen;
- dass sie sowohl als Herausforderungen als auch als Chancen wahrgenommen werden können;
- dass aufgrund neuer Gestaltungsmöglichkeiten in unserer Gesellschaft auch die Chancen zu einer Neuausrichtung bedeutsam geworden sind;
- dass die Art und Weise, wie sie durchlaufen werden, eine nachhaltige Wirkung auf spätere Entwicklungsverläufe hat. Erkenntnisse der Lebenslaufforschung legen eine bedeutsame Kontinuität von Bewältigungs- und Handlungsstrategien nahe, wodurch Wohlbefinden und Verhalten im Alter in starkem Maße durch die Gegebenheiten und Lebensperspektiven in den mittleren Lebensjahren geprägt werden (Perrig-Chiello, Jäggi, Buschkühl, Stähelin, Perrig, 2009).

Veränderte Zeitraster, Bilanzierungsprozesse und Chancen für Neuorientierungen

Mit dem Übergang in die zweite Lebenshälfte verbunden ist unweigerlich eine Veränderung in der Zeitorientierung: Gedacht wird nicht mehr in Jahren nach der Geburt, sondern in Zeiteinheiten, die noch zum Leben bleiben. Aufgrund der veränderten Zeitperspektive findet in der Regel eine Auseinandersetzung mit den ursprünglichen Lebensentwürfen sowie eine Bilanzierung des bisher Erreichten statt. Das bisher Erreichte bzw. Nichterreichte wird vor dem Hintergrund sich allmählich eingrenzender beruflicher, familialer und partnerschaftlicher Optionen sowie körperlicher Ressourcen erstmals in seiner Bedeutung sichtbar. Biografische Festlegungen beruflicher und partnerschaftlicher Art treten verstärkt hervor und können – je nach Persönlichkeit und Lebenssituation – als Belastung oder als Anreiz zur Veränderung empfunden werden. Allfällige in der Aufbauphase des jungen Erwachsenenalters unterdrückten Aspekte des Selbsts werden zunehmend manifest und stellen für viele eine Herausforderung dar. Verpasste Chancen, welche nach Realisierung drängen, sind ein häufiges Thema (Perrig-Chiello, 2011). Auf diesen Entwicklungsprozess verwies bereits C. G. Jung (1982). Gemäß Jung bleibt beim Aufbau einer gut funktionierenden Persona in der ersten Lebenshälfte vieles im Schatten liegen. Dieses müsse nun zur Vervollkommnung der Persönlichkeit hervorgeholt und integriert werden. Die Auseinandersetzung und Versöhnung dessen, was bisher gelebt wurde, mit dem, was ursprünglich als Lebensziel intendiert war, bildet eine der Hauptaufgaben des mittleren Lebensalters.

Dies alles scheint im Widerspruch zu stehen mit der Feststellung, dass sich viele Leute im mittleren Alter auf dem Kulminationspunkt ihrer sozialen und beruflichen Biografie befinden. In der Tat ist das mittlere Erwachsenenalter durch die Konsolidierung der eigenen Position in Gesellschaft und Beruf geprägt (zumeist nach einer Phase des Aufbaus und der Kompromisse). Dies widerspiegelt sich unter anderem in der Tatsache, dass die meisten verantwortungstragenden Positionen in Politik, Wirtschaft, Verwaltung, Produktionsbetrieben und Bildungsinstitutionen mit Personen zwischen 40 und 60 Jahren besetzt sind.

Allerdings zeigt die Empirie eine vielschichtige Realität auf, welche eine Reihe von Differenzierungen (hinsichtlich Alter, Geschlecht und Bildung) bezüglich der Vorstellungen des mittleren Lebensalters als beruflicher Zenit nahelegt. Die vor mehr als dreißig Jahren gemachte Aussage des Soziologen Martin Kohli hat kaum an Aktualität verloren:

> »In den mittleren Jahren rücken die einen in die gesellschaftlichen Spitzenpositionen auf. Entsprechend sehen sie sich zumindest äusserlich auf dem Höhepunkt ihres Lebens und der gesellschaftlichen Lebensmöglichkeiten insgesamt. Wenn sie Diskrepanzen erfahren, dann nicht wegen Nichterreichen der beruflichen Laufbahnziele, sondern weil auch dieser äußere Erfolg nicht die Erfüllung aller Wünsche bringt. Die anderen verharren auf ihrem gesellschaftlichen Stand oder werden sogar abgewertet. Sie müssen ihre weitergehenden Aufstiegs- und Konsumaspirationen zurückstecken und werden zunehmend von Jüngeren überholt.« (Kohli, 1977, S. 641).

Die aktuellen Entwicklungen auf dem Arbeitsmarkt (Druck nach beruflicher Flexibilität oder rascher Technologiefortschritt) legen jedenfalls eine Differenzierung nach Lebensalter nahe, nämlich zwischen den 40- bis 50-Jährigen, die sich auch in Krisenzeiten häufig in einer relativ guten Situation befinden, und den 50- bis 65-Jährigen, die verstärkt unter Druck geraten können. Dies zeigen etwa auch Daten des European Social Surveys 2008/09, wonach Benachteiligungen aufgrund des Alters primär junge Leute (15- bis 24-Jährige »zu jung und unerfahren«) als auch Personen in der späteren beruflichen Phase (55- bis 64-Jährige) betreffen (mangelnder Respekt, Benachteiligung bzw. Chancenlosigkeit auf dem Arbeitsmarkt) (Bühlmann et al., 2012). Vor allem 50- bis 64-jährige Männer mit schlechtem Bildungsstand und tiefer beruflicher Position weisen häufigere Absenzen am Arbeitsplatz, erhöhte psychische

Belastungen und chronische Rückenprobleme auf, was ihre Leistungsfähigkeit und ihre Chancen einer Weiterbeschäftigung reduziert (Robert-Koch-Institut, 2011). Andererseits kann die Sorge vor Verlust des Arbeitsplatzes dazu führen, dass Arbeitnehmer trotz Krankheit zur Arbeit gehen. Die Folgen dieses Präsentismus – welcher in den letzten Jahren zunehmende Bedeutung in der öffentlichen Diskussion gewonnen hat – sind sowohl für den Arbeitnehmer wie für den Arbeitgeber negativ (erhöhte Unfallgefahr, geringere Produktivität und daher hohe Folgekosten für das Unternehmen).

Auch bei den Frauen zwingt sich eine Differenzierung nach Alter auf. Haben heutige Frauen zwischen 40 und 50 aufgrund der besseren Ausbildung und strukturellen Rahmenbedingungen viele Optionen, sind jene zwischen 55 und 65 Jahren immer noch durch frühere Ungleichheiten der Bildungschancen geprägt. Sie gehören jener Generation an, die zwar von der Bildungsexpansion profitierte, in welcher die bildungsmäßige und berufliche Gleichberechtigung aber erst begann. Zudem stehen viele dieser Frauen im Spannungsfeld traditioneller Lebensformen und neuer weiblicher Lebensentwürfe (beruflicher Wiedereinstieg bzw. beruflicher Neuanfang), was zu Vereinbarkeitskonflikten zwischen beruflichen Verpflichtungen und Pflegeverantwortung für alte Eltern führen kann. Verschärft wird das Problem durch die (heute noch) mangelnden Infrastrukturen, etwa Entlastungsangebote für pflegende Angehörige, aber auch durch ungenügende Flexibilität in Unternehmen (Arbeitszeit, Arbeitsort).

Zusammenfassend lässt sich sagen, dass unabhängig von Geschlecht und Bildung die Lebensmitte und die damit verbundene Veränderung der Zeitperspektive für viele eine Herausforderung darstellt. Die Auseinandersetzung mit ursprünglichen Lebensentwürfen kann zunächst Verunsicherungen hervorrufen, ist aber zumeist eine notwendige Basis für einen Neuanfang. Ob damit auch Chancen assoziiert werden, hängt von den individuellen (Persönlichkeit) und sozialen (Partnerschaft, Familie und soziales Netz) Ressourcen ab. Auf jeden Fall birgt nicht zuletzt auch die Tatsache, dass ab der Lebensmitte die Perspektive auf noch rund 40 Lebensjahre besteht, viele Möglichkeiten zur Neuorientierung in verschiedenen Lebensbereichen (beruflich, partnerschaftlich etc.).

Partnerschaft im mittleren Lebensalter zwischen Neuorientierung und Konsolidierung

Die längere Lebenserwartung brachte es mit sich, dass Ehegemeinschaften im Grunde über mehrere Jahrzehnte dauern könnten. Allerdings deutet der starke Anstieg der Scheidungsraten bei langjährigen Ehen darauf hin, dass die Perspektive einer langen Partnerschaft eine Herausforderung ist und für viele keine realisierbare Option darstellt. Fielen in der Schweiz im Jahre 1970 15 % aller Scheidungen auf Langzeitehen, so waren es 1990 bereits 22 % und 2009 gar 28 %. Betroffen sind vor allem Leute im mittleren Lebensalter (45–54 Jahre), insbesondere Frauen zwischen 50 und 54 Jahren.[16] Dieser Trend kann als Hinweis verstanden werden, dass die Vorteile einer langjährigen Beziehung, wie tiefe Verbundenheit oder gemeinsame Projekte und geteilte Erinnerungen, für immer mehr Paare an Bedeutung verlieren und von Gefühlen von wachsender emotionaler Distanz, Überdruss sowie mangelndem gegenseitigem Verständnis und Vertrauen überlagert werden können (Perrig-Chiello, 2011). War es bis anhin üblich,

in unbefriedigenden Ehen »auszuharren«, kann man beobachten, dass im Zuge der generellen Infragestellung von lebenszyklischen Festlegungen hier – von Männern wie von Frauen – eine zweite Chance einer biografischen Neuorientierung wahrgenommen wird. Die spät Geschiedenen gehören mehrheitlich der Babyboom-Generation[17] an, welche nicht nur anderen Wertsystemen verpflichtet ist als ihre Elterngeneration, sondern auch mit anderen Risikofaktoren für eine späte Scheidung konfrontiert wurde. Dazu zählt zum einen die Kumulation von multiplen sozialen Rollen und der damit assoziierte Alltagsstress – mitbedingt durch die intergenerationelle Sandwichposition und die hohe Verantwortungslast. Zum anderen zählt aber auch die Aussicht auf attraktive Alternativen zur bestehenden Partnerschaft, sei es eine neue Beziehung oder eine befriedigende Situation alleine. Hinzu kommen die gestiegenen Erwartungen an die Ehe als Liebes- und Sexualbeziehung. Aber auch die hohe räumliche und zeitliche Mobilität, denen Menschen gerade im mittleren Lebensalter unterworfen sind, können belastend sein und bestehende Anforderungen weiter verschärfen. So können etwa im Falle einer hohen räumlichen Mobilität – z. B. bei Paaren, die eine Wochenendbeziehung leben – die Erwartungen an die wenigen Tage des Zusammenlebens unrealistisch hoch sein und damit die Partnerschaft extrem belasten.

Das Phänomen der *späten* Scheidung ist zwar kein prominenter Untersuchungsgegenstand, dennoch wurden in der Forschung einige bedeutsame Determinanten identifiziert. Neben gesellschaftlichen Faktoren (Liberalisierung der Werte) spielen auch Persönlichkeitsmerkmale und Kompe-

---

16 www.bfs.admin.ch/bfs/portal/de/index/themen/01/02/blank/dos/le_portrait_demographique/intro¬
     duction.html.
17 In der Schweiz sind das die geburtenstarken Nachkriegsjahrgänge bis 1965; in Deutschland die Jahr-
     gänge zwischen 1950–1965.

tenzdefizite in Kommunikation, Problemlösung und Stressbewältigung eine Rolle (Pudrovska & Carr, 2008). Allerdings ist das Problem der späten Scheidung dermaßen vielschichtig, dass es noch viele Forschungslücken und Unklarheiten gibt. So ist etwa die Ehequalität ein schwacher Prädiktor für eine *späte* Scheidung, insbesondere bei stressarmen Ehen, auch wenn sie in der Forschungsliteratur häufig thematisiert wird. Aussagekräftiger scheinen die subjektive Bewertung der Ehe unter Einbezug der Dimensionen Nutzen–Kosten und Alternativen–Barrieren.

Eine späte Scheidung kann für manche Personen Vorteile bringen, andere erleben eine vorübergehende Verschlechterung des psychischen und physischen Wohlbefindens, und wieder andere erholen sich nie mehr vollständig (Pudrovska & Carr, 2008). Zu den vulnerabilisierenden Faktoren, welche die Stärke und Dauer der Anpassungsprobleme erhöhen, zählen insbesondere zunehmendes Alter, eine lange Ehedauer, eine traditionelle Arbeitsteilung während der Ehe, problematische Persönlichkeitsmerkmale, Kompetenzdefizite, Arbeitslosigkeit, Verarmung als Folge einer Scheidung und der/die Verlassene zu sein. Protektive Faktoren hingegen, welche die Anpassung an eine Scheidung erleichtern, sind etwa eine Erwerbstätigkeit bzw. ein gesichertes Einkommen, ein tragfähiges soziales Netz, die Scheidung selbstinitiiert zu haben sowie eine neue Paarbeziehung. Auch wenn die positive Wirkung einer (guten) langjährigen Ehe auf das psychische und physische Wohlbefinden unbestritten ist, kann eine späte Scheidung durchaus wünschenswert oder gar notwendig sein. So lässt eine positive Bewältigung einer späten Scheidung nach der Krise auch wieder Chancen für neue soziale Beziehungen und Engagements entstehen.

Dynamik familialer Veränderungen im mittleren Lebensalter

In keiner anderen Lebensphase ist die Dynamik des »intergenerationellen Schicksals« so ersichtlich und kommt so zum Tragen wie im mittleren Lebensalter. Unabhängig von der Art von Verantwortung und der Form intergenerationeller Beziehungen bleibt die Tatsache bestehen, dass die Mehrheit von Frauen und Männern in dieser Lebensphase gleichzeitig durch die jüngeren Generationen (Kinder, Enkelkinder) als auch durch die ältere Generation (betagte Eltern) mit Anforderungen konfrontiert werden. Aus entwicklungspsychologischer Perspektive relevant ist, dass diese intergenerationelle Stellung verbunden ist mit zwei zentralen lebenszyklischen Ablösungsprozessen, einerseits der Ablösung von den Kindern, andererseits der von den Eltern.

Erwachsenwerden und Auszug der Kinder: Diese familiale Transition, welche die Mehrheit der Leute im mittleren Lebensalter betrifft[18], hat sich in den letzten Jahrzehnten in der Schweiz genauso wie in Deutschland und Österreich zeitlich verschoben. Während die heutige mittlere Generation ihr Elternhaus früh verließ, verbleiben deren Kinder länger zu Hause, was für die Frauen und Männer den Beginn der nachelterlichen Lebensphase verzögert und eine längere Verantwortung und finanzielle Belastung bedeutet. Allerdings ist es heute schwierig, den exakten Zeitpunkt des Auszugs der Kinder zu definieren, weil »der Auszug« in zunehmendem Maße ein längerer Prozess geworden ist und immer weniger ein biografischer Wendepunkt. Vielfach ist ein Kommen und Gehen zu beobachten (»Boomerang-Generation«), wobei selbst die Gründung eines eigenen Haushaltes bzw. einer eigenen Familie keine verlässlichen Marker sind. Weit verbreitet sind

---

18 79 % der Frauen des Geburtsjahrgangs 1955 und 75 % des Jahrgangs 1965 haben Kinder.

auch Mischformen, etwa in dem Sinne, dass Jugendliche zwischen Elternhaus und einer eigenen Wohnmöglichkeit pendeln (Perrig-Chiello et al., 2008).

Der Auszug der Kinder wurde in Studien der 1960er und frühen 1970er Jahre aufgrund des Verlustes einer zentralen Lebensrolle, namentlich der Mutterrolle, als Lebenskrise vieler Frauen angesehen. In diesem Zusammenhang wurde der Begriff des ›Empty-nest‹-Syndroms geprägt. Ergebnisse neuerer Studien weisen darauf hin, dass es sich hier um einen Kohorteneffekt handelte, welcher auf eine einseitige Definition der Frauen über die Mutterrolle in der damaligen Zeit zurückzuführen ist. Neuere Forschungsresultate zeigen jedenfalls, dass – unabhängig davon, ob es sich um verheiratete oder allein erziehende Mütter, um Hausfrauen oder Berufsfrauen handelt – alle Frauen dieser Altersgruppe angeben, weniger Zeit für die Mutterrolle investieren zu wollen und sich mehr Zeit für sich selber wünschen. Dieser Sachverhalt kann als Indiz dafür interpretiert werden, dass der Auszug der Kinder von den meisten Frauen als eine willkommene Ablösung angesehen und mit neuen Gestaltungsmöglichkeiten assoziiert wird.

So ist der Auszug der Kinder aus dem Elternhaus für eine Mehrheit der Eltern zum einen verbunden mit neuen beruflichen Optionen seitens der Mütter und zum anderen mit einer Neudefinition der Eltern als Partner. Im Gegensatz zu früheren Studien, welche den Prozess der Ablösung nur bei Müttern untersuchten, berücksichtigen aktuelle Forschungsarbeiten zunehmend auch die Rolle der Väter. Die Resultate weisen darauf hin, dass bei Männern im mittleren Alter die Elternrolle an Bedeutung gewinnt. Dabei wird der Stellenwert der Familie für ihr emotionales Wohlbefinden zentraler, was mit Problemen des Loslassens verbunden sein kann. Dies wurde in eigenen Studien insofern ersichtlich, als Väter den Auszug ihrer Kinder mit viel Ambivalenz und eher negativer erlebten als die Mütter (Perrig-Chiello, 2011).

Pflegebedürftigkeit und Tod der Eltern: Neben der Neudefinition der Rolle als Eltern sind Menschen mittleren Alters auch mit der Findung ihrer Rolle als erwachsene Kinder alternder Eltern konfrontiert. Pflegebedürftigkeit und Tod der Eltern gehören zu den biografischen Übergängen des mittleren Lebensalters mit der negativsten emotionalen Wertigkeit (Perrig-Chiello, 2011). In vielen Fällen geht dem Tod der Eltern eine Phase der Fragilisierung und funktionellen Abhängigkeit voraus, welche Hilfe und Pflege erfordert. Dieser Hilfebedarf ist häufig gepaart mit elterlichen Erwartungen, dass die erwachsenen Kinder – insbesondere die Töchter – in dieser Situation Unterstützung leisten.

Verbunden mit dem Rollenwandel lösen diese Erwartungen bei erwachsenen Kindern eine Vielfalt von ambivalenten Gefühlen aus, welche in der entwicklungspsychologischen Literatur auch als »filiale Krise« bezeichnet werden (Marcoen, 1995). Dabei geht es darum, das Verhältnis zu den Eltern neu zu definieren und auszuloten, was möglich ist und was nicht (emotional, sozial, aber auch in Bezug auf konkrete Hilfe). Im Idealfall gelingt es, nach einer Phase der krisenhaften Konfrontation mit dem Verlust des gewohnten Elternbildes zu einem neuen Zustand zu gelangen, nämlich zur »filialen Reife«. Geprägt durch ein neues Rollenverständnis und durch adaptierte Kommunikationsformen sollte es erwachsenen Kindern idealerweise zunehmend besser gelingen, ihre betagten Eltern so zu akzeptieren wie sie sind, ihnen zu helfen und sich zugleich abzugrenzen, ohne Schuldgefühle zu entwickeln. Im Gegensatz zum Konzept der filialen Krise ist dasjenige der filialen Reife schwierig zu verstehen. Es stellt sich nämlich die Frage, ob es jenseits der filialen Krise wirklich diesen neuen Zustand der filialen Reife gibt oder ob es sich vielleicht um ein allzu idealistisches Modell handelt.

Ist es möglicherweise eher so, dass der Zustand der filialen Krise zu einem Dauerzustand wird oder dass filiale Reife eher ein resigniertes Sichhineinschicken darstellt?

Entsprechende Untersuchungen weisen darauf hin, dass bei Personen im mittleren Lebensalter viel Ambivalenz im Spiel ist, wenn sie zum Verhältnis zu ihren alten und hilfsbedürftigen Eltern befragt werden (Perrig-Chiello & Höpflinger, 2005). Gefühle von Verpflichtung, des Helfenwollens, aber auch Überlegungen zur Rolle der anderen Familienangehörigen sowie Gedanken zur eigenen Autonomie stehen zueinander in Konkurrenz. Die elterlichen Erwartungen stehen häufig in Widerspruch zu den tatsächlichen Möglichkeiten und Bedürfnissen der Frauen mittleren Lebensalters (aufgrund bestehender familialer und beruflicher Anforderungen). Bei befragten Frauen und Männern zwischen 45 und 55 Jahren scheint Konsens darüber zu herrschen, dass Kinder gegenüber ihren alternden Eltern Verpflichtungen haben und dass es ihre Pflicht ist, ihren Eltern zu helfen, wenn diese Unterstützung brauchen und sie um Hilfe bitten. Gleichzeitig empfindet aber ein Großteil, dass ihre Eltern zu viel von ihnen erwarten und dass die erbrachte Hilfeleistung zu wenig geschätzt wird. Zudem fühlen sie sich mit dieser Aufgabe von anderen Familienangehörigen oft allein gelassen. Letztlich kollidiert dies alles mit einem zunehmenden Autonomiestreben von Menschen mittleren Alters. Sie geben an, dass

sie eigentlich nur ungern mehr Zeit für die eigenen Eltern investieren; schließlich hätten sie auch ihr eigenes Leben (dieser Ansicht sind 80 % der Befragten). Insgesamt gesehen werden trotz ambivalenter Gefühle und großem Arbeitsaufwand auf der Handlungsebene nach wie vor in hohem Umfang Pflegeleistungen erbracht, insbesondere von Frauen.

Hier stellt sich die Frage, weshalb erwachsene Kinder – trotz konfligierenden Interessen – diese Hilfe leisten. Als zentrales Motiv wird – neben Liebe und Verbundenheit – das Gefühl der Verpflichtung genannt. Es spricht vieles dafür, dass sich hinter diesen Motiven nicht nur gesellschaftliche und familiale Normen verbergen, sondern auch individuelle Faktoren wie etwa psychische Bindungsmuster eine entscheidende Rolle spielen. So gibt es empirische Evidenz für die Annahme, dass sich frühkindliche Beziehungserfahrungen auf die Eltern-Kind-Beziehungen in späteren Lebensphasen auswirken. Eigene Untersuchungsergebnisse bestätigen Befunde der Regensburger Bindungsforscher Grossmann & Grossmann (2004), wonach bindungssichere Personen ihren betagten Eltern gegenüber ein höheres Maß an Verpflichtung, Hilfsbereitschaft, emotionaler Unterstützung und Hilfe entgegenbringen als bindungsunsichere. Bindungssichere Personen haben das Gefühl, viel zu geben, aber auch viel zu erhalten oder erhalten zu haben (Perrig-Chiello & Höpflinger, 2005).

9.3 Sind Zeiten der Veränderung auch Zeiten der Krise?

Midlife-Krise oder nicht?

In traditionellen Darstellungen des Lebenslaufs als eine auf- und dann absteigende Treppe figuriert die Lebensmitte als der

Gipfel, als Zenit. Nach den bisherigen Ausführungen stellt sich die Frage, inwiefern diese Allegorie zutrifft. Zum einen kann die Frage bejaht werden: Wie in keiner anderen Altersgruppe konzentrieren sich hier Einfluss, Macht und Verantwortung. Die Mehrheit der Leute hat sich in der Regel familial, beruflich und gesellschaftlich verankert und kann auf eine solide Basis von Lebenserfahrung zurückgreifen. Zum anderen lässt sich die Frage aber auch mit einem Nein beantworten: Wie in keiner anderen Altersgruppe werden die Grenzen der eigenen körperlichen und kognitiven Ressourcen erstmals bewusst realisiert, genauso wie das Engerwerden des Lebenszeitfensters und das allmähliche Schwinden der beruflichen und partnerschaftlichen Optionen. Dies alles ist häufig gepaart mit einer Sättigung hinsichtlich verschiedener sozialer Rollen in Familie, Beruf und Gesellschaft. Es ist eine Zeit der Veränderungen, der gewollten und der nicht gewollten, welche verunsichern können. Dies lediglich auf ein Phänomen westlicher Gesellschaft oder auf ein Pseudoproblem gewisser postmoderner Kreise reduzieren zu wollen, wie dies gelegentlich getan wird, trägt all jenen keine Rechnung, die in dieser Umbruchphase sind und diese zeitweilig als sehr belastend empfinden. Vor allem aber ist dies wissenschaftlich nicht stichhaltig, wie verschiedene Untersuchungen belegen konnten, so etwa die Studie von Blanchflower & Oswald (2008). Die Forscher analysierten Datensätze zur Lebenszufriedenheit von über zwei Millionen Personen aus 80 Ländern rund um den Globus. Die Resultate ergaben ein erstaunlich konsistentes Bild: Die Lebenszufriedenheitskurve im Altersgruppenvergleich ist U-förmig und zwar mit dem Tiefpunkt in den mittleren Jahren (bei rund 46 Jahren). Dieser Befund blieb auch dann konstant, wenn demografische Variablen (Geschlecht, Bildung, Einkommen) kontrolliert wurden. Untermauert und ergänzt wird der Befund durch zusätzliche Analysen der Depressionsraten in verschie-

denen Altersgruppen in Großbritannien.[19] Demnach liegt die größte Wahrscheinlichkeit, an einer Depression zu erkranken, zwischen dem 44. und 46. Altersjahr, und zwar sowohl für Frauen wie für Männer.

Ist dies nun der Beweis für eine universelle Midlife-Crisis? Auch wenn die Ergebnisse von Blanchflower & Oswald solide aufbereitet sind, wäre es unzutreffend, sie als Beweis für eine generalisierte *Krise* zu werten. Psychische Krisen beziehen sich auf menschliche Reaktionen auf distinkte kritische Lebensereignisse – und gerade das muss im Falle der tiefen Lebenszufriedenheitswerte im mittleren Lebensalter nicht zwingend sein. Es spricht eher vieles dafür, dass es sich hier in erster Linie um chronische Belastungen handelt – beruflicher, familialer oder partnerschaftlicher Art und in Bezug auf körperliche Veränderungen. Dies alles kann durchaus (muss aber nicht) zu einer Krise führen.

Gerne werden in Alltagsdiskursen in diesem Zusammenhang Parallelen zur Pubertät gezogen. Wie zulässig ist dieser Vergleich? Die Bezeichnung Pubertät ist zwar nicht zutreffend, hinsichtlich der Dynamik dieser Umbruchphase gibt es aber tatsächlich einige interessante Parallelen. Analog zur Pubertät stellen die mittleren Jahre eine Herausforderung für die Identitätsentwicklung dar. Geht es in der Pubertät um die Findung und Definition einer Identität als Erwachsener, steht beim Übergang in die zweite Lebenshälfte eine Neudefinition der Identität (körperlich, psychisch und sozial) als erfahrene, reife Person an. Ist die Identitätsfindung in jungen Jahren dadurch gekennzeichnet, sich sozial und gesellschaftlich zu verorten (ein nach außen gerichteter Prozess), geht es bei der Neudefinition der Identität in den mittleren Jahren darum, die bisherigen Bemühungen

---

19 Arbeitskräfteerhebung: von 2004–2007 wurden rund eine Million Beobachtungen erhoben bei Personen im Alter zwischen 17 und 70 Jahren.

wieder zu den eigenen Bedürfnissen und die ursprünglichen Lebenspläne mit dem Erreichten und dem Künftigen in Relation zu setzen (ein primär nach innen gerichteter Prozess). Nicht immer geht dieser Prozess einfach vonstatten – sehr oft ist er assoziiert mit Verunsicherungen, mit einer Infragestellung des bisher Gelebten oder gar mit Rebellion und Ausbrechen aus bisherigen Zwängen. Unabhängig davon, wie krisenhaft diese Umbruchsphase erlebt wird: Gemeinsam ist bei allen Betroffenen

die Suche nach dem Lebenssinn bzw. die Neudefinition desselben. Gemäß verschiedenen Studien ist die Auseinandersetzung mit Fragen nach dem Lebenssinn besonders in den mittleren Jahren ein zentrales Thema. So zeigt eine deutsche Studie mit über 1 000 Personen verschiedener Altersstufen, dass im Altersvergleich gerade die 40- bis 49-Jährigen die tiefsten Zufriedenheitswerte bezüglich des Lebenssinns aufweisen (Fegg, Kramer, Bausewein & Borasio, 2007).

9.4   Ausblick

Man kann nun den Fokus auf den Tiefpunkt des Wohlbefindens in den mittleren Jahren legen und sich davon paralysieren lassen. Man kann aber auch die Tatsache fokussieren, dass – ist einmal die Talsohle überschritten – mit zunehmendem Alter die Lebenszufriedenheit und das psychische Wohlbefinden einen Zuwachs erfahren. In der Forschungsliteratur wird dieses Phänomen als das »Paradox des Wohlbefindens im Alter« genannt. Paradox ist es insofern, als dass es, objektiv gesehen, den Leuten mit zunehmendem Alter aufgrund der geringer werdenden körperlichen, kognitiven und sozialen Ressourcen eigentlich psychisch schlechter gehen sollte. Die Tatsache, dass das psychische Wohlbefinden der meisten Menschen mit steigendem Alter besser wird – bzw. sich auf einem höheren Niveau stabilisiert – hat vielfältige Gründe. Die Leute sind zunehmend krisenerprobt und die große Mehrheit hat aus den Lektionen des Lebens gelernt. Dies widerspiegelt sich in einer größeren Gelassenheit und darin, dass das Anspruchsniveau laufend angepasst wird, Illusionen aufgegeben werden und Platz machen für realistischere Ziele.

Eine entscheidende Rolle für die Bewältigung der Herausforderungen des mittleren Lebensalters spielt die *Generativität* (Erikson, 1982). Diese umfasst produktive und kreative Einstellungen und Handlungen sowie die Möglichkeit, zur Fürsorge und Verantwortung für nachfolgende Generationen beizutragen. Dabei geht es um das Streben nach symbolischer Unsterblichkeit – etwas zu schaffen, das die eigene Existenz überlebt – gleichzeitig aber auch um den Wunsch, gebraucht zu werden, von Bedeutung für andere Menschen zu sein. Wenn dies nicht gelingt, wenn das Bewusstsein über die eigene Endlichkeit und die geringer werdenden Ressourcen zu sehr als Bedrohung gesehen werden und wenn die Entwicklungspotentiale, die in den neuen Qualitäten wie dem größeren Erfahrungshorizont stecken, nicht auch als Chancen erkannt werden können, droht eine *Stagnation* in der Lebensgestaltung, die durch eine zu starke Beschäftigung mit den eigenen Bedürfnissen sowie dem Rückzug aus dem gesellschaftlichen oder familiären Leben gekennzeichnet ist. Generativität ist letztlich eine Grundvoraussetzung, um mit der zunehmend negativen biografischen Gewinn-Verlust-Balance der zweiten Lebenshälfte (mehr negative Erfahrungen bei gleichzeitiger Abnahme der positiven) zurechtzukommen und ein neues Gleichgewicht des psychischen Wohlbefindens zu finden. Das damit verbundene Akzeptieren des bisher Gelebten ist denn auch eine entscheidende Voraussetzung für die Erlangung der *Ich-Integrität* beziehungsweise der *Sinnerfülltheit im Alter.* Es spricht vieles dafür, dass die vielfältigen Herausforderungen des mittleren Alters von der Mehrheit der untersuchten Personen mit steigendem Lebensalter auch als Chance für die späteren Jahre wahrgenommen werden. Der festgestellte Zuwachs an Gelassenheit und Ausgeglichenheit ist einerseits ein Indiz für die hohe psychische Adaptationsfähigkeit des Menschen, andererseits aber auch ein Beweis für das inhärente Entwicklungspotential biografischer Krisen.

Literatur

Blanchflower, D. G., & Oswald, A. J. (2008). Is well-being U-shaped over the life cycle? *Social Science & Medicine*, 66(8), 1733–1749.

Bühlmann, F., Schmid, C., Farago, P., Höpflinger, F., Joye, D. Levy, R., Perrig-Chiello, P., Suter, C. (2012). *Sozialbericht Schweiz – Fokus Generationen.* Zürich: Seismo.

Erikson, E. H. (1982). *The life cycle completed. A review.* New York: Norton.

Fegg, M. J., Kramer, M., Bausewein, C., Borasio, G. D. (2007). Meaning in life in the Federal Republic of Germany. *Health and Quality of Life Outcomes*, 5, 59.

Grossmann, K., Grossmann, K. E. (2004). *Bindungen – das Gefüge psychischer Sicherheit.* Stuttgart: Klett-Cotta.

Jung, C. G. (1982). *Über die Entwicklung der Persönlichkeit.* Ges. Werke, Band 17. Olten: Walter Verlag.

Kohli, M. (1977). Lebenslauf und Lebensmitte. *Kölner Zeitschrift für Soziologie und Sozialpsychologie*, 29, 625–656.

Kytir, J. (1998). Frauen in der Lebensmitte – demographische und gesellschaftliche Herausforderungen für das 21. Jahrhundert. *Journal für Menopause*, 5, 9–12.

Marcoen, A. (1995). Filial maturity of middle-aged adult children in the context of parental care: model and measures. *Journal of Adult Development*, 2, 125–136.

Perrig-Chiello, P. (2011, 5. überarbeitete Auflage). *In der Lebensmitte. Die Entdeckung der mittleren Lebensjahre.* Zürich: NZZ libro, Verlag Neue Zürcher Zeitung.

Perrig-Chiello, P., Jäggi, S., Buschkühl, M., Stähelin, H. B. & Perrig, W. (2009). Personality and health in middle age as predictors for health, physical and psychological well-being in old age. *European Journal of Ageing*, 6, 27–37.

Perrig-Chiello, P. & Höpflinger, F. (2005). Ageing parents and their middle-aged children – demographic and psychosocial challenges. *European Journal of Ageing*, 2, 183–191.

Perrig-Chiello, P., Höpflinger, F. & Suter, C. (2008). *Generationen – Strukturen und Beziehungen. Generationenbericht Schweiz.* Zürich: Seismo.

Pudrovska, T. & Carr, D. (2008). Psychological adjustment to divorce and widowhood in mid- and later life: do coping strategies and personality protect against psychological distress? *Advances in Life Course Research*, 13, 283–317.

Robert-Koch-Institut (2011). Psychische Gesundheit. *GBE Kompakt. Zahlen und Trends aus der Gesundheitsberichterstattung des Bundes*, 7/2. Jahrgang.

10 Berufliche Entwicklung in Veränderung

Andreas Kruse und Michael Hüther

Zusammenfassung

Vor dem Hintergrund des demografischen Wandels stellt die Erhöhung der Beschäftigungsquoten älterer Arbeitnehmer eine zentrale gesellschaftliche Herausforderung dar. Für die Unternehmen stellt sich hier die Aufgabe, durch die Entwicklung lebenszyklusorientierter Arbeitsmodelle die Erhaltung und weitere Differenzierung beruflicher Leistungspotenziale über eine verlängerte Erwerbsbiografie zu fördern. Im vorliegenden Beitrag wird zunächst aufgezeigt, dass ältere Arbeitnehmer im Vergleich zu jüngeren nicht weniger, sondern vor allem anders leistungsfähig sind, sodass die Alterung von Belegschaften unter der Voraussetzung einer angemessenen, demografiesensiblen Personal- und Beschäftigungspolitik die Konkurrenz- und Innovationsfähigkeit von Unternehmen nicht beeinträchtigen muss. Das Erfahrungswissen älterer Arbeitnehmerinnen und Arbeitnehmer fördert durch seine Lotsen-, Provokations- und Orientierungsfunktion gleichermaßen Innovationsfähigkeit und Unternehmenskultur. In den folgenden Teilen des Beitrags werden eine Lernen und Beruf stärker integrierende Neuorganisation des Lebenslaufs und altersgemischte Teams als zentrale Strategien der Förderung von Beschäftigungsfähigkeit beschrieben. Zudem werden Befunde zu der Frage dargestellt, wie sich deutsche Unternehmen auf die Herausforderungen des demografischen Wandels einstellen. Schließlich werden Bildung und Gesundheitsförderung als Komponenten einer lebenszyklusorientierten Personal- und Beschäftigungspolitik diskutiert.

10.1 Einführung

Nach Angaben des Statistischen Bundesamtes waren im Jahr 2010 in Deutschland 16,3 Millionen Menschen zwischen 50 und 65 Jahre alt, davon 6,2 Millionen zwischen 50 und 55 Jahren, 5,5 Millionen zwischen 55 und 60 Jahren und 4,6 Millionen zwischen 60 und 65 Jahren. Bis zum Jahr 2014 wird sich die Anzahl der 50- bis 65-Jährigen auf über 18 Millionen, bis zum Jahr 2018 auf über 19 Millionen erhöhen. Mit dem Älterwerden der Babyboomer wird sich die Anzahl der 55- bis 60-Jährigen und 60- bis 65-Jährigen in der nächsten Dekade kontinuierlich erhöhen, die Anzahl der 50- bis 55-Jährigen wird ab 2015 wieder zurückgehen (Statistisches Bundesamt, 2010). Vor diesem Hintergrund stellt die Erhöhung der Beschäftigungsquote älterer Menschen eine zentrale gesellschaftliche Herausforderung dar. Produktivität, Innovations- und Konkurrenzfähigkeit werden in Zukunft immer stärker von der Leistungsfähigkeit und Leistungsmotivation älterer Mitarbeiterinnen und Mitarbeiter abhängen. Entsprechende Potenziale müssen in stärkerem Maße erkannt, entwickelt und genutzt werden. Die in den letzten Jahren beschlossenen und aktuell diskutierten arbeitsmarktpolitischen Maßnahmen zur Verbesserung der Rahmenbedingungen einer Beschäftigung älterer Mitarbeiterinnen und Mitarbeiter tragen zu einer effektiveren Nutzung von Potenzialen des Alters in der Arbeitswelt bei, werden alleine aber nicht ausreichen, um die mit der fortschreitenden Alterung des Erwerbspersonenpotenzials für eine nachhaltige Sicherung des Wirtschaftsstandortes Deutschland notwendige Partizipation Älterer auf dem Arbeitsmarkt zu erreichen. Hier stellt sich für die Unternehmen die Aufgabe, lebenszyklusorientierte Arbeitsmodelle zu entwickeln, Arbeitsbedingungen, Arbeitsanforderungen und Qualifizierungsangebote so zu gestalten, dass Leistungsfähigkeit und Leistungsmotivation erhalten bleiben, im Alternsprozess auftretende Schwächen kompensiert und potenzielle Stärken entwickelt werden können (Kruse, 2009).

Unter den 50- bis 65-Jährigen nahm zwischen 2000 und 2010 der Anteil der Personen, die einer Erwerbstätigkeit nachgehen, von 48,5 % auf 66,1 % zu – unter den 50- bis 55-Jährigen von 74,1 auf 80,2 %, unter den 55- bis 60-Jährigen von 56,5 auf 71,3 % zu, unter den 60- bis 65-Jährigen von 19,9 auf 40,8 %. Während die Erwerbstätigenquote älterer Menschen in Deutschland zur Jahrtausendwende im internationalen Vergleich nur ein durchschnittliches Niveau aufwies, ist sie mittlerweile überdurchschnittlich hoch.

Die im Jahr 2000 in den Lissabon-Zielen der EU angestrebte Erhöhung der Erwerbsquote der 55- bis 65-Jährigen um 50 % bis zum Jahr 2010 wurde in Deutschland bereits 2007 erreicht, 2010 lag die Erwerbsquote dieser Altersgruppe bei 57,7 % (20 % höher als im Jahr 2000), eine höhere Erwerbstätigkeitsquote älterer Menschen – der 50- bis 65-Jährigen wie auch der in den Lissabon-Zielen fokussierten Altersgruppe der 55- bis 65-Jährigen – wurde lediglich in Schweden erreicht (Bundesagentur für Arbeit, 2012). Trotz dieser positiven Entwicklung sind nach wie vor charakteristische Probleme älterer Arbeitnehmerinnen und Arbeitnehmer auf dem Arbeitsmarkt erkennbar: Der Anteil der sozialversicherungspflichtig Beschäftigten liegt unter den 60- bis 65-Jährigen mit einem Durchschnittswert von 27,5 % für das Jahr 2010 deutlich geringer als die Erwerbstätigenquote, von 4,89 Millionen ausschließlich geringfügig Beschäftigten im Juni 2011 sind 1,3 Millionen zwischen 50 und 65 Jahren. Während die Zahl der Arbeitslosen unter den 50- bis 55-Jährigen in den letzten 4 Jahren um ein Viertel gesunken ist, zeigt sich bei den über 55-Jährigen die Zahl der Arbeitslosen seit 2007 – infolge schwieriger Arbeitsmarkbedingungen wie infolge des Auslaufens von Vorruhestandsregelungen – vervierfacht; 2011 waren 373 800 Menschen im Alter von 55 bis 60 Jahren und 168 800 Menschen im Alter von über 60 Jahren arbeitslos gemeldet; bei einer durchschnittlichen Dauer der Arbeitslosigkeit für alle Arbeitslosen von 36,9 Wochen liegt die durchschnittliche Verweildauer bei den über 50-Jährigen bei 54,1 Wochen, während von allen Arbeitslosen ein Drittel seit mindestens 12 Monaten arbeitslos ist, liegt der entsprechende Anteil unter den über 50-Jährigen bei 45 % (Bundesagentur für Arbeit, 2012).

10.2 Kompetenzen älterer Arbeitnehmer und resultierende Anforderungen an Unternehmen

Ältere Arbeitnehmer sind nicht weniger, sondern anders leistungsfähig als jüngere. Vor dem Hintergrund zahlreicher empirischer Studien lassen sich die beruflichen Stärken älterer Mitarbeiterinnen und Mitarbeiter zusammenfassend wie folgt charakterisieren: hohe Kompetenz im Umgang mit komplexen, vertrauten Situationen, Entscheidungs- und Handlungsökonomie, ausreichend vorbereitete Entscheidungen, weiter reichende Zeit- und Zielplanungen, Überblick über vertraute Arbeitsgebiete sowie über effektive kognitive und handlungsbezogene Strategien zur Bewältigung zugehöriger Problemsituationen, Erkennen eigener Leistungsmöglichkeiten und Leistungsgrenzen, hohe Motivation im Falle einer als bedeutsam eingeschätzten Tätigkeit, hohe Loyalität gegenüber dem Arbeitgeber, hohe soziale Kompetenz, zeitliche Verfügbarkeit. Rückgänge in der Merkfähigkeit, in der Wahrnehmungsgeschwindigkeit, in der Geschwindigkeit der Informationsverarbeitung sowie im schlussfolgernden Denken können im Allgemeinen durch Stärken in der erfahrungs- und wissensbasierten Intelligenz (die auch mit dem Begriff der *Pragmatik der Intelligenz* umschrieben wird) kompensiert werden. In Bezug auf potenzielle Effekte von Aktivierung, Übung und Training ließ sich zeigen, dass bis in das Alter zahlreiche kognitive Fertigkeiten reaktiviert, gelernt und mit Erfolg trainiert werden können (Kruse & Schmitt, 2006; Kruse & Packebusch, 2006; Sonntag & Stegmaier, 2007; Staudinger & Baumert, 2007).

Altersunterschiede zugunsten jüngerer Mitarbeiterinnen und Mitarbeiter finden sich vor allem bei der Lösung ganz neuer Aufgaben, also bei einem Mangel an Erfahrung mit dem entsprechenden Aufgabengebiet. Zudem lassen sich in kognitiv stark belastenden Berufen alterskorrelierte Einbußen finden: Hier kann Erfahrung nicht mehr Defizite in der Mechanik der Intelligenz ausgleichen. Und schließlich finden sich Kompensationsgrenzen in jenen Aufgabenbereichen, die in besonders hohem Maße von der Verarbeitungskapazität beeinflusst sind. In Berufen, in denen (a) geschwindigkeitsbezogene und psychomotorische Fähigkeiten betont werden, (b) hohe physische Leistungen erbracht werden müssen und (c) die Tätigkeit nur auf wenige Handgriffe beschränkt bleibt, sind mit Beginn des fünften Lebensjahrzehnts Einbußen der Arbeitsfähigkeit erkennbar. In Berufen mit hohen psychischen und kognitiven Belastungen findet sich mit Beginn des sechsten Lebensjahrzehnts ein wachsender Anteil von Mitarbeiterinnen und Mitarbeitern, die im Vergleich zu früheren Messzeitpunkten schlechtere Leistungen erbringen. Schließlich lassen die Befunde die Folgerung zu, dass mit zunehmendem Lebensalter die individuellen Unterschiede in der Arbeitsfähigkeit deutlich ansteigen.

In der öffentlichen Diskussion ist immer noch die Tendenz einer Verallgemeinerung über die Gruppe der älteren Mitarbeiterinnen und Mitarbeiter erkennbar; es wird noch viel zu wenig berücksichtigt, dass im Alternsprozess individuelle Unterschiede nicht zurückgehen, sondern eher noch weiter zunehmen (Kruse & Schmitt, 2004). Zu dieser Heterogenität trägt bei, dass in den verschiedenen Dimensionen der Person (der körperlichen, der seelischen, der geistigen und der sozialen Dimension) sehr verschiedenartige Alternsprozesse zu beobachten sind, so dass »Altern« nicht als eindimensionales, homogenes, sondern vielmehr als mehrdimensionales, komplexes Phänomen verstanden werden muss. Damit ist zugleich angedeutet, dass bereits durch frühe

Intervention im Unternehmen und Betrieb – Training, Weiterbildung, Jobrotation, Gesundheitsförderung – Alternsprozesse früh positiv beeinflusst werden. Mit anderen Worten: Frühe Investition in Flexibilität, Plastizität und Gesundheit der Mitarbeiterinnen und Mitarbeiter wirkt sich positiv auf deren spätere berufliche Leistungen aus. Eine *alternsfreundliche Intervention* beginnt aus diesem Grunde bei Tätigkeitsbeginn einer Mitarbeitern bzw. eines Mitarbeiters und nicht erst im mittleren oder gar im hohen Erwachsenenalter.

Vor dem Hintergrund des demografischen Wandels, der sich vor allem in der *Schrumpfung* wie auch in der *Alterung* der Bevölkerung widerspiegelt, wird argumentiert, dass die heute bestehenden Probleme auf dem Arbeitsmarkt – zu den unter anderem zu zählen sind: eine Arbeitslosenquote von 7,1 %, in der Gruppe der 55- bis 65-Jährigen von 8,0 % (Durchschnittswerte für 2011), und eine Teilzeitarbeitsplatzquote von 20 % aller sozialversicherungspflichtig Beschäftigten (Stand Dezember 2011; Bundesagentur für Arbeit, 2012) – in den kommenden Jahren automatisch zurückgehen werden. Diese Argumentation scheint Unternehmen und Betriebe von der Aufgabe zu befreien, notwendige Personalentwicklungsmaßnahmen zu entwerfen und einzuleiten, die auf die Sicherung einer ausreichend qualifizierten Belegschaft gerichtet sind. Dass diese Argumentation aufgrund ihrer Vereinfachung hoch problematisch und zudem mit Risiken verbunden ist, verdeutlicht die folgende Aussage:

»Oft wird behauptet, dass die Bevölkerungsalterung die derzeitige Massenarbeitslosigkeit automatisch abbauen wird, da Erwerbstätige relativ zur Bevölkerung knapp werden. Diese Behauptung ist nur in ihrer Tendenz korrekt, übersieht jedoch eine mögliche Diskrepanz (›Mismatch‹) zwischen dem Arbeitskräftebedarf und den vorhandenen Qualifikationen. Es ist damit zu rechnen, dass sich die zu erwartende zusätzliche Nachfrage nach Arbeitskräften auf dem höher qualifizierten Segment des Arbeitsmarktes abspielt, während hingegen auf dem gering qualifizierten Segment die Nachfrage stagniert oder weiter abnimmt« (Börsch-Supan, 2006, S. 113).

Mit anderen Worten: Im Hinblick auf die Sicherung eines ausreichend qualifizierten, flexiblen und produktiven Erwerbspersonenpotenzials sind Personalentwicklungsmaßnahmen von allergrößter Bedeutung. Ein Schwerpunkt ist dabei vor allem auf die Förderung und Erhaltung von *Flexibilität* zu legen, die sich in der Fähigkeit ausdrückt, einen Arbeitsplatz zu wechseln und neue berufliche Anforderungen zu meistern.

»Die Strukturveränderungen einer alternden Volkswirtschaft verlangen daher eine erhöhte sektorale Mobilität auf dem Arbeitsmarkt. Diesen erhöhten Mobilitätsanforderungen steht entgegen, dass ältere Arbeitnehmer tendenziell eher in angestammten Berufen verbleiben möchten als jüngere« (Börsch-Supan, 2006, S. 114).

Aus der mit dem demografischen Wandel verbundenen Alterung des Erwerbspersonenpotenzials ergibt sich zunächst die Notwendigkeit, die heutigen älteren Belegschaften so zu qualifizieren, dass sie bis zu ihrem Berufsaustritt ein ausreichendes Maß an Flexibilität und Innovationsfähigkeit zeigen, um die veränderten Anforderungen in der Arbeitswelt produktiv bewältigen zu können. Dabei ist von der Erkenntnis auszugehen, dass Bildungsmaßnahmen auch bei älteren Frauen und Männern erfolgreich umgesetzt werden können, die notwendige Plastizität im sechsten und siebten Lebensjahrzehnt gegeben ist. Darüber hinaus sind lebenszyklus-orientierte Arbeitsmodelle zu entwickeln, Strategien, die darauf zielen, bereits heute die künftigen älteren Mitarbeiterinnen und Mitarbeiter so zu qualifizieren, dass die Leistungspotenziale nicht nur lange erhalten bleiben, sondern dass sich diese auch kontinuierlich differenzieren können – und zwar bis zum Berufsaustritt. Bereits heute müssen bei jungen Frauen und Männern Qualifizierungsinitiativen erfolgen, durch die diese in die Lage versetzt werden, auch in 20 bis 30 Jahren flexibel, produktiv und kreativ zu sein. Durch diese Investitionen werden (physische, psychische, kognitive, sozialkommunikative) Ressourcen aufgebaut, die zum einen Grundlagen für die *Stärken* im hohen Erwachsenenalter bilden und die zum anderen dazu beitragen, dass alterskorrelierte Verluste später eintreten und zudem eher kompensiert werden können.

10.3 Zur Bedeutung des Erfahrungswissens älterer Mitarbeiter in der Arbeitswelt

Gerade im 21. Jahrhundert drängen sich angesichts des ständig in steigendem Umfang neu entstehenden Wissens und der damit verbundenen dynamischen Veralterung von Wissensbeständen Zweifel an der Bedeutung des Erfahrungswissens für die Innovationsfähigkeit von Unternehmen auf. Man kann noch weiter gehen und mit Verweis auf die Funktion von Innovationen für das Wachstum einer Volkswirtschaft Erfahrungswissen als zunehmend obsolet und damit unternehmensstrategisch als zu vernachlässigen beschreiben. Relativierungen dieser Generalklausel lassen sich jedoch begründen, wenn man die verschiedenen Facetten von Innovationen beleuchtet. In der Tradition von Schumpeter (1952) versteht man Innovationen als erstmalige Durchsetzung und tatsächliche Umsetzung einer technischen oder organisatorischen Neuerung. Dabei sind radikale Innovationen im Gegensatz zu inkrementalen Innovationen durch die Anwendung grundsätzlich neuer Lösungsstrukturen gekennzeichnet. Ökonomen sprechen hier von Produktinnovationen und Prozessinnovationen, wobei es sich jeweils um technische oder um nichttechnische Neuerungen handeln kann (OECD, 1997).

Der Weg zur Neuerung kann, das ist für die folgenden Überlegungen bedeutsam, ebenso durch den Rückgriff auf Bekanntes, durchaus Altbewährtes – kurz: auf Erfahrungswissen – beschritten werden. Die gezielte Nutzung von Erfahrungswissen führt, indem eine neue Perspektive eingenommen wird, zu einer anderen Bewertung bestehender Strukturen und Systeme und eröffnet so die Chance für neue Lösungen und Möglichkeiten. Auch so beginnen Prozesse, die zur Realisierung bislang unbekannter Ziele oder zu einer höheren Effizienz bei der Erreichung bestehender Ziele führen. Innovationen sind dann vor allem neue Kombinationen von Bestehendem.

Bedeutsam für die Frage nach der Rolle des Erfahrungswissens ist ebenso der Hinweis, dass die Umsetzung von neuen Ideen oder Lösungen weder voraussetzungslos noch kontextunabhängig ist. Der Kontext, in dem eine neue Erkenntnis oder eine neue Handlungsmöglichkeit Wirkung entfaltet, ergibt sich nicht allein aus deren jeweils innerer Entwicklungslogik, aus einem tatsächlichen oder vermeintlichen Fortschritt des Denkens, sondern erst durch die Rezeptionsfähigkeit der Akteure sowie den Resonanzboden im Unternehmen und letztlich in der Gesellschaft. Damit wird zugleich betont, dass Innovationen nicht mit der naiven Annahme geradliniger Entwicklung einhergehen müssen und Ungleichzeitigkeiten zulassen können, wenn nicht sogar bedingen. Innovation muss sich zweifach beweisen: einerseits im Rückblick auf Einsichten und Erkenntnisse der Vergangenheit, wenn es nicht nur aus Vergessen legitimiert und damit durch Effizienzmangel gekennzeichnet sein soll, und andererseits durch Wahrnehmung im Licht der Gegenwart, wenn es nicht im Museum der nie umgesetzten Ideen landen soll. Orientierungen, Einstellungen, Haltungen, Traditionen und Routinen bestimmen ebenso wie der Bestand an Humankapital nicht nur das Potenzial für neue Ideen, sondern ebenso den Rahmen für deren Umsetzung.

So kann dem Erfahrungswissen als Provokations- wie als Orientierungspotenzial eine wichtige Bedeutung zugewiesen werden. Gerade eine Sicht, die auch die Erfahrung als Basis für Innovationen sieht, eröffnet neue Perspektiven auf die notwendigen Voraussetzungen, um die Potenziale zur Provokation wie zur Orientierung abrufen zu können. Es bedarf zu deren Mobilisierung einer entsprechenden Führungskultur und offener Kommunikationsstrukturen. So wie sich die Transformation von Informationen in Wissen durch Kommunikation – hier breit verstanden als die Auseinandersetzung mit Informationen (Bewertung, Auswertung, Verwendung) – vollzieht, so gilt dies auch für Neuerungen, es handelt sich um interaktive Produkte. Die Kommunikation ist ein Motor von Innovationen in Unternehmen und Gesellschaft, indem sie den Prozess der kreativen Konfrontation ermöglicht. Zugleich mobilisiert die Kommunikation den Kontext, der für die Wahrnehmung, Umsetzung und Nutzung einer neuen Idee bedeutsam ist.

Erfahrungswissen erlangt gerade unter den Bedingungen der Wissensgesellschaft eine besondere Lotsenfunktion einerseits und eine Provokations- sowie Orientierungsfunktion bei der Suche nach neuen Lösungen andererseits. Es gibt jedoch noch eine weitere Bedeutung von Erfahrungswissen in der Arbeitswelt. Diese leitet sich aus dem Begründungskontext von Unternehmen ab.

Unternehmenskultur wird in vertragstheoretischer Sicht als relationaler Vertrag verstanden. Solche Verträge sind langfristige Vereinbarungen, in denen vergangene, gegenwärtige und zukünftige persönliche Beziehungen zwischen den beteiligten Personen eine Rolle spielen. Diese Verträge sind meist implizit, informell und nicht rechtsverbindlich, sie beinhalten die selbstverständlichen, aber nicht immer ausgesprochenen Regeln des Miteinanders, die jenseits fester, expliziter und kurzfristiger Vertragswerke wirksam sind. Kurzum: Relationale Verträge zeichnen sich dadurch aus, dass die Vertragspartner nicht im Stande sind, ihre Verpflichtungen umfassend spezifisch festzulegen. Der Arbeitsvertrag erfüllt diese Kriterien. Zwar wird definiert, was die grundsätzlichen Anforderungen des Arbeitsplatzes und die darauf bezogenen Verpflichtungen von Unternehmen und Beschäftigten sind, doch bleibt unerwähnt, was in der Unternehmenskultur als Funktionsvoraussetzung des laufenden Miteinanders bedeutsam ist. Es wird im Grunde darauf gesetzt, dass für diese Aspekte eine Art Selbstdurchsetzung im Unternehmen wirksam wird. Dies erfordert nun in besonderer Weise Träger der Unternehmenskultur. In diesem Sinne spielt Erfahrungswissen von älteren Arbeitnehmern eine möglicherweise viel größere Rolle als in dem gewöhnlich diskutierten Zusammenhang spezifischer produktions-, produkt- und kundenrelevanter Kenntnisse.

Das gleichermaßen informelle wie gebundene Wissen rückt damit in den Fokus der Überlegungen. In Zeiten, in denen die Verweildauer der Beschäftigten in einem Unternehmen abnimmt und damit weniger als früher die Betriebszugehörigkeit prägend ist, sind die Entwicklung und die Gestaltung einer Unternehmenskultur weitaus schwieriger geworden. Dazu trägt bei, dass moderne Organisations- und Arbeitsformen zu einer stärkeren räumlichen und organisatorischen Dezentralisierung führen (Abbau von Hierarchien). Die daraus resultierenden Handlungsspielräume bei verringertem Einsatzpotenzial herkömmlicher Kontrollinstrumente verursachen ein Kontrollvakuum. Vertrauen muss an die Stelle direkter Kontrolle treten. Zugleich schafft die Dezentralisierung einen Spielraum für eine stärker regional oder gar lokal gebundene Identität gerade international agierender Unternehmen. Ältere Arbeitnehmer bieten in solchen Strukturen mit ihrem Erfahrungswissen um die kulturellen Besonderheiten im Unternehmen ein wichtiges Potenzial, um das Steuerungsvakuum zu füllen.

Vor dem Hintergrund der demografischen Veränderungen in unserer Gesellschaft – Schrumpfung und Alterung – drängt sich die Frage auf, wie es gelingen kann, dass ältere Menschen länger im Erwerbsleben verbleiben. Die Rente mit 67 und der im vergangenen Aufschwung greifbare Fachkräftemangel beschreiben dafür relevante Eckwerte. Zudem verspürten nicht wenige Unternehmen, dass der in der ersten Hälf-

te des Jahrzehnts vor allem über Vorruhestandsprogramme durchgeführte Personalabbau durch den damit verbundenen Verlust an Erfahrungswissen erhebliche Belastungen für den Geschäftserfolg begründen kann. So hat die Überlegung eine gewisse Plausibilität, dass dadurch beispielsweise in der deutschen Kreditwirtschaft nach 2001 und die daraus resultierende Verjüngung der Beschäftigten in Verbindung mit auf kurzfristigen Erfolg ausgerichteten Gehaltssystemen zu den Übertreibungen beigetragen haben, die den Weg in die Finanzkrise charakterisierten. Zugleich dürfte sich die Tatsache ausgewirkt haben, dass die angemessene Würdigung konjunktureller Entwicklungen, die dem Finanzmarktgeschehen letztlich zugrunde liegt, die Erfahrung mindestens eines vollen Konjunkturzyklus voraussetzt. Dieses spezifische Erfahrungswissen wurde leichtfertig ignoriert.

10.4 Förderung der Beschäftigungsfähigkeit

Die Beschäftigungsfähigkeit des Individuums ist primär durch Gesundheit, Qualifikation, Motivation, Arbeitsumgebung und privates Umfeld sowie durch darauf gerichtete förderliche betriebliche, tarifvertragliche und staatliche Rahmenbedingungen (hier sind insbesondere die Bildungspolitik und der Gesundheitsschutz zu nennen) beeinflusst. Damit verweist das Konzept der Beschäftigungsfähigkeit auf die Mehrdimensionalität der Einflussfaktoren von beruflicher Leistungsfähigkeit und damit auch auf die Notwendigkeit eines mehrdimensional ausgerichteten Förderkonzepts, das qualifikations- und gesundheitsfördernde sowie motivationale Elemente ebenso beinhaltet wie arbeitsorganisatorische sowie tarifpolitische und gesetzliche Unterstützungsmaßnahmen.

Neuorganisation des Lebenslaufs

Die Beschäftigungsfähigkeit der älteren Mitarbeiterinnen und Mitarbeiter ist spezifischen Risiken ausgesetzt, wie empirische Ergebnisse zu einem alterstypisch höheren Krankheits-, Qualifikations- und Motivationsrisiko belegen (Naegele, 2010). Dabei sind jedoch die jeweiligen Risiken vielfach nicht explizit altersbedingt, das heißt allein oder hauptsächlich Merkmal des Lebensalters (Hüther, 2010; Kruse, 2009). Vielmehr sind sie das Ergebnis spezifischer berufs- und tätigkeitsbezogener Karriereverläufe, die sich vielfach erst in späteren Stadien des Erwerbslebens als alterstypische Beschäftigungsrisiken und Beschäftigungsprobleme manifestieren. Eine zentrale Maßnahme zur Erhaltung der Beschäftigungsfähigkeit älterer Mitarbeiterinnen und Mitarbeiter bildet deren Integration in betriebliche oder überbetriebliche Weiterbildungsmaßnahmen, die zu ergänzen sind durch Anpassungen der Arbeitsplätze an die bestehenden Kompetenzprofile – wobei hier keinesfalls nur von *herabgesetzten*, sondern gerade mit Blick auf die beruflichen Potenziale älterer Frauen und Männer von *gewandelten* Anforderungen zu sprechen ist – sowie durch eine stärkere Akzentuierung primär- und sekundärpräventiver Maßnahmen. Im Kern bedeutet dies eine veränderte Organisation des Lebenslaufs bzw. spezifischer Phasen des Lebenslaufs.

Die Forderung nach einer Neuorganisation des Lebenslaufs – im Sinne einer Auflockerung der starren Sequenz *Lehrjahre, Erwerbstätigkeit und Ruhestand* – wird in Deutschland erst allmählich umgesetzt. Vor allem jene Frauen und Männer integrieren Lernen und Beruf, die über ein höheres Bildungsniveau wie auch über höhere intellektuelle, motivationale und finanzielle Ressourcen verfügen. Zudem ist die Integration von Lernen und Beruf vorwiegend in der Zeit vom dritten bis zum fünften Lebensjahrzehnt erkennbar. »Im Alter von über 50 Jahren ist das Bild jedoch weit weniger positiv. Das Stereotyp von Arbeit als Erwerbsarbeit dominiert nach wie vor das berufliche Weiterbildungsverhalten« (Staudinger & Baumert, 2007, S. 256f.). Dabei könnte gerade eine gesellschaftlich sehr viel stärker verwirklichte und auch geförderte Integration von Lernen und Beruf *in allen Phasen des Erwachsenenalters* Möglichkeiten zur Überwindung starrer Altersgrenzen und zu einem flexibleren Übergang vom Beruf in die nachberufliche Zeit eröffnen:

> »Die Durchbrechung traditioneller Erwerbsbiografien durch den Wechsel von Arbeitszeiten, Fortbildungszeiten und Freizeiten beinhaltet Chancen, individuelle Erfahrungen von einem Bereich in den anderen zu übertragen und gleichzeitig bestehende chronologisch bzw. versicherungsrechtlich gesetzte Altersgrenzen zu überwinden, also länger

im Erwerbsleben zu verbleiben« (Behrend, 2002, S. 28).

Entsprechend fordert die Expertenkommission zur Erstellung des Fünften Altenberichts der Bundesregierung (2006), dass die flexiblere Gestaltung des Übergangs von der Erwerbs- in die Nacherwerbsphase in ein Gesamtkonzept der flexiblen Gestaltung der gesamten Lebensarbeitszeit eingebettet wird, die auch den sich ändernden Bedürfnissen und Interessen der Beteiligten entspricht. Zu dieser flexiblen Gestaltung rechnet sie auch die Weiterbildung älterer Erwerbstätiger, die es den älteren Versicherten ermöglicht, länger im Erwerbsleben zu verbleiben.

Zusammenarbeit in altersgemischten Teams

Neben der Altersteilzeit und der Einbeziehung älterer Arbeitnehmerinnen und Arbeitnehmer in betriebliche Weiterbildungsangebote werden altersgemischte Teams von Unternehmen am häufigsten als Maßnahmen zur Förderung der Beschäftigungsfähigkeit älterer Arbeitnehmerinnen und Arbeitnehmer genannt (IAB, 2007). In empirischen Studien ließen sich Vorteile altersgemischter Teams im Hinblick auf die Produktivität nachweisen; dies im Wesentlichen für Arbeitsprozesse, in denen sich jüngere und ältere Beschäftigte mit ihren spezifischen Stärken gegenseitig ergänzen können – also für Arbeitsprozesse, die auf der einen Seite hohe Anforderungen an Geschwindigkeit, Merkfähigkeit, Lösen neuartiger Probleme stellen, auf der anderen Seite Überblick und intensive Kooperation erfordern. Hier können die älteren Beschäftigten ihre spezifischen Potenziale einbringen und erhalten zudem die Möglichkeit, an der Einführung von Innovationen (in Bezug auf Produkte wie auch in Bezug auf Strategien) zu partizipieren. In diesem Zusammenhang ist die empirisch fundierte Aussage bedeutsam, wonach Produktivität nicht

157

allein beeinflusst ist von der physischen und kognitiven Leistungsfähigkeit der Beschäftigten sowie von betrieblichen Bildungsangeboten, sondern auch von der Erfahrung, Gelassenheit und Ausgeglichenheit sowie vom persönlichen Beitrag der Beschäftigten zum Betriebsklima. Zudem erweisen sich altersgemischte Teams und Organisationsform als Einflussfaktoren von Produktivität. Vor dem Hintergrund dieses Befundes wird betont, dass sich der Beitrag der älteren Mitarbeiterinnen und Mitarbeiter zur Wertschöpfung – der sich gerade auch in der Erfahrung, der Ausgeglichenheit bei Konflikten und der positiven Wirkung auf das Betriebsklima zeige – eher im Ergebnis der Gesamtgruppe manifestiere und weniger in der isolierten Messung individueller physischer und kognitiver Leistungen oder der Belastungsfähigkeit. Aus diesem Grunde sei das durchschnittliche Alter eines Teams als eine bedeutende Größe zu werten (Börsch-Supan, Düzgün & Weiss, 2006).

Eine weitere Möglichkeit der Förderung und Nutzung von Potenzialen älterer Mitarbeiterinnen und Mitarbeiter besteht in der Übernahme von Verantwortung in Mentor-Mentee-Beziehungen (Blickle, 2000). Mit dem Begriff Mentor werden Personen beschrieben, die persönliches Interesse daran haben, einer weniger erfahrenen Person – Protegé oder Mentee – Unterstützung bei ihrer beruflichen Entwicklung anzubieten. Dabei nimmt der Mentor drei Funktionen wahr: eine karrierebezogene, eine psychosoziale wie auch eine Rollenmodell- oder Vorbildfunktion (Kram, 1985). Mentor-Mentee-Beziehungen lassen sich dabei im Sinne

von komplementären Entwicklungsbeziehungen deuten: Mentor und Mentee können in ihrer Beziehung jene Entwicklungsaufgaben lösen, die ihnen in ihrer jeweiligen Lebensphase gestellt sind: Ein junger Mensch steht vor der Aufgabe, zur beruflichen Identität zu finden, ein älterer Mensch hingegen vor der Aufgabe, Verantwortung für nachfolgende Generationen wahrzunehmen und damit Generativität in einem weiteren Sinne zu verwirklichen (siehe dazu schon Erikson, 1959). Potenzielle Mentoren sind nicht selten mit einem Stagnationsproblem konfrontiert: Sie haben beruflich das Meiste erreicht und müssen nun akzeptieren, dass sie die letztmögliche berufliche Entwicklungsstufe erreicht haben. Gerade in einer solchen Situation stellt die Wahrnehmung einer neuen Aufgabe, die gesellschaftlich und individuell als sinnerfüllt gedeutet wird, eine bedeutende Bereicherung dar, die sich auch positiv auf das Selbstkonzept auswirkt. Frauen und Männer übernehmen dann eher die Rolle eines Mentors, wenn bei ihnen ein starkes Altruismusmotiv erkennbar ist, wenn sie davon überzeugt sind, im konkreten Fall Befriedigung, Wissen und Erfahrung weitergeben zu können, wenn sie Loyalität gegenüber dem Unternehmen empfinden und wenn Aussicht auf Respekt durch den Mentee wie auch durch das Unternehmen besteht (Blickle & Schneider, 2007). Dabei steigen Nachwuchskräfte mit mentoraler Unterstützung im Gegensatz zu nicht mentorierten Personen in der Organisation schneller auf, sie zeigen höhere Laufbahnzufriedenheit, Laufbahnbindung und Arbeitszufriedenheit.

10.5 Lebenszyklusorientierte Arbeitsmodelle

Im Kontext der Entwicklung lebenszyklusorientierter Arbeitsmodelle stellt sich für Unternehmen die Aufgabe, eine deutlich höhere Sensibilität für den demografischen Wandel und der mit diesem verbundenen Alterung der Belegschaften zu entwickeln. Sie müssen sich reflektiert und verantwortlich mit Erkenntnissen der Alternsforschung auseinandersetzen, die Entwicklungsmöglichkeiten älterer Beschäftigter wie auch deren kognitive, verhaltensbezogene und psychische Plastizität aufzeigen und die Förderung von Mitarbeiterinnen und Mitarbeitern über die gesamte Zeitspanne ihrer Berufstätigkeit als eine strategische Aufgabe begreifen. Der Blick in das Ausland gibt hier wichtige Anregungen hinsichtlich der Entwicklung entsprechender Planungsstrategien (siehe dazu Eekhoff & Hüther, 2007). Doch sind gerade in den letzten Jahren auch in Deutschland vermehrt Tendenzen erkennbar, sich auf das Altern der Belegschaften und auf wachsende Schwierigkeiten bei der Gewinnung von Nachwuchskräften einzustellen. Dies zeigen Befunde einer vom Institut der deutschen Wirtschaft und dem Adecco Institute ausgerichteten Studie (Adecco, 2008), in der Unternehmen und Betriebe in acht europäischen Ländern angeben sollten, inwieweit sie bereits heute die Folgen des demografischen Wandels für den Arbeitsmarkt antizipieren und sich systematisch

auf diese vorbereiten. In Tabelle 10.1 ist sowohl für alle acht Länder als auch gesondert für die Bundesrepublik Deutschland angegeben, wie hoch der Anteil jener Unternehmen und Betriebe ist, die die in der Tabelle genannten, spezifischen Maßnahmen bereits umgesetzt haben. Dabei zeigt sich, dass die Bundesrepublik Deutschland im Vergleich zu den anderen sieben Ländern eine führende Position im Hinblick auf die Entwicklung von Planungsstrategien zur Bewältigung der Folgen des demografischen Wandels einnimmt.

Auch eine Befragung des Bundesinstituts für Berufsbildung (BIBB) aus dem Jahre 2005 zeigt, dass ein Großteil der Unternehmen in Deutschland die Vorteilhaftigkeit von Maßnahmen zum Erhalt der Beschäftigungsfähigkeit und zur Einbindung älterer Arbeitnehmer erkannt hat (▶ Tab. 10.2). Im Zuge der demografischen Veränderungen wird sich dieser Prozess marktgetrieben intensivieren.

Bei einer Analyse möglicher Strategien zur Bewältigung der Herausforderungen des demografischen Wandels, also zentraler »Demografie tools « (Hüther, 2007), ist

Tab. 10.1: Maßnahmen demografie-sensibler Personal- und Beschäftigungspolitik*

Spezifische Maßnahme	Europa	Deutschland
1. Arbeitsplatzbezogene Schulungen	84	81
2. Leistungsorientiertes Entlohnungssystem	65	78
3. Altersgemischte Arbeitsgruppen	47	66
4. Regelmäßige Gesundheitschecks	63	60
5. Kooperation mit Hochschulen	53	46
6. Gesunde Verpflegung	28	36
7. Verzeichnis der Wissensträger im Unternehmen	28	24
8. Runder Tisch von jüngeren und älteren Mitarbeitern	28	19
9. Mentorenprogramme	34	18
10. Sensibilisierungsworkshops für Führungskräfte	15	9

* Prozentsatz der Unternehmen in acht europäischen Ländern, die sich mit den nachfolgend aufgeführten Maßnahmen darauf eingestellt haben, dass das Durchschnittsalter der Belegschaft steigen wird und Nachwuchskräfte in Zukunft schwieriger zu finden sein werden (gesondert aufgeführt für die teilnehmenden europäischen Länder insgesamt und für Deutschland).

Tab. 10.2: Wie ältere Arbeitnehmer eingebunden und gefördert werden – Antworten auf die Frage: »Fördern Sie ältere Beschäftigte in Ihrem Betrieb?« (Angaben in Prozent)

Fördermaßnahme	durchgeführt	geplant
Weitergabe von Wissen und Erfahrungen an Jüngere	83,6	9,3
Gesundheitsvorsorge	63,4	14,9
Übernahme von Aufgaben, die Umsicht und Erfahrung erfordern	62,1	9,8
Verminderung der körperlichen Belastung	43,7	14,9
Wechsel zu geringer belasteten Arbeitsplätzen	40,5	18,5
Andere Schwerpunkte in der Arbeit	31,2	15,3
Sonstige Förderungen für Ältere	26,2	14,3
Orientierung am Lernen Älterer	23,8	11,0
Spezielle Weiterbildungsangebote für Ältere	13,2	12,1

zunächst die Familie in den Vordergrund zu stellen. Die Familie als Brennpunkt aller wirtschafts- und sozialpolitischen Maßnahmen bestimmt unmittelbar zwei wachstumstreibende Merkmale: Die Quantität und Qualität des Potenzials der Erwerbstätigen. Damit ist angedeutet, dass familienfreundliche Beschäftigungsstrukturen auch unter dem Gesichtspunkt der Leistungsbereitschaft und der Leistungsfähigkeit, mithin der Produktivität von Mitarbeiterinnen und Mitarbeitern zu sehen sind. Darüber hinaus ist die große Bedeutung von Bildung zu betonen, die folgende Demografietools umfasst: Bildungsausländer integrieren; Bildungszeiten effizienter nutzen: vor allem durch die Ganztagsschule und durch das Abitur nach 12 Jahren; eher einschulen; Wiederholungen reduzieren; Studienzeiten verkürzen; materielle Anreize

stärken: hier bieten BA- und MA-Studiengänge Realoptionen. Schließlich ist von den Unternehmen und Betrieben die Entwicklung langfristiger, zum Teil generationenübergreifender Perspektiven zu fordern, wie sich in folgenden Demografietools zeigt: Gleichwertigkeit und Chancen der Generationen sichern; Indikatoren für die Nachhaltigkeit von menschlichen Ressourcen auf allen Ebenen nutzen; bei der Schaffung von attraktiven Arbeitswelten grundsätzlich die Generationenbalance sichern, das heißt, keine Generation zu benachteiligen; ertragsoptimierende Abstimmungen zwischen Prozessen und Fähigkeiten aller Generationen herbeiführen; vielfältige und altersgerechte Arbeitszeitkulturen schaffen; Gesundheit und Interesse im Arbeitsprozess fördern; sicherstellen, dass die Grundprinzipien des Unternehmens für alle gelten.

10.6 Bildung und Gesundheitsförderung als Komponenten lebenszyklusorientierter Personal- und Beschäftigungspolitik

Bildung stellt *die* zentrale Komponente einer lebenszyklusorientierten Personalpolitik dar. Dabei kann nicht deutlich genug hervorgehoben werden, dass sich die Forderung nach einer Intensivierung von Bildungsaktivitäten nicht allein auf die Phase der Berufstätigkeit bezieht: Vielmehr trägt bereits die schulische Bildung in hohem Maße zur Beschäftigungsfähigkeit wie auch zur Förderung von Produktivität und Kreativität bei. Zunächst soll hier wenigstens in Kürze ein Bildungsbegriff diskutiert werden, der die Notwendigkeit der lebenslangen Bildung für die Entwicklung und Erhaltung von Kompetenzen in den verschiedenen Lebensbereichen – und hier eben auch im Beruf – akzentuiert. Zudem ist es wichtig, zwischen formalem, non-formalem und informellem Lernen zu unterscheiden, denn alle drei Lernformen besitzen großes Gewicht für die Bildung im beruflichen Kontext (ausführlich dazu Beiträge in Kruse, 2008).

Bildung beschreibt zum einen den Prozess der Aneignung und Erweiterung von Fähigkeiten, Fertigkeiten, Erfahrungen und Wissenssysteme, zum anderen das Ergebnis dieses Prozesses. Konkrete Bildungsinhalte spiegeln allgemeine kulturelle Werthaltungen und gesellschaftliche Präferenzen ebenso wider, wie aus dem sozialen und wirtschaftlichen Wandel hervorgehende fachliche Inhalte. Bildungsaktivitäten des Individuums sind über den gesamten Lebenslauf bestimmt von den Wechselwirkungen zwischen objektiv bestehenden Möglichkeiten und Notwendigkeiten, Neues zu lernen, sowie dem Grad der Offenheit eines Menschen für neue Erfahrungen und für Wissenserwerb. Ein umfassender Bildungsbegriff beschränkt sich dabei nicht allein auf die Vermittlung und Aneignung von kodifizierten Wissenssystemen, sondern berücksichtigt auch Fähigkeiten, Fertigkeiten und Erfahrungen, die den kreativen Einsatz von Wissen im Sinne einer effektiven Auseinandersetzung mit aktuellen oder (potenziell) zukünftigen Aufgaben und Anforderungen fördern. Formales Lernen ist hierbei typischerweise an institutionelle Kontexte gebunden und auf der Grundlage von Lernzielen, Dauer, Inhalt, Methode und Beurteilung strukturiert und wird nicht selten in Form von Zeugnissen oder Zertifikaten dokumentiert. Non-formales ist ebenso wie formales Lernen intendiertes Lernen, unter-

scheidet sich aber in der Lernform. Es ist nicht auf der Grundlage von Lernzielen, Inhalten, Methoden etc. strukturiert, sondern beruht auf Erfahrungslernen vor allem im Kontext von Arbeit. Typische Formen des non-formalen Lernens sind Praktika, Lernen am Arbeitsplatz oder Jobrotation – dabei sind diese Formen des Lernens in allen Phasen der Berufstätigkeit wichtig; sie sind in ihrer Bedeutung für Flexibilität und Plastizität der Mitarbeiterinnen und Mitarbeiter nicht zu unterschätzen. In dem intendierten Lernerfolg des non-formalen Lernens liegt der Unterschied zum informellen Lernen, das sich ebenfalls auf Lernprozesse in Alltagssituationen außerhalb von klassischen Bildungsinstitutionen in allen Lebensbereichen bezieht. Ein gutes Beispiel für informelles Lernen ist der Austausch von Erfahrungen in sozialen Interaktionen, wie er natürlicher Bestandteil gleichberechtigter Kommunikation über Alltag und Lebenswelt ist. Unter der Voraussetzung, dass die Erfahrungen der älteren Beschäftigten ernst genommen werden, bieten zum Beispiel bereits alltägliche, scheinbar beiläufige intergenerationelle Kontakte für Angehörige jüngerer Generationen die prinzipielle Möglichkeit, von den in konkreten Auseinandersetzungsformen und Problemlösungen zum Ausdruck kommenden kreativen Potenzialen älterer Mitarbeiter und Mitarbeiterinnen zu profitieren.

Neben Weiterbildungsangeboten wird den betrieblichen Gesundheitsangeboten besondere Bedeutung für die Erhaltung von physischer und kognitiver Leistungsfähigkeit wie auch für die Produktivität im Berufsleben beigemessen (Bundesministerium für Familie, Senioren, Frauen und Jugend, 2006). Die von der Bertelsmann Stiftung gemeinsam mit der Hans-Böckler-Stiftung (2004) herausgegebene Schrift *Zukunftsfähige betriebliche Gesundheitspolitik* geht von einer Vision betrieblicher Gesundheitspolitik als gesunde Arbeit in gesunden Organisationen aus:

»Gesundheitliche Probleme müssen an ihrer Quelle bekämpft werden. Der Arbeitswelt kommt dabei – auch wegen ihrer Rückwirkung auf Privatleben und Freizeit – herausragende Bedeutung zu. Das Hauptgewicht sollte bei der Verhütung gesundheitlicher Probleme liegen und nicht bei ihrer nachgehenden Bewältigung. Gesundheitsförderung und Prävention müssen als Führungsaufgabe wahrgenommen und nicht nur von nachgeordneten Fachabteilungen bearbeitet werden. Betriebliche Gesundheitspolitik ist unter Einbeziehung der Betroffenen zu praktizieren und nicht nur *Top-down* zu verordnen. Und sie muss in ihrer Ausgestaltung vielfältig sein, d.h. den unterschiedlichen Bedürfnissen einzelner Branchen und Betriebsgrößen entsprechen. Betriebe, die so verfahren, fördern die Gesundheit ihrer Mitarbeiter und verbessern ihre Wettbewerbsfähigkeit.« (2004, S. 21)

Dabei werden »gesunde Organisationen« durch 10 Merkmale definiert (a. a. O., S. 19):

1. Eine sinnstiftende Betätigung ist stark verbreitet
2. Soziale Kompetenz ist stark ausgeprägt und verbreitet
3. Stabilität und Funktionsfähigkeit primärer Beziehungen (Familie, Arbeitsgruppe etc.) sind stark ausgeprägt und verbreitet
4. Der Umfang sozialer Kontakte jenseits primärer Beziehungen ist groß
5. Gegenseitiges Vertrauen und Zusammenhalt unter Mitgliedern (Klima) sind groß
6. Das Ausmaß der persönlichen Beteiligung an der systemischen Willensbildung wie auch an der Entscheidungsfindung (Partizipation) ist hoch
7. Das Vertrauen in Führung ist groß
8. Die Identifikation der Mitglieder mit den übergeordneten Zielen und Regeln ihres

sozialen Systems (Wir-Gefühl, Commitment) ist stark ausgeprägt
9. Vorrat an gemeinsamen Überzeugungen, Werten, Regeln (»Kultur«) ist groß
10. Ausmaß sozialer Ungleichheit (Bildung, Status, Einkommen) ist moderat.

Die genannten Merkmale gesunder Organisationen können als Rahmenbedingungen einer Personalstrategie verstanden werden, die auf die Förderung der Beschäftigten über die gesamte Zeitspanne der Berufstätigkeit zielt. Zum Beispiel ist unter diesen Bedingungen die Verwirklichung der Forderung nach altersgemischten Teams oder nach der Schaffung von Mentor-Mentee-Verhältnissen möglich. Zudem spiegelt sich in diesen Bedingungen eine Unternehmenseinstellung wider, die Werte, Kompetenzen und Interessen der Beschäftigten ernst nimmt und dabei die Entwicklungsaufgaben in den verschiedenen Lebensphasen ausdrücklich berücksichtigt. Gerade unter solchen Bedingungen entwickelt sich Loyalität gegenüber dem Unternehmen. Die hier genannten Merkmale gesunder Organisationen legen in besonderer Weise nahe, ältere Mitarbeiterinnen und Mitarbeiter dafür zu gewinnen, ihre sozialen und psychologischen Kompetenzen einzusetzen, um die Kommunikation zwischen den Beschäftigten wie auch das Klima innerhalb des Unternehmens bzw. Betriebs zu fördern. Kompetenzen wie Gelassenheit, Erfahrung im Umgang mit Konflikten, Mitverantwortung für jüngere Menschen (im Sinne der Generativität) und Überblick bilden eine wertvolle Grundlage für die Umsetzung der Merkmale gesunder Organisationen.

10.7 Ausblick

Insgesamt zeigte sich im vorangegangenen Konjunkturaufschwung ein Paradigmenwechsel in der Personalpolitik der Unternehmen. Nachdem in der ersten Hälfte des

Jahrzehnts vor allem Kostenmanagement und Personalanpassungen im Vordergrund standen, haben sich mit dem kräftigen Beschäftigungsaufbau am deutschen Arbeitsmarkt nach 2005 die Rekrutierung und die Personalentwicklung in der Prioritätenliste ganz nach vorne geschoben. Der Mangel an Fachkräften zwang die Unternehmen – zum Teil sehr plötzlich und offenkundig unerwartet – dazu, das vorhandene Arbeitskräftepotenzial besser auszuschöpfen. Dies umfasst verstärkte Anstrengungen in der Ausbildung, eine lebenszyklusorientierte Personalpolitik, gesonderte Maßnahmen zum Erhalt der Beschäftigungsfähigkeit und die Ausdehnung der Beschäftigungsdauer im Alter. Inwieweit diese Entwicklungen die im Herbst 2008 ausgebrochene schwere gesamtwirtschaftliche Rezession überdauern, muss hier offen bleiben.

Man könnte die Krise auch als eine bedeutsame Chance zu einer sehr grundsätzlichen Reaktivierung von Erfahrungswissen – und zwar im umfassenderen Sinne der Provokations-, der Orientierungs-, der Lotsen- und der kulturprägenden Funktion – für die Unternehmensrealität betrachten. Denn in der von Finanzmärkten ausgegangenen Krise unserer Weltwirtschaft hat sich neben einem Gebräu aus Staatsversagen und Marktversagen auch eine Degeneration von Unternehmenskultur und Mitarbeiterführung manifestiert. Die öffentliche Debatte über Bonuszahlungen in schier unglaublicher Höhe offenbart neben moralischen Fragen vor allem eine beachtliche Fehlsteuerung in dominanten Segmenten der Finanzwirtschaft.

Denn wo Bonuszahlungen an den kurzfristigen Erfolg gebunden und zudem garantiert sind, liegen Verträge zugrunde, die dem Unternehmenszweck nicht nachhaltig dienen können. Das Argument, man müsse bei bestimmten Qualifikationen gezielt Halteprämien zahlen und deshalb Boni garantieren, überzeugt nicht. Wenn in einer Marktlage erfolgskritische Mitarbeiter ab-

zuwandern drohen, sind eben grundsätzlich höhere Gehälter zu zahlen. Das betraf infolge des Fachkräftemangels zuletzt viele Unternehmen, ohne die Gehälter in den Himmel wachsen zu lassen. Die Praxis belegt zudem, dass Geld nur ein Parameter unter vielen ist und dass andere Instrumente der Personalpolitik immer bedeutsamer werden. Die Vereinbarkeit von Beruf und Familie, das Arbeitsumfeld, die Unternehmenskultur, das Weiterbildungsangebot, das Gesundheitsmanagement sind ebenfalls wichtige Elemente zur Mitarbeiterbindung. Wo all das ohne Bedeutung ist, da trifft man auf Unternehmen, deren Belegschaft durch Söldner geprägt ist. Diese sind weder in der Lage, langfristige Orientierung zu geben, noch willens, Erfahrungswissen zu mobilisieren.

Nicht zufällig war es das Investmentbanking, wo der Status älterer Arbeitnehmer nicht gerade von Respekt gekennzeichnet war. Der Verlust an Erfahrungswissen wurde hier nicht nur in Kauf genommen, sondern fast gezielt organisiert. Wie bei Hochleistungssportlern wurde deutlich gemacht, dass man diesen Job mit voller Energie nur eine begrenzte Zeit würde ausüben können. Anders als bei Hochleistungssportlern gilt dies aber nur für eine bestimmte Ausprägung, nämlich für die Fokussierung auf den kurzfristigen Erfolg. Die Erwartung, in kurzer Frist sein Lebenseinkommen erwirtschaften zu müssen, wurde dadurch geprägt. Hier mag die Krise im Sinne einer Reinigungskrise dazu führen, solche Muster der Erwerbstätigkeit und der Einkommensentstehung grundsätzlich in Frage zu stellen. Stattdessen dürften die Bedingungen des realwirtschaftlichen Strukturwandels stärker in den Vordergrund treten und die Bedeutung des Erfahrungswissens sich weiter stärken.

Der volkswirtschaftliche Strukturwandel läuft zwar international unter der Überschrift »Tertiarisierung« (Übergang zur Dienstleistungswirtschaft), doch er bedeutet in den verschiedenen Ländern durchaus Unterschiedliches. Während beispielsweise das Vereinigte Königreich diesen Prozess als Verlust an Industrie erlebt hat und dort die Kehrseite der Tertiarisierung die Deindustrialisierung ist, so ist dies bei uns völlig anders. In Deutschland vollzieht sich die Tertiarisierung der Wertschöpfung aus der Industrie heraus und nicht gegen diese (Grömling, 2008). Schon seit Mitte des letzten Jahrzehnts ist der Wertschöpfungsanteil der Industrie bei uns nicht mehr rückläufig. Dadurch, dass die industriellen Produktionsprozesse zunehmend durch Dienstleistungen angereichert und geprägt werden, entstehen genau jene Differenzierungsmöglichkeiten im Wettbewerb, welche die deutsche Industrie erfolgreich machen. Die Chance, sich in der Nische kundenorientiert zu positionieren, erfordert einen Wechsel der Produktionsperspektive von der Industrieware zur Funktion. So wird beispielsweise aus dem Produkt »Lampe« die Leistung »Beleuchtung«. Die Komplexität der Produktion folgt so der Komplexität der Kundenbedürfnisse und -wünsche. Die dafür bedeutsamen Kompetenzen sind zu einem erheblichen Teil durch aktuelles technisches Wissen geprägt. Doch ebenso bedeutsam ist die Fähigkeit zur kundenorientierten Neukombination von Altbekanntem und Bewährtem. Hier kommt das Erfahrungswissen älterer Arbeitnehmerinnen und Arbeitnehmer – durchaus im umfassenden Verständnis – zum Tragen.

Literatur

Adecco Institute (2008). *Demographic Fitness Survey 2007*. London: Adecco Institute.

Behrend, Ch. (2002). Erwerbsarbeit Älterer im Wandel – demografische Herausforderungen und Veränderungen der Arbeitsgesellschaft. In Ch. Behrend (Hrsg.), *Chancen für die Erwerbsarbeit im Alter. Betriebliche Personalpolitik und ältere Erwerbstätige* (S. 11–30). Opladen: Leske + Budrich.

Bertelsmann Stiftung, Hans-Böckler-Stiftung (Hrsg.) (2004). *Zukunftsfähige betriebliche Gesundheitspolitik*. Gütersloh: Verlag Bertelsmann Stiftung.

Bundesagentur für Arbeit (2012). *Arbeitsmarktberichterstattung: Der Arbeitsmarkt in Deutschland, Ältere am Arbeitsmarkt*. Nürnberg: Bundesagentur für Arbeit.

Bundesinstituts für Berufsbildung (BIBB) (2005). *Betriebliche Weiterbildung älterer Beschäftigte. Information Nr. 28*. Bonn: Bundesinstituts für Berufsbildung.

Bundesministerium für Familie, Senioren, Frauen und Jugend (2006). *Fünfter Altenbericht der Bundesregierung. Potenziale des Alters in Wirtschaft und Gesellschaft*. Berlin: BMFSFJ.

Blickle, G. (2000). Mentor-Protegé-Beziehungen in Organisationen. *Zeitschrift für Arbeits- und Organisationspsychologie, 44*, 168–178.

Blickle, G. & Schneider, P. B. (2007). Mentoring. In H. Schuler & K. Sonntag (Hrsg.), *Handbuch der Arbeits- und Organisationspsychologie* (S. 395–402). Göttingen: Hogrefe.

Börsch-Supan, A. (2006). Ökonomischen Wohlstand erhalten bzw. mehren. In Bertelsmann Stiftung (Hrsg.), *Demographiemonitor* (S. 101–124). Gütersloh: Verlag Bertelsmann Stiftung.

Börsch-Supan, A., Düzgün, I. & Weiss, M. (2006). Sinkende Produktivität alternder Belegschaften? Zum Stand der Forschung. In J. U. Prager & A. Schleicher (Hrsg.), *Länger leben, arbeiten und sich engagieren* (S. 85–102). Gütersloh: Verlag Bertelsmann Stiftung.

Eekhoff, T., Hüther, M. (2007). Möglichkeiten zur Beschäftigung der Generation 50plus: Erfahrungen aus anderen Ländern. In N. Hummel & A. Schack (Hrsg.), *50plus – Potenziale für Wirtschaft und Gesellschaft* (S. 55–69). Heidelberg: Haefner.

Erikson, E. H. (1959). Identity and the live cycle. *Psychological Issues, 1*, 18–164.

Grömling, M. (2008). Strukturwandel: Tertiarisierung der Produktion? In: Institut der deutschen Wirtschaft Köln (Hrsg.), *Die Zukunft der Arbeit in Deutschland – Megatrends, Reformbedarf und Handlungsoptionen* (S. 65–98), Köln: Institut der deutschen Wirtschaft.

Hüther, M. (2010). Erfahrungswissen in der Arbeitswelt – Kreativität und Innovationsfähigkeit älterer Mitarbeiterinnen und Mitarbeiter. In A. Kruse (Hrsg.), *Potenziale im Altern – Chancen und Aufgaben für Individuum und Gesellschaft* (S. 235–250). Heidelberg: AKA.

Hüther, M. (2007). *Demografischer Wandel und Personalpolitik*. Vortrag, VÖB-Fachtagung »Personalpolitik zwischen Globalisierung und demografischem Wandel«, 29. Oktober 2007, Berlin.

IAB (2007). Aktuelle Analysen aus dem Institut für Arbeitsmarkt- und Berufsforschung der Bundesagentur für Arbeit. *Kurzbericht. Ausgabe Nr. 21 / 11.10.2007.*

Kram, K. E. (1985). *Mentoring at work. Developmental relationships in organiziatonal life.* Glenview, Ill: Scott, Forseman and Company.

Kruse, A. (2009). *Lebenszyklusorientierung und veränderte Personalaltersstrukturen.* München: Wissenschaftliche Reihe des Roman Herzog Instituts, Band 6.

Kruse, A. & Packebusch, L. (2006). Alternsgerechte Arbeitsgestaltung. In B. Zimolong & U. Konradt (Hrsg.), *Enzyklopädie der Psychologie – Ingenieurpsychologie* (S. 425–458). Göttingen: Hogrefe.

Kruse, A. (Hrsg.) (2008). *Weiterbildung in der zweiten Lebenshälfte. Multidisziplinäre Antworten auf Herausforderungen des demografischen Wandels.* Bielfeld: Bertelsmann Verlag.

Kruse, A. & Schmitt, E. (2006). Adult education. In J. Birren (Hrsg.), *Encyclopedia of Ageing* (pp. 41–49). London: Elsevier.

Kruse, A. & Schmitt, E. (2004). Differenzielle Psychologie des Alterns. In K. Pawlik (Hrsg.), *Enzyklopädie der Psychologie – Angewandte Differenzielle Psychologie* (S. 533–571). Göttingen: Hogrefe.

Naegele, G. (2010). Potenziale und berufliches Leistungsvermögen älterer Arbeitnehmer/innen vor alten und neuen Herausforderungen. In A. Kruse (Hrsg.), *Potenziale im Altern – Chancen und Aufgaben für Individuum und Gesellschaft* (S. 251-270). Heidelberg: AKA.

OECD (1997). *Oslo Manual: Proposes Guidelines for Collecting and Interpreting Technological Innovation Data.* Paris: OECD.

Schumpeter, J. A. (1952). *Theorie der wirtschaftlichen Entwicklung.* 5. Aufl., Berlin

Sonntag, K., Stegmaier, R. (2007). Personale Förderung älterer Arbeitnehmer. In H. Schuler & K. Sonntag (Hrsg.), *Handbuch der Arbeits- und Organisationspsychologie* (S. 662–667). Göttingen: Hogrefe.

Statistisches Bundesamt (2010). *12. Koordinierte Bevölkerungsvorausberechnung.* Wiesbaden: Statistisches Bundesamt.

Staudinger, U. M. & Baumert, J. (2007). Bildung und Lernen jenseits der 50: Plastizität und Realität. In P. Gruss (Hrsg.) (2007). *Die Zukunft des Alterns. Die Antwort der Wissenschaft* (S. 240–257). München: C.H. Beck.

11 Neue Übergänge von der späten Berufsphase in den Ruhestand

Andreas Kruse

Zusammenfassung

Aus dem fortschreitenden demografischen Wandel ergibt sich die Notwendigkeit, dass ein größerer Teil älterer Menschen länger arbeitet und nach dem Eintritt in den Ruhestand Verantwortung für sich selbst und andere übernimmt. Der vorliegende Beitrag berichtet zunächst aktuelle Daten zu Zeitpunkt und Formen des Übergangs in den Ruhestand sowie zu Erwerbsminderungsrenten, deren sozialpolitische Bedeutung angesichts veränderter gesetzlicher Rahmenbedingungen zugenommen hat und weiter zunehmen wird. Es wird aufgezeigt, dass Vorruhestand und Frühverrentung gegenwärtig gesellschaftlich akzeptiert und nach wie vor von vielen Menschen angestrebt werden, die individuelle Anpassung an den Ruhestand in den meisten Fällen vergleichsweise gut gelingt. In den folgenden Teilen des Beitrags wird das bürgerschaftliche Engagement als eine gesellschaftlichen wie individuellen Interessen entgegenkommende Form aktiven Alterns behandelt. In diesem Zusammenhang werden aktuelle Daten zu relevanten Potenzialen und Ressourcen älterer Menschen, zum Umfang des bürgerschaftlichen Engagements und Engagementbereichen, zu diesem zugrunde liegenden Motiven sowie zu aktuell ungenutzten Engagementpotenzialen berichtet.

11.1 Einführung

Aus dem jeweils erreichten Entwicklungsstand, den jeweils bestehenden Entwicklungsmöglichkeiten, individuellen Entwicklungszielen und gesellschaftlichen Erwartungen ergeben sich in allen Lebensaltern spezifische Anforderungen an die Gestaltung eigener Entwicklung bzw. Entwicklungsaufgaben. Die mit spezifischen Entwicklungsaufgaben verbundenen Anforderungen – an das Individuum wie auch an die Gesellschaft, die Opportunitätsstrukturen, Modelle und Bewertungskriterien für die individuelle Bewältigung von Entwicklungsaufgaben bereitstellt – variieren dabei erheblich in Abhängigkeit von sozialen und individuellen Entwicklungsprozessen.

Aus gesellschaftlicher Perspektive stellt sich mit dem demografischen Wandel verstärkt die Aufgabe, Stärken und Potenziale des Alters zu nutzen – und dies gerade auch in der Arbeitswelt. Wenn man die Basisvariante der 12. Koordinierten Bevölkerungsvorausberechnung des Statistischen Bundesamtes (2010) zugrunde legt, dann wird der Abhängigkeitsquotient, das zahlenmäßige Verhältnis von wirtschaftlich Abhängigen zu Erwerbspersonen von 0,74 im Jahr 2010 auf 0,94 im Jahr 2025 und 1,08 im

Jahr 2035 steigen. In der vom Institut für Arbeitsmarkt- und Berufsforschung vorgelegten Projektion des Arbeitskräfteangebots bis 2050 (Fuchs et al., 2011) wird davon ausgegangen, dass der Anteil der 50- bis 64-Jährigen am Erwerbspersonenpotenzial von 11,4 % im Jahr 2008 auf 14,8 % im Jahr 2020 ansteigen wird. Im Zuge des demografischen Wandels wird das Erwerbspersonenpotenzial nicht nur älter, sondern, mit dem Ausscheiden der geburtenstarken Jahrgänge aus dem Erwerbsleben, auch deutlich kleiner. Aus diesem Grunde hängen, unabhängig von der Option einer Erhöhung des Renteneintrittsalters, die Konkurrenz- und Innovationsfähigkeit des Wirtschaftsstandorts Deutschland, die Nachhaltigkeit der sozialen Sicherungssysteme, die Wahrung von Generationengerechtigkeit und die Solidarität zwischen den Generationen zunehmend davon ab, dass a) ein größerer Teil der Männer und (vor allem auch!) Frauen im höheren Erwachsenenalter erwerbstätig ist und b) ein größerer Teil der nicht mehr erwerbstätigen Menschen dazu bereit ist, Verantwortung für sich selbst und andere zu übernehmen.

11.2 Daten zum Übergang in den Ruhestand

Das durchschnittliche Rentenzugangsalter lag im Jahr 2010 bei 63,5 Jahren, von den im Jahr 1945 geborenen Menschen sind 40 % erst mit 65 Jahren in Rente gegangen (Brussig, 2012). Während von den 1940 geborenen noch etwa ein Drittel mit 60 in Rente ging, waren dies im Jahr 2010 lediglich 15 %.

Von den 65- bis 85-Jährigen sind nach den Ergebnissen der Generali Altersstudie 2013 noch 11 % berufstätig; 20 % der 65- bis 69-Jährigen, 10 % der 70- bis 74-Jährigen, 6 % der 75- bis 79-Jährigen und 3 % der 80- bis 85-Jährigen. Männer gehen im Alter von über 65 Jahren eher einer Berufstätigkeit nach als Frauen (15 vs. 8 %), der Anteil der Berufstätigen in diesem Alter ist in den alten Bundesländern mit 12 % höher als in den neuen Bundesländern mit 8 %. Am häufigsten ausgeübt werden Hausmeister-, Reinigungs- und Haushaltshilfetätigkeiten (14 %), gefolgt von handwerklich-technischen Tätigkeiten (10 %), freie Berufe wie Arzt, Rechtsanwalt oder Steuerberater (10 %), kaufmännische Tätigkeiten (9 %) sowie Betreuungs- und Pflegetätigkeiten (7 %). Die durchschnittliche Arbeitszeit lag bei zwei bis fünf Stunden die Woche, etwas mehr als ein % der befragten 65- bis 85-Jährigen waren noch voll erwerbstätig. Die Ergebnisse legen nahe, dass eine Berufstätigkeit nach dem Erreichen der Regelaltersgrenze in vielen Fällen nicht finanziellen Notwendigkeiten geschuldet ist – der Anteil an (ehemaligen) Freiberuflern und Selbständigen liegt bei 38 %, der Anteil (ehemaliger) leitender Angestellter und der von Beamten bei 12 %.

11.3 Formen des Übergangs in den Ruhestand

Ausgehend vom Versicherungsstatus in den drei Jahren vor Renteneintritt werden im Altersübergangsreport der Böckler-Stiftung drei Übergangspfade vom Erwerbsleben in den Ruhestand differenziert: Zugänge aus sozialversicherungspflichtigen Beschäftigungsverhältnissen, Zugänge aus Langzeitarbeitslosigkeit und Zugänge aus Übergangsbeschäftigungslosigkeit.

Etwa ein Drittel der Zugänge in Altersrente erfolgte im Jahr 2010 aus einem stabilen sozialversicherungspflichtigen Beschäftigungsverhältnis. Diese Form des Übergangs in den Ruhestand hat in den letzten Jahren zugenommen, im Jahr 2005 lag der Anteil an den Zugängen in Altersrente noch bei lediglich 26 %. Der Anteil der Zugänge aus Langzeitarbeitslosigkeit lag bei 11,5 %, hier zeigt sich ein deutlicher Rückgang in den letzten Jahren, 2008 lag der Anteil noch bei 17,5 %. Gleichzeitig ist festzustellen, dass sich gerade unter den Menschen, die aus

Langzeitarbeitslosigkeit in Rente gehen, in den letzten Jahren auch ein Trend zu niedrigeren Rentenansprüchen findet (und damit auch ein entsprechendes Risiko, von Altersarmut betroffen zu sein). Der Anteil der Zugänge aus Übergangsbeschäftigungslosigkeit lag in den letzten Jahren jeweils bei etwa 10 %.

Gerade mit Blick auf den zuerst genannten Übergangspfad (Renteneintritt aus stabiler Beschäftigung), der in den letzten Jahren deutlich an Bedeutung gewonnen hat, lässt sich ein Trend zu einem späteren Eintritt in die Rente feststellen. Während im Jahr 2004 nur jeder sechste der in einem stabilen Beschäftigungsverhältnis stehenden Menschen im Alter von 65 Jahren in Rente ging, traf dies 5 Jahre später bereits auf jeden Dritten zu.

11.4 Erwerbsminderungsrenten

Infolge der stufenweisen Erhöhung der Regelaltersgrenze und zunehmend beschränkter Möglichkeiten eines vorzeitigen Bezugs von Altersrente sind Erwerbsminderungsrenten als gesundheitsbedingter vorzeitiger Renteneintritt zunehmend ins Zentrum der sozialpolitischen Aufmerksamkeit gerückt (Bäcker, 2012). Im Jahr 2011 erhielten etwa 180 000 Menschen erstmals eine Erwerbsminderungsrente. Dies entspricht einem Anteil von 20,5 % an allen Rentenzugängen in diesem Jahr. In 86,9 % der Fälle wurde die Erwerbsminderungsrenten als Vollerwerbsminderungsrente, in 13,1 %

der Fälle als Teilerwerbsminderungsrente gewährt[20]. 14,9 % der Erwerbsminderungsrenten werden bei Vorliegen einer teilweisen Erwerbsminderung als Vollrente gewährt, da das Fehlen eines geeigneten Teilzeitarbeitsplatzes nach einem Urteil des Bundessozialgerichts als gesundheitlichen Schäden gleichwertig zu behandeln ist. Das durchschnittliche Zugangsalter zur Erwerbsminderungsrente lag bei 50,5 Jahren (49,9 Jahre für Frauen und 51,1 Jahre für Männer). 31 % der Zugänge entfallen auf die Altersgruppe der 55- bis 59-Jährigen, 23 % auf die Altersgruppe der 50- bis

---

20 Eine volle Erwerbsminderung liegt vor, wenn Menschen auf nicht absehbare Zeit aus gesundheitlichen Gründen weniger als drei Stunden pro Tag innerhalb einer 5-Tage Woche arbeiten können, eine halbe Erwerbsminderungsrente erhält, wer zwischen drei und unter sechs Stunden täglich arbeiten kann. Im ersten Fall ist die Erwerbsminderungsrente als Lohnersatz, im zweiten Fall als Lohnzuschuss, unabhängig davon ob tatsächlich ein Erwerbseinkommen erzielt wird, gedacht. Personen, die mindestens sechs Stunden arbeiten können, haben keinen Anspruch auf Erwerbsminderungsrente.

54-Jährigen. Der Anteil der 60- bis 64-Jährigen ist unter den Männern von 8,2 % im Jahr 2007 auf 12,2 % im Jahr 2011 und unter den Frauen von 4,7 % im Jahr 2007 auf 7,1 % im Jahr 2011 angestiegen. Spätestens mit Erreichen des Regelrenteneintrittsalters werden Erwerbsminderungsrenten durch Altersrenten ersetzt.

In den letzten Jahren hat der Anteil der Frauen an den neu bewilligten Erwerbsminderungsrenten deutlich zugenommen, waren im Jahre 1993 noch lediglich 37,1 % der Bezieher von Erwerbsminderungsrente Frauen, lag der entsprechende Anteil im Jahr 2011 bei 47,5 %. In diesem Trend spiegeln sich die in jüngeren Kohorten höhere Erwerbsbeteiligung, kürzere Unterbrechungszeiten sowie rentenrechtliche Neuregelungen (Kindererziehungszeiten, Pflegezeiten) wider, die dazu beitragen, dass mehr Menschen Anspruch auf Erwerbsminderungsrente haben (Bäcker, 2012). Ein zweiter wesentlicher Trend in der Entwicklung von Erwerbsminderungsrenten ist der Rückgang der durchschnittlichen Auszahlbeträge, so erhielten Männer aus den alten Bundesländern im Jahr 2000 noch durchschnittlich 780 Euro, im Jahr 2011 lediglich 635 Euro. Diese Entwicklung geht auf veränderte Erwerbs- und Versicherungsbiografien zurück, die eine geringere Zahl an Entgeltpunkten zur Folge haben (Trischler, 2012). Während der Anteil der Neuzugänge, die zuvor in einem versicherungspflichtigen Beschäftigungsverhältnis standen, von 54,5 im Jahr 2000 auf 42,7 % im Jahr 2011 zurückgegangen ist, hat der Anteil der zuvor Arbeitslosen an den Neuzugängen deutlich zugenommen: »Die Erwerbsminderungsrente hat sich gewissermaßen aus der Mitte der Arbeitnehmerschaft zu denen verlagert, die eher am Rande stehen« (Bäcker, 2012, S. 18).

11.5 Zur Akzeptanz von Vorruhestand und Frühverrentung

Mit Gerhardt (1998) ist zu kritisieren, dass vielen Untersuchungen zum Übergang aus dem Erwerbsleben in den Ruhestand ein Denkmodell zugrunde liegt, das den Einzelnen als durch gesellschaftliche Kräfte von außen gesteuert und dementsprechend ausdrücklich nicht als einen rational Handelnden begreift, der eigene Entscheidungen auf der Grundlage von vorhandenen Entscheidungsspielräumen trifft. In Abgrenzung zu einem solchen Denkmodell plädiert Gerhardt für eine Sichtweise, die berücksichtigt, »dass Individuen stets möglichst ihren Entscheidungsspielraum nutzen und ihren biografischen Lebenswert optimieren«, wobei sie ihr Handeln an Interessen orientieren, »die ihrerseits im Sinne ihrer biografischen Handlungsorientierungen interpretiert werden« (Gerhardt, 1998, S. 257). Die Überlegenheit einer derartigen Konzeption von gesellschaftlichem Altern gegenüber einem Verständnis, das den Einzelnen vor allem als passives Opfer von »gesellschaftlich auferlegten Lebenslaufregimes« begreift, wurde von Gerhardt (1998) am Beispiel einer Studie zur Berufsrückkehr versus postoperativen Frühberentung bei Bypassoperierten (Gerhardt et al., 1993) verdeutlicht, in der die Entscheidung für die gesetzlich garantierte Option, nach Operation am offenen Herzen vorzeitig aus dem Erwerbsleben auszuscheiden, durch die soziale Statuslage und den arbeitsrechtlichen Status der Betroffenen deutlich besser vorhergesagt werden konnte als auf der Grundlage des Erfolgs der kardialen Rehabilitation.

Während sich Ende der 1960er und Anfang der 1970er Jahre viele Vorruheständler noch gesellschaftlich ausgegrenzt fühlten und nicht selten das Gefühl hatten, der Gesellschaft zur Last zu fallen, ist heute ein »neues Ruhestandsbewusstsein« (Bundesministerium für Familie, Senioren, Frauen und Jugend, 2006) erkennbar, wird ein vorzeitiger Ruhestand von Arbeitnehmerinnen und Arbeitnehmern nicht nur im Allgemeinen akzeptiert, sondern häufig ausdrücklich begrüßt und (sofern vor dem Hintergrund der veränderten Gesetzeslage noch möglich) angestrebt.

Im Fünften Altenbericht der Bundesregierung (Bundesministerium für Familie, Senioren, Frauen und Jugend, 2006) wird argumentiert, dass die in gesundheitlich besonders belasteten Gruppen deutlich stärker ausgeprägten Wünsche nach einem vorzeitigen Ausstieg aus dem Erwerbsleben auch vor dem Hintergrund einer erheblich geringeren Lebenserwartung und kürzeren Rentenbezugsdauer zu sehen sind. Starre Altersgrenzen produzieren demnach erhebliche soziale Ungleichheiten, da die geringer qualifizierten und höher belasteten Arbeitskräfte wegen ihrer geringeren Lebenserwartung zum einen schlechtere Chancen haben, nach der Erwerbsphase private Vorhaben realisieren zu können, zum anderen die Renten der höher Qualifizierten und zumeist noch besser Verdienenden subventionieren (Naegele, 2002).

Generell ist festzustellen, dass es »die« Älteren zwischen 55 und 64 Jahren nicht gibt. Die Angehörigen dieser Altersgruppe unterscheiden sich sowohl in ihren Beschäftigungsmöglichkeiten als auch in ihren Erwartungen und Zielsetzungen erheblich. Während einige bis zum 65. Lebensjahr und möglicherweise auch darüber hinaus arbeiten können und wollen sind andere dazu infolge von fehlenden Qualifikatio-

nen, beeinträchtigtem Gesundheitszustand oder Arbeitsbedingungen und Arbeitsplatzangebot nicht in der Lage. Wiederum andere könnten durchaus länger arbeiten, ziehen aber aus unterschiedlichen Gründen einen früheren Ausstieg vor und können sich diesen trotz der Erschwerung und Verteuerung des »Vorruhestands« vielleicht auch leisten, da sie z. B. zeitlebens gut verdient oder geerbt haben oder in einem Haushalt mit mehreren Verdienern leben.

Im Fünften Altenbericht der Bundesregierung (Bundesministerium für Familie, Senioren, Frauen und Jugend, 2006) werden mehrere Gründe aufgeführt, die dafür sprechen, dass trotz erschwerter Bedingungen weiterhin viele ältere Beschäftigte vorzeitig aus dem Erwerbsleben aussteigen wollen: Erstens ist ein subjektiv sinnerfülltes Leben in späteren Kohorten im Vergleich zu früheren Kohorten weniger eng an Arbeit gebunden (Gleichzeitigkeit von Arbeits-, Familien- und Freizeitorientierung), zweitens haben steigende Einkommen und Vermögen (»Erbengeneration«) neue ökonomische Freiheiten zur Folge. Mit der Frauenerwerbsquote steigt auch der Anteil der Haushalte mit zwei Einkommen. Dadurch erhöhen sich die ökonomischen Handlungsspielräume, sodass auch Rentenabschläge bei einem früheren Austritt aus dem Erwerbsleben in Kauf genommen werden können, drittens spiegeln individuelle Verrentungsentscheidungen auch den Wunsch oder die Notwendigkeit, in anderen Rollen und Lebensbezügen (Kinderbetreuung, Pflege, Ehrenamt) Verantwortung zu übernehmen, wider. Viertens werden zukünftige Kohorten älterer Arbeitnehmer, insbesondere die höher Qualifizierten unter ihnen, möglicherweise auch höhere Anforderungen an Arbeitsinhalte und Arbeitsbedingungen stellen, die Bereitschaft zur Weiterarbeit wird möglicherweise voraussetzungsvoller, und fünftens wird ein erheblicher Teil nach wie vor infolge von gesundheitlichen Einschränkungen, fehlenden Qualifikationen oder einem Mangel an geeigneten Arbeitsplät-zen aus dem Erwerbsleben ausscheiden müssen.

11.6 Individuelle Anpassung an den Ruhestand

Während ältere Studien häufiger eine geringere Lebenszufriedenheit bei Personen im Ruhestand im Vergleich zu noch Erwerbstätigen ermittelten, zeigen Untersuchungen aus den 1990er Jahren (Calasanti, 1996; Maule et al., 1996; Vinick & Ekerdt, 1991), dass die Anpassung an die nachberufliche Lebensphase aus Sicht der meisten Männer und Frauen eher gut gelingt. Diese sind zum weit überwiegenden Teil im Ruhestand mit ihrem Leben nicht weniger zufrieden als gegen Ende ihrer Erwerbstätigkeit (der Anteil der Unzufriedenen liegt zwischen meist zwischen 10 und 25 %). In diesen Befunden spiegelt sich wahrscheinlich eine heute im Vergleich zu früher positivere gesellschaftliche Bewertung von Frühverrentung und Ruhestand ebenso wider wie das subjektive Erleben einer »späten Freiheit« (Rosenmayr, 1983) und eine insgesamt gestiegene Freizeitorientierung. Auch zeigen die Befunde der Ruhestandsforschung, dass der Verlust der Berufsrolle für die meisten Erwerbstätigen weder objektiv noch subjektiv negative gesundheitliche Folgen hat. Die meisten Befragten geben – gefragt nach der subjektiven Einschätzung ihres Gesundheitszustandes – an, keine Veränderungen zu erleben (Abraham, 1993).

Probleme bei der Anpassung an den Ruhestand sind dann wahrscheinlicher, wenn gesundheitliche oder finanzielle Einschränkungen vorliegen, die familiäre Situation als eher belastend erlebt wird, soziale Kontakte überwiegend an die Erwerbstätigkeit gebunden waren und Beziehungen zu wichtigen Bezugspersonen nicht aufge-baut oder aufrechterhalten werden konnten oder Persönlichkeitsmerkmale und Bewältigungsstrategien zu einer allgemein wenig effektiven Auseinandersetzung mit neuen Aufgaben und Belastungen beitragen.

Als positiv erlebte Arbeitsbedingungen in den letzten Jahren des Erwerbslebens und insbesondere höhere berufliche Positionen wirken sich dagegen günstig auf die Zufriedenheit mit dem Ruhestand und die Bewältigung der neuen Anforderungen aus (Bertelsmann Stiftung, 1997, 2007; Clemens, 2001). Auch wenn Arbeiter ihre Situation vor bzw. zu Beginn der nachberuflichen Lebensphase positiver bewerten als Angestellte und Arbeitnehmer in höheren beruflichen Positionen, kehrt sich dieser Unterschied langfristig um. Eine höhere Identifikation mit dem Beruf ist bei Personen mit höheren beruflichen Positionen stärker ausgeprägt, was den Übergang zunächst erschweren kann. Eine größere Rollenflexibilität, höhere soziale und kommunikative Kompetenz, größere Kontrolle hinsichtlich des Austrittszeitpunktes sowie höheres Einkommen und besserer Zugang zu sozialen und medizinischen Ressourcen tragen aber dazu bei, dass Personen in höheren beruflichen Positionen eine Anpassung an die neue Lebenssituation langfristig besser gelingt (siehe dazu schon Gradman, 1994; Seccombe & Lee, 1986). In einer Untersuchung von Abraham (1993) erwiesen sich etwa Merkmale der vorherigen Arbeitstätigkeit wie Handlungsspielraum, Kontroll- und Entscheidungsmöglichkeiten, die in der Regel mit höheren beruflichen Positionen einhergehen, als bedeutsame Vorhersagefaktoren der Anpassung an das Leben im Ruhestand. Personen mit höheren Ausprägungen in diesen Merk-

malen kamen im Ruhestand besser zurecht, waren aktiver und hatten mehr Pläne.

11.7 Aktives Altern im Ruhestand

Die Verwirklichung von individuellen Potenzialen, soziale Teilhabe und das Gefühl, gebraucht zu werden, werden in traditionellen wie in aktuellen Konzepten erfolgreichen Alterns als eine wesentliche Voraussetzung für die Zufriedenheit und den Erhalt von Kompetenzen angesehen. Die Annahme, dass mit dem Übergang vom mittleren Erwachsenenalter zum höheren Erwachsenenalter keine wesentlichen Veränderungen persönlich bedeutsamer Normen, Bedürfnisse und Werte verbunden sind, findet sich in der klassischen Aktivitätstheorie (Havighurst, 1963) ebenso wie in neueren Aktivitätskonzepten (Walker, 2002) oder der Kontinuitätstheorie (Atchley, 1997). Entsprechend werden altersgebundene Veränderungen in sozialen Rollen vielfach als den individuellen Interessen zuwiderlaufend und durch die Gesellschaft aufgezwungen angesehen. Das mit dem Erreichen der Altersgrenze verbundene Ausscheiden aus dem Beruf erscheint – wenn man davon ausgeht, dass neue soziale Rollen nicht oder nicht in ausreichendem Maße zur Verfügung stehen bzw. gesehen werden – als eine Ausgliederung aus gesellschaftlich relevanten Funktionszusammenhängen (Backes & Clemens, 1998). Die Tatsache, dass der Übergang in den Ruhestand historisch vor allem als Entwicklungsaufgabe des Mannes untersucht worden ist (vgl. etwa Burgess, 1958; Palmore, 1965), geht nicht nur auf die deutlich höhere Erwerbsbeteiligung der Männer zurück, sondern auch auf die Annahme, dass nachberufliche Rollen zum einen Männern in geringerem Umfang zur Verfügung ste-

hen, zum anderen für Männer weniger vorgegeben und definiert sind. Auf die mit der Berufsaufgabe verbundenen physischen, sozialen und ökologischen Veränderungen können vor allem Männer nicht mehr mit gewohnten Verhaltensabläufen reagieren, vor allem Männer können nicht auf kontinuierlich ausgeübte Alternativrollen zurückgreifen.

Die Zielvorstellung eines bürgerschaftlichen Engagements älterer Menschen lässt sich nicht nur mit den Herausforderungen eines veränderten Altersaufbaus der Bevölkerung, sondern auch mit individuellen Bedürfnissen und Selbst-Verpflichtungen begründen. Mit zunehmendem Alter gewinnt das Bedürfnis an Bedeutung, Kompetenzen im Interesse anderer zu nutzen, Erfahrungen und Wissen weiterzugeben, einen Beitrag zu leisten, der auch nach dem Ende des eigenen Lebens noch Bestand hat. Für ältere Menschen ist ihr Engagement in unterschiedlichen Lebensbereichen vielfach gleichbedeutend mit der Erfahrung, dass das Alter neue Chancen bietet und sie nach der Familien- und Erwerbsphase noch gebraucht werden. Die im Zusammenhang mit ihrem Engagement erfahrene Wertschätzung bedeutet nicht selten einen Zuwachs an erlebter Lebensqualität. Des Weiteren trägt ein engagierter Lebensstil auch zur Aufrechterhaltung der körperlichen und geistigen Leistungsfähigkeit und damit zu einer selbstbestimmten Lebensführung bei. Gerade im Alter trägt ein Engagement für andere auch zu einer Erfahrung von Kontinuität und Lebenssinn bei.

In gerontologischen Theorien, die die Verwirklichung von Generativität als eine zentrale Entwicklungsaufgabe nicht nur des mittleren, sondern auch des höheren und hohen Erwachsenenalters betrachten, wird hervorgehoben, dass sich Generativität zu einem guten Teil und in ihrer vielleicht kreativsten und produktivsten Ausdrucksform (auch) außerhalb der Familie, im öffentlichen Raum realisiert (Kruse & Schmitt, 2010). In anderen theoretischen Beiträgen wird hervorgehoben, dass im Alter mit der zunehmenden Bewusstheit von Endlichkeit und Endgültigkeit des eigenen Lebens und der Erfahrung einer verkürzten Restlebenszeit qualitative Veränderungen der Selbst- und Weltsicht des Menschen angestoßen werden können. Persönlichkeitsentwicklung im Alter wird auch dadurch charakterisiert, dass sich Menschen stärker als Teil einer Generationenfolge erleben, die Erfahrung von Kontinuität, Stimmigkeit und Sinn des eigenen Lebens weniger auf die Verfolgung und Verwirklichung persönlicher Zielsetzungen, sondern stärker auf die Solidarität mit den Werten und Interessen früherer und späterer Generationen gegründet wird (Kruse, 2012).

11.8 Ressourcen und Potenziale im Übergang von der späten Berufsphase in den Ruhestand

Legt man die Sterbetafel 2009/11 zugrunde, dann haben 65-jährige Frauen eine ferne Lebenserwartung von 20 Jahren und 8 Monaten, 65-jährige Männer von 17 Jahren und 6 Monaten (Statistisches Bundesamt, 2012a). Im Vergleich zu früheren Kohorten haben Menschen nicht nur ein Mehr an Restlebenszeit zu erwarten, sie verfügen im Durchschnitt auch über bessere Ressourcen, die sie im Interesse einer selbst- und mitverantwortlichen Lebensführung nutzen können. Dabei ist allerdings nicht zu übersehen, dass sich in der Verteilung materieller und immaterieller Ressourcen auch erhebliche Ungleichheiten finden, dies nicht zuletzt auch in Abhängigkeit vom Geschlecht.

Gesundheit

Im Jahr 2009 schätzten 41 % der 65- bis 74-Jährigen in der EU ihren Gesundheitszustand als gut oder sehr gut, 41 % als zufriedenstellend und 18 % als schlecht oder sehr schlecht ein, wobei Menschen mit höherem Bildungsstand und höherem Einkommen einen besseren subjektiven Gesundheitszustand aufwiesen. Unter den 85-Jährigen und Älteren schätzten 64 % ihren Gesundheitszustand als (sehr) gut oder zufriedenstellend ein (Statistisches Bundesamt, 2012b).

Von den Teilnehmern der im Kontext des bundesweiten Gesundheitsmonitorings des Robert-Koch-Instituts durchgeführten Studie Gesundheit in Deutschland Aktuell (GEDA, Robert Koch-Institut, 2011) bewerteten 68 % der Frauen und 73 % der Männer ihren Gesundheitszustand als gut oder sehr gut. Betrachtet man nur die über 65-Jährigen, dann liegt der entsprechende Anteil unter den Frauen bei 46 % und unter den Männern bei 52 %. Vergleicht man die Ergebnisse mit den für das Jahr 2003 vorliegenden Daten, dann finden sich in den Einschätzungen des allgemeinen Gesundheitszustands mit Ausnahme einer Verbesserung bei den über 65-jährigen Frauen keine wesentlichen Veränderungen. Weitere Ergebnisse der GEDA Studie 2009 zeigen, dass sich Frauen gegenüber Männern im Allgemeinen durch ein stärker gesundheitsbewusstes Verhalten auszeichnen. Sie gehen häufiger zum Arzt oder Zahnarzt, lassen sich häufiger gegen Grippe impfen, ernähren sich gesünder, rauchen weniger, konsumieren weniger Alkohol, sind seltener übergewichtig, leiden seltener unter koronarer Herzkrankheit und haben seltener Verkehrsunfälle. Des Weiteren sind Frauen im Vergleich zu Männern seltener gesundheitsgefährdenden Arbeitsbedingungen ausgesetzt.

Auf die Frage, wie alt sie sich fühlen, nennen die 65- bis 85-jährigen Teilnehmer der Generali Altersstudie (Generali Zukunftsfonds, 2013) im Durchschnitt ein knapp 10 Jahre jüngeres Alter. Die befragten 65- bis 69-Jährigen fühlen sich im Durchschnitt 57,5 Jahre alt, die 80- bis 85-Jährigen 73,2 Jahre. Der Trend, sich selbst jünger zu fühlen als man tatsächlich ist, hängt zwar bedeutsam mit dem Gesundheitszustand zusammen, findet sich aber selbst bei Personen, die ihren eigenen Gesundheitszustand als nicht besonders oder schlecht einschätzen: Für die 80- bis 85-Jährigen mit gutem oder sehr gutem Gesundheitszustand findet sich etwa ein subjektives Altersgefühl von 73,2 Jahren, für die 80- bis 85-Jährigen mit nicht besonders gutem oder schlechtem Gesundheitszustand ein subjektives Altersgefühl von 78,5 Jahren.

Finanzielle Ressourcen

Einkommen

Nach den Ergebnissen der Einkommens- und Verbraucherstichprobe (Statistisches Bundesamt, 2012c) lag das durchschnittliche Haushaltsnettoeinkommen in Deutschland im Jahre 2008 bei monatlich 2 914 Euro. Unter den 50- bis 65-Jährigen lag das durchschnittliche Haushaltsnettoeinkommen bei 3 361, unter den 25- bis 50-Jährigen bei 3 312, unter den über 65-Jährigen bei 2 613 und unter den unter 25-Jährigen bei 1 645 Euro.

In allen Altersgruppen verfügten Haushalte mit einem weiblichen Haupteinkommensbezieher über ein geringeres Haushaltsnettoeinkommen als Haushalte mit einem männlichen Haupteinkommensbezieher; die Differenz lag im Durchschnitt bei 38 % – unter den über 65-Jährigen hatten Haushalte mit einem weiblichen Haupteinkommensbezieher ein um 39,1 %, unter den 50- bis 65-Jährigen ein um 39,3 %, unter den 25- bis 50-Jährigen ein um 35,4 % und unter den unter 25-Jährigen ein um 21,4 % geringeres Durchschnittseinkommen.

Die Gesetzliche Rentenversicherung (GRV) bildet in Deutschland nach wie vor den zentralen Pfeiler der Alterssicherung; andere Einkommensarten – insbesondere auch private Rentenversicherungen – haben in den letzten Jahren insgesamt nur geringfügig und darüber hinaus auch primär in höheren Einkommensgruppen an Bedeutung gewonnen (Goebel & Grabka, 2011). Infolge veränderter Erwerbsbiografien – längerer Ausbildungszeiten, zunehmender Arbeitslosigkeit und prekärer Beschäftigungsverhältnisse, Abschlägen infolge vorzeitigen Rentenbezugs[21] (Deutsche Rentenversicherung Bund, 2010; Himmelreicher & Stuchlik, 2008) – sind die individuellen Ansprüche männlicher Neurentner zwischen 1999 und 2009 im Durchschnitt um etwa 7 % zurück-

---

21 Von den männlichen Neurentnern im Jahr 2009 mussten in Ostdeutschland 65 % und in Westdeutschland 50 % Abschläge ihrer Rente in Kauf nehmen, unter den Frauen lagen die entsprechenden Zahlen mit 82 % (Ost) und 52 % (West) noch höher.

gegangen[22], berücksichtigt man zusätzlich die Inflation, dann liegt der Realwert des durchschnittlichen Zahlbetrags einer GRV-Rente für Männer im Jahr 2009 um 12 % niedriger als im Jahr 1999 (Goebel & Grabka, 2011). Für Frauen zeigt sich hier infolge der gestiegenen Erwerbstätigkeitsquote ein etwas günstigerer Trend, aber auch für Rentnerinnen ist der Realwert ihres Einkommens aus der GRV gesunken, in Westdeutschland um 5, in Ostdeutschland um 2 %. Für männliche Neurentner liegt die durchschnittliche Bezugshöhe 2009 bei 820 Euro (West) bzw. 800 Euro (Ost) und damit nicht einmal 150 Euro über dem Niveau der Grundsicherung im Alter[23], für Frauen in Ostdeutschland bei 700 Euro und für Frauen in Westdeutschland bei 500 Euro.

Betrachtet man die Verteilung der Einkommen in den verschiedenen Altersgruppen, dann zeigt sich mit fortschreitendem Alter eine deutliche zunehmende Konzentration bzw. Ungleichverteilung der Einkommen. Böhm und Merz (2008) berichten etwa für die Einkommensteuerstatistik 2001 in der Gruppe der unter 60-Jährigen einen Gini-Koeffizienten[24] von 0,4385, in der Gruppe der 60- bis 65-Jährigen einen Gini-Koeffizienten von 0,6539 und in der Gruppe der 70-Jährigen und Älteren einen Gini-Koeffizienten von 0,6158. Legt man die Gesamtheit der Steuerfälle zugrunde, dann liegt das Einkommen der oberen 10 % 60,2 Mal so hoch wie das Einkommen der unteren 10 %, unter den 70-Jährigen und Älteren verfügen die oberen 10 % über ein 200 Mal höheres Einkommen wie die unteren 10 %. Unter den 60- bis 69-Jährigen und 70-Jährigen und Älteren verfügen die oberen 10 % der Einkommensverteilung etwa über die Hälfte (51 bzw. 47 %) des Gesamteinkommens der jeweiligen Altersgruppe, während die unteren 10 % lediglich über 0,3 % dieser Summe verfügen.

Vermögen

Nach einer Studie des Deutschen Instituts für Wirtschaftsforschung (Frick & Grabka, 2009) verfügten die über 16-jährigen Menschen in Deutschland im Jahr 2007 nach Abzug der Verschuldung über ein Privatvermögen von 6,6 Billionen Euro[25] oder 88 034 Euro pro Person. Im Vergleich mit den Werten für das Jahr 2002 zeigt sich neben einer Zunahme des durchschnittlichen Privatvermögens um etwa 10 % eine zunehmende Ungleichverteilung. In den alten Bundesländern sind die Nettovermögen zwischen 2002 und 2007 um etwa 11 % gestiegen, in den neuen Bundesländern sind sie inflationsbereinigt um 17 % gesunken. Erhebliche Vermögensunterschiede in Abhängigkeit vom Gebietsstand finden sich gerade auch unter den über 65-Jährigen.

---

22 Während im Jahr 1999 Neurentner in Westdeutschland im Durchschnitt 70 Euro, Neurentner in Ostdeutschland im Durchschnitt 120 Euro weniger Einkommen aus der GRV bezogen als Bestandsrentner, haben sich die Differenzbeträge bis zum Jahr 2009 auf 150 Euro (West) bzw. 220 Euro (Ost) erhöht (Goebel & Grabka, 2011).

23 2009 lag die Höhe der Grundsicherung im Alter – Regelsatz und Wohnkosten – bei 676 Euro pro Monat (Schulten, 2009).

24 Der Gini-Koeffizient ist ein nach dem italienischen Statistiker Corrado Gini benanntes Maß zur Quantifizierung der Ungleichheit einer Verteilung. Ein Wert von Null ist gleichbedeutend mit einer Gleichverteilung (s2=0), ein Wert von 1 mit einem Monopolfall als maximaler Ungleichverteilung.

25 Analysiert wurden Daten des Sozioökonomischen Panels, in dem Vermögen in 11 Kategorien – z. B. Häuser und Grundstücke, Geld, Wertpapiere, private Versicherungen, Gold, Schmuck, wertvolle Sammlungen – erfasst werden. Individuelle Ansprüche an die Rentenversicherung sind nicht berücksichtigt.

Während das Durchschnittsvermögen der älteren Menschen in den neuen Bundesländern bei etwa 40 % des Durchschnittswertes für die Gesamtbevölkerung liegt, ergibt sich für die älteren Menschen in den alten Bundesländern ein Wert von 160 %.

Armut

Das Armutsrisiko im Alter ist als eine besondere Herausforderung für die Sozialpolitik anzusehen, da ältere Menschen im Vergleich zu jüngeren deutlich schlechtere Chancen haben, finanzielle Notlagen durch eine Verbesserung ihrer Einkommenssituation aus eigener Kraft zu überwinden (Goebel & Grabka, 2011, Zaidi et al., 2005).

Die Einkommens- und Verbraucherstichprobe 2008 (Statistisches Bundesamt, 2012c) weist für 16 % der Bevölkerung Deutschlands im Jahr ein Nettoäquivalenzeinkommen[26] unterhalb der Armutsgrenze aus. Dabei liegt die Armutsgrenze definitionsgemäß bei 60 % des Medians für die Gesamtbevölkerung (1 772 Euro), also bei 1 063 Euro im Monat, wobei das verfügbare Einkommen (nach Steuern) im Vorjahr inklusive des Mietwerts aus selbstgenutztem Wohneigentum zugrunde gelegt wird. Wie auf der Grundlage der Geschlechtsunterschiede im Haushaltsnettoeinkommen zu erwarten, finden sich auch in den Armutsquoten bedeutsame Geschlechtsunterschiede. Unter der männlichen Bevölkerung lag die Armutsquote bei 14,7 %, unter der weiblichen Bevölkerung bei 17,4 %. Des Weiteren ergeben sich Unterschiede in den Armutsquoten in Abhängigkeit vom Le-

bensalter und dem jeweiligen Haushaltstypus. Überdurchschnittliche Armutsquoten ergeben sich in der Einkommens- und Verbraucherstichprobe für die unter 16-Jährigen (20,3 %), die 16- bis unter 18-Jährigen (20,4 %), die 18- bis unter 25-Jährigen (18,3 %) sowie 50- bis unter 65-Jährigen (17,3 %). Vergleichsweise seltener sind dagegen die 25- bis unter 50-Jährigen (14 %) und die 65-Jährigen und Älteren (14,1 %) betroffen. Die Differenzierung nach Haushaltstypen zeigt, dass vor allem Alleinerziehende (51,9 %), aber auch allein lebende Menschen (28 %) und Personen, die in Haushalten von Paaren mit drei und mehr Kindern leben (17,1 %) vergleichsweise häufig von Armut betroffen sind.

Seit der Einführung der Grundsicherung im Alter im Jahr 2003 ist die Zahl der Empfänger deutlich gestiegen, bis zum Jahr 2009 von 258 000 bis auf 400 000. Während die Anzahl der 65-Jährigen und Älteren in diesem Zeitraum um 14 % zugenommen hat, ergibt sich für Deutsche eine Zunahme der Empfänger von Grundsicherung im Alter um 54 %, für Ausländer um 59 %[27] (Statistisches Bundesamt, 2011c). Die Zuwächse bei der Grundsicherung im Alter dürfen nicht einfach im Sinne eines steigenden Armutsrisikos älterer Menschen interpretiert werden, da eine wichtige Zielsetzung der Grundsicherung auch gerade darin besteht, verdeckte Armut abzubauen – auch im Jahr 2009 bezogen nur etwa 2,5 % der 65-Jährigen und Älteren Grundsicherung im Alter.

Legt man die Daten des Sozio-ökonomischen Panels (SOEP) zugrunde, dann hat

---

26 Die durch gemeinsames Wirtschaften erzielten Einsparungen wurden nach der neuen OECD-Skala berechnet, d. h., die erste erwachsene Person ging mit einem Gewicht von 1,0, jeder weitere Erwachsene mit einem Gewicht von 0,5 und jedes Kind unter 14 Jahren mit einem Gewicht von 0,3 in die Berechnung des äquivalenzgewichteten Pro-Kopf-Einkommens ein.

27 Unter den Empfängern der Grundsicherung im Alter sind Ausländer bei einem Bevölkerungsanteil von unter 10 % mit 20 % deutlich überrepräsentiert.

sich das generelle Armutsrisiko für ältere Menschen in Deutschland in den vergangenen zehn Jahren nicht wesentlich verändert, obwohl das Armutsrisiko für die Gesamtbevölkerung angestiegen ist. Die Auswirkungen der im Durchschnitt geringeren Zahlungen durch die GRV werden, wie die Daten des SOEP zeigen, zunächst durch veränderte Haushaltsstrukturen kompensiert. Da immer mehr ältere Menschen in Paarhaushalten leben, können individuelle Einkommensdefizite in zunehmendem Maße durch haushaltsinterne Umverteilungsprozesse kompensiert werden (Goebel & Grabka, 2011). Das Armutsrisiko liegt in Paarhaushalten mit 10 % nur etwa halb so hoch wie in Einpersonenhaushalten, wobei eine Differenzierung letzterer nach dem Geschlecht für alleinstehende Frauen noch einmal ein um 3–4 Prozentpunkte erhöhtes Armutsrisiko ausweist.

Die Analysen zeigen, dass ein Fünftel der auf der Grundlage ihres monatlichen Einkommens als arm zu bezeichnenden älteren Menschen auf Vermögen zurückgreifen kann. Legt man die Daten des Sozioökonomischen Panels zugrunde, dann ist bei 13 % der älteren Menschen von Einkommensarmut auszugehen. Berücksichtigt man die Möglichkeiten, durch die Liquidierung von Vermögen Einkommenslücken zu schließen, dann ergibt sich unter den über 65-Jährigen ein Anteil von 10 %, der von Armut betroffen ist.

Nach Angaben des Statistischen Bundesamtes (2012b) ist der Anteil der alleinlebenden Menschen im Alter von über 65 Jahren, der große finanzielle Schwierigkeiten hat, zwischen 2005 und 2010 von 1,9 % auf 3,1 % gestiegen. Im Vergleich mit anderen Staaten der EU geht es den Seniorinnen und Senioren in Deutschland deutlich besser; der Durchschnittswert für die EU-27 lag 2010 bei 10 %, niedrigere Werte als in Deutschland ergaben sich lediglich für Luxemburg (1 %), Frankreich und Großbritannien (jeweils 2 %), während sich vor allem in Osteuropa, aber auch in Südeuropa deutlich höhere Werte finden, in Bulgarien haben etwa 45 % über 65-Jährigen große finanzielle Schwierigkeiten, in Rumänien 31 %, in Polen 23 %, in Italien 18 % und in Spanien 13 %.

Bildungsstand

Der Bildungsstand der Bevölkerung hat sich in Deutschland in den letzten Jahrzehnten kontinuierlich erhöht. Im Jahr 2009 hatten 68 % der über 65-Jährigen einen Haupt-/Volksschulabschluss, 13 % Fach- oder Hochschulreife. Unter den 55- bis 64-Jährigen hatten 47 % einen Haupt-/Volksschulabschluss und 21 % Fach- oder Hochschulreife, unter den 35- bis 44-Jährigen 26 % einen Haupt-/Volksschulabschluss und 32 % Fach- oder Hochschulreife (Statistisches Bundesamt, 2012d). 2010 erreichten 34 % der Schulabsolventen eine allgemeine und 15 % eine fachgebundene Hochschulreife (Autorengruppe Bildungsberichterstattung, 2012).

Einen Fachhochschul- oder Hochschulabschluss hatten 2009 10 % der 65-Jährigen und Älteren, 16 % der 55- bis 64-Jährigen und 19 % der 35- bis 44-Jährigen. Eine Lehre oder Anlernausbildung hatten 50 % der über 65-Jährigen und jeweils 57 % der 55- bis 64-Jährigen und 35- bis 44-Jährigen, einen Fachschulabschluss 8 % der über 65-Jährigen und jeweils 9 % der 55- bis 64-Jährigen und 35- bis 44-Jährigen. Der Anteil der Personen ohne Berufsabschluss lag unter den über 65-Jährigen bei 31 %, unter den 55- bis 64-Jährigen bei 17 % und unter den 35- bis 44-Jährigen bei 14 % (Statistisches Bundesamt, 2012d).

Dabei ist die Steigerung des Bildungsstands der Bevölkerung überwiegend auf den Anstieg bei den Frauen zurückzuführen. Sowohl mit Blick auf den Schulabschluss als auch mit Blick auf die Berufsausbildung finden sich unter den über 65-Jährigen noch deutliche Geschlechtsunterschiede zugunsten der Männer. In dieser Gruppe haben 19 % der Männer und 8 % der Frauen Abitur, 15 % der Männer und 44 % der Frauen keinen beruflichen Bildungsabschluss.

Der Anteil der Personen mit Hochschulabschluss unter den 60- bis 65-jährigen Frauen liegt mit 10 % nur halb so hoch wie der entsprechende Anteil unter den 60- bis 65-jährigen Männern, während in der Gruppe der 30- bis 35-Jährigen der Anteil der Personen mit Hochschulabschluss unter den Frauen mit 23 % erstmals höher ist als unter den Männern mit 22 %. Für die Frauen zeigt sich damit im Kohortenvergleich ein Anstieg des Anteils der Personen mit Hochschulabschluss um etwa 13 %, für die Männer dagegen nur um 2 % (für die Gesamtgruppe liegt dieser Anstieg bei 7 %).

Bürgerschaftliches Engagement als neue Form des »Übergangs«

Die Ergebnisse der Generali Altersstudie zeigen, dass die deutliche Mehrheit der älteren Menschen die Mitverantwortung ihrer eigenen Generation bejaht (Generali Zukunftsfonds, 2013). Nur 32 % stimmen der Aussage zu, dass die Entwicklung von Land und Gesellschaft in der Verantwortung jüngerer Generationen liegt, 57 % sehen dies nicht so. Dabei hängt die erlebte Mitverantwortung sowohl mit dem Alter als auch mit der Schulbildung zusammen. Unter den 65- bis 69-Jährigen erleben 63 % ihre eigene Generation als verantwortlich, unter den 70- bis 74-Jährigen 61 %, unter den 75- bis 79-Jährigen 54 % und unter den 80- bis 85-Jährigen 43 %. Noch deutlicher fallen die Unterschiede nach Schulbildung aus: 73 % der Personen mit hoher Schulbildung, 59 % der Personen mit mittlerer und 40 % der Personen mit einfacher Schulbildung sehen ihre Generation in der

Verantwortung. Diese Ergebnisse sprechen dafür, dass sich im Erleben von Verantwortung die Verfügbarkeit von Ressourcen – im Laufe des Lebens erworbener Erfahrungen und Kompetenzen ebenso wie der aktuelle Gesundheitszustand – widerspiegelt, insofern Personen, die über weniger Ressourcen verfügen im allgemeinen weniger Möglichkeiten sehen, einen Beitrag zur weiteren Entwicklung von Land und Gesellschaft zu leisten.

Umfang bürgerschaftlichen Engagements und Engagementbereiche

Legt man die Daten des Freiwilligensurveys 2009 (Bundesministerium für Familie, Senioren, Frauen und Jugend, 2010) zugrunde, dann ist der Anteil der freiwillig Engagierten – jener Personen, die zivilgesellschaftliche Aufgaben, Arbeiten oder Funktionen längerfristig (im Freiwilligensurvey im Durchschnitt seit 10 Jahren) ausüben – an der über 14-jährigen Bevölkerung zwischen 1999 und 2009 von 34 % auf 36 % gestiegen. Unter den 50- bis 59-Jährigen und den 60- bis 69-Jährigen sind jeweils 37 % freiwillig engagiert, unter den über 70-Jährigen 25 %.

Ein freiwilliges Engagement ist den Ergebnissen des Freiwilligensurveys zufolge – ähnlich wie in früheren Untersuchungen – bei Männern häufiger als bei Frauen, bei Erwerbstätigen häufiger als bei Nichterwerbstätigen, bei Personen mit höherem Sozial- und Bildungsstatus häufiger als bei Menschen mit einfachem Sozial- und Bildungsstatus und bei Personen ohne Migrationshintergrund häufiger als bei Personen mit Migrationshintergrund. Die stärksten Zuwächse in den letzten 10 Jahren finden sich bei Menschen mit Kindern und Jugendlichen im Haushalt sowie vor allem bei älteren Menschen. Die Autoren des Freiwilligensurveys sehen den wichtigsten Trend im Bereich des freiwilligen Engagements darin, dass sich Seniorinnen und Senioren durch gemeinschaftliche Aktivität und freiwilliges Engagement immer stärker in die Zivilgesellschaft einbringen.

Der Anteil der Engagierten liegt im Freiwilligensurvey 2009 unter den Männern bei 40 % und unter den Frauen bei 32 %, wobei sich die deutlichsten Unterschiede unter den 20- bis 34-Jährigen finden – in dieser Altersspanne ist für die Frauen anders als für die Männer ein deutlicher Rückgang der Engagementquote zu beobachten[28]. Unter den 60- bis 69-Jährigen sind 40 % der Männer und 34 % der Frauen freiwillig engagiert, unter den über 70-Jährigen 31 % der Männer und 22 % der Frauen.

Eine Differenzierung nach Engagementbereichen zeigt, dass sich Männer häufiger in Vereinen, Parteien und Verbänden sowie in der freiwilligen Feuerwehr und Rettungsdiensten engagieren, während sich Frauen deutlich häufiger – zeitlich begrenzt – im Bereich von Kindergarten und Schule sowie in den Kirchen engagieren.

Die Engagementquote von Menschen über 65 Jahren ist im Zeitraum von 1999 bis 2009 von 23 % auf 28 % gestiegen. Zwischen 1999 und 2004 finden sich besonders starke Zuwächse bei den 60- und 69-Jährigen, zwischen 2004 und 2009 bei den über 70-Jährigen. (1999: 20 %, 2004: 22 %, 2009: 26 %). Die Autoren des Freiwilligensurveys interpretieren das hohe Engagement unter den älteren Menschen bis zum Alter von 75 Jahren (in dieser Altersgruppe sind 29 % freiwillig engagiert) als

einen Kohorteneffekt, der darauf zurückgeht, dass für die Angehörigen dieser Altersgruppe der »zivilgesellschaftliche Aufschwung der 1960er- und 1970er-Jahre« ein prägender Eindruck war. Wegen ihres im Vergleich zu früheren Kohorten im Durchschnitt höheren Bildungsstandes und ihrer größeren körperlichen und geistigen Fitness würden ältere Menschen weiterhin für freiwilliges Engagement aufgeschlossen sein, sich jedoch in steigendem Maße als kritische und selbstbewusste Engagierte erweisen.

Von den 65- bis 85-Jährigen sind in der Generali Altersstudie 45 % bürgerschaftlich engagiert[29], der durchschnittliche Umfang dieses Engagements liegt bei etwa 4 Stunden pro Woche. Dabei variiert der Anteil der bürgerschaftlich Engagierten erheblich nach Schulbildung und Gesundheitszustand. Unter den Personen mit hoher Schulbildung engagieren sich 61 %, unter jenen mit mittlerer Schulbildung 44 % und unter jenen mit einfacher Schulbildung 32 %. Von den Personen mit sehr gutem oder gutem Gesundheitszustand sind 55 %, von jenen, die ihren Gesundheitszustand als einigermaßen beschreiben, 42 % und von jenen, die ihren Gesundheitszustand als nicht besonders oder schlecht wahrnehmen, 28 % engagiert. Der Anteil der bürgerschaftlich engagierten Menschen nimmt erst in der höchsten Altersgruppe – vor allem infolge zunehmender gesundheitlicher Einschränkungen – deutlich ab, von den 80- bis 85-Jährigen engagieren sich noch 29 %,

---

28 In der Gruppe der 14- bis 19-Jährigen sind bei den Frauen 37 % und bei den Männern 35 % engagiert. Für die 20- bis 34-jährigen Frauen ergeben sich Engagementquoten zwischen 28 und 30 %, für die Männer gleichen Alters zwischen 38 und 41 %. In der Altersgruppe der 35- bis 40-Jährigen sind 45 % der Männer und 39 % der Frauen engagiert.

29 Dieser im Vergleich zu anderen Untersuchungen sehr hohe Wert kann dadurch erklärt werden, dass in der Generali-Studie nach dem Engagement in verschiedenen Bereichen (Listenvorlage) gefragt wurde, wobei in anderen Studien akzentuierte Aspekte wie die Freiwilligkeit, Kontinuität und Regelmäßigkeit der Ausübung von Tätigkeiten keine notwendige Bedingung für die Charakterisierung von Teilnehmern als engagiert darstellten.

während der entsprechende Anteil unter den 65- bis 69-Jährigen bei 50, unter den 70- bis 74-Jährigen bei 48 % und unter den 75- bis 79-Jährigen bei 45 % liegt. Der Anteil der Engagierten liegt unter den Männern mit 50 % höher als unter den Frauen mit 41 %.

Im Freiwilligensurvey 2009 nimmt zwar das Engagement für ältere Menschen mit dem Alter der freiwillig Engagierten zu, doch ist die »Überschneidung zwischen Altersgruppe und Zielgruppe« weniger stark ausgeprägt als bei jüngeren Menschen. Für das freiwillige Engagement älterer Männer und (vor allem) Frauen gilt zwar nach wie vor, dass sich diese vor allem im sozialen Bereich in starkem Maße für ältere Menschen engagieren (33 % der über 65-Jährigen und 38 % der über 75-Jährigen), doch richtet sich das Engagement älterer Menschen zunehmend auch direkt auf das Gemeinwesen. Des Weiteren zeigt der Freiwilligensurvey 2009, dass bei einem Engagement für ältere Menschen, anders als bei Eltern, die sich besonders im Zusammenhang mit ihren Kindern engagieren, Verwandtschaft kaum eine Rolle spielt. Mithin könne das Engagement für bedürftige ältere Menschen nicht im Sinne einer »Verlagerung von Pflege- und Betreuungsleistungen aus dem familiär-privaten in den öffentlichen Bereich« gedeutet werden.

Im Fünften Altenbericht der Bundesregierung (Bundesministerium für Familie, Senioren, Frauen und Jugend, 2006) wird aufgezeigt, dass neben den klassischen Formen des Engagements in Verein, Partei oder Verband andere Formen und Zusammenschlüsse erheblich an Bedeutung gewonnen haben. Zu nennen sind hier insbesondere die Bereiche Ökologie und Kultur, Schule, Kindergarten, Gesundheit, Geschlechterpolitik sowie der soziale Nahbereich (z. B. in der Nachbarschaftshilfe). Diese »Pluralisierung« des Engagements ist aber ausdrücklich nicht gleichbedeutend mit der Verdrängung oder Ablösung »alter« Orga-

nisationsformen. Das »klassische« Ehrenamt wird insbesondere in den höheren Altersgruppen nach wie vor gegenüber den neuen Formen vorgezogen. Des Weiteren beschreibt der Fünfte Altenbericht einen Trend zur Individualisierung bürgerschaftlichen Engagements im Alter – die Auswahl und Gestaltung von Engagementbereichen steht heute weit weniger als früher im Zusammenhang mit der sozialen und regionalen Herkunft oder geschlechtsspezifischen und familiären Rollen.

Motive bürgerschaftlichen Engagements und ungenutzte Engagementpotenziale

Im Fünften Altenbericht der Bundesregierung wird ein Wandel von altruistischen Motiven (anderen helfen, gemeinwohlbezogene Aufgaben übernehmen) hin zu eher ereignis-, spaß- und selbstverwirklichungsbezogenen Motiven beschrieben. Während Frauen insbesondere die Möglichkeit, etwas Neues zu lernen, als sehr wichtig ansehen, ist für Männer der Wunsch wichtiger, früher erworbene Fähigkeiten weiterhin einzusetzen sowie das eigene Wissen weitergeben zu können. Ein Engagement – auch bei älteren Menschen – kommt demnach nur noch dann zustande, wenn es zu den jeweiligen biografischen Situationen und ihren Anforderungen »passt« und wenn bestimmte biografische Aufgaben bzw. Präferenzen mit der Ausübung des Engagements vereinbar sind. Zudem werden deutlich häufiger zeitlich weniger verpflichtende, projektorientierte und abwechslungsreiche Aufgabenbereiche bevorzugt, die zugleich ein hinreichendes Maß an Selbstbestimmung und Selbstorganisation zulassen.

Für die Aufnahme oder Fortsetzung eines Engagements sind in der Generali Altersstudie sowohl altruistische als auch stärker selbstbezogene Motive von Bedeutung. Als wichtigster Grund für das aktuelle Engagement erwies sich die Freude an dieser Tätigkeit, 70 % gaben an, Spaß zu haben stehe hier (auch) im Vordergrund, für weitere 24 % spielte dieses Motiv zumindest eine Rolle. Für 44 % stehen Kontakte zu anderen Menschen, für 35 % steht die Möglichkeit, Abwechslung zu haben, für 20 % die Möglichkeit, Neues zu lernen und nützliche Erfahrungen zu machen, im Vordergrund. 51 % der Personen gaben an, bei ihrem Engagement stehe der Wunsch, anderen zu helfen, im Vordergrund, für 42 % war das Gefühl, mit der eigenen Tätigkeit etwas zu bewegen, für 30 % eine moralische Verpflichtung ausschlaggebend. Die Ergebnisse der Generali Altersstudie 2012 belegen damit auch den im Zusammenhang mit einer »Modernisierung des Ehrenamtes« angenommenen Motivwandel von stärker altruistischen zu stärker ereignis-, spaß- und selbstverwirklichungsbezogenen Motiven.

Die Ergebnisse des Freiwilligensurveys 2009 zeigen, dass es für freiwillig Engagierte wie für engagementbereite Menschen ab der zweiten Hälfte des 5. Lebensjahrzehnts besonders wichtig ist, dass ein freiwilliges Engagement auch Kontakte mit anderen Generationen ermöglicht. Diese Motivation erweist sich für jüngere Menschen als weniger bedeutsam – zum einen sind deren typische Engagementformen stärker jugendzentriert, zum anderen verfügen diese häufiger über Verwandtschaftsnetzwerke, die intensivere Kontakte zu anderen Generationen ermöglichen.

Der Anteil jener Menschen, die gegenwärtig nicht freiwillig engagiert, aber zu einem solchen Engagement eigenen Angaben zufolge bereit wären, hat sich den Ergebnissen des Freiwilligensurveys zufolge zwischen 1999 und 2009 von 26 % auf 37 % erhöht, entsprechend sehen die Autoren weniger in einer Zunahme des Engagements als vielmehr in einer immer aufgeschlosseneren Einstellung zum Engagement den Haupttrend der betrachteten Periode.

Ähnlich wie in früheren Untersuchungen zeigt sich auch in der Generali Altersstudie, dass das bürgerschaftliche Engagement im Alter in vielen Fällen eine Fortsetzung oder Wiederaufnahme früheren Engagements darstellt. Von den aktuell bürgerschaftlich Engagierten haben sich 43 % auch vor dem Rentenalter in starkem oder sehr starkem Maße engagiert, unter den aktuell nicht bürgerschaftlich engagierten Menschen ist dies bei lediglich 12 % der Fall. Von den aktuell nicht bürgerschaftlich engagierten Menschen haben sich vor dem Rentenalter 68 % kaum oder gar nicht bürgerschaftlich engagiert. Von den aktuell bürgerschaftlich engagierten Menschen haben sich vor dem Rentenalter 23 % nicht engagiert.

11.9 Ausblick

Der Übergang von der späten Berufsphase in den Ruhestand gestaltet sich heute infolge veränderter gesellschaftlicher Rahmenbedingungen wie infolge eines veränderten Selbstverständnisses und einer im Vergleich zu früheren Generationen höheren Lebenserwartung und besseren Ausstattung mit materiellen und immateriellen Ressourcen anders als noch vor wenigen Jahrzehnten.

Nicht nur der Gesetzgeber, auch die Unternehmen haben zunehmend erkannt, dass sich weder konjunkturelle Probleme durch Frühverrentungen lösen lassen, noch eine alternde Gesellschaft auf die Nutzung des Erwerbspersonenpotenzials älterer

Menschen verzichten kann. Entsprechend hat sich das durchschnittliche Rentenzugangsalter in den letzten Jahren deutlich erhöht, die Anzahl der Personen, die vorzeitig aus dem Erwerbsleben ausscheidet, ist deutlich geringer geworden. Mit dem Auslaufen der Vorruhestandsregelungen hat sich nicht nur der Anteil der Menschen, die bis zum Erreichen der gesetzlichen Altersgrenze arbeiten, erhöht, sondern auch die Anzahl jener, die vor dem Erreichen der gesetzlichen Altersgrenze von Langzeitarbeitslosigkeit oder vorübergehender Beschäftigungslosigkeit betroffen waren oder infolge verminderter Erwerbsfähigkeit eine Erwerbsminderungsrente bezogen. Auch wenn sich in den letzten Jahren die Anzahl der Rentenzugänge aus sozialversicherungspflichtiger Beschäftigung auf etwa ein Drittel erhöht hat, ist nicht zu übersehen, dass Neurentner im Durchschnitt geringere Rentenbezüge aufweisen als Bestandsrentner, womit die Frage der Absicherung im Ruhestand, insbesondere Risiken einer vermehrten Altersarmut in (noch) stärkerem Maße als heute in das Zentrum sozialpolitischen Interesses rücken.

Gleichzeitig ist festzustellen, dass eine in klassischen gerontologischen Theorien vielfach beschriebene Rollenlosigkeit des Alters, eine mit dem Ausscheiden aus dem Erwerbsleben verbundene Ausgliederung aus gesellschaftlichen Zusammenhängen die Lebenssituation beim Übergang in den Ruhestand unzutreffend beschreibt. Vorruhestand und Frühverrentung werden heute nicht nur toleriert, sondern auch begrüßt, das Leben in der Nacherwerbsphase wird von den meisten Menschen als durchaus perspektivenreich wahrgenommen. In diesem Zusammenhang ist darauf hinzuweisen, dass nicht nur die Lebenserwartung zum Zeitpunkt des Übergangs in den Ru-

hestand heute höher ist als in früheren Generationen, sondern die Menschen heute zu diesem Zeitpunkt im Durchschnitt auch gesünder sind, einen höheren Bildungsstand aufweisen und über mehr finanzielle Ressourcen verfügen.

Gleichfalls kann festgestellt werden, dass eine zunehmende Anzahl älterer Menschen heute bereit ist, auch nach dem Erreichen der gesetzlichen Altersgrenze weiter zu arbeiten (der Anteil der Erwerbstätigen liegt unter den 65- bis 85-Jährigen gegenwärtig bei etwa 10 %) und sich ein im Vergleich zu früheren Generationen größerer Teil in der späten Berufsphase und im Ruhestand bürgerschaftlich engagiert. Das Leben im Ruhestand ist heute weit stärker als noch vor wenigen Jahrzehnten durch Aktivität und Mitverantwortung gekennzeichnet. Eine alternde Gesellschaft kann auf die Nutzung der hier angesprochenen Potenziale älterer Menschen nicht verzichten. Entsprechend stellt sich die Aufgabe, die ältere Generation in (noch) stärkerem Maße in ihren Potenzialen und nicht zuletzt auch in ihrer Verantwortung, für die Angehörigen der eigenen Generation (mit Blick auf intragenerationelle Solidarität), für die Angehörigen anderer Generationen (mit Blick auf intergenerationelle Solidarität) wie für das Gelingen von Gesellschaft (mit Blick auf Generationengerechtigkeit) anzusprechen.

Aus den in diesem Beitrag aufgezeigten Veränderungen des Alters ergibt sich auch die Notwendigkeit eines neuen gesellschaftlichen Diskurses über die Gestaltung des Überganges von der späten Berufsphase in den Ruhestand. Ein solcher Diskurs muss neben den Potenzialen des Alters für die Gesellschaft auch die im Kontext veränderter Übergänge in den Ruhestand aufgezeigten Risiken in den Blick nehmen.

Literatur

Abraham, E. (1993). *Arbeitstätigkeit, Lebenslauf und Pensionierung*. Münster: Waxmann.

Atchley, R. C. (1997). *Social forces and aging*. Belmont, CA: Wadsworth Publishing Company.

Autorengruppe Bildungsberichterstattung (2012). *Bildung in Deutschland 2012. Ein indikatorengestützter Bericht mit einer Analyse zur kulturellen Bildung im Lebenslauf*. Bielefeld: Bertelsmann.

Backes, G. M. & Clemens W. (1998). *Lebensphase Alter*. Weinheim: Juventa.

Bäcker, G. (2012). *Erwerbsminderungsrenten: Strukturen, Trends und aktuelle Probleme*. Böckler-Stiftung: Altersübergangsreport 2012–3.

Bertelsmann Stiftung (1997). *Mit 60 auf das Abstellgleis?* Gütersloh: Verlag Bertelsmann Stiftung.

Bertelsmann-Stiftung (Hrsg.) (2007). *Alter neu denken*. Gütersloh: Verlag Bertelsmann Stiftung.

Böhm, P. & Merz, J. (2008). *Zum Einkommensreichtum Älterer in Deutschland – Neue Reichtumskennzahlen und Ergebnisse aus der Lohn- und Einkommensteuerstatistik (FAST 2001)*. Wiesbaden: Statistisches Bundesamt.

Brussig, M. (2012). *Weiter steigendes Renteneintrittsalter, mehr Renteneintritte aus stabiler Beschäftigung, aber zunehmend geringere Altersrenten bei Langzeitarbeitslosen*. Böckler-Stiftung: Altersübergangsreport 2012–3.

Bundesministerium für Familie, Senioren, Frauen und Jugend (2010). *Zivilgesellschaft, soziales Kapital und freiwilliges Engagement in Deutschland 1999 – 2004 – 2009*. München: Infratest.

Bundesministerium für Familie, Senioren, Frauen und Jugend (2006). *Fünfter Altenbericht der Bundesregierung: »Potenziale des Alters in Wirtschaft und Gesellschaft«*. Berlin: Bundesministerium für Familie, Senioren, Frauen und Jugend.

Burgess, E. W. (1958). Occupational differences in attitudes toward aging. *Journal of Gerontology, 13*, 203–206.

Calasanti, T. M. (1996). Gender and life satisfaction in retirement: An assessment of the male model. *Journal of Gerontology, 51*, 18–29.

Clemens, W. (2001). *Ältere Arbeitnehmer im sozialen Wandel. Von der verschmähten zur gefragten Humanressource?* Opladen: Leske u. Budrich.

Deutsche Rentenversicherung Bund (2010). *Rentenversicherung. Zeitreihen 2010*. DRV-Schriften Band 22.

Frick, J. R. & Grabka, M. M. (2009). Gestiegene Vermögensungleichheit in Deutschland. *DIW Wochenberichte, 4*, 54–67.

Fuchs, J., Söhnlein, D. & Weber, B. (2011). Projektion des Arbeitskräfteangebots bis 2050. Rückgang und Alterung sind nicht mehr aufzuhalten. *IAB-Kurzbericht 16/2011*.

Generali Zukunftsfonds (2013). *Generali Altersstudie 2013*. Stuttgart: Fischer.

Gerhardt, U. (1998). »Und daß ich Rente kriege«: Zur Dynamik des gesellschaftlichen Alterns. In A. Kruse (Hrsg.), *Psychosoziale Gerontologie* (Bd. I: Grundlagen, S. 253–275). Göttingen: Hogrefe.

Gerhardt, U., Borgetto, B. & Rockenbauch, B. (1993). *Gesunde Kranke. Klinisch-medizinsoziologische Verlaufsanalyse für Biographien der Rückkehr zur Arbeit oder Frühberentung nach koronarer Bypassoperation*. Abschlussbericht des Projekts der Deutschen Forschungsgemeinschaft Ge 313/5.

Goebel, J. & Grabka, M. M. (2011). Zur Entwicklung der Altersarmut in Deutschland. *DIW-Wochenberichte, 25*, 3–16.

Gradman, T. J. (1994). Masculine identity from work to retirement. In E. H. Thompson, (Ed.), *Older Men's Lives* (pp. 104–121). Thousand Oaks: Sage.

Havighurst, R. J. (1963). Dominant concerns in the life cycle.In L. Schenck-Danzinger& H. Thomae (Hrsg.), *Gegenwartsprobleme der Entwicklungspsychologie*. Göttingen: Hogrefe.

Himmelreicher, R. & Stuchlik, A. (2008). Entwicklung und Verteilung von Entgeltpunkten in der gesetzlichen Rentenversicherung. *Deutsche Rentenversicherung, 6*, 532–545.

Kruse, A. (2012). Entwicklung im sehr hohen Alter. In A. Kruse, T. Rentsch & H.-P. Zimmermann (Hrsg.), *Gutes Leben im hohen Alter. Das Altern in seinen Entwicklungsmöglichkeiten und Entwicklungsgrenzen verstehen* (S. 33–62). Heidelberg: AKA.

Kruse, A., Schmitt, E. (2010). Potenziale im Alter – Person- und Gesellschaftskonzepte zum Verständnis eines selbstverantwortlichen und mitverantwortlichen Lebens im Alter. In A. Kruse (Hrsg.), *Potenziale im Altern* (S. 14–32). Heidelberg: Akademische Verlagsgesellschaft.

Maule, A. J., Cliff, D. R. & Taylor, R. (1996). Early retirement decisions and how they affect later quality of life. *Ageing and Society, 16*, 177–204.

Naegele, G. (2002).Active strategies for older workers in Germany. In: M. Jepsen, D. Foden

& M. Hutsebaut (Hrsg.): *Active strategies for older workers* (S. 207–244). Brüssel: European Trade Union Institut (ETUI).

Palmore, E. (1965). Differences in the retirement patterns of men and women. *The Gerontologist, 5*(1), 4–8.

Robert Koch-Institut (2011). *Daten und Fakten: Ergebnisse der Studie »Gesundheit in Deutschland aktuell 2009«*. Berlin: Robert Koch-Institut.

Rosenmayr, L. (1983). *Die späte Freiheit: Das Alter – ein Stück bewusst gelebten Lebens*. Berlin: Severin & Siedler.

Schulten, T. (2009). *Guter Lohn für gute Rente*. WSI-Diskussionspapier 164.

Seccombe, K. & Lee, G. L. (1986). Gender differences in retirement satisfaction and its antecedents. *Research on Aging 8*, 426–440.

Statistisches Bundesamt (2010). *12. Koordinierte Bevölkerungsvorausberechnung*. Wiesbaden: Statistisches Bundesamt.

Statistisches Bundesamt (2012a). *Lebenserwartung in Deutschland erneut gestiegen*. Pressemitteilung vom 2. Oktober 2012 – 344/12.

Statistisches Bundesamt (2012b). *Alter im Wandel. Ältere Menschen in Deutschland und der EU*. Wiesbaden: Statistisches Bundesamt.

Statistisches Bundesamt (2012c). *Einkommens- und Verbraucherstichprobe*. Wiesbaden: Statistisches Bundesamt.

Statistisches Bundesamt (2012d). Allgemeiner Bildungsstand der Bevölkerung in Deutschland nach dem Alter. Wiesbaden: Statistisches Bundesamt.

Trischler, F. (2012). Auswirkungen diskontinuierlicher Erwerbsbiografien auf die Rentenanwartschaften. *WSI-Mitteilungen, 65*, 4, 253–261.

Vinick, B. H. & Ekerdt, D. J. (1991). Retirement: What happens to husband-wife relationships? *Journal of Geriatric Psychiatry, 24*, 23–40.

Walker, A. (2002). The principals and potential of active ageing. In S. Pohlmann (Ed.), *Facing an ageing world – recommendations and perspectives* (pp. 113–118). Regensburg: Transfer Verlag.

Zaidi, A., Frick, J. A. & Büchel, F. (2005). Income dynamics within retirement in Great Britain and Germany. *Ageing and Society, 25*, 543–565.

12 Die neue Lebensphase Alter[30]

Franz Kolland und Anna Wanka

Zusammenfassung

Für die Bestimmung der Altersphase sind kalendarische Abgrenzungen wenig sinnvoll. Viel eher kann über das sozialwissenschaftliche Konzept der Lebensphasen und die sozio-kulturelle Konstruktion des Alters eine Annäherung an die gegenwärtige Figuration des Alters erreicht werden. Alter ist heute eine eigenständige Lebensphase in einem weitgehend dreigeteilten Lebenslauf, der aus Ausbildung, Erwerbsarbeit und Freizeit- bzw. Altersphase besteht. Neu sind in dieser Lebensphasenstruktur sowohl innere Differenzierungen als auch weniger regulierte Übergänge. Basierend auf Daten der SHARE-Studie wird die innere Differenzierung der Lebensphase Alter untersucht. Kann ein distinktes drittes Lebensalter sozial-strukturell und im Lebensstil identifiziert werden? Ausgegangen wird von der kulturgerontologischen Position, wonach ältere Menschen sich als aktiv Handelnde in einer neuen und pluralistischen Kultur des Alters zeigen. Dabei darf nicht übersehen werden, dass die Gegenwartsgesellschaft zwar erweiterte Möglichkeiten und Freiheitschancen im Alter bietet, aber auch neue soziale Ungleichheiten an den Übergängen und in der Lebensphase Alter hervorruft.

12.1 Einführung

Der menschliche Lebenslauf wird in verschiedene Phasen unterteilt, die vermitteln, wie sich das Individuum zu verhalten hat, was es in einem bestimmten Alter tun oder nicht tun soll. Lebensphasen haben eine sozial ordnende Wirkung. Allerdings werden sie weniger bewusst als vielmehr als soziale Bilder erfahren. Nach einem allgemeinen Bild erkannt zu werden bedeutet, in einer Rolle erkannt zu werden, die grundsätzlich unabhängig ist von unseren eigenen Vorstellungen, wer wir sein wollen (Honig, Weymann, Saake & Abels, 2008). Gemeint ist damit etwa die Rolle der Rentnerin/des Rentners, die/der ihren/seinen Ruhestand genießt. In der Gegenwartsgesellschaft lehnen wir aber genau das ab: Wir wollen in unserer Individualität anerkannt werden

---

30 In tiefer Dankbarkeit wollen wir diesen Artikel Pegah Ahmadi widmen, die immer in unserer Erinnerung bleiben wird.

und uns nur bedingt mit lebens- bzw. altersspezifischen Erwartungen arrangieren. Die gesellschaftliche Individualisierung hat dazu einerseits günstige Voraussetzungen geschaffen, indem starke Bindungen an soziale Herkunft, Religion, Familie an Bedeutung verloren haben (Beck, 1983), andererseits aber die Suche aller nach Individualität es besonders schwierig macht, »besonders« zu sein.

Über das sozialwissenschaftliche Konzept der Lebensphasen wird versucht, die Wechselwirkungen und Widersprüche zwischen kollektivem und individuellem Handeln darzustellen und aufzulösen. Das Individuum tritt in eine Lebensphase wie in einen Raum ein, dessen Architektur sozial konstruiert ist. Es betritt diesen Raum mit seiner Biografie, wodurch der Raum eine je individuelle Färbung erhält. Lebensläufe bzw. Lebensphasen werden dadurch sowohl sozial konstruiert als auch über die persönliche Erfahrung individualisiert. Besonders im Alter kann sich eine stark individuelle Färbung ergeben, weil andere Lebensphasen schon vorangegangen sind und je individuelle Erfahrungen mitgebracht werden. Wird gesellschaftlich ein hohes Aktivitätsniveau im Sinne von aktivem Altern oder ein niedriges Aktivitätsniveau im Sinne von Ruhestand erwartet, ergeben sich daraus zwar allgemeine Ansprüche und soziale Erwartungen, die aber individuell sehr verschieden gelebt werden können.

Ein Beispiel für diese Suche nach Individualität und Abstand gegenüber sozialen Erwartungen ist die Erzählung des schwedischen Schriftstellers Jonas Jonasson in seinem Roman »Der Hundertjährige, der aus dem Fenster stieg und verschwand«[31]. In dieser Erzählung läuft der Held Allan Karlsson vor dem Fest zu seinem 100. Geburtstag

davon und begibt sich auf einen Suchprozess nach sich selbst. Auffällig sind in dieser Erzählung zwei Dinge: Erstens wird eine Person geschildert, die soziale Normen verletzt und an sie gestellte soziale Erwartungen kritisch kommentiert. Und zweitens: Obwohl das hohe Alter und die Gebrechlichkeit des Protagonisten immer wieder angeführt werden, sind diese nicht determinierend.

Die sozialgerontologische Forschung weist sehr deutlich nach, dass für die Bestimmung der Altersphase Abgrenzungen, die auf dem kalendarischen Alter beruhen, kaum hilfreich sind (z. B. Graefe, van Dyk & Lessenich, 2011). Sie können das Phänomen Alter nur marginal fassen. Ergiebiger ist eine Festlegung, die Alter als Lebensphase eigener Form und eigener selbsterlebbarer Qualität und zugleich als gesellschaftliches Produkt begreift.

In der jüngeren gerontologischen Debatte werden vor allem drei Fragen diskutiert. Erstens: Lässt sich eine eigene Lebensphase Alter abgrenzen? Dabei ist noch einmal deutlich zu unterscheiden zwischen gesellschaftlichen Festlegungen und individuellen Sichtweisen. Mit der Pensionierung tritt das Individuum in der gesellschaftlichen Betrachtung in die Lebensphase Alter ein, muss sich aber persönlich gar nicht alt fühlen. Zweitens: Wandelt sich die innere Struktur des Lebens im Alter? Dazu gehört der Tatbestand, dass neben schichten- und milieuspezifischen Unterschieden ethnische und geschlechtsspezifische Diversität zu einer hohen Vielfalt im Alter führen (Backes & Clemens, 2003). Und schließlich geht es drittens um die Frage: Ist die Altersphase gesellschaftlich klar oder unspezifisch bestimmt?

---

31 Jonasson, Jonas (2011). *Der Hundertjährige, der aus dem Fenster stieg und verschwand.* München: Carl's Books.

12.2   Die »alte« Lebensphase Alter: Zwischen Ruhestand und Aktivität

Im 20. Jahrhundert ist auf Basis sozialstaatlicher Regelungen eine lange *Ruhestandsphase* entstanden, die durch die strikte Trennung von Arbeit und Alter mit einem starken Wandel in der sozialen Position verbunden war. Vor der Einführung der Rentenversicherungen war nur für jene Personengruppen ein Ruhestand möglich, die über Besitz verfügten. Mit der Einführung der Rentenversicherungen wurde der Ruhestand – also die weitgehende Aufgabe der Erwerbsarbeit ab einer bestimmten Altersgrenze – für die Mehrheit der Bevölkerung zu einer gesicherten Lebensphase. In der modernen Gesellschaft weist der Lebenslauf seither eine vergleichsweise hohe Altersgradierung auf. Dieser als Institutionalisierung des Lebenslaufs beschriebene Prozess (Kohli, 1985) bezieht sich nicht nur auf den geordneten Ablauf der Lebenszeit, in der etwa die Altersgrenze stark regulierend wirkt, sondern auch auf eine zunehmende Eigengestaltung des Lebenslaufs. Der Einfluss der sozialen Herkunft und der Religionszugehörigkeit auf die Lebensführung schwächen sich nach diesem Ansatz ab.

Grundsätzlich kann man festhalten, dass es sich beim Alter um ein gedankliches und soziales Konstrukt handelt. Es hat sich in einem *dreigeteilten Lebenslauf* von Ausbildungs-, Erwerbs-, Freizeitphase zu einer eigenen Lebensphase entwickelt. In dieser Dreiteilung sehen Mathilda und John Riley (2000) ein strukturelles Ungleichgewicht für die Lebenssituation älterer Menschen. Obwohl diese ein immer längeres Leben bei immer besserer Gesundheit erwarten, werden sie über festgelegte Altersgrenzen aus der Erwerbsarbeit in die Freizeitrolle entlassen. In diesem Zusammenhang sprechen die beiden Forschenden von einer »strukturellen Diskrepanz«, womit gemeint ist, dass es eine Lücke gibt zwischen den vorhandenen Kompetenzen und Potentialen des Alters und den tatsächlich verfügbaren Rollen. Außer der Großelternrolle stehen den älteren Menschen kaum andere soziale Rollen zur Verfügung. Diese soziale Struktur bezeichnen sie als »altersegregiert«, d. h., nach der Ausbildungsphase folgen die Erwerbs- und Ruhestandsphase in einem linearen Ablauf. Altersdifferenzierte Strukturen haben den Nachteil, Formen sozialer Exklusion und Segregation zu erzeugen.

Die aktuelle Alterspolitik ist stark darauf ausgerichtet, die Selbständigkeit alter Menschen möglichst lange zu erhalten. Ein Modell der Independenz impliziert dabei immer eine gewisse Trennung bzw. Segregation der Generationen: Jede Generation lebt für sich, und somit ergeben sich wenig soziale Gemeinsamkeiten und wenig kulturelle Berührungspunkte. Zwar ergeben sich damit keine (manifesten) Konflikte, es fehlt aber auch an Solidarität und gemeinsamer Kommunikation. In welchen Lebensräumen findet Alterssegregation hauptsächlich statt? Während in der Arbeits- und Ausbildungswelt eine soziale und räumliche Trennung nach Altersgruppen deutlich zu beobachten ist, zeigt die Forschung für den familialen Kontext zwar auch Trennung, aber die Wirkung wird anders eingeschätzt. Die verschiedenen Generationen leben zwar räumlich getrennt, diese Trennung wirkt aber positiv auf die sozio-emotionale Nähe. Die Beziehungen zwischen Alt und Jung in der Familie können als »Intimität auf Abstand« (Rosenmayr & Köckeis, 1961) beschrieben werden. Konflikte werden entschärft, wenn jede Generation ihren eigenen Spielraum besitzt bzw. junge und ältere Menschen ihr Leben autonom führen.

Theoretisch wurde die Abschwächung der sozialen Integration älterer Menschen in den 1960er Jahren mit der in den USA entwickelten *Disengagement-Theorie* (Cumming & Henry, 1961) zu erfassen versucht. Hingewiesen wurde darauf, dass die Gesellschaft den alternden Menschen zunehmend aus Rollen entbinde und der alternde Mensch selbst motiviert sei, soziale Rollen aufzugeben. In sozialer Hinsicht zeige sich, so die Theorie, der Wegfall berufsbezogener Beziehungen und der allmähliche Verlust von Verwandten, Freunden und Bekannten. Auf individueller Ebene zeige sich ein Verlust kognitiver Fähigkeiten und Fertigkeiten, die zu einem persönlichen Rückzug führen.

Demgegenüber sehen Modelle, die die Altersphase als eine aktive Lebensphase verstehen, eine weitgehende Beibehaltung sozialer und familialer Beziehungen. Eventuelle Verluste sozialer Rollen werden durch die Übernahme neuer Rollen kompensiert. Und es besteht ein Zusammenhang zwischen Aktivität und subjektivem Wohlbefinden, wobei dieser besonders hoch ist, wenn es sich um soziale bzw. physische Aktivitäten handelt. In einer rezenten Metastudie kommen Adams, Leibdrandt und Moon (2011) zu dem Schluss, dass Aktivität nicht ursächlich Wohlbefinden erzeugt, sondern wohl eher von einer Spiralwirkung auszu-

gehen ist, d. h., sozio-ökonomische und gesundheitliche Faktoren bestimmen das Aktivitätsniveau: Wer weniger gesund ist, kann weniger Aktivitäten ausüben und verliert dadurch an physischer Funktionalität, usw. (ebd., S. 684 ff.).

Nicht berücksichtigt wird in der Aktivitätstheorie die Dynamik von Veränderungen in der (langen) Lebensphase Alter. Aktivität ist eine von mehreren notwendigen, aber keine zureichende Bedingung für Veränderungen im Alter. Eine stärker prozessorientierte Modellierung des Alter(n)s, die die Dynamik von Veränderungen einbezieht, findet sich in der *sozio-emotionalen Selektivitätstheorie* von Laura Carstensen (1991), die im Alter eine Veränderung von der Exploration und Suche nach neuen Informationen hin zu einer stärkeren Emotionsregulation sieht.

Die gesellschaftliche Lebensphase Alter ist damit nicht nur von sozialen Erwartungen in Richtung Aktivität/Ruhestand beeinflusst, sondern wird von individuellen Präferenzen geformt. Ein leidenschaftlicher Musiker wird im Alter unter der Verschlechterung seines Gehörs stärker leiden, einer Sportlerin wird es wichtiger sein, die physische Funktionalität aufrecht zu erhalten, und eine familienorientierte Person wird auch im Alter ihren Sinn im Kontakt zu Kindern und Enkelkindern suchen.

12.3 Die »neue« Lebensphase Alter als neue und eigenständige sozio-kulturelle Figuration

Seit den 1960er Jahren wird auf Basis sozialgerontologischer Studien nicht nur das Defizitmodell des Alterns in Frage gestellt, sondern auch die Homogenität dieser Lebensphase. Die wesentliche Änderung, die sich hier im wissenschaftlichen Denken zeigt, lässt sich unter dem Begriff *Differenzierung* zusammenfassen. Unter Dif-

ferenzierung sind langfristige Veränderungen der Gesellschaft zu verstehen, die mit einer Neuentstehung und verstärkten Gliederung von sozialen Positionen, Lebenslagen und Lebensstilen verbunden ist. Ursachen für die steigende soziale Differenzierung sind die zunehmende Arbeitsteilung, die Langlebigkeit und die Ausbildung vielfältiger Lebensstile. Soziale Differenzierung beschreibt also die Aufgliederung eines einheitlichen Ganzen und bewirkt, dass die Identitäten von Individuen pluraler werden und damit weniger homogene Lebenslagen entstehen. Wir finden mehr Menschen, die sich im höheren Lebensalter Typisierungen entziehen. Sie lehnen Zuschreibungen wie »alt«, »zurückgezogen«, »bescheiden« oder »sparsam« ab. Sie weisen also jenes Altersbild zurück, welches ihnen Rückzug als Modell für das eigene Altern anbietet. Aber sie lehnen auch jenes Bild ab, welches undifferenziert von Aktivität ausgeht. Die Zuschreibung, dass sie »keine Zeit hätten«, sehen sie ebenfalls als unzureichend zur Bezeichnung der eigenen Lebensgestaltung.

Drittes und viertes Lebensalter

Einen der ersten Versuche, diese Veränderungen für die nachberufliche Lebensphase sichtbar zu machen, unternahm Bernice Neugarten (1974), indem sie zwischen den »*young old*« (55 bis 75 Jahre) und den »*old old*« unterschied. Dabei gestand sie selbst ein, dass eine solche Angabe unbefriedigend sei, weil das chronologische Alter keine zuverlässige Größe ist, um die soziale Differenzierung gut zu beschreiben, aber dieses doch als »Grenzmarker« unverzichtbar sei. Einen weiteren wesentlichen Beitrag zur Beschreibung der Differenzierung des Alters leistete Peter Laslett (1989), der die Altersphase in *drittes* und *viertes Lebensalter* unterteilte. Diese Unterscheidung hat nicht nur eine wissenschaftliche Debatte ausgelöst, sondern auch die Praxis der Dienstleistungsangebote im Alter beeinflusst. In diesem Zusammenhang sind die Universitäten des 3. Lebensalters zu nennen, deren Entwicklung Peter Laslett selbst in Cambridge intensiv unterstützt hat.

Der Frage nach dem Vorhandensein eines dritten und vierten Alters wurde auch in der Berliner Altersstudie nachgegangen

(Mayer et al., 2010). Die Daten zeigen, dass Menschen im dritten Alter über eine gute Gesundheit und gute kognitive Fähigkeiten verfügen, weiterhin sind sie sozial integriert und führen eine Vielzahl von Aktivitäten aus. Abgesehen davon sind Menschen im dritten Alter durch ein hohes Ausmaß an persönlichem Wohlbefinden gekennzeichnet. An das dritte schließt das vierte Alter an, welches sich als weniger positiv darstellt. Es ist eine sehr vulnerable Zeit mit einer steigenden Unmöglichkeit für Defizite effektive Kompensationen zu finden. Im vierten Alter kommt es zu einer Häufung von Krankheiten und zu einem Rückgang an physischen, psychischen und sozialen Ressourcen. Dadurch kommt es zu Einschränkungen in der Selbstständigkeit und der sozialen Integration.

Was ist nun neu an dieser Konzeption der Lebensphasengliederung im Alter? Die von Peter Laslett vorgenommene Einteilung in drittes und viertes Lebensalter löst sich völlig vom kalendarischen Alter und setzt an seine Stelle ein Konzept, welches auf Lebenslage und Generationenzyklus zurückgreift. Während das dritte Lebensalter eine Lebensphase der Wahlmöglichkeiten, der erweiterten Gelegenheiten, der Kreativität und der persönlichen Entwicklung ist, ist das vierte Lebensalter durch Abhängigkeit und Abbau gekennzeichnet. Die jungen Alten (drittes Alter) leben weitgehend behinderungsfrei, während bei hochaltrigen Menschen altersbedingte körperliche Einschränkungen zu Anpassungen des Alltagslebens zwingen. Wenn auch Laslett diese Gliederung nicht an ein bestimmtes Lebensalter gebunden sehen wollte, so werden in der sozialwissenschaftlichen Diskussion die über 80-jährigen Menschen und teilweise die über 85-jährigen Personen zur Gruppe der Hochbetagten gezählt. Damit ergibt sich ein gewisses Zurückfallen hinter das von Laslett entwickelte Modell.

Einen wesentlichen theoretischen Rahmen für die Diskussion um ein drittes Lebensalter bildet die »*kulturelle Wende*« in der Gerontologie, die vom postmodernen Denken beeinflusst ist. Postmodernes Denken sieht das Leben weniger als Einheit, als auf lange Sicht geplant, sondern viel stärker von instabilen Identitäten geprägt. Damit wird ein Perspektivenwechsel vollzogen, und zwar weg von sozialen Strukturen und materiellen Lebensbedingungen hin zu einer kulturellen Sicht des Alters. In dieser kulturellen Sicht des Alters spielen Bedeutungszuschreibungen, Vorstellungen und Symbole eine größere Rolle als materielle Ressourcen, soziale (z. B. Familie) und staatliche (z. B. Pensionssystem) Institutionen und die Strukturen, die sie produzieren. Damit wird Alter weniger als fixierte Einheit verstanden, sondern als ein Prozess in ständiger Veränderung. Das dritte Lebensalter lässt sich dementsprechend als sozio-kulturelle Figuration verstehen, als eine sich prozessual konstituierende Einheit, die sich zugleich in einer ständigen Veränderungsbewegung befindet.

Als besonders prononcierte Vertreter der »kulturellen Wende« in der Gerontologie, die auch gleichzeitig als Vertreter postmodernen Denkens gelten, sind Mike Featherstone, Mike Hepworth, Christopher Gilleard und Paul Higgs zu nennen. Dabei handelt es sich um eine Betrachtungsweise, welche die älteren Menschen als aktiv Handelnde sieht, die auf die neue pluralistische Kultur des Alters sowohl reagieren als auch zu ihr beitragen. Es wird ein Wechsel von einer organisierten und klassenorientierten Lebensordnung zu individuelleren und »privateren« Lebensstilen vollzogen. Je älter wir werden, desto verschiedener sind wir voneinander. Viele ältere Menschen gestalten ihr Leben nach der Pensionierung aktiv und selbstbestimmt. Pensionierung ist zwar ein wesentlicher Übergang von der Erwerbs- in die Altersphase, sie ist aber nur für eine Minderheit mit dem Gefühl verknüpft, alt zu sein. Und dieses Gefühl, nicht alt zu sein, beschränkt sich nicht nur auf das dritte Lebensalter, es hat die gesamte Lebenspha-

se Alter erfasst. Ein Konzept, welches diesen Prozess der »Altersverweigerung« beschreibt, ist jenes der »Masken des Alterns« (Featherstone & Hepworth, 1991).

Featherstone und Hepworth (1991) sehen in der Maskierung eine Strategie älterer Menschen, ihre Identität vom biologischen Alterungsprozess, der sich an körperlichen Veränderungen manifestiert, abzugrenzen: Das »wahre«, jugendlich gebliebene Ich wird von einem alternden, an Funktionalität verlierenden Körper »maskiert«. Die Lebensphase Alter ist in ihrer kulturellen Konstruktion dadurch bestimmt, sich nicht alt zu fühlen. Man fühlt sich zumeist jünger, als man es nach dem Kalender ist, und man möchte auf jeden Fall jünger scheinen. Die »Maskierung« des Alters kann über Konsum, Gymnastik, Schönheitschirurgie, Kosmetik oder Diätetik etc. erfolgen. Wenn auch die Befassung mit dem eigenen Selbst/Körper protektive Wirkungen erzeugt, so bedeutet es doch mehr, wenn in westlichen (modernen) Gesellschaften der alternde Körper gefürchtet und abgewertet wird. Es gibt eine enge Beziehung zwischen dem physischen Abbau, der Sichtbarkeit des Alters und dem reduzierten Status älterer Menschen in der Gesellschaft. Dieser Status wird zu verhindern versucht. Und als erfolgreiches Altern gilt das Nicht-Altern. Als Vorbilder gelten jene, die jünger aussehen, als sie es nach ihrem Kalenderalter sind.

Unterstützt wird die Maskierung des Alters von einer Anti-Ageing-Industrie, die ihrerseits Produkt einer postmodernen Marktsegmentierung ist. Es sind also nicht nur individuelle Bedürfnisse nach Zuwendung zum eigenen Körper und die Suche nach der eigenen unverwechselbaren Identität im Alter, die dazu führen, von einer neuen Lebensphase Alter sprechen zu können, sondern es sind auch Konsumzwänge und institutionelle Änderungen. Letztere führen dazu, dass die neue Lebensphase, diese Phase später Freiheit, sowohl mit Unsicherheiten als auch mit Ambivalenzen versehen ist.

190

Gilleard und Higgs (2002) identifizieren in ihrer Konzeption des dritten Lebensalters drei Grundlagen, die dieses als eine distinkte Phase charakterisieren: *Schicht, Kohorte* und *Generation*. Personen im dritten Lebensalter unterscheiden sich von jenen des vierten Lebensalters durch einen höheren sozio-ökonomischen Status. Sie haben ein größeres Vermögen, ein höheres Einkommen sowie einen höheren Bildungsstand. Dies liegt daran, dass gegenwärtig jede nachkommende Altersgruppe aufgrund der Bildungsexpansion einen höheren Bildungsstand aufweist. Die sozio-ökonomischen Unterschiede sind Folge kohortenspezifischer Lebensbedingungen. In der Differenzierung zwischen drittem und viertem Lebensalter steckt also nicht nur kulturelle Verschiedenheit, sondern diese weist zusätzlich Elemente sozialer Ungleichheit auf. Wenn also von gesundheitlichen Unterschieden zwischen Personen im dritten und vierten Lebensalter gesprochen wird, dann handelt sich nicht nur um lebensaltersspezifische Unterschiede, sondern auch um solche, die auf Statusunterschieden beruhen.

Die Angehörigen des dritten Lebensalters sind Angehörige einer ökonomisch und bildungsmäßig begünstigten Kohorte. Es sind die sogenannten Babyboomer, die nach dem Zweiten Weltkrieg in Gesellschaften mit starkem wirtschaftlichem Wachstum aufwuchsen und eine kulturelle Revolution mitbegründeten. Diese kulturelle Revolution wurde nicht von den Babyboomern schlechthin in Gang gesetzt, sondern von Teilgruppen, die heute unscharf als 68er-Generation bezeichnet wird. In Gang gesetzt wurde in dieser kulturellen Revolution vor allem ein Wertewandel in den Bereichen Sexualität und Partnerschaft, Erziehung und Politikverständnis. Die neue Lebensphase Alter ist also eng an bestimmte Geburtsjahrgänge gebunden, wobei nicht übersehen werden darf, dass die Kohortenzugehörigkeit als Einflussfaktor nicht über-

schätzt werden darf. Denn gleichzeitig haben starke Veränderungen in der Produktionsweise stattgefunden, die sich mit den Schlagworten Massenkonsumgesellschaft, Massenmedien und Marktsegmentation bezeichnen lassen.

Der dritte Differenzierungsfaktor ist die Generationszugehörigkeit. Generation ist nicht mit Kohorte gleichzusetzen. Eine Generation teilt zwar denselben Geburtszeitraum und das Heranwachsen in derselben historischen Periode, sie weist aber darüber hinaus auch eine eigene sozio-kulturelle Verortung im Sinne eines generationalen Bewusstseins auf. Das Erleben ähnlicher Erfahrungen ist verbunden mit dem Bewusstsein, eine distinkte generationale Nische zu besetzen. Die Generation der »68er« empfindet sich als rebellische Generation, als eine Generation, die sich gegenüber den Lebensstilen und Werten der älteren (Kriegs-) Generation abgrenzt. Sie sieht sich als anspruchsvoll und nicht bescheiden, als Rechte einfordernd und nicht dankbar für erreichte soziale Fortschritte (Gilleard & Higgs, 2007, S. 17).

Bei den Überlegungen zur Lebensphase Alter sollte also mitbedacht werden, dass ein älterer Mensch nicht nur Teil einer bestimmten Status- und Altersgruppe ist, sondern auch Teil einer bestimmten Generation sein kann, welche durch eigene geschichtliche Erfahrungen und Mentalitäten geprägt ist. Diese Unterschiede führen zu einer horizontalen Differenzierung im Alter. Während die Zugehörigkeit zu einer bestimmten Statusgruppe, z. B. höhere Schulbildung/höheres Einkommen oder geringere Schulbildung/niedriges Einkommen, die vertikale soziale Differenzierung im Alter bestimmt, sind Unterschiede in den Werthaltungen und Lebensstilen für die horizontale soziale Differenzierung verantwortlich. Beide Prozesse zusammen bedingen eine hohe Vielfalt und Diversität der Lebensformen und Lebensgestaltung im Alter.

Vielfalt und Entgrenzung im Alter

Die Vorstellung von der Lebensphase Alter als einer, die aus zwei Phasen besteht, ist zwar eine, die das Alter differenziert, bleibt aber in einer binären Sichtweise stecken und schafft damit eine problematische Zäsur. Die zweigeteilte Sichtweise auf das Alter wird einerseits der Pluralisierung des Erwachsenenlebens nicht gerecht und erzeugt über die »Grenzziehung« zwischen drittem und viertem Lebensalter Formen sozialer Inklusion/Exklusion. Sich im dritten Lebensalter zu befinden heißt nicht nur, sich in einer materiell besseren Lebenslage zu befinden, sondern heißt auch, sich nicht alt zu fühlen und nicht zu den Alten zu gehören. Die Alten sind demnach jene, die gebrechlich sind, die sich selbst alt fühlen.

Zu den konzeptuellen Ansätzen, die über eine binäre Kodierung hinausgehen, gehört der lebenslaufbasierte Ansatz von Mathilda und John Riley (2000) und das Lebensstil-Modell von Miwako Kidahashi und Ronald J. Manheimer (2009). Im ersteren Ansatz geht es primär um die Auflösung der Dreiteilung des Lebenslaufs und um die Aufhebung von Lebensphasen, die altersgegliedert bzw. alterssegregiert ablaufen. Wird die Dreiteilung des Lebenslaufs in seiner linearen Abfolge zugunsten einer altersintegrierten Struktur aufgelöst, und zwar so, dass alle drei Phasen des Lebenslaufs nicht mehr hintereinander ablaufen sondern gleichzeitig, dann ist eine neue Kultur im Alter möglich. Altersdifferenzierte Strukturen haben nicht nur den Nachteil, dass sie zu wenig die Potentiale des Alters ausschöpfen, sondern auch Formen sozialer Exklusion und Segregation erzeugen.

Im Lebensstilmodell von Kidahashi und Manheimer (2009) wird eine »Nach-Ruhestands-Gesellschaft« postuliert. Während das 20. Jahrhundert vom Modell des Ruhestands nach einer langen Erwerbsphase bestimmt war, wird das 21. Jahrhundert als ein Zeitalter gesehen, welches durch die sich

wandelnde Erwerbsarbeit, das lebenslange Lernen und eine erweiterte Freizeit zu einer Epoche wird, in welcher die Institution des Ruhestands als Lebensphase des »Ausruhens« verschwindet. Wird die Lebensgestaltung entlang der zwei Dimensionen traditionelle/postmoderne Werte und Erwerbs-/Nichterwerbs-Orientierung theoretisch gefasst, dann ergeben sich fünf »Cluster« von Lebensstilen. Cluster 1, die »Traditionell Goldenen Jahre (Ruhestand)«, entspricht noch am ehesten dem alten Ruhestandsmodell. Beschrieben wird in diesem Cluster eine Personengruppe von älteren Menschen, für die Freizeit einen hohen Stellenwert hat und die von Senioren- oder Reiseklubs 60plus angesprochen werden. Die zweite Gruppe ist mit der Bezeichnung »Neue Goldene Jahre« bzw. »Neues Alter« versehen. Gemeint ist damit jene Personengruppe, die Selbstentfaltung sucht und sich stark an Lernprogrammen beteiligt. Der dritte Typus, benannt als »Portfolio Leben«, sucht einen Ausgleich zwischen bezahlter Erwerbstätigkeit, Zeit für die Familie, Reisen und ehrenamtlicher Tätigkeit. Diese Gruppe versucht durch ein gutes Zeit- und Ressourcenmanagement Befriedigung aus einer Vielzahl von Aktivitäten zu gewinnen. Das Ziel ist immer, die Balance zwischen den verschiedenen Aktivitäten aufrecht zu erhalten. Die vierte Gruppe, die als »Zweite Karriere« beschrieben wird, ist jene, die im späteren Leben aus Hobbys eine bezahlte Erwerbstätigkeit macht und dabei auf soziale Netzwerke zurückgreift, die sie im Laufe ihres Lebens aufgebaut und entwickelt haben. Schließlich findet sich in dieser Typenbildung noch ein Lebensstil, der als »Ausdehnung der Karriere der mittleren Lebensphase« benannt wird. Dabei handelt es sich vorwiegend um Selbständige, die ihre Tätigkeit so lange als möglich fortsetzen wollen.

Beide Modelle können verstanden werden als Möglichkeit zur Überwindung einer dualen oder dichotomen Sichtweise der Lebensphase Alter. Sie fokussieren nicht auf jung–alt oder gesund–abhängig, um Unterschiede herauszuarbeiten, sondern sie fokussieren auf Vielfalt und Vielgestaltigkeit. Offen bleiben in beiden Modellen allerdings zwei Fragen: Werden in diesen Ansätzen gegenüber älteren Konzepten nicht die Trägheit organisationaler Strukturen unterschätzt und die Gestaltungsmöglichkeiten des Individuums überschätzt? Die Kompression der Erwerbsarbeit über den Lebenslauf nimmt zwar ab, jedoch geschieht diese Veränderung sehr langsam und sehr häufig um den Preis prekärer Arbeitsverhältnisse. Bei den »Stilen des Alterns« (Kidahashi & Manheimer, 2009) stellt sich die Frage, ob diese weitgehend selbstgewählt gelebt werden und/oder Folge des Struktur-

wandels der Erwerbsarbeit und der Veränderungen im wohlfahrtsstaatlichen Sicherungssystem sind? Und: Beide Modelle weisen eine deutliche Öffnung der Lebensphase Alter in Richtung mittleres Lebensalter auf, bleiben jedoch hinsichtlich des höheren Lebensalters unbestimmt. Berücksichtigt das altersintegrierte Modell des Lebenslaufs auch zureichend die Phase der Hochaltrigkeit? Welche Effekte und Auswirkungen haben die verschiedenen Lebensstile, die zwischen 50 und 80 gelebt werden, auf das späte Leben? Im Modell zur Pluralisierung der Lebensstile fehlt eine langsschnittliche Betrachtung; es bleibt unklar, ob und wie ein »Switchen« zwischen den Lebensstilen im Zeitverlauf möglich ist.

12.4 Das dritte Lebensalter im Spiegel empirischer Daten (SHARE)

Für eine empirische Analyse der Lebenschancen im dritten Lebensalter wurden Daten aus der zweiten Welle des Survey of Health, Ageing and Retirement in Europe (SHARE, 2004 ff) herangezogen. Für den Längsschnittvergleich werden Daten der ersten und zweiten Erhebungswelle verwendet. Untersucht werden soll, ob die Babyboomer, die die neue Lebensphase Alter bestimmen, eine sozial privilegierte Gruppe sind und sich in ihrem Aktivitätsniveau von den älteren Kohorten unterscheiden.

Die Stichprobe für die folgenden Auswertungen bilden Personen über 50 Jahre, die, basierend auf den oben ausgeführten theoretischen Überlegungen, in drei Altersphasen unterteilt werden: Die Kohorte der Babyboomer (geboren nach 1945) vor dem gesetzlichen Pensionsalter, Personen, die sich bereits im Pensionsalter, aber noch in der dritten Lebensphase befinden, und Ältere. Als Richtwerte werden dazu die Altersgruppe 50 bis 64 Jahre, 64 bis 75 Jahre

und über 75 Jahre angenommen, um eine in etwa ausgeglichene Kategorisierung zu erreichen.

SHARE ermöglicht darüber hinaus, im Ländervergleich sozio-kulturelle Unterschiede herauszuarbeiten. Für den Vergleich zwischen Skandinavien, Mittel-, Süd- und Osteuropa werden beispielhaft die Länder Deutschland, Schweden, Niederlande, Spanien und Polen herangezogen. Trifft die Generationen-These zu, so sind solche Personen im Alter aktiver, die in Gesellschaften mit starkem Wirtschaftswachstum geboren wurden; eine kulturelle Revolution mitbegründeten; Massenkonsumgesellschaft, Massenmedien und Marktsegmentation erlebten. Dieser soziale Kontext trifft dabei auf Schweden, die Niederlande und Deutschland, nicht jedoch auf Spanien und Polen zu. Die erste Gruppe umfasst zum Erhebungszeitpunkt die 50- bis 64-Jährigen, d. h. die Kohorte der Babyboomer. In Spanien und Polen kam es zu dieser Zeit zu keinem Babyboom, und auch die sozialen, wirtschaftlichen und politischen Bedingungen, unter denen die Kohorte aufgewachsen ist, unterscheiden sich gravierend von Deutschland, Schweden und den Niederlanden. Das Altern sollte sich daher zwischen diesen beiden Ländergruppen unterscheiden.

Werden die Altersgruppen nach Bildungstand[32], Einkommen[33] und subjektiver Gesundheit[34] empirisch analysiert, dann zeigen sich entsprechend für Deutschland, die Niederlande und Schweden relativ einheitliche Werte: Der durchschnittliche Bildungsstand der älteren Generationen liegt bei einem ISCED-Niveau von 3 (d. h. Sekundarstufe II), der Gesundheitszustand ist durchschnittlich »gut« und die Haushalte sind ökonomisch gut gestellt. Auch in Spanien ist der subjektive Gesundheitszustand der meisten Älteren gut, das Ausbildungsniveau jedoch fällt durchschnittlich in die niedrigste der internationalen Kategorisierungen und das finanzielle Auskommen wird von der Referenzgruppe als weniger günstig eingeschätzt. Die schlechteste sozial-ökonomische Lage haben Ältere in Polen, wo 48 % in die niedrigste Ausbildungskategorien fallen, die meistgenannte Antwort zur Frage nach dem Gesundheitszustand ist »schlecht«; ein finanzielles Auskommen kann nur mit Schwierigkeiten erreicht werden.

Vergleicht man nun zwischen den Kohorten, so zeigen sich in allen Ländern signifikante Unterschiede im Bildungsstand und in der Gesundheit (p < 0,01). Bei beiden zeigt sich ein linearer Verlauf, d. h., je jünger eine Person ist, desto höher ist ihr Bildungsstand und desto besser ihr Gesundheitszustand. In finanzieller Hinsicht zeigen sich kaum Unterschiede zwischen den Kohorten. Insgesamt kann in Deutschland, den Niederlanden und Schweden also von einer privilegierten Generation gesprochen werden.

Das Aktivitätsniveau der Babyboomer

Für die Untersuchung des Aktivitätsniveaus der Babyboomer werden organisationsbezogene Aktivitäten (bürgerschaftliches Engagement, Teilnahme an Bildungsangeboten) und informelle Aktivitäten (Hilfe für Freunde und Nachbarn, Pflege) herangezogen.[35]

Bei der Beteiligung an einem *Ehrenamt* zeigen sich im Ländervergleich große Unterschiede. Am ehesten führen Niederländer (20 %), gefolgt von Schweden (12 %) und Deutschen (8 %) ein Ehrenamt aus. In Spanien und Polen sind die Anteile sehr gering. Vergleicht man zwischen den Kohorten, zeigt sich, dass Personen bis 74 Jahre deutlich häufiger ehrenamtlich aktiv sind als ältere Personen.

Organisiertes Lernen im Alter ist häufiger in Schweden (18 %) und in der Niederlande (11 %) anzutreffen. Bei den Befragten in Deutschland (6 %), Spanien (3 %) und Polen (1 %) ist die Bildungsbeteiligung deutlich geringer. Wir finden in allen Ländern eine Abnahme der Bildungsbeteiligung mit zunehmendem Alter.

---

32 ISCED-97 codiert (0–5): Bei der International Standard Classification of Education (ISCED) handelt es sich um ein von der UNESCO entwickeltes Klassifikationssystem zum internationalen Vergleich von Bildungsabschlüssen.

33 *» Wenn Sie an das gesamte Haushaltseinkommen im Monat denken, würden Sie sagen, dass Sie in Ihrem Haushalt mit dem Geld auskommen? 1. Mit großen Schwierigkeiten 2. Mit gewissen Schwierigkeiten 3. Einigermaßen problemlos 4. Völlig problemlos«*

34 *» Würden Sie sagen, Ihr Gesundheitszustand ist 1. ausgezeichnet, 2. sehr gut, 3. gut, 4. mittelmäßig und 5. schlecht?«*

35 Man könnte die vorhandenen Aktivitäten um die Beteiligung in politischen und religiösen Organisationen ergänzen. Davon wird jedoch hier Abstand genommen, da es sich bei diesen Aktivitäten um stark ideologische bzw. milieuspezifische Tätigkeiten handelt.

Bei der *Pflege von Angehörigen* zeigt sich für die Niederlande ein Anteil von 11 %, in Schweden sind es 10 % und in Deutschland 8 %. Spanien (3 %) und Polen (4 %) zeigen die geringste Beteiligung. Wieder ergibt sich eine kontinuierliche Abnahme der Pflegetätigkeit mit zunehmendem Alter. In Schweden leisten 40 % der Befragten über 50 Jahre *Hilfestellung für Freunde und Nachbarn.* In den Niederlanden sind es 25 % und von den deutschen Befragten sind es 16 %. Auch hier zeigt sich in allen Ländern, dass mit steigendem Alter das Ausmaß der Hilfestellung zurückgeht.

Bedeutet nun zunehmendes Alter abnehmende Aktivität? Zur Überprüfung wird ein additiver Summenindex mit den im Monat zumindest manchmal durchgeführten Aktivitäten gebildet.[36] Betrachtet man Deutschland, die Niederlande, Polen, Schweden und Spanien gemeinsam, so nimmt das Aktivitätsniveau mit jedem Jahr um durch-

schnittlich 2 % ab. Während sich die Aktivitätsniveaus im Ländervergleich hinsichtlich der jüngsten Altersgruppen noch am stärksten unterscheiden, gleichen sie sich im höheren Alter an. Insgesamt sind die Personen im dritten Lebensalter in den Niederlanden und Schweden am aktivsten. In Deutschland ist das Aktivitätsniveau vergleichsweise etwas geringer, jedoch deutlich höher als in Spanien und Polen. Es kann also gefolgert werden, dass ein erhöhtes Aktivitätsniveau im dritten Lebensalter mit dem Aufwachsen in einem bestimmten soziokulturellen Kontext und unter privilegierten sozialen Bedingungen zusammenhängt. In weiteren Untersuchungen müssten Lebenserwartungsunterschiede und gesundheitliche Unterschiede kontrolliert werden. Abbildung 12.1 stellt die durchschnittliche Anzahl an regelmäßig ausgeübten Aktivitäten differenziert nach Alter und Herkunftsland der Befragten grafisch dar.

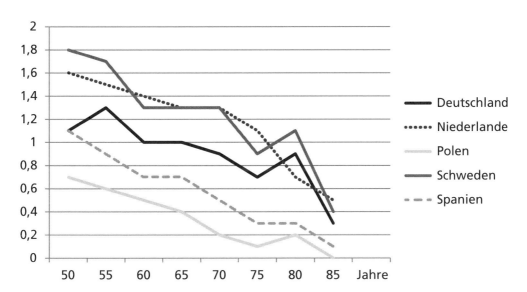

Abb. 12.1: Durchschnittliche Anzahl an regelmäßig ausgeübten Aktivitäten; Skala: 0–5 Aktivitäten; Mittelwerte; SHARE 2. Erhebungswelle; gewichtet

---

36 Der Index umfasst neben den oben beschriebenen produktiven Tätigkeiten weiterhin die regelmäßige sportliche Aktivität älterer Menschen.

Verfolgt man den Kohortenansatz, so geht man davon aus, dass sich das Aktivitätsniveau zwar zwischen den Kohorten, aber im Zeitverlauf nicht innerhalb von diesen unterscheidet. Wird dieselbe Kohorte zu verschiedenen Zeitpunkten untersucht, sollte sich ihr Aktivitätsniveau kaum ändern.

Zur Überprüfung dieser These wird ein Längsschnittvergleich zwischen der ersten und der zweiten Erhebungswelle der SHARE-Studie (nur) für Deutschland durchgeführt. Dabei wird die Aktivität von vier Geburtskohorten – den vor 1930 Geborenen, den zwischen 1930 und 1944 Geborenen, den zwischen 1945 und 1954 Geborenen und den nach 1954 Geborenen – zu zwei Messzeitpunkten verglichen. Die erste (2004/2005) und zweite (2006/2007) Erhebungswelle der SHARE-Studie liegen – für diesen Zweck ungünstig, da in einem so kurzen Zeitraum kaum größere Aktivitätsveränderungen vonstatten gehen – nur zwei Jahre auseinander.[37]

Für Deutschland zeigt sich dabei insgesamt eine signifikante Abnahme des Aktivitätsniveaus zwischen den Messzeitpunkten bei den vor 1930 Geborenen. Bei den darauffolgenden Kohorten zeigt sich dagegen eine signifikante Aktivitätszunahme ($p < 0,01$). Dieses Ergebnis widerspricht dem Querschnittstrend, dass die Aktivität mit zunehmendem Alter abnimmt. Ist die Aktivitätszunahme ein genereller Trend oder beschränkt sich diese auf bestimmte Aktivitäten? In Deutschland nimmt bei den vor 1930 Geborenen die Aktivität in allen Bereichen relativ stark ab. Bei den zwischen 1930 und 1944 Geborenen bleibt das Aktivitätsniveau in den meisten Bereichen in etwa gleich, relativ starke Abnahmen gibt es aber bei der informellen Hilfeleistung. Die zwischen 1944 und 1954 Geborenen ver-

doppeln ihre ehrenamtliche Aktivität zwischen den Erhebungszeitpunkten. Unter den nach 1954 Geborenen sind die größten Aktivitätssteigerungen zu verzeichnen, und das in fast allen abgefragten Bereichen. Die Abbildung 12.2 zeigt die Verschiebung der Aktivitätsbereiche für die Gruppe der Babyboomer in Deutschland.

Diese Ergebnisse könnten auch linear im Sinne einer altersbedingten Verschiebung von Aktivitätsbereichen interpretiert werden: Die Aktivitätsbereiche beginnen sich in einer solchen Lesart demnach ab dem 50. Lebensjahr dahingehend zu verändern, dass statt informeller Hilfsleistungen vermehrt Pflegetätigkeiten durchgeführt werden, um das soziale Netzwerk zu unterstützen. Im Zeitraum, der das Ende des Arbeitslebens einleitet, beginnt eine gesteigerte Aktivität in nicht-beruflichen Organisationen, wie die Zunahme von Vereinstätigkeiten oder das Engagement in karitativen Organisationen. In den Jahren nach der Pensionierung pendelt sich das Aktivitätsniveau ein und nimmt im höheren Alter schließlich ab. Eine solche Interpretation würde eine kohortenunabhängige These vom dritten Lebensalter – also Aktivitätssteigerung gegen Ende des Arbeitslebens – unterstützen. Gegen eine solche kohortenunabhängige Interpretation spricht jedoch, dass die Querschnittsanalyse eine Abnahme der Aktivität mit zunehmendem Alter und keine Steigerung im dritten Lebensalter zeigt. Es kann sich also tatsächlich um ein Zusammenspiel von Kohorte und Lebensalter handeln, das auf die Aktivitätszunahme wirkt: Das hieße, das nur bestimmte Kohorten – und zwar vor allem jene nach dem Zweiten Weltkrieg Geborenen bzw. eben die Babyboomer – am Ende ihres Arbeitslebens nach neuen Herausforderungen und Aufgabenbereichen su-

---

37 Es werden aus der ersten Erhebungswelle nur Personen berücksichtigt, die 2004 oder 2005 – nicht jedoch 2006 – befragt wurden, um zeitliche Überschneidungen zu vermeiden.

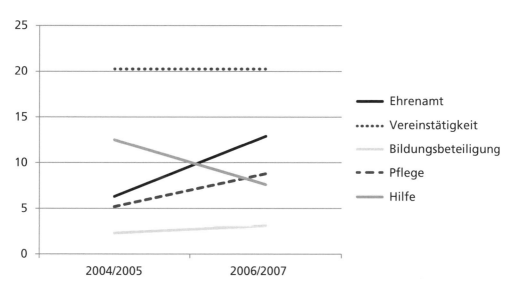

Abb. 12.2: Anteil der regelmäßig ausgeübten Aktivitäten der Babyboomer (geboren ab 1945); vgl. SHARE 1. + 2. Erhebungswelle; Deutschland, gewichtet; Angaben in %

chen. Die empirische Analyse würde diese – auch in der Literatur oft vorgebrachte – These stützen.

Zusammenfassend lässt sich also feststellen, dass Personen im dritten Lebensalter sozial bessergestellt und aktiver sind als Personen im vierten Lebensalter. Im Ländervergleich gilt das vor allem für Deutsch-land, die Niederlande und Schweden, in denen die heutigen »jungen Alten« in einem ähnlichen sozio-kulturellen Kontext aufwuchsen. Für Deutschland zeigt die Kohorte der Babyboomer weitere Aktivitätssteigerungen. Es ist daher in Zukunft mit einem Bedeutungszuwachs des »aktiven Alterns« zu rechnen.

12.5 Die neue Lebensphase Alter als normative Lebensplanung

Durch die teilweise Auflösung stark strukturierter Übergänge im Lebensverlauf werden die gesellschaftlichen Akteure, Institutionen und Individuen unter einen stärkeren Handlungs- und Legitimationsdruck gestellt, der sie zu reflexiver Regulierung und Steuerung einerseits und zu selbstorganisierten und selbstverantworteten Lebensläufen andererseits veranlasst. Dieser normative Aspekt ist von Bedeutung, weil Normen insofern eine Wirkung haben, als Individuen eingebettet sind in Gesellschaft und Kultur und die jeweils bestehenden Normen nicht ignorieren können. Wenn die allgemeine Norm ist, sich individuell fit zu halten, dann werden Personen, die nicht mithalten können, stigmatisiert und marginalisiert.

Unterstützt und gefördert wird die biografische Selbststeuerung durch ein biomedizinisches Modell des Alterns. Über medizinische Interventionen werden das eigene Leben und die eigene Gesundheit zur zentralen Handlungsebene. Der Körper wird diszipliniert, das Gedächtnis trainiert, die sozialen Beziehungen strukturiert. Das Handeln bewegt sich zwischen Prävention und Korrektur.

Die neue Lebensphase Alter ist also eine Lebensphase, die sich durch Planung und Gestaltung auszeichnet. Geprägt ist die Lebensphase Alter – und übrigens nicht nur diese – vom Leitbild eines planenden Selbst, welches ständig Entscheidungen trifft. Um das Risiko von Fehlentscheidungen zu mindern sucht das Individuum Hilfe in seiner sozialen Umwelt, bei jenen Menschen, die ähnliche Interessen haben, und es sucht Hilfe in der Ratgeberliteratur, in Reality-Shows. Das eigene Handeln folgt nicht traditionellen Leitbildern. Statt Bescheidenheit und Rückzug treten Konsumbedürfnisse in den Vordergrund. Dazu gehören Reisen, Kleidung, Wohnen, Essen. Stimuliert und beeinflusst wird das Individuum von Werbung und Massenmedien. Altern wird in diesem Kontext zu einer Aufgabe, die es zu gestalten und zu bewältigen gilt, zu einem Projekt mit ständig neuen Zielsetzungen. Der Aktivitätsanspruch richtet sich primär an das Individuum und nicht an institutionelle Strukturen, die eine wesentliche Bedingung für die Verwirklichung eines aktivitätsorientierten Lebens bilden.

Der Strukturwandel des Alters hat also eine steigende körperliche und geistige Vitalität und Mobilität älterer Menschen hervorgebracht und auch die Erwartung, die Lebensphase Alter aktiv zu gestalten. Allerdings bleiben die Möglichkeiten hinter den gesellschaftlichen Angeboten zurück, sodass von einer strukturellen Diskrepanz bzw. Vergesellschaftungslücke gesprochen werden kann (Backes & Clemens, 2003). Um diese Lücke zu schließen, werden in regelmäßigen Abständen politische Programme lanciert. Dazu gehört etwa das

»Europäische Jahr für aktives Altern und Solidarität zwischen den Generationen« (2012).

Als eine zeitgemäße Form der Altersaktivität gilt das bürgerschaftliches Engagement. Sie ist das Kernelement eines neuen Vergesellschaftungsmodells, das mit der Betonung der Ressourcen und der Handlungspotentiale das Leitbild des aktiven Alterns stärkt. Doch Seniorenorganisationen, Wohlfahrtsverbände, Selbsthilfegruppen und dergleichen, die einen großen Teil des bürgerschaftlichen Engagements an sich ziehen, richten sich bislang vorrangig an die Zielgruppe der »jungen Alten«, die im Übergang vom Erwerbsleben zum Ruhestand in gesellschaftlich nützliche Aufgaben eingebunden werden sollen. Es werden Disparitäten verstärkt und es kommt zu neuen Ausgrenzungen von »Nicht-Aktiven« und »Nicht-Leistungsfähigen«. Zivilgesellschaftliche Ansätze von und für Ältere geraten dadurch leicht in den Ruf, Treffpunkte der lebenslang privilegierten Älteren zu sein. Geboten wird eine »Solidarität unter Freunden«. Bürgerschaftliches Engagement eröffnet also insbesondere jenen Chancen, die sozial besonders integrationsfähig sind und sich in politischen Auseinandersetzungsprozessen artikulieren können.

Diese sich herausbildende Konstellation strukturiert neue Muster sozialer Ungleichheit. Beispielsweise dann, wenn Risiken bei bestimmten Sozialgruppen kumulieren und es diesen nicht gelingt, sich mit Ressourcen und Berechtigungsnachweisen auszustatten, die den Anforderungen an die soziale Position in der neuen Lebensphase Alter entsprechen. Neue Muster sozialer Ungleichheit entstehen auch dort, wo die Zugänge zu Gymnastik, Kosmetik und Diätetik aufgrund unterschiedlicher Einkommen, Wohnlage und Bildungsstatus verschieden ausfallen. Sowohl sportliche Aktivitäten als auch ausgewogene Ernährung sind sehr stark bildungsabhängig.

Anzufügen ist, dass bestehende sozialpolitische Programme in den Industriestaaten dazu führen, die ungleiche Verteilung der materiellen Sicherungsgrundlagen im Alter als legitim darzustellen und damit Akzeptanz zu erlangen (umfassende Versorgung bei den Männern, Versorgungslücken bei den Frauen). Und Sozialpolitik trägt zur kulturellen Marginalisierung der Älteren bei. Alte Menschen erfahren eine hohe Visibilität als Nutzer/innen von Gesundheits- und Sozialeinrichtungen. Problematisch wird diese Situation dann, wenn über diese Einrichtungen ältere Menschen als hilflos, abhängig und unselbständig etikettiert werden.

Schließlich wird normativer Druck auf das Individuum über eine *Krisenideologie* ausgeübt. Die steigende Lebenserwartung und die damit verbundene größere Zahl an alten Menschen wird als kritisch eingeschätzt. Die Botschaft, die von Medien, Wirtschaft und Staat vermittelt wird, ist, dass mit der wachsenden Zahl älterer Menschen diese zu einem finanziellen Problem werden. Dieses finanzielle Problem wird so groß werden, dass nur durch entsprechende Änderungen der Politik und individuelles Vorsorgeverhalten eine Anpassung und Lösung möglich ist. Soziale Positionen ergeben sich weniger auf der Basis einer bestimmten Altersgruppen- bzw. Generationenzugehörigkeit (= Senioritätsprinzip) als vielmehr auf der Grundlage individueller Anstrengung und Leistung.

12.6 Ausblick

Zusammenfassend kann das dritte Lebensalter als ein generational definiertes kulturelles Feld verstanden werden, das durch Konsumorientierung, Distinktionsbemühungen, und Individualisierung strukturiert ist (Gilleard & Higgs, 2007, S. 26). Gekennzeichnet ist dieses dritte Lebensalter durch die Formel: *»Ich bin nicht alt!«*. Damit entsteht eine eigene Gestalt und es gehören jene Personen zu dieser Gestalt, die mit den Symbolen und Handlungsweisen dieser Gestalt leben. Erworben und entwickelt werden Kompetenzen im interaktiv-partnerschaftlichen Bereich, im kulturell-konsumorientierten Bereich und im politisch-ethischen Bereich. Diese erlauben es dem Individuum, sich eine soziale Position zwischen Erwerbstätigkeit und Gebrechlichkeit zu schaffen.

Damit Lebensgestaltung und Lebensplanung in dieser neuen Lebensphase Alter nicht zu einem zwanghaften Sich-Verhalten werden und die Möglichkeiten später Freiheit aufheben, ist eine ergänzende normative Stützung notwendig. Als solche normativen Stützen können Ironie, Gelassenheit und Verantwortung dienen. Über die Ironie ist eine spielerische, relativierende oder vielleicht auch kritische Haltung gegenüber sich selbst möglich. Ähnlich ist es mit der Gelassenheit, die einen entspannteren Umgang mit Problemen gewährleistet. Während diese beiden ersteren Eigenschaften Distanz und damit Entlastung ermöglichen, steckt in der Verantwortung Pflicht. Diese wird trotzdem in diesem Kontext genannt, weil sie es erlaubt, den eigenen Innenraum zu verlassen und sich sozial zu verorten.

Literatur

Adams, K. B., Leibdrandt, S., & Moon, H. (2011). A critical review of the literature on social and leisure activity and wellbeing in later life. *Ageing & Society, 31* (4), 683–712.

Backes, G. M., & Clemens, W. (2003). *Lebensphase Alter*. München: Juventa.

Beck, U. (1983). *Risikogesellschaft*. Frankfurt a.M.: Suhrkamp.

Carstensen, L. L. (1991). Socioemotional selectivity theory: Social activity in life-span context. *Annual Review of Gerontology and Geriatrics, 11,* 195–217.

Cumming, E., & Henry, W. E. (1961). *Growing Old: The Process of Disengagement*. New York: Basic Books.

Featherstone, M. & Hepworth, M. (1991). The mask of ageing and the postmodern life course. In: M. Featherstone, M. Hepworth & B.S. Turner (Eds.): *The Body: Social Process and Cultural Theory* (pp. 371–389). London: Sage.

Gilleard, C., & Higgs, P. (2002). The third age: class, cohort or generation? *Ageing & Society, 22* (3), 369–382.

Gilleard, C., & Higgs, P. (2007). The Third Age and the Baby Boomers. Two Approaches to the Social Structuring of Later Life. *International Journal of Ageing and Later Life, 2* (2), 13–130.

Graefe, S., van Dyk, S. & Lessenich, S. (2011). Altsein ist später. Alter(n)snormen und Selbstkonzepte in der zweiten Lebenshälfte. *Zeitschrift für Gerontologie und Geriatrie, 44* (5), 299–305.

Honig, M.-S., Weymann, A., Saake, I., & Abels, H. (2008). *Lebensphasen*. Wiesbaden: VS-Verlag.

Kidahashi, M. & Manheimer, R. J. (2009). Getting ready for the working-in-retirement generation: how should LLIs respond? *The LLI Review, 4* (1), 1–8.

Kohli, M. (1985). Die Institutionalisierung des Lebenslaufs: Historische Befunde und theoretische Argumente. *Kölner Zeitschrift für Soziologie und Sozialpsychologie, 37* (1), 1–29.

Laslett, P. ([1989]1995). *Das dritte Alter. Historische Soziologie des Alterns* (Orig.-Titel: A fresh map of life). München: Juventa.

Mayer, K. U., Baltes, P. B., Baltes, M. M., Borchelt, M., Delius, J. A. M., & Helmchen, H. (2010). Wissen über das Alter(n): Eine Zwischenbilanz der Berliner Altersstudie. In: U. Lindenberger, J. Smith, K.U. Mayer, & P. B. Baltes (Hrsg.), *Die Berliner Altersstudie* (3. Aufl. S. 623–658). Berlin: Akademie Verlag.

Neugarten, B. L. (1974). Age Groups in American Society and the Rise of the Young Old. *Annals of the Academy of Social and Political Science, 415,* 187–198.

Riley, M. W. & Riley, J. (2000). Age Integration: Conceptual and Historical Background, *The Gerontologist, 40* (3), 266–270.

Rosenmayr, L., & Köckeis, E. (1961). Sozialbeziehungen im höheren Lebensalter. *Soziale Welt, 12* (2), 214–229.

Survey of Health, Ageing and Retirement in Europe (2004 ff.). *www.share-project.org* (abgerufen am 11.11.2013).

Disclaimer: This paper uses data from SHARELIFE release 1, as of November 24th 2010 or SHARE release 2.5.0, as of May 24th 2011. The SHARE data collection has been primarily funded by the European Commission through the 5th framework programme (project QLK6-CT-2001- 00360 in the thematic programme Quality of Life), through the 6th framework programme (projects SHARE-I3, RII-CT- 2006-062193, COMPARE, CIT5-CT-2005-028857, and SHARELIFE, CIT4-CT-2006-028812) and through the 7th framework programme (SHARE-PREP, 211909 and SHARE-LEAP, 227822). Additional funding from the U.S. National Institute on Aging (U01 AG09740-13S2, P01 AG005842, P01 AG08291, P30 AG12815, Y1-AG-4553-01 and OGHA 04-064, IAG BSR06-11, R21 AG025169) as well as from various national sources is gratefully acknowledged (see www.share-project.org for a full list of funding institutions).

13 Herausforderungen am Ende der Lebensspanne – Facetten von Hochaltrigkeit zwischen bedeutsamer Anpassung und hoher Verletzlichkeit[38]

Oliver Schilling und Hans-Werner Wahl

Zusammenfassung

In diesem Kapitel wird die Phase des sehr hohen Alters im Kontext einer Lebensspannenperspektive betrachtet. Auf der einen Seite kumulieren in dieser Lebensperiode körperliche, psychische und soziale Verluste, denn das hohe Alter ist die wohl verletzlichste Phase des Erwachsenenalters und vielleicht des Lebens überhaupt. Auf der anderen Seite fragen wir gerade in der Nähe des Todes besonders intensiv nach dem Sinn unseres Daseins und danach, was wir in unserem Leben erreichen bzw. nicht erreichen konnten und was nach dem Tod von unserer Existenz bleiben wird. Empirisch zeigt sich vor allem im Bereich der kognitiven Entwicklung im hohen Alter eine bedeutsame Verlustdynamik, jedoch bleiben auch einzelne Leistungen, vor allem im Bereich des Lebenswissens und der sog. pragmatischen Leistungen, meist bis ins hohe Alter relativ gut erhalten. Im Hinblick auf das kognitiv-emotionale Wohlbefinden bedarf die vielfach zu findende Aussage, dass dieses bis ans Lebensende trotz aller Verluste stabil bleibt (sog. Paradox des Wohlbefindens), auf der Grundlage von neuen Längsschnittdaten einer Differenzierung: Im extremen Alter kommt es häufig zu bedeutsamen Abfällen des Wohlbefindens, und dies zeigt sich besonders deutlich, wenn wir die Zeit nahe am Tod untersuchen. Insgesamt ergibt sich damit ein Bild des hohen Alters als einer entwicklungspsychologisch hoch bedeutsamen, aber auch gefährdeten Lebensphase, in der uns eine erstaunlich hohe Widerstandsfähigkeit zur Verfügung steht, die allerdings in der Nähe des Todes auch an ihre Grenzen stößt.

13.1 Einführung

Was macht das hohe Alter mit unserer lebenslangen Entwicklung? Könnte es sein, dass hier eine gewichtige Bedrohung unseres »Entwicklungserfolgs« am Ende des Lebens auf uns wartet? Und wir uns frühzeitig dafür wappnen sollten? Inwiefern hat sich durch die heute so lange Phase der Hochaltrigkeit der gesamte Lebensablauf verän-

---

[38] Es handelt sich um eine stark gekürzte und deutlich veränderte Fassung einer Arbeit, die ursprünglich erschienen ist als: Wahl, H.-W & Schilling, O. (2012). Das hohe Alter. In W. Schneider & U. Lindenberger (Oerter/Montada), Entwicklungspsychologie (7. Auflage, S. 307–330). Weinheim: Beltz Verlag.

dert? Kurz: Ist unser Leben insgesamt durch die Phase der Hochaltrigkeit eher reichhaltiger oder eher belasteter geworden?

Die »Entdeckung« des hohen Alters (»Viertes Alter«) ist in der empirisch orientierten Lebensspannenpsychologie und Gerontologie erst recht spät erfolgt, denn die Alternsforschung hatte sich zunächst vor allem mit dem »jungen Alter« (Drittes Alter), also etwa den 60- bis 80-Jährigen, beschäftigt. Zwischenzeitlich ist die Gruppe der Hochaltrigen jenseits des achtzigsten Lebensjahres in allen westlichen Industrienationen, aber auch in anderen Regionen wie Japan und China die am stärksten wachsende Bevölkerungsgruppe. Das Erreichen eines sehr hohen Alters wird also für eine wachsende Gruppe von älteren Menschen weltweit zu einer existenziellen Gewissheit (Wahl & Rott, 2002).

13.2 Was das hohe Alter charakterisiert: Gesundheit, Pflegebedarf und Wohnen

Basierend auf Lindenberger et al. (2010), Schneekloth und Wahl (2008) sowie Wahl und Rott (2002) ergibt sich das folgende Bild: Hochaltrige Menschen sind kränker als junge Alte. Über 85-Jährige weisen beispielsweise im Schnitt 3–4 Diagnosen gleichzeitig auf, während 65- bis 84-Jährige nur etwa 2 Diagnosen simultan erhalten haben. Mit anderen Worten: Hochaltrige sind damit deutlich multi-morbider als junge alte Menschen. Dies zeigt sich besonders drastisch in den wesentlichen Funktionen, die zur Aufrechterhaltung einer selbständigen Lebensführung bedeutsam sind: Während die 65- bis 84-Jährigen etwa in einer Größenordnung von 10 % schwere Seheinbußen zeigen, gilt dies für etwa 20 bis 25 % der über 85-Jährigen. Noch drastischer stellt sich die Situation in Bezug auf das Hören dar: Etwa 20 % an Hörgeschädigten im Alter zwischen 65 und 84 Jahren stehen 40 bis 50 % jenseits des 85. Lebensjahres gegenüber. In der Gehfähigkeit bzw. Mobilität stark eingeschränkt sind etwa 10 % der 65- bis 84-Jährigen gegen 25 bis 30 % der über 85-Jährigen. Schwerwiegende Beeinträchtigungen der geistigen Leistungsfähigkeit wie die Alzheimer-Demenz treten bei den 60- bis 65-Jährigen unter 1 %, auf, bei den über 85-Jährigen aber zu etwa 20 %, bei den über 90-Jährigen gar zu etwa 40 bis 50 %. Die verbleibende Lebenszeit wird, je älter wir werden, statistisch gesehen immer stärker durch sogenannte »inaktive« Lebenserwartung bestimmt, d. h., die Wahrscheinlichkeit immer längerer Phasen an Hilfe- und Pflegebedürftigkeit wird immer höher, je älter wir werden. Die Rate an Pflegebedürftigkeit, also schwerwiegenden und dauerhaften Formen der Inanspruchnahme von fremder informeller (häufig: Familie) und professioneller Hilfe liegt bei den über 65-Jährigen bei etwa 8 %, bei den über 80-Jährigen bei etwa 25 %. Hochaltrige sind ferner zu einem größeren Teil verwitwet, wobei dies auf Grund der höheren Lebenserwartung vor allem für hochaltrige Frauen gilt. Etwa 60 bis 70 % verwitwete Frauen über 85 Jahre stehen etwa 20 bis 30 % im Alter von 65 bis 84 Jahre gegenüber. Bei Männern ist der Unterschied nicht ganz so deutlich: Etwa 30 bis 40 % der verwitweten hochaltrigen Männer stehen etwa 10 % bei den »jungen alten« Männern gegenüber. Nicht zuletzt auf Grund dieser Charakteristika wächst vor allem im sehr hohen Alter der Anteil jener Personen, die in einem Heim oder in einer heimähnlichen

Umgebung wohnen. Sind dies bei allen über 65-Jährigen rund 5 %, so liegt der Anteil bei über 80-Jährigen schon bei etwa 20 %, bei über 90-Jährigen etwa bei 40 %.

Allerdings: Wir sehen in der historischen Kohortenfolge auch Verbesserungen und Veränderungen, welche die eben angegebenen Zahlen teilweise in einem neuen Licht erscheinen lassen: Die »Lebenskompetenzen« der Hochaltrigen verbessern sich stetig (z. B. können die heute hochaltrigen Frauen Bankgeschäfte wesentlich besser erledigen als ähnlich alte Frauen zu Beginn der 1990er Jahre; Schneekloth & Wahl,

2008). Neue familiäre Dynamiken (z. B. finden Scheidungen zunehmend spät im Leben statt) und neue Wohnformen (z. B. Wohngruppen mit an Demenz Erkrankten, die kaum noch Ähnlichkeiten mit Pflegeheimen aufweisen) sind ebenfalls deutlich im Aufwind. Diese gesundheitlichen, pflege- und wohnbezogenen sowie sozialen Aspekte des hohen Alters sollen im Folgenden anhand einer Schwerpunktsetzung auf zwei zentrale Entwicklungsbereiche – der kognitiven Entwicklung und der Entwicklung des Wohlbefindens und Affekts – aus psychologischer Perspektive ergänzt werden.

13.3 Kognitive Entwicklung im Lebenslauf und im sehr hohen Alter

Eine der bedeutsamen Botschaften der kognitiven Alternsforschung ist die Notwendigkeit einer multidimensionalen und multidirektionalen Sicht des Verlaufs der geistigen Leistungsfähigkeit (Wahl et al., 2008). Auf der einen Seite geht ein heute sehr robuster Befund dahin, dass insbesondere hinsichtlich der sog. fluiden Intelligenzleistungen, etwa dem möglichst schnellen Erkennen und Vergleichen von geometrischen Mustern oder dem möglichst schnellen Lösen eines logischen Problems, bereits früh im Leben, etwa gegen Ende des 3. Lebensjahrzehnts, eine Verlustdynamik gegenüber der vormals gegebenen Leistungshöhe einsetzt, die sich etwa ab dem 60. Lebensjahr zu beschleunigen beginnt und etwa jenseits des 80. Lebensjahrzehnts noch einmal einen weiter beschleunigten Leistungsrückgang zeigt (z. B. Reischies & Lindenberger, 2010; Schaie, 2005). Zugleich zeigt sich, dass das Ausmaß der individuellen Unterschiede in fluider Intelligenz im Laufe des Erwachsenenalters zunimmt, d. h., es gibt eine bedeutsame Subgruppe von Hochaltri-

gen, die im Leistungsspektrum von deutlich jüngeren alten Menschen operieren. Demgegenüber zeigen sog. kristalline Intelligenzleistungen, etwa allgemeines Wissen und sprachliche Fähigkeiten, einen anderen Verlauf: Diese Fähigkeiten benötigen längere Zeit, etwa bis zum 40. Lebensjahr, um voll aufgebaut zu werden, und sie bleiben danach bis etwa ins 9. Jahrzehnt hinein relativ stabil. Allerdings zeigen vor allem Befunde der Berliner Altersstudie, dass auch diese Intelligenzleistungen im sehr hohen Alter oft einen bedeutsamen Abfall aufweisen, der aber insgesamt im Vergleich zu den fluiden Fähigkeiten deutlich schwächer ausfällt (Reischies & Lindenberger, 2010).

Bedeutsam ist auch der Befund aus der *Seattle Longitudinal Study* (Schaie, 2005), dass der *gleichzeitige* signifikante Rückgang in mehreren Komponenten fluider und kristalliner Fähigkeiten selbst im hohen Alter eher ein seltenes Ereignis darstellt, d. h., den meisten alten Menschen steht bis ins hohe Alter eine bedeutsame kognitive Reserve zur Verfügung, mit der

Gefährdungen der Alltagskompetenz durch einzelne stark zurück gegangene Leistungen relativ effizient ausgeglichen werden können. Dieses kompensatorische Potenzial stößt allerdings dort an seine Grenzen, wo sich hochaltrige Personen Mehrfachaufgaben gegenüber sehen; Studien im Rahmen des sog. *Doppelaufgaben-Paradigmas* – alte Menschen sollen z. B. gleichzeitig eine kognitive Aufgabe lösen und auf einem Laufband gehen – haben denn auch in sehr prägnanter Weise gezeigt, dass in diesem Bereich die Schere zwischen alt und jung besonders stark auseinander geht. Vor allem die starke Begrenztheit der noch zur Verfügung stehenden Aufmerksamkeitsressourcen im hohen Alter führt dazu, dass es unter Doppelaufgabenbedingungen zu erheblichen Einbußen der geistigen Leistungsfähigkeit bzw. der senso-motorischen Koordination kommt (Lindenberger et al., 2000).

Bedeutsam für die Aufrechterhaltung von Selbständigkeit im Alltag sind auch die sogenannten Exekutivfunktionen, die Handlungsplanungsprozesse und den handlungszielgerichteten Einsatz des *Arbeitsgedächtnisses* beinhalten. Diese Funktionen zeigen, ebenso wie das prospektive Gedächtnis (uns erinnern, dass wir etwas tun müssen), vor allem im sehr hohen Alter einen bedeutsamen Rückgang. Dies gilt ebenso für das episodische Gedächtnis, also das Erinnern an kürzlich geschehene Ereignisse, während die Funktionen des sog. Primärgedächtnisses (kurzfristiges passives Speichern von Informationen), des Abrufs von gespeichertem Faktenwissen sowie das prozedurale Gedächtnis (z. B. wie man Auto fährt) oft bis ins höchste Alter recht stabil erhalten bleiben (vgl. für eine detaillierte Darstellung Martin & Kliegel, 2010).

Für die Interpretation dieser Befunde ist sehr bedeutsam, dass es hier um normative Entwicklungen geht. Pathologische Veränderungen des kognitiven Systems im Sinne demenzieller Erkrankungen sind, wie wir bereits gesehen haben, bis ins höchste Alter hinein nicht die Regel, auch wenn die absolute Zahl der Betroffenen auf Grund der hohen Lebenserwartung unter versorgungsbezogenen Gesichtspunkten sehr bedeutsam ist.

In den letzten Jahren haben zudem neue Sichtweisen auf Entwicklung im höheren und hohen Alter die kognitive Alternsforschung befruchtet bzw. zu innovativen Einsichten geführt. Beispielsweise hat der seit Anfang der 1960er Jahre diskutierte Aspekt, den Verlauf der kognitiven Entwicklung nicht auf das chronologische Alter, sondern auf die Zeit bis zum Eintritt des Todes zu beziehen, neue Impulse erfahren; dies nicht zuletzt auch dadurch, dass neben neuen psychologisch-kognitiven Längsschnittdaten einschließlich einer Dokumentation des Todeszeitpunkts heute gegenüber den 1960er bis 1980er Jahren leistungsstärkere Techniken der statistischen Modellierung von Entwicklungsverläufen in zeitlicher Abhängigkeit von signifikanten Ereignissen (wie dem Todeszeitpunkt) zur Verfügung stehen. Die aus diesen Studien von mit der Zeit bis zum Tode assoziierten Veränderung gewonnenen Befunde zeigen in der Tat, dass es in einem Zeitkorridor nahe am Tode zu vermehrten kognitiven Abfällen kommt (sog. Terminal Decline), die in einer rein altersgetriebenen Sichtweise nicht in dieser Deutlichkeit zutage treten würden (Bäckman & MacDonald, 2006). Ein anderer wichtiger Befund besteht darin, dass sich auf der Verhaltensebene beobachtbare De-Differenzierungen zwischen einzelnen kognitiven Leistungen im hohen Alter, angezeigt durch deutlich höhere Interkorrelationen zwischen fluiden und kristallinen kognitiven Komponenten bei sehr alten im Vergleich zu jüngeren Menschen, auch auf der hirnorganischen Ebene finden, etwa in zunehmend undifferenzierter ablaufenden neuronalen Prozessen in unterschiedlichen Arealen des Frontallappens (Park & Reuter-Lorenz, 2009).

Es ist allerdings zur Bewertung der berichteten Befunde sehr wichtig, die überaus großen Unterschiede zwischen hochaltrigen Personen anzuerkennen. Mit anderen Worten: Hohes Alter ist in jedem Fall nicht ein »großer Gleichmacher«, sondern interindividuelle Unterschiede setzen sich fort bzw. verstärken sich teilweise sogar noch. Was erklärt nun die großen Unterschiede in kognitiven Entwicklungsverläufen im sehr hohen Alter? In Bezug auf das Geschlecht ist bis ins höchste Alter eine hohe Ähnlichkeit in kognitiven Leistungen zu konstatieren, d. h. die Geschlechtszugehörigkeit leistet keinen bedeutsamen Beitrag zur Erklärung von Unterschieden (M. Baltes et al., 2010). Bildung hingegen, in der Regel bereits in frühen Lebensabschnitten erworben, kann bis ins hohe Alter hinein Unterschiede in der kognitiven Leistungsfähigkeit partiell erklären, d. h. eine höhere Ausprägung der Ressource Bildung geht mit besserer kognitiver Performanz im hohen Alter einher (Reischies & Lindenberger, 2010; Schaie, 2005). Der Grund liegt wahrscheinlich darin, dass früh im Leben höher gebildete Menschen über die gesamte Erwachsenenlebensspanne hinweg ein gegenüber weniger Gebildeten quantitatives und qualitatives *enrichment* aufbauen (z. B. entsprechende berufliche

Tätigkeit, aber auch höheres Investment in gesundheitliche Prävention), das gesehen werden kann als ein dekadenlanges Training des kognitiven Apparates, der durch die früh im Leben erfahrene hochwertige Bildung ohnehin über eine höhere kognitive Reservekapazität verfügt. Dies bedeutet nicht, dass Menschen mit hoher sozio-ökonomischer Ausstattung im hohen Alter keine kognitive Verlustdynamik erleben; diese läuft allerdings auf höherem Niveau ab und im Mittel bleibt die kognitive Leistungsfähigkeit länger erhalten (Reischies & Lindenberger, 2010). Robuste Evidenz liegt ferner dahingehend vor, dass chronische körperliche Erkrankungen wie kardio-vaskuläre Krankheiten, Diabetes oder Parkinson mit spät im Leben eintretenden kognitiven Verlusten verknüpft sind (Schaie, 2005). Bedeutsam bis ins hohe und höchste Alter scheinen schließlich genetische Faktoren. Zwillingsstudien mit über 80-Jährigen zeigen, dass etwa 50 % der Variation in unterschiedlichen kognitiven Leistungen wie Verarbeitungsgeschwindigkeit, verbale und räumliche Fähigkeiten und Gedächtnisleistungen mit genetischen Unterschieden erklärt werden können, einem Anteil, der in etwa jenem in früheren Lebensperioden entspricht (McClearn et al., 1997).

13.4 Subjektives Wohlbefinden und affektive Prozesse

Der Begriff des subjektiven Wohlbefindens (SWB) beschreibt ein »Dachkonstrukt«, unter dem verschiedene Komponenten, die für die psychologische Alternsforschung als wesentliche Indikatoren »erfolgreichen« Alterns bedeutsam wurden, zusammengefasst sind (Baltes & Baltes, 1990). Grundlegend wird unterschieden zwischen einer kognitiven Komponente des SWB, d. h. der

subjektiven Bewertung der eigenen Lebensumstände, wie sie v. a. in Urteilen der allgemeinen Lebenszufriedenheit zum Ausdruck kommt, sowie einer affektiven Komponente des Erlebens positiver versus negativer Emotionen.

Schnell stößt man bei einem Blick auf die Forschung zum SWB im höheren Lebensalter auf das sog. Wohlbefindensparadox.

Damit ist ein Befund vieler empirischer Studien gemeint, dass nämlich kein negativer Zusammenhang zwischen chronologischem Alter und Maßen des SWB bestand, so dass also Höheraltrige im Durchschnitt kaum schlechteres, bisweilen sogar tendenziell höheres Wohlbefinden berichten als Jüngere (vgl. Schilling, 2006). Es scheint also, dass die für das höhere Alter typischen Verschlechterungen im gesundheitlichen und psychosozialen Bereich kaum zu entsprechenden Einbußen des SWB führen. Jedoch sprechen mehrere Gründe dagegen, diese Befunde zur Annahme einer generellen Aufrechterhaltung des SWB unter den sich im hohen Alter häufenden Verlusterlebnissen und Abbauprozessen zu verallgemeinern. Die »paradoxe« Altersunabhängigkeit des SWB wurde meist nur in Querschnittstudien gefunden, in denen ein möglicher Alterseffekt von Kohorteneffekten überlagert und verdeckt werden könnte (Schilling, 2005).

Insbesondere aber scheint es fraglich, inwieweit in diesen Studien der Befund einer Altersunabhängigkeit von SWB auch auf das sehr hohe Alter generalisierbar ist, da in den untersuchten Stichproben Hochaltrige oft nur unzureichend repräsentiert sind und die statistischen Auswertungen kaum die theoretisch naheliegende Möglichkeit einer zunehmenden Beschleunigung von Wohlbefindensverschlechterungen im sehr hohen Alter und zum Ende der Lebensspanne hin berücksichtigen. Dies würde nämlich bedeuten, dass über den gesamten Bereich der späten Entwicklungsphase hinweg ein nichtlinearer Zusammenhang besteht, mit noch nicht erkennbarer oder nur geringer Verschlechterungstendenz bei den jungen Alten und einem immer stärker negativen Trend des SWB in der Phase fortgeschrittener Hochaltrigkeit. Die wenigen Befunde zur Entwicklung der Lebenszufriedenheit im sehr hohen Alter deuten durchaus auf eine solche spezifische Verlusttendenz. Zwar tritt diese bei querschnittlichen Ver-

gleichen der durchschnittlichen Lebenszufriedenheit Höchstaltriger im Vergleich zu jüngeren Alten kaum zutage (z. B. Smith et al., 2010), jedoch zeigten längsschnittliche Analysen, die das sehr hohe Alter mit einbezogen, eine sich im sehr hohen Altersbereich beschleunigende Verschlechterungstendenz (Mroczek & Spiro, 2005; Schilling, 2005). Somit bestätigen Befunde längsschnittlicher Untersuchungen zur Lebenszufriedenheit im sehr hohen Alter eher *nicht* die Annahme, dass es Hochaltrigen im Sinne des Wohlbefindensparadox bis ins sehr hohe Alter hinein gelingt, ihr Leben mit sich häufenden Verlusterfahrungen positiv zu bewerten.

Zudem wurde das Wohlbefindensparadox meist aus Studien abgeleitet, in denen SWB durch Maße der Lebenszufriedenheit operationalisiert wurde. Wie aber entwickelt sich das Affekterleben im sehr hohen Alter? Eine generelle Verschlechterungstendenz mit Zunahme negativer und Abnahme positiver emotionaler Zustände könnte insbesondere für das affektive Wohlbefinden im hohen Alter vermutet werden, wenn man annimmt, dass das Affektsystem eine unmittelbar und nicht durch kognitive Bewertungsprozesse relativierte Reaktivität auf gesundheitliche und psychosoziale Einbußen entfaltet und deshalb dann, wenn durch akkumulierende Verlustprozesse im sehr hohen Alter elementare Grundbedürfnisse nicht mehr ausreichend erfüllt werden können, besonders sensibel reagiert. Jedoch könnte theoretisch auch ein genereller Rückgang des positiven *und* negativen Affekterlebens im hohen Alter vermutet werden: Möglicherweise erleben sehr alte Menschen weniger Ereignisse, die positive oder negative emotionale Reaktionen hervorrufen, so dass es zu einer generellen Verminderung von Affektivität kommt. Auch könnte eine solch reduzierte Affektivität bei älteren Menschen das Resultat einer über den Verlauf der Lebensspanne gewonnenen »emotionalen Reife« sein, da sie gewissermaßen ein Leben lang gelernt haben, ausgewogen auf positive oder negative Situationen zu reagieren, die bei Jüngeren noch heftigere emotionale Reaktionen auslösen. Theoretisch könnte aber auch angenommen werden, dass mit zunehmender Hochaltrigkeit eine Verbesserung des affektiven Wohlbefindens, d.h. Anstieg des positiven und Reduktion des negativen Affekts, einhergeht. Dieses ist vor allem aus der sozioemotionalen Selektivitätstheorie von Carstensen (z.B. Carstensen & Lang, 2007) abzuleiten, der zufolge die sich im höheren Lebensalter verkürzende Lebenszeitperspektive eine wachsende motivationale Ausrichtung auf emotional bedeutsame Ziele erzeugt, so dass alte Menschen intensiver die Optimierung ihres Affekterlebens verfolgen, als jüngere. Deshalb würden Ältere sozusagen kompetenter darin, positive Emotionen zu erleben und negative zu vermeiden und hohes Alter würde mit einem gewissen *Positivitätseffekt* einhergehen. Empirische Studien zur Entwicklung affektiver Wohlbefindenskomponenten über die erwachsene Lebensspanne liefern allerdings zum Teil uneinheitliche Befunde (Kunzmann et al., 2000; Pinquart, 2001). Es handelt sich dabei wiederum überwiegend um querschnittliche Untersuchungen, oft ohne Einbezug des sehr hohen Lebensalters, bei denen unter anderem auch Unterschiede der jeweils einbezogenen Altersspanne und der verwendeten Affektmaße zu unterschiedlichen Ergebnissen geführt haben dürften. Hinweise auf generelle Entwicklungstendenzen von positivem und negativem Affekt im hohen Alter liefert insbesondere die schon etwas ältere Metaanalyse von Pinquart (2001): Die Auswertung von 419 Stichproben aus 125 Studien (davon allerdings nur 10 mit längsschnittlichen Analysen) mit Probanden im Altersbereich 50+ Jahre ergab insgesamt einen alterskorrelierten Abfall positiver und einen geringen Anstieg negativer Affekte, zudem folgten diese beiden Entwicklungen einem

kurvilinearen Trend, d.h., diese Veränderungen der Affektkomponenten scheinen sich im sehr hohen Alter zu beschleunigen. Ein weiterer grundlegender metaanalytischer Befund deutet auf eine mit zunehmendem Alter einhergehende Veränderung der erlebten Emotionen jeweils »innerhalb« der positiven und negativen Komponente hin, nämlich einer generellen Abnahme von Emotionen mit hoher physiologischer Aktivierung (»Arousal«) und einer Zunahme niedrig aktivierter Emotionen. Eine solche Entwicklung hin zu geringerer emotionaler Erregung ist mit einem alterskorrelierten energetischen Abbau bzw. mit einer Abnahme der physiologischen Reaktivität auf positive und negative Ereignisse erklärbar.

Alles in allem muss somit die unter dem Schlagwort des Wohlbefindensparadox verbreitete Annahme, dass alten Menschen die Anpassung an altersassoziierte Verlusterfahrungen und die Aufrechterhaltung positiver Lebensbewertungen im Allgemeinen gut gelingt, zumindest für die Hochaltrigen in Frage gestellt werden. Sowohl Befunde längsschnittlicher Untersuchungen zur Lebenszufriedenheit, als auch die von Pinquart (2001) aufgezeigten kurvilinearen Trends des affektiven Wohlbefindens deuten darauf hin, dass es im sehr hohen Alter zu Verschlechterungen des SWB kommt. Darüber hinaus sollte bei der Bewertung solcher Untersuchungen der durchschnittlichen altersassoziierten Entwicklung des SWB auch berücksichtigt werden, dass diese die interindividuelle Variabilität intraindividueller SWB-Veränderungen möglicherweise nur unzureichend abbilden. Eine »paradoxe« Stabilität durchschnittlicher SWB Maße über das höhere Alter hinweg könnte auch daraus resultieren, dass intraindividuelle Veränderungen sich zu stabilen Durchschnittswerten ausmitteln, und damit häufige Verschlechterungen des Wohlbefindens durch ebenso häufige Verbesserungen aufgewogen werden. Für eine solche Dynamik bei der Lebenszufriedenheit im hohen

Alter spricht beispielsweise ein Ergebnis aus der Analyse von Daten des *Sozio-ökonomischen Panels*, einer bevölkerungsrepräsentativen deutschen Längsschnittstudie: Die Varianz intraindividueller Zufriedenheitsveränderungen war in der Gruppe alter Studienteilnehmer (60 Jahre oder älter bei der ersten Erhebung) gegenüber der Gesamtstichprobe deutlich erhöht (Schilling, 2006). Somit wird also möglicherweise die Entwicklung des SWB im höheren und sehr hohen Lebensalter in Termini von »Altersabhängigkeit« nur unzureichend beschrieben und ist vielmehr dadurch geprägt, dass die in diesem Lebensabschnitt sich häufenden Verlustrisiken eine wachsende Differenzierung der Entwicklungsverläufe bedingen. Dieses würde eine genauere Betrachtung der solchermaßen resultierenden interindividuellen Unterschiede in intraindividuellen Veränderungen erfordern: Beispielsweise ist daran zu denken, dass eine Häufung alterstypischer Verluste in relevanten Lebensbedingungen, die die Anpassungsfähigkeit hochaltriger Menschen überfordert, nur von einem Teil der Alternden erlebt wird.

Als Belege für solche Grenzen der psychischen Anpassungsfähigkeit am Ende der Lebensspanne sind Untersuchungen zum Zusammenhang zwischen SWB und der Zeit bis zum Tod des Individuums zu bewerten. So fanden Gerstorf und Kollegen in verschiedenen Längsschnittdatensätzen hochaltriger Stichproben einen terminalen Abfall der Lebenszufriedenheit über eine Phase von ungefähr 3 bis 5 Jahren vor dem Tod, unabhängig vom individuellen Sterbealter (Gerstorf, Ram, Estabrook et al., 2008, Gerstorf, Ram, Röcke et al., 2008). Ähnliche Dynamiken »terminaler« Veränderung sind für Maße des affektiven Wohlbefindens durch neuere Untersuchungen belegt (Gerstorf et al., 2010; Schilling et al., 2012; Vogel et al., 2012). In allen diesen Analysen zeigte sich ein deutlich stärkerer statistischer Zusammenhang von SWB mit der Überlebenszeit, als mit dem kalendarischen Lebensalter. Es zeigt sich also für das SWB zum Lebensende hin ein ähnlicher Trend des *Terminal Decline*, wie er für verschiedene kognitive Leistungsbereiche belegt wurde (siehe oben). Wenn man annimmt, dass dieses Phänomen als Folge akkumulierender und letztlich letaler körperlicher Abbauprozesse entsteht, dann wäre somit das SWB der alternden Person *nicht* grenzenlos belastbar. Analysen der altersassoziierten Entwicklung des SWB scheinen deshalb nur bedingt geeignet, die negativen Auswirkungen sich zum Ende der Lebensspanne hin häufender Verluste aufzudecken, da das Auftreten solcher Verluste nicht allzu eng mit dem Lebensalter – dem zeitlichen Abstand von der dann ja bereits weit zurückliegenden Geburt – assoziiert scheint bzw. Individuen sich sehr darin unterscheiden, in welchem Alter sich bei ihnen körperliche und geistige Verlustprozesse beschleunigen. Wenn man annimmt, dass eine solche beschleunigte Verlustdynamik meist dem Tod vorangeht, dann folgt daraus, dass der zeitliche Abstand zum Lebensende die im Vergleich zum kalendarischen Alter bessere Zeitmetrik zur Vorhersage typischer Veränderung am Ende der Lebensspanne ist.

Insgesamt jedoch sind auch im Bereich des Wohlbefindens bei sehr alten Menschen, ähnlich wie im Bereich der kognitiven Entwicklung, sehr deutlich ausgeprägte interindividuelle Unterschiede zu konstatieren. Abgesehen von Alter und Nähe zum Tod, die der Forschung zu Wohlbefindensveränderungen im hohen Alter sozusagen als Statthalter für eine Vielzahl sich verändernder Bedingungen, die alle zusammen das SWB beeinflussen, dienen, ist auch nach spezifischen Einflussgrößen zu fragen, welche Unterschiede im SWB im hohen Alter erklären können. Generell ist zu vermuten, dass im höheren Alter zunehmend diejenigen Aspekte der eigenen Lebensumstände wohlbefindensrelevant werden, die von besonderen Verlustrisiken betroffen sind, also die körperliche und kognitive Gesundheit und allgemeine körperliche Funktionsfähigkeit. Tatsächlich ist vielfach empirisch bestätigt, dass Maße der subjektiven Gesundheit und des berichteten funktionalen Status in der Ausführungskompetenz alltäglicher Aktivitäten bedeutsame Prädiktoren der Lebenszufriedenheit (und auch anderer Wohlbefindensindikatoren) sehr alter Menschen sind (Smith et al., 2010). Ein weiterer bedeutsamer Prädiktor der Lebenszufriedenheit bei Untersuchungen hochaltriger Stichproben war die (subjektiv wahrgenommene) Qualität des sozialen Netzwerks. Diesbezügliche Unterschiede scheinen uns besonders zentral, denn die soziale Umwelt im sehr hohen Alter bzw. am Ende des Lebens könnte man auch im Sinne eines »finalen Entwicklungskontexts« sehen. Weisen beispielsweise soziale Beziehungen am Ende

des Lebens ein hohes Maß an Intimität auf, und sind signifikante andere in diesem Lebensabschnitt in der Lage, ihre Achtung gegenüber dem hochaltrigen (möglicherweise körperlich sehr pflegebedürftigen oder kognitiv sehr eingeschränkten) Menschen zu kommunizieren, so dürften darin sehr bedeutsame Ressourcen für das Erleben von Sinnhaftigkeit angesichts der Verletzlichkeit des sehr hohen Alters liegen. Als wichtig haben sich zudem Sichtweisen der eigenen kognitiven Funktionstüchtigkeit, der wahrgenommenen internalen Kontrolle sowie (als negativer Prädiktor) eine depressive Symptomatik erwiesen. Bei all diesen wohlbefindensrelevanten Aspekten ist bemerkenswert, dass es jeweils die subjektive Wahrnehmung der betreffenden Einflussgröße ist, die besonders hohe Erklärungskraft für interindividuelle Unterschiede besitzt, und weniger deren objektive Ausprägung.

13.5 Theoretische Perspektiven zur Einordnung von Befunden zum hohen Alter in eine Lebensspannenperspektive

Klassische theoretische Ansätze zur Entwicklung im hohen Alter sind vielfach Stufenmodelle der über die Lebensspanne hinweg aufeinanderfolgenden Entwicklungsanforderungen (vgl. auch die ▶Kap. 1 von Kruse & Wahl und ▶Kap. 3 von Wahl & Kruse in diesem Buch). Nach Erikson, Erikson und Kivnick (1986) treten Menschen in der letzten Phase der Lebensspanne in eine Phase der Transzendenz mit einem zweifachen Charakter ein: Danach wird auf der einen Seite die eigene Existenz zunehmend in einen übergeordneten bzw. universellen Zusammenhang gestellt. Auf der anderen Seite können früher erfahrene psychosoziale Krisen bzw. Entwicklungsschritte noch

einmal neu auf die »Lebenstagesordnung« treten, z. B. Aspekte von Ur-Vertrauen oder Autonomie. Insgesamt sieht Erikson (z. B. 1959) die grundlegende Entwicklungsanforderung des späten Lebens darin, das nun größtenteils gelebte eigene Leben zu akzeptieren und eine Haltung zum Tod bzw. zur eigenen Endlichkeit einzunehmen. Erikson betrachtet damit auch diese Lebensphase, wie alle vorangehenden, als krisenhaft, und er sieht positive Lösungs- und Entwicklungsmöglichkeiten in Gestalt von Ich-Integrität (ego-integrity). Es ist bemerkenswert, dass Erikson mit diesen Überlegungen zumindest die reale Möglichkeit eines qualitativ neuen und chancenreichen Entwicklungsgeschehens selbst im hohen Alter annimmt, wenngleich auch die Möglichkeit des Scheiterns (Verzweiflung; »Despair«) stets gegeben ist – allerdings genauso wie auf jeder der von Erikson angenommenen Stufen, so dass darin kein Spezifikum des hohen Alters besteht. Damit könnte Erikson eine weitere Erklärung dafür liefern, warum wir selbst im sehr weit fortgeschrittenen und häufig mit vielen Verlusten verbundenen Alter noch ein relativ hohes Wohlbefinden erhalten können, auch wenn dies nach den vorliegenden Daten spät im Alter zurückgeht. Keine gute Erklärung kann Erikson allerdings für die *Terminal-Decline*-Phänomene im Bereich des Wohlbefindens liefern, wenngleich man spekulieren könnte, dass hier die Gruppe der »Verzweifelten« möglicherweise stark durchschlägt. Auffallend und sicher auch eine Einschränkung ist es ferner, dass Erikson auf die kognitive Entwicklung bzw. kognitive Verluste praktisch nicht eingeht.

Die einflussreiche Entwicklungstheorie von Paul Baltes (z. B. Baltes, 2006) geht von der Bedeutung einer Unterscheidung zwischen einem dritten und vierten Alter aus. Baltes postuliert ferner drei generelle Prinzipien, die Entwicklungsprozesse im höheren Alter über verschiedene Funktionsbereiche hinweg grundlegend formen: Erstens nimmt er an, dass Vorteile evolutionärer Selektion mit höherem Alter immer geringer werden, d. h., dass mit dem Alter die Dysfunktionalität biologisch determinierter Prozesse wächst bzw. biologische Ressourcen schwinden. Zweitens wird angenommen, dass mit dem Lebensalter der Bedarf an Kultur ansteigt, d. h., dass zum Ausgleich schwindender biologischer Ressourcen verstärkt auf kulturell erzeugte Ressourcen (z. B. soziale, technische Systeme) zurückgegriffen werden muss. Drittens nimmt Baltes an, dass ebenfalls mit zunehmendem und insbesondere im hohen Alter die Effektivität der Kultur abnimmt, d. h., dass die Wirksamkeit kultureller Ressour-

cen zum Ausgleich biologischer Ressourcenverluste schwindet. Das vierte Alter bezeichnet demnach die Phase, in der durch das Missverhältnis von starkem Bedarf und schwacher Wirksamkeit von Kultur biologische Verluste nicht mehr hinreichend kompensiert werden können, während das dritte Alter eine Phase jüngerer Höheraltrigkeit bezeichnet, in der eine solche Kompensation noch in ausreichendem Maße gelingt. Damit liefert Baltes – als (auch) kognitiver Psychologe sicherlich stark von den Befunden zur kognitiven Leistungsfähigkeit im hohen Alter und den dabei auftretenden deutlichen Verlusten geprägt – Gründe für eine eher pessimistische Einschätzung des sehr hohen Alters bzw. dafür, dass am Ende eines »erfolgreichen« Lebens heute, infolge des starken Anstiegs auch der *fernen* Lebenserwartung, nicht nur ein oder mehrere stresshafte Lebensereignisse auf uns warten, sondern das Leben selbst zu einem Stressor wird, dem Individuen und die Gesellschaft wenig entgegenzusetzen haben. Dies mag sich in Zukunft ändern, wenn die Phase des Alters und speziell des sehr hohen Alters auch kulturell besser unterfüttert ist, jedoch ist dies kein Trost für die derzeit alternden Menschen bzw. es ist davon auszugehen, dass derartige kulturelle Entwicklungs- und Ausdifferenzierungsprozesse eher Jahrzehnte als Jahre dauern.

Zum Dritten sei noch einmal auf die sozio-emotionale Selektivitätstheorie (SST) von Carstensen (z. B. Carstensen & Lang, 2007) eingegangen, vielleicht die derzeit prominenteste Lebenslauf- und Alternstheorie überhaupt. Der Fokus liegt hier auf der motivationalen Ausrichtung sozialer Interaktionen, die zentrale Annahme besteht in einer Verschiebung motivationaler Prioritäten im Verlauf der Lebensspanne: Die im jüngeren und mittleren Erwachsenenalter hohe Relevanz der Informationssuche als Motiv sozialer Interaktionen tritt mit der im höheren Alter sich verkürzenden lebenszeitlichen Perspektive in den Hintergrund, während emotionsregulative Intimitäts- und Vertrauensfunktionen immer wichtiger werden. Es wird also angenommen, dass sich häufende Ressourcenverluste und knapper werdende Lebenszeit zu einer verstärkten motivationalen Ausrichtung hin zu emotional bedeutsamen Zielen führt, so dass im hohen Alter insbesondere soziale Interaktionen zur Optimierung des emotionalen Erlebens verfolgt werden. Das Carstensen'sche Argument der zunehmenden Bedeutung von Intimität und Emotionalität über die Lebensspanne hinweg bis ins höchste Alter hinein scheint uns von grundlegender Bedeutung für ein Verständnis zukünftiger Lebensläufe mit zunehmend langen »Abschlussphasen« (eben im Sinne der Hochaltrigkeit) zu sein. Wenn man so will, versammeln sich hier am Ende des Lebens noch einmal die grundlegenden Qualitäten des Menschseins, eben in Gestalt der Bedeutung menschlicher Nähe und der Weitergabe eigener Lebenserfahrungen und Emotionalität an andere. Die SST ist allerdings nicht nur auf diese hochbedeutsamen sozial-interaktionalen Aspekte beschränkt. Beispielsweise impliziert sie den bereits erwähnten Positivitätseffekt des Älterwerdens, der sich in einer veränderten kognitiv-motivationalen Dynamik ausdrückt: Bedeutsam ist demnach nicht so sehr, dass bestimmte Erinnerungsleistungen (z. B. Arbeitsgedächtnis) im hohen Alter zurückgehen, sondern dass sehr alte Menschen ihr Gedächtnis selektiv einsetzen bzw. optimiert haben, indem sie vor allem die positiven Aspekte ihres früheren und gegenwärtigen Lebens memorieren. Vielleicht könnte man sagen, dass im Lichte der SST das »Entwicklungspendel« des sehr hohen Alters zwischen einem relativ deutlichen Optimismus bei Erikson und einem relativ deutlichen Pessimismus bei Baltes schwingt. Auf der einen Seite werden motivational-emotional-beziehungsbezogene Ressourcen des hohen Alters stark betont, ohne die Weite und vielleicht auch Unschär-

fe eines Konstrukts wie Ich-Integrität zu benötigen; auf der anderen werden kognitive Verluste nicht ignoriert, jedoch umgedeutet und durch eine Verknüpfung von Motivation und Leistung in einen ganzheitlicheren Kontext gestellt, als dies traditionell in der kognitiven Alternsforschung der Fall ist.

Beschließen möchten wir unsere theoretischen Überlegungen mit eigenen Überlegungen zu einem möglichen Konzept *psychologischer Terminalität*. Es wurden oben bereits Befunde zum *Terminal Decline* kognitiver Leistungsaspekte und in Wohlbefindensmaßen vorgestellt. Dieser Forschungsrichtung liegt letztlich die Annahme zugrunde, dass die Annäherung an das Lebensende als Folge von körperlichen Abbauprozessen beschleunigte Veränderungen in unterschiedliche Klassen von psychologischen Merkmalen mit sich bringt. Solche dem Tod vorangehende körperliche Abbauprozesse, die meist irreversibel sind und somit sozusagen exklusiv jeweils nur in dieser terminalen Phase der Lebensspanne auftreten, wären somit ein Merkmal grundlegender qualitativer Unterschiedlichkeit dieser Phase von allen vorherigen. Deshalb könnte ein umfassenderes Konzept einer terminalen Lebensphase der zukünftigen Hochaltrigenforschung sozusagen als Leitmotiv dienen. Veränderungen des sehr hohen Lebensalters wären demnach nicht gänzlich als Konsequenzen von Entwicklungsbedingungen vorheriger Lebensphasen zu betrachten und zu erklären, sondern gewissermaßen vom Ende her zu begreifen als Teil einer zum terminalen »Ziel« hin führenden Atrophie biologischer und psychologischer Systeme. Terminale Prozesse, die nicht als bloße Fortschreibung entwicklungsregulatorischer Dynamiken aus vorangegangenen Lebensphasen verstanden werden können, wären dann ein Paradigma für die Entwicklung im sehr hohen Alter. Folgt man diesem Terminalitätskonzept, dann sollte die Untersuchung terminaler Prozesse nicht auf die Analyse von *Terminal Decline* in psychologischen Variablen beschränkt bleiben, sondern von der theoretischen Vermutung getrieben werden, dass diejenigen, die das sehr hohe Alter erreichen (und von möglichen »frühen« Todesursachen, wie tödliche Erkrankungen, Unfälle etc., verschont blieben), schließlich die Atrophie ihrer Systeme erleben (müssen) als Phase multipler intensiver intraindividueller Veränderungen, durch deren Zusammenwirken insbesondere auch neuartige kausale Zusammenhänge entstehen. Die terminale Phase des menschlichen Lebens wäre damit in gewisser Weise mit der frühkindlichen Phase vergleichbar, insofern an beiden Enden der Lebensspanne Phasen stehen, in denen spezifische Veränderungsprozesse – Wachstum und Reifung am Anfang und zum Ende hin Atrophie der biologischen und psychologischen Systeme – sich entfalten. Für die Forschung zu Entwicklung im hohen Alter könnte ein solchermaßen paradigmatisches Konzept psychologischer Terminalität Erkenntnisse über psychologische Veränderungsdynamiken am Ende der Lebensspanne liefern, die einer »lebensaltersfixierten« Perspektive verborgen bleiben müssen.

13.6   Ausblick

Menschen gelangen heute (und erst recht morgen) zunehmend normativ in den Entwicklungsbereich des hohen und sehr hohen Alters. Ein solche »Langlebigkeitsgarantie« gibt Lebensplanungssicherheit und lässt die verbleibende Lebenszeit selbst zum Zeitpunkt der Pensionierung noch als sehr lang und mit einer Vielzahl von weiterhin vorhandenen Entwicklungsmöglichkeiten verbunden erscheinen. Zudem sollte es auch für jüngere Menschen im Sinne der Lebensvorausschau beruhigend sein, dass die Selbstregulationsfähigkeit bzw. psychische Widerstands- und Adaptationsfähigkeit bis ins höchste Alter hinein von großer Mächtigkeit ist, denn die Aufrechterhaltung eines hohen kognitiv-emotionalen Wohlbefindens geht auch angesichts vielfacher körperlich-psychosozialer Verluste im hohen Alter nicht völlig »in den Keller«. Mehrfachverluste im kognitiven Bereich oder gar demenzielle Veränderungen sind selbst im sehr hohen Alter zumindest nicht die Regel, wenngleich quantitativ sehr bedeutsam. Jedoch scheinen die Mehrfachverluste bei gleichzeitig zunehmender Todesnähe die Adapta-

tion an deutliche Grenzen zu bringen, und es ist einer der bedeutsamsten Befunde der neueren psychologischen Forschung, empirisch gezeigt zu haben, dass es hier sowohl zu erheblichen kognitiven als auch wohlbefindensbezogenen Verlusten kommt. Insgesamt dürfte damit der Übergang von einer aktiven, mit relativ wenigen Einschränkungen versehenen Phase des »jungen Alters« in eine zunehmend länger werdende Phase der Hochaltrigkeit und Terminalität zu einer der großen Herausforderungen zukünftiger Lebensläufe gehören.

Umso bedeutsamer sind in der von uns so genannten Phase der psychologischen Terminalität soziale und für viele Menschen auch spirituelle Ressourcen sowie ein möglichst hochwertiges professionelles Umfeld, etwa in Gestalt von Pflegekompetenz, palliativmedizinischem Know-how und, bislang noch unterschätzt, auch psychologischer Beratungs- und Interventionsexpertise. Auch technische Hilfen bis hin zu Sprachsteuerung von Haushaltsgeräten, Robotern und der ganzen Palette von Informations- und Kommunikationsmedien könnten und werden an dieser Stelle in Zukunft eine wichtige Rolle im Sinne von Kompensation und Optimierungsimpulsen einnehmen.

Literatur

Baltes, P. B. & Baltes, M. M. (1990). Psychological perspectives on successful aging : The model of selective optimization with compensation. In P. B. Baltes & M. M. Baltes (Hrsg.), *Successful aging: Perspectives from the behavioral sciences* (S. 1–34). New York, NY: Cambridge University Press.

Baltes, P. B. (2006). Facing our limits: Human dignity in the very old. *Daedalus, 135,* 32–39.

Baltes, M. M., Horgas, A. L., Klingenspor, B., Freund, A. M. & Carstensen, L. L. (2010). Geschlechtsunterschiede in der Berliner Altersstudie. In U. Lindenberger, J. Smith, K. U. Mayer & P. B. Baltes (Hrsg.), *Die Berliner Altersstudie.* (3. erweiterte Auflage, S. 597–622). Berlin: Akademie Verlag.

Bäckman, L. & MacDonald, S. W. S. (2006). Death and cognition: Synthesis and outlook. *European Psychologist, 11,* 224–235.

Carstensen, L. L. & Lang, F. R. (2007). Sozioemotionale Selektivität über die Lebensspanne: Grundlage und empirische Befunde. In J. Brandtstädter & U. Lindenberger (Hrsg.), *Entwicklungspsychologie der Lebensspanne. Ein Lehrbuch* (S. 389–412). Stuttgart: Kohlhammer.

Erikson, E. H. (1959). *Identität und Lebenszyklus.* Frankfurt: Suhrkamp.

Erikson, E. H., Erickson, J. M. & Kivnick, H. Q. (1986). *Vital involvement in old age.* New York: Norton & Company.

Gerstorf, D., Ram, N., Estabrook, R., Schupp, J., Wagner, G. G., & Lindenberger, U. (2008). Life satisfaction shows terminal decline in old age: Longitudinal evidence from the German Socio-Economic Panel Study (SOEP). *Developmental Psychology, 44*(4), 1148–1159.

Gerstorf, D., Ram, N., Mayraz, G., Hidajat, M., Lindenberger, U. & Wagner, G. G. (2010). Late life decline in subjective well-being across adulthood in Germany, the United Kingdom, and the United States: Something is wrong at the end of life. *Psychology and Aging, 25,* 477–485.

Gerstorf, D., Ram, N., Roecke, C., Lindenberger, U., & Smith, J. (2008). Decline in life satis-faction in old age: Longitudinal evidence for links to distance-to-death. *Psychology and Aging, 23*(1), 154–168.

Kunzmann, U., Little, T. D. & Smith, J. (2000). Is age-related stability of subjective well-being a paradox? Cross-sectional and longitudinal evidence from the Berlin Aging Study. *Psychology and Aging, 15,* 511–526.

Lindenberger, U., Marsiske, M. & Baltes, P. B. (2000). Memorizing while walking: Increase in dual-task costs from young adulthood to old age. *Psychology and Aging, 15,* 417–436.

Lindenberger, U., Smith, J., Mayer, K. U. & Baltes, P. B. (Hrsg.) (2010). *Die Berliner Altersstudie.* Berlin: Akademie Verlag (3. erweiterte Auflage).

Martin, M & Kliegel, M. (2010). *Psychologische Grundlagen der Gerontologie.* Stuttgart: Kohlhammer (3. Auflage).

McClearn, G. E., Johannson, B., Berg, S., Pedersen, N. L. et al. (1997). Substantial genetic influence on cognitive abilities in twins 80 or more years old. *Science, 276,* 1560–1564.

Mroczek D. K. & Spiro A. (2005). Change in life satisfaction during adulthood: Findings from the veterans affairs normative aging study. *Jornal of Personality and Social Psychology, 88,* 189–202.

Park, D. C., & Reuter-Lorenz, P. (2009). The adaptive brain: Aging and neurocognitive scaffolding. *Annual Review of Psychology, 60,* 173–196.

Pinquart, M. (2001). Age differences in perceived positive affect, negative affect, and affect balance in middle and old age. *Journal of Happiness Studies, 2,* 375–405.

Reischies, F. M. & Lindenberger, U. (2010). Grenzen und Potentiale kognitiver Leistungsfähigkeit im Alter. In U. Lindenberger, J. Smith, K. U. Mayer & P. B. Baltes (Hrsg.), *Die Berliner Altersstudie.* (3. erweiterte Auflage, S. 375–402). Berlin: Akademie Verlag.

Schaie, K. W. (2005). *Developmental influences on adult intelligence: The Seattle Longitudinal Study.* New York: Oxford University Press.

Schilling, O. K. (2005). Cohort- and age-related decline in elder's life satisfaction: is there really a paradox? *European Journal of Ageing*, 2, 254–263.

Schilling, O. K. (2006). Development of life satisfaction in old age: Another view on the »paradox«. *Social Indicators Research*, 75, 241–271.

Schilling, O., Wahl, H.-W. & Wiegering, S. (2012). Affective development in advanced old age: Analysis of terminal change in positive and negative affect. *Developmental Psychology*. Advance online publication doi: 10.1037/a0028775.

Schneekloth, U. & Wahl, H.-W. (Hrsg.) (2008). *Selbständigkeit und Hilfebedarf bei älteren Menschen in Privathaushalten. Pflegearrangements, Demenz, Versorgungsangebote.* Stuttgart: Kohlhammer (2. Auflage).

Smith, J. Fleeson, W., Geiselmann, B., Settersten, R. A. & Kunzmann, U. (2010). Wohlbefinden im hohen Alter: Vorhersagen aufgrund objektiver Lebensbedingungen und subjektiver Bewertung. In U. Lindenberger, J. Smith, K. U. Mayer & P. B. Baltes (Hrsg.), *Die Berliner Altersstudie*. (3. erweiterte Auflage, S. 521–548). Berlin: Akademie Verlag.

Vogel, N., Schilling, K., Wahl, H.-W., Beekman, A. T. F. & Penninx, B. W. J. Z. H. (2012). Time-to-death-related change in positive and negative affect among older adults approaching the end of life. *Psychology and Aging.* Advance online publication. doi: 10.1037/a0030471.

Wahl, H.-W., Diehl, M., Kruse, A., Lang, F. R., & Martin, M. (2008). Psychologische Alternsforschung: Beiträge und Perspektiven. *Psychologische Rundschau*, 59(1), 2–23.

Wahl, H.-W. & Rott, C. (2002). Konzepte und Definitionen der Hochaltrigkeit. In Deutsches Zentrum für Altersfragen (Hrsg.), *Expertisen zum Vierten Altenbericht der Bundesregierung* (S. 5–95). Hannover: Vincentz-Verlag.

14 Gestaltung des Lebensendes – End of Life Care

Hartmut Remmers und Andreas Kruse

Zusammenfassung

Auch in der letzten Phase ihres Lebens ergeben sich für Menschen spezifische Entwicklungsaufgaben und Entwicklungsmöglichkeiten, die sowohl aus einer Potenzial- als auch aus einer Verletzlichkeitsperspektive zu betrachten sind. Der vorliegende Beitrag beschäftigt sich zunächst mit dem Umgang mit Sterben und Tod in modernen Gesellschaften, prinzipiellen Grenzen der Vergesellschaftung des Todes und der Bedeutung des Todesbewusstseins aus der Perspektive der modernen Subjektphilosophie. Im Anschluss wird die Biografiearbeit – im Sinne einer (Wieder-)Aneignung eigener Lebensgeschichte – als zentrale Gestaltungsaufgabe der letzten Lebensphase im Kontext der Theorien von Erikson und Tornstam erläutert. Konzeptionelle und organisatorische Aspekte von *End of Life Care* werden diskutiert, Dilemmata von *End of Life Care* im modernen Medizinsystem werden aufgezeigt.

14.1 Einführung

Wie in früheren Lebensphasen stellen sich auch im Alter Entwicklungsanforderungen. Ein gegenüber früheren Lebensphasen verändertes Rollen- und Tätigkeitsspektrum, ein verändertes soziales Netzwerk, die späte Freiheit nach Ausscheiden aus dem Erwerbsleben, die erhöhte Verletzlichkeit und schließlich die immer deutlicher in den Vordergrund tretende Endlichkeitsthematik stellen Menschen (auch) im hohen Alter vor die Aufgabe, sich neu zu orientieren, neue Perspektiven auf ihr früheres und zukünftiges Leben zu entwickeln.

Mit Blick auf die *eigene Endlichkeit* wird von der Annahme ausgegangen, dass diese den Menschen spätestens dann, wenn er sie als unmittelbar bedeutsam erlebt (und

nicht nur abstrakt denkt), vor besondere emotionale und kognitive Anforderungen stellt. Die Vorstellung, nicht mehr auf dieser Welt zu sein, nicht mehr zu leben, ist für den Menschen alles andere als trivial. Zudem kann in dem Tod sowohl ein Ende als auch ein Ziel gesehen werden (das lateinische *finis* lässt sich ja in zweifacher Hinsicht übersetzen), sodass man individuelle Entwicklung nicht nur von der Konzeption und Geburt, sondern eben auch *vom Tod her verstehen* sollte (Kruse, 2013a): Wir entfernen uns nicht nur immer weiter von unserem Ursprung (wie dieser durch Konzeption und Geburt definiert ist), sondern wir nähern uns auch immer mehr dem Ende, dem Ziel unseres Lebens (das in individuellen Vorstellungen als Rückkehr zum Ursprung oder aber als Übergang gedeutet werden kann).

Selbst in den letzten Monaten, Wochen, Tagen eines nunmehr durch unabänderliche Verluste und Einschränkungen, physisches und psychisches Leid und existenzielle Bedrängtheit charakterisierten Lebens blicken Menschen nicht lediglich auf vergangenes gelebtes und ungelebtes Leben zurück. Sie nehmen vielmehr auch am Lebensende Aufgaben und Anforderungen, durchaus im Sinne von Reifungsmöglichkeiten, wahr und haben den Wunsch, weitestgehend Autor der eigenen Lebensgeschichte zu bleiben.

Die Auseinandersetzung mit Aufgaben und Anforderungen im Alter ist, wie in anderen Lebensphasen auch, aus der Integration zweier Perspektiven zu betrachten: der *Potenzialperspektive* einerseits, der *Verletzlichkeitsperspektive* andererseits. Zu fragen ist sowohl nach den Stärken, Entwicklungs- und positiven Veränderungsmöglichkeiten als auch nach der Verletzlichkeit, wobei sich die Verletzlichkeit in körperlicher und kognitiver, aber auch in sozialer Hinsicht zeigen kann. In diesem Zusammenhang spielen auch verschiedene Aspekte des »Todesbewusstseins« eine konstitutive Rolle, auf die im Folgenden zunächst näher eingegangen werden soll.

14.2 Die Erfahrung des Todes – Grenzen seiner Vergesellschaftung

Die starke Zunahme der durchschnittlichen Lebenserwartung hat dazu beigetragen, dass sich in modernen Gesellschaften die Erfahrung des Todes und der Umgang mit dem Sterben erheblich gewandelt haben. Bis zur ersten Hälfte des 19. Jahrhunderts erreichte nur die Hälfte der Menschen in Europa das 40. Lebensjahr. Der Tod war stärker als heute alltäglich, er war allgegenwärtige Möglichkeit. Ein heute in Deutschland geborenes Mädchen hat dagegen eine durchschnittliche Lebenserwartung von etwa 83 Jahren, ein Junge von knapp 78 Jahren. Im Durchschnitt verliert ein Mitteleuropäer heute nur noch alle 15 Jahre einen nahen Angehörigen. Sterben und Tod entschwinden zunehmend aus unserem persönlichen Erfahrungshorizont. Zugleich hat der Tod seinen vormals öffentlichen Charakter verloren.

Nach Norbert Elias (1982) ist die soziale Verdrängung von Sterben und Tod charakteristisch für die Zivilisationsstufe moderner Gesellschaften. Infolge eines »Zivilisationsschubes« (S. 21 f.) stehen Trauerrituale und Sinninstanzen nicht mehr zur Verfügung, sie werden aus gesellschaftlicher Perspektive auch nicht mehr als soziale Reaktion auf die Schwächung einer Gruppe, die eines ihrer Mitglieder verloren hat, benötigt, da gesellschaftliche Systeme zunehmend unabhängig von Individuen geworden sind. Infolge eines »Informalisierungsschubes« (S. 46 f.) ist der Umgang mit Sterben und Tod weitgehend privatisiert.

Wurde der Tod früher als ein Schicksal aufgefasst, das nicht lediglich das Individuum, sondern die Gemeinschaft als Ganzes betrifft, kam Zeremonien und Ritualen vor allem der Sinn zu, »die Solidarität des Individuums mit seiner Sippe und Gemeinschaft zu bekräftigen« und »die Kontinuität der Gattung aufrechtzuerhalten« (Ariès, 1996,

S. 774/775), so ist er heute weitgehend privatisiert und anonymisiert; gestorben wird heute weit weniger zuhause als vielmehr in speziell dafür vorgesehene Institutionen des Gesundheits- und Sozialwesens. Nach Ariès (1996, S. 778) geht die »Ausbürgerung des Todes« Hand in Hand mit der »Unschicklichkeit der Trauer«, nach Elias (1982) ist die für moderne Gesellschaften charakteristische »Einsamkeit der Sterbenden« ebenso wie emotionale Unsicherheiten, Abwehr- und Vermeidungsverhalten das unvermeidliche Resultat einer »Verlegung des Todes hinter die Kulissen des Gesellschaftslebens« (S. 22):

> »Eng verbunden mit der größtmöglichen Relegierung des Sterbens und des Todes aus dem gesellschaftlich-geselligen Leben der Menschen und mit der entsprechenden Verschleierung des Sterbens, insbesondere auch vor den Kindern, ist in unseren Tagen eine eigentümliche Verlegenheit der Lebenden in der Gegenwart eines Sterbenden. Sie wissen oft nicht recht, was zu sagen. Der Sprachschatz für den Gebrauch in dieser Situation ist verhältnismäßig arm. Peinlichkeitsgefühle halten die Worte zurück. Für die Sterbenden selbst kann das recht bitter sein. Noch lebend, sind sie bereits verlassen.« (Elias, 1982, S. 39).

Orte des Sterbens

In Deutschland verstarben im Jahr 2010 858 768 Menschen. Verlässliche Daten zur quantitativen Verteilung der Sterbeorte liegen für Deutschland nicht vor. Die Angaben schwanken zwischen 40 und 90 % für das Krankenhaus, zwischen 10 und 40 % für Einrichtungen der Altenpflege und zwischen 5 und 30 % im eigenen Heim. In den vergangenen Jahren ist eine Verlagerung des Sterbeortes vom Krankenhaus in das Pflegeheim zu konstatieren. Hospize sind dabei nicht klar erfasst. Gegenwärtig existieren neben etwa 1 500 registrierten ambulanten Hospizdiensten etwa 195 stationäre Hospize und 231 Palliativstationen. Bei großen regionalen Unterschieden dürfte der

geschätzte Bedarf damit etwa zur Hälfte gedeckt sein. Einer jüngsten Repräsentativumfrage zufolge wünschen sich zwei Drittel der Befragten das eigene Zuhause als Sterbeort (DHPV, 2012). Tatsächlich werden Sterbeorte durch soziodemografische Zusammenhänge (Urbanisierungsgrad, Familienstand, Geschlecht) beeinflusst. Das Altenheim ist vorrangig Sterbeort alleinstehender älterer Frauen, während ledige oder verwitwete Männer über 59 Jahren, vor allem in dicht besiedelten Gebieten, eher im Krankenhaus versterben (Ochsmann, Slangen, Feith, Klein & Seibert, 1997). Die Institutionalisierung steht im Zusammenhang mit dem Ausmaß des Hilfe- und Pflegebedarfs der betroffenen Person. Während die Inanspruchnahme von Krankenhausleistungen mit zunehmendem Alter abnimmt, steigen – bezogen auf das letzte Lebensjahr – Anzahl und Dauer von Krankenhausaufenthalten deutlich an.

Erwartungen an die ambulante und stationäre Palliativversorgung sind hoch und beziehen sich auf eine fachlich hochwertige Pflege, soziale Integration, Linderung von Leiden, emotionale Unterstützung bei der Bewältigung psychischer und spiritueller Probleme (WHO, 2002). Vor allem unter ethischen Gesichtspunkten werden zunehmend Ansprüche an die Respektierung subjektiver Wünsche (Lebensqualität) und Willensäußerungen eines Sterbenden erhoben (Kruse, 2007; Remmers, 2005; Schwerdt, 2002).

Zeiterfahrung und Tod – *principium individuationis*

Die These einer Anonymisierung und Leugnung des Todes in modernen Gesellschaften wird seit längerer Zeit kritisch diskutiert.

Ähnlich wie Ariès (1996) in seinen historischen Analysen sieht von Ferber den gesellschaftlichen Umgang mit Sterben und Tod in engem Zusammenhang mit dem dynamischen Spannungsverhältnis von Individuum und Gesellschaft (von Ferber, 1963). Dies vor allem mit Blick auf das Zeitbewusstsein: Das lebensgeschichtlich erwachende Zeitbewusstsein, das Bewusstsein der Endlichkeit eines durch die Zeitpunkte von Geburt und Tod begrenzten Lebens wird als Grundbedingung für die Entwicklung von Individualität angesehen. In der privaten Erfahrung des Todes gründet demnach das *principium individuationis*. Mit dem durch diese Erfahrung sich bildenden Bewusstsein der Zeit entstehe überhaupt erst ein »Freiheitsspielraum der Persönlichkeit« (von Ferber, 1963, S. 354), werde eine sinnhafte Gestaltung individuellen Lebens überhaupt erst möglich.

Unsere moderne »Gesellschaft der Individuen« (Norbert Elias) ist dadurch charakterisiert, dass die Auseinandersetzung mit Sterben und Tod mehr und mehr in der Verantwortung des Einzelnen liegt und verbindliche Modelle, an denen sich Individuen in dieser Auseinandersetzung orientieren könnten, nicht zur Verfügung stehen. Insoweit markiert der »persönliche« Tod eine kritische Grenze seiner Vergesellschaftung, die zugleich eine kritische Grenze der Vergesellschaftung von Individualität ist. Denn eine unbegrenzte Vergesellschaftung würde Individuen jener Freiheitsspielräume berauben, die für ihre Auseinandersetzung mit dem Tod unverzichtbar sind.

Grenzen der gesellschaftlichen Organisation des Umgangs mit Tod und Sterben

Unseren bisherigen Überlegungen nach bedarf es einer gesellschaftlich auszuweitenden *Reflexionskultur*, die ein Bewusstsein der Erfahrungen des Todes als Individuierung fördert. Einem solchen Bewusstsein scheinen jedoch, so die Untersuchungsergebnisse von Nassehi und Weber (1988), Schwierigkeiten zwischenmenschlicher Kommu-

nizierbarkeit entgegen zu stehen. Auch für Nassehi und Weber birgt das in einer existentiellen Zeiterfahrung endlichen Lebens fundierte *memento mori* ein gesellschaftskritisches Potenzial. Es nötigt zu Veränderungen des öffentlichen Umgangs mit Tod und Sterben. Tatsächlich werden inzwischen, als ein Entwicklungsresultat der kulturellen Moderne, moralische Ansprüche des Respekts gegenüber der Bedürftigkeit und den Interessen leidender Menschen als selbstverständlich erachtet. Auch haben sich inzwischen, als Folge eines Einstellungswandels, Organisationsformen der Sterbebegleitung verändert (Heller, Heimerl & Husebü, 2000).

Wenn Nassehi und Weber den gesellschaftlichen Umgang mit Sterben und Tod in modernen Gesellschaften als Verdrängung kennzeichnen, dann ist damit eine soziale Verdrängung als grundlegendes Strukturmerkmal wie auch notwendige Bedingung moderner Gesellschaft gemeint, von der aus die Frage nach den individuellen Möglichkeiten des Umgangs mit Sterben und Tod gestellt wird:

> »[...] nicht Individualisierung, Rationalisierung und wachsende Reflexivität von Normen ist die Basis der Todesverdrängung, sondern die Segmentierung der Gesellschaft in voneinander und vom Menschen relativ unabhängige Funktionsbereiche, deren sinnhaftes Band allein die durch Funktion und Leistung vermittelte, damit rein funktionsspezifische Kommunikation ist. Die menschliche Sinnintegration bleibt davon gänzlich abgekoppelt« (Nassehi & Weber, 1989, S. 274).

Zur Kenntlichmachung der damit verbundenen Kommunikationsschwierigkeiten verwendet Nassehi (2004) den Begriff der »Geschwätzigkeit des Todes«. Eine Kommunikation über den Tod wird aus der von Nassehi vertretenen Perspektive gerade deshalb notwendig, weil dieser an sich der Erfahrung nicht zugängig ist, nicht verstanden werden kann, gleichzeitig aber vor dem Hintergrund des gegebenen Deutungsbedarfs Sicherheit hergestellt werden muss. Gleichwohl könne diese Sicherheit nicht mehr sein als »Simulation von Erfahrung, mit der sich keine Erfahrung machen lässt« (Schaeffer, 2008, S. 87). Aus der Segmentierung moderner Gesellschaften und dem Fehlen integrativer symbolischer Sinnwelten, der sozialen Verdrängung des Todes auf einer gesamtgesellschaftlichen Ebene, folgt nach Nassehi (2004) also, dass Sterben und Tod in alltagsweltlicher systemspezifischer Kommunikation zum Teil gerade nicht verdrängt werden.

Verdrängung des Todes als charakteristisches Merkmal moderner Gesellschaften?

Auf der einen Seite scheint der erstaunliche Zugewinn an gesunden Lebensjahren älterer Menschen im Vergleich mit Gleichaltrigen vor etwa 30 oder 40 Jahren unbewusste Tendenzen der Verleugnung des Todes, »Unsterblichkeitsillusionen« des Menschen (Freud 1915), verfestigt zu haben. Auf der anderen Seite regt sich wachsende Kritik an Verhältnissen eines institutionalisierten Sterbens, an der Inhumanität des Krankenhauses als noch immer häufigstem Sterbeort in Deutschland. Mit »Palliative Care« oder »End of Life Care« entstanden nunmehr Konzepte, mit denen als inakzeptabel empfundenen Formen institutionalisierten Sterbens begegnet werden soll (de Ridder, 2010; Borasio, 2011; Jox, 2011). Wir werden uns damit später genauer befassen.

Unabhängig davon, dass die These einer sozialen Verdrängung von Sterben und Tod durch historische Analysen gestützt und – wie dargestellt – auch als ein notwendiger Aspekt der Entwicklung moderner Gesellschaften angesehen werden kann, finden sich mit Blick auf die Frage, inwieweit die Mitglieder moderner Gesellschaft im Allgemeinen dazu neigen, Ster-

ben und Tod zu verdrängen, durchaus kontroverse Positionen. So weist Feldmann (2010) darauf hin, dass auch dann, wenn der Tod zunehmend zur privaten Angelegenheit geworden ist, in der Öffentlichkeit nie zuvor so differenziert und verantwortungsbewusst über Probleme wie Sterbehilfe, Abtreibung, Krieg, Mord, Todesstrafe oder Suizid diskutiert worden ist, nie eine vergleichbare Anzahl junger Männer Widerstand gegen das Töten im Krieg geleistet hat. Nach Hahn (2001) drängt sich die Allgegenwart des Todes gerade in anarchischen Gesellschaften auf; entsprechend in diesen Gesellschaften für Individuen eine weit höhere Notwendigkeit besteht, den Tod zu verdrängen, als in Gesellschaften, in denen man dem Tod nicht in vergleichbarer Häufigkeit und Aufdringlichkeit begegnet. Verwiesen werden kann in diesem Zusammenhang auch auf die These einer Mediatisierung des Todes, der zufolge Vorstellungen von Sterben und Tod heute weniger auf persönliche Erfahrungen mit Sterbenden oder mit der eigenen *Endlichkeit* und mit eigenen Todesängsten konfrontierende Erlebnisse zurückgehen, sondern vielmehr auf mediale Darstellungen, die zudem formenden Charakter besitzen. Feldmann (2010) verweist darauf, dass infolge massenmedialer Darstellungen Tötungsdelikte im Bewusstsein des modernen Menschen eine bedeutende Rolle spielen, beispielsweise US-Amerikaner im Alter von 16 Jahren im Durchschnitt bereits 18 000 Morde im Fernsehen gesehen haben. Gegen die Verdrängungsthese kann mit Feldmann (2010) schließlich generell eingewendet werden, dass es eine »natürliche« oder anthropologisch fundierte Einstellung zu Sterben und Tod nicht gibt und damit auch ein intra- oder gar interkulturell gültiger Standard, von dem aus Praktiken, Gefühle und Institutionen verbindlich eingeschätzt und eine Verdrängung objektiv bestimmt werden könnten, nicht zu begründen ist.

219

14.3 Unser Verhältnis zum Tod – Ambiguität und Transzendenz

Eigene ärztliche Beobachtungen hat Herbert Plügge (1962) in einer charakteristischen Aussage zusammengefasst: Mit zunehmender Bewusstheit der *Endlichkeit* allen Lebens, vor allem aber in der Gewissheit eigenen manifesten Leidens, begännen Menschen, »ökonomisch« zu leben. Nicht nur, dass sie sich mehr und mehr zurücknehmen, begrenzte Kräfte höchst sparsam einsetzen. Der Terminus verweist vielmehr auch auf einen psychologischen Sachverhalt: eine seelische Kräfteökonomie angesichts einer dem Menschen eigentümlichen Ambiguität in seinem Verhältnis zum Tode.

Auch in den Augen Jean Amérys ist – an Beobachtungen Freuds (1915) anschließend – einerseits der eigene Tod »in seiner totalen Fremdheit und Unfasslichkeit« schlicht undenkbar. Schon aus logischen Gründen lasse »das ›Ich bin‹ [...] kein ›nicht‹ zu.« (Améry, 1968, S. 147). Andererseits sei der Tod »das Wahre, da nur er uns völlig gewiss ist.« (a. a. O., S, 163). Für Améry folgt daraus, dass wir in dieser Ambiguität das Sterben zu lernen haben und mit dem Sterben leben müssen. Ein zentrales Problem lässt sich dabei allerdings nicht übersehen: In seinen phänomenologischen Beobachtungen bleibt Améry in der *unmittelbaren* Gegebenheit einer für sich seienden Person befangen und scheint dadurch die *soziale* Gegebenheit der Person und ihrer Erfahrung zu verfehlen.

Endlichkeit und moderne Subjektphilosophie

Es ist das Verdienst von Paul Landsberg (1935), auf die hier in Frage stehenden Zusammenhänge in seiner Schrift »Die Erfah-

rung des Todes« aus den 1930er Jahren aufmerksam gemacht zu haben. Landsberg schreibt: »Das Bewusstsein vom Tode geht gleichen Schritts mit der menschlichen Individualisierung, [...] dem Auftreten einzigartiger Individualitäten, die sich von einem persönlichen Zentrum her formen« (Landsberg, 1935, S. 39). Er weist darauf hin, dass sich solche historischen Individualisierungsschübe, die stets angesichts einer »Rätselhaftigkeit des Todes« von bis dahin unbekannten Methoden der Selbstreflexion begleitet werden, in zwei großen Wendezeiten Europas finden lassen: in der Spätantike einerseits sowie in der frühen Neuzeit und der Reformation andererseits. Dabei fällt auf, dass neuzeitliche Angstphänomene der Menschen mit Auflösungserscheinungen traditionsbefestigter Sozialformen und staatlicher Organisationsgebilde verknüpft sind. So meldet sich im Stoizismus der Spätantike sowie in den Augustinischen *Confessiones* eine neue Innerlichkeit an, eine existentielle Subjektivierung des Denkens. Dies ist eine Reaktion auf epochale Erfahrungen der Auflösung ehedem haltender Mächte und Lebensformen, auf welche das reflektierende Selbst in einer das Verhältnis von Ich, Du und Welt verflüssigenden, Philosophie und Dichtung verbindenden Sprache reagiert. Und etwa ein Jahrtausend später finden wir in den Dichtungen Petrarcas sehr charakteristische Bewältigungsformen einer als bedrängend erfahrenen *miseria hominis*, die in dieser Weise noch keineswegs Thema klassischen Philosophierens gewesen ist. Diese Erfahrung verdichtet sich zu einer Erkenntnis des Dichters, dass »das Leben kurz und ungewiss ist, die Mühe lang und gewiss, die Arbeit gewaltig, der Ertrag gering!« (Petrarca, 2004, S. 397). Als Antwort empfiehlt Petrarca eine reflektierte, von Leidenschaften und Affekten (Angst, Melancholie) gereinigte Lebensführung. Und dazu gehören die reinigenden Wirkungen eines »beständigen Nachdenkens über den Tod« (Petrarca, 2004, S. 23).

Endlichkeit und existenzielle Teilhabe am Leben des Anderen

Bemerkenswert an der modernen Subjektphilosophie eines auf reine Innerlichkeit zurückgeworfenen Ich ist überdies, dass die Bildung von Individualität aufs Engste mit einer existentiellen Teilhabe am Leben des Anderen in persönlicher Freundschaft und Liebe verklammert ist. Es ist daher für Landsberg erst die Verlusterfahrung eines geliebten Menschen, aus der ein persönliches Verhältnis zum Tode erwächst. Er schreibt: »Ein klares Bewusstsein von der Notwendigkeit des Todes wird aber erst möglich durch die Teilhabe, durch die persönliche Liebe, in der diese Erfahrung von Anfang an beschlossen lag« (Landsberg, 1935, S. 38). Und erläuternd heißt es: »Da

wo in Liebe die Person selbst uns gegeben ist, da allein, aber da mit innerer Notwendigkeit, berühren wir das ontologische Problem ihrer Beziehungen zum Tode« (Landsberg, 1935, S. 35).

Für Landsberg besteht die fundamentale Struktur menschlichen Daseins im Antrieb, sich zu verwirklichen. Die Aktualisierung dieser Grundstruktur des Personseins bedeutet: Bejahung der zu verwirklichenden Einzigartigkeit als Person. Zum Wesen der Person gehört es zum einen, das Leben zu entwerfen. Der Person als *bejahter* wohnt zum anderen auch die Tendenz zur Überschreitung der Grenzen der Zeitlichkeit, mit anderen Worten: die Tendenz zur Hoffnung inne. In diesem Überschreiten der Zeitlichkeit bekundet sich das Bewusstsein einer Nicht-Endgültigkeit des Todes, die allerdings nicht als Schlussfolgerung eine Verewigung des persönlichen Lebens zulässt – ein Gedanke, der Landsberg fremd ist und der Bernard Williams (1973, S. 89 f.) das Schreckbild der Unentrinnbarkeit eines sich in immer gleichen persönlichen Mustern wiederholenden und daher sinnlosen Lebens vor Augen führt.

14.4 Gestaltungsaufgaben der letzten Lebensphase

Wir waren eingangs von der Annahme ausgegangen, dass Gestaltungsmöglichkeiten der letzten Lebensphase auch als Entwicklungsmöglichkeiten der Person in dieser Phase betrachtet werden können. Die entscheidende Frage ist dabei, ob die letzte Lebensphase ausschließlich aus der Perspektive unvermeidlicher (biologischer, sozialer, kognitiver) Verluste wahrgenommen und bewertet wird, oder auch aus einer Perspektive lebensgeschichtlich erworbener Fähigkeiten, mit schwerwiegenden persönlichen Lebensereignissen umzugehen und schließlich auch die Unausweichlichkeit des eige-

nen Todes zu akzeptieren. Letzteres könnte auch als Indiz eines am Ende gelungenen Lebens verstanden werden (Kruse, 2010).

Biografiearbeit als sinnstiftende (Wieder-)Aneignung eigener Lebensgeschichte

In der Tradition des okzidentalen Weltverständnisses bedeutet, ein Individuum zu sein, eine persönliche, einzigartige Biografie zu haben. Kulturanthropologisch gilt uns dies auch als ein Alleinstellungsmerkmal des Menschen. Des Weiteren impliziert »Biografie« ein kreatives Vermögen, im Sinne von Selbstvergewisserung wie im Sinne von Selbsthervorbringung.

Wenn sich Menschen mit Fragen ihrer eigenen Entwicklung, ihrer individuellen Lebensgeschichte beschäftigen, dann reproduzieren sie nicht lediglich Episoden gelebten Lebens, wie diese sich zu einem bestimmten Zeitpunkt ereignet haben. Wie alle Erzählungen zeichnen sich auch persönliche Lebensgeschichten, Identität konstituierende Selbsterzählungen, durch die (Re-)Konstruktion von Ereignissen aus. Welche Bedeutung kann solcher Biografiearbeit im Angesicht eines nahe bevorstehenden Todes zugesprochen werden? Wenn sich jüngere Menschen mit ihrer persönlichen Vergangenheit beschäftigen, dann tun sie dies – anders als ältere Menschen – vor allem, um Lösungen für aktuell anstehende Herausforderungen zu finden und sich über aktuelle Möglichkeiten der Gestaltung ihrer persönlichen Zukunft klar zu werden: Wong und Watt (1991) sprechen in diesem Zusammenhang von instrumenteller Reminiszenz. Dagegen findet sich bei älteren Menschen vergleichsweise häufiger eine »integrative Reminiszenz«, die den Ergebnissen von Wong und Watt zufolge im Alter – anders als in früheren Lebensabschnitten – positiv mit Lebenszufriedenheit korreliert.

Erikson (1950) spricht in diesem Zusammenhang von der Herstellung von »Ich-Integrität« im Lebensrückblick als einer Leistung, die durch Veränderungen in der Situiertheit des Menschen im Alter angestoßen und notwendig wird. Das Erreichen von »Ich-Integrität« erscheint hier als Endpunkt einer erfolgreichen Persönlichkeitsentwicklung, der lebenslangen Entwicklung von Ich-Identität. Letztere kennzeichnet Erikson als im Laufe des Lebens wachsende Fähigkeit, sich trotz ständiger Veränderungen sowohl als in Übereinstimmung mit einem früheren Selbst als auch in Über-

einstimmung mit dem Bild, das sich andere von einem machen, zu erleben. Die Möglichkeit der Herstellung oder Aufrechterhaltung von Kontinuität wird – wie in vielen aktuellen Theorien lebenslanger Persönlichkeitsentwicklung – als eine zentrale Voraussetzung für Zufriedenheit und subjektives Wohlbefinden angesehen.

Die individuellen Lösungen der für das hohe Alter charakteristischen Krise lassen sich nach Erikson auf einem durch die Pole *Integrität vs. Verzweiflung* gekennzeichneten Kontinuum anordnen. Den positiven, für die Entwicklung zu einer »voll funktionsfähigen Persönlichkeit« stehenden Pol charakterisiert Erikson als »Annahme seines einen und einzigen Lebenszyklus und der Menschen, die in ihm notwendig da sein mussten und durch keine anderen ersetzt werden können« und »Bejahung der Tatsache, dass man für sein eigenes Leben allein verantwortlich ist«, den negativen Pol dagegen wie folgt:

> » [...] der eine und einzige Lebenszyklus wird nicht als das Leben schlechthin bejaht; in der Verzweiflung drückt sich das Gefühl aus, dass die Zeit ... zu kurz ist für den Versuch, ... andere Wege zur Integrität einzuschlagen. Eine solche Verzweiflung versteckt sich oft hinter einer Kulisse von Ekel, Lebensüberdruss oder einer chronischen Verächtlichmachung bestimmter Institutionen oder bestimmter Leute – eine Kritik, die, wenn sie nicht mit konstruktiven Ideen und der Bereitschaft zum Mitwirken verbunden ist, nur die Selbstverachtung des Individuums ausdrückt« (Erikson, 1973, S. 118 f.).

Wenn man Ich-Identität im Sinne einer individuellen Leistung auffasst, die darin zum Ausdruck kommt, dass die eigene Entwicklung als kontinuierlich und in sich stimmig erfahren wird, dann liegt es nahe, anzunehmen, dass Menschen grundsätzlich eine Vielzahl von Optionen der Realitätskonstruktion zur Verfügung steht (Gergen, 1994). Zum einen besteht die Möglichkeit, unterschiedliche Ereignisse und Entwicklung als jeweils »relevant« oder »unbedeutend« zu interpretieren, zum anderen können Ereignisse und Entwicklungen entweder an bestehende Sichtweisen der eigenen Person angepasst werden oder zum Anlass für eine Veränderung des Selbstverständnisses genommen werden.

Die von Tornstam (1989) vorgeschlagene Theorie der Gerotranszendenz geht über das im Ansatz von Erikson vertretene Verständnis der Identitätsentwicklung insofern hinaus, als sie Veränderungen auf einer kosmischen Ebene, einer Ebene des Selbst sowie einer Ebene sozialer Beziehungen differenziert. Auf der kosmischen Ebene geht die Theorie von einem veränderten Weltverständnis aus, das sich unter anderem in einer stärkeren Integration von Vergangenheit, Gegenwart und Zukunft, einer als intensiver empfundenen Verbundenheit mit nachfolgenden Generationen, verminderter Todesfurcht, größerer Empfänglichkeit für vermeintlich Bedeutungsloses und einer allgemein erhöhten Akzeptanz der mystischen Dimension des Lebens zeigt. Auf der Ebene des Selbst können der Theorie zufolge neue Aspekte der eigenen Person entdeckt, stärker altruistische Einstellungen entwickelt, eigene Körperlichkeit transzendiert, persönliche Wurzeln in der Kindheit wiederentdeckt und die eigene Entwicklung in stärkerem Maße als kontinuierlich und in sich stimmig erlebt werden. Veränderungen auf der Ebene sozialer Beziehungen sind vor allem durch eine zunehmende Selektivität gekennzeichnet: Emotional bedeutsame Beziehungen werden wichtiger, auf oberflächliche Beziehungen wird eher verzichtet. Des Weiteren finden sich hier ein vertieftes Verständnis der Differenz zwischen Selbst und Rolle, ein moderner Asketismus, der durch eine bewusste Relativität materieller Werte gekennzeichnet ist, sowie reifere Urteile in Fragen des täglichen Lebens, wie sie in psychologischen Weisheitstheorien beschrieben werden.

Inwieweit die Herstellung von Ich-Integrität oder Gerotranszendenz im Alter gelingt, ist nicht zuletzt vom sozialen Umfeld abhängig. Ich-Integrität oder Gerotranszendenz werden nur selten erreicht werden, wenn sich zentrale Bezugspersonen an einseitig negativ akzentuierten Altersbildern orientieren, individuelle Bemühungen um Sinnfindung als »Selbstbezogenheit« oder übertriebene »Vergangenheitsorientierung« zurückweisen oder das Bedürfnis, über das Alter(n), soziale Rollen und eigene Entwicklung zu reflektieren, ignorieren (Schmitt, 2012).

Es gehört wohl zu den bedrückendsten Erfahrungen, dass der Eintritt eines Sterbeereignisses unter bestimmten lebensgeschichtlichen zeitlichen Umständen, gemessen am Normal-Lebenslauf, eine Biografie sogar verunmöglichen kann. Ein Außenstehender wird dies schwerlich ermessen können. Bei der Frage, wie sich im Bewusstsein des nahen Todes Biografiearbeit, also die sinnstiftende Wieder-Aneignung eigener Lebensgeschichte *gestalten* lassen könne, werden vermutlich zwei perspektivische Einstellungen eine zentrale Rolle spielen:

Zunächst ist zu vermuten, dass der Stellenwert einer terminalen Erkrankung innerhalb der persönlichen Lebensgeschichte zurücktritt hinter Fragen der Sinnhaftigkeit des bisherigen und noch verbleibenden Lebens. Solche Fragen können zum einen im Bewertungshorizont lebensgeschichtlich bedeutsamer Anliegen beantwortet werden: Welche als wichtig erachteten Aufgaben konnten erfüllt werden? Worauf wurde verzichtet? Und: Was wurde versäumt? – Fragen, die auch bei Kübler-Ross (1983, S. 150 ff.) angesprochen sind. Eine in diesem Bewertungshorizont vorgenommene Bilanzierung hat Endgültigkeitscharakter. Sie kann passivierend wirken. Sie kann eine biografische Bedeutungszuschreibung zur Gegenwärtigkeit des Todes vereiteln; möglicherweise bei allen Beteiligten ein Gefühl der Hilflosigkeit aufkommen lassen.

Die persönliche, biografisch erinnernde Reflexion eigener Lebensgeschichte lässt aber noch eine andere Bewertungsperspektive zu. Im Vordergrund werden dabei Überlegungen stehen, was auf der Wegstrecke gelebten Lebens für die Vorbereitung auf den eigenen Tod geleistet worden ist (Kruse, 2013a). Und das ist nicht nur eine Frage des Ausgleichs von Gemütskräften, der »Ausgewogenheit zwischen Festhalten und Kämpfen einerseits und Loslassen andererseits« (Tugendhat, 2006, S. 55); nicht nur eine Frage der Gelassenheit, die eigentlich, soll sie nicht zur Gleichgültigkeit führen, als eine »Grenzmöglichkeit« verstanden werden muss. Es ist vielmehr eine Frage von Aktivitäten und Tätigkeiten, kraft derer persönlich sinnerfüllende Güter geschaffen wurden: Sinn verstanden als eine soziale, auf Gegenseitigkeit beruhende Kategorie erfüllten Lebens. In dieser Perspektive spielen die im Geflecht lebensgeschichtlicher Ereignisse gebildeten Einstellungen, Präferenzen und Orientierungen eine besondere Rolle, denn sie sind in einer situativ aktualisierbaren Konfiguration hochbedeutsam für die Gestaltung der letzten Lebensphase. Sie eröffnen einen Horizont, in dem selbst der schwer leidende, sterbende Mensch *als Autor* auch der letzten Phase seiner individuellen Lebensgeschichte bejaht und dergestalt in seiner Einzigartigkeit und Würde bestätigt wird (Ganzini, Goy & Dobscha, 2009).

Selbst im Falle starker funktioneller oder kognitiv bedingter Einschränkungen der Leistungsfähigkeit ist in vielen Fällen davon auszugehen, dass auch von sterbenden Menschen persönliche Lebensziele, Werte, Motive aktualisiert und verwirklicht werden können. Diese Aussage gilt ausdrücklich auch für Menschen, die unter einer Demenzerkrankung leiden. Auch in späteren Phasen der Erkrankung, bei einer deutlich verringerten Kohärenz des Selbst sind immer noch *Reste des Selbst* (Kruse, 2013b) erkennbar, Teile der Personalität, die in früheren Lebensaltern zentral für das Individuum waren, Daseinsthemen, die dessen Er-

leben früher bestimmt haben. Dies ist zum Beispiel der Fall, wenn ein demenzkranker Mensch auf bestimmte Stimulationen und Aktivationen, die Bezüge zu seiner Biografie erkennen lassen, in unverändert positiver Weise reagiert, oder wenn in sensibel geführten biografischen Interviews mehr und mehr Erinnerungen an bedeutsame Lebensstationen, an bedeutsame Daseinsthemen evoziert werden können, die mit positiven Emotionen und Affekten einhergehen. Die leibliche Erinnerung an bestimmte Orte (mit hoher biografischer Prägung) lässt sich auch in späteren Krankheitsstadien nachweisen, sofern sich die Betreuung und Begleitung demenzkranker Menschen von dem Grundsatz kontinuierlicher Stimulation und Aktivation mit intensiven Bezügen zur Biografie leiten lässt. Wenn sie in einer Umwelt leben, die die Erhaltung der Ich-Du-Relation zu einer zentralen Komponente der Stimulation und Aktivation macht, können demenzkranke Menschen bis in die späten Stadien der Erkrankung spüren, ob sie es sind, die eine Handlung ausführen, oder das Gegenüber, und so basale Formen der Selbstverantwortung verwirklichen (Kruse, 2013b).

Der Respekt vor der Autonomie am Lebensende gebietet es, ungeachtet des tatsächlich noch vorhandenen Ausdrucks- und Mitteilungsvermögens allgemeine Wünsche zu erfüllen, zu denen elementar Schmerzfreiheit, Kontinuität menschlicher Kontakte und Zuverlässigkeit gehören (Kruse, 2007).

Probleme einer »konditionalen Gesteuertheit« der Versorgung sterbender Menschen

Wenn es Menschen gelingt, in der Reflexion eigenen Lebens für sie zentrale Lebensziele, Werte und Motive zu aktualisieren und auf dieser Grundlage die verbleibende Lebenszeit als eine selbstverantwortlich zu gestaltende wahrzunehmen, dann dürfte nicht nur eine Begrenzung, sondern auch eine Durchbrechung der gerade für die terminale Phase einer schweren Erkrankung charakteristischen Phänomene einer »konditionalen Gesteuertheit« erwartet werden. Vor allem im stationären Bereich akutmedizinischer Versorgung sterbender Menschen ist die Betreuung und Versorgung noch häufig durch standardisierte Maßnahmen und Abläufe charakterisiert, die der Heteroge-

nität individueller Bedürfnisse, Anliegen und Präferenzen nicht gerecht werden, eine selbstverantwortliche Gestaltung der verbleibenden Lebenszeit unmöglich machen, indem sie die Möglichkeiten der Erkrankten, die eigene Situation zu verstehen und Einfluss auf diese zu nehmen, auf ein Minimum beschränken, weil sie sich mit Wahrnehmungsmustern und Handlungsschemata professioneller Akteure schwer vereinbaren lassen (Schütze, 1981).

14.5 End of Life Care: konzeptionelle und organisatorische Aspekte

Definitionsgemäß versteht sich »End of Life Care« als ein Versorgungsansatz, der Menschen dabei unterstützen soll, das unausweichliche Ende ihres Lebens psychisch-emotional verarbeiten und sinnvoll gestalten zu können. End of Life Care schließt palliative (medizinische, pflegerische, physiotherapeutische, psychotherapeutische, seelsorgerliche oder auch spirituelle) Unterstützungsmaßnahmen für Menschen mit schwerem und schwerstem Leiden ein, bei denen kurative Methoden definitiv an Grenzen gestoßen sind. In gewissem Umfang ist Palliative Care inzwischen als sozialrechtlicher Leistungsanspruch verankert.

Auf medizinischer sowie pflegerischer Interventionsebene konnten palliative Angebote und Methoden inzwischen verbessert werden: zum einen zur Kontrolle bzw. Dämpfung schwerwiegender symptomatischer Beschwerden und Probleme, welche ursächlich nicht beseitigt werden können. Zukünftige wissenschaftliche Herausforderungen bestehen in der Entwicklung qualitativ hochwertiger, evidenzbasierter Interventionsstandards und Interventionsprogramme. Weitere Gestaltungsaufgaben sind auf organisatorischer Ebene angesiedelt

und verlangen ein stark enthierarchisiertes Zusammenwirken aller beteiligter Professionen und Disziplinen (Borasio, 2011). Die organisatorische Umsetzung von Palliative-Care-Konzepten ist gegenwärtig unzureichend (mangelnde Kooperation, Qualifizierung, Koordinierung und Kommunikation) und erheblich verbesserungsbedürftig (Pinkert et al., 2011). Hierarchisch strukturierte Teams in onkologischen bzw. palliativstationären Einrichtungen bergen ein höheres Konflikt- und Stresspotenzial (gemessen an körperlichen und nervösen Beschwerden, psychischer Erschöpfung und Müdigkeit) als die eher flachen Hierarchien in einem Hospiz (Schröder et al., 2003).

Arbeitskulturelle Aspekte der Organisation von End of Life Care

Wie eine den Bedürfnissen schwer leidender, sterbender Menschen angemessene Fürsorge zu gestalten ist, ist eine Frage, die auf Grund spezifischer Interferenzen zwischen motivational-emotionalen Antriebsressourcen der Betreuer sowie organisationalen Bedingungen ihres beruflichen Engagements zu beantworten ist. Bekanntermaßen bestimmen Arbeits- und Organisationsbedingungen das Beschwerdeerleben professioneller Helfer erheblich. So konnte im Kontext des Palliativbereichs nachgewiesen werden, dass ein positives Betriebsklima, ein fürsorgliches Verhalten seitens der Einrichtung in Bezug auf das Wohlergehen der Mitarbeiter sowie die offene Bewältigung von Spannungen und Konflikten im Team mit sinkenden psychischen Belastungen einhergeht (Schröder et al., 2003). Unter arbeitskulturellen Aspekten ist besonders interessant, dass Fachkräfte mit religiösen Bindungen oder längerer Berufserfahrung weniger angstinduzierten Stress erleben und ein geringeres emotionales Erschöpfungs- und Burnout-Risiko haben. Dieses Risiko ergibt sich nicht automatisch aus einer gehäuften Konfrontation mit Leiden und Sterben. Vielmehr spielen Familienmitglieder oder Freunde als individuelle Bewältigungsressource eine wichtige Rolle. Institutionell »gelebte« Palliative-Care-Philosophien wirken sich motivationsfördernd und günstig auf das persönliche Bewältigungsverhalten von Mitarbeitern aus. Das Zusammenspiel guter Arbeitsbedingungen und persönlich engagierter Haltungen wirkt sich dabei im Hospiz-Bereich günstiger auf das Bewältigungsverhalten der Mitarbeiter aus als auf Palliativstationen. Möglicherweise können Verhaltenseinstellungen von Mitarbeitern sogar das Bewältigungsverhalten Schwerstkranker positiv beeinflussen.

Die dauerhafte Aufrechterhaltung beruflicher Motive und persönlichen Engagements ist auch von organisatorischen Bedingungen beruflicher Arbeit abhängig, des Weiteren von gesellschaftlicher Anerkennung und übergreifenden Sinnbezügen. Aber auch ein durch intensiven Personenkontakt mit niedrigen Intimitätsschwellen gekennzeichneter Bereich sozialen Handelns wie Palliative Care scheint vor Tendenzen von Rationalisierung und Bürokratisierung nicht sicher geschützt zu sein. Ferner zeichnen sich Trends ab, die darauf schließen lassen, dass das inzwischen eigenständig ausdifferenzierte Fachgebiet Palliativmedizin mehr und mehr durch andere fest etablierte Disziplinen wie die Onkologie oder die Anästhesie vereinnahmt werden könnte (Borasio, 2011; Jox, 2011). Auch deshalb werden originäre Aufgaben einer End of Life Care deutlich zu akzentuieren sein. Dazu gehören Konzepte, in denen neben typischen Herausforderungen wie insbesondere des Symptommanagements vielfältige Aspekte des individuellen und gesellschaftlichen, teils professionell unterstützten Umgangs mit dem Tod eine zentrale Rolle spielen. Dazu gehören in besonderer Weise Hilfen der kognitiven und psychoemotionalen Auseinandersetzung mit dem herannahenden Tod und der sozialen Gestaltung der letzten Lebensphase, die eine stärkere Unabhängigkeit gegenüber Trends zunehmender Medikalisierung von Palliative Care deutlich machen (Ewers, 2005).

14.6 Dilemmata von End of Life Care im modernen Medizinsystem

Borasio (2011) hat jüngst die interessante, gesundheits- und professionspolitisch gewiss auch provozierende These vertreten, dass die Palliativmedizin nicht nur die größ-

te Schnittmenge mit der (im Kanon der universitären medizinischen Disziplinen weniger prominent angesiedelten) Allgemeinmedizin besitze. Seiner Auffassung nach sei

Palliativmedizin eigentlich nichts anderes als »hochspezialisierte Allgemeinmedizin am Lebensende«. Begründet werden könnte diese Ansicht damit, dass der fachliche und praktische Zuschnitt der Allgemeinmedizin auf einer naturgemäß größeren, sich möglicherweise über längere Lebensabschnitte des Patienten ausdehnenden klinischen Erfahrungsbreite und Tiefendimension des hausärztlichen Patientenkontaktes beruht. Nicht verkannt werden darf dabei allerdings ein seit Jahrzehnten sich abzeichnender »Niedergang der Allgemeinmedizin«, der sich inzwischen jedoch aus Gründen unübersehbarer infrastruktureller Versorgungsprobleme sowie kostenökonomischer Erwägungen umzukehren scheint. Träfe diese Trendwende zu, so würden sich daraus Möglichkeiten einer arbeitsteilig neu zu definierenden engen Zusammenarbeit mit Pflegefachkräften ergeben – und zwar in den Bereichen, in denen eher eine Dämpfung, eine Zurücknahme medizinischer »Heilsversprechen« angesichts nicht mehr zu dementierender *Endlichkeit* menschlichen Leben angezeigt ist.

End of Life Care schließt selbstverständlich das medizinisch-pflegerische Spektrum biochemisch-pharmakologischer sowie technischer Instrumentarien, beispielsweise der Symptomkontrolle bei schwerem Leiden, ein. Gelegentlich allerdings deuten sich Vereinseitigungen auf dieses Aufgabenspektrum an, die problematisch sind. Sie können zum einen als Versuche gedeutet werden, dem Bewusstsein der Endlichkeit allen Lebens zu entfliehen, zum anderen als ein Wunsch, sich mit authentischen Bedürfnissen und existenziellen Nöten von Menschen am Lebensende lediglich fachlich vereinseitigt auseinandersetzen zu wollen (Borasio, 2011). Es ist nicht von der Hand zu weisen, dass solche Verengungen möglicherweise dem Druck von Versprechungen einer alle Poren des Gesundheitssystems durchdringenden Hochleistungsmedizin geschuldet sind.

Von ganz anderem Kaliber jedoch sind Fragen, wie es um die soziokulturellen Kontextbedingungen des Todes in der Moderne überhaupt steht, welche Zuwendung Gebrechliche, Pflegebedürftige und Sterbende überhaupt noch erwarten dürfen angesichts einer um sich greifenden »Verkultung der Alterslosigkeit« (de Ridder, 2010, S. 281). Ist es überhaupt möglich, eine »neue Sterbekultur in Zeiten der Hochleistungsmedizin« zu etablieren? Einer ihrer vehementesten Vertreter kommt zu folgender Diagnose: Die Ausbreitung einer dem ureigensten ärztlichen Auftrag geschuldeten End of Life Care scheitere an genau jenen Voraussetzungen des Medizinsystems, welche ihr im Zeichen einer kollektiven Verdrängung der *Endlichkeit* menschlichen Lebens zu jener unerfindlichen Anerkennung als Heilsmacht sui generis verholfen haben. De Ridder konstatiert, »dass der klassische, von der Gesellschaft der Medizin übertragene Auftrag, Leiden zu lindern, Krankheiten zu heilen, einen vorzeitigen Tod zu verhindern und das Sterben zu erleichtern, zusehends verblasst angesichts der Sirenengesänge einer Zukunftsmedizin, deren ebenso betörende wie machtvolle Verheißungen das Wissen um unsere Sterblichkeit in noch größere Entfernung zu uns selbst zu bringen drohen, ohne dass wir auch nur ahnen, wie dies unser Wesen und Dasein verändern könnte« (de Ridder, 2010, S. 280).

Eine Schlussfolgerung dieser Diagnose könnte lauten, das Verständnis von End of Life Care in der Weise zu erweitern, dass es eine gemeinsame Reflexion jener kulturellen Grundlagen einschließt, die es erlauben, das unausweichliche Ende eigenen Lebens vorwegnehmend als eine Gestaltungsmöglichkeit und eine Gestaltungsaufgabe zu betrachten. Diesem Anspruch nach werden im Persönlichkeitssystem lebensgeschichtlich verankerte Einstellungen und Haltungen daraufhin zu prüfen sein, inwieweit sie sich möglicherweise als Selbsttäuschungen erweisen oder inwieweit sie produktiv zur

Verarbeitung dieser Grenzerfahrung beitragen können.

Schließlich dürfte im Konzept von End of Life Care die Frage des Eintritts der Sterbephase von großer Bedeutung sein. Diese Frage ließe sich mit zwei Argumenten beantworten: Das Sterben kann nicht allein als ein nach streng physiologischen Kriterien zu beurteilender Prozess begriffen werden, beispielsweise als das allmählich oder auch in Form einer Kaskade sich abspielende Versagen immer mehr lebenswichtiger Organfunktionen (Borasio, 2011). Das Sterben *einer Person* muss ebenso als ein oftmals allmählicher (zum Teil sogar individuell gewollter) geistig-seelischer Rückzug verstanden werden; als ein innerer Abschied von dem, was bisher als selbstverständlich, für das persönliche Leben als unverzichtbar, als einzig sinnstiftend galt. Ein wohlverstandenes Konzept von End of Life Care wird begrifflich zwar am Sterbeprozess ansetzen müssen. Konzeptionell und empirisch stellt sich gleichwohl mit Blick auf dann noch erwünschte Entwicklungs- und Gestaltungsaufgaben die Aufgabe, den Sterbeprozess als einen langsamen, innerseelischen und daher grundlegenden Wandel in der Lebenseinstellung zu thematisieren und zu analysieren.

14.6 Ausblick

Das Alter ist, wie die anderen Lebensphasen auch, aus der Integration zweier Perspektiven zu betrachten: der *Potenzialperspektive* einerseits, der *Verletzlichkeitsperspektive* andererseits. Zu fragen ist sowohl nach den Stärken, Entwicklungs- und positiven Veränderungsmöglichkeiten als auch nach der Verletzlichkeit, wobei sich die Verletzlichkeit in körperlicher und kognitiver, in sozialer und finanzieller Hinsicht zeigen kann.

In der Wahrnehmung und Ansprache schwerkranker, pflegebedürftiger und sterbender Menschen dominieren immer noch die gesundheitlichen Verluste und Funktionseinbußen; die Pflege sieht sich einem Verständnis ihres professionellen Handelns ausgesetzt, das dieses zumeist auf ein enges Spektrum körperorientierter Pflegehandlungen begrenzt. Dies entspricht jedoch nicht den Potenzialen der Pflege, zu denen zu rechnen sind: 1) die ganzheitliche, also die körperliche, die alltagspraktische, die sozialkommunikative, die emotionale, die motivationale, die kognitive und die existenzielle Dimension des Individuums ansprechende Orientierung; 2) die rehabilitative, also auf die Stärkung, die Wiederherstellung und die gezielte Kompensation einzelner Fähigkeiten, Fertigkeiten und Funktionen gerichtete Orientierung; 3) die verarbeitungsbezogene, also auf die Unterstützung bei der kognitiv-emotionalen Verarbeitung eingetretener Verluste und bei der Entwicklung einer veränderten Zukunfts- und Lebensperspektive zielende Orientierung; 4) die Biografie- und Teilhabeorientierung als umfassender Kontext, in den alle Pflegehandlungen gestellt sind (Kruse, 2013c).

Die Versorgung sterbender Menschen im hohen und höchsten Lebensalter stellt eine wachsende Herausforderung ambulanter und stationärer Einrichtungen der Alten- und Krankenpflege wie auch der im ambulanten und stationären Bereich spezialisierten palliativen Versorgungsdienste dar. Dieses Thema gewinnt zunehmend an Aktualität, da durch den Einsatz *intensivmedizinischer Maßnahmen* jene Schwerstkranken, die in vergangenen Jahrzehnten die bestehende Krankheit nicht überlebt hätten, nun über Monate oder Jahre mit der Krankheit leben können, wobei allerdings auch das Risiko gegeben ist, dass die Patienten viele Monate, wenn nicht sogar Jahre schwerste körperliche und psychische Symptome wie auch stark ausgeprägte funktionelle Einschränkungen verarbeiten müssen – und dabei auf medizinische und umfassende pflegerische Hilfe angewiesen sind. Dieses Thema gewinnt aber noch aus anderen Gründen an Aktualität: Die Familien können vielfach die Versorgung schwerstkranker und sterbender Menschen nicht leisten – sei es, weil aufgrund der *gestiegenen Erwerbstätigkeit* von Frauen in der Lebensmitte potenzielle pflegerische Ressourcen nicht mehr vorhanden sind, oder sei es, weil die Familien aufgrund gewachse-

ner räumlicher Mobilität zunehmend *multilokale Wohnformen* zeigen, die instrumentelle Unterstützung in Notfällen erschweren. Und schließlich ist durch gesundheitsökonomische sowie versorgungspolitische Entscheidungen ein weiteres Problem gegeben: Die palliative Versorgung wird sich voraussichtlich mehr und mehr von der Klinik in pflegerische Einrichtungen verlagern. Entsprechend wird die Bedeutung professioneller Pflege, sowohl im stationären als auch im ambulanten Sektor, wachsen, um eine bedarfsgerechte, an den Bedürfnissen älterer Menschen und ihren Vorstellungen von Lebensqualität orientierte Betreuung am Lebensende zu gewährleisten. Dabei gilt es die seit gut einem Jahrhundert sich drastisch verändernden Sterbeorte als strukturelle Bedingungen palliativer Versorgung analytisch genauer in den Blick zu nehmen.

Literatur

Améry, J. ([1968] 2005). Über das Altern. Revolte und Resignation. In J. Améry, *Werke, Bd. 3* (S. 7–171). Stuttgart: Klett-Cotta.

Ariès, Ph. (1996). *Geschichte des Todes*. Darmstadt: Wissenschaftliche Buchgesellschaft.

Borasio, G. D. (2011). *Über das Sterben*. München: C. H. Beck.

DHPV (Deutscher Hospiz- und PalliativVerband) (2012). *Ergebnisse einer repräsentativen Bevölkerungsbefragung zum Thema »Sterben in Deutschland – Wissen und Einstellungen zum Sterben.* http://www.dhpv.de/tl_files/public/¬ Ueber%20Uns/Forschungsprojekte/201208_¬ Bevoelkerungs-umfrage_DHPV_Grafiken.¬ pdf (21.11.2013).

de Ridder, M. (2010). *Wie wollen wir sterben? Ein ärztliches Plädoyer für eine neue Sterbekultur in Zeiten der Hochleistungsmedizin.* München: Deutsche Verlagsanstalt.

Elias, N. (1982). *Über die Einsamkeit der Sterbenden in unseren Tagen*. Frankfurt am Main: Suhrkamp.

Erikson, E. H. (1950). *Childhood and society*. New York: Norton.

Erikson, E. H. (1973). *Identität und Lebenszyklus*. Frankfurt am Main: Suhrkamp.

Ewers, M. (2005). End of Life und Public Health – Konsens und Kontroversen. In M. Ewers & D. Schaeffer (Hrsg.), *Am Ende des Lebens. Versorgung und Pflege von Menschen in der letzten Lebensphase* (S. 47–51). Bern: Huber.

Feldmann, K. (2010). *Tod und Gesellschaft. Sozialwissenschaftliche Thanatologie im Überblick*. Wiesbaden: VS Verlag für Sozialwissenschaften.

Ferber, Chr. v. (1963). Soziologische Aspekte des Todes. Ein Versuch über einige Beziehungen der Soziologie zur Philosophischen Anthropologie. *Zeitschrift für evangelische Ethik*, 7, 338–360.

Freud, S. ([1915] 1974). Zeitgemäßes über Krieg und Tod. In S. Freud, *Studienausgabe, Bd. IX* (S. 33–60). Frankfurt am Main: Fischer.

Ganzini, L., Goy, E. R. & Dobscha, S. K. (2009). Oregonians' Reasons for Requesting Physicians Aid in Dying. *Arch Intern Med*, 169, 489–492.

Gergen, K. J. (1994). Mind, text and society: self memory in social context. In U. Neisser & R. Fivush (Eds.), *The remembering self* (pp. 82–101). New York: Cambridge University Press.

Hahn, A. (2001). Tod, Sterben, Jenseits- und Höllenvorstellungen in soziologischer Perspektive. In A. Hahn (Hrsg.), *Konstruktionen des Selbst, der Welt und der Geschichte* (S. 119–196). Frankfurt am Main: Suhrkamp.

Heller, A., Heimerl, K., Husebü, S. (Hrsg.) (2000). *Wenn nichts mehr zu machen ist, ist noch viel zu tun. Wie alte Menschen würdig sterben können.* Freiburg: Lambertus

Jox, R. J. (2011). *Sterben lassen. Über Entscheidungen am Lebensende.* Hamburg: Edition Körber-Stiftung.

Kruse, A. (2007). *Das letzte Lebensjahr. Zur körperlichen, psychischen und sozialen Situation des alten Menschen am Ende seines Lebens.* Stuttgart: Kohlhammer.

Kruse, A. (2010). Der Respekt vor der Würde des Menschen am Ende seines Lebens. In T. Fuchs, A. Kruse & G. Schwarzkopf (Hrsg.), *Menschenbild und Menschenwürde am Ende des Lebens* (S. 27–55). Heidelberg: Universitätsverlag Winter.

Kruse, A. (2013a). *Die Grenzgänge des Johann Sebastian Bach. Psychologische Einblicke.* Heidelberg: Springer Spektrum.

Kruse, A. (2013b). Die ›Reste des Selbst‹ in den späten Phasen der Demenz – basale Prozesse der Selbstaktualisierung und der Selbstverantwortung. In A. v. Poser, T. Fuchs & J. Wassmann (Hrsg.), *Formen menschlicher Personalität. Eine interdisziplinäre Gegenüberstellung* (S. 145–170). Heidelberg: Universitätsverlag Winter.

Kruse, A. (2013c). *Belastungsszenario Alter? Ein Gegenentwurf.* Freiburg: Lambertus.

Kübler-Ross, E. (1983). *Interviews mit Sterbenden.* 10. Auflage, Gütersloh: Gütersloher Verlagshaus Mohn.

Landsberg, P. L. (1935). *Die Erfahrung des Todes.* Berlin: Matthes & Seitz.

Nassehi, A. (2004). »Worüber man nicht sprechen kann, darüber muss man schweigen.« Über die Geschwätzigkeit des Todes in unserer Zeit. In K. P. Liessmann (Hrsg.), *Ruhm, Tod, Unsterblichkeit* (S. 118–145). Wien: Zsolnay.

Nassehi, A. & Weber, G. (1988). Verdrängung des Todes – Kulturkritisches Vorurteil oder Strukturmerkmal moderner Gesellschaften. Systemtheoretische und wissenssoziologische Überlegungen. *Soziale Welt, 39,* 377–396.

Nassehi, A., Weber, G. (1989). *Tod, Modernität und Gesellschaft.* Westdeutscher Verlag.

Ochsmann R., Slangen, K., Feith, G., Klein, T. & Seibert, A. (1997). Sterbeorte in Rheinland-Pfalz: Zur Demographie des Todes. *Beiträge zur Thanatologie, 8.* Mainz: Johannes-Gutenberg-Universität.

Petrarca, F. (2004). *Secretum meum.* Mainz: Dieterich.

Pinkert, Chr., Busch, J., Hardinghaus, W. & Remmers, H. (2011). Empirische Fundierung und Entwicklung eines Konzepts zur Optimierung regionaler Palliativversorgung. In H. Remmers (Hrsg.), *Pflegewissenschaft im interdisziplinären Dialog. Eine Forschungsbilanz.* Bd. 1 der Schriftenreihe Pflegewissenschaft und Pflegebildung (S. 277–313). Göttingen, Osnabrück: Vandenhoeck & Ruprecht unipress, Universitätsverlag Osnabrück.

Plügge, H. (1962). *Wohlbefinden und Mißbefinden. Beiträge zu einer medizinischen Anthropologie.* Tübingen: Niemeyer.

Remmers, H. (2005). Der eigene Tod. Zur Geschichte und Ethik des Sterbens. In A. Brüning, G. Piechotta (Hrsg.), Die Zeit des Sterbens. Diskussionen über das Lebensende des Menschen in der Gesellschaft. Theorie-Praxis-Innovation. *Berliner Beiträge zur Sozialen Arbeit und Pflege, Bd. 2,* S. 148–181.

Schaeffer, A. (2008). *Menschenwürdiges Sterben – Funktional differenzierte Todesbilder.* Berlin: LIT Verlag.

Schmitt, E. (2012). Altersbilder, Altern und Verletzlichkeit. In A. Kruse, T. Rentsch, H.-P. Zimmermann (Hrsg.), *Gutes Leben im hohen Alter. Das Altern in seinen Entwicklungsmöglichkeiten und Entwicklungsgrenzen verstehen* (S. 3–32). Heidelberg: Akademische Verlagsgesellschaft.

Schröder, H., Schröder, Chr., Förster, F. & Bänsch, A. (2003). *Palliativstationen und Hospize in Deutschland. Belastungserleben, Bewältigungspotential und Religiosität der Pflegenden.* Wuppertal: Schriftenreihe der Bundesarbeitsgemeinschaft Hospiz e. V., Bd. IV.

Schütze, F. (1981). Prozessstrukturen des Lebensablaufs. In J. Matthes, A. Pfeifenberger, M. Stosberg, (Hrsg.), *Biographie in handlungswissenschaftlicher Perspektive* (S. 67–156). Nürnberg: Sozialwissenschaftliches Forschungszentrum der Universität Erlangen-Nürnberg.

Schwerdt, R. (2002). *Gute Pflege. Pflege in der Beurteilung von Menschen mit Pflegebedarf.* Stuttgart: Kohlhammer.

Tornstam, L. (1989). Gero-transcendence: A meta-theoretical re-formulation of the Disengagement Theory. *Aging, 1,* 55–63.

Tugendhat, E. (2006). *Über den Tod*. Frankfurt am Main: Suhrkamp.

WHO (2002). *National cancer control programmes: policies and managerial guidelines*. Geneva: World Health Organization.

Williams, B. (1973). The Makropulos case: reflexions on the tedium of immortality. In B. Williams, *Problems of the Self* (pp. 82–100). Cambridge: University Press.

Wong, P. T., Watt, L. M. (1991). What types of reminiscence are associated with successful aging? *Psychology and Aging, 6*, 272–279.

III Variationen von Gesamtsichtweisen des Lebenslaufs

IIIa Sozialkulturelle Kontexte veränderter Lebensläufe

Teil IIIa – Vorspann der Herausgeber

In diesem Teil des Buches wartet nun der gesamte Lebenslauf auf Sie – allerdings thematisch akzentuiert. In Teil IIIa betrachten wir zunächst neue Entwicklungen in der Gestaltung und im Ablauf unseres Lebens in sozialkulturellen Themenfeldern.

Gesundheit, so heißt es häufig, sei ein hohes, wenn nicht unser höchstes Gut. Aber auch ein sehr verletzliches. Gesundheit und Krankheit begleiten uns das ganze Leben hinweg. Krankheit und Funktionsverluste kommen in »Erwartungsfenstern«, im »richtigen« Zeittakt (im höheren Lebensalter), aber auch zur »Unzeit«. Was machen sie mit unserem Leben? Was machen wir mit unserem Leben, wenn wir gesundheitliche Risiken eingehen und das eigentlich differenzierte und empirisch untermauerte Präventionswissen ignorieren (▶ Kap. 15, Remmers)?

Bildung über die Lebensspanne hinweg – ein zweites Thema von kaum zu unterschätzender Bedeutung (▶ Kap. 16, Tippelt und Gebrande). Auch wenn die Rede von der »Lebenslangen Bildung« einen Gemeinplatz bilden mag, ist sie ist doch nach wie vor in der Tat fundamental. Entwickelt sie doch, wirklich ernst genommen, bei-

spielsweise ein neues Lebensablaufmodell: Bildung findet nicht nur im ersten Viertel des Lebens statt, sondern permanent! Und damit gibt sie auch systematisch vermittelte Entwicklungsimpulse bis zum Lebensende – die wir selbst steuern und gestalten können.

Neue Medien wie neueste Internetanwendungen und Smartphones werden gerade in Bezug auf Bildung auch das höhere Lebensalter erreichen – diese Entwicklung hat ja schon längst beginnen (▶ Kap. 17, Misoch, Doh und Wahl). Aber es wird weiter gehen: Mediale Welten werden, ähnlich wie heute bereits das Kindes- und Jugendalter, zunehmend das höhere Lebensalter prägen, identitätsstiftend wirken, neue virtuelle Lebenswelten des späten Lebens schaffen. Haben wir damit ein »neues, schönes« Alter vor uns? Oder eher eine Verflachung neuer Lebensmöglichkeiten im Alter?

Alles eine Sichtweise des »neuen Alters«, so könnte man vielleicht sagen (▶ Kap. 18, Bowen, Kornadt und Kessler). Von welchen Altersbildern lassen wir uns dabei leiten? Können wir tradierte Sichtweisen des Älterwerdens wirklich überwinden? Inwiefern hängen neue Altersbilder auch mit neuen Lebensentwürfen zusammen?

237

15 Neue Lebenslaufkonzeptionen im Hinblick auf körperliche Gesundheit und Prävention

Hartmut Remmers

Zusammenfassung

Die Institutionalisierung bürgerlicher Freiheiten bei gleichzeitiger Entbindung marktwirtschaftlicher Kräfte stellt eine entscheidende Entwicklungsvoraussetzung moderner Lebenslaufkonzepte dar. Während bislang das Beschäftigungssystem bei der Strukturierung des Lebenslaufes eine zentrale Rolle spielte, bilden sich mit fortschreitender Erosion ›normaler‹ Erwerbsbiografien sowie soziokultureller Modernisierungen neue Lebenslaufmuster und neue Lebensstile heraus. In den letzten Jahrzehnten sind Autonomie und Gestaltungschancen individuellen Lebens erheblich gewachsen. Allerdings erzeugen gestiegene Ansprüche an rationale Lebensplanung, Eigenverantwortung und Selbstmanagement im Zeichen vor allem steuerungsloser Globalisierungen auch Verunsicherungen sowie Überlastungserscheinungen auf der Ebene des Persönlichkeitssystems, die sich in Risiken gesellschaftlicher Anomien bekunden. Ebenso bergen biografische Brüche insbesondere in Verbindung mit gesellschaftlichen Transformationen gesundheitliche Risiken. Dabei sollte jedoch angesichts komplexer Bedingungskonstellationen ein differenziertes Verständnis von Gesundheit maßgebend sein. Erwiesen ist, dass Erkrankungsrisiken nicht nur sozial ungleich verteilt sind, sondern dass die lebensgeschichtliche Entwicklung biologischer, sozialer und psychischer Risikoketten Kumulationseffekte aufweist, die nicht allein im späteren Lebensalter, sondern auch intergenerativ wirksam werden. Dieser Umstand ist bei der Konzipierung von Präventionsmaßnahmen über die gesamte Wegstrecke des Lebens, die ebenso umfassende Maßnahmen des Arbeitsschutzes (physisch, psychisch) mit einschließen, zu berücksichtigen. Am Beispiel des Ernährungsverhaltens zeigen sich gesundheitliche Vorteile auf rationaler Selbstkontrolle basierender Lebenslaufkonzepte; am Beispiel sportlicher Aktivität, dass sich zum Teil gesundheitliche Neuorientierungen bei nachwachsenden Generationen vollziehen. Dabei nimmt die gemeinschaftsstiftende Funktion des Sports zugunsten einer berufliche Belastungen kompensierenden Funktion ab. Es konvergieren das Streben nach körperlicher Fitness und moderne, individualisierende Lebensstile.

15.1 Einführung

Die Beschäftigung mit Fragen des Lebenslaufs ist etwa gleichursprünglich mit jenen Krisenerfahrungen, welche gesellschaftsgeschichtliche Entstehungsvoraussetzungen der Soziologie zu Beginn des 19. Jahrhunderts markieren: die Entfesselung einer ge sellschaftlichen Dynamik im nachrevolutionären Kontinentaleuropa, welche zur Ablösung traditionaler Lebensformen auf dem Wege politischer Institutionalisierungen bürgerlicher Freiheiten in Form kodifizierten Rechts führten.[39] Dieser bereits mit der Bildung von Territorialstaaten beförderte Prozess einer Ausdifferenzierung bürgerlicher Gesellschaften wird begleitet von Modernisierungen bestandswichtiger Funktionssysteme der materiellen Produktion (moderne Betriebe) ebenso wie der kulturellen Reproduktion bestandswichtiger Verhaltens- und Orientierungssysteme der Individuen mit sozialer Integrationsfunktion.

Freiheit und dadurch ermöglichte Mobilität sind entscheidende Startbedingungen für die Entbindung marktgesellschaftlicher Kräfte: die freie Zirkulation von Gütern und Dienstleistungen. Sie beruhen auf einer das Alltagsbewusstsein der Menschen völlig neu formierenden Trennung von Raum und Zeit und dem, was Giddens (1990, S. 17 ff.) als »Entbettung« bezeichnet: eine Herauslösung sozialer Beziehungen aus lokal übersichtlichen, in hohem Maße durch Vertrauen informell geregelten Lebenszusammenhängen. Die Folgen solcher Freisetzungen aber haben eine gezielte Politik der Steuerung von Institutionen erforderlich gemacht, deren Funktion in der Stabilisie-

rung und Reproduktion gesellschaftlicher Lebensprozesse besteht. Aus Gründen ihrer zentrifugalen Tendenzen sind moderne Gesellschaften daher auf eine »Lebenslaufpolitik« angewiesen; auf die Schaffung von Institutionen, welche für die Gestaltung bzw. Abfederung typischer, jedoch unterschiedlicher Sequenzen, krisenhafter Übergänge und Passagen im Lebenslauf im Sinne eines »Lebenslaufregimes« zuständig sind (Weymann, 2008, S. 190).

Aus soziologischer Perspektive lassen sich insbesondere zwei charakteristische Brüche beobachten: zum einen die tendenzielle Entkoppelung lebenslaufstrukturierender Bedingungen vom Beschäftigungssystem, zum anderen höchst ambivalente, zwischen Freiheitsgewinn und -verlust oszillierende Folgen wohlfahrtsstaatlicher Eingriffe und Stabilisierungsbemühungen. Auch weist, wie zu zeigen ist, ein Charakteristikum neuer Lebenslaufkonzepte: der Zugewinn an Autonomie und persönlichen Gestaltungschancen, ein widersprüchlich gezacktes Muster auf, weil es mit verschiedenen Überlastungserscheinungen, Verunsicherungen und Risiken auf der Ebene des Persönlichkeits- und des sozialen Systems behaftet ist. Eine soziologisch differenzierte, historisch informierte Beschäftigung mit Aspekten neuer Lebenslaufmuster erscheint auch deshalb unverzichtbar, um wiederum

---

39 Der Institutionalisierung bürgerlicher Freiheiten geht eine Jahrhunderte während Geschichte der Inthronisation eines seiner selbst bewussten, seiner selbst mächtigen Individuums voraus. Sie ist für die Thematisierung eines Lebenslaufs als persönliche Biografie von größter Bedeutung. Diese Thematisierung ist eng verflochten mit dem, was R. Koselleck als Achsen- oder Sattelzeiten bezeichnet hat: historische Wendepunkte an der Schwelle zur Neuzeit, ferner gesellschaftliche Umbrüchen infolge der Französischen Revolution, um nur diese zu nennen. Auch auf kategorialer Ebene verweist der Lebenslauf auf etwas epochal Neues im Zeichen von Individualität, Personalität, Subjektivität. Konsequent hat daran Kant angeknüpft in seiner Erkenntnislehre von den Leistungen eines denkenden Selbst als eines actus der Spontaneität (KrV, B74 f., B132, B151) einerseits sowie in seiner politisch-praktischen Philosophie als Bewusstsein subjektiver Freiheit, die sich als Rechtsbehauptung geltend macht. In der frühen Neuzeit entwickelt sich zum ersten Male jener charakteristische, der Antike vollkommen fremde Chorismos zwischen Individuum und Gesellschaft. Daraus hervorgehende konzeptionelle Vorstellungen des Bürgers und seiner Freiheit sind Resultate einer sich zunächst im Schutze höfischer Kultur ausdifferenzierenden literarischen Produktivität und Öffentlichkeit.

aus gesundheitswissenschaftlicher Perspektive komplexe Bedingungskonstellationen spezifischer Gefährdungen und Erkrankungsrisiken im Lebenslauf einschätzen zu können. Als Beispiel seien hier jene insbesondere für weibliche Lebensläufe charakteristischen Risikokonstellationen der Vereinbarkeit von Familien- und Erwerbsleben genannt. In der Altersgruppe der 27- bis 59-Jährigen sind 64 % der Frauen und 58 % der Männer verheiratet, wobei wiederum unter den Nichtverheirateten 9 bzw. 10 % in Partnerschaften leben (Statistisches Bundesamt 2010). Dass mit unterschiedlichen biografischen Entwürfen unterschiedliche Belastungen gerade für Frauen verbunden sind, zeigt sich darin, dass bis zu 75 % von ihnen pflegerische Unterstützung und Betreuung der älteren Generation leisten (Schneekloth & Wahl, 2005), die Be-

schwerdelast daher auch signifikant über der der gleichaltrigen Männer liegt (Lademann & Kolip, 2005, S. 12, 19 f.).

Freilich bergen neue Lebenslaufmuster und Lebensstile auch ein präventives Potenzial: ablesbar beispielsweise an den in jüngeren Alterskohorten zunehmenden sportlichen Aktivitäten. Doch auch hier begegnet uns ein ambivalentes Erscheinungsbild gesellschaftlicher Modernisierungsfolgen: der sich demografisch bereits abzeichnende Zugewinn an (gesunden) Lebensjahren wird erkauft mit Trainingsformen, welche zur Verfestigung gesellschaftlich partikularisierender Tendenzen beitragen. Überdies zeigt die Wahl der Sportarten einen Gendereffekt, da sie in Bezug auf gesellschaftliche resp. selbst zugeschriebene Rollen von Männern mit zusätzlichen, durch Unfälle verursachten Gesundheitsrisiken behaftet ist.

15.2 Gesellschaftsgeschichtliche Konstruktionsbedingungen des Lebenslaufs

Gesellschaftliche Modernisierung, neue soziale Konfliktlinien und ihre Auswirkungen auf den Lebenslauf

Strukturbildende Prozesse gesellschaftlicher Modernisierung verlaufen nicht konfliktfrei. Daher wurde in der soziologischen Klassik neben den im Zuge wohlfahrtsstaatlicher Eingriffe sich entschärfenden Klassenkonflikten vor allem den Problemen einer soziokulturellen Integration disparitärer Lebensbereiche große Aufmerksamkeit geschenkt. So richtete Max Weber sein besonderes Interesse auf eine Dialektik kapitalistischer Rationalisierung, deren Auswirkungen er in einer gesellschaftlichen Erosion kultureller Antriebsressourcen mit zunehmendem Sinnlosigkeitsverdacht erblickte. Emile Durkheim wiederum akzen-

tuierte das prekäre Verhältnis von Individuum und gesellschaftlichen Institutionen als *contrainte sociale* und zeigte, dass modernen Gesellschaften Tendenzen zur Anomie innewohnen: zu einer Auszehrung jener Halt gebenden, kulturell bindenden Überzeugungen und moralischen Orientierungssysteme, kurzum jener »Ligaturen« (Dahrendorf, 1992, S. 41, 76), die für die Lösung moderner sozialer Konflikte grundlegend sind.

Gewiss ist das Modernisierungsprofil ›postindustrieller‹ Gesellschaften durch eine Enttraditionalisierung von Lebensformen und einen Zuwachs an Handlungsfreiheit gekennzeichnet, die einen Zugewinn an biografischer Freiheit mit sich bringen. Auf struktureller Ebene vollzieht sich damit eine »Umstellung des Institutionalisierungsmodus vom äußeren Ablauf des Lebens auf seine individuelle Gestaltung selbst.« (Kohli, 2003, S. 530). Allerdings stehen gewachsenen Opportunitätschancen auch Risiken der Überlastung mit Steuerungsanforderungen an das individuelle Leben gegenüber, das heißt höher geschraubte Anforderungen an eine rationale Lebensführung (Weymann, 2008, S. 200). Ein anderes, damit zusammenhängendes Problem besteht darin, wie individuelle Lebensentwürfe sich zu einer stimmigen Lebensform werden entfalten können im Rahmen vergesellschaftender Institutionen, deren politische Gestaltung unter Bedingungen der Globalisierung nicht mehr ohne Reibungsverluste gelingen kann. Denn im Zeichen der Globalisierung sind gesellschaftliche Modernisierungen offenbar durch zwei Paradoxien charakterisiert: Zum einen wirkt der moderne Wohlfahrtsstaat zur Aufrechterhaltung sozialer Ordnung immer stärker in Bereiche individueller Lebensgestaltung hinein. Staatliche Interventionen gehen insofern mit einem Verlust persönlicher Gestaltungsfreiheit einher. Zum anderen wirkt sich die wachsende Globalisierung von Märkten mit gesteigerten Wettbewerbszwängen auf der Ebene des Persönlichkeitssystems in einer verstärkten Internalisierung funktionaler Steuerungsimperative aus bei gleichzeitiger Fragmentierung des Alltagsbewusstseins mit Zunahme von Identitätskrisen.

Stärker postindustriell verfasste, staatlich deregulierte Marktgesellschaften entwickeln eigene, neue sekundäre Sozialisationseffekte. Individuen werden größere Gestaltungsspielräume mit stärkerer individueller Verantwortung für einzelne Arbeits- und Betriebsabläufe bei höheren qualifikatorischen Anforderungen zugemessen. Inzwischen fließt die Ratio unternehmerischen Handelns zunehmend in untere Hierarchieebenen betrieblicher Arbeit ein und prägt Arbeits- und Lebensstile gleichzeitig (Bröckling, 2007). Hinzu kommen Veränderungen auf dem Arbeitsmarkt in

der Weise, dass sich das Verhältnis von regulären Beschäftigungsverhältnissen und solchen auf Zeit kontinuierlich zugunsten letzterer verändert. Dabei stellen sich die Auswirkungen auf die Gestaltung des Lebenslaufs als eine »Sequenzialisierung« nicht allein des beruflichen, sondern auch des damit eng verknüpften privaten Lebens dar. Auf der Ebene des Persönlichkeitssystems haben wir es freilich mit ambivalenten Folgen zu tun: es sind einerseits wachsende Zwänge der Flexibilität als Korrelat eines sich universalisierenden Wettbewerbs mit zunehmenden Ängsten des Scheiterns zu verzeichnen, andererseits kreative Fähigkeiten zur Kooperation in jeweils für neue Aufgaben neu zusammengesetzten Teams beruflicher Arbeit. Anpassungen an neue Strukturen des Arbeitsmarktes und der Beschäftigungsverhältnisse führen nun dazu, dass sich die persönliche Lebensgestaltung zunehmend einem auf Dauer gestellten Projekt mit Management-Aufgaben angleicht, welche in einer »Abfolge strategischer Entscheidungen und taktischer Kalküle« bestehen (Bröckling, 2007, S. 26). Das Individuum mutiert, wie Kohli (2003, S. 533) bemerkt, zum »Planungsbüro« seiner selbst.

Vor diesem Hintergrund stellen sich zahlreiche, bislang analytisch nicht zureichend formulierte und beantwortete Fragen. Zum einen darf bezweifelt werden, inwieweit Fähigkeiten des Selbstmanagements eine Person in die Lage versetzen, genau jene Probleme einer sozialen Dynamik, welche als Ungesichertheit persönlicher Perspektiven erlebt werden, zu bewältigen. Auf einer eher makrostrukturellen Ebene stellt sich zum anderen die Frage, inwieweit durch gesteigerte wohlfahrtsstaatliche Eingriffe allein ein wirtschaftlich vereinseitigtes Muster gesellschaftlicher Modernisierung sich wird korrigieren lassen. Wenn selbst bei weiterem Rückgang von Normalarbeitsverhältnissen der entscheidende Strukturgeber für Lebenslaufmuster das Erwerbssystem bleiben wird, wie Kohli

(2003) prognostiziert, dann erwachsen daraus nicht nur Legitimationsprobleme dieses Typus gesellschaftlicher Modernisierung, sondern auch – im Anschluss an Durkheim – auf der subjektiven Ebene der Identitätsbildung sich anbahnende Probleme gesellschaftlicher Anomien. In welcher Weise angesichts gesellschaftlich beschleunigten Wandels, beruflicher Flexibilität bei abnehmender Sinnstiftung beruflicher Arbeit und bei gesteigerter Mobilität (Sennett, 1998) stabile Ich-Identitäten gebildet werden können, ist eine Frage, die durch korrigierende Eingriffe in dynamische Strukturgesetzlichkeiten moderner Gesellschaften zureichend nicht beantwortet werden kann. Hinweise auf solchermaßen sich abzeichnende Erosionskrisen[40] mit Folgen für die individuelle Gesundheit gibt ein in den letzten drei Jahrzehnten sich abzeichnender Wandel im Spektrum ursächlicher Diagnosen für Frühberentungen wegen verminderter Erwerbsfähigkeit. Während der Anteil der Kreislauferkrankungen bei Männern in 1983 von 40 % auf unlängst 16 % sank, stieg der Anteil psychischer Erkrankungen von ehedem 8 % auf 24,5 %, bei den Frauen sogar auf 35,5 % in 2003 bei einem Durchschnittsalter von 47,3 Jahren (Arbeiterinnen) bzw. 48,3 Jahren (weibl. Angestellte). Es sind in den letzten Jahrzehnten offensichtlich erheblich gewachsene psychische Belastungen, die sich auf die gesundheitliche Situation, insbesondere der Frauen, sehr nachhaltig negativ auswirken, da sie auch die Lebenserwartung 65-jähriger Frührentner um 3,7 Jahre bei Männern und 3,5 Jahre bei Frauen verkürzen (Rehfeld, 2006). Auch ist das durchschnittliche Frühberentungsalter zwischen 1980 und 2000 um etwa vier Jahre gesunken, wobei die Ausgaben der Institutionen für gesundheitsbedingte Frühberentung im Jahre 2003 bei 20,4 Mrd. Euro lagen (Rehfeld, 2006, S. 19).

Die soziologisch informierte Lebenslaufforschung hat uns dafür sensibilisiert, dass gewachsene Gestaltungsmöglichkeiten individuellen Lebens einen nicht zu unterschätzenden Preis fordern: »Abschwächung der Sicherheit gebenden Werte und Normen, der Verlust der Routine von Traditionen und Ritualen, die Minderung lokaler Solidarität und gemeinschaftlicher Unterstützung.« (Weymann. 2008, S.207). Solche Feststellungen mögen sich auf den ersten Blick als bloße kulturkritische Klagen aufdrängen. Sie verdanken sich jedoch eines theoretisch gehaltvollen Rahmens soziologischer Analyse. Sie sind gegenwärtig zudem in engem Zusammenhang zu betrachten mit international geführten, sozial- und kulturgeschichtlich fundierten Diskussionen, die ein die Geschichte soziologischen Denkens[41] fortwährend beschäftigendes Problem erneut aufgreifen: die Frage, inwieweit die in der Ära bürgerlicher Emanzipation um 1 800 sich durchsetzenden Geltungsansprüche autonomer Individuen heute, im Zeichen einer steuerungslosen Globalisierungen ausgelieferten Moderne, überhaupt noch behaupten lassen – zumal angesichts der Tatsache, dass ihnen eine substanzielle Basis ökonomischer Unabhängigkeit und darauf beruhender persönlicher Souveränität nur noch mit Einschränkungen zugesprochen werden kann (Heller & Wellbery, 1986).

---

40 Ein Unterfall dieses bereits von Durkheim diagnostizierten Krisentypus sind neuerliche »Gratifikationskrisen«, die durch eine Verletzung von Normen sozialer Reziprozität bei hoher beruflicher Verausgabung und Stressbelastung gekennzeichnet sind und erhebliche Gesundheitsrisiken bspw. für Herz-/Kreislauferkrankungen bergen. Vgl. Siegrist (1996).

41 Vorbildlich versammelt bei einem Klassiker der amerikanischen Soziologie: C. Wright Mills (1960): Images of Man. The Classic Tradition in Sociological Thinking. George Braziller: New York.

Erosion von »Normallebensläufen« und Konstruktion neuer Lebenslaufmuster

Im historischen Prozess der Industrialisierung bis hin zum Postindustrialismus sind durch standardförmige »Erwerbsbiografien« definierte »Normallebensläufe« eher die Ausnahme. Bekräftigt wird diese Diagnose insbesondere durch die verheerenden Erosionseffekte zweier Weltkriege. Stabilisierungen konnten vor allem durch sozialstaatliche Eingriffe in verselbständigte marktwirtschaftliche Dynamiken erzielt werden. Eine offenbar unwiederholbare Ausnahme bildet das korporatistische, in den Augen Kohlis (2003, S. 528) das »›fordistische‹ Modell von Sozialstruktur und Lebenslauf« in den 1950er und 1960er Jahren, das sich rückblickend als ein »historischer Ausreißer« erwiesen hat. Dagegen markieren die 1970er Jahre erste Verwerfungen der Nachkriegsgesellschaft in Folge wachsender Beschäftigungsprobleme, die zu einer kontinuierlichen Massenarbeitslosigkeit im Verlauf mehrerer Jahrzehnte mit sozialen Zerklüftungen und wachsenden Armutserscheinungen führten.

Allerdings sind die 1970er Jahre als Nachprosperitätsphase auch durch sozial- und bildungspolitische Reformmaßnahmen gekennzeichnet, welche veränderte Bedingungen der Sozialisation mit neuen biografischen Übergängen, aber auch Brüchen darstellen, in ihren langfristigen Auswirkungen sich aber als überraschend integrativ erwiesen. Bezogen auf Westdeutschland haben wir es in diesem Jahrzehnt mit einer erfolgreichen, nachholenden kulturellen Modernisierung zu tun. Bei sich vermindernden Erwerbsbiografien vom Typus der 1950er und 1960er Jahre erhebt sich jedoch zum einen die Frage, inwieweit die Ausdifferenzierung neuer Lebensformen tatsächlich auf stark erweiterten Optionsspielräumen beruht; zum anderen, inwieweit neue Optionsspielräume sich eher strukturell garantierten Freiheiten verdanken oder eher

fremdbestimmte, gewissermaßen strukturell erzwungene Muster darstellen. Zudem scheinen viele Erscheinungen der Nachprosperitätsphase seit 1973 (erste Erdölkrise) für eine Verfestigung von Unterschieden sozialer Milieus zu sprechen (Kohli, 2003, S. 535).

Transformationen, biografische Brüche und Pathogenität

Erinnert sei daran, dass Vorstellungen einer lebenslangen Entwicklung mit dahinter stehendem Lebensentwurf ein Phänomen der Moderne sind, zu welcher das Reflexivwerden sozialer und kultureller Lebensbedingungen mit Charakteristika von Offenheit und Plastizität gehört. Gesellschaftliche Transformationsprozesse erzeugen unterschiedliche Opportunitätsstrukturen und Entfaltungsspielräume, die ihrerseits bestimmte Kohorteneffekte in Lebenslaufmustern als gemeinsames Schicksal aufweisen (Fooken, 2009, S. 164).

Gesellschaftliche Transformationsprozesse, ihr biografischer Stellenwert, dabei ›erlittene‹ lebensgeschichtliche Erfahrungen und ihre Verarbeitung wiederum haben Auswirkungen auf körperliche Gesundheit und Wohlbefinden. Bedeutsam ist diese Feststellung im Hinblick insbesondere auf tiefgreifende Verwerfungen Anfang der 1990er Jahre als Folge der deutschen Wiedervereinigung. Für den überwiegenden Teil der Bevölkerung Ostdeutschlands verbanden sich mit jenen politischen und ökonomischen Umgestaltungen lebensgeschichtliche Brüche, die zur Neukonstruktion einer Biografie zwangen, welcher weitgehend alle mit dem Modernisierungsprozess Westdeutschlands gebildeten (sozio-)kulturellen Polster fehlten.

Bestimmte Krankheiten werden in den neuen Bundesländern häufiger genannt wie beispielsweise Herz- und Kreislauferkrankungen, Diabetes, Gallen-, Leber und Nierenleiden (Künemund, 2000, S. 110 f.). Überdies birgt das Erleben biografischer Brüche, insbesondere in Verbindung mit länger andauernder Arbeitslosigkeit, gesundheitliche Risiken. So erhöhte sich etwa in Ostdeutschland nach der politischen und wirtschaftlichen Vereinigung mit den alten Bundesländern das Risiko für längerfristige Krankenhausaufenthalte bei ein- oder mehrjähriger Arbeitslosigkeit um das Dreifache, das Mortalitätsrisiko um das 1,6-Fache bis 3,4-Fache (Grobe & Schwartz, 2003, S. 16–18). Besonders auffällig ist, dass im Jahre 2000 die Verweilzeit im Krankenhaus bspw. bei der ICD-10-Diagnose »Psychische und Verhaltensstörungen durch Alkohol« bei männlichen Nicht-Arbeitslosen durchschnittlich 32,4 Tage betrug, während sie bei männlichen Arbeitslosen, um das 10-Fache erhöht, bei 324,6 Tagen lag. Eine ähnliche Vervielfachung findet sich bei der Diagnose »Schizophrenie«. Bedacht werden sollte dabei auch, dass die längerfristigen Auswirkungen von Arbeitslosigkeit in Deprivation und wachsender Armut mit wiederum kumulativen Effekten für die Gesundheit bestehen. Die Soziopathogenese zeigt sich insbesondere bei kardiovaskulären Erkrankungen (Hypertonie, Herzinfarkt, Schlaganfall) und psychosomatischen Leiden (Depression, Angststörung) (Weber, Hörmann & Heipertz, 2007).

Inwieweit sich soziale Deprivationserfahrungen eines Familiensystems unmittelbar auch auf die Kinder- und Jugendgesundheit auswirken, lässt sich im Ost-West-Vergleich nicht eindeutig identifizieren. In der Altersgruppe der 14- bis 17-Jährigen sind Unterschiede im Gesundheitszustand Ost- und Westdeutscher kaum feststellbar. Vielmehr deuten sich Angleichungen im Gesundheitsstatus beispielsweise bezüglich Ernährung, Bewegung, Übergewicht und Adipositas an (Lampert, 2010).

Bedacht werden sollte jedoch auch, dass lebensgeschichtliche Ereignisse und Erfahrungen Herausforderungen für die Entwicklung eines protektiven Potentials (etwa als Resilienz) darstellen können, und zwar mit umso größerer Wahrscheinlichkeit, je stärker in den Phasen von Kindheit und Jugend sowie im Erwachsenenalter auf sozialer, kognitiver, emotionaler und körperlicher Ebene präventive Ressourcen gebildet werden konnten (Fooken, 2009, S. 162 f.). Die Kumulationsthese lebensgeschichtlicher Risiken modifizierend – wir befassen uns damit später ausführlicher – zeigen Lebenverlaufsstudien bspw. von Murasko (2007; siehe Homfeldt, 2009), dass der sozioökonomische Status der Kindheit keinen signifikanten Einfluss auf die körperliche Gesundheit im Jungendalter hat. Es könnte also sein, dass sich durch entwicklungsbedingt neue sozialisatorische Settings (Schule, peer-groups) in der Adoleszenz der soziale Gradient in Bezug auf Gesundheit verringert. Neue jugendkulturelle Einflüsse könnten demnach einen Puffereffekt haben (Richter, 2005, S. 132) – ein zwar noch nicht genügend bestätigter Zusammenhang, der jedoch den Weg für eine biografisch gezielt ansetzende Präventionsstrategie weisen könnte. Andere Studien sprechen dafür, dass sich der soziale Gradient erst im späteren Erwachsenenalter auswirkt (Latenzhypothese). Was im Übrigen eine Vielzahl chronischer Erkrankungen im Kindes- und Jugendalter (z. B. obstruktive Bronchitis, Neurodermitis, Heuschnupfen) betrifft, so lassen sich diesbezüglich kaum Effekte sozialer Ungleichheit finden (Peter & Richter, 2009).

Es hat sich gezeigt, dass je nach Bedingungen und Mustern eines Lebenslaufs (historisch, sozioökonomisch, soziokulturell) die gesundheitliche Bilanz unterschiedlich ausfallen kann. Ebenso gezeigt hat sich, dass altersnormierte Entwicklungsverläufe mit zugeschriebenen typischen Erfahrungen sich in ihrer zeitlichen Strukturiertheit ändern können. Dies betrifft ebenso die biologische Entwicklung, die sich ändern (neuerdings beschleunigen) kann. Offensichtlich wechselseitige Bedingungszusammenhänge zwischen Lebenslaufkonzepten, Lebens-

stilen und Gesundheit sind Anlass, uns mit dieser Thematik im Folgenden ausgiebiger zu befassen.

15.3 Gesundheit und Lebenslauf

Die gesamte Lebensspanne eines Menschen ist als ein kontinuierlicher biologischer, psychischer und sozialer Entwicklungs- und Veränderungsprozess zu begreifen:

- in biologischer Hinsicht als beständiger Auf- und Umbau von Leistungs- und Anpassungsfähigkeit – ein Prozess, der ebenso einen Abbau mit zunehmendem Alter einschließt (Biomorphose);
- in psychologischer Hinsicht als Persönlichkeitsentwicklung, Entwicklung von Ich-Identität – mithin Prozesse, welche die Entwicklung kognitiver und psychoemotionaler Kompetenzen, aber auch bestimmter Dispositionen (beispielsweise Resilienz) einschließen;
- in sozialer Hinsicht die erfahrungsbasierte Entwicklung von Vertrauensverhältnissen und Bindungen, die Lebensgestaltung in Familie und Beruf, der geübte Umgang mit Konflikten.

Unterkomplex ist eine Definition von (körperlicher) Gesundheit als messbarer funktioneller Status (Fehlen von Krankheit bzw. Krankheitszeichen). Auf dieser parametrischen Ebene würden noch nicht einmal körperliche Widerstandsfähigkeit oder die Fähigkeit zur Verwirklichung individueller Bedürfnisse und Werte als Indikatoren für Gesundheit erfasst werden können. Stattdessen sollte ein ganzheitliches Konzept von Gesundheit in Betracht gezogen werden, weil erst unter Berücksichtigung komplexer Einflussfaktoren: beispielsweise relevanter Merkmale der Person und ihrer

Umwelt, das mit Gesundheit assoziierte Fähigkeitspotential, Berücksichtigung finden kann. Zu denken ist hier vor allem an Fähigkeiten, »ein an eigenen Lebensentwürfen, Ziel- und Wertvorstellungen orientiertes Leben zu führen, an gesellschaftlicher Entwicklung teilzuhaben und sich für andere und die Gemeinschaft zu engagieren.« (Kruse, 2007b, S. 349).

Gesundheitskonzepte

Für die Erläuterung uns hier interessierender generationenspezifischer Gesundheitszustände bedarf es eines erweiterten Konzepts von Gesundheit, welches biologische mit sozialen Erklärungszusammenhängen verknüpft. Dies besagt: Es können neue Lebenslaufkonzepte mit verändertem Gesundheitsverhalten verbunden sein, deren biologische Resultate (als Gesundheitsstatus) sich zwar messen, aber auf dieser Ebene nicht erklären lassen. Analytisch sind daher intergenerationelle Veränderungen mit jeweils typisierbaren Konstruktionen eines Lebenslaufs und zuschreibbarem Gesundheitsverhalten und Gesundheitsstatus durch Kombination sozialer, psychologischer und biologischer Merkmalseinheiten zu erschließen. Zwar wächst die gesundheitliche Beschwerdelast weitgehend unabhängig von der individuellen Lebensform zwischen der Generation der 30- bis 44-Jährigen und der 45- bis 64-Jährigen – im körperlichen Bereich etwas mehr, im psychosomatischen Bereich etwas weniger stark – an (Lademann & Kolip, 2005, S. 34). Tatsächlich können am Beispiel einer jüngeren, nachwachsenden Generation älterer Menschen aber generationenspezifisch veränderte, vergleichsweise stärker auf Aktivität und Selbständigkeit ausgerichtete Lebensstile mit größerem Gesundheitsbewusstsein (Wissen, Kompetenzen) festgestellt werden (Kruse, 2007a, S. 82).

Den bisherigen Ausführungen zufolge werden sich Definitionen von Gesundheit nicht ausschließlich auf ein Konzept der biologischen Störungsfreiheit stützen lassen. Dabei sollte auch beachtet werden, dass Parameter, anhand derer ein Zustand der Gesundheit gemessen wird, von definitorischen (in gewisser Weise arbiträren) Vorannahmen abhängig sind und sich häufig nur in einem kleinen Ausschnitt der Gesamtbevölkerung positiv bestätigen lassen. Unsere vorstehenden Überlegungen aufgreifend, wird ein an der Lebensspanne ausgerichtetes, sozialisationstheoretisch informiertes Konzept von Gesundheit vielmehr von lebensphasenspezifischen Aufgaben und Anforderungen auszugehen haben, für deren Meisterung und Bewältigung die Entwicklung eines bestimmten Verhaltensrepertoires mit dazugehörenden Fähigkeiten erforderlich ist. Gesundheit bezeichnet insoweit weniger einen Zustand, als vielmehr das jeweilige Ausmaß eines produktiven Umgangs mit lebensgeschichtlich spezifischen Bewältigungsanforderungen (vgl. Erhart, Hurrelmann & Ravens-Sieberer, 2008, S. 433 ff.).

Auf der Ebene des Persönlichkeitssystems sind diese Vorgänge gekoppelt an Auseinandersetzungen mit innerer und äußerer Realität, wobei das Gelingen intrapsychischer Auseinandersetzungen entscheidend ist für den Aufbau und die Weiterentwicklung eigener Persönlichkeit und Identität. In dieser Hinsicht bemisst sich Gesundheit daran, inwieweit sich ein dynamisches Gleichgewicht herstellen lässt zwischen spannungsreichen Anforderungen, resultierend sowohl aus

physischen und psychischen Lebens- und Erlebensbereichen als auch aus konkreten sozialen und physischen Lebensumwelten. Ein Merkmal von Gesundheit bestünde demnach darin, inwieweit sich bei Aufrechterhaltung eines Identitätsgefühls, eines Gefühl des Sich-selbst-Gleichseins, Spannungen nicht nur aushalten, sondern auch aktiv verarbeiten lassen.

Gesundheitswissenschaftlich erweitern lässt sich das Theorem intrapsychischer Balancen auch auf außerhalb des Individuums angesiedelte Risiko- und Schutzfaktoren des Lebens, zwischen denen ein »Gleichgewichtszustand« herzustellen ist (Erhart, Hurrelmann & Ravens-Sieberer, 2008, S. 424 f.). Zu den wichtigsten Risikofaktoren gehören soziale Ungleichheiten sowie kulturelle Zugehörigkeiten, welche bestimmte Lebenslaufmuster bis ins hohe Alter bestimmen können. Vor diesem Hintergrund lassen sich Aufgaben der Prävention genauer fassen, und zwar durch individuumsbezogene Analysen jener pathogenen Bedingungskonstellationen, durch welche Gleichgewichtszustände gestört werden und sich in Anzeichen unterschiedlicher (sozialer, psychischer, biologischer) ›Auffälligkeiten‹ bekunden. Das Gleichgewichts-Theorem lässt wiederum Definitionen von Krankheit zu im Sinne einer Überbeanspruchung der einem Individuum zur Verfügung stehenden sozialen, psychischen und biophysikalischen Anpassungsfähigkeiten (Erhart, Hurrelmann & Ravens-Sieberer, 2008, S. 431).

Theoretisch beruhen vorstehende Konzepte von Gesundheit auf einem salutogenetischen Ansatz (Antonovsky 1997). Demzufolge besteht ein Prüfstein von Gesundheit im Vertrauen in eigene Verarbeitungskapazität, in der Angemessenheit einer bestimmten Belastungsverarbeitung, in der Verfügbarkeit von Widerstandsressourcen und im Vorhandensein eines damit assoziierten »Kohärenzgefühls«. Gesundheit und Krankheit zeigen insofern das jeweilige Ausmaß individueller Anpassungs- und Regulationsprozesse an. Freilich bedarf dieses Verständnis einer Ergänzung aus sozialwissenschaftlicher Perspektive in Anbetracht der Tatsache, dass sich Gesundheit einem Bedingungsgefüge sowohl auf der Ebene persönlichen Verhaltens (etwa als intrapsychische Spannungsverarbeitung) als auch auf der Ebene persönlich weitgehend unverfügbarer sozialer Lebenslagen verdankt. Konstitutive Bedeutung haben Lebenslagen im Hinblick auf die Ausprägung gesundheitsrelevanter Lebensstile und habitueller Eigenschaften einer Person.

Soziale Bedingungsfaktoren gesundheitlicher Ungleichheit

Wir sind vorstehend von einem relativ neuen, erweiterten Konzept von Gesundheit ausgegangen, das in bisherigen Untersuchungen der soziostrukturellen Bedingtheit von Gesundheit noch keine Rolle spielte. Zur Klärung der Frage, inwieweit Gesundheit in der Bevölkerung einen sozialen Gradienten aufweist, werden wir somit zunächst auf ein konventionelles, biologisch ausgerichtetes Verständnis von Gesundheit rekurrieren.

Auffällig im historischen Vergleich ist, dass gesundheitliche Ungleichheiten, gemessen an der Lebenserwartung, zwischen weit auseinander liegenden sozialen Schichten/Klassen/Ständen bis zur Mitte des 18. Jahrhunderts nicht in der heutigen Form existiert haben. Es ist offensichtlich erst ein sich im Zuge europäischer Aufklärung ausdifferenzierendes Wissen bei gleichzeitig zur Verfügung stehenden Nutzungsmöglichkeiten, welches zu einer gesellschaftlichen Aufspaltung gesunder Lebensweisen führt (Davey Smith, 2008, S. 299).

Seit dem 19. Jahrhundert ist in industrialisierten Ländern ein deutlicher Zusammenhang zwischen Sterblichkeit und sozioökonomischer Position zu erkennen. Eine gewisse Heterogenität ergibt sich, wenn zwischen allgemeinen Gesundheitseffekten (z. B. auffällig stärkere Umweltbelastung für Menschen in sozial benachteiligten Lebensverhältnissen) und spezifischen Gesundheitseffekten (z. B. assoziiert mit bestimmten Phasen des Lebenslaufs) unterschieden wird (a. a. O., S. 304). Ein Beispiel war die gesundheitliche Entwicklung sozial benachteiligter Jugendlicher bei lebensphasenbezogener Veränderung sozialisatorischer Determinanten (Richter, 2005). Gerade im Hinblick auf individuelle Lebensläufe und damit zusammenhängende Komplexität verbieten sich einfache kausale Zuschreibungen von sozialer und gesundheitlicher Ungleichheit – ein Tatbestand, der sich bspw. an spezifischen Selektionseffekten des Familienstands auf die Gesundheit alternder Ehepartner studieren lässt (Unger, 2008). Dies betrifft auch die Einschätzung eines direkten ätiologischen Einflusses psychosozialer Faktoren, die eher als Korrelate sozialer Positionen, als konfundierende Variablen einer meist multidimensionalen Belastungsstruktur im gesamten Lebenslauf von Individuen zu betrachten sind (Davey Smith, 2008, S. 312 ff.). Unterschiede in den Lebensverhältnissen im Erwachsenenalter erklären jedoch nicht hinreichend gesundheitliche Ungleichheit. Es müssen vielmehr frühe Lebenserfahrungen einbezogen werden, weil bspw. benachteiligende Lebensbedingungen in der Kindheit Gesundheitsrisiken im Erwachsenenalter unabhängig von späteren Lebensumständen erhöhen (a. a. O., S. 315). Der sozialepidemiologische Kenntnisstand lässt die Annahme zu, dass das Mortalitätsrisiko im Erwachsenenalter durch unterschiedliche, lebensgeschichtlich frühe oder auch spätere Belastungsepisoden oder Einflüsse bestimmt sein kann.

Gegenwärtigen Trends nach wird die Dominanz von Mortalitätsrisiken der frühen Lebensjahre[42] durch eine Epidemiologie der über das gesamte Erwachsenenalter sich erstreckenden Risiken ersetzt. So haben Power & Kuh (2008, S. 51) darauf hingewiesen, dass bezüglich koronarer Herzerkrankungen (KHK) und (nicht-tumoröser) Atemwegserkrankungen »das erhöhte Sterblichkeitsrisiko bei Personen mit sozial benachteiligtem Elternhaus durch Adjustierung für Sozialschicht im Erwachsenenalter wie folgt abnahm: von 1,52 […] auf 1,28 […] für KHK und von 2,01 […] auf 1,53 […] für Atemwegserkrankungen.« Nach Auskunft von Davey Smith (2008, S. 316) scheinen vergleichende länderübergreifende Studien ebenso skeptische Vorbehalte zu bekräftigen, »Sozialkapital« – ein Synonym für Integration, Partizipation und Reziprozität – eine zu starke ursächliche Erklärung für die »enorme Spannbreite gesundheitlicher Ungleichheiten zwischen Ländern« zuzuschreiben. Dagegen hat die Wichtigkeit umweltbedingter Gesundheitsfaktoren im Erwachsenenalter zugenommen, welche insbesondere arbeitsbedingte Gesundheitseinflüsse mit einschließen – man denke allein an die mit der Ausübung bestimmter (weiblicher) Tätigkeiten (Reinigung, Kosmetik) assoziierten Berufsdermatosen. (Lademann & Kolip, 2005, S. 23).

Bestätigt hat sich, dass die Häufigkeit bestimmter Krankheits- und Todesursachen mit sozialen Benachteiligungen statistisch konvergiert. Dabei sollten das Physische und das Soziale als wechselseitige Konstitutionsbedingungen betrachtet werden. Es können biologische Aspekte soziale Entwicklungsverläufe beeinflussen. Es kann aber auch der Körper als eine Sedimentation sozialer Erfahrungen verstanden werden, weshalb der Lebenslauf-Ansatz eine wich-

tige Erklärungshypothese darstellt (Davey Smith, 2008, S. 323 f.).

Aufbau, Chancen und Risiken von Gesundheit im Lebenslauf

Wie bereits oben gezeigt wurde, sind über die gesamte Lebensspanne eines Individuums sich erstreckende Entwicklungsprozesse eigener Persönlichkeit und Identität ein Resultat fortlaufender Auseinandersetzungen mit innerer und äußerer Realität. Einem systemischen Ansatz zufolge verläuft die Realitätsverarbeitung auf dem Wege wechselseitiger Einflüsse verschiedener Systeme des Körpers, des Sozialen, der Psyche und der äußeren Umwelt, wobei Gesundheit als eine Art Homöostase dieser Systeme begriffen werden kann. Eine lebensgeschichtlich gelingende Bildung von Identität und das Erleben eines Sichselbst-gleich-Seins ist aber nicht nur von der Verfügbarkeit sozialer und personaler Ressourcen abhängig. Die Wahrnehmung von Identität ist vielmehr gekoppelt an Koordinationsleistungen eines Selbst, welches sich in unserer »reflexiven Moderne« (Giddens, 1990) durch kognitiv-emotionale Verarbeitungskapazitäten von Spannungen auszeichnet.

Bei der Betrachtung genereller, das heißt sozial ungleich verteilter, insbesondere aber spezifischer, d. h. an bestimmte Entwicklungsphasen eines Individuums gekoppelter Belastungs- und Krankheitsrisiken bietet sich zum einen eine Lebenslauforientierung an. Diese wird zum anderen durch eine Lebensstilanalyse ergänzt werden müssen, weil offenbar auf dieser analytischen Ebene – im Anschluss an Max Webers Rationalität der »Lebensführung« – gesellschaftlich

---

42 Als Beispiel seien die heute durch Impf-Prävention weitgehend marginalisierten Infektionskrankheiten des Kindes- und Jugendalters genannt – mit Ausnahme leider einer seit den letzten Jahren steigenden Rate an Diphtherie-Erkrankungen.

bedeutsame Veränderungen wie die des Wertewandels sich empirisch rekonstruieren lassen. Wir kommen darauf später ausführlicher zurück. Für eine Lebenslaufperspektive sprechen zunächst Erkenntnisse, welche besagen, dass bestimmte Arten des Schlaganfalls oder der Tuberkulose, aber auch Magenkrebs häufig mit bestimmten Umständen, vor allem Deprivationserfahrungen im frühen Leben, assoziiert sind und sich noch 70 Jahre nach der Belastungserfahrung auswirken können (Davey Smith, 2008, S. 304 f., 319).

So kann auch am Beispiel der Schwangerschaft, also des fötalen Wachstums gewissermaßen die Inkorporation sozial ungleich verteilter, langfristig wirksamer Einflussfaktoren auf Krankheitsrisiken im Erwachsenenalter nachgewiesen werden. Bei der Erklärung bestimmter, den Lebenslauf begleitender Krankheitsmuster hat sich die Einbeziehung nicht nur frühkindlicher neuronaler Entwicklungsbedingungen, sondern auch pränataler Einflussfaktoren als aufschlussreich erwiesen (Davey Smith, Gunnell & Ben-Shlomo, 2001). Weil die Funktionsfähigkeit des Organismus von verschiedenen (physischen, sozialen) Umwelten abhängig ist, besteht Klarheit auch darüber, dass negative Belastungen, zum Beispiel bestimmte soziale Muster schädigender Expositionen, sich über den Lebenslauf hinweg differenziell addieren können. Wir sprechen daher auch von einer Risikokumulation. (Power & Kuh, 2006, S. 60; Davey Smith, 2008, S. 295; Huisman, 2008, S. 377 f.). Ein Beispiel wäre das Rauchen, auch der übermäßige Alkoholkonsum. Aber diese Kumulation sozial unterschiedlicher Risiken im Jugend- und Erwachsenenalter ist nicht nur eine intragenerationelle. Ungleiche Risikofaktoren können sich auch von einer Generation auf die nächste »vererben« und auf diese Weise sogar zu einer Vergrößerung ungünstiger Umstände beitragen. Ein Beispiel ist nicht allein die Zunahme des Tabakkonsums

unter Frauen im Vergleich des jüngeren (30 bis 44 Jahre) mit dem älteren Teil (45 bis 64 Jahre) der mittleren Generation, sondern auch die Absenkung des durchschnittlichen Rauch-Einstiegsalters bei Frauen um 10 Jahre in etwa den letzten fünf Jahrzehnten (Lademann & Kolip, 2005, S. 39). Überdies weist Davey Smith (2008, S. 323) einen sozialen Gradienten kontinuierlicher Zunahme von Lungenkrebssterblichkeit bei Männern, verteilt über 60 Jahre, nach. Völlig anders verhält es sich bei starkem Alkoholkonsum, der vorrangig bei Männern im gehobenen sozialen Milieu anzutreffen ist.

Umgekehrt besagen Erkenntnisse zum Stellenwert kindlich neuronaler Entwicklungen, dass in frühen Lebensjahren entscheidende Weichenstellungen in Richtung eines »Gesundheitskapitals«, etwa in Form einer Resilienz, vorgenommen werden können. In besonderem Maße scheint es dabei darauf anzukommen, eine lebensgeschichtliche Entwicklung biologischer, sozialer und psychischer Risikoketten, die sich nicht allein auf Erkrankungen im späteren Leben, sondern auch intergenerativ negativ auswirken können, durch gesundheits- und sozialpolitische Maßnahmen zu vermeiden (Power & Kuh, 2006, S. 56 f.).

Definiert man Altern als einen bereits in frühen Jahren einsetzenden Prozess altersspezifischer physiologischer Veränderungen, so ist dieser stets in Abhängigkeit von Veränderungen in Gesellschaft, Kultur, aber auch Medizin insgesamt zu betrachten (Kuhlmey et al., 2007, S. 266). Auch wenn der Anstieg der durchschnittlichen Lebenserwartung häufig mit einem Anstieg chronischer Erkrankungen – auch des psychopathologischen Formenkreises – assoziiert ist, so geben Kohorten vergleichende Studien Hinweise auf signifikante Verbesserungen des Gesundheitszustands älterer, auch hochaltriger Personen. Wurm & Tesch-Römer (2006, S. 369) machen deutlich, »dass besonders in der Lebensphase des ›dritten Alters‹ nachfolgende Kohorten im

Durchschnitt eine geringere Anzahl von Erkrankungen haben als Personen, die sechs Jahre vor ihnen geboren sind: Ab der Altersgruppe der 58- bis 63-Jährigen zeigt sich dieser bedeutsame Kohortenunterschied konsistent bis in die höchste Altersgruppe der 76- bis 81-Jährigen. Unterschiede zwischen Männern und Frauen sowie Ost- und Westdeutschen sind insgesamt nicht festzustellen.« Auch Kuhlmey et al. (2007, S. 269) kommen zu dem Ergebnis, dass »körperliche und geistige Vitalität [. . .] sich in den letzten Jahrzehnten von Kohorte zu Kohorte verbessert haben.« Die Gesundheitszufriedenheit als anerkannter Indikator wird von 50 % der 70- bis 79-jährigen Männer und 44 % gleichaltriger Frauen als hoch bzw. sehr hoch eingeschätzt. Historisch neue Muster des Lebenslaufs in Verbindung mit einer möglichen Verringerung arbeits-, aber auch umweltbezogener Risiken geben Anlass zu der Vermutung, dass Ressourcen für ein möglichst gesundes Altern in einem noch nie so günstigen Ausmaß vorhanden waren wie heute; dass es auf Grund einer starken Plastizität menschlicher Alternsprozesse möglich ist, eine Art »Aktienpaket für Lebensqualität« in der Lebensspanne zu bilden (Kuhlmey et al., 2007, S. 269 f.). Zu beobachten ist ferner, dass im Falle einer Erkrankung im höheren Alter die Bedeutung der physischen Gesundheit abnimmt zugunsten mentaler Gesundheit und weiterer Lebensqualitätsaspekte. Gesundes Altern ist mit Lebensläufen verknüpft, die sich im Zuge unerwarteter gesellschaftlicher Entwicklungen aber auch massiv ändern können. Jedoch auch hier bestätigt sich, dass das Risiko von Multimorbidität im Alter einen sozialen Gradienten aufweist.

Gesundheit und Lebensstil

Werden Erklärungen für Verbesserungen des Gesundheitsstatus gerade auch im Alter mit Verweis auf neue Lebenslaufkonzepte gegeben, so bedarf es weiterer, differenzierender Erläuterungen. Als hilfreich haben sich hier soziologische Lebensstilanalysen erwiesen. Denn sie erlauben es in Anlehnung an Max Webers verstehende Soziologie, aber auch an Karl Mannheims Soziologie der Generationen Wandlungen sozialen Verhaltens zu explizieren, für welche der herkömmliche kategoriale und diagnostische Rahmen von Sozialstrukturanalysen (Klasse, Schicht) sich als unzureichend erwiesen hat. Mit Blick einerseits auf die Tatsache, dass die Bedeutung institutioneller Regelungen gesellschaftlich disparitärer Bereiche abnimmt, andererseits auf Pluralisierungen handlungsleitender Werte- und Normensystemen (Wertewandel), welche gewissermaßen als Moderatoren eines sozialstrukturellen und institutionellen Wandels fungieren, kommt der Lebensstilanalyse deshalb eine wachsende Bedeutung zu, weil mit ihr ein sensibler Zugang zu Wert- und Einstellungsänderungen geschaffen werden kann, die für Gesundheit und Gesundheitsverhalten hoch relevant sind (Wahl, 2003; Müller, 2009, S. 336). Mit einer Differenzierung und Schichtung von Lebensstilen über das Konstrukt »soziale Milieus« kann überhaupt erst sozialer und institutioneller Wandel auf der Handlungsebene zureichend erfasst werden; können überhaupt erst Phänomene einer instrumentellen Umdeutung beruflicher Arbeit als Gratifikationssystem, einer konsumistischen Umdeutung von Lebensqualität und einer quasi-rehabilitativen Umdeutung stark leistungsbezogener Freizeitaktivitäten verstanden werden.[43]

---

43 Nicht verkannt werden sollte, dass eine Soziologie der Lebensstile sich auf Fragen einer Soziologie des Alter(n)s erst noch begrifflich und analytisch einstellen muss. Vgl. Amrhein, L. & Backes, G. M. (2008): Altern als Perspektive moderner Gesellschaften. In: *Sozialwissenschaften und Berufspraxis.* 31. Jg., H. 2, S. 211–225, hier: S. 219 f.

Über die evaluative Komponente des Lebensstils, insbesondere im Zusammenhang mit geschärfter Risikowahrnehmung, finden normative Ansprüche an Selbstverantwortung Eingang in das Persönlichkeitssystem (Fleig & Reuter, 2010, S. 87 f.). Kommen selbstregulative Fähigkeiten und Strategien hinzu, so sind genau jene Bedingungen einer »selektiven Optimierung« von Gesundheit erfüllt, unter denen beispielsweise ältere Menschen ihnen angemessen erscheinende sportliche Aktivitäten ausüben.

Lebensstile in Verbindung mit sozialer Lage und Werten gelten als konstitutive Bausteine sozialer Milieus, deren Grenzen fließend sind, deren differenzielle Analyse indessen Aufschluss auch über Gesundheit und Gesundheitsverhalten geben kann. So lassen sich in Anlehnung an die ›Sinus-Milieus‹[44], in denen klassische soziodemografische Stratifizierungsmerkmale (wie Alter, Geschlecht, Einkommen, Bildung) mit lebensweltlichen Variablen (wie soziokulturelle, verhaltensbezogene Grundeinstellungen, Präferenzen, Lebensweisen) zu einem Milieu-Modell kombiniert werden, bestimmte gesundheitliche Risikofaktoren wie

beispielsweise Adipositas in Milieus sogenannter »Traditionsverwurzelter«, »DDR-Nostalgiker« und »Konsum-Materialisten« finden, die eher der Unterschicht und der unteren Mittelschicht zuzurechnen sind und charakteristische Einstellungen und Gewohnheiten (Lebensstile) aufweisen. Dagegen ist »aktive Gesundheitsvorsorge« eher in gesellschaftlichen Milieus stark erfolgsorientierter »Etablierter« und sehr liberal und intellektuell geprägter »Postmaterialisten« mit Zugehörigkeit zur mittleren und oberen Mittelschicht vertreten (Wippermann, 2009).

Einschränkend wird man jedoch Skepsis anmelden, wird man einwenden dürfen, dass hochgeschraubte Ansprüche an rationale Lebensführung und Lebensplanung nicht hinreichen, um körperliche Gesundheit garantieren zu können. Und inwieweit Gesundheit überdies mit Lebensglück assoziiert werden darf, von dem Sigmund Freud sagte, es sei ohnehin im Plan der Schöpfung nicht vorgesehen[45] – solche Fragen lassen sich auf der Modell-Ebene gesellschaftlicher Rationalisierung füglich nicht beantworten.

15.4 Prävention

Soziale Einflussfaktoren

Einer der markantesten epidemiologischen Befunde der gegenwärtigen gesundheitlichen Lage Deutschlands dürfte der kontinuierliche Anstieg chronischer Erkrankun-

gen sein. Die bedeutendsten Einflussfaktoren sind im demografischen Wandel mit einer Zunahme vor allem altersassoziierter Erkrankungen, aber auch im Zuwachs schädigender Umwelteinflüsse (biochemische sowie physikalische Belastungs-

---

44 Informationen zu den Sinus-Milieus unter: www.sinus-institut.de/uploads/tx_mpdownloadcenter/Informationen_Sinus-Milieus_042011.pdf (Aufruf 17.10.2013).
45 Im Original: »[. . .] Man möchte sagen, die Absicht, dass der Mensch ›glücklich‹ sei, ist im Plan der ›Schöpfung‹ nicht enthalten.« (Freud, 1930, S. 208).

faktoren, berufliche Arbeits- und soziale Lebenswelt) sowie in vermehrt fehlgeleitetem individuellem Alltagsverhaltens (beispielsweise Ernährung) zu suchen. Ihnen zu begegnen ist eine wichtige Aufgabe von Prävention, verstanden als Vermeidung einer gesundheitlichen Schädigung, aber auch mit einer Erkrankung verbundener Komplikationen. Prävention setzt intraindividuell die Bereitschaft und Fähigkeit zu Verhaltensmodifizierungen (Lebensstil), aber auch die persönliche Fähigkeit zur Kompensation von Einschränkungen voraus. Relativ wirkungslos bleiben subjektive Verhaltensänderungen bzw. -anpassungen, wenn ihnen extraindividuell zu verortende Veränderungen der räumlichen, physikalisch-technischen, biochemischen, sozialen, infrastrukturellen, institutionellen, rechtlichen Umwelt nicht entgegen kommen. Verbesserte Zugangschancen zu Präventionsmaßnahmen bleiben ungenutzt, wenn sie nicht ihrer Selbstverantwortung bewusste Personen erreichen (Kruse, 2007a) – eine Bedingung, welche sich im Zuge soziokultureller Modernisierung (etwa einer Individualisierung bei Zunahme höherer Bildungsabschlüsse, »inkorporierte Bildung«) zu verbessern scheint. In Abgrenzung zum eher kausaltheoretischen Konzept der Prävention zielt Gesundheitsförderung auf die Erschließung und Aktivierung gesundheitsbezogener Ressourcen in der Perspektive von Betroffenen, aber auch komplementärer sozialer Maßnahmen bspw. der Organisationsentwicklung (Faller, 2010).

Betrieblicher Arbeitsschutz und Gesundheitsförderung

Angesichts der bereits aufgezeigten Tatsache, dass die Neukonstruktion von Lebensläufen und die damit verbundenen Risiken für Gesundheit in starker Abhängigkeit zu sehen sind von umgreifenden Prozessen

sozialen Wandels, insbesondere im gesellschaftlichen System der Arbeit, kommen insbesondere über das Arbeitsrecht geregelten Maßnahmen des betrieblichen Gesundheitsschutzes, aber auch innerbetrieblich induzierten Maßnahmen der Gesundheitsförderung große Bedeutung zu. Während in der Vergangenheit Arbeitsschutz vorrangig als ein sozialpolitisch errungener Rechtsanspruch auf Prävention bestimmter, gesundheitlich gefahrengeneigter Tätigkeiten betrachtet wurde, gewinnt Arbeitschutz angesichts verschärfter Konkurrenz, insbesondere wachsender Zwänge der Produktivitäts- resp. Dienstleistungssteigerung zunehmend die Bedeutung eines Wettbewerbsvorteils. Diese Bedeutung wird nochmals wachsen mit Blick auf den demografischen Wandel, der nicht nur zu einer verschärften Nachfrage nach jungen Fachkräften, sondern auch zu einer Erhöhung des Durchschnittsalters arbeitsfähiger Belegschaften führen wird. Vorausschauend wurde daher im Jahr 2007 eine Gemeinsame Deutsche Arbeitsschutzstrategie (GDA) beschlossen mit den Schwerpunkten: Verringerung der Häufigkeit und Schwere von Arbeitsunfällen, von Muskel-Skelett-Belastungen (auch mit psychosozialen Risikofaktoren), von psychischen Fehlbelastungen, von hautallergischen Erkrankungen (Karsten & Dienel, 2010). Vor allem die Prävention arbeitsbedingter psychischer Erkrankungen dürfte zukünftig einen großen Stellenwert einnehmen, weil dadurch bedingte Fehlzeiten seit 1995 um 80 % gestiegen sind und inzwischen der diesbezügliche Krankenstand in den mittleren Lebensjahren (35 bis 44 Jahre) am höchsten ist, wobei Schwierigkeiten der Work-Life Balance wachsenden Einfluss haben neben dem Ungleichgewicht zwischen hoher beruflicher Verausgabung und als unangemessen empfundener Entlohnung (»Gratifikationskrise«; Siegrist, 1996; neuerdings: Bungart, 2010). Zu den wichtigsten Maßnahmen der Prävention, die sich vielfach auch mit Strategien betrieblicher Gesundheitsförderung überlappen, gehören: Abbau psychischer Belastung durch Stress und Zeitdruck, Erweiterung von Handlungs- und Entscheidungsspielräumen, durch welche das Gefühl der Selbstbestimmung (als motivationale Ressource) gestärkt werden kann, Optimierung der Arbeitsorganisation durch aktive Beteiligung, Verbesserung innerbetrieblicher Kommunikation und Kooperation, wodurch Anerkennung und das Gefühl persönlicher Wertschätzung gesteigert werden kann (Faller, 2010 sowie Bungart, 2010). Zu vermuten ist, dass die ausschließliche Orientierung betrieblichen Handelns an Funktionalität und wirtschaftlicher Effizienz an den mit dem demografischen Wandel sich einstellenden neuen personalpolitischen »Sachzwängen« scheitern wird. Bedenkt man, dass menschliche Arbeitsfähigkeit »ein Produkt der Interaktion von individuellen Ressourcen und der konkreten Arbeitsaufgabe ist« (Ilmarinen, 1999; zit. n. Barkholdt, 2007, S. 120), so könnte eine wichtige Aufgabe darin bestehen, die berufliche »Belastungskarriere« mit Blick auf eine zukünftig verlängerte Lebensarbeitszeit bspw. durch altersgerechte, flexible Arbeitszeitgestaltungen abzufedern, zu denen optional verschiedene Arbeitszeitformen, Arbeitszeit- und Lernzeitkonten, Sabbaticals, Erziehungs-, Pflege- und Bildungsurlaub gehören würden (Barkholdt, 2007).

Prävention im Kindheits- und Jugendalter

Einer lebensgeschichtlich frühzeitigen Aufmerksamkeit für Krankheitsprävention kommt deshalb große Bedeutung zu, weil die Auftretenswahrscheinlichkeit gesundheitlicher Beeinträchtigungen durch individuell variierende Risikofaktoren und Risikokonstellationen, aber auch personale,

soziale, familiale Ressourcen im Lebenslauf beeinflusst wird. Insbesondere im Hinblick auf die sekundäre Prävention sollte bedacht werden, dass jüngeren Untersuchungen zufolge sich unter den 7- bis 10-Jährigen Anzeichen einer Depressionen bei 5,6 %, einer Angststörung bei 6,3 %, eines Aufmerksamkeitsdefizits und einer Hyperaktivitätsstörung bei 6,4 % und Symptome von Störungen des Sozialverhaltens bei 8,7 % fanden (Erhart, Ottava & Ravens-Sieberer, 2010, S. 64). Für die frühe Prävention stellen naturgemäß Familien ein erhebliches Potenzial dar, das in Deutschland – unabhängig von mit der Privatheit verbundenen Hemmschwellen – noch zu wenig ausgeschöpft wird.

Anders verhält es sich bei der Prävention jener mit dem Jugendalter verbundenen gesundheitlichen Risiken, da hier insbesondere die Schule als öffentlicher Raum größere Interventionsmöglichkeiten bietet. Gründe für negatives Gesundheitsverhalten im Jugendalter sind vor allem im gesellschaftlichen Wandel mit Auswirkungen auf familiale Entwicklungsbedingungen des Heranwachsenden (Zuwachs von Alleinerziehenden mit oder ohne weitere Partnerschaft, soziale und lokale Mobilität), wobei bereits in der Kindheit auftretende Probleme der Selbststeuerung ein riskantes Gesundheitsverhalten im Jugendalter begünstigen (Pinquart & Silbereisen, 2010, S. 73). Als Faktoren für ein positives Gesundheitsverhalten haben sich dagegen: hohes Selbstwertgefühl, positive Zukunftserwartungen, Selbstsicherheit und allgemeine soziale Kompetenz auch im Umgang mit Risikosituationen erwiesen. Ansätze der Prävention werden vor allem im Hinblick auf die Bewältigung von Entwicklungsaufgaben des Jugendalters gesehen, weshalb eine (statistisch inzwischen sehr erfolgreiche) Förderung von Lebenskompetenzen einschließlich Selbstregulationsfähigkeiten, aber auch ein Standfestigkeitstraining (mit Blick bspw. auf den durch peers ausgelösten Konsumdruck psychotroper Substanzen) angezeigt sind (Pinquart & Silbereisen, 2010).

Zum Risikoprofil jugendlicher Gesundheit gehört inzwischen in wachsendem Ausmaße fehlgeleitetes Ernährungsverhalten, an dem sich Einflüsse neuer Lebenslaufkonzepte verdeutlichen lassen. Denn gerade in den Ernährungsgewohnheiten eines Teils der jüngeren Generation zeigen sich spezifische Unterschiede – gemessen an Übergewicht oder Fettleibigkeit (als Folge unausgewogener Nahrungszusammensetzung) – im Vergleich mit dem jeweiligen sozioökonomischen Status der Person. Sie bestätigen generalisierbare Erkenntnisse, denen zufolge eine annähernd lineare Beziehung besteht zwischen sozialer Lebenslage und Morbiditätsrisiko. Lineare Beziehungen zwischen bestimmten Ernährungsmustern und sozialem Status reproduzieren sich auch in den sozialen Mustern körperlicher Aktivität, wobei soziale Ungleichheitseffekte sich bis ins Alter verstärken können (Kruse, 2007a, S. 88). Weil sich gemäß der Kumulationshypothese gesundheitlich belastende soziale Ungleichheit über die gesamte Lebensspanne nachteilig auch auf die Leistungsfähigkeit und Unabhängigkeit im Alter auswirkt, bedarf es gezielter Präventionsmaßnahmen.

Gesundheitlich protektive Effekte von Lebensformen des Erwachsenenalters – Beispiel Ehe

Zu den traditionsbewehrt anzustrebenden Lebensformen des Erwachsenenalters gehört beispielsweise die der Ehe, der überdies sozial stabilisierende, persönlichkeitsförderliche, gesundheitlich schützende Wirkungen attestiert werden (Kuhlmey et. al., 2007, S. 271). Dabei müssen allerdings selektive und kausale Einflussfaktoren dieser sich inzwischen zivilrechtlich ausdifferenzierenden Lebensform unterschieden werden. Tatsächlich ist, im Sinne eines selektiven Einflusses, die Heiratswahrscheinlichkeit bei einem schlechten Gesundheitsstatus niedriger als bei einem guten Gesundheitsstatus. Auch ist bei zunehmender Ehedauer eine relative Verbesserung des Gesundheitszustandes der Ehepartner gegenüber Ledigen zu verzeichnen. Jedoch liegt die Erkrankungsrate von Verheirateten nur minimal unter der der Ledigen, während die Gesundungschance deutlich über der der Ledigen liegt. Dafür ist eine größere emotionale und instrumentelle Unterstützung im Krankheitsfall vermutlich ausschlaggebend, wobei hier ein geschlechtsspezifischer Aspekt zu berücksichtigen ist: Die gesundheitliche Verschlechterung bei Männern seit Eheschließung ist etwa vergleichbar mit ihren nicht verheirateten Geschlechtsgenossen. Bei Frauen dagegen ist die gesundheitliche Verschlechterung markanter. Für Unger (2008, S. 447 f.) kann deswegen von einer protektiven Wirkung der Ehe nur mit großen Einschränkungen gesprochen werden, wenn mögliche Selektionseffekte auf den Gesundheitsstatus bei Verheiratung kontrolliert werden. Prognostisch besteht deshalb Unklarheit darüber, ob die sich fortsetzende Zunahme von Ein-Personen-Haushalten, also die Singularisierung von Lebensformen gesundheitlich nachteilig auswirken wird. Bezüglich subjektiver Beschwerden zeigen Singles im Vergleich mit Menschen, die in Partnerschaft mit oder ohne Kind leben, im mittleren Lebensalter (30 bis 64 Jahre), auch unter Berücksichtigung des Geschlechts, keine bemerkenswerten Unterschiede. Allein bezüglich psychosomatischer Belastungen zeigen alleinlebende Frauen in der Altersspanne 30 bis 44 Jahre einen etwas höheren Score als die in Partnerschaft Lebenden, dagegen alleinlebende Männer derselben Altersspanne einen etwas niedrigeren Score im Vergleich mit den in Partnerschaft ohne Kind Lebenden (Lademann & Kolip, 2005, S. 31 ff.). Allein gesundheitsökonomisch ist zu vermuten, dass sich fortsetzende Singularisierung aufgrund fehlender sozialer Unterstützung im Falle von Krankheit und Pflegebedürftigkeit mit Kostensteigerungen einhergehen wird.

Sport als Schnittstelle gesundheitlicher Prävention und kulturindustrieller Zwänge

Bedeutsam für zukünftige Präventionsmaßnahmen dürfte die Tatsache sein, dass der sportlich komplett inaktive Bevölkerungsteil derjenige mit dem höchsten Mortalitätsrisiko ist. Mit präventiven Aspekten sportlicher Betätigung über die gesamte Lebensspanne hinweg werden wir uns abschließend befassen, weil sie zum einen bereits im Kindes- und Jugendalter ein systematisch auszuschöpfendes Potenzial bietet, zum anderen Grund zur Besorgnis besteht, dass gesundheitsschädigende Leistungsansprüche moderner Arbeitskulturen durch sportliche Aktivitäten überkompensiert werden.

Die präventive Bedeutung körperlicher Aktivität wird ersichtlich daran, dass Bewegungsmangel zahlreiche Erkrankungen (Herz-Kreislauf, Osteoporose, bestimmte Krebsformen) zu beeinflussen scheint (Becker & Klein, 2007, S. 287). Sportliche Betätigungen wirken sich positiv, aber nicht allein auf körperliche Gesundheit, sondern auch auf die psychische und soziale Situation des Menschen aus. Dieser Zusammenhang spielt bei neueren beruflichen Anforderungen und Tätigkeitsprofilen, die durch starke nervliche sowie psychische Belastungen mit häufig somatoformen Reaktionsbildungen gekennzeichnet sind, eine wachsende Bedeutung. Bei alledem sollte bedacht werden, dass Gesundheit und Sport komplexe und insofern auch empirisch schwer zu fassende Konstrukte sind, zwischen denen keine einfachen Kausalbeziehungen beschrieben werden können.

Ein Längsschnittvergleich verschiedener Geburtsjahrgänge zeigt, dass sich sportliche Aktivitäten im Lebenslauf verändern. Dabei ist das Alter ein klarer Prädiktor für sportliche Aktivität: Die Sportbetätigung sinkt im Alter zwischen 30 bis 59 Jahren, steigt zwischen 60 und 69 Jahren noch einmal leicht an, um anschließend steil abzufallen (Becker & Klein, 2007, S. 288 f.). Weil aber von einer Invarianz nachlassender sportlicher Betätigung während des Alterns nicht ausgegangen werden kann, sollten biologisch-körperliche Abbauprozesse im Alter als Erklärungshypothese nicht überschätzt werden.

Neuere vergleichende Untersuchungen lassen eine Zunahme sportlicher Aktivitäten in jüngeren Generationen erkennen, wobei hier Kohorteneffekte in der Weise zu beobachten sind, dass lebensgeschichtlich frühes sportliches Engagement sich in vermehrter sportlicher Aktivität im fortgeschrittenen Alter auswirkt (Pahmeier, 2008, S. 170 ff.). Eine Heidelberger Längsschnittstudie (1986 bis 2001) zeigt darüber hinaus im Geschlechtervergleich einen etwas anderen Verlauf bei Frauen: Das Ausgangsniveau der aktiven Frauen ist niedriger, allerdings zwischen dem 30. und 40. Lebensjahr ein leichter Anstieg zu verzeichnen. Dann gleicht sich das Absinken dem der Männer an (Becker & Klein, 2007).

Erklärungshypothesen für wachsende sportliche Betätigungen jüngerer Generationen lauten zum einen: Zunahme postmaterialistischer Wertorientierungen mit größerer Freizeitorientierung. Dazu habe in den letzten Jahrzehnten eine Entwicklung des Sports zur »Kultur« stattgefunden. Dabei ist es allerdings auch zu einem Bedeutungsverlust bestimmter Sportdisziplinen und Trainings mit hochentwickelten körperlichen Bewegungsmustern und -abläufen sowie vielerlei gemeinschaftsstiftender Gruppen-Sportarten zugunsten eines stark individualisierten Fitness-Trainings gekommen mit Assimilation an quasi-tayloristische Bewegungsschemata. Trifft die Beobachtung zu, Fitness mutiere zur Norm einer quasi »staatsbürgerlichen Pflicht« (Kaschuba, 1989, 163; zit. n. Becker & Klein, 2007, S. 290), so wird damit – an historische Studien von Norbert Elias (1976) anknüpfend – die Schraube des Zivilisationsprozesses um eine weitere Windung gedreht. Was ursprünglich im Konzept und Programm des Sports (in seiner nicht nur körperlich ›ertüchtigenden‹, sondern auch gemeinschaftsstiftenden Funktion) allenfalls am Rande vorgesehen war: die Kompensation vor allem berufsbedingter gesundheitlicher Belastungsprobleme, verwandelt sich in eine letztlich leistungsorientierte Zwecksetzung unter neuen Rahmenbedingungen einer sprunghaft entwickelten »Kultur- und Freizeitindustrie« (Kaschuba, 1989, S. 160; zit. n. Becker & Klein, 2007, S. 291). Hinzu kommt, dass besonders gefahrengeneigte Sportarten von Jugendlichen zunehmend praktiziert werden. Insgesamt lassen sich keine eindeutigen Zusammenhänge zwischen sportlicher Betätigung und Beruf erkennen. Dass sportliche Aktivitäten bei Berufsausstieg nicht nennenswert zunehmen, könnte mit der starken kompensatorischen Funktion bei unauffälliger Leistungsorientierung zusammenhängen. Auffällig ist, dass bei gewandelten Altersstereotypen Alterssport vor allem mit Bewegungsaktivitäten in ganz überwiegendem Maße als »Option der Gesundheitsverbesserung und Selbstmedikation« verstanden und als »Identitätsstifter« erlebt wird (Breuer, 2004, S. 66, 64).

15.5 Ausblick

Anzunehmen ist, dass sich der seit den 1970er Jahren einsetzende Wandel von Lebenslaufkonzepten und Lebensstilen fortsetzen, hinsichtlich kohorten- sowie altersspezifischer Besonderheiten auch konsolidieren wird (Wahl, 2003, S. 158). Dafür sprechen anhaltende Verschiebungen im Verhältnis unsicherer, befristeter und ›normaler‹ Beschäftigungsverhältnisse zuungunsten letzter (vgl. Bundesamt für Statistik, 2012). Insofern kann davon ausgegangen werden, dass sich Unsicherheiten von Beschäftigungsperspektiven mit hochgeschraubten Flexibilitätszwängen und wachsender nervlich-psychischer Belastung auf Lebenslagen und Lebenslaufmuster auch mit gesundheitsbelastenden Effekten auswirken werden. Anzunehmen ist auch, dass der Wandel regelhafter Beschäftigungsverhältnisse Spuren in den arbeitskulturellen Grundlagen westlicher Gesellschaften hinterlassen wird. Ob der gegenwärtige Wohlfahrtsstaat mit seinem herkömmlichen Repertoire an Interventionsmöglichkeiten und -instrumenten die Folgen eines einseitigen Musters gesellschaftlicher Rationalisierung wird abfangen und wachsende gesellschaftliche Dynamiken wird steuern können, wird ein Gradmesser politischer Gestaltungsmacht sein.

Auch wenn das Beschäftigungssystem ein Strukturgeber für die weitere Entwicklung von Lebenslaufkonzepten bleiben wird, so werden neue, möglicherweise sogar entscheidende Strukturierungseffekte vom demografischen Wandel bei deutlich steigender Lebenserwartung ausgehen. Ein Prädiktor für Lebensqualität in einer zeitlich gestreckten Altersphase wird dabei wahrscheinlich die zu erwartende Erkrankungshäufigkeit sein. Gegenwärtige Befunde sprechen dafür, dass gewonnene Lebensjahre sehr häufig nicht in Krankheit und Gebrechlichkeit verbracht werden müssen. Ein anderer

Befund ergibt sich bezüglich der Phase der Hochaltrigkeit, welche mit einer besonders stark ansteigenden Prävalenz von Demenzen nicht vor Verlusten schützt. Auch muss ein deutlich besserer Gesundheitszustand nicht automatisch zu einer besseren subjektiven Einschätzung von Gesundheit führen (Wurm & Tesch-Römer, 2006, S. 370 ff.).

Angesichts des demografischen Wandels wird eine große Herausforderung für zukünftige Generationen darin bestehen, inwieweit Möglichkeiten des Vermeidens stark altersassoziierter chronischer Erkrankungen, Multimorbidität sowie körperlicher Funktionseinbußen bereits in einer frühen Phase des Lebenslaufs genutzt werden. Neben einem bereits angesprochenen arbeitskulturellen Wandel könnte sich hier allmählich auch ein in gewissem Grade bereits zu beobachtender soziokultureller Wandel konkreter Lebensentwürfe vollziehen. Ungewiss jedoch ist, wie sich der Trend zunehmend ungesicherter Beschäftigungsverhältnisse auf die Gesundheit auswirken wird; inwieweit sich in diesem Zusammenhang nicht nur neue Formen krankheitsinduzierender »Gratifikationskrisen« (Siegrist) entwickeln, sondern auch Phänomene sozialer Ungleichheit von Gesundheit sich verschärfen könnten und damit jene für moderne Gesellschaften charakteristischen und hoch erwünschten Freiheitsspielräume der Lebensgestaltung als wichtigste Legitimationsressource einengen.

Literatur

Antonovsky, A. (1997). *Salutogenese: Zur Entmystifizierung der Gesundheit.* Tübingen: dgvt-Verlag.

Barkholdt, C. (2007). Altersgerechte Arbeitszeit, Gesunderhalt und späterer Ruhestand. In: Hildebrandt, E. (Hrsg.). *Lebenslaufpolitik im Betrieb. Optionen zur Gestaltung der Lebensarbeitszeit durch Langzeitkonten* (S. 119–131). Berlin: edition sigma.

Becker, S. & Klein, Th. (2007). Altern und Sport – zur Veränderung der sportlichen Aktivität im Lebenslauf. In: Wahl, H.-W. & Mollenkopf, H. (Hrsg.). *Altersforschung am Beginn des 21. Jahrhunderts* (S. 287–305). Heidelberg: AKA Verlag.

Breuer, Chr. (2004). Zur Dynamik der Sportnachfrage im Lebenslauf. *Sport und Gesellschaft.* 1(1). 50–72.

Bröckling, U. (2007). *Das unternehmerische Selbst. Soziologie einer Subjektivierungsform.* Frankfurt/M.: Suhrkamp.

Bundesamt für Statistik (2012). Pressemitteilung. https://www.destatis.de/DE/PresseService/¬ Presse/Pressemitteilungen/2012/07/PD12_¬ 263_132.html (abgerufen am 03.08.2012)

Bungart, J. (2010). Von zunehmender Bedeutung: Unterstützungen bei psychischen Erkrankungen im Betrieb. In: Faller, G. (Hrsg.). *Lehrbuch Betriebliche Gesundheitsförderung* (S. 220–228). Bern: Huber.

Dahrendorf, R. (1992). *Der moderne soziale Konflikt. Essays zur Politik der Freiheit.* Stuttgart: Deutsche Verlagsanstalt.

Davey Smith, G. (2008). Die Bedeutung einer Lebenslaufperspektive für die Erklärung gesundheitlicher Ungleichheit. In: Bauer, U., Bittlingmayer, U. H. & Richter, M. (Hrsg.). *Health Inequalities. Determinanten und Mechanismen gesundheitlicher Ungleichheit* (S. 291–330). Wiesbaden: VS Verlag für Sozialwissenschaften.

Davey Smith, G., Gunnell, D. & Ben-Shlomo, Y. (2001). Life-course approaches to socio-economic differentials in cause-specific adult mortality. In: Leon, D. A. & Walt, G. (eds.). *Poverty, inequality, and health. An International Perspective* (pp. 88–124). Oxford: Oxford University Press.

Elias, N. (1976). Über den *Prozeß der Zivilisation. Soziogenetische und psychogenetische Untersuchungen* (2 Bände). Frankfurt/M.: Suhrkamp.

Erhart, M., Hurrelmann, K. & Ravens-Sieberer, U. (2008). Sozialisation und Gesundheit. In: Hurrelmann, K., Grundmann, M. & Walper, S. (Hrsg.). *Handbuch Sozialisationsforschung*

(7., vollständig überarbeitete Auflage, S. 424–442). Weinheim, Basel: Beltz.

Erhart, M., Ottava, V. & Ravens-Sieberer, U. (2010). Prävention und Gesundheitsförderung im Kindheitsalter. In: Hurrelmann, K., Klotz, Th. & Haisch, J. (Hrsg.). *Lehrbuch Prävention und Gesundheitsförderung.* (3., vollständig überarb. und erw. Auflage, S. 59–69). Bern: Huber.

Faller, G. (2010). Mehr als nur Begriffe: Prävention, Gesundheitsförderung und Gesundheitsmanagement im betrieblichen Kontext. In: Faller, G. (Hrsg.). Lehrbuch *Betriebliche Gesundheitsförderung* (S. 23–33). Bern: Huber.

Fleig, L. & Reuter, T. (2010). Gesundheitsverhaltensänderungen über die Lebensspanne. In: Marie-Luise und Ernst Becker Stiftung (Hrsg.). *Gesundheit, Qualifikation und Motivation älterer Arbeitnehmer – messen und beeinflussen* (S. 86–89). Köln.

Fooken, I. (2009). Lebenslauf und Entwicklungsprozesse aus der Perspektive der Lebensspanne. In: Behnken, I. & Mikota, J. (Hrsg.). *Sozialisation, Biografie und Lebenslauf. Eine Einführung* (S. 154–167). Weinheim, München: Juventa.

Freud, S. (1930). Das Unbehagen in der Kultur. In: Ders. *Studienausgabe,* Bd. IX, hrsg. v. A. Mitscherlich, A. Richards & J. Strachey (S. 197–270). Frankfurt a. M.: Fischer, 1974.

Giddens, A. (1990). *The Consequences of Modernity.* Stanford: Stanford University Press.

Grobe, Th. & Schwartz, F. W. (2003). *Arbeitslosigkeit und Gesundheit. Gesundheitsberichterstattung des Bundes*, Heft 13. Berlin: Robert Koch Institut.

Heller, Th. C. & Wellbery, D. E. (1986). Introduction. In: Heller, Th. C., Sosna, M. & Wellbery, D. E. (Eds.). *Reconstructing Individualism. Autonomy, Individuality, and the Self in Western Thought* (pp. 1–15). Stanford: Stanford University Press.

Homfeldt, H. G. (2009). Jugend und Gesundheit. In: Schulze-Krüdener, J. (Hrsg.). *Lebensalter und Soziale Arbeit* (Bd. 3: Jugend, (S. 149–167). Hohengehren: Schneider.

Huisman, M. (2008). Gesundheitliche Ungleichheit im hohen Lebensalter. In: Bauer, U., Bittlingmayer, U.H. & Richter, M. (Hrsg.). *Health Inequalities. Determinanten und Mechanismen gesundheitlicher Ungleichheit* (S. 359–381). Wiesbaden: VS Verlag für Sozialwissenschaften.

Karsten, H. & Dienel, Chr. (2010). Sicherheit und Gesundheit bei der Arbeit als Politikfeld in Deutschland. In: Faller, G. (Hrsg.). Lehrbuch *Betriebliche Gesundheitsförderung* (S. 312–318). Bern: Huber.

Kaschuba, W. (1989). Sportaktivität: Die Karriere eines neuen Leitwertes. *Sportwissenschaft,* 19, 154–171.

Kohli, M. (2003). Der institutionalisierte Lebenslauf. ein Blick zurück und nach vorn. In: Allmendinger, J. (Hrsg.) *Entstaatlichung und soziale Sicherheit Verhandlungen des 31. Kongresses der Deutschen Gesellschaft für Soziologie in Leipzig 2002* (S. 525–545). Opladen: Leske + Budrich.

Kruse, A. (2007a). Prävention und Gesundheitsförderung im Alter. In: Hurrelmann, K., Klotz, Th. & Haisch, J. (Hrsg.). *Lehrbuch Prävention und Gesundheitsförderung* (2., überarb. Auflage, S. 81–91). Bern: Huber.

Kruse, A. (2007b). Ältere Menschen im »öffentlichen Raum«: Perspektiven einer altersfreundlichen Kultur. In: Wahl, H.-W. & Mollenkopf, H. (Hrsg.). *Altersforschung am Beginn des 21. Jahrhunderts* (S. 345–359). Heidelberg: AKA Verlag.

Kuhlmey, A., Mollenkopf, H. & Wahl, H.-W. (2007). Gesund altern – ein lebenslauforientierter Entwurf. In: Wahl, H.-W. & Mollenkopf, H. (Hrsg.). *Altersforschung am Beginn des 21. Jahrhunderts* (S. 265–274). Heidelberg: AKA Verlag.

Künemund, H. (2000). Gesundheit. In: Kohli, M & Künemund, H. (Hrsg). *Die zweite Lebenshälfte. Gesellschaftliche Lage und Partizipation im Spiegel des Alters-Surveys* (S. 102–123). Opladen: Leske + Budrich.

Lademann, J. & Kolip, P. (2005). *Gesundheit von Frauen und Männern im mittleren Lebensalter. Gesundheitsberichterstattung des Bundes.* Berlin: Robert Koch Institut.

Lampert, Th. (2010). *20 Jahre deutsche Einheit: Gibt es noch Ost-West-Unterschiede in der Gesundheit von Kindern und Jugendlichen?* Berlin: Robert Koch Institut. GBE kompakt 4/2010.

Müller, H.-P. (2009). Lebensstile. Ein neues Paradigma der Differenzierungs- und Ungleichheitsforschung? In: Solga, H., Powell, J & Berger, P.A. (Hrsg.). *Soziale Ungleichheit. Klassische Texte zur Sozialstrukturanalyse* (S. 331–343). Frankfurt/M., New York: Campus.

Murasko, J. E. (2007) A Lifecourse Study on Education and Health: The Relationship between Childhood Psychosocial Resources and Outcomes in Adolescence and young Adulthood. *Social Science Research*, 36, 1348–1370.

Pahmeier, I. (2008). Sportliche Aktivität aus der Lebenslaufperspektive. *Zeitschrift für Gerontologie und Geriatrie, 4,*1, 168–176.

Peter, C. & Richter, M. (2009). Chronische Erkrankungen und Beeinträchtigungen im Kindes- und Jugendalter. In: Schaeffer, D. (Hrsg.). *Bewältigung chronischer Krankheit im Lebenslauf* (S. 297–319). Bern: Huber.

Pinquart, M. & Silbereisen, R. K. (2010). Prävention und Gesundheitsförderung im Jugendalter. In: Hurrelmann, K., Klotz, Th. & Haisch, J. (Hrsg.). *Lehrbuch Prävention und Gesundheitsförderung.* (3., vollständig überarb. und erw. Auflage, S. 70–78). Bern: Huber.

Power, C. & Kuh, D. (2008). Die Entwicklung gesundheitlicher Ungleichheiten im Lebenslauf. In: Siegrist, J. & Marmot, M. (Hrsg.). *Soziale Ungleichheit und Gesundheit: Erklärungsansätze und gesundheitspolitische Folgerungen* (S. 45–76). Bern: Huber.

Rehfeld, U. G. (2006). *Gesundheitsbedingte Frühberentung. Gesundheitsberichterstattung des Bundes.* Berlin: Robert Koch Institut.

Richter, M. (2005). *Gesundheit und Gesundheitsverhalten im Jugendalter. Der Einfluss sozialer Ungleichheit.* Wiesbaden: VS Verlag für Sozialwissenschaften.

Satistisches Bundesamt (2010). *Frauen und Männer in verschiedenen Lebensphasen.* https://www.destatis.de/DE/Publikationen/Thematisch/Bevoelkerung/HaushalteMikrozensus/BroschuereFrauenMaenner00100131090-01.pdf (abgerufen 25.03.2013).

Schneekloth, U. & Wahl, H. W. (Hrsg.) (2005). Möglichkeiten und Grenzen selbständiger Lebensführung in privaten Haushalten (MuG III). *Integrierter Abschlussbericht im Auftrag des Bundesministeriums für Familie,* Senioren, Frauen und Jugend. *München.* http://www.bmfsfj.de/doku/Publikationen/mug/01-Redaktion/PDF-Anlagen/gesamtdokument,property=pdf,bereich=mug,sprache=de,rwb=true.pdf (abgerufen 25.03.2013).

Sennett, R. (1998). *Der flexible Mensch. Die Kultur des neuen Kapitalismus.* Berlin: Berlin Verlag.

Siegrist, J. (1996). *Soziale Krisen und Gesundheit.* Göttingen: Hogrefe Verlag.

Unger, R. (2008). Gesundheit im Lebenslauf. Zur relativen Bedeutung von Selektions- und Kausaleffekten am Beispiel des Familienstandes. In: Bauer, U., Bittlingmeyer, U., Richter, M. (Hrsg.) *Health Inequalities. Determinanten und Mechanismen gesundheitlicher Ungleichheit* (S. 430–451). Wiesbaden: VS Verlag für Sozialwissenschaften.

Wahl, A. (2003). *Die Veränderung von Lebensstilen. Generationenfolge, Lebenslauf und sozialer Wandel.* Frankfurt/M.: Campus.

Weber, A., Hörmann, G. & Heipertz, W. (2007). Arbeitslosigkeit und Gesundheit aus sozialmedizinischer Sicht. *Deutsches Ärzteblatt,* 104(43), A.2957–2962.

Weymann, A. (2008). Fallstudie II: Globalisierung, Lebenslaufpolitik und Erwachsenensozialisiation. In: Abels, H., Honig, M.-S., Saake, I. & Weymann, A. (Hrsg) *Lebensphasen. Eine Einführung* (S. 198–207). Wiesbaden: VS Verlag für Sozialwissenschaften.

Wurm, S. & Tesch-Römer, C. (2006). Gesundheit, Hilfebedarf und Versorgung. In: Tesch-Römer, C., Engstier, H. & Wurm, S. (Hrsg.). *Altwerden in Deutschland. Sozialer Wandel und individuelle Entwicklung in der zweiten Lebenshälfte* (S. 329–383). Wiesbaden: VS Verlag für Sozialwissenschaften.

16 Neue Bildung über den Lebenslauf

Rudolf Tippelt und Johanna Gebrande

Zusammenfassung

Bildung ist nicht gleichzusetzen mit Erziehung: Ist Erziehung die bewusste und intentionale Einwirkung der älteren Generation auf die jüngere im Interesse der Persönlichkeitsentfaltung und der gesellschaftlichen Evolution, so ist Bildung ein lebenslanger Prozess, autonom und selbstgesteuert initiiert, um die gesellschaftliche Teilhabe zu gestalten, um das Humankapital zu fördern und um selbstregulativ eigene Lebensziele zu erreichen. Neue Bildung über den Lebenslauf kann vor dem Hintergrund dieser Basis aber durchaus unterschiedliche Aspekte fokussieren: das »lebensweite Lernen« thematisiert das formale und verpflichtende Lernen in Institutionen, das freiwillige, aber systematische Lernen in non-formalen Angeboten und das alltägliche informelle Lernen. Neue Bildung thematisiert weniger die nachgefragten Qualifikationen des Beschäftigungssystems, sondern analysiert eher die personalen Kompetenzen von Individuen, die selbstverständlich dennoch gesellschaftlich nützlich sind. Und Neue Bildung über die Lebensspanne ist in modernen individualisierten Wissens- und Risikogesellschaften teilnehmerorientiert, weil sie sich an den Lebenswelten und Lebenslagen der Lernenden orientiert. Die Kooperation und Vernetzung von Lerneinrichtungen über die Lebensspanne ist eine Voraussetzung, um den hohen Anforderungen an neue Lernumgebungen entsprechen zu können.

16.1 Einführung

Bildung findet nicht nur in der Schule statt, sondern reicht weit über formalisierte Bildungsangebote hinaus. Dieser Kerngedanke bestimmt seit den 1970er Jahren – gerade auch im Hinblick auf die demografische Entwicklung und die längere Lebenserwartung der Menschen – die bildungspolitische und bildungstheoretische Debatte. Die Anfänge dieser Debatte lassen sich zurückverfolgen bis in die 1970er Jahre, als aufgrund sozialer, politischer, ökonomischer und kultureller Forderungen erstmals ein Konzept des Lebenslangen Lernens vorgestellt wurde (vgl. Kraus, 2001). Danach nahm das Interesse an dem Thema deutlich ab und erfuhr erst Mitte der 1990er Jahre eine zweite vitale Phase, die im Oktober 2000 in der Verabschiedung des Memorandums über Lebenslanges Lernen mündete, das seither die Grundlage für verschiedene Ansätze und Aktivitäten zur Ausgestaltung eines europäischen Bildungsraums und zur Umsetzung der Postulate Lebenslangen Lernens bildet (vgl. Europäische Kommission, 2000). Die Bund-Länder-Kommission (2004) definierte Lernen »als konstruktives Verarbeiten von Informationen und Erfahrungen zu Kenntnissen, Einsichten und Kompetenzen« (S. 13), das in einer Vielzahl von Settings stattfinden kann: Nach diesem Verständnis sollen Bildungsprozesse »das Lernen für alle ermöglichen und selbst gesteuertes, selbstbestimmtes und kreatives Lernen initiieren« (Tippelt, 2007, S. 444). Bildung ist als ganzheitlicher Prozess zu verstehen, der sowohl die verschiedenen Lebenswelten einschließt als auch die kognitiven und motivationalen Voraussetzungen des Einzelnen für den Lernprozess berücksichtigt.

Gerade die aktuellen Herausforderungen in der Berufs- und Arbeitswelt, wie die Globalisierung, der technologische und arbeitsorganisatorische Wandel und die damit verbundene Verkürzung der Halbwertszeit von Wissen, erhöhen die Bedeutung von Bildung und Weiterbildung: Das einmal in der Schule oder der Ausbildung Gelernte wird nicht mehr genügen, um den sich ändernden beruflichen Anforderungen gewachsen zu sein, sodass das kontinuierliche Weiterlernen während des ganzen Lebens unersetzlich wird, um angemessen auf diese Veränderungen und Herausforderungen reagieren zu können (vgl. Alheit & Dausien, 2010; Herzberg & Truschkat, 2009). Dadurch entstehen unterschiedliche, nicht mehr linear verlaufende (Berufs-)Biografien, die individuell flexible Lernmöglichkeiten erfordern, sodass sich Lernen und Bildung an die Lebenswelten und -lagen der Menschen anpassen müssen. Die Orientierung von Lernen und Bildung an den jeweiligen Interessen und Bedarfen der Zielgruppen ermöglicht es schließlich, dass

einzelne Lebensphasen durch Bildungsmaßnahmen sinnvoll begleitet werden können (vgl. Barz & Tippelt, 2009).

Vor diesem Hintergrund haben in den letzten Jahren verschiedene Ansätze des Lernens über den Lebenslauf an Bedeutung gewonnen. In diesem Beitrag sollen bestimmte Aspekte fokussiert und im Hinblick auf ihren Einfluss auf das Bildungsverhalten diskutiert werden. Obwohl formale Bildungsprozesse immer noch den stärksten Einfluss auf spätere Berufs- und Karrierechancen haben, rücken non-formale und informelle Lernprozesse in das Blickfeld der Forschung. So wird im international einflussreichen Adult Education Survey (AES) speziell nach der Beteiligung an non-formalen Weiterbildungsmaßnahmen gefragt. Andererseits werden seit der PISA-Studie 2000, die im internationalen Vergleich die Kompetenzen der 15-Jährigen insbesondere beim Lesen, in der Mathematik und in den naturwissenschaftlichen Domänen analysierte, verstärkt die frühkindliche Bildung untersucht, weil man besonders die frühen (informellen) Lernerfahrungen als maßgeblich prägend für das weitere Lernen im Lebenslauf herausstellte. Bildung und Lernen sind allerdings nicht nur in der frühen Lebensphase, sondern gerade bis ins hohe Alter möglich. Angesichts der steigenden Lebenserwartung und den daraus resultierenden Anforderungen ist eine kontinuierliche Bildung nötig, um an der sich permanent wandelnden Welt partizipieren zu können. Im Folgenden werden daher auch Ergebnisse zur Bildung(sbeteiligung) in dieser Lebensphase vorgestellt. Bildungsdaten für die Älteren liefern der AES, die EdAge-Studie[46] sowie die an PIAAC angeschlossene CiLL-Studie[47].

---

46 Forschungsprojekt zu Bildungsverhalten und -interessen Älterer am Lehrstuhl für Allgemeine Pädagogik und Bildungsforschung der LMU München (Tippelt et al., 2009).
47 Das Forschungsprojekt CiLL – Competencies in Later Life wird als Ergänzungsstudie zum Programme for the International Assessment of Adult Competencies durchgeführt

16.2 Formale, non-formale und informelle Bildungsprozesse

Gerade aus pädagogischer Perspektive ist die Auseinandersetzung mit den verschiedenen Lernformen für das Konzept des Lebenslangen Lernens von großer Bedeutung (vgl. Herzberg & Truschkat, 2009), da formale Strukturen[48] oft nicht mehr ausreichen, um auf das Leben vorzubereiten, wie Overwien (2005, S. 340) feststellt: »Unbestreitbar ist allerdings, dass sich Bildungsprozesse verändern und eigenaktives Lernen eine wachsende Bedeutung erhält«. Beim Lernen über den Lebenslauf spielen das informelle Lernen, das Erfahrungslernen und das biografische Lernen eine wichtige Rolle (vgl. a.a.O.), da Lernen häufig außerhalb von Institutionen in Peerbeziehungen, am Arbeitsplatz (Learning on the Job) oder im Rahmen eines ehrenamtlichen Engagements »nebenbei« stattfindet: Immer dann, wenn Menschen herausgefordert sind, sich neuen Situationen und Herausforderungen zu stellen, wird Lernen möglich. Informelles Lernen weist dabei folgende Merkmale auf: Es findet außerhalb organisierter Lernsettings statt, ist nicht bewusst, zufällig, beiläufig, und die selbstständige Aneignung (auch während Arbeits- und Alltagsroutinen) spielt eine entscheidende Rolle (vgl. a.a.O). Eine umfassende Definition hat die Europäische Kommission (2001, S.33) formuliert: Informelles Lernen ist demnach »Lernen, das im Alltag, am Arbeitsplatz, im Familienkreis oder in der Freizeit stattfindet. Es ist (in Bezug auf Lernziele, Lernzeit oder Lernförderung) nicht strukturiert und führt üblicherweise nicht zur Zertifizierung. Informelles Lernen kann zielgerichtet sein, ist

jedoch in den meisten Fällen nicht intentional (oder inzidentell/beiläufig)«. Natürlich wird auch in Bildungsinstitutionen außerhalb des eigentlichen Lehrplans informell gelernt. Ein wichtiger Aspekt für erfolgreiches selbstgesteuertes informelles Lernen ist nach Overwien (2005) die Reflexionsfähigkeit: Diese wird für das informelle Lernen benötigt, um sich selbst, das eigene Handeln und die eignen Aneignungsprozesse zu hinterfragen und diese gegebenenfalls modifizieren zu können.

Die Bedeutung informellen Lernens, das verstärkt am Arbeitsplatz stattfindet, nahm in den letzten Jahren deutlich zu. Das Lernen im Beruf ist zu einem wichtigen und unersetzlichen Vorgang geworden, da gerade das Einüben von Fertigkeiten im Berufsalltag und das Ausbilden von Routinen meist direkt am Arbeitsplatz stattfindet und theoretisches Wissen in tatsächliches Können transferiert wird. Dieses informelle Lernen zieht sich durch das ganze Berufsleben hindurch und ist nicht nur auf den Anfang beschränkt – Jobwechsel, neue Aufgaben oder Veränderungen in Organisation und Abläufen (aber auch Material oder Methoden) erfordern eine Anpassung der Fähigkeiten, welche häufig nicht in organisierten Weiterbildungen erworben, sondern im Arbeitsalltag gelernt werden. »Die Gestaltung des Arbeitsplatzes und die mit ihm verbundenen Aufgaben geben dabei die Möglichkeiten und Grenzen des Lernens und des Aufbaus beruflicher Handlungskompetenz vor« (Schmidt, 2010, S.669). Baethge und Baethge-Kinsky (2004) stel-

---

48 »Formales Lernen: Lernen, das üblicherweise in einer Bildungs- oder Ausbildungseinrichtung stattfindet, (in Bezug auf Lernziele, Lernzeit oder Lernförderung) strukturiert ist und zur Zertifizierung führt. Formales Lernen ist aus der Sicht des Lernenden zielgerichtet« (Europäische Kommission, 2001, S.33).

len in ihrer repräsentativen Studie zum Lebenslangen Lernen fest, dass auch beim Lernen am Arbeitsplatz durch Vorbildung und bestehende Lernerfahrungen Bildungsungleichheiten verstärkt werden können, da qualifiziertere Arbeitskräfte häufig auch günstigere Lernbedingungen am Arbeitsplatz vorfinden. Zu den non-formalen und informellen Lernformen am Arbeitsplatz zählen unter anderem die Lektüre von Fachliteratur, das Einüben neuer Abläufe, die Handhabung von Computersoftware, die Teilnahme an Kongressen und Tagungen und nicht zuletzt der (intergenerative) Austausch mit Kollegen.

Der Erfolg informellen Lernens liegt vor allem darin begründet, dass Bildungsprozesse direkt in die Ausführung einer Handlung integriert sind und somit das Erlernte gleich angewendet und auf seine Brauchbarkeit hin überprüft wird. Dieser Aspekt soll zunehmend auch in formalen Lernsettings genutzt werden, indem das sogenannte situierte Lernen gefördert wird, das den Anspruch hat, möglichst reale Anwendungssituationen im Unterricht zu simulieren, die die Möglichkeit zur Umsetzung des Gelernten bieten (vgl. Gruber, 2009). Dadurch soll vermieden werden, dass sich bei den Lernenden lediglich träges Wissen anhäuft, das im Berufsleben nicht abgerufen und angewendet werden kann. Hierbei ist der Einsatz neuer Medien besonders geeignet, um praxisnahe Situationen zu erzeugen, anhand derer Wissen und Fertigkeiten erprobt werden können (vgl. Scharnhorst & Arn, 2011).

Nach Abschluss der schulischen und beruflichen Erstausbildung spielt vor allem die non-formale Weiterbildung für das Lebenslange Lernen eine wichtige Rolle. Das nonformale Lernen ist außerhalb des formalen Bildungssystems organisiert, d. h., es ist intentional und freiwillig. Das Lehrpersonal unterstützt den Lernprozess meist anhand eines (nicht standardisierten) Curriculums und die Lernphasen sind deutlich kürzer

als bei formalen Bildungsgängen; auch der Erwerb von Zertifikaten ist teilweise möglich (vgl. Overwien, 2005). Die Europäische Kommission definiert non-formales Lernen als »Lernen, das nicht in Bildungs- oder Berufsbildungseinrichtungen stattfindet und üblicherweise nicht zur Zertifizierung führt. Gleichwohl ist es systematisch (in Bezug auf Lernziele, Lerndauer und Lernmittel). Aus Sicht der Lernenden ist es zielgerichtet« (Europäische Kommission, 2001, S. 35).

Im Rahmen des Adult Education Survey (AES) werden regelmäßig die Lernaktivitäten, der Bildungshintergrund, die Lebens- und Erwerbssituation sowie Motive und Barrieren für die Teilnahme an Weiterbildungen der deutschen Bevölkerung im internationalen Vergleich erhoben. Im Folgenden werden die wichtigsten Ergebnisse der letzten Erhebung von 2010 vorgestellt, um einen Überblick über die aktuelle Situation der Weiterbildungsbeteiligung in Deutschland zu geben (vgl. Bilger & Rosenbladt, 2011). Insgesamt nahmen laut der Umfrage von 2010 42 % der 18- bis 64-Jährigen im Laufe des letzten Jahres an Weiterbildung teil. Für die Motivation, an einer Weiterbildungsveranstaltung teilzunehmen, spielt der Beruf eine entscheidende Rolle: 80 % der Befragten geben an, dass sie die Weiterbildung aus beruflichen Gründen besucht haben. Ebenso sind 81 % vor dem Beginn der Weiterbildungsveranstaltung erwerbstätig. Berücksichtigt man den bisherigen Lebenslauf der Weiterbildungsteilnehmenden, zeigt sich ein gravierender Einfluss von Bildungshintergrund, Alter und Erwerbsstatus. Die Schulbildung stellt sich als bedeutsamer Prädiktor für eine spätere Beteiligung an Weiterbildung heraus, da 56 % der Personen mit hohem formalen Bildungsabschluss an Weiterbildung teilnehmen, während es bei Personen mit niedrigem formalen Bildungsabschluss nur 27 % sind. Eine ähnliche Tendenz zeigt sich beim beruflichen Bildungsabschluss. »Während im Bereich der betrieblichen Weiterbildung der Zusammenhang mit der beruflichen Qualifikation stärker ausgeprägt ist, ist im Bereich der nicht-berufsbezogenen Weiterbildung der Zusammenhang mit dem schulischen Bildungshintergrund deutlicher« (Bilger & Rosenblatt, 2011, S. 30). Die Weiterbildungsbeteiligung liegt mit Blick auf das Alter bei den 18- bis 59-Jährigen bei 40 % bis 49 %. Am stärksten partizipiert die Altersgruppe der 40- bis 49-Jährigen an Weiterbildungsveranstaltungen. Deutlich geringer ist die Teilnahme bei den 60- bis 64-Jährigen (27 %), jedoch haben wir bei dieser Altersgruppe die mit Abstand stärksten Zuwächse (2010 im Vergleich zu 2007 um fast 10 % höher). Besonders auffällig ist dies bei den erwerbstätigen älteren Erwachsenen (60 bis 64 Jahre), die zu 40 % an Weiterbildung beteiligt sind; das ist fast so viel wie in der jüngsten Altersgruppe (18 bis 24 Jahre, 41 %). Jede zweite erwerbstätige Person (49 %) besucht im Laufe eines Jahres eine Weiterbildungsmaßnahme, bei der betrieblichen Weiterbildung waren es 36 %. Wie auch schon 2007 sind Beamte die häufigsten Weiterbildungsteilnehmer (73 %), gefolgt von den Angestellten (55 %) und den Selbstständigen (46 %). Die geringste Beteiligungsquote ergab sich bei den Arbeitern (29 %). Hinsichtlich der beruflichen Position zeigte sich, dass gut ausgebildete Personen auf Führungsebene zu 70 % an Weiterbildung partizipieren, bei den Fachkräften sind es 54 % und bei den geringer qualifizierten, un-/angelernten Arbeitern ein Drittel. Die Teilnahme an betrieblicher Weiterbildung nimmt dabei allgemein mit steigendem Einkommen zu (vgl. Bilger & Rosenblatt, 2011).

Diese Daten zeigen, dass sich vor allem gut Qualifizierte in hohen beruflichen Positionen im Alter zwischen 40 und 50 Jahren weiterbilden. Dies macht wiederum deutlich, dass Bildungsdisparitäten durch Weiterbildung nur begrenzt ausgeglichen werden können, da gerade Geringqualifizierte deutlich seltener in der Weiterbil-

dung anzutreffen sind (vgl. Schmidt, 2010). Ein Grund hierfür liegt darin, dass sich die prägenden schulischen Lernerfahrungen im weiteren Lebenslauf eher potenzieren als aufweichen: So werden vor allem dann Weiterbildungen besucht, wenn positive Bildungserfahrungen in der Schule gemacht wurden (vgl. Alheit & Dausien, 2010). Der Versuch, durch Marketingmaßnahmen Weiterbildungsferne zu erreichen, gelingt nur bedingt, wobei »sich das Milieumodell als Ausgangspunkt für eine adressatenorientierte Gestaltung von Bildungsangeboten bewährt hat« (Schmidt, 2010, S.662; vgl. Barz & Tippelt, 2009).

Auch wenn die Prämissen des Lebenslangen Lernens eine stärkere Anerkennung und Anrechenbarkeit von Lernergebnissen aus non-formalen und informellen Bildungsprozessen fordern und deren Bedeutung bekannt ist, ist die formale Schul- und Ausbildung immer noch die entscheidende Selektionsinstanz und ausschlaggebend für die spätere Berufslaufbahn, Karrierechancen und das (Weiter-)Bildungsverhalten: Denn schulische Leistungen und Schulabschlüsse sind notwendige, aber nicht hinreichende Bedingung für beruflichen Erfolg (vgl. Tippelt, 2006). Obwohl neue Qualifikationswege (zweiter Bildungsweg) das Nachholen von Bildungsabschlüssen ermöglichen sollen, ist diese Durchlässigkeit nicht für jeden möglich. So ist auch weiterhin die berufliche Erstplatzierung meist für den späteren beruflichen Lebenslauf entscheidend (vgl. Alheit & Dausien, 2010).

Im mittleren und höheren Alter zeigen sich mittlerweile die Auswirkungen der Bildungsexpansion der 1960er und 70er Jahre. Denn diese Altersgruppen haben häufig einen besseren Schul- und Berufsabschluss als die Generationen vor ihnen. Durch ihren längeren Verbleib in der schulischen und beruflichen oder akademischen Ausbildung sind sie an Lernen gewöhnt und bilden sich daher auch während der Erwerbstätigkeit kontinuierlich weiter. Es zeigt sich eine steigende Nachfrage in der Erwachsenenbildung, nicht nur im beruflichen Kontext. Hervorzuheben ist auch, dass heute Angebote der beruflichen Weiterbildung von älteren Erwerbstätigen häufiger nachgefragt werden, weil vordringlich

Ältere ihre Erwerbsquote sehr stark steigerten. Gerade auch den Frauen kam die Bildungsexpansion zu Gute. Sie erreichen seitdem immer bessere Bildungsleistungen und nehmen auch stärker an beruflicher Weiterbildung teil.

16.3   Orientierung an Kompetenzen

Eng mit dem Lebenslangen Lernen verbunden ist die Orientierung an Kompetenzen, die eine Person im Laufe ihres Lebens erworben hat. Dabei stehen im Vordergrund nicht mehr nur formal erworbene Bildungsabschlüsse, sondern zunehmend auch das, was eine Person weiß, kann und in der Lage ist zu tun, ohne dass damit ein bestimmter Lernort, eine Lernform oder ein Abschluss verbunden sein muss. Bisher liegt keine allgemeingültige Definition von Kompetenz vor. Die Bund-Länder-Kommission (BLK) macht in ihrem Strategie-Papier für Lebenslanges Lernen den Bezug zum Lebenslauf jedoch deutlich: »Auch das nachschulische Weiterlernen zielt wesentlich auf die Entwicklung von Kompetenzen zur Bewältigung von praktischen Lebens- und Arbeitsanforderungen. Die Ausrichtung auf Kompetenzentwicklung muss daher für die Förderung Lebenslangen Lernens in der gesamten Lebensspanne maßgebend sein« (BLK, 2004, S. 15). Gegenüber dem Begriff der Qualifikation ist der Kompetenzbegriff damit deutlich weiter gefasst. Nicht nur beruflich verwertbare Kompetenzen im Sinne der Förderung der Beschäftigungsfähigkeit spielen eine Rolle, sondern auch Kompetenzen, die zur Persönlichkeitsentwicklung und zur gesellschaftlichen Teilhabe beitragen. Damit entfaltet die Kompetenzorientierung ihre Bedeutung für die Lebenslaufforschung: Die Kompetenzen, die Menschen im Laufe ihres Lebens über

unterschiedliche Wege und in unterschiedlichen Bereichen, wie dem Bildungsbereich, der Arbeit, der Freizeit und der Familie erwerben, beeinflussen ihre eigene Entwicklung und Bildung. Gerade die Auflösung traditioneller Lebens- und Berufsverläufe erfordern immer wieder aufs Neue eine Auseinandersetzung mit dem eigenen Wissen und Können und eine Anpassung dieser Kompetenzen an die gegenwärtige (und zukünftige) Lebenssituation (vgl. Gnahs, 2010).

In den letzten Jahren wurden zunehmend Verfahren und Instrumente entwickelt, um Kompetenzen zu erfassen und sichtbar zu machen. Ein Beispiel hierfür ist der vom Deutschen Institut für Erwachsenenbildung (DIE), dem Deutschen Institut für Internationale Pädagogische Forschung (DIPF) und dem Institut für Entwicklungsplanung und Strukturforschung an der Universität Hannover (ies) entwickelte ProfilPASS (vgl. Seidel, 2010). Dieser ist ausgelegt auf die Eruierung und Anerkennung von Kompetenzen, die eine Person im Laufe ihres Lebens erworben hat. Dahinter steht die Annahme, dass sich die Menschen ihrer Kompetenzen häufig nicht bewusst sind und sie daher weder entwickeln noch zielführend einsetzen können. Ziel des ProfilPASS ist es, dass sich eine Person ihrer Stärken bewusst wird, sie über den ProfilPASS sichtbar macht, um sie anschließend auch für andere (z. B. das Unternehmen) transparent darzustellen. Die Kompetenzen werden anhand eines Rückblicks auf das bisherige Leben und die darin gemachten Erfahrungen, die gesammelten Kenntnisse und Fertigkeiten in Bildungseinrichtungen, Familie und Freizeit festgestellt. Der ProfilPASS »ist offen für alle biografischen Stationen und möglichen Ergänzungen« (Seidel, 2010, S. 20). Die Reflexion von Ereignissen im Lebenslauf spielt somit die entscheidende Rolle bei der Beschreibung der eigenen Kompetenzen. Der ProfilPASS soll als »lebensbegleitendes Instrument« (a. a. O., S. 17) die weitere Biografie reflexiv zugänglich machen und entsprechend angepasst und erweitert werden können. Damit verfolgt der ProfilPASS einen entwicklungsorientierten Ansatz, d. h., der Lebenslauf und die Entwicklung des Menschen stehen im Vordergrund (vgl. a. a. O.). Ein ebenfalls wichtiger Bestandteil der Erstellung und Erarbeitung des ProfilPASS ist die professionelle Beratung, die die Reflexionsprozesse und die Kompetenzformulierung begleiten.

Ein weiteres Werkzeug, Kompetenzen darzustellen und zu bewerten, ist der Deutsche Qualifikationsrahmen für Lebenslanges Lernen (DQR). Während der ProfilPASS auf das einzelne Individuum und seine Kompetenzen ausgerichtet ist, sollen durch den DQR Kompetenzen zusammengefasst werden und über die Einsortierung auf einer hierarchisch gegliederten achtstufigen Skala zur Transparenz zwischen unterschiedlichen Kompetenzniveaus beitragen. Mit dem DQR wurde erstmals der Versuch unternommen, Bildung in Form von Kompetenzbeschreibungen sichtbar und vergleichbar zu machen. Ziel ist es, die Transparenz zwischen unterschiedlichen Bildungsformen zu erhöhen und gleichzeitig die Vergleichbarkeit und Durchlässigkeit, vor allem zwischen beruflichen und akademischen Bildungsgängen, zu erhöhen (vgl. Arbeitskreis DQR, 2011). Bisher werden im DQR allerdings nur formal erworbene Qualifikationen abgebildet. Non-formale

und informelle Kompetenzen, die zum Beispiel durch Weiterbildung in Verbänden und Vereinen oder im Ehrenamt erworben wurden, werden noch unzureichend berücksichtigt. Diese Lücke soll jedoch in zukünftigen Arbeitsschritten geschlossen werden.

Neben Verfahren zur individuellen Kompetenzdiagnostik werden Kompetenzen in internationalen Vergleichsstudien erfasst, um Aussagen über Kompetenzen bestimmter Personengruppen treffen zu können. Dabei wird der Blick nicht mehr nur auf das Schulalter gelegt, sondern das Erwachsenenalter rückt ebenfalls in den Fokus. Die derzeit aktuellste Studie ist das Programme for the International Assessment of Adult Competencies (PIAAC). Erfasst werden hier die Alltagskompetenzen von Erwachsenen im Alter von 16 bis 65 Jahren in den Bereichen Lesekompetenz, alltagsmathematische Kompetenz und Problemlösekompetenz im Kontext neuer Technologien. Die Studie wurde von der OECD initiiert und in 25 Ländern durchgeführt. Die Datenerhebung dauerte von Herbst 2011 bis Frühjahr 2012 und die Auswertung erfolgt bis Oktober 2013 (vgl. GESIS, 2012). Um auch das höhere Erwachsenenalter zu berücksichtigen und das Bildungsverhalten der älteren Mitglieder unserer Gesellschaft in den Blick nehmen zu können, führen das Deutsche Institut für Erwachsenenbildung in Bonn und der Lehrstuhl für Allgemeine Pädagogik und Bildungsforschung der Ludwig-Maximilians-Universität München derzeit eine Ergänzungsstudie (Competencies in Later Life – CiLL) für die Erwachsenen im Alter von 66 bis 80 Jahren durch, wobei das gleiche Instrumentarium wie bei der PIAAC Hauptstudie zum Einsatz kommt. Zusätzlich zu den quantitativen Kompetenztests wurden bisher 42 qualitative Fallstudien durchgeführt, die einen Einblick in die Lebenswelt der Befragten erlauben und Rückschlüsse auf deren Kompetenzentwicklung ermöglichen. Erste Ergebnisse zeigen, dass auch ältere Menschen ihr Leben aktiv gestalten, sie gehen verschiedenen Freizeitaktivitäten nach, engagieren sich ehrenamtlich und unterstützen Angehörige. Sie verfügen über verschiedene Kompetenzen, die sie bewusst oder nicht bewusst bei unterschiedlichen Gelegenheiten (z. B. bei der Betreuung der Enkelkinder oder bei der Ausübung eines Hobbies) einsetzen. Auch das Weiterbildungsverhalten ist bei solch aktiven Personen stärker ausgeprägt. Deutlich wird bei verschiedenen Personen im Alter von über 66 Jahren, dass die schulische Bildung – im Gegensatz zur Situation der aktuell Erwerbstätigen – nur einen geringen Einfluss auf den späteren Karriereverlauf und das Bildungsverhalten hat. In den 1950er und 60er Jahren hatten auch Personen mit niedriger Schulbildung die Möglichkeit, die berufliche Karriereleiter bis zum Meister zu erklimmen, wodurch die Teilnahme an Weiterbildung auch für diese Personengruppe interessant war. Es finden sich in den Daten genügend Belege dazu, dass Lernen in dieser Altersgruppe stark auf informellem Wege geschieht und dabei der Austausch mit Familienmitgliedern, Arbeitskollegen und Freunden die wichtigste Rolle spielt.

16.4 Bildung in der frühen Kindheit und im hohen Alter

Die eben vorgestellten Studienergebnisse und das Konzept des Lebenslangen Lernens machen vor allem eines deutlich: Bildung wird entgrenzt durch die Erweiterung auf die Zeit vor und nach dem allgemein- und berufsbildenden Schulbesuch. Die Schule als klassische Bildungsinstitution und auch die berufliche Weiterbildung sind zwar seit vielen Jahren die Grundpfeiler der Bildung; gleichwohl gewannen in den vergangenen Jahren unter anderem durch das Memorandum des lebenslangen Lernens (siehe oben) die Bildung in der frühen Kindheit und dem (hohen) Alter zunehmend an Bedeutung.

Bildungspläne für Kindertageseinrichtungen, Weiterbildungs- und Qualifizierungsangebote für Erzieherinnen und Erzieher und die Akademisierung der Ausbildung frühpädagogischer Fachkräfte sind Zeichen einer wachsenden Aufmerksamkeit, die der frühen Bildung gewidmet wird. Diese frühen Bildungserfahrungen sollen bei den Kindern die Lust am Lernen und die Neugier auf Neues, Exploration und Kreativität fördern und damit den Grundstein legen für spätere Lern- und Bildungsprozesse. Es geht also darum, Lernmotivation und Lernfähigkeit als Grundlage für erfolgreiche Bildungsprozesse über die Lebensspanne zu schaffen. Ein anregendes Lernumfeld ist somit für die frühkindliche Bildung unersetzlich.

Frühkindliche Bildung hat das Ziel, Chancenungleichheiten entgegenwirken. Stamm (2010) zeigt, dass frühkindliche Bildung, Betreuung und Erziehung hierfür unerlässlich sind. So macht sie an verschiedenen Beispielen deutlich, dass sich »Investitionen in den Vorschulbereich aufgrund ihrer hohen Bildungsrenditen lohnen« (Stamm, 2010, S. 22). Sie erläutert, dass die Ergebnisse der PISA-Studie aus anderen Ländern zeigen, dass Maßnahmen der Frühförderung durchaus Einfluss auf die Leistungen der 15-Jährigen in Lesen, Mathematik und Naturwissenschaften haben können. Besonders (sozial) benachteiligte Kinder profitieren von Bildung im Vorschulbereich. Sie erhalten so die Chance, herkunftsbedingte Ungleichheiten auszugleichen und positive Erfahrungen mit Lernen und Bildung zu sammeln. Bildungsmaßnahmen von hoher Qualität sind in der Lage, den weiteren Lebenslauf positiv zu beeinflussen, denn Kinder, die eine solche Bildung erfahren haben, »brauchen weniger sonderpädagogische Stützmaßnahmen, müssen seltener Klassen wiederholen und zeigen später auch weniger abweichendes und delinquentes Verhalten« (Stamm, 2010, S. 23). Schulleistungen haben noch immer am meisten Vorhersagekraft für nachfolgende Ausbildungen, berufliche Werdegänge und damit verbundene Lebenschancen. Die diesbezügliche Forschung hat gezeigt, dass sich sowohl Lernmotivation und -interessen als auch Lernbarrieren und -probleme bereits in der Kindheit ausbilden und über den Lebenslauf manifestieren. Zusammenfassend stellt Stamm heraus: »Frühkindliche Bildungsprogramme können einen markanten Beitrag zum späteren Schulerfolg leisten« (S. 213), denn besonders benachteiligte Kinder profitieren von fördernden Bildungsmaßnahmen.

Wie verhält es sich jedoch mit der Bildung im späten Lebensalter? Wie im Konzept des Lebenslangen Lernens bereits dargestellt wurde, enden Bildung und Lernen nicht mit dem Austritt aus dem Erwerbsleben. Auch in der Nacherwerbsphase werden ältere Menschen mit neuen Herausforderungen konfrontiert, die Lernbereitschaft erfordern. So hat sich gezeigt, dass Veränderungen durch den Eintritt in den Ruhestand durch Weiterbildungsmaßnahmen sinnvoll und hilfreich begleitet werden können. Es wurde bereits darauf hingewiesen, dass die Beteiligung an Weiterbildung stark von früheren Bildungs- und Lernerfahrungen abhängt.

»Personen, die in zurückliegenden Lebensjahrzehnten beruflich und außerberuflich mit Weiterbildungseinrichtungen nicht in Berührung kamen (häufig durch ihren beruflichen Status bedingt), entwickeln große Schwellenängste und stehen auch im Alter nach dem Ausscheiden aus dem Beruf den Möglichkeiten der Weiterbildung skeptisch gegenüber […] Eine gute Altersprophylaxe besteht darin, bereits in früheren Jahren durch herausfordernde berufliche Arbeitszusammenhänge eigene Bildungsinteressen kontinuierlich wach zu halten« (Tippelt, 2006, S. 104).

Ältere sind vor allem auch dann in Weiterbildungen zu finden, wenn sie ihre Freizeit aktiv gestalten, Sport treiben, einem Ehrenamt oder Hobby nachgehen, soziale Kontakte pflegen sowie am kulturellen und gesellschaftlichen Leben teilnehmen. Die Grundlagen hierfür werden häufig schon während früherer Lebensphasen gelegt (vgl. Tippelt & Schmidt-Hertha, 2010). Die Daten des AES zeigen, dass in der Altersgruppe der 50- bis 64-Jährigen die Weiterbildungsteilnahme deutlich zurückgeht. Das Forschungsprojekt EdAge der LMU München hat – in der AES-Erhebung 2007 – den Fokus auf die 65- bis 80-Jährigen erweitert (vgl. Tippelt, Schmidt & Kuwan, 2009). Von diesen nehmen nur mehr 12 % an organisierter Weiterbildung teil. Betrachtet man jedoch die Formen informellen Lernens, dann bilden sich 27 % der 65- bis 80-Jährigen weiter (vgl. Tippelt, Schmidt & Kuwan, 2009). Dies macht die Bedeutung informeller Lernprozesse im Alter deutlich. Sehr häufig – das zeigen auch die Ergebnisse aus dem CiLL-Projekt – finden diese im Austausch mit Familienmitgliedern statt.

Die Verbindung zwischen dem Lernen in der frühen Kindheit und im späten Erwachsenenalter bildet das intergenerative Lernen. Dies stellt für alle Altersgruppen eine wichtige Komponente über den gesamten Lebenslauf dar. Es ermöglicht die Auseinandersetzung mit einer anderen Generation sowie die Weitergabe von Wissen und Erfahrung (vgl. Alheit & Dausien, 2010). War das Lernen in der vormodernen Zeit noch selbstverständlich als »sozialisatorisches Lernen« zur Übertragung von Wissen der Älteren auf die Jüngeren in den Lebenszusammenhang eingebunden (vgl. Hof, 2009), leben die Generationen heute deutlich getrennter und es müssen erst Orte geschaffen werden, die intergeneratives Lernen ermöglichen. Gerade in Familien wird der intergenerative Austausch stetig geringer, da die zunehmende Mobilität vieler Familien rein räumlich zu einer Entfernung zwischen Großeltern, Eltern und Enkeln führen kann. Auch die Singularisierung und die Zunahme von Ein-Kind-Familien führen in der nächsten Generation dazu, dass Kinder auf erwei-

terte Verwandtschaftsverhältnisse (z. B. Onkel und Tanten) verzichten müssen, womit sich der intergenerative Austausch häufig auf die Kernfamilie beschränkt. Verschiedene Bildungsprogramme versuchen, diesem Trend entgegen zu wirken, indem z. B. Ältere (»Omas« und »Opas«) in Kindertageseinrichtungen den Kindern vorlesen. In der Weiterbildung werden dazu beispielsweise gezielt altersgemischte Lerngruppen gebildet oder in Betrieben die Bildung altersheterogener Teams gefördert.

16.5   Ausblick

Für eine alternssensible Pädagogik ist besonders relevant, dass die Lebenslaufperspektive den verengenden Blick auf nur einen Lebensabschnitt (z. B. Kindheit, Jugend) weitet und sich auf die unterschiedlichen Lebenswelten bezieht, die Individuen prägen. Bildungsprozesse und Lernen sind nach dieser Auffassung nicht an eine bestimmte Altersstufe oder Lebensphase gebunden, sondern begleiten den Lebenslauf. Demnach stellen einzelne Lebensphasen bestimmte Lernaufgaben, die vom einzelnen Individuum bewältigt werden müssen und sich aufgrund der unterschiedlichen Lebenswelten der Menschen stark unterscheiden. Dieser Ansatz der »Lebensweltorientierung« hat in der Erwachsenenbildung starke Resonanz gefunden. Dabei kann vor allem das Milieumodell einen wichtigen Beitrag zur zielgruppengerechten Planung, Konzeption und Durchführung von Lehrveranstaltungen leisten (vgl. Barz & Tippelt, 2009).

Ein weiterer, zunehmend wichtig werdender Aspekt ist die Idee der inklusiven Bildung. Diese hat das Ziel, »dass allen Menschen – unabhängig von Geschlecht, Religion, ethnischer Zugehörigkeit, beson-

deren Lernbedürfnissen, sozialen oder ökonomischen Voraussetzungen – die gleichen Möglichkeiten offen stehen, an qualitativ hochwertiger Bildung teilzuhaben und ihre Potenziale zu entwickeln« (Kil, 2012, S. 20). In Kindertageseinrichtungen und Schulen wird bereits mit Konzepten inklusiver Pädagogik gearbeitet, insbesondere im Bereich der Inklusion von Kindern mit Behinderung. Vielfach noch unbeachtet sind Inklusionsaspekte in der Erwachsenenbildung; jedoch bietet sich gerade hier durch die weitgehend freien Gestaltungsmöglichkeiten in der Lehre die Chance, ein inklusives Bildungskonzept umzusetzen (vgl. Kil, 2012).

Um Bildungsarbeit als kontinuierlichen Prozess für den ganzen Lebenslauf zu gestalten, gewinnt noch ein weiterer Aspekt an Bedeutung: Die Zusammenarbeit und die Kooperationen zwischen einzelnen Bildungsinstitutionen. Das Lebenslange Lernen, die Ausweitung des Lernens auf verschiedene Lernorte und die Berücksichtigung der Lebenswelten der Lernenden stellen die Bildungseinrichtungen vor neue Herausforderungen. Sie sind zunehmend gefordert, im Sinne von Effizienz, Effektivität und Qualitätsentwicklung die Synergieeffekte zu nutzen, die sich aus der Vernetzung mit anderen Einrichtungen ergeben (vgl. Feld, 2008). Dazu zählen nicht nur andere Bildungsinstitutionen, sondern auch Betriebe, Vereine und Verbände, aber auch das soziale Umfeld, in dem sich die Lernenden bewegen (vgl. Alheit & Dausien, 2009). Ein spürbarer Nutzen für das einzelne Individuum liegt in der Zusammenarbeit der Institutionen an Bildungsübergängen. Diese Übergänge gilt es sinnvoll zu gestalten und zu begleiten, um Brüche und Scheitern an diesen Schwellen zu vermeiden. Denn gelingen diese entscheidenden Übergänge, gerade in den frühen Bildungsphasen der Kindheit und dem Jugendalter, werden entscheidende Grundlagen für eine positive Bildungsbiografie bis in das hohe Alter gelegt.

Insgesamt lässt sich über den gesamten Lebenslauf feststellen, dass Biografien zunehmend von Subjekten konstruiert werden und man weniger an Traditionen festhält, als es früher der Fall war. Die verschiedenen Möglichkeiten, sich Wissen und Kompetenzen im Bildungssystem anzueignen (z.B. zweiter Bildungsweg, Umschulung, Zweitstudium), unterstützen diese individualisierten Bildungsbiografien. Neben den Risiken in der individualisierten Gesellschaft, die aus den sehr subjektiven Konstruktionsprozessen (vgl. Beck, 1986) entstehen, ergeben sich aber auch neue Freiheiten, beispielsweise flexibel auf Herausforderungen zu reagieren, mit Brüchen in der eigenen (Bildungs-)Karriere eigenständig umzugehen und generell ein selbstbestimmtes Leben zu gestalten.

Literatur

Alheit, P. & Dausien, B. (2010). Bildungsprozesse über die Lebensspanne: Zur Politik und Theorie lebenslangen Lernens. In: R. Tippelt & B. Schmidt (Hrsg.), *Handbuch Bildungsforschung* (3., durchgesehene Auflage, S. 713–734). Wiesbaden: VS Verlag.

Arbeitskreis DQR (2011). *Deutscher Qualifikationsrahmen für lebenslanges Lernen* verabschiedet vom Arbeitskreis Deutscher Qualifikationsrahmen (AK DQR) am 22. März 2011. Berlin.

Baethge, M. & Baethge-Kinsky, V. (2004). Der ungleiche Kampf um das lebenslange Lernen: Eine Repräsentativ-Studie zum Lernbewusstsein und -verhalten der deutschen Bevölkerung. In: M. Baethge & V. Baethge-Kinsky (Hrsg.), *Der ungleiche Kampf um das lebenslange Lernen* (S. 11–200). Münster: Waxmann.

Barz, H. & Tippelt, R. (2009). Lebenswelt, Lebenslage, Lebensstil und Erwachsenenbildung. In: R. Tippelt & A. von Hippel, (Hrsg.), *Handbuch Erwachsenenbildung / Weiterbildung* (3., überarbeitete und erweiterte Auflage, S. 117–136). Wiesbaden: VS Verlag für Sozialwissenschaften.

Beck, U. (1986). *Risikogesellschaft. Auf dem Weg in eine andere Moderne.* Frankfurt, Main: Suhrkamp.

Bilger, F. & Rosenbladt, B. von (2011). *Weiterbildungsverhalten in Deutschland. AES 2010 Trendbericht.* Im Auftrag des Bundesministeriums für Bildung und Forschung. Bonn, Berlin.

Bund-Länder-Kommission für Bildungsplanung und Forschungsförderung (2004). Strategie für Lebenslanges Lernen in der Bundesrepublik Deutschland. *Materialien zur Bildungsplanung und Forschungsförderung, H. 115.*

Europäische Kommission (2000). *Memorandum über Lebenslanges Lernen.* Brüssel.

Europäische Kommission (2001). *Mitteilung der Kommission: Einen europäischen Raum des Lebenslangen Lernens schaffen.* Brüssel.

Feld, T. C. (2008). Anlässe, Ziele, Formen und Erfolgsbedingungen von Netzwerken in der Weiterbildung: DIE-Reports zur Weiterbildung. Bonn: DIE.

GESIS (2012). *PIAAC – The Programme for the International Assessment of Adult Competencies. Durchführung von PIAAC in Deutschland. Mannheim.* URL: http://www.gesis.org/¬

fileadmin/piaac/download/PIAAC_Inter¬essBroschuere.pdf (abgerufen am 27.10.2013).

Gnahs, D. (2010). Kompetenzen – *Erwerb, Erfassung, Instrumente. Studientexte für Erwachsenenbildung.* Bielefeld: W. Bertelsmann Verlag.

Gruber, H. (2009). Situiertes Lernen. In: K.-H. Arnold, U. Sandfuchs & J. Wiechmann (Hrsg.), *Handbuch Unterricht* (S. 249–252). Bad Heilbrunn: Verlag Julius Klinkhardt.

Herzberg, H. & Truschkat, I. (2009). Lebenslanges Lernen und Kompetenz: Chancen und Risiken der Verknüpfung zweier Diskursstränge. In: P. Alheit & H. von Felden, (Hrsg.), *Lebenslanges Lernen und erziehungswissenschaftliche Biographieforschung. Konzepte und Forschung im europäische Diskurs* (S. 111–126). Wiesbaden: VS Verlag.

Hof, C. (2009). *Lebenslanges Lernen. Eine Einführung.* Stuttgart: Kohlhammer.

Kil, M. (2012). Stichwort: »Inkludierende Erwachsenenbildung«. In: *DIE Zeitschrift für Erwachsenenbildung,* H.2, S. 20–21.

Kraus, K. (2001). Lebenslanges Lernen – Karriere einer Leitidee. Bielefeld: Bertelsmann.

Overwien, B. (2005). Stichwort: Informelles Lernen. *Zeitschrift für Erziehungswissenschaft,* 8(3), 339–355.

Scharnhorst, U. & Arn, C. (2011). Situiertes Lernen und digitale Medien. Schulisches Lernen mithilfe geeigneter Lernumgebungen praxis-

näher und authentischer gestalten. *Computer + Unterricht, 84*(21), 28–30.

Schmidt, B. (2010). Bildung im Erwachsenenalter. In: R. Tippelt & B. Schmidt (Hrsg.), *Handbuch Bildungsforschung* (3., durchgesehene Auflage, S. 661–675). Wiesbaden: VS Verlag.

Seidel, S. (2010). Das ProfilPASS-System. In: S. Harp, M. Pielorz, S. Seidel & B. Seusing (Hrsg.), *Praxisbuch ProfilPASS* (S. 15–50). Bielefeld: Bertelsmann.

Stamm, M. (2010). *Frühkindliche Bildung, Betreuung und Erziehung.* Bern, Stuttgart, Wien: Haupt Verlag.

Tippelt, R. (2006). Beruf und Lebenslauf. In: R. Arnold & A. Lipsmeier (Hrsg.), *Handbuch der Berufsbildung* (2., überarbeitete und aktualisierte Auflage, S. 95–111). Wiesbaden: VS Verlag.

Tippelt, R. (2007). Lebenslanges Lernen In: H.-E. Tenorth & R. Tippelt (Hrsg.), *Lexikon Pädagogik* (S. 444–447). Weinheim, Basel: Beltz.

Tippelt, R., Schmidt, B. & Kuwan, H. (2009). Bildungsteilnahme. In: R. Tippelt, B. Schmidt, S. Schnurr, S. Sinner & C. Theisen (Hrsg.), *Bildung Älterer. Chancen in demografischen Wandel* (S. 32–45). Bielefeld: W. Bertelsmann Verlag.

Tippelt, R. & Schmidt-Hertha, B. (2010). Potentiale der Bildung Älterer. In: A. Kruse, (Hrsg.), *Potenziale im Altern* (S. 285–299). Heidelberg: AKA Verlag.

17 Neue Medien – neue Lebensläufe? Vergleichende Betrachtungen der Rolle neuer Medien für Kindheit/Jugend und für das höhere Lebensalter

Sabina Misoch, Michael Doh und Hans-Werner Wahl

Zusammenfassung

Im Zuge lebenslanger Entwicklung ändern sich Handlungs- und Gestaltungsspielräume sowie Entwicklungsaufgaben im Zusammenwirken von biologischen Reifungsprozessen, individuellen Bedürfnissen sowie gesellschaftlichen und kulturellen Normen. In einer mediatisierten Welt werden diese Entwicklungsprozesse zunehmend durch und mit Medien begleitet und zunehmend auch von diesen mitgestaltet, wenn nicht mitbestimmt. In diesem Beitrag werden zwei Altersphasen zusammengeführt und hinsichtlich ihrer Mediennutzung miteinander verglichen, die – auf den ersten Blick – unterschiedlicher nicht sein können: Kinder und Jugendliche (die sog. *digital natives*) und Menschen des höheren Lebensalters (sog. *digital immigrants*). Ziel ist es, anhand der Analyse der Mediennutzung innerhalb dieser zwei weit auseinanderliegenden Lebensphasen mediennutzungstypische Veränderungen im Lebenslauf aufzuzeigen: Während in der Kindheit affektive Bedürfnisse und spielerische Momente in der Mediennutzung im Vordergrund stehen, treten in der Jugendphase identitätsbezogene Bedürfnisse im Umgang mit Medien in den Vordergrund. Im höheren Lebensalter verlagert sich der Schwerpunkt auf die kognitive Ebene, etwa im Sinne der Suche nach Informationen, Alltagsorientierung, Integration des bislang Gelebten und der Aufrechterhaltung von Interessen sowie auf soziale Bedürfnisse. Lebenslauf- und kohortenbezogen kann man heute im Hinblick auf Mediennutzung noch von »zwei Welten« im Vergleich des frühen und späten Lebensalters sprechen. Vieles spricht jedoch dafür, dass diese beiden Welten in Bezug auf Mediennutzung zunehmend verschmelzen und Medien damit über die gesamte Lebensspanne hinweg bedeutsam werden.

17.1 Einführung

Der demografische Wandel und die Mediatisierung der Alltagswelten sind zwei Metaprozesse moderner Gesellschaften, die sich zunehmend überlagern. Beide Metaprozesse werden im vorliegenden Beitrag behandelt, wobei wir Perspektiven der Medien- und Kommunikationswissenschaft/-soziologie (Misoch), der Mediengerontologie (Doh) und der Alternspsychologie (Wahl) zusammenführen. Die zentralen Fragen des Beitrages lauten: Inwiefern verändert die digitale Medienwelt unsere Lebensläufe? Und an welchen Indizien kann man dies bereits heute festmachen? Im Fokus stehen dabei die drei zentralen Elemente der Digitalisierung: der Computer (PC, Laptop, Netbook, Tablet-PC), das Mobiltelefon (Handy, Smartphone) und das Internet.

Unser Zugang zur Lebenslaufdynamik ist ferner ein spezifischer, indem wir uns ganz bewusst auf relativ frühe und relativ späte Phasen des Lebensverlaufs konzentrieren. Unsere zentrale Überlegung ist dabei die folgende: In Phasen des frühen Lebens, der Kindheit und Jugend, sehen wir heute die ersten Generationen von »digital natives« (zur Diskussion des Begriffes siehe weiter unten). Hier gestalten geschichtlich gesehen zum ersten Mal neue Medien den »Eingang« ins Leben und damit vermutlich auch seinen weiteren Verlauf. Die Phase des hoheren Lebensalters gilt gleichzeitig häufig als medial »abgehängt«. Allerdings: Auch in dieser den digitalen Medien wohl noch am entferntesten liegenden Lebensphase ist Veränderung zu konstatieren.

Auch ältere Menschen nutzen zunehmend digitale Medien und es zeigt sich, dass diese Medien inzwischen auch im Leben vieler älterer Menschen ihren festen Ort gefunden haben, etwa im Bereich ihrer sozialen Beziehungen, der Information und Bildung und der Gesundheit. Es gibt aber auch erste Hinweise, dass bei Älteren, wie schon längst bei jüngeren Menschen, auch identitätsbezogene Prozesse zunehmend von neuen Medien mitbestimmt werden. So erweisen sich die neuen Medien bereits heute als zentrale Elemente des gesamten individuellen Lebenslaufs. Dabei könnten infolge einer weiter voranschreitenden Mediatisierung (neue) Medien zukünftig an lebenslaufbezogener Bedeutung gewinnen (Krotz, 2007).

17.2 Die Rolle von (neuen) Medien für Kindheit und Jugend

Allgemeine Überlegungen

Medien nehmen im Lebensalltag von Kindern und Jugendlichen in modernen Gegenwartsgesellschaften einen zentralen Stellenwert ein (JIM, 2012; KIM, 2012). Dies hat zur Folge, dass Sozialisationsprozesse zunehmend medial begleitet und beeinflusst stattfinden und Kindheit und Jugend auch als Medienkindheit und Medienjugend verstanden werden – ein Faktum, dass bereits vor 20 Jahren konstatiert wurde (z. B. Baacke et al., 1990a, 1990b, 1990c). Castells (2001) resümiert, dass Menschen in modernen Gesellschaften »mit den Medien und durch die Medien« (S. 382) leben. Dies betrifft nicht nur die traditionellen Medien wie Fernsehen, Radio oder Print, sondern in besonderer Weise auch die digitalen Medien mit ihren neuen Kommunikations- und Ausdrucksmöglichkeiten. Vor allem das Internet als ein Konglomerat verschiedener Dienste und Anwendungen (z. B. Misoch, 2010) hat mittlerweile alltagsrelevante Bedeutung erlangt. Dies gilt zum einen für informations-, wissensorientiertes und ökonomisches Handeln, aber auch in intensivem Maße für Kommunikationen und soziale Interaktionen, die sich zunehmend in den virtuellen Bereich hinein verlängern oder verlagern, weswegen bereits vom »homo digitalis« gesprochen wird. Neben diesem Bereich zeichnet sich ab, dass mobile Medien wie das multifunktionale Mobiltelefon oder der MP3-Player für Kindheit und Jugend einen herausragenden Stellenwert besitzen.

Im Folgenden wird die Nutzung neuer Medien vor dem Hintergrund des Konzepts der Entwicklungsaufgaben (Havighurst, 1972) und des Uses-and-gratifications-Modells (Katz et al., 1974) analysiert, da es sich als sinnvoll erweist, entwicklungspsychologische mit subjektiv bedürfnisorientierten Aspekten zu verbinden. Unter Entwicklungsaufgaben werden Aufgaben verstanden, deren Bewältigung im Rahmen der persönlichen Entwicklung zu einer Reifung des Individuums führen. Die Bewältigung der jeweils phasenspezifisch notwendigen Entwicklungsaufgaben wird als die Aneignung von Kompetenzen und Fertigkeiten verstanden, welche zu einer konstruktiven und zufriedenstellenden Lebensführung innerhalb einer konkreten Gesellschaft notwendig sind (Oerter & Dreher, 2002). Es handelt sich bei diesem Konzept um eine Synthese gesellschaftlicher Erwartungen als auch individuell gesetzter Entwicklungsziele. Nach dem *Uses-and-gratifications*-Ansatz geht man davon aus, dass Individuen Medien aktiv und intentional nutzen und dass mit dieser Nutzung die Befriedigung bestimmter Bedürfnisse intendiert wird. Dieser Ansatz differenziert zwischen vier verschiedenen Bedürfnisarten:

- Kognitive Bedürfnisse (z. B. Wissensrecherche, Ratgeber, Neugier, Orientierung)
- Affektive Bedürfnisse (z. B. Unterhaltung, Ablenkung, Entspannung, emotionale Entlastung, Zeitvertreib, Spannung)
- Integrativ-habituelle und soziale Bedürfnisse (z. B. Gesprächsstoff, parasoziale Interaktion, Gewohnheit)
- Identitätsbezogene Bedürfnisse (z. B. Selbstfindung, Empathie/Identifikation, Verhaltensmodelle, sozialer Vergleich).

Diese Strukturierung der Bedürfnisse dient nun als Hintergrundfolie für die Analyse der altersbezogenen Mediennutzung, speziell bei Kindern im Vergleich zu Jugendlichen.

Befunde zu neuen Medien in der Lebensphase Kindheit

Betrachtet man Kindheit und Jugend in modernen Gegenwartsgesellschaften, so muss konstatiert werden, dass den neuen Medien, je nach Phase und der in dieser relevanten und zu bewältigenden Entwicklungsaufgaben (Havighurst, 1972), jeweils andere Bedeutungen zukommen. Insgesamt lässt sich feststellen – was im Folgenden im Detail aufgezeigt werden wird –, dass neue Medien von Kindern und Jugendlichen für verschiedene Zwecke und Bedürfnisse eingesetzt werden: zum Spielen, zur Unterhaltung, zur Kommunikation, zum Ausleben von Kreativität, als Zeitvertreib, zur Identitätsaushandlung und -darstellung, zur Wissensaneignung, zum Vernetzen und im Kontext von Lern-Prozessen. Diese Verwendungsmuster variieren je nach Medium, nach Alter, Sozialschicht und Schultypus (Lee, 2005). Anhand der aktuellen Nutzungsdaten (JIM, 2012; KIM, 2012) nutzen 85 % der Kinder (gegenüber 91 % der Jugendlichen) das Internet täglich oder wöchentlich – mit steigender Tendenz. Daraus lässt sich folgern, dass dem Internet inzwischen zentrale Bedeutung im Rahmen des Heranwachsens und Sozialisierens zukommt, sodass zu Recht von »digital natives« (Prensky, 2001) gesprochen werden kann, weil die aktuelle Generation der Heranwachsenden mit digitalen Technologien als kulturellen Selbstverständlichkeiten aufwächst.

Die Kindheit ist durch gesellschaftliche Schonbereiche (z. B. Verbot von Kinderarbeit, allg. Schulpflicht) geprägt sowie dadurch, dass sich in dieser Lebensphase das Spielen als zentrales Element erweist. Kinder eignen sich ihre soziale als auch materielle Umwelt spielend an (z. B. Rolff & Zimmermann, 1985), und das Spiel des Kindes ist das entscheidende Moment für Prozesse der Enkulturation und für die Weiterentwicklung der vorerst kindlichen Realitätsaneignung (z. B. Erikson, 1973; Mead,

1973). Die Spielorientierung der Kindheitsphase spiegelt sich auch in der Nutzung neuer Medien wider.

Computer

Der Computer wird in der Lebensphase Kindheit hauptsächlich als Spielgerät verwendet (KIM, 2012) und Computerspiele werden inzwischen als elementarer Bestandteil der Kinderkultur angesehen (Fromme, 2003). Vor allem Spielkonsolen sind hier von Bedeutung, und diese werden vor allem von Jungen intensiv genutzt: 76 % der Jungen und 55 % der Mädchen spielen mindestens einmal pro Woche (alleine) Computerspiele (KIM, 2012). Im Vordergrund stehen dabei hauptsächlich affektive Bedürfnisse: so zeigt z. B. eine Studie zum Spiel »Sims«, dass Spaß, Kontrolle und Fantasie die zentralen Spielmotivationen darstellen, wobei sich für jüngere Spieler/innen das Motiv der Fantasie als besonders relevant erweist (Jansz et al., 2010).

Bei der Computernutzung zeigt sich, dass sich die allgemeine Nutzung mit zunehmendem Alter intensiviert, sodass ab einem Alter von 10 Jahren mehr als jedes dritte Kind (fast) täglich einen Computer nutzt (KIM, 2012) sowie dass diese Nutzung mit steigendem Alter der Kinder zunehmend informations- und lernorientiert erfolgt. Dieses Nutzungsmuster lässt sich mit den erst im Zuge der Kindheit erworbenen Lesefertigkeiten erklären und mit der verstärkten Einbindung des Computers in den Schulunterricht oder für die Erledigung der schulischen Hausarbeiten.

Mobiltelefon

Das Mobiltelefon (Handy, Smartphone) als digitales, mobiles und inzwischen multifunktionales Medium ist eines der zentralen Kindermedien und es zeigt sich, dass mit zunehmendem Alter der Kinder die Wahrscheinlichkeit des Mobiltelefonbesitzes signifikant zunimmt: Besitzen 9 % der 6/7-Jährigen, 34 % der 8/9-Jährigen und 67 % der 10/11-Jährigen ein eigenes Mobiltelefon, so sind es bei den 12/13-Jährigen bereits 91 % (KIM, 2012). Auch wenn diese digitalen Geräte meist multifunktional sind, zeigt sich, dass sie in dieser Lebensphase hauptsächlich für das Anrufen und Angerufenwerden und für das Versenden/ Empfangen von SMS genutzt werden (KIM, 2012). Steht im frühen Kindesalter vor allem die Kommunikation mit den Eltern im Vordergrund (Angerufenwerden durch diese), so nimmt die Nutzung für Peer-Kommunikation mit dem Alter zu und das Austauschen von SMS unter Freunden/ innen rückt in den Vordergrund (KIM, 2012). Hier spiegelt sich im Mediennutzungsverhalten die entwicklungspsychologische Reifung wider, und die zunehmende Orientierung an Gleichaltrigen (und sozial motivierte Mediennutzung) zeigt sich u. a. in der intensivierten Nutzung des Mediums für Peer-Kommunikation.

Internet

Die Internetnutzung der Kinder ist dadurch gekennzeichnet, dass dieses vielseitige Medium hauptsächlich zu Spiel- und Unterhaltungszwecken eingesetzt wird. Dies lässt sich an den Daten verdeutlichen, die darstellen, welche Internetangebote hauptsächlich von Kindern genutzt werden (Mehrfachangaben durch Eltern; KIM, 2010): spezielle Kinderportale (26 %), Spiele (25 %), Suchmaschinen (24 %), Communities (23 %), Seiten von TV-Sendern (20 %), Chats usw. (13 %), Videos (13 %) und Lexika/Wikipedia (12 %). Diese Daten zeigen, dass das Internet in der Kindheitsphase hauptsächlich als Spielmedium verwendet wird. Das Spielen von Multiplayer Onlinespielen, wie z. B. »World of Warcraft«, ist bei Kindern kaum vorzufinden und erst mit zunehmen dem Alter werden virtuelle Räume zum gemeinsamen Spielen genutzt (6/7 Jahre 15 %; 8/9 Jahre 20 %; 10/11 Jahre 23 % und 12/13 Jahre 31 %; KIM, 2010).

Wird das Internet in frühen Stufen der Kindheit hauptsächlich als Spielmedium verwendet, so wird die Nutzung mit zunehmendem Alter verstärkt kommunikations- und informationsorientiert. Insgesamt zeigt sich, dass dieses Hybridmedium mit dem Alter an Bedeutung gewinnt: So lag 2010 die wöchentliche Nutzung des Internets bei den 6/7-Jährigen bei 47 %, bei den 8/9-Jährigen bei 59 %, bei den 10/11-Jährigen bei 78 % und bei den 12/13-Jährigen schon bei 86 % (KIM, 2010) – Tendenz weiterhin steigend. Das Internet ist folglich auch bei jüngeren Kindern zunehmend fester Bestandteil ihres Medienalltags. Nicht nur die Nutzung des Mediums an sich, sondern auch die gezielte Nutzung variiert altersspezifisch: So nimmt z. B. die Nutzung von Online-Communities mit steigendem Alter der Kinder zu; dies entspricht damit der zunehmenden Peer-Orientierung, die sich somit auch an der Art und Weise der Internetnutzung aufzeigen lässt.

Resümee

Die Mediennutzung von Kindern ist vor allem durch affektive Motive bestimmt und Medien werden, vor allem in der frühen Kindheit, hauptsächlich als Spielgerät verwendet. Die Mediennutzung unterliegt allerdings innerhalb der Lebensphase Kindheit einem tiefgreifenden Wandel: Neue Medien gewinnen mit zunehmendem Alter der Kinder an Alltagsrelevanz. Zusätzlich zeigt sich, dass die einzelnen digitalen Medien je nach Alter unterschiedlich genutzt werden, und insgesamt lässt sich konstatieren, dass mit zunehmendem Alter die spielorientierten Nutzungsweisen neuer Medien abnehmen und kognitive und soziale sowie auch informationsorientierte Nut-

zungsweisen stärker in den Vordergrund treten.

Befunde zu neuen Medien in der Lebensphase Jugend

In Bezug auf die Lebensphase der Adoleszenz stellen die Ablösung von den Eltern, eine intensivierte Auseinandersetzung mit Gleichaltrigen und den sozialen Geschlechtsrollen sowie die Herausbildung eines Gefühls der Identität die zentralen Entwicklungsaufgaben dar. Die Mediennutzung spielt heute für all diese Entwicklungsaufgaben der Jugendzeit eine bedeutsame, wenn nicht entscheidende Rolle.

Mobiltelefon

Im Hinblick auf die Alltagsrelevanz bei Jugendlichen erweist sich bei einem Vergleich aller Medien das Mobiltelefon als eines der wichtigsten Medien und 96 % der Jugendlichen besitzen ein eigenes Handy (JIM, 2012). Betrachtet man die Nutzung von Mobiltelefonen durch Adoleszente genauer, so wird deutlich, dass dieses Medium für Mädchen wichtiger ist als für Jungen und dass diese das Handy regelmäßig nutzen (95 % versus 87 %; JIM, 2012). Das Mobiltelefon wird intensiver genutzt als der Fernseher, das Radio oder das Internet. Benutzt wird es hauptsächlich für das Telefonieren mit Peers, für SMS, zum Musikhören, zum Fotografieren oder Filmen. Mit zunehmendem Alter erweist sich der mobile Internetzugang mittels Mobiltelefon als zunehmend relevant (inzwischen nutzen 49 % mobile Geräte für den Internetzugang (JIM, 2012) und damit auch das Nutzen von sogenannten Apps (applications; kleine Anwendungsprogramme), die sich zumeist auf Community-Funktionen (soziale Netzwerke) beziehen und somit in engem Zusammenhang mit sozialen und identitätsrelevanten Nutzungsmotiven zu interpretieren sind.

Computer

Von den Jugendlichen ab 14 Jahren verfügen 82 % über einen eigenen Computer, in der Hälfte der Fälle mit eigenem Internetzugang (JIM, 2012). Bedeutsame Unterschiede des Gerätebesitzes nach Sozialschicht oder Bildungsgrad bestehen nicht (mehr).

War es für die Lebensphase Kindheit noch relativ einfach, zwischen der Nutzung des Computers (nicht vernetzt) und der Internetnutzung zu differenzieren, so erweist sich dies für die Altersspanne der Adoleszenz/Postadoleszenz als schwierig, wenn nicht gar unmöglich: hier wird der Computer verstärkt als vernetztes Medium verwendet und z. B. das Spielen mittels *stand-alone*-Gerät tritt in den Hintergrund (nur 14 % spielen täglich oder mehrmals die Woche alleine Computerspiele, Tendenz abnehmend; JIM, 2012).

Internet

Das Internet wird von 91 % der Jugendlichen regelmäßig, d. h. mindestens mehrmals pro Woche genutzt (JIM 2012), wobei die tägliche Nutzung des Internets mit dem Alter zunimmt (48 % bei den 12/13-jährigen auf 78 % bei den 18/19-jährigen; JIM, 2012). Nach Selbsteinschätzungen verbringen Jugendliche von Mo.–Fr. täglich 131 Minuten online (JIM, 2012), wobei sich zeigt, dass die Zeit online je nach Bildungsgrad variiert (Hauptschüler/innen = 157 Min; Gymnasiasten/innen = 124 Min; JIM, 2012). Das Internet wird von Jugendlichen vor allem für soziale und identitätsbezogene Bedürfnisse genutzt, sodass die Nutzung von Communities (vor allem *Facebook*), Chats und E-Mail im Vordergrund stehen (45 % der Zeit online). Danach folgen affektive Bedürfnisse wie Musikhören, Filme/Videos ansehen (25 % der Zeit) und Unterhaltung (Spiele; 15 % der Zeit) und an letzter Stelle stehen kognitive Bedürf-nisse (Informationssuche; 15 % der Zeit; JIM, 2012). Auch wenn die Nutzung des Internets für Kommunikationszwecke für Mädchen relevanter ist und das Spielen relevanter für Jungen, so zeigt sich in der Gesamtbilanz, dass Kommunikation der vornehmliche Nutzen dieses Mediums darstellt (Gross, 2004).

Resümee

Das Medienhandeln Jugendlicher im Bereich der neuen Medien ist, wie anhand der Daten gezeigt werden konnte, vor allem durch eine intensive soziale und identitätsbezogene Nutzung gekennzeichnet. Zwar sind durchaus affektive Motive vorhanden und Medien werden sehr wohl von Jugendlichen auch für Entspannung und Unterhaltung sowie habituell genutzt, aber im Zentrum steht die Nutzung der Medien für Kommunikation und soziale Interaktion mit Gleichaltrigen. Die neuen Medien werden somit von Jugendlichen für Prozesse der Identitätsarbeit eingesetzt, da die Herausbildung eines Identitätsgefühls die zentrale Entwicklungsaufgabe der Adoleszenz darstellt. Identitäten werden damit nicht nur offline, sondern auch online dargestellt, inszeniert und in sozialen Interaktionen und Kommunikation mit Peers ausgehandelt (z. B. Misoch, 2008; 2009). So erweisen sich die neuen Bühnen im virtuellen Raum als wichtige Instrumente für die Bewältigung der adoleszenten Entwicklungsaufgaben, zumal diese Räume für Identitätsexperimente genutzt werden können (Misoch, 2004, 2007, 2009; Valkenburg et al., 2005) und so im Dienste der Selbstkonstruktion eingesetzt werden. Auch für die Kommunikationen unter Gleichaltrigen, für Informationsgewinnung und affektive und habituelle Bedürfnisse erweisen sich neue Medien als elementarer Bestandteil des adoleszenten Lebens und der Alltagsorganisation, sodass geschlossen werden kann, dass neue Medien unverzichtbares Element des adoleszenten Lebens in modernen Gesellschaften darstellen. Neue Medien erweisen sich damit als zentrale Sozialisatoren (auch im Sinne der Selbstsozialisation; Zinnecker, 2000) und begleiten und prägen die Reifungsprozesse und Bewältigung der Entwicklungsaufgaben.

17.3 Die Rolle von (neuen) Medien im höheren Lebensalter

Allgemeine Überlegungen

Kohorten, die etwa vor 1950 geboren wurden, wuchsen in völlig anderen medialen Umwelten heran als die heutigen jüngeren Kohorten. Medien waren im Alltag weder omnipräsent noch individualisiert. Der Medienkonsum war insgesamt niedrig – sie betrug im Mittel die Hälfte des heutigen Budgets von täglich zehn Stunden; und damit zusammenhängend war das Medienrepertoire überschaubar und begrenzt auf lineare Massenmedien wie Hörfunk, Printmedien, Kino und Musikgeräten wie dem Grammophon/Plattenspieler. Fernsehen als das neue Schlüsselmedium des elektronischen Zeitalters löste in Deutschland erst Ende der 1960er Jahre den Hörfunk als neues Leitmedium ab. Die heutigen Kohorten älterer Menschen wuchsen sozusagen als »analog natives« auf, geprägt von einseitig verlaufender Massenkommunikation und kollektiver Medienrezeption mit Familie, Verwandten, Freunden und Bekannten.

Diese Mediensozialisation hat es mit sich gebracht, dass ältere Menschen in der modernen Gegenwartsgesellschaft deutlich intensiver »klassische« Massenmedien nutzen als jüngere Kohorten, allen voran das Fernsehen und die Tageszeitung. Gleichwohl zeigen sich die älteren Kohorten aufgeschlossen gegenüber neuen Medien, wie die steigenden Diffusions- und Nutzungsraten für Computer, Mobiltelefone und Internet zeigen (siehe unten). Dieser bei älteren Kohorten seit etwa der Jahrhundertwende forcierte mediale Transformationsprozess hin zu digitalen Medienumwelten geht einher mit drei entwicklungspsychologisch besonders bedeutsamen Prozessen im höheren Erwachsenenalter:

Erstens werden in dieser Lebensphase Entwicklungsaufgaben wie die der Generativität und der Ich-Integrität bedeutsam; d. h. Fragen nach einem sinnerfüllten Leben oder dem Wunsch, Spuren für die Nachwelt zu hinterlassen. Dieses Bedürfnis nach »merging the world« (Kubey, 1980, S. 18) findet in einer erhöhten Nachfrage nach medienbezogenen Informationen Ausdruck (z. B. Mares & Sun, 2010). Tatsächlich weisen im Querschnittsvergleich ältere Menschen bei der Mediennutzung den kognitiven Bedürfnissen nach Information und Alltagsorientierung einen höheren Stellenwert zu als jüngere Menschen, bei denen soziale und affektive Aspekte wie Unterhaltung und Spaß dominieren (Doh, 2011a).

Zweitens verläuft der Alternsprozess individuell sehr unterschiedlich, weshalb Unterschiede zwischen Menschen mit dem Alter zunehmen. Dies spiegelt sich ebenso in einer heterogenen Mediennutzung älterer Menschen wider (Doh, 2011a). Sowohl für klassische Massenmedien wie Fernsehen, Hörfunk und Printmedien wie auch für neue Medien wie dem Internet nimmt die Diskrepanz zwischen Viel-, Wenig- und Nichtnutzern zu.

Drittens nehmen im Alter – insbesondere im »Vierten Alter« – aufgrund von sensorischen, motorischen und kognitiven

Veränderungsprozessen (u. a. Abnahme der Informationsverarbeitungsgeschwindigkeit) Anpassungsstrategien und Selektionsprozesse zu. Hierzu lassen sich – anhand eigener Analysen zur Langzeitstudie »Massenkommunikation« von 2000, 2005 und 2010 – Zusammenhänge zur spezifischen Mediennutzung hochaltriger Personen aufzeigen. Demzufolge weisen 80- bis 89-Jährige über alle drei Messzeitpunkte eine deutliche Verdichtung ihres Medienbudgets und -repertoires auf, demzufolge das Fernsehen aufgrund seiner Multifunktionalität, Bisensualität und (kognitiv) leichten Zugänglichkeit an Zentralität im Medienalltag gewinnt (Doh, 2011a).

Befunde zu neuen Medien in der Lebensphase des »höheren Erwachsenenalters«

Die Verbreitung und Nutzung neuer Medien wie Computer, Mobiltelefon und Internet hat bei älteren Menschen in den letzten zehn Jahren deutlich zugenommen. Dennoch bleibt zu konstatieren, dass nicht allein eine digitale Kluft zwischen Alt und Jung besteht, sondern auch zwischen älteren Menschen entlang soziodemografischen Merkmalen wie Geschlecht, Bildung, Haushaltseinkommen, Haushaltsgröße und Region. Kennzeichnend ist zudem ein eingeschränkteres Nutzungsspektrum und geringere Nutzungsintensität mit diesen digitalen Medien als bei jüngeren Menschen. Hierfür lassen sich generationsbezogene Unterschiede anführen, wonach ältere Kohorten Medien weit mehr eine funktionale denn spielerisch explorative Medienpraxiskultur pflegen als jüngere Kohorten (Schäffer, 2009) – die geringere Nutzungserfahrung mit neuen Medien verstärkt dieses Medienverhalten. Gleichwohl könnten für diese Altersunterschiede auch entwicklungspsychologische Alternsprozesse ausschlaggebend sein, denn mit zunehmendem Alter scheint

die Explorationsfreude und Offenheit für Neues abzunehmen (Roberts et al., 2006).

Mobiltelefon

Von allen neuen Medien hat im höheren Lebensalter das Handy die stärkste Verbreitung gefunden. Zwischen 2000 und 2010 stieg bei den 60- bis 89-Jährigen die Diffusionsrate von 21 % auf 72 %; 30 % besitzen mehrere Handys (eigene Analysen aus MK2010). Trotz dieser enormen Diffusionsdynamik rangiert Deutschland im europäischen Vergleich lediglich im Mittelfeld (Doh, 2011b). Smartphones spielen bei älteren Menschen bislang eine untergeordnete Rolle. 2010 besaßen erst 2 % der Personen ab 60 Jahren ein solches multifunktionales, internettaugliches Mobiltelefon, in der Altersgruppe von 14–59 Jahren waren es 18 % (eigene MK-Analyse). Das Mobiltelefon erfüllt vor allem die Funktion der außerhäuslichen Erreichbarkeit. Im hohen Alter bekommt die Notruffunktion eine größere Rolle. Kurzmitteilungen, mobiles Internet, visuelle Anwendungsformen und Spiele sind deutlich nachgeordnet (McCreadie, 2010).

Computer

Laut eigenen MK-Analysen stieg der Besitz eines Computers [stationär oder mobil] zu Hause bei den 60- bis 89-Jährigen von 18 % im Jahr 2000 auf 44 % im Jahr 2010. Eurostat-Daten von 2011 konstatieren, dass knapp jeder Dritte zwischen 65 und 74 Jahren täglich einen Computer nutzt. Die Zahlen unterstreichen die allmähliche Verbreitung und Nutzungsintensivierung unter älteren Menschen. Gleichwohl haben 40 % der 65- bis 74-Jährigen und 68 % der Personen ab 75 Jahren noch niemals einen Computer genutzt. Zudem hinkt im europäischen Vergleich im Alter die Affinität zu diesem Medium – wie auch zu Mobiltelefon und Internet hinterher: In Island, den skandinavischen Ländern Norwegen, Schweden und Dänemark liegt das Nutzungsniveau für die 65- bis 74-Jährigen um 20 Prozentpunkte höher. Der Computer dient bei älteren Menschen mehr als Arbeitswerkzeug zur Text- und Bildbearbeitung denn als Unterhaltungs- und Spielgerät. Beispielsweise liegt der Anteil an digitalen Gamern bei Personen ab 65 Jahren bei 10 %, bei Jugendlichen ist es weit über die Hälfte (GameStat-Studie 2011; von Quandt et al., 2011). Lediglich 4 % der Personen ab 60 Jahren verfügen über eine stationäre Spielkonsole, hingegen 42 % der 14- bis 59-Jährigen (eigene Analysen MK2010).

Internet

International empirisch gut erfasst ist die Verbreitung und Nutzung des Internets unter älteren Menschen. Eigene Analysen aus dem (N)Onliner-Atlas bestätigen eine kontinuierliche Zunahme älterer Menschen an der Internetnutzung. Dabei fand zwischen 2002 und 2012 der stärkste Anstieg nicht bei den 14- bis 49-Jährigen statt (um 33 Prozentpunkte auf 93 %), sondern bei den 60-bis 69-Jährigen um 46 Prozentpunkte auf 60 %. Bei den 70- bis 79-Jährigen stieg die Internetverbreitung vergleichsweise moderat um 26 Prozentpunkte auf 33 %, bei den 80- bis 99-Jährigen lediglich um 12 Prozentpunkte auf 14 %. Absolut betrachtet, zählten 2012 bereits über 8 Millionen Personen ab 60 Jahren zu den »Onlinern«, 2002 waren es knapp über eine Million (van Eimeren & Frees, 2012). Nach Kohorten differenziert, sind es vor allem die Kohorten 1940 und jünger mit einem überdurchschnittlichen Zuwachs an Onlinern. In der Kohorte 1950–1959 wuchs der Anteil um 26 Prozentpunkte auf 72 %, in der Kohorte 1940–1949 um 25 Prozentpunkte auf 53 %. Hingegen fanden sich moderate

Zuwächse in den Kohorten 1930–1939 (um 16 Prozentpunkte auf 26 %) und 1920–1929 (um 6 Prozentpunkte auf 11 %). Die Befunde unterstreichen, dass der enorme Zuwachs unter den Personen ab 60 Jahren in den letzten zehn Jahren in starkem Maße der demografischen Entwicklung geschuldet ist, wonach internetaffine jüngere Kohorten in das Alterssegment nachwuchsen bzw. durch Alterung vorhandener älterer Onliner.

Wie sehr die Affinität zum Internet unter den älteren Menschen differiert, lässt sich anhand soziodemografischer Merkmale belegen. So liegt der Anteil an Onlinern bei Männern ab 60 Jahren mit hohen Bildungsstatus (Abitur) und hohen HH-Einkommensstatus (über 2 000 /Monat), die nicht alleinlebend sind und aus den alten Bundesländern stammen, bei 84 %. Hingegen sind es lediglich 7 % Onliner bei Frauen ab 60 Jahren mit niedrigem Bildungs- und Einkommensstatus, die alleinlebend sind und aus den neuen Bundesländern stammen.

Weitere Vergleichsstudien zwischen älteren Onlinern und Offlinern zeigen auf, dass Onliner als gesünder, aktiver und mobiler bewertet werden, über ein größeres soziales Netzwerk verfügen, technikaffiner und -kompetenter sind, und ein höheres Ausmaß an Selbstwirksamkeit, positivem Altersbild, Extravertiertheit, Offenheit, Wohlbefinden und Lebenszufriedenheit besitzen (vgl. Literaturübersichten von Wagner et al., 2010; Kim, 2008). Die Befundlage legt nahe, dass die Nutzung des Internets ein Prädiktor für ein erfolgreiches und gelingendes Altern sein könnte. Doch welche kurz- und langfristigen positiven Auswirkungen das Internet für ältere Onliner mit sich bringt, ist empirisch noch nicht geklärt, da es widersprüchliche Ergebnisse gibt und es an randomisierten Kontrollstudien und Längsschnittstudien mangelt (Dickinson & Gregor, 2006).

Ältere Onliner gelten zumeist als funktions- und nutzungsorientierte »Selektiv- und

Randnutzer«; d.h., sie nutzen das Internet weniger zeitintensiv und vorrangig zur Informationssuche und zum E-Mailen (Oehmichen & Schröter, 2007). Doch nimmt offensichtlich mit der Nutzungserfahrung das Spektrum an Internetanwendungen zu. So gewinnen laut der ARD/ZDF-Online-Studie von 2012 auch »Soziale Medien« für ältere Menschen an Relevanz: Knapp jeder zweite Onliner ab 60 Jahren nutzt »Wikipedia«, jeder sechste Videoportale wie »YouTube« und jeder zehnte Communities unter einem eigenen Profil (Busemann & Gscheidle, 2012). Nach eigenen Analysen aus der MK2010 nutzen von den regelmäßigen Onlinern (mind. mehrmals im Monat) ab 60 Jahren 17 % mindestens monatlich Videoportale und 11 % Online-Communities – hiervon sind jeweils 75 % Männer.

Neue Medien und neue Altersidentitäten?

Als Hintergrund zur Annäherung an diese Frage ist bedeutsam, dass derzeit ein Strukturwandel des Alterns (Tews, 1993) stattfindet, was u.a. damit zu tun hat, dass wir in einer hochtransitiven Gesellschaft leben (z.B. Schäffter, 2001), in welcher persönliche Identitätsentwürfe immer wieder neu überdacht und modifiziert werden müssen (z.B. Giddens, 1991; Keupp et al., 1999; Sennett, 2000), was u.a. dazu führt, dass Identitäten als transitorisch beschrieben werden (Straub & Renn, 2002). Vor allem die Verlängerung der Lebensphase nach der Erwerbstätigkeit – ca. ein Viertel der Lebenszeit – besitzt ein großes Veränderungspotential, nicht zuletzt hervorgerufen durch die im Zuge des Älterwerdens eingetretenen physischen und psychischen Veränderungen. Die Lebensphase Alter hat sich u.a. durch diese Wandlungsprozesse in den letzten Jahrzehnten qualitativ entscheidend verändert, sodass die Individuen in dieser Lebensphase neue Chancen für persönliche Weiterentwicklung

ergreifen können (Steinfort, 2010). So führt die gestiegene Lebenserwartung zusammen mit zunehmender gesellschaftlicher Transition zu einem verstärkten »aktiven« Altern mit neuen Projekten etwa in den Bereichen der Freizeit, des Wohnens, der sozialen Beziehungen, des Umgangs mit physischen und psychischen Funktionsverlusten und der Nutzung von Technologien insgesamt (Kruse & Wahl, 2010; Wahl et al., 2012). So wird auch für Ältere zunehmend Identitätskompetenz als eine Schlüsselqualifikation angesehen (Steinfort, 2010), und es ist davon auszugehen, dass diese Veränderungen u.a. in der verstärkten (aktiven) Nutzung des Internets abgelesen werden können bzw. auch in neuen Medien zunehmend ihren Ausdruck finden.

Im Gegensatz zu Nutzungsstudien sind Untersuchungen zur medienbezogenen Identitätsarbeit von älteren Menschen selten. Es gibt allerdings vereinzelt Hinweise dafür, dass klassische Medien wie Fernsehen und Bücherlesen zur Identitätsarbeit älterer Menschen beitragen (z.B. Kubey, 1980; Wittkämper, 2006). Inwiefern ältere Onliner das Internet für individuelle Identitätsarbeit nutzen, ist noch wenig erforscht. Beispielsweise bestätigen Analysen zu Seniorenportalen, dass dort aktive ältere Onliner diese Plattformen auch zur Kommunikation über das Altern, Altersbild und Altersidentitäten nutzen (z.B. Dell & Marinova, 2007).

Resümee

Im höheren Lebensalter stehen bei der Mediennutzung vorrangig kognitive Bedürfnisse im Vordergrund, zudem affektive, habituelle und soziale Bedürfnisse. Aufgrund generationsspezifischer Mediensozialisation ist der heutige Medienalltag älterer Kohorten weiterhin vorrangig durch die klassischen linearen Massenmedien geprägt. Doch gewinnen neue Medien aufgrund der fortschreitenden Mediatisierung auch im Alter an Alltagsrelevanz. Dabei gilt es zu berücksichtigen, dass besonders im »Dritten Alter« die interindividuelle Unterschiedlichkeit der Mediennutzung ausgeprägt ist. Im »Vierten Alter« geht das Medienrepertoire zurück und verdichtet sich auf einzelne intensiv genutzte Medien. Allen voran das Leitmedium Fernsehen besitzt hier eine zentrale Stellung. Darüber hinaus werden im Alter Medien funktionaler und weniger explorativ genutzt; dies gilt in besonderer Weise für neue Medien, zu denen eine geringe Nutzungserfahrung vorliegt. Inwiefern diese Nutzungsmuster generations- oder altersbedingt, veränderbar oder zeitstabil sind, ist wissenschaftlich ungeklärt. Speziell Internet als nicht lineares, multifunktionales Informations- und Kommunikationsmedium besitzt das Potenzial, auch für ältere Menschen zu einem neuen Leitmedium zu werden und dabei mit Altern einhergehende Identitätsprozesse zu unterstützen und zu überformen.

17.4 Vergleich der Rolle von neuen Medien früh versus spät im Leben: Sind wir auf dem Wege zu einem »digitalisierten Lebenslauf«?

Medien spielen heute bereits in frühen Phasen des Lebens eine entscheidende Rolle, vor allem im Hinblick auf ihre vielfältigen sozialen und identitätsbezogenen Funktionen. Führt diese intensive Nutzung der neuen Medien durch Kinder und vor allem durch Jugendliche nun zu neuen Lebenslaufmustern? Diese Frage kann aus unserer Sicht nur mit einem eindeutigen »Ja« beantwortet werden. Die gegenwärtige Generation von Kindern und Jugendlichen wächst in einer digitalen und mediatisierten Umwelt auf: »Computer games, email, the Internet, cell phones and instant messaging are integral parts of their lives.« (Prensky 2001, S. 1). Prensky geht sogar davon aus, dass diese Unterschiede der Erfahrung während des Aufwachsens zu anderen kognitiven Strukturen und Denkmustern führen. Aber auch die Muster der Kommunikation und der sozialen Interaktionen haben sich durch das Hinzutreten der neuen Medien zum konventionellen Medienangebot (wie z. B. Fernsehen oder Printmedien) grundlegend verändert. Die neuen Medien sind vornehmlich interaktive Medien in dem Sinne, als dass diese nicht nur rezeptive Prozesse zulassen, sondern auch aktive Nutzungsweisen ermöglichen. Dies gilt natürlich für das Mobiltelefon, aber auch in hohem Maße für den Computer und vor allem das Internet mit seinen vielfältigen Nutzungsdiensten und -anwendungen.

Diese Entwicklung bedeutet, dass sich Sozialisationsprozesse nicht mehr ausschließlich innerhalb von *face-to-face*-Kontexten vollziehen, sondern zunehmend in und durch (neue) Medien stattfinden. Identität wird nun auch in virtuellen Räumen dargestellt und verhandelt, Kommunikationen verlaufen mittels E-Mail oder Chat, Fotos werden auf Bildportalen hochgeladen und das Familienvideo findet sich auf YouTube wieder. Hier haben tiefgreifende Wandlungsprozesse stattgefunden, so dass das Leben der »digital natives« selbstverständlich in realen als auch im virtuellen Räumen stattfindet. Grenzziehungen zwischen »real« und »virtuell« scheinen allgemein immer schwieriger zu werden und die Verflechtung von Realem und Virtuellem wird damit immer umfassender.

Eine naheliegende lebenslaufbezogene Konsequenz dieser Entwicklung könnte darin bestehen, dass zukünftig eine immer weniger separierbare Verschränkung von realen und virtuellen Räumen auch das mittlere und höhere Lebensalter zunehmend bestimmt. Das könnte etwa bedeuten, dass sich auch in diesen Lebensphasen Informationsbedürfnisse, Lernen und soziale Kommunikationsformen immer stärker in die virtuelle Sphäre verlagern und diese Sphäre eventuell sogar zunehmend als die bedeutsamere Ebene von »Wirklichkeit« erfahren wird. Dies könnte deshalb geschehen, weil ältere Menschen, vor allem sehr alte Menschen, auf Grund eingetretener »umweltrelevanter« Kompetenzeinbußen nicht selten Schwierigkeiten haben, die »reale« Umwelt, vor allem außerhäusliche Aktionsräume, zu erschließen. Somit könnte der zunehmende Rückgriff auf virtuelle Welten sogar adaptiv sein bzw. optimierend wirken. In einer übergreifenden Entwicklungssicht betrachtet könnte damit die intensive und vielfältige Nutzung virtueller Räume, im extremen Fall selbst in der Situation sehr hoher Pflegebedürftigkeit und Bettlägerigkeit, dazu beitragen, die Rolle biologischer Prozesse zu relativieren (Baltes & Smith, 1999). Ein in der »Realität« möglicherweise stark gefährdetes positives Alternserleben könnte in der virtuellen Welt neue Entwicklungsimpulse erfahren.

Diese denkbare Entwicklung scheint sich bereits heute im »Pioniertum« von in digitaler Hinsicht am weitesten fortgeschrittenen Subgruppen von älteren Menschen abzuzeichnen, bei denen sich eine qualitativ wandelnde Internetnutzung erkennen lässt,

die zunehmend Identitätsprozesse anzusprechen scheint (z.B. Menschen inszenieren unterschiedliche Varianten und Auswirkungen ihres Alterns im Netz). Medien würden damit lebenslang andauernde zentrale Entwicklungsprozesse deutlich tangieren, wenn nicht bestimmen. Man könnte hier beispielsweise mit dem Lebenslauftheoretiker Erikson (1973) argumentieren, der darauf verweist, dass Identitätsarbeit kein mit der Adoleszenz abgeschlossener Prozess sei, sondern das der Mensch »lebenslang« Identitätsarbeit leisten müsse, da sich die Identität den jeweils neuen Umwelt- und Lebensbedingungen anpassen müsse bzw. sich über den gesamten Lebenslauf hinweg je unterschiedliche Entwicklungsanforderungen stellen. Auch andere Forscher (z.B. L'Ecuyer, 1981) betonen, dass gerade in der nacherwerblichen Altersphase individuelle Identitätsarbeit stattfinden müsse, damit eine »Erneuerung des Selbst« stattfinden könne, die ihrerseits Basis für Lebenszufriedenheit in dieser Lebensphase bedeute: »[…] the emerging of new dimensions during old age […] and the reorganization of the degree of importance of many dimensions demonstrate that the self of the elderly is still developing […]« (L'Ecuyer, 1981, S. 217). Werden wir in nicht allzu ferner Zukunft sehen, dass die Nutzung von Medien über die gesamte Lebensspanne hinweg nicht nur das grundlegende wissenschaftliche Verständnis derartiger Konzepte bzw. der Identitätsforschung ganz allgemein verändern wird, sondern auch lebenslange Entwicklung selbst? Wir glauben, dass dies durchaus im Bereich des Möglichen liegt.

17.5 Ausblick

Lebenslauf- und kohortenbezogen gesehen kann man heute im Hinblick auf Mediennutzung noch von »zwei Welten« im Vergleich des frühen und späten Lebensalters sprechen. Mit den »digital natives« wachsen auf der einen Seite die ersten Generationen an Kindern und Jugendlichen heran, die direkt in dieser digitalen Medienwelt sozialisiert wurden. Deren lebenslaufbezogene Medienalltag und Medienpraxiskultur differiert völlig von jener der älterer Generationen, die in einer analogen Medienwelt mit Fernsehen, Radio und Printmedien sozialisiert wurden. Auf der anderen Seite setzen sich diese noch auf die Kohorten der heute jüngeren Menschen bezogenen Effekte zunehmend in den weiteren Lebenslauf fort, denn diese werden ja ihre intensiven »frühen« Medienerfahrungen in ihr weiteres Leben im Sinne einer Kompetenz und Lebensbewältigungsstrategie mitnehmen.

Gleichzeitig sehen wir deutliche Veränderungen mit potenziellen Auswirkungen im Hinblick auf die Rolle von Medien auch bereits bei den heute Älteren. Der Austritt aus dem Berufsleben ist heute vielfach mit einem noch langen Weiterleben verbunden, das aktiv als »eigenes Leben« bzw. als »eigene Entwicklung« gestaltet werden muss, womit aus unserer Sicht vor allem Identitätsprozesse verbunden sind. Vor dem Hintergrund dessen, dass Identitäten heute dynamische, transitive und offene Projekte sind und sein müssen (z. B. Straub & Renn, 2002) ist anzunehmen, dass auch ältere Menschen das Internet und Smartphone-Technologie und dessen verschiedenen Kommunikations- und Selbstdarstellungsräume zunehmend für Prozesse der Identitätsarbeit einsetzen werden.

Literatur

Baacke, D., Sander, U. & Vollbrecht, R. (1990a). *Lebenswelten sind Medienwelten. Lebenswelten Jugendlicher* (Bd. 1). Opladen: Leske + Budrich.

Baacke, D., Sander, U. & Vollbrecht, R. (1990b). *Lebensgeschichten sind Mediengeschichten. Lebenswelten Jugendlicher* (Bd. 2). Opladen: Leske + Budrich.

Baacke, D., Sander, U. & Vollbrecht, R. (1990c). Medienwelten Jugendlicher: Ergebnisse eines sozialökologischen Forschungsprojekts. *Media Perspektiven, 5*, 323–336.

Baltes, P. B. & Smith, J. (1999). Multilevel and systemic analyses of old age. Theoretical and empirical evidence for a fourth age. In V. L. Bengtson & K. W. Schaie (Hrsg.), *Handbook of theories of aging* (S. 153–173). New York: Springer.

Busemann, K. & Gscheidle, C. (2012). Web 2.0: Habitualisierung der Social Communitys. Ergebnisse der ARD/ZDF-Onlinestudie 2012. *Media Perspektiven, 7–8*, 380–390.

Castells, M. (2001). Das Informationszeitalter. Wirtschaft – Gesellschaft – Kultur. Teil 1: Der Aufstieg der Netzwerkgesellschaft. Leske + Budrich, Opladen

Dell, P. & Marinova, D. (2007). Are they acting their age? Online social interaction and identity in the elderly. In L. Oxley & D. Kulasiri (Hrsg.), *Proceedings of the Land, Water and Environmental Management: Integrated Systems for Sustainability* (S. 2700–2706). The University of Canterbury, Christchurch, New Zealand.

Dickinson, A. & Gregor, P. (2006). Computer use has no demonstrated impact on the wellbeing of older adults. *International Journal of Human-Computer Studies, 64*, 744–753.

Doh, M. (2011a). *Heterogenität der Mediennutzung im Alter. Theoretische Konzepte und empirische Befunde.* Schriftenreihe Gesellschaft – Altern – Medien, Bd. 2. München: kopaed.

Doh, M. (2011b). Der ältere Mensch auf dem Weg zur Informationsgesellschaft – Entwicklungslinien, Potenziale und Barrieren am Beispiel von Internet und Mobiltelefon. In M. Plechaty & H. Plischke (Hrsg.), *Ältere Menschen und die Nutzung Neuer Medien: Regionale Symposien zum demographischen Wandel unserer Gesellschaft 2010* (S. 39–78). Bad Tölz: Peter-Schilffarth-Edition.

Erikson, E. H. (1973). *Identität und Lebenszyklus.* Frankfurt a.M.: Suhrkamp.

Fromme, J. (2003). Computer Games as a Part of Children's Culture. Game Studies, 3(1);

verfügbar unter: http://www.gamestudies.¬org/0301/fromme/ (Zugriff am 05.01.2013)

Giddens, A. (1991). Living in the world: Dilemmas of the self. In Giddens, A. (Ed.), *Modernity and Self-Identity: Self and Society in the Late Modern Age* (S. 187–201). Stanford, CA: Stanford University Press.

Gross, E. F. (2004). Adolescent internet use: What we expect, what teens report. *Applied Developmental Psychology, 25*, 633–649.

Havighurst, R. J. (1972). *Developmental tasks and education.* New York: McKay.

Jansz, J., Avis, C. & Vosmeer, M. (2010). Playing The Sims 2: An Exploration of Gender Differences in Players' Motivations and Patterns of Play. *New Media & Society, 12(2)*, 235–251.

Katz, E., Blumer, J. G. & Gurevitch, M. (1974). Utilization of mass communication by the individual. In J. G. Blumler & E. Katz (Hrsg.), *The uses of mass communications: Current perspectives on gratifications research* (S. 19–34). London, England: SAGE.

Keupp, H., Ahbe, T., Gmür, W. & Höfer, R. (1999). Auswirkungen der gesellschaftlichen Veränderungen auf die Identitätstheorie. In H. Keupp, T. Ahbe, W. Gmür & R. Höfer (Hrsg.), *Identitätskonstruktionen: das Patchwork der Identitäten in der Spätmoderne* (S. 63–108). Reinbek bei Hamburg: Rowohlt.

Kim, Y. S. (2008). Reviewing and critiquing computer learning and usage among older adults. *Educational Gerontology, 34*, 709–735.

Krotz, F. (2007). Mediatisierung: Fallstudien zum Wandel der Kommunikation. Wiesbaden: VS.

Kruse, A. & Wahl, H.-W. (2010). *Zukunft Altern. Individuelle und gesellschaftliche Weichenstellungen.* Heidelberg: Spektrum Akademischer Verlag.

Kubey, R. W. (1980). Television and aging: Past, present and future. *The Gerontologist, 20*, 16–35.

L`Ecuyer, R. (1981). The development of the selfconcept throughout the life span. In M. D. Lynch, A. Norem-Hebeisen & K. J. Gergen (Hrsg.), *Self-concept: Advances in the theory and research* (S. 203–218). Cambridge, MA: Ballinger.

Lee, L. (2005). Young people and the Internet: From theory to practice. *Nordic Journal of Youth Research, 13(4)*, 315–326.

Mares, M.-L. & Sun, Y. (2010). The multiple meanings of age for television content preferences. *Human Communication Research, 3*, 372–396.

McCreadie, C. (2010). Technology and older people. In D. Dannefer & C. Phillipson (Hrsg.), *The SAGE handbook of social gerontology* (S. 607–617). London, England: SAGE.

Mead, G. H. (1973). *Geist, Identität und Gesellschaft.* Frankfurt a.M.: Suhrkamp.

Medienpädagogischer Forschungsverbund Südwest (mpfs) (Hrsg.) (2012). JIM-Studie 2012: Jugend, Information, (Multi-)Media; verfügbar unter: http://www.mpfs.de/index.php?id=527 (Zugriff am 05.01.2013)

Medienpädagogischer Forschungsverbund Südwest (mpfs) (Hrsg.) (2012). KIM-Studie 2012: Kinder + Medien, Computer + Internet; http://www.mpfs.de/fileadmin/KIM-pdf12/¬KIM_2012.pdf (Zugriff am 09.10.2013)

Medienpädagogischer Forschungsverbund Südwest (mpfs) (Hrsg.) (2010). KIM-Studie 2010: Kinder + Medien, Computer + Internet; verfügbar unter: http://www.mpfs.de/index.¬php?id=479 (Zugriff am 05.01.2013)

Misoch, S. (2010). Bildkommunikation selbstverletzenden Verhaltens (SVV) im virtuellen Raum: Eine exemplarische Analyse des präsentierten Bildmaterials auf YouTube, social network sites und privaten Homepages. *kommunikation & gesellschaft*; verfügbar unter: http://www.ssoar.info/ssoar/¬files/K.G/11/B1_2010_Misoch.pdf (Zugriff am 05.01.2013)

Misoch, S. (2009). Webpages als Medien jugendlicher Identitätsarbeit. In L. Mikos, D. Hoffmann & R. Winter (Hrsg.), *Mediennutzung – Identität – Identifikationen* (S. 163–182). Weinheim/München: Juventa.

Misoch, S. (2008). Jugendliche Raumbezüge im Chat. In C. J. Tully (Hrsg.), *Multilokalität und Vernetzung: Beiträge zur technikbasierten Gestaltung jugendlicher Sozialräume* (S. 127–138). Weinheim/München: Juventa.

Misoch, S. (2007). Körperinszenierungen Jugendlicher im Netz: Ästhetische und schockierende Präsentationen. *Diskurs Kindheits- und Jugendforschung, 2(2)*, 139–154.

Misoch, S. (2004). Selbstdarstellung Jugendlicher auf privaten Websites. *merz, 48(5)*, S. 43–47.

Oehmichen, E. & Schröter, C. (2007). Zur typologischen Struktur medienübergreifender Nutzungsmuster. Erklärungsbeiträge der MedienNutzer- und der OnlineNutzerTypologie. *Media Perspektiven, 8*, 406–421.

Oerter, R. & Dreher, E. (2002). Jugendalter. In R. Oerter & L. Montada (Hrsg.), *Entwicklungspsychologie* (S. 258 – 318). Weinheim: Beltz.

Prensky, M. (2001). Digital natives, digital immigrants. On the Horizon, 9(5); verfügbar unter http://www.marcprensky.com/writing/¬

prensky%20-%20digital%20natives,%20¬
digital%20immigrants%20-%20part1.pdf
(Zugriff am 05.01.2013)

Quandt, T., Festl, R. & Scharkow, M. (2011). Digitales Spielen – Medienunterhaltung im Mainstream. GameStat 2011: Repräsentativbefragung zum Computer- und Konsolenspielen in Deutschland. *Media Perspektiven*, 9, 414–422.

Roberts, B. W., Walton, K. E. & Viechtbauer, W. (2006). Patterns of mean-level change in personality traits across the life course: A meta-analysis of longitudinal studies. *Psychological Bulletin, 132*, 1–25.

Rolff, H.-G. & Zimmermann, P. (1985). Kindheit im Wandel. Eine Einführung in die Sozialisation im Kindesalter (2. Auflage). Weinheim: Beltz.

Schäffer, B. (2009). Mediengenerationen, Medienkohorten und generationsspezifische Medienpraxiskulturen: Zum Generationenansatz in der Medienforschung. In B. Schorb, A. Hartung & W. Reißmann (Hrsg.), *Medien und höheres Lebensalter* (S. 31–50). Wiesbaden: VS-Verlag für Sozialwissenschaften.

Schäffter, O. (2001). Transformationsgesellschaft: Temporalisierung der Zukunft und die Positivierung des Unbestimmten im Lernarrangement. In J. Wittpoth (Hrsg.), *Erwachsenenbildung und Zeitdiagnose* (S. 39–68). Bielefeld: Bertelsmann.

Sennett, R. (2000). Der flexible Mensch: Die Kultur des neuen Kapitalismus. Berlin: Berlin-Verlag.

Steinfort, J. (2010). *Identität und Engagement im Alter: Eine empirische Untersuchung.* Wiesbaden: VS-Verlag für Sozialwissenschaften.

Straub, J. & Renn, J. (Hrsg., 2002). Transitorische Identität: Der Prozesscharakter des modernen Selbst. Frankfurt a.M.: Campus.

Tews, P, (1993). Neue und alte Aspekte des Strukturwandels des Alters. *Lebenslagen im Strukturwandel des Alters.* Opladen, S. 15–42.

Valkenburg, P. M., Schouten, A. P. & Peter, J. (2005). Adolescents' identity experiments on the Internet. *New Media & Society, 7(3)*, 383–402.

van Eimeren, B. & Frees, B. (2012). 76 % der Deutschen online – neue Nutzungssituationen durch mobile Endgeräte? Ergebnisse der ARD/ZDF-Onlinestudie 2012. *Media Perspektiven, 7–8*, 362–379.

Wagner, N., Hassanein, K. & Head, M. (2010). Computer use by older adults: A multi-disciplinary review. *Computers in Human Behavior, 26*, 870–882.

Wahl, H.-W., Iwarsson, S. & Oswald, F. (2012). Aging well and the environment: Toward an integrative model and research agenda for the future. *The Gerontologist, 52*, 306–316.

Wittkämper, W. (2006). Lesen und Medien im Alter – eine medienbiografische Studie und ein mediengeragogischer Ansatz. Dissertation, Universität Köln.

Zinnecker, J. (2000). Selbstsozialisation: Essay über ein aktuelles Konzept. *Zeitschrift für Soziologie der Erziehung und Sozialisation (ZSE), 20*, 272–290.

18 Die Bedeutung von Altersbildern im Lebenslauf

Catherine E. Bowen, Anna E. Kornadt und Eva-Marie Kessler

Zusammenfassung

Ausgehend von der bisherigen Forschungslage werden im folgenden Kapitel die Inhalte und Effekte von *Altersbildern* (Vor- und Darstellungen darüber, wie das Alter(n) ist, wie es sein könnte und sein sollte) auf die Entwicklung im Erwachsenenalter dargelegt. Darüber hinaus werden die Auswirkungen von Erfahrungen mit dem eigenem Altern und älteren Menschen sowie der Konfrontation mit kollektiven Altersbildern auf individuelle Altersbilder thematisiert. Hierbei fokussieren wir exemplarisch auf die Darstellung älterer Menschen in den Medien und den Arbeitskontext als zwei Quellen der Erfahrungen mit und über das Altern. Abschließend wird diskutiert, ob so etwas wie ein »gutes« Altersbild existiert.

18.1 Einführung

Unser ganzes Leben begleiten uns Vor- und Darstellungen darüber, wie das Alter(n) ist, wie es sein könnte und sein sollte. Zur Bezeichnung solcher Repräsentationen des Alt-Seins, Alt-Werdens und von älteren Menschen wird im deutschen Sprachraum der Begriff der ›Altersbilder‹ verwendet. Das Wort ›Bilder‹ betont dabei, dass weniger die objektive Realität des Alter(n)s gemeint ist, sondern die Deutungen, Interpretationen und Absichten, die Alter(n) und alten Menschen zugeschrieben werden. Eine für das vorliegende Kapitel bedeutsame Unterscheidung von Altersbildern ist diejenige zwischen solchen in den Köpfen von Individuen (*individuelle* Altersbilder) und kollektiv vermittelten (*gesellschaftlichen*) Altersbildern. Individuelle Altersbilder umfassen dabei sowohl Altersfremdbilder, also Vorstellungen von alten Menschen im All-gemeinen, als auch Altersselbstbilder, also Vorstellungen vom eigenen Altwerden und Altsein.

In diesem Kapitel möchten wir – ausgehend von der bisherigen Forschungslage zu Altersbildern – versuchen, die komplexen Wechselwirkungen zwischen diesen Repräsentationen von Alter(n) und älteren Menschen und tatsächlichen Entwicklungs- und Alternsprozessen über den Lebenslauf hinweg herauszuarbeiten. Mit anderen Worten: Wie beeinflussen Altersbilder den Lebenslauf und umgekehrt? Dazu wird in diesem Kapitel zunächst ein kurzer Überblick über die Inhalte individueller Altersfremd- und Selbstbilder gegeben. Anschließend folgen Überlegungen zu der Frage, wie sich individuelle Altersbilder über den Lebenslauf entwickeln und aus welchen Quellen der Erfahrung sie sich speisen. Es folgt eine

Darstellung der Forschungsbefunde zu den kurz- und langfristigen Effekten individueller und kollektiver Altersbilder *auf Verhalten und Erleben im Lebenslauf.* Vor dem Hintergrund dieser Ergebnisse wird abschließend diskutiert, ob es so etwas wie ein »gutes« Altersbild gibt, und wenn ja, wie dieses aussehen könnte.

18.2 Inhalte individueller Altersfremdbilder

Individuelle Altersbilder werden in der psychologischen Literatur häufig unter dem Begriff *Altersstereotyp* untersucht (Wentura & Rothermund, 2005). Altersstereotype sind Überzeugungen über die Merkmale der Gruppe der »alten Menschen« und beinhalten z. B. generalisierte Erwartungen an das Auftreten bestimmter Persönlichkeitseigenschaften, das äußere Erscheinungsbild oder Verhaltensweisen von Menschen im höheren Lebensalter und umfassen dabei auch Einstellungen bzgl. dieser Merkmale. Fasst man verschiedene Studien zusammen, die sich mit der Valenz von Altersbildern beschäftigen, so zeigt sich, dass Altersbilder im Allgemeinen eher negativ als positiv sind. Dieser Befund darf dennoch nicht über die Vielfältigkeit und Unterschiedlichkeit von Altersbildern hinwegtäuschen: Merkmale wie nachlassende geistige Fähigkeiten, Rigidität, Einsamkeit und schlechte Stimmung sind ebenso mit Alter(n) assoziiert wie Weisheit, Wärme, Gelassenheit und Würde. Diese unterschiedlichen Merkmale existieren nebeneinander, und so bilden positive und negative Altersbilder nicht die jeweiligen Enden eines Kontinuums, sondern ein polyvalentes, differenziertes Spektrum. Hummert (1990) konnte zum Beispiel zeigen, dass Menschen zwischen verschiedenen distinkten Subtypen älterer Menschen unterscheiden. Innerhalb der positiven Kategorie waren dies z. B. der Typus der liebevollen, großzügigen und weisen »perfekten Großeltern«, aber auch der aktive, erfolgreiche und gesunde »Golden Ager«. Innerhalb der negativen Kategorie wurde unter anderem zwischen dem schlecht gelaunten, sturen und verbitterten »Griesgram« und dem senilen, inkompetenten und kraftlosen »Gebrechlichen« unterschieden.

Die Dominanz negativer Altersstereotype wird außerdem durch deren Kontextabhängigkeit relativiert. Gibt man z. B. mehr (oder individualisierte) Informationen über die ältere Person, so führt dies dazu, dass differenziertere Bewertungen derselben erfolgen. In einer Studie von Kornadt & Rothermund (2011) konnte z. B. gezeigt werden, dass sich der Inhalt und die Valenz der Bewertung älterer Menschen unterscheiden, wenn man sie in verschiedenen Lebensbereichen einschätzen lässt. Während im Bereich »Familie und Partnerschaft« z. B. relativ positive Bewertungen alter Menschen vorherrschen, zeigen sich z. B. in den Bereichen »Freunde und Bekannte« oder »Gesundheit« eher negative Bewertungen. Aufgrund dieser Befunde kann man vermuten, dass in natürlichen Interaktionssituationen mit älteren Menschen nicht nur global die Kategorie »alter Mensch« aktiviert wird, sondern je nach situativem Kontext ganz bestimmte, spezifische Vorstellungen. Zusammengefasst existiert also nicht nur *ein* Altersbild; welche der vielfältigen Merkmale, die man mit dem Alter und älteren Menschen verbindet, jeweils abgerufen und relevant werden, unterscheidet sich je nach Eigenschaften und Anforderungen der Situation, in der man sich befindet, handelt und entscheidet.

18.3 Wie entstehen individuelle Altersbilder?

Ein Überblick über die bisherige Forschungsliteratur zeigt, dass es zwar einige Annahmen, aber erstaunlich wenig empirische Forschung zu der Frage gibt, wann Altersbilder im Lebenslauf entstehen, aus welchen Quellen sie sich speisen und wie individuelle Unterschiede in Altersbildern zu erklären sind.

Entwicklung von Altersbildern im Lebenslauf

Es wird angenommen, dass Altersbilder sich einerseits durch persönliche Erfahrungen mit älteren Menschen (z.B. mit den Großeltern, später auch am Arbeitsplatz) entwickeln, andererseits aber auch durch die Konfrontation mit kollektiven Altersbildern, wie sie sich insbesondere in Büchern und Filmen, aber auch in formalen Regelungen (wie z.B. Pensionsgrenzen) sowie informellen Verhaltensregeln (wie z.B. Höflichkeitscodex gegenüber älteren Menschen) widerspiegeln. Welche der beiden Einflussquellen, die »direkte« oder »indirekte«, einen stärkeren Einfluss auf die Entwicklung von Altersrepräsentationen nehmen, ist dabei im Übrigen noch völlig ungeklärt. Es gibt Hinweise darauf, dass sich Altersfremdbilder bereits in der Kindheit herausbilden, d.h. in einer Zeit, in der ältere Menschen noch eindeutig eine Fremdgruppe darstellen und die Vorstellung, dass man selbst irgendwann so alt sein wird, kaum möglich ist. Schon im Vorschulalter sind Kinder in der Lage, Personen aufgrund ihres Alters zu kategorisieren und deren vermeintlich typische Merkmale (z.B. »graue Haare«) zu benennen, und sie nehmen Wertungen vor, indem sie z.B. angeben, weniger gern neben älteren Menschen sitzen zu wollen (Isaacs & Bearison, 1986). Weil junge Menschen in der Regel

wenig Kontakt mit älteren Menschen (insbesondere außerhalb der Familie) haben und Altersbilder noch wenig Relevanz für die eigene Person besitzen, wird davon ausgegangen, dass die Veridikalität gesellschaftlicher Altersbilder im Kindes- und Jugendalter weitestgehend unterhinterfragt bleibt. Diese Stereotype verstärken sich daher über den Lebenslauf hinweg und werden durch wiederholte Konfrontation mit gesellschaftlichen Altersbildern, aber auch durch selektive Aufmerksamkeit gegenüber Informationen, die mit dem stereotypen Wissen kongruent sind, gelernt und verinnerlicht.

Es gibt jedoch Hinweise darauf, dass im Laufe der zweiten Lebenshälfte individuelle Altersbilder zumindest geringfügig an Komplexität gewinnen. Querschnittstudien, die die Altersfremdbilder von jüngeren mit denen von älteren Menschen vergleichen, zeigen, dass Personen über das Erwachsenenalter hinweg tendenziell differenziertere Alters-Fremdbilder (z.B. mehr Subkategorien) aufweisen (Hummert et al., 1994). Trotzdem gibt es erstaunlich wenig Forschung darüber, welchen Einfluss Erfahrungen (z.B. mit älteren Menschen oder dem eigenen Altern) nach der Kindheit und Jugend auf individuelle Altersbilder ausüben. Im Folgenden möchten wir daher zunächst exemplarisch zwei Kontexte beleuchten die als Quellen von Erfahrungen über das Alter(n) vermutet – aber sehr selten empirisch überprüft – werden, nämlich die Medien und der Arbeitskontext.

Medien als Quelle von Erfahrungen über das Alter(n)

Es wird häufig angenommen, dass mediale Altersbilder eine wichtige Quelle des impliziten und expliziten Wissens über das

Alter(n) und ältere Menschen darstellen und Einstellungen gegenüber älteren Menschen, die eigene Altersidentifikation sowie subjektive Theorien über Entwicklung und Altern prägen. Es ist deswegen besonders interessant, den Inhalt individueller mit dem Inhalt medialer Altersbilder zu vergleichen.

Obwohl zumeist angenommen wird, dass die Medien primär negative Altersbilder vermitteln, werden tatsächlich in deutschen Fernsehserien und in der Werbung ältere Menschen häufig als attraktiv, vital und sozial aktiv dargestellt, während negative Aspekte des Alterns wie Krankheit und Einsamkeit kaum thematisiert werden (Kessler et al., 2004; Kessler, Schwender & Bowen, 2010). Sowohl im Vergleich mit der gerontologischen Befundlage über die tatsächliche Lebenssituation älterer Menschen als auch mit jüngeren Charakteren liegt dabei eine »positive Verzerrung« vor. Zu beachten ist, dass diese Darstellung nicht dem positiven individuellen Altersstereotyp des weisen, fürsorglichen älteren Menschen entspricht. Vielmehr handelt es sich dabei um eine Konterkarierung des negativen Altersstereotyps. Im Gegensatz dazu werden in Nachrichten- und Magazinsendungen oder politischen Debatten primär gesellschaftliche Risiko- und Problemkonstellationen angesprochen, die mit dem demografischen Wandel verbunden sind (z. B. Kostenexplosion im Gesundheits- und Rentensystem). In diesem Zusammenhang werden hochgradig negativ assoziierte Begriffe der »Überalterung der Gesellschaft« sowie des »Generationenkonfliktes« verwendet, die häufig dazu instrumentalisiert werden, politischen Botschaften zusätzliches Gewicht zu verleihen (etwa wenn es um Rationalisierung gesundheitlicher Leistungen oder Vorruhestandsregelungen geht). Geht es allerdings um die Darstellung älterer Menschen (und nicht des Alterungsprozesses der Gesellschaft), so präsentieren Informationsmedien häufig

»außergewöhnliche« ältere Personen – so etwa die Darstellung eines 80-jährigen Universitätsabsolventen oder einer 95jährigen Tennisspielerin, die aus Medienperspektive nur eine Erwähnung wert sind, weil sie erheblich von normativen Erwartungen abweichen (Mayer, 2009). In deutschen Wochenzeitungen werden Menschen mit Demenz primär mit positiven Emotionen, guter Gesundheit und in individualisierten Wohnkontexten dargestellt (Kessler & Schwender, 2012). Auf Grundlage der empirischen Forschung in diesem Bereich muss die häufig angestellte Vermutung, dass durch die Medien negative Altersbilder befördert werden, als zu einseitig zurückgewiesen werden. Allerdings ist hierbei vorauszuschicken, dass der Forschungsstand zu medialen Altersbildern noch sehr unvollständig ist und es noch kein systematisches Wissen zu genre- und länderspezifischen Unterschieden gibt.

Der Arbeitskontext als Quelle von Erfahrungen über das Alter(n)

Da der Arbeitskontext als ein zentraler Kontext des Lebens im Erwachsenenalter gilt, liegt die Annahme nahe, dass alternsbezogene Erfahrungen in diesem Kontext einen Einfluss auf individuelle Altersbilder ausüben können. Bei einer solchen Betrachtung sind direkte Erfahrungen mit dem eigenen Altern und älteren Kolleg/innen sowie die Konfrontation mit Altersbildern von Vorgesetzten und Kolleg/innen bzw. mit dem kollektiven Altersbild innerhalb einer Organisation zu unterscheiden.

Die Ressourcen und Herausforderungen eines Arbeitskontextes üben einen breiten Einfluss auf die physische und psychische Entwicklung im Erwachsenenalter aus. So sind zum Beispiel Arbeitstätigkeiten, die durch die Ausführung komplexer Aufgaben charakterisiert werden, förderlich für die kognitive Entwicklung, so dass sie den kognitiven Verlusten, die normalerweise mit dem Altern einhergehen, entgegen wirken können (Hertzog, Kramer, Wilson & Lindenberger, 2009). Man könnte daher spekulieren, dass ein solcher Arbeitskontext, in dem die kognitive Leistung älterwerdender Kolleg/innen erhalten bleibt, bei anderen Mitarbeiter/innen zu weniger negativen Altersbildern (bezogen auf kognitive Leistungsfähigkeit) führt. Zudem kann man annehmen, dass Arbeitstätigkeiten, bei denen schnelle Informationsverarbeitung und/oder körperliche Anstrengung gefordert werden, zu erwartende Altersverluste in diesen Bereichen deutlicher hervortreten lassen und dadurch eher negativere Altersbilder verstärken, während Arbeitstätigkeiten, die auf beruflicher Erfahrung basieren, Altersgewinne akzentuieren und dadurch zu positiveren Altersbildern führen können.

Allerdings spielen nicht nur die tatsächlich ausgeführten Tätigkeiten, sondern auch die Organisation von Arbeit im jeweiligen Unternehmen eine Rolle. Gelten die gleichen Anforderungen hinsichtlich Schnelligkeit und körperlicher Leistung, die in einem Unternehmen an jüngere Mitarbeiter/innen gestellt werden, auch für die älteren Mitarbeiter/innen, wäre zu erwarten, dass diese hier vergleichsweise deutlich schlechter abschneiden, was sich in negativeren Altersbildern von Mitarbeiter/innen niederschlagen könnte. Wenn ältere Mitarbeiter/innen hingegen in altersgemischten Teams ihr Wissen und ihre Erfahrung an jüngere Kollegen weitergeben können – so dass sie eine ›Experten‹-Rolle übernehmen – kann man annehmen, dass dies zu positiveren Altersbildern in der Belegschaft führt. All diese Annahmen wurden jedoch unseres Wissens bisher nicht empirisch überprüft und bleiben somit spekulativ.

Ein weiterer Pfad, über den Erfahrungen im Arbeitskontext individuelle Altersbilder beeinflussen können, ist die Konfrontation mit kollektiven Altersbildern innerhalb eines Unternehmens oder am Arbeitsplatz. Zahlreiche Studien haben gezeigt, dass ältere Mitarbeiter/innen im Allgemeinen mit spezifischen (überwiegend negativen) Merkmalen assoziiert werden. Da sich Firmen in formalen Regelungen (wie z. B. bei Mentoring-Programmen, Umgang mit gesundheitlichen Einschränkungen) und informellen ›Regeln‹ (z. B. inwieweit Vorgesetzte ältere Mitarbeiter bei der Weiterbildung unterstützen, oder inwieweit die Lebens- und Berufserfahrung älterer Mitarbeiter geschätzt wird) deutlich unterscheiden, gehen wir davon aus, dass sich dies auch in unterschiedlichen kollektiven Bildern von älteren Mitarbeiter/innen zwischen Unternehmen niederschlägt. Erste empirische Ergebnisse weisen tatsächlich darauf hin, dass innerhalb eines Unternehmens ein geteiltes Altersbild vorherrscht, was als sogenanntes ›Altersklima‹ bezeichnet werden kann (Staudinger & Noack, 2009). Das betriebliche Altersklima steht zudem mit unterschiedlichen Personalstrategien bezüglich älterer Mitarbeiter (z. B. Personaleinstellungen oder Frühverrentungspolitik, Gesundheitsmanagement) in Zusammenhang. Die Frage, ob das kollektive Altersbild einer Firma von jüngeren und älteren Mitarbeiter/innen tatsächlich auch verinnerlicht wird, bleibt jedoch offen. Zusammenfassend ist festzustellen, dass der Grad der Differenzierung von Altersbildern im Unternehmen wesentlich davon abhängt, in welchem Maß ältere Arbeitnehmer die Möglichkeit haben, ihre Ressourcen und Entwicklungspotentiale zu zeigen. Zudem haben alternsbezogene Erfahrungen und die Konfrontation mit Altersbildern am Arbeitsplatz potentiell Auswirkungen auf die Altersbilder (und damit das Entwicklungspotential) der Belegschaft eines Unternehmens. Um zu klären, wie sich dieser Einfluss tatsächlich manifestiert und unter welchen Umständen er auftritt, bedarf es jedoch weiterer Forschung.

18.4   Konsequenzen individueller Altersbilder

Es gibt mittlerweile eine Vielzahl von Studien, die belegen, dass individuelle Altersbilder auf mindestens zwei Wegen Erleben und Verhalten beeinflussen können: Erstens, indem sie von Interaktionspartnern als Kategorisierungsmerkmal herangezogen werden und sich dann auf deren Interaktionsverhalten gegenüber älteren Menschen auswirken. Zweitens, indem Menschen über den Lebenslauf hinweg Altersbilder internalisieren, die dann ihren eigenen Alterungsprozess beeinflussen.

Konsequenzen von Altersbildern in intergenerationalen Interaktionen

Können Altersbilder in den Köpfen jüngerer Menschen das tatsächliche Leben im Alter beeinflussen und wenn ja, wie? Modelle intergenerationeller Interaktion gehen davon aus, dass sich Altersstereotype über den Weg der Kommunikation zwischen alten und jungen Menschen kurz- und langfristig auf das Erleben und Verhalten älterer Menschen auswirken. Das »Communication Predicament of Aging Model« (Ryan, Giles, Bartolucci & Henwood, 1986) geht zunächst einmal pauschal von einer negativen Stereotypisierung älterer Menschen aus. Danach führt über- bzw. unterangepasste Sprache jüngerer Menschen kurzfristig dazu, dass sich die ältere Person unverstanden und wenig respektiert fühlt, es kommt zu einem Verlust von Selbstvertrauen und Kontrolle in die eigenen Fähigkeiten. Langfristige Konsequenzen davon sind demnach kognitive und gesundheitliche Einschränkungen und die Aufgabe von Autonomie. Gleichzeitig wird auch das Gespräch vom jüngeren Interaktionspartner als anstrengend und unbefriedigend erlebt, weil es zu wenig

auf seine Bedürfnisse ausgerichtet ist. Das »Communication Enhancement Model« (Ryan, Meredith & MacLean, 1995) postuliert hingegen, dass es zu einer funktionalen sprachlichen Anpassung der jungen Person und zu einer adäquaten Einschätzung der Fähigkeiten und Bedürfnisse der älteren Person kommt, wenn es gelingt, eine *individualisierte* Wahrnehmung der älteren Person herbeizuführen. Diese Art der Kommunikation sollte laut Modell zu einer Steigerung der Gesundheit, des Wohlbefindens und der Kompetenzen der älteren Person (»empowerment«) führen. In ähnlicher Weise wurde in einer klassischen Studie bei Altenpfleger/innen das Phänomen des *dependency-support scripts* identifiziert (M. Baltes & Wahl, 1992). Es wurde beobachtet, dass das Pflegepersonal Bewohner/innen der Einrichtungen auch dann Hilfe leistete und ihnen Aufgaben abnahm, wenn dies gar nicht benötigt wurde. Solche beruflichen Verhaltensmuster, die sowohl als Produkt von Altersbildern wie auch von institutionellen Pflegepraktiken betrachtet werden können, führen zu einem zunehmenden Verlust von Autonomie und einer Zunahme von Hilfsbedürftigkeit seitens älterer Menschen. Wenn die Pflegekräfte die Möglichkeit hatten, ihr eigenes pflegerisches Handeln zu reflektieren, dann wurde das hier genannte Skriptum mit hoher Wahrscheinlichkeit aufgegeben. Diese Annahmen und Befunde verdeutlichen sehr gut, wie sich Altersbilder von sozialen Interaktionspartnern sowohl negativ, als auch positiv auf ältere Menschen auswirken können, und wie man durch eine differenziertere Wahrnehmung Älterer Diskriminierung vorbeugen, und im Gegensatz sogar förderliche Entwicklungsumgebungen für ältere Menschen erreichen kann.

Konsequenzen internalisierter Altersbilder

Neben diesem Einfluss von Altersbildern in der Interaktion mit tatsächlich Älteren haben die eigenen Altersbilder und deren Anwendung auf die eigene Person nachweislich auch einen Einfluss auf die Entwicklung über die Lebensspanne, und das nicht erst im hohen Lebensalter. Hier kommt eine Besonderheit von Altersbildern ins Spiel, die darin besteht, dass sie nicht eine Fremdgruppe betreffen, zu der man nie zugehörig sein wird (wie z. B. Bilder über Menschen anderer Hautfarbe oder anderen Geschlechts), sondern im Laufe des Lebens wird man selbst zu einem Mitglied der Gruppe der älteren Menschen. Altersbilder werden dadurch im Laufe der Lebensspanne selbstrelevant und können so die eigene Entwicklung beeinflussen. Evidenz dafür zeigt z. B. eine Längsschnittstudie, in der Personen (54–77 J.) zu drei jeweils 4 Jahre auseinanderliegenden Zeitpunkten zu ihren Altersfremdbildern und ihrem Selbstkonzept befragt wurden (Rothermund & Brandstädter, 2003). Über den Untersuchungszeitraum wurden die Selbstbilder der älteren Teilnehmer/innen ihrem Altersstereotyp ähnlicher, das jeweilige Altersfremdbild wurde also ins Selbstkonzept *internalisiert*.

Die Inhalte von solchen internalisierten Altersbildern haben zudem einen ähnlich starken oder sogar stärkeren Einfluss auf den Alternsprozess wie »objektive« Faktoren. Tatsächlich wurde in einer Reihe von Untersuchungen sehr eindrucksvoll belegt, dass sich eine negative (positive) Selbstwahrnehmung des eigenen Alterns über einen längeren Zeitraum negativ (positiv) auf objektive Gesundheitsparameter und sogar Mortalität auswirkt (Levy, Slade, Kunkel & Kasl, 2002; Wurm, Tesch-Römer & Tomasik, 2007). Dieser Effekt bleibt auch nach Kontrolle von Rauchverhalten, Geschlecht, sozio-ökonomischem Status

und subjektivem Wohlbefinden erhalten. Zudem waren in diesen Längsschnittstudien die Effekte von Altersbildern auf Gesundheit stärker als umgekehrt (z. B. Wurm et al., 2007).

Trotz dieser erstaunlichen Befunde gibt es bisher relativ wenige empirische Untersuchungen, die die Mechanismen genauer beleuchten, durch die individuelle Altersbilder den Lebenslauf beeinflussen. Es gibt jedoch einzelne Belege dafür, dass Altersbilder ihren Einfluss vermittelt über verschiedene physiologische und psychologische Prozesse ausüben. So zeigen experimentelle Untersuchungen, dass negative Altersbilder physiologischen Stress hervorrufen können. In einer Studie von Levy, Hausdorff, Hencke und Wei (2000) wurden beispielsweise die Stressreaktionen von älteren Menschen gemessen, die vorher implizit mit einem positiven oder einem negativen Altersbild geprimed wurden. Dabei fand man, dass die Versuchsteilnehmer/innen, denen subliminal negative Altersbilder präsentiert wurden, einen höheren Blutdruck, schnelleren Herzschlag und schlechtere Leistungen bei einer kognitiven Aufgabe zeigten als die Personen in der positiven Bedingung. Man kann also annehmen, dass negative Altersbilder, eventuell vermittelt durch die Angst davor, ein negatives Altersbild durch eigenes Handeln zu bestätigen (sog. Stereotype Threat Effekte, Steele & Aronson, 1995), Stressreaktionen hervorrufen können. Dies kann nicht nur kurz- sondern auch langfristig die physiologischen Ressourcen einer Person beeinflussen.

Ein weiterer Pfad, durch den Altersbilder den individuellen Alternsprozess beeinflussen können, sind psychologische Ressourcen, wie zum Beispiel Erwartungen, Selbstwirksamkeit und Motivation. Legen die individuellen Altersbilder einer Person nahe, dass ein bestimmter (Lebens-)Bereich für sie nicht mehr angemessen ist oder dass ihre Fähigkeiten in diesem Bereich sowieso altersbedingt nachlassen, wird sie in diesen Bereich wahrscheinlich auch weniger Lebensenergie investieren. So ist zum Beispiel das persönliche Altersbild, dass Krankheit ein unvermeidlicher Teil des Alterns ist, mit weniger eigener Initiative zu Gesundheitsverhalten, wie z. B. zum Arzt zu gehen oder Sport zu treiben, assoziiert (Wurm, Tomasik & Tesch-Römer, 2010). Es scheint also, dass ein negatives Altersbild zu einer resignativen Haltung bezüglich des eigenen Alterns führt, da man sich von einer Investition in einen Bereich keine Gewinne mehr erwartet. Dieser Befund lässt sich auch auf andere Bereiche, wie zum Beispiel Weiterbildung im Arbeitskontext, übertragen: Ein negatives Alters-Selbstbild bezüglich der eigenen Lernfähigkeiten kann dazu führen, dass Weiterbildungsangebote nicht wahrgenommen werden.

18.5   Konsequenzen kollektiver Altersbilder

Bisher wurden die Effekte von individuellen Altersbildern auf den Lebenslauf beschrieben, allerdings haben auch gesellschaftliche Altersbilder, die in bestimmten Kontexten vorherrschend sind, einen Einfluss auf individuelle Entwicklung.

Experimentelle Konfrontation mit Altersstereotypen

Die Konsequenzen der Konfrontation mit kollektiven Altersbildern werden im psychologischen Bereich z. B. untersucht, indem man Untersuchungsteilnehmer/innen mit negativ und positiv getönten Altersbildern (z. B. ältere Menschen sind weise vs. ältere Menschen sind vergesslich) konfrontiert und dann den Einfluss dieser experimentellen Manipulation auf die älteren Personen (z. B. deren kurzfristige kognitive Leistungsfähigkeit) erfasst. Dabei werden sogenannte *Assimilations-* und *Kontrasteffekte* unterschieden. Grenzt man sich von einem (negativen) Altersstereotyp ab (»Mir geht es ja besser als den meisten anderen Älteren«), so kann dies kurzfristig zu Leistungssteigerungen und einem positiveren Selbstkonzept führen. Das Altersstereotyp wird also im Sinne eines *Kontrastes* und Abwärtsvergleiches genutzt. Allerdings sind solche Kontrasteffekte anscheinend auf wenige Situationen beschränkt, in denen älteren Menschen durch Ressourcen und Versuchsbedingungen die Möglichkeit gegeben wird, sich explizit von diesem Bild abzugrenzen, d. h., ihr persönliches Altern von dem Bild der (negativ) stereotypisierten »Älteren« zu trennen (Rothermund, 2005). Sind diese Möglichkeiten nicht gegeben, finden sich *Assimilationseffekte*, die Leistung und das Verhalten der Personen werden dem Stereotyp ähnlicher. So zeigte z. B. Becca Levy (2000), dass die Gedächtnisleistung wie auch die Handschrift älterer Menschen schlechter bzw. zittriger wurde, wenn sie vorher mit negativen Stereotypen konfrontiert wurden.

Konfrontation mit medialen Altersbildern

Eine erste zentrale Annahme über die Effekte von medial vermittelten Altersbildern leitet sich aus der Theorie des *Modelllernens* ab. Modelllernen bezeichnet dabei einen kognitiven Lernprozess, bei dem ein Individuum sich als Folge der Beobachtung des Verhaltens anderer Individuen sowie der darauffolgenden Konsequenzen neue Verhaltensweisen aneignet oder schon bestehende Verhaltensmuster weitgehend verändert. Zahlreiche Studien haben gezeigt, dass Medien, insbesondere das Fernsehen, eine zentrale Quelle für Modelllernen sein können (z. B. Bandura 2001). Diesem Ansatz folgend sollten insbesondere solche (älteren) Charaktere, die als kompetent wahrgenommen werden, sich in ähnlichen Lebensumständen wie die Betrachter/innen befinden und für ihr Verhalten belohnt werden, die stärkste Modellwirkung für ältere Zuschauer/innen haben. Da Menschen heute deutlich älter werden, als dies zu früheren Zeiten der Fall war, mangelt es an tatsächlichen Vorbildern für die Gestaltung des eigenen Alterns (vgl. Riley, Foner & Riley, 1999). Diese Annahme sollte die Wirkung älterer Charaktere als Rollenmodelle noch verstärken – und zwar nicht nur für ältere Menschen, sondern auch für die jüngeren Generationen, die durch Beobachtung von Personen, die ihnen einige Lebensphasen voraus sind, ihr eigenes Altern vorbereiten (so genannte ›antizipatorische Sozialisation‹).

Des Weiteren können die Effekte medialer Altersbilder auch aus der Perspektive *sozialer Vergleichsprozesse* diskutiert werden, denen zufolge sich die Zuschauer/innen mit den dargestellten Charakteren vergleichen. Diese Perspektive deckt sich zudem mit der Annahme Luhmanns (Luhmann, 1995), dass der soziale Vergleich der wichtigste Mechanismus der Medienwirkung ist. Soziale Vergleichsprozesse können dabei sowohl zu Kontrast- als auch zu und Assimilationseffekten führen. Es zeigt sich hier, dass in Situationen, in denen ein hohes Ausmaß an individuellen Ressourcen oder zumindest die Möglichkeiten zur Optimierung der Ressourcenlage vorhanden sind, soziale Aufwärtsvergleiche für Individuen zu Wohlbefinden und Erweiterung des Ressourcenspektrums beitragen (Heckhausen & Krueger, 1993). In Situationen dagegen, in denen nur wenig Ressourcen vorhanden und gleichzeitig Verluste irreversibel sind, sind soziale Abwärtsvergleiche funktional. Mit fortschreitendem Alter wirken soziale Abwärtsvergleiche zunehmend protektiv. Demnach fällt auch die Wirkung medialer Altersbilder in Abhängigkeit von individuellen Merkmalen der Rezipient/innen (z. B. Alter, Persönlichkeitsmerkmale) unterschiedlich aus. In diesem Sinne belegte eine Studie von Mares und Cantor (1992), dass sich ältere Zuschauer/innen nach der Konfrontation mit einer negativen Darstellung älterer Menschen besser fühlten. Dieser Effekt zeigte sich allerdings nur bei einsamen älteren Zuschauer/innen. Nicht-einsame ältere Zuschauer/innen fühlten sich nach der Betrachtung der positiven Darstellung besser.

Konsequenzen kollektiver Altersbilder im Arbeitskontext

Wie bereits weiter vorne beschrieben, weisen erste empirische Ergebnisse auf die Existenz eines geteilten Altersklimas innerhalb eines Unternehmens hin. Allerdings gibt es bisher sehr wenige empirische Studien, die sich mit den Konsequenzen eines solchen Altersklimas auf Arbeitnehmer/innen beschäftigen. Ein erster Versuch, diese Konsequenzen zu beleuchten, wurde mit einer Querschnittstudie auf der Grundlage von 355 Mitarbeiter/innen (19–64 J.) unternommen. Diese zeigt, dass das Altersbild innerhalb eines Unternehmens mit Altersunterschieden in der Motivation, nach Verbesserungen und Gewinnen zu streben, zusammenhängt. Die Abnahme von Gewinnmotivation, die mit zunehmendem chronologischen Alter typischerweise beobachtet werden kann, traf hier nur auf Mitarbeiter/innen zu, die das Altersbild in ihrer Firma als weniger positiv wahrnehmen (Bowen & Staudinger, 2012).

18.6   Was ist ein ›gutes‹ Altersbild?

Kann man nun abschließend sagen, dass positive Altersbilder »gut« und negative Altersbilder »schlecht« für die Entwicklung sind? Aus gerontologischer Sicht sind individuelle und gesellschaftliche Altersbilder als »förderlich« zu bezeichnen, wenn sie in ihrer Gesamtheit das Entwicklungspotenzial einer Person positiv beeinflussen. Ob ein Altersbild mit einer positiven oder negativen Valenz diesen Einfluss tatsächlich ausübt, hängt dabei vom Kontext ab. Daher ist es schwierig, Altersbilder rein nach ihrer Valenz als »gut« oder »schlecht« zu kategorisieren. Bisher zeigen die meisten empirischen Studien, dass defizitorientierte Altersbilder eher zu einer Verringerung der Leistungs- oder Entwicklungskapazität führen, indem sie z. B. zu Resignation und erhöhtem Stress beitragen. Allerdings kann ein negatives Altersbild auch entlastend wirken (vgl. Mares & Cantor, 1992) und dadurch unter manchen Umständen die Ressourcenlage einer Person positiv beeinflussen.

Gesellschaftlich »positive« Altersbilder wie z. B. die mediale Darstellung von glücklichen, sozial integrierten Personen mit einer Demenzerkrankung (s. o.) oder auch von beruflich produktiven Älteren können sicherlich neue Sichtweisen initiieren und zu einer positiven Veränderung individueller Altersbilder bzw. einer komplexeren Repräsentation des Alterns führen. Im Falle von unrealistischen bzw. einseitig positiven Altersbildern besteht allerdings die Gefahr, dass Individuen weder praktisch noch emotional vorbereitet sind, mit tatsächlich auftretenden altersbedingten Verlusten umzugehen. Auch kann die Verbreitung übermäßig positiver gesellschaftlicher Altersbilder negative Konsequenzen haben, wenn Menschen, die diesem Ideal des aktiven, »jungen«, unbeeinträchtigten alten Menschen nicht entsprechen, dadurch abgewertet werden. Außerdem kann ein positives Altersbild nur dann als Ressource fungieren, wenn die Umstände erlauben, dieses positive Altersbild zumindest teilwiese zu verwirklichen. Einfache Konterkarierungen des negativen Altersstereotyps können zudem auch eher als Ausnahmen gesehen werden, so dass das Altersstereotyp als allgemeine Regel zunächst unangetastet bleibt oder negative individuelle Altersbilder sogar noch verstärkt werden.

18.7   Ausblick

In diesem Kapitel haben wir versucht, die Rolle von Altersbildern in der lebenslangen Entwicklung zu beleuchten. Dabei wurde verdeutlicht, dass es sich keinesfalls um einen einseitigen Einfluss, sondern eher um eine wechselseitige Interaktion von Altersbildern und Mechanismen des Lebenslaufes handelt (▶ Abb. 18.1). Auf der einen Seite üben Altersbilder einen Einfluss darauf aus, wie man ältere Menschen wahrnimmt und den eigenen Altersprozess erlebt. Auf der anderen Seite werden individuelle Altersbilder durch Erfahrungen mit dem eigenen Altern und älteren Menschen sowie Konfrontation mit kollektiven Altersbildern (z. B. im Arbeitskontext, in den Medien) beeinflusst. Altersbilder stellen selbst eine Ressource dar, sie beeinflussen aber auch die Verfügbarkeit anderer Ressourcen (z. B. Gesundheit, intergenerationelle Beziehungen, Weiterbildung), und zwar sowohl kurz- als auch langfristig. Altersbilder sind somit sowohl Entwicklungsmotor als auch ein Indikator von gelungener Entwicklung über die Lebensspanne. Es ist allerdings noch weitere Forschung vonnöten, um Ent-

stehungsbedingungen von Altersbildern und genaue Mechanismen dieser Zusammenhänge zwischen individuellen Altersbildern und lebenslanger Entwicklung zu verstehen und eventuell auch beeinflussen zu können.

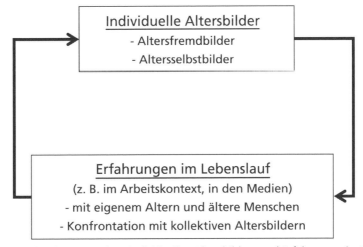

Abb. 18.1: Wechselwirkung zwischen individuellen Altersbildern und Erfahrungen im Lebenslauf.

Literatur

Baltes, M. M., & Wahl, H.-W. (1992). The dependency-support script in institutions: Generalization to community settings. *Psychology and Aging, 7,* 409–418.

Bandura, A. (2001). Social cognitive theory of mass communication. In: J. Bryant & D. Zillman (Eds.): *Media effects: advances in theory and research* (pp. 61–90). Hillsdale, NJ: Lawrence Erlbaum.

Bowen, C. E. & Staudinger, U. M. (2013). Relationship between age and promotion orientation depends on perceived older worker stereotypes. *The Journals of Gerontology: Psychological and Social Sciences, 68*(1), 59–63. doi: 10.1093/geronb/gbs060.

Heckhausen, J. & Krueger, J. (1993). Developmental expectations for the self and most other people: age grading in three functions of social comparison. *Developmental Psychology, 29,* 539–548.

Hertzog, C., Kramer, A. F., Wilson, R. S. & Lindenberger, U. (2009). Enrichment Effects on Adult Cognitive Development: Can the Functional Capacity of Older Adults Be Preserved and Enhanced? *Psychological Science in the Public Interest, 9*(1), 1–65.

Hummert, M. L. (1990). Multiple stereotypes of the elderly and young adults: A comparison of structure and evaluations. *Psychology and Aging, 5*(2), 182–193.

Hummert, M.L., Garstka, T. A., Shaner, J. L., & Strahm, S. (1994). Stereotypes of the elderly held by young, middle-aged, and elderlyadults. *Journals of Gerontology, Series B: Psychological Sciences and Social Sciences, 49,* 240–249.

Isaacs, L., & Bearison, D. (1986). The development of children's prejudice against the aged. *International Journal of Aging and Human Development, 23*(3), 175–194.

Kessler, E.-M. & Schwender, C. (2012). Giving dementia a face? The portrayal of older people with dementia in German weekly news magazines between the year 2000 and 2009. *The Journals of Gerontology: Psychological and Social Sciences, 67*(2), 261 –70.

Kessler, E.-M., Schwender, C., & Bowen, C. E. (2010). The portrayal of older people's social participation on German prime-time TV advertisements. *The Journals of Gerontology: Series B, 65*(1), 97–106.

Kessler, E.-M., Rakoczy, K., & Staudinger, U. M. (2004). The portrayal of older people in prime time television series: The match with gerontological evidence. *Ageing & Society, 24*(4), 531–552.

Kornadt, A. E. & Rothermund, K. (2011). Contexts of Aging. Assessing evaluative age stereotypes in different life domains. *The Journals of Gerontology, Series B: Psychological Sciences and Social Sciences, 66B*, 547–556.

Levy, B. (2000). Handwriting as a reflection of aging stereotypes. *Journal of Geriatric Psychiatry, 33*, 81–94.

Levy, B. R., Hausdorff, J. M., Hencke, R., & Wei, J. Y. (2000). Reducing cardiovascular stress with positive self-stereotypes of aging. *Journals of Gerontology: Psychological Sciences, 55B*, 205–213.

Levy, B. R., Slade, M., Kunkel, S. & Kasl, S. (2002). Longitudinal benefit of positive self-perceptions of aging on functioning health. *Journals of Gerontology: Psychological Sciences, 57B*, 409–417.

Luhmann, N. (1995). *Die Realität der Massenmedien*. Opladen: Westdeutscher Verlag.

Mares, M.-L. & Cantor, J. (1992): Elderly viewers' responses to televised portrayals of old age. *Communication Research, 19*, 459–478.

Mayer, A.-K. (2009). Altersstereotype. In B. Schorb, W. Reißmann & A. Hartung (Hrsg.), *Medien im höheren Lebensalter* (S. 114–129). Köln: VS Verlag für Sozialwissenschaften.

Riley, M. W., Foner, A. & Riley, J. W. (1999). The aging and society paradigm. In V. L. Bengtson, & K.W. Schaie (Eds.), *Handbook of theories of aging* (pp. 327–343). New York: Springer.

Rothermund, K. (2005). Effects of age stereotypes on self-views and adaptation. In W. Greve, K. Rothermund & D. Wentura (Eds.), *The adaptive self: Personal continuity and intentional self-development* (pp. 223–242). Göttingen: Hogrefe & Huber.

Rothermund, K., & Brandtstädter, J. (2003). Age stereotypes and self-views in later life: Evaluating rival assumptions. *International Journal of Behavioral Development, 27*, 549–554.

Ryan, E. B., Giles, H., Bartolucci, G. & Henwood, K. (1986). Psycholinguistic and social psychological components of communication by and with the elderly. *Language and Communication, 6*, 1–24.

Ryan, E. B., Meredith, S. D., MacLean, M. J. & Orange, J. B. (1995). Changing the way we talk with elders: Promoting health using the communication enhancement model. *International Journal of Aging and Human Development, 41*, 89–107.

Staudinger, U. M., & Noack, C. M. G. (2009). Die Wirkung von Altersbildern in Unternehmen. In J. Ehmer & O. Höffe (Hrsg.), *Bilder des Alters im Wandel* (Altern in Deutschland Bd. 1, S. 197–205). Nova Acta Leopoldina N. F. Bd. 99, Nr. 363. Stuttgart: Wissenschaftliche Verlagsgesellschaft mbH.

Steele, C. M., & Aronson, J. (1995). Stereotype threat and the intellectual test performance of African Americans. *Journal of Personality and Social Psychology, 69*, 797–811.

Wentura, D., & Rothermund, K. (2005). Altersstereotype und Altersbilder. In S. –H. Filipp & U. M. Staudinger (Hrsg.), *Entwicklungspsychologie des mittleren und höheren Erwachsenenalters* (S. 616–654). Göttingen, Germany: Hogrefe.

Wurm, S., Tomasik, M. J., & Tesch-Römer, C. (2010). On the importance of a positive view on aging for physical exercise among middle-aged and older adults: Cross-sectional and longitudinal findings. *Psychology and Health, 25*, 25–42.

Wurm, S., Tesch-Römer, C. & Tomasik, M. J. (2007). Longitudinal findings on aging-related cognitions, control beliefs, and health in later life. *Journal of Gerontology: Psychological Sciences, 62B*, 156–164.

IIIb Ethische und spirituelle Fragen im Lichte der drei monotheistischen Religionen

Teil IIIb – Vorspann der Herausgeber

In diesem Teil des Buches möchten wir Ihnen weitere Reflexionsebenen anbieten, um über neue Lebensverläufe nachzudenken. Es geht nicht zuletzt um ethische Fragen und: Die Suche nach dem guten Leben in seiner Gesamtgestalt war schon immer ein zentraler Gegenstand der Religionen. Drei religiöse Traditionen werden in diesem Teil auftreten: die islamische, die jüdische und die christliche.

Stellen wir uns vor, so wird zunächst gefragt (▶ Kap. 19, Rentsch), wir würden in einer Welt leben, in der 40–45 Jahre die allgemeine Lebensgrenze wäre, wie dies jahrhundertelang der Fall gewesen ist. Ethische Fragen an das Leben würden sicherlich anders aussehen, als sie uns in einer Zeit des recht sicheren, langen Lebens entgegentreten. Und diese ethischen Fragen wurden noch nicht wirklich erkannt. Eines scheint aber klar: Es darf nicht um eine Ethik einzelner, isoliert betrachteter Lebensphasen gehen, sondern um eine Ethik des gesamten Lebens, einschließlich seiner Potenziale und Grenzen in späten Lebensphasen.

Gehen wir danach weiter zu drei Weltreligionen. In allen drei Kapiteln geht es um zwei zentrale Fragen: Welchen Einfluss, welche »Macht« besitzen (weiterhin) die traditionell-überlieferten Elemente von Religionen in Bezug auf Lebensläufe und Älterwerden? Wo, in welcher Weise beeinflussen gleichzeitig auch gesellschaftlich-demografische Veränderungen religiöse Sichtweisen lebenslanger Entwicklung?

Welche Antworten hinsichtlich dieser Frage ergeben sich in Bezug auf das Judentum (▶ Kap. 20, Brumlik)? Die lebensaltersbezogenen »rites de passage« sind gerade in dieser Religionstradition sehr ausgeprägt und festgelegt. Und damit auch wenig anfällig gegenüber gesellschaftlichen Wandlungsprozessen? In jedem Falle tritt hier wie auch in anderen Religionssystemen eine Aufgabe religiöser Bildung zutage: Die »gewonnenen Jahre« am Ende des Lebens bedürfen einer neuen Sichtweise, etwa im Hinblick auf religiöse Entwicklungschancen spät im Leben.

Mit dem Christentum sehen wir die Auseinandersetzung mit derartigen Fragen in unserer eigenen Kultur am deutlichsten (▶ Kap. 21, Sperling). Vorstellungen des Religiösen etwa können sich im Zuge des langen Lebens und Alterns mehrmals wandeln, wie wir aus entsprechenden empirischen Studien wissen. Kirche muss hier verstehen – und begleiten. Religiös geprägte Formen der lebenslangen Entwicklung entfalten sich vor dem Hintergrund des »neuen Alters« in neuartiger Weise – und gleichzeitig sehen sich die christlichen Kirchen durch die vielfach auftretenden Formen menschlicher Verletzlichkeit im sehr hohen Alter neuen Anforderungen gegenüber. Traditionelle Sinngestalten bzw. entsprechende Antworten des Christentums scheinen nur mehr bedingt zu greifen.

Und schließlich: Was ist gutes Älterwerden in der islamischen Glaubenstradition? Was steht am Ende eines islamisch erfüllten Lebens? Dies wird hier unseres Wissens zum ersten Mal am Beispiel des islamisch geprägten Ägyptens untersucht (▶ Kap. 22, Bolk).

19 Neue ethische Fragen neuer Lebenslaufmuster und -anforderungen

Thomas Rentsch

Zusammenfassung

Die neuen ethischen Fragen, die sich aus dem demografischen Wandel ergeben, werden aus praktisch-philosophischer Sicht behandelt und Lösungen werden entwickelt. Es geht um ein ganzheitliches Lebensverständnis, das den gesamten Lebensverlauf als ein irreduzibles Werden zu sich selbst begreift. Es ist zu klären, was dies sowohl individual- wie sozialethisch bedeutet. Eine Kultur des Alterns kann versuchen, sich traditionelle Ansätze der Lebensklugheit und der Gelassenheit neu anzueignen. Das neue Lebensverständnis muss als ein gesamtgesellschaftliches Aufklärungsprojekt verstanden werden. Ein solches Aufklärungsprojekt muss Verdrängungen, Tabuisierungen und Ideologisierungen aufarbeiten und zu überwinden versuchen. Um die neuen Perspektiven methodisch und praktisch-philosophisch zu eröffnen, muss das Projekt konkretisiert werden, indem es in ein didaktisches Projekt transformiert wird.

19.1 Einführung

Die ethischen Fragen, Probleme und Aufgaben, die sich aus dem Prozess der erheblichen Lebensverlängerung in spätmodernen Gesellschaften ergeben, sollen im Folgenden aus praktisch-philosophischer Sicht konkretisiert und präzisiert werden. Sie betreffen, dass sei grundlegend vorausgesetzt, fundamentale anthropologische Phänomene und Perspektiven und mithin letztlich das menschliche Lebens- und Weltverständnis im Ganzen. Sie berühren somit Grund-, Grenz- und Sinnfragen, für die gegenwärtig keine allgemeinverbindliche theoretische und praktische Orientierungsinstanz zur Verfügung steht, so z. B. keine allseits akzeptierte Religion oder Metaphysik. Dennoch und gerade deshalb ist es dringend erforderlich, an dieser Stelle Klärungen zu erreichen und vielfach verdrängte und vergessene Aspekte des Lebenslaufs bewusst zu machen.

Seit langem ist – man könnte polemisch zugespitzt sagen: mathematisch, statistisch, quantitativ – klar, dass sehr viele Menschen unserer Welt und insbesondere der wohlhabenden Gesellschaften sehr viel älter werden, viele Lebensjahre hinzugewonnen haben und weiter hinzugewinnen. Dieser fundamentale Veränderungsprozess wirkt sich auf allen Ebenen der sozialen Praxis und den Lebensverlauf aller Individuen auf vielfältige Weise aus. Obwohl wir uns mitten in diesem Wandlungsprozess befinden, sind weder seine Bedeutung noch seine Tragweite und Konsequenzen bewusst und absehbar. Um praktisch-philosophisch und ethisch zu

Klärungen zu gelangen, sind wir zunächst darauf angewiesen, auf den Gemeinsinn, den *sensus communis*, den *common sense* bzw. den allseits nachvollziehbaren gesunden Menschenverstand zu rekurrieren sowie auf mit ihm verbundene bzw. verbindbare elementare praktische Einsichten, zu denen das sittliche Bewusstsein gelangt ist. Es sind dies nach meinen andernorts ausgeführten Analysen (Rentsch, 1999) die Unantastbarkeit der Würde jedes Menschen, wie sie auch im deutschen Grundgesetz aufgenommen ist, ferner der Kategorische Imperativ Immanuel Kants, aber auch die bereits von Aristoteles formulierte Einsicht in das für die menschliche Lebenspraxis sinnkonstitutive Streben nach Gelingen, Erfüllung, Zufriedenheit und Glück, nach der wohlverstandenen *eudaimonia*. In einer anthropologisch reflektierten Ethik und Moralphilosophie sollten alle diese Aspekte gebührend berücksichtigt werden, denn sie gehören – in aller Alltäglichkeit – zu einem sinnvollen menschlichen Lebensverständnis.

19.2   Die neuen ethischen Fragen

Die neuen ethischen Fragen, die sich mit der längeren Lebenszeit verbinden, betreffen sehr grundsätzlich einerseits ein verändertes Verständnis des ganzen menschlichen Lebens, andererseits ein neues Verständnis des Verhältnisses der Generationen zu einander. Es ist ethisch von vornherein zu vermeiden, dass wir ein Lebensalter – so z. B. die Kindheit oder die Hochaltrigkeit – isolieren und vermeintlich objektivieren und diese Lebenszeit dann mit bestimmten Pauschalurteilen versehen. Das gilt insbesondere für das Alter und mit ihm assoziierte Negativbilder oder auch positive Überhöhungen. Vielmehr müssen sowohl Gestaltungspotentiale wie auch Einschränkungen, die alle Lebensalter prägen, sinnvoll mit einander in Beziehung gesetzt werden. Das aber ist nur möglich, wenn ein Verständnis des ganzen Lebens als eines nicht auf einzelne seiner Phasen reduzierbaren Selbstwerdungsprozess in den Blick tritt. Nur, wenn wir den gesamten Lebenslauf als eine bei aller Binnendifferenziertheit und internen Komplexität irreduzible, unzertrennliche Einheit und Ganzheit begreifen, werden wir diesem Selbstwerdungsprozess gerecht. Die einzelnen Lebensalter, die wir zu unterscheiden gewohnt sind, das Kleinkind, die Heranwachsenden, die frühe Jugend bis zur Pubertät, die junge Erwachsenenzeit, Lebensmitte und Reife, schließlich Alter und Hochaltrigkeit – diese unterschiedlichen Phasen machen je für sich nicht die personale Identität aus, die einzigartige Individualität jeder Person. Erst, wenn wir den gesamten Lebenslauf als ein irreduzibles *Werden zu sich selbst* begreifen, können wir so auch die tiefgreifenden Wandlungen im Ansatz verstehen, die mit der erheblichen Lebensverlängerung verbunden sind. Das bedeutet, dass unser gesamtes Lebensverständnis sich verändern muss, und so auch das Verständnis von Alter und Hochaltrigkeit.

Um die tiefgreifenden Dimensionen zu verdeutlichen, um die es hier geht, stelle man ein einfaches Gedankenexperiment an: Was wäre, wenn wir wüssten, dass die durchschnittliche Lebenserwartung der meisten Menschen sich auf etwa 40 bis 45 Jahre beliefe, wie dies viele Jahrtausende der Fall war? Es wird unmittelbar klar: Unser gesamtes Lebens- und Weltverständnis würde und müsste sich ganz fundamental wandeln, alle unsere Planungen, Erwartungen, Vorsorgen. Und ebenso ist es nun in der glücklicherweise umgekehrten Veränderungsrichtung: das gesamte Lebensverständnis, die gesamte Lebensgestaltung sind betroffen.

Ebenso, wie eine isolationistische Sichtweise auf »das Alter« bzw. »die Hochaltrigkeit« verfehlt ist, wenn sie nicht die anderen Lebenszeiten in ihre Reflexion einbindet, so ist auch die verbreitete Wahrnehmung »der Alten« und »sehr Alten«, die oft mit einseitig negativen Assoziationen verbunden sind, verfehlt. In der Tat: Es ist eine Steigerung der Krankheiten, der Hilfs- und Pflegebedürftigkeit, der Multimorbidität, der Alzheimer-Demenz festzustellen, zudem eine Steigerung von Kosten und Aufwendungen. Reduziert man den Alterungsprozess und den Gewinn an Lebensjahren nun wiederum auf diese einseitig negative und belastende Perspektive, dann kann dies bis zu ethisch und moralisch zynischen und sarkastischen Positionen führen (»Möglichst rechtzeitig sterben«), die für das menschliche Zusammenleben hochproblematisch sind. Auch hier hilft ein Gedankenexperiment: Was wäre, wenn wir diese einseitig negative, auf Einschränkungen, Defizite und Angewiesenheit auf Hilfe und Pflege abhebende Sichtweise auf Säuglinge und Kleinkinder ausrichten würden? Wir könnten sagen: Es sind nahezu hilflose Lebewesen, die schreien, ins Bett machen, nicht laufen und nicht sprechen können, sie sind ständig auf den Beistand Anderer angewiesen, und dies jahrelang. Der Zeitaufwand und die damit verbundenen Kosten sind enorm. Es ist in diesem Fall evident, dass diese Sichtweise in jeder Hinsicht allgemein verworfen wird, obwohl die Fakten wie auch die Belastungen unbestreitbar sind und somit Vernachlässigungen und damit einhergehendes Fehlverhalten leider nicht selten auftreten. An dem Gedankenexperiment wird die extreme Asymmetrie sichtbar, die wir im Blick auf Beginn und Ende des Lebens und ihre Bewertung praktizieren. Diese Asymmetrie aber ist nicht »an sich« gegeben oder vorgegeben. So lehrt zum Beispiel die Kulturethnologie, dass es

Völker gab, die bei der Geburt der Kinder klagten und weinten angesichts des schweren Lebens, das ihnen nun bevorstand, während sie bei der Beerdigung tanzten und feierten – das Leben war bewältigt. Angesichts unseres weit verbreiteten Verhaltens im Blick auf kleine Kinder und Hochaltrige wird oft gesagt: die Kinder hätten ja noch das ganze Leben vor sich. Bei Beeinträchtigten, sehr Alten wird nur noch der kommende Tod assoziiert. Dass – wiederum akzentuiert sich die gravierende Asymmetrie der Bewertung – das kleine Kind vor seiner Geburt ebenfalls unendlich lange nicht existierte, interessiert niemanden. Beim Kleinkind wird gesagt: Es hat das ganze Leben noch vor sich. Beim sehr alten Menschen: Er hat das ganze Leben schon hinter sich. Es ginge also nicht zuletzt darum, bei den sehr Alten vom »schon« zum »noch« zu gelangen, wiederum das ganze Leben als sinnkonstitutive Einheit zu erkennen.

Zur praktisch-anthropologisch wesentlichen, holistischen Sichtweise gehört zudem die intergenerationelle Dimension der Lebensverläufe: Aufgrund der biologischen, sozialen und kommunikativen Grundsituation der Menschen lassen sich die Lebensalter auch nur künstlich und abstrakt von einander trennen. In Wirklichkeit sind wir als Babys und Kleinkinder undenkbar ohne unsere Mütter, unsere Eltern, die Großeltern, ferner in allen Lebensphasen mit den unterschiedlichen Generationen in Verbindung: mit den Betreuerinnen in den Kitas, mit den Lehrerinnen und Ausbildern, in Kommunikation mit erheblich Jüngeren wie mit erheblich Älteren. Wenn auch ein häufig beklagter Isolationismus der Generationen eine Tendenz der gegenwärtigen gesellschaftlichen Entwicklung ist, die sich den ansteigenden Ausdifferenzierungen in allen Lebensbereichen verdankt, so ist doch die Koexistenz aller Generationen die gesellschaftliche Wirklichkeit. Um die neuen ethischen Herausforderungen zu begreifen, sind somit zwei praktische Grundeinsichten vorauszusetzen: Es ist erstens die *irreduzible Perspektive des ganzen Lebens* bei der Betrachtung einzelner Lebensphasen, es ist zweitens die irreduzible Perspektive der *Intergenerationalität* beim Verstehen einzelner Altersstufen.

Auf dieser Basis lässt sich zunächst eine Architektonik, eine übersichtliche Anordnung derjenigen Bereiche und sozialen Praxisfelder entwickeln, in denen die neuen ethischen Fragen zu verorten sind und auf uns zukommen bzw. sich schon seit längerem aufdrängen. Die beiden großen Bereiche, um die es geht, sind die *Individualethik* mit allen existentiellen Aspekten der Thematik sowie die *Sozialethik*. Diese Bereiche lassen sich nach dem bisher Ausgeführten zwar unterscheiden, aber nicht trennen. Die individualethische Ebene berührt alle faktischen wie auch normativen Konsequenzen des längeren Lebens für unsere persönlichen Selbstverständnisse, die sozialethische Ebene reicht von den institutionellen Veränderungserfordernissen bis zu den politischen und ökonomischen Konsequenzen. Die Ebenen durchdringen sich ganz intensiv etwa in Fragen der Medizinethik, in Fragen der nötigen Aufwertung der Hilfsdienste und Pflegeberufe, in Fragen nach dem Wert eingeschränkter Lebensmöglichkeiten. Diese Übersicht der Problemaspekte lässt sich konzentrieren und verdichten im Blick auf ein gesamtgesellschaftliches Aufklärungsprojekt, das es zu organisieren und zu institutionalisieren gilt.

Privatisierung, Individualisierung, die Ideen des Liberalismus, die hochkomplexen Ausdifferenzierungsprozesse, Beschleunigung, Steigerung, die »Unübersichtlich-

keit« (Habermas) der Spätmoderne – was bedeuten sie für unsere Thematik?

Wir haben im Zuge der technischen und sozialen Modernisierungsprozesse eine dominierende Machbarkeitsideologie ausgebildet, die zwar durch die faktischen ökologischen und ökonomischen Entwicklungen längst als Illusion erkennbar ist, die aber dennoch das Alltagsbewusstsein, die Medien und die Werbung noch dominiert. Dieses Bewusstsein ist charakterisiert durch ein konsequentes Ausblenden unserer Endlichkeit, Verletzlichkeit, Vergänglichkeit und Sterblichkeit – Lebensphänomene, mit denen frühere Jahrhunderte der Menschheitsgeschichte, aus denen die Begriffe »Weisheit«, »Gelassenheit«, »Entsagung« und »Resignation« und ihr lebensbezogener Sinn stammen, ständig konkret konfrontiert waren. Auch die Weltkriege des 20. Jahrhunderts mögen dazu beigetragen haben, dass das Verlangen nach einem unbeschwerten Lebensverständnis schlechthin dominierend wurde.

Wir können aber, so zeigt sich nun verstärkt durch die demografische Entwicklung, der Zeitlichkeit unseres Lebens auf keinerlei Weise entgehen. Um die Bedeutung dieser wahrhaft grundlegenden Diskussion unseres gemeinsamen Lebens neu zu begreifen, ist daher auch ein Rückgewinn der anspruchsvollen traditionellen Formen der Altersreflexion unbedingt erforderlich – auch dann, wenn wir uns bewusst sind, dass eine schlichte Übernahme der traditionellen Lebenssinnverständnisse nicht möglich ist. Vielmehr gilt es, die traditionellen Lebensformbegriffe in unsere Zeit zu übersetzen und neu verstehbar zu machen.

19.3 Mögliche neue Perspektiven des Lebensverständnisses

Die sich aufdringlich zeigenden Grenzen des Lebens müssen als konstitutiv für den

Lebenssinn verstanden werden: Das Leben bringt den Tod mit sich; die Freiheit ermöglicht auch das Böse; Formen von kommunikativem Altruismus, von Solidarität und Anerkennung müssen mit dem Risiko ihres Scheiterns und der Verletzung leben können und gewinnen ihren Wert angesichts dieser Ungesichertheit der menschlichen Praxis. Wenn wir unseren Selbstwerdungsprozess in seiner Endlichkeit und Endgültigkeit begreifen, kann dies zu einem bewussteren Leben führen, in dem die Verschränktheit von Endlichkeit und Sinn offenbar wird – wodurch erst das wahre und beständige Glück möglich wird. Wenn wir mit Montaigne sagen können, dass Leben lernen Sterben lernen heißt, so erfolgt damit keine Glorifizierung des Todes. Gefordert wird vielmehr die für ein autonomes Dasein unvermeidliche Auseinandersetzung mit der intensiven existenziellen Endlichkeit, die für alle Lebensalter, Vollzüge und Lebensformen bestimmend ist. Sterben zu lernen bedeutet, als sterbliches, vernünftiges Lebewesen am Gelingen eines selbstbestimmten und ethisch qualifizierten Lebensentwurfes zu arbeiten. Dazu gehört die kritische und unbefangene Aufklärung über Tod und Endlichkeit, weil die Überbewertung, ja Glorifizierung jüngerer Lebensalter, die Exklusion später Lebensalter, die Verdrängung der negativen Momente der existenziellen Grundsituation und entsprechend ideologisch verzerrte Altersbilder noch viel zu häufig gängige gesellschaftliche Praxis sind.

Die Chance zu solchen Einsichten – und mithin zu Weisheit, Gelassenheit und Tugendhaftigkeit – kann selbstverständlich nicht ohne eigenes Zutun und reflexive Leistungen realisiert werden. Das Alter ist weder ein Garant für Altersweisheit, noch lassen sich diese Einsichten ausschließlich im Alter erreichen. Gerade darin, dass sie im Alter näher liegen und dass sie das Leben im Ganzen betreffen, liegt bereits der Grund dafür, dass ein generationeller Isolationismus für die Persönlichkeitsentwicklung auch jüngerer Lebensphasen verfehlt

ist. *Intergenerationelle Verständigung* kann die Entfremdungstendenzen des kulturellen und sozialen Alterns kompensieren helfen und jüngere Menschen zur bewussten Auseinandersetzung mit der existenziellen Gestaltwerdung der singulären Totalität, die sie selbst sind, bewegen. Das kommunikative Wesen des Menschen erfordert generationenübergreifende Anstrengungen, eine Kultur des Alterns zu etablieren.

Auch wenn sich lebensalterspezifische Bedingungen auffinden lassen, die für ein glückliches Leben beziehungsweise einen gelingenden Lebensentwurf von Bedeutung sind und sich in *Ratschlägen der Lebensklugheit* formulieren lassen, so gibt es in *moralphilosophischer* Hinsicht nicht verschiedene, lebensalterspezifische Ethiken. Moralische Geltungsansprüche gelten universal und unbedingt. So verlangt Kants Kategorischer Imperativ, dass wir keinen Menschen ausschließlich als Mittel zu unserem Zweck gebrauchen dürfen; dieses Instrumentalisierungsverbot gilt unabhängig von Zeit, Ort und Alter. Es stellen sich natürlich Probleme, die das Verhältnis zwischen verschiedenen Generationen betreffen, insbesondere hinsichtlich der Gerechtigkeit und der kommunikativen Solidarität. Die Jungen sind, so trivial es klingen mag, die potenziell Alten. Um dies zu begreifen und entsprechend zu handeln, ist es nötig, eine antizipierende existenzielle Phantasie zu entwickeln. Wer aufgrund eines verkürzten Menschenbildes die Einübung künftiger existenzieller Situationen niemals gelernt hat, wird unvorbereitet auf die krisenhaften Erfahrungen des Alters sein und Konflikte und Verlusterfahrungen schwerer oder gar nicht verarbeiten können. Diesen Überlegungen folgend sollten die jetzt Jüngeren den Alten nur zufügen, was sie dereinst von Jüngeren erfahren wollen. Eine *humane Kultur des Alterns* muss sicherstellen, dass für die Alten kommunikative und existenzielle Erfüllungsgestalten ihrer späten Lebenszeit im gemeinsamen

Leben mit anderen Generationen chancenreich ermöglicht und institutionalisiert werden. Nur in einer solchen Kultur, für die es sich zu streiten lohnt, kann der Traurigkeit und Vergänglichkeit, die das (hohe) Alter mit sich bringen kann, mit der Ermöglichung von Autonomie und gelebter Solidarität begegnet werden, damit Menschen in Würde endgültig zu sich selbst werden können.

19.4   Das neue Lebensverständnis als Aufklärungsprojekt

Es ist an der Zeit, Altern gesellschaftlich-kulturell als kommunikativen und selbst reflexiven Prozess der Gestaltwerdung der einmaligen Ganzheit, der durch den Sichtwandel eines Sinn und Leid erfahrenden Lebens geprägt ist, zu begreifen und zu fördern. Es gilt, auch die späte Lebenszeit als genuin menschliche Entwicklung zu verstehen und dies nicht nur der Jugend und der Reife zuzuschreiben. Dementsprechend müssen die *Aufklärung* über die späte Lebenszeit und das intergenerationelle Verhältnis bereits im *Schulalter* beginnen. Nur so kann die gesellschaftliche Praxis gelungene Formen gemeinsamer Verständigung entwickeln, die in allen Bereichen der Lebenswelt – etwa in der Pflege, der Palliativmedizin und den sozialpolitischen Altersdiskursen – verwirklicht werden. Die gesellschaftliche Diskussion über das Alter und damit verbundene Probleme kann natürlich nicht von ökonomischen Fragen getrennt werden. Sie muss aber kritisch auf verzerrende, klischeehafte Altersbilder überprüft werden, die ideologisch instrumentalisiert werden, um politische Interessen durchzusetzen. Dies gilt nicht nur für katastrophische Altersbilder, sondern auch für die ausschließliche Orientierung an *wellness* und *happiness*, die sich als konsumistische Ideale der kapitalistischen Ökonomie anbieten. Hier ist eine Transformation des Menschenbildes entsprechend existenzieller Aufklärung und den damit verbundenen normativen Geltungsansprüchen nötig.

Es gilt, die Negativität auf vernünftige Art und Weise zu erfahren und zu verarbeiten, um von da aus zu einer wahrhaftigen Verständigungspraxis zu gelangen. Diese anzustrebende humane Kultur des Alterns kann ein Klima der gegenseitigen Anerkennung und des Voneinander-Lernens schaffen, in dem klar wird, dass bestimmte Probleme als Probleme *der ganzen Gesellschaft* und nicht nur als von einer Generation verursacht begriffen werden müssen.

Die hochmoderne Gesellschaft darf schließlich die Tatsache des Alterns nicht medial verdrängen. Angesichts der universal geltenden Menschenwürde muss gesellschaftlich nicht nur gefragt werden, wie beeinträchtigte, benachteiligte, gehandicapte, »nutzlose«, langsame, auf Hilfe und Ansprache angewiesene, dem Ende zulebende Alte mit den komplexen Anforderungen einer technologisch aufgerüsteten Welt zurechtkommen, sondern was die Gesellschaft aus der existenziellen Tatsache des Alterns lernen kann und muss. Wir benötigen ein Bewusstsein des humanen Sinns der Endlichkeit, Begrenztheit und Verletzlichkeit des Menschen. Gegen die Ideale steter quantitativer Steigerung und Überbietung und der Selbstzweckhaftigkeit technisch-instrumentellen Fortschritts kann unsere Gesellschaft im Umgang und Gespräch mit alten Menschen den Wert der Langsamkeit, des Innehaltens, des ruhigen Zurückblickens und Bedenkens, der Mündlichkeit, des Maßhaltens und des gelassenen Umgangs mit der eigenen Endlichkeit erfahren und erlernen.

Um das Altern und die zeitliche Endlichkeit und Verletzlichkeit des Lebens zu begreifen, muss die tiefe Verbindung von Endlichkeit und Sinn erkannt werden. Dazu bedarf es eines gewissen Abstands von der unmittelbaren Lebenspraxis. Erst durch eine solche nachdenkliche, philosophische Perspektive kann es gelingen, die innere Angewiesenheit vermeintlich völlig unvereinbarer Aspekte des Lebens zu erfassen: Gewinn und Verlust, Vergänglichkeit und Sinnerfahrung, das Wenige, das mehr sein kann – solche wirklich tragfähigen Dimensionen des *ganzen Lebens* kommen gar nicht erst in den Blick, wenn eine fälschliche Verdüsterung oder Verherrlichung des Alters erfolgt, wie es in so vielen gegenwärtigen Medien und Ideologien geschieht.

Wenn wir versuchen, das Altern auf die skizzierte Weise neu zu begreifen, dann führt dies letztlich zu einem *neuen Lebensverständnis*. Es wird so hoffentlich möglich, das Gespräch zwischen den Generationen, Gerechtigkeit zwischen ihnen und auch sinnvolle Formen gemeinsamen Lebens auch über die engeren Familienbeziehungen hinaus zu entwickeln, neue Lebensformen, in denen alle Generationen und Altersstufen miteinander und füreinander denken und handeln können. Wohngemeinschaf-

ten, in denen dies versucht wird – oft mit überraschend positiven Ergebnissen –, gibt es bereits.

Wenn wir die Perspektiven des ganzen gemeinsamen Lebens einnehmen, das Alter nicht künstlich abspalten, isolieren und dann mit vordergründigen Zerrbildern zu erfassen versuchen und so verfehlen, dann kommen wir Einsichten der modernen und gegenwärtigen Altersforschung näher. Diese lassen sich prägnant so zuspitzen:

1. Das Alter – als isoliertes Phänomen – *gibt es gar nicht.*
2. Der Alterungsprozess ist *nicht* notwendig mit Krankheit verbunden.

Das heißt: Nur, wenn wir das ganze Leben in seiner Zeitlichkeit begreifen, begreifen wir auch die spätere Lebenszeit in ihrer Eigenart. Und: Verletzlich sind wir immer, krank werden wir schon als Kind – und wir können auch sehr lange gesund sein. Neue lebenstragende Lösungen können wir für unsere Lebensgestaltung erst gewinnen, wenn wir bereits früh in der Erziehung zu einer *Erziehung zum ganzen Leben* und zu einer *Aufklärung über das ganze Leben* kommen. Dann können wir die Frage »*Was bedeutet das recht verstandene Altern für eine humane Kultur?*« neuen Antworten zuführen.

19.5 Ausblick

Aber: Ist dieses Programm und Projekt nicht viel zu idealistisch, geradezu utopisch? Es berührt im Kern alle Bereiche der gesellschaftlichen Praxis, Politik, Recht, die normativen Grundlagen der Sozial- wie der Individualethik, die Ökonomie und auch die Ebene der existenziellen Selbstverständnisse – weil das Projekt letztlich das Leben

im Ganzen und sein Verständnis betrifft. Soviel ist sicher: Die Problematik prägt mittlerweile den gesamtgesellschaftlichen Diskurs, aber oft auf unklare und ideologische Weise. Deswegen muss ein Aufklärungsprojekt sich der Schwierigkeiten und der Voraussetzungen seiner Realisierung besonders bewusst werden. Das betrifft die fundamentale Differenzierung der gesamt-gesellschaftlichen Bedingungen des Alterns einerseits, der sozialethischen und der individualethischen Bedingungen andererseits.

Wir müssen sehr genau unterscheiden zwischen den sozialen und ökonomischen Bedingungen, unter denen der Alterungs-prozess und die Hochaltrigkeit stehen und die wir politisch verbessern müssen, zum Beispiel durch Sicherung der Renten und der Krankenversorgung und durch die Auf-wertung der Pflegeberufe. Hier sollte der Grundgedanke von John Rawls befolgt werden, der besagt, dass bei der Mittel-vergabe die Schwächsten und Hilfsbedürf-tigsten am wenigsten von Einschränkungen betroffen sein sollten. Die Ebene der *Indi-vidualethik* betrifft das eigene, existenzielle Selbstverständnis der Alternden, also das Selbstverständnis von uns allen. Hier gilt es, die Perspektive der Autonomie, die Pers-pektive der individuellen Selbstbestimmung der eigenen Lebensform zu vermitteln, mit den genannten traditionellen Einsichten. Die Lebensbedingungen der fortgeschritte-nen Moderne müssen daher in die Tradi-tionen der Gelassenheit, der Entsagung und der Weisheit eingehen, wenn wir diese Tra-ditionen auf neue Weise verstehen und auf ihre Tragfähigkeit überprüfen wollen. In dem anvisierten Aufklärungsprojekt kann das Ziel nicht sein, auf unmittelbare Weise ein existenzielles Selbstverständnis wach-zurufen, mit dem die tiefgreifenden nor-mativen Aspekte und die lebensformkons-titutiven Dimensionen des Alterns unter Einschluss von Endlichkeit, Verletzlichkeit, Hilfsbedürftigkeit und Sterblichkeit mit einem Mal begreifbar und bewältigbar wer-den. Vielmehr geht es darum, den Horizont dieser Problematik überhaupt erst bewusst zu machen und mögliche praktische Ein-stellungen und Haltungen zu ihr zu vermit-teln, die sich als vernünftig bewährt und als lebenstragend erwiesen haben. So, wie es in dem bislang auf die Pubertät als Lebenssta-dium eingeschränkten Aufklärungsprojekt

der Sexualaufklärung um die Erlangung von *Reife* in diesem Lebensbereich ging, so muss es im anvisierten Projekt um die Er-langung der Reife im Blick auf das ganze, auch endliche, verletzliche, vergängliche und sterbliche Leben gehen.

Ein solches Aufklärungsprojekt muss sich der es störenden und verhindernden Verdrängungen, Tabuisierungen und Ideo-logisierungen genauso bewusst sein, wie dies bereits im Bereich der Sexualität erfor-derlich war. Was bedeutet Sexualität, wie gehe ich sinnvoll mit ihr um? Was ist die Se-xualität des/der anderen, wie gehe ich/gehen wir sinnvoll mit ihr um? Wie lässt sich mein Altern, meine Hochaltrigkeit begreifen, wie gestalte ich sie sinnvoll? Wie gehe ich sinn-voll mit dem/ den Alternden und Hochaltri-gen um? An dieser triftigen Analogie wird sichtbar: Weder können Patentlösungen an-geboten werden, noch erreichen bestimmte Antworten die überkomplexe existenzielle wie soziale Dimension der angesprochenen Bereiche. Weder lässt sich die gesellschaft-liche Komplexität der mit ihnen verbunde-nen ökonomischen, rechtlichen, kulturellen und religiösen Kontexte und Implikationen in vereinfachenden Modellen problemlos erfassen, noch lässt sich die Tiefendimen-sion der alternden existenziellen Individu-en mit den Patentrezepten der verbreiteten Glücksratgeberliteratur erreichen. Negative Beispiele für diese naheliegenden und sug-gestiven Pseudoantworten sind vermeintlich wissenschaftlich abgesicherte demografi-sche Hochrechnungen mit plakativ verbrei-teten Schlagworten (»Rentnerschwemme«, »Alterslawine«, »Überalterung«). Auf der existenziell-individuellen Ebene sind es zum einen die erwähnten katastrophischen Al-tersbilder, verbunden bereits mit suizidalen Perspektiven, zum anderen die Bilder sport-licher, junggebliebener Konsumenten und Reisenden im Sonnenlicht.

All diese Aspekte haben eine gewisse potenzielle Berechtigung, aber sie führen auch alle für sich genommen in die Irre.

Gerade weil keine Patentrezepte zur Verfügung stehen, ist das skizzierte Aufklärungsprojekt dringend erforderlich und muss angegangen und auf den Weg gebracht werden. Als Erziehungs- und Verständigungsprojekt muss es vor der Dissoziation und Abspaltung der sozialethisch-politischen von der individualethisch-existenziellen Ebene voneinander ansetzen und so versuchen, diese Ebenen zunächst in der Reflexion aufeinander zu beziehen und zu integrieren. Um diese Perspektive methodologisch, dialektisch und praktisch-philosophisch zu eröffnen, muss versucht werden, das Aufklärungsprojekt zu konkretisieren und zu realisieren, in dem es in ein didaktisches Projekt transformiert wird.

Welche Schritte sind auf der Basis welcher Texte, welcher praktischen Grundeinsichten und welcher Sinnpotenziale und Lösungsmöglichkeiten eröffnenden Lebenserfahrungen möglich und nötig? In Gestalt eines Lehr- und Lesebuches zunächst im Kontext der Ausbildung der Ethiklehrerinnen und Ethiklehrer wird dieses Projekt im Umfeld meiner Forschungen gegenwärtig ausgearbeitet. Dieses Lehrbuch sollte aber auch geeignet sein, medizinethisch für die Pflegeberufe hilfreich zu sein sowie für jeden Betroffenen, der sich im Kontext des eigenen Alterns oder des Alterns von Mitmenschen praktisch zu orientieren sucht. Die Eröffnung und anspruchsvolle Fundierung des Problembewusstseins für eine Ethik des Alterns sowohl auf der Ebene des gesamtgesellschaftlichen Diskurses als auch auf der existenziellen Ebene, sozial- wie individualethisch, muss in einem solchen Lehrbuch im Zentrum stehen, um das Aufklärungsprojekt von Grund auf zu fördern. Entsprechend muss die fachwissenschaftliche wie philosophische Basis des zu erarbeitenden Lehrbuchs interdisziplinär und vor allem transdisziplinär ausgerichtet sein und von der Medizin, der Psychologie und der Gerontologie über die Sozialwissenschaften bis zur praktischen Philosophie und Ethik alle relevanten Wissenschaften und Forschungsergebnisse auf verständliche Weise einbeziehen.

Literatur

Rentsch, T. (1999). *Die Konstitution der Moralität. Transzendentale Anthropologie und praktische Philosophie.* Frankfurt a. M.: Suhrkamp.

20 Jüdische Lebensläufe – Kritische Lebensereignisse und ihre Rituale

Micha Brumlik

Zusammenfassung

Der Beitrag zeigt, wie religiöse Jüdinnen und Juden unterschiedlicher – ultraorthodoxer bis liberaler – Observanz kritische – fröhliche und ernste – Lebensereignisse auf Basis der jüdischen Tradition rituell rahmen. Dabei werden vor allem – seit Eintritt in die Moderne – Unterschiede mit Blick auf die unterschiedlichen Rollen von Männern und Frauen deutlich.

20.1   Einführung

Es versteht sich von selbst, dass »Lebensläufe im Judentum« einer normativen und einer empirischen Analyse unterzogen werden können. Geht es bei Letzterem um die wirklichen Leben wirklicher Jüdinnen und Juden in Geschichte und Gegenwart, so geht es im ersten Fall um typische Verläufe, wie sie durch die religiöse, die theologische Tradition vorgeschrieben ist, also um allemal auch rituell gerahmte Einschnitte, die vorab bekannt sein mögen oder plötzlich eintreffen: kritische Lebensereignisse, genauer, rituelle Formen, die kritische Lebensereignisse auffangen, bewältigen helfen oder sie gar in ihrer Krisenhaftigkeit verschärfen.

Die genaue Zahl der derzeit lebenden Jüdinnen und Juden ist ebenso wenig bekannt wie ein wirklich trennscharfes Kriterium, wer zu dieser allemal auch ethnisch verstandenen Glaubensgemeinschaft gehört. Üblicherweise wird heute von einer Zahl von etwas weniger als 14 Millionen Personen ausgegangen (Della Pergola, 2010;

Goschler & Kauders in Brenner, 2012, S. 295–303), die sich selbst als Jüdinnen oder Juden verstehen, aber keineswegs von all ihren Glaubensgeschwistern auch als solche anerkannt werden. Es liegt auf der Hand, dass in diesem Rahmen eine auch nur annähernd präzise Aussage über deren typische Lebensläufe im Rahmen unterschiedlicher Lebenswelten nicht zu erbringen ist. Das würde die Entfaltung einer Vielzahl – durchaus vorhandener – ethnologischer und kulturanthropologischer Forschungsergebnisse voraussetzen, die in diesem Rahmen ob ihrer oft divergierenden Komplexität nicht auf einen Nenner zu bringen sind.

Daher wird sich diese Darstellung am Leitfaden der in der tradierten Religion in ihren unterschiedlichen Ausformungen beglaubigten »Rites de Passage« (van Gennep) orientieren und Geburt, das Erreichen der religiösen Volljährigkeit, Schulzeit, Hochzeit und schließlich Sterben sowie Beerdigung umfassen.

Vorauszuschicken ist weiter, dass das Judentum auch in seinen modernen denominationellen Ausformungen in orthodoxe, konservative und liberale Strömungen (Jacobs, 1995) nicht die Religion des »Alten Testaments«, gar der aus den alttestamentlichen Schriften rekonstruierbaren israelitischen Religion ist, sondern jene – auf den alttestamentlichen Schriften aufbauenden – im 6. Jahrhundert vor der Zeitrechnung im babylonischen Exil geformten Religion, die schließlich in der späten Antike zu jener Religion wurde, die wir heute als »rabbinisches Judentum« bezeichnen und das seine Form in Abgrenzung und Auseinandersetzung mit der sich herausbildenden

Kirche annahm (Stemberger, 2009; Boyarin, 2009). Dabei gilt freilich, dass sich die rabbinischen Ausformungen – wenn auch in kontrollierter Auslegung – immer wieder auf die alttestamentlichen Schriften rückbezogen haben.

Jüdisches Leben verläuft in religiöser, in theologischer Perspektive in zwei Formen: der zirkulären Form des religiösen Jahrs mit seinen wiederkehrenden, ganz unterschiedlichen Feiertagen sowie den linear verlaufenden Lebensläufen der stets in ihre Familien eingebetteten jüdischen Individuen. Daher wird sich die Darstellung zunächst an die Übergangsriten des rabbinischen Judentums halten.

20.2 Geburt und Beschneidung

Als erster »Rite de Passage« kann tatsächlich der derzeit gerade in Deutschland juristisch und politisch heftig umstrittene Brauch der Zirkumzision neugeborener jüdischer Knaben gelten. Dieses Ritual ist mitsamt der Vorschrift, die Beschneidung der Penisvorhaut exakt am achten Tag nach der Geburt vorzunehmen, biblisch begründet (Lev 12, 3), geht zurück auf den Abrahamsbund (Gen 17, 24) und war in Zeiten der alten, der israelitischen Religion die Voraussetzung für die Teilnahme am Passahmahl (Ex 12). Nach rabbinischem Recht ist es nicht die Beschneidung, die einen neugeborenen Knaben zum Juden macht: Jude in diesem Sinn ist ein Kind, wenn es von einer jüdischen Mutter geboren wurde. Die am achten Tag vorzunehmende Beschneidung stellt dann eher so etwas wie eine feierliche Beglaubigung, ja Besiegelung des Umstandes dar, dass ein jüdischer Knabe geboren wurde. Eine Beschneidung von Mädchen kennt und kannte das Judentum ausweislich der Hebräi-

schen Bibel und der maßgeblichen talmudischen Schriften nie – auch wenn ein einziger paganer Autor der Antike, der Geograf Strabo, dies behauptet. Das traditionelle Verfahren selbst besteht in der chirurgischen Entfernung der Vorhaut und der inneren Schleimhaut der Eichel und soll nach rabbinischer Weisung mit dem Austreten von Blut verbunden sein. (Ultra-)orthodoxe und konservativ-liberale Vollzüge des Rituals unterscheiden sich danach, ob der Knabe (meist lokal) anästhesiert wird bzw. – im konservativen und liberalen Judentum inzwischen verpönt – das bei der Beschneidung austretende Blut von einem Beschneider, dem »Mohel«, mit einem Glasröhrchen abgesaugt wird oder nicht. Zur Schmerzstillung werden dem Knaben nach dem Eingriff einige Tropfen süßen Weins verabreicht. In der orthodox-traditionellen Variante ist dies ein Ritual, das meist zu Hause, ausschließlich unter Männern vorgenommen wird; dabei wird der Knabe von einem »Sandak«, einem meist engen Verwandten des Vaters auf den Schoß genommen. Zudem wird bei dem Ritual einem Brauch der Volksreligiosität gemäß ein leerer Stuhl für den noch zu Lebzeiten entrückten biblischen Wortpropheten Elias freigehalten, der gemäß der Überlieferung zwischen dem Reich Gottes und dem Reich der Menschen als Bote unterwegs ist (Deusel, 2012; Heil & Kramer, 2012). Unabhängig von allen juristischen Fragen, die die Beschneidung in Deutschland – anders als in fast allen anderen westlichen Staaten mit Ausnahme Schwedens – aufgeworfen hat und davon, dass deren Praxis durch ein Bundesgesetz (§ 1631d BGB) förmlich legalisiert worden ist, hat die Beschneidungspraxis eine lebhafte, öffentlich mit tiefenpsychologischen Argumenten geführte Debatte entfacht. Bei aller Intensität einer psychosomatisch informierten und psychotraumatologisch inspirierten Debatte liegen freilich keine signifikanten Studien zu anhaltenden schädlichen Langzeitwirkungen vor, ferner auch keine Studien, die zudem noch alle anderen Faktoren: Bindung, sozialer Status der Familie, Alter der Eltern, Geschwisterrivalität etc. systematisch kontrollieren. Die einzig halbwegs belastbare, auf einer kleinen Stichprobe männlicher Säuglinge beruhende Untersuchung zeigt freilich – ohne dass die oben genannten Faktoren kontrolliert worden wären – dass derart beschnittene Säuglinge bei wenigen Wochen später stattfindenden Impfun-

gen einem gesteigerten Schmerzempfinden Ausdruck geben. All dies gilt freilich nur für Säuglinge. Nach rabbinischem Recht, im Talmud gemäß Traktat Schabbat, Abschnitt 137 b, müssen sich erwachsene Männer, die zum Judentum übertreten, abschließend dieser Prozedur unterziehen. Auch hierzu liegen keine spezifischen Studien vor, dafür doch nicht ganz wenige retrospektive Berichte von Männern, die aus anderen Gründen im Erwachsenenalter beschnitten worden sind und durchaus über Beeinträchtigungen berichten.

Kennt das traditionelle Judentum analoge, nicht invasive, aber doch funktional äquivalente Rituale für neugeborene Mädchen? Ausweislich der zunächst maßgeblichen talmudischen Schriften nicht, wohl aber gemäß der Volksfrömmigkeit. Mindestens in aschkenasischen Gemeinden vor allem des elsässischen Landjudentums hat sich ein Brauch entwickelt, nach dem neugeborene Mädchen öffentlich in der Synagoge unter dem Beifall der Anwesenden (Männer) gesegnet werden – der sogenannte »Holekreisch«, im Hebräischen heute als »Zeved ha Bat« bezeichnet. Dieser deutlich ältere Brauch wurde seit Beginn des 20. Jahrhunderts vor allem in liberalen und konservativen Gemeinden immer stärker übernommen, erst in jüngster Zeit haben auch vereinzelte Gruppen der (Ultra-)Orthodoxie diese oder ähnliche Einsegnungen für Mädchen übernommen.

20.3 Einschulung

Als nächster Abschnitt im Lebenslauf kann dann die schon in spätantiker rabbinischer Zeit obligatorische Einschulung der Knaben gelten (Behm, 2002). Nach rabbinischer Überzeugung erstreckt sich das Feld eines von Gott gewiesenen Lebens keineswegs

nur auf gottesdienstliche Handlungen in der Synagoge, sondern mindestens ebenso sehr auf das Leben in der Familie sowie auf das Studium. In den spätantiken »Sprüchen der Väter« (»Pirqei Avot«) heißt es zudem, dass die Welt auf drei Säulen ruht: »Tora«,

»Avoda« sowie »Gemilut Chassadim«, also dem Befolgen und Studieren der Tora, dem Gottesdienst sowie der Wohltätigkeit. Bemerkenswert scheint hier – jedenfalls für die Zeit der Spätantike – eine Art verallgemeinerter Schulpflicht für jüdische Knaben zu sein, eine Schulpflicht, die freilich während der folgenden 1 500 Jahre unterschiedlichste Formen annahm – und zwar so, dass sie keineswegs den Empfehlungen neuerer Didaktik genügen. Oft genug, das berichten jedenfalls literarische Quellen vor allem des osteuropäischen Judentums aus dem 19. Jahrhundert, war vor allem die »Grundschule« ein Ort oft sinnlosen, durch körperliche Strafen verstärkten Paukens. Knaben kamen etwa im Alter von drei Jahren in das sog. »Cheder«, zu Deutsch: »Zimmer«, wo sie unter Aufsicht eines »Melamed«,

d. h. eines nicht höher gebildeten »Lehrenden« Lesen und Schreiben, Beten sowie das Lesen biblischer Texte erlernten. Dass dabei in ländlichen Gegenden der »Melamed« auch oft genug zum Stock griff, ist überliefert. Im Zeitalter der Aufklärung, in wohlhabenderen städtischen Gebieten vor allem in den deutschen Ländern wurden andere, von der Philanthropie übernommene Unterrichtsformen gepflegt; seit Ende des 19. Jahrhunderts wurde sogar in der deutschen »Neoorthodoxie« in Anknüpfung an frühe Überlegungen Moses Mendelsohns Mädchen nicht nur allgemeiner Schulunterricht, sondern auch Unterricht in Talmud und Tora erteilt, ohne dass damit freilich die Berechtigung zum öffentlichen Vortrag aus der Tora im synagogalen Gottesdienst einhergegangen wäre.

20.4 Bar Mitzva/Bat Mitzva

Doch ist man damit schon beim nächsten förmlichen »Rite de Passage«, nämlich der – wenn man so will – »Religionsmündigkeit«, d. h. jenem Alter, zu dem Knaben (und Mädchen) als vollgültige Mitglieder der betenden und studierenden Gemeinde zählen (Encyclopedia Judaica, o. J., S. 243f.). Die Bezeichnung für diesen Status und zugleich die Bezeichnung für die mit diesem Status verbundene Feier lautet »Bar Mitzva« (Sohn der Weisung) bzw. »Bat Mitzva« (Tochter der Weisung). Der Status beginnt für Knaben mit dem Beginn ihres vierzehnten, für Mädchen mit dem Beginn ihres dreizehnten Lebensjahres und soll ausdrücken, dass das jüdische Kind nun in jeder Hinsicht für das Befolgen aller rituellen Weisungen – für Mädchen und Knaben unterschiedlich – verantwortlich ist. Die theologische Vorgabe hierfür findet sich in dem in der späten Antike abgeschlossenen Talmud,

genauer in jenen Passagen der mündlichen Überlieferung, die nach der Zerstörung des Tempels verschriftet wurden, also in der sog. »Mischna«, die nach traditionellem Glauben Moses am Sinai von Gott empfing und zwar in den Abschnitten Traktat »Avot« (5, 1) bzw. »Yoma« (82a). Die rituelle Ausformung freilich ist in der heute praktizierten Form erst seit dem 15. Jahrhundert zuverlässig überliefert, und zwar in ihren drei Teilen: dem öffentlichen Aufruf zur Tora, dem – natürlich nicht am Sabbat gebotenen – Anlegen der Gebetsriemen sowie einer am Ende des synagogalen Gottesdienstes, genauer: am Ende des Lesens aus den Toraabschnitten gehaltenen Ansprache an die Gemeinde. Insbesondere dieser letzte Teil ist seit dem 16. Jahrhundert im west- und mitteleuropäischen Judentum (Aschkenas) überliefert. Analoge Rituale für Mädchen freilich setzen sich aber erst seit dem

19. Jahrhundert allmählich durch (Rayner & Hooker, 1992).

Das heißt für Knaben, dass sie von nun an beim täglichen Morgengebet die schon im 6. Jahrhundert vor der Zeitrechnung vorgeschriebenen Gebetsriemen anlegen sollen und zudem im Gottesdienst Gebetsmäntel mit Schaufäden tragen sollen. Diese Maßgaben gelten im orthodoxen Judentum ausschließlich für Wesen männlichen Geschlechts. Mit der »Bar Mitzva« wird der Knabe vollgültiges Mitglied der betenden Gemeinde, d.h., dass bestimmte Gebete, deren öffentliches Rezitieren ein bestimmtes Quorum (zehn Männer) erfordert, gesagt werden können, wenn durch die Anwesenheit des dreizehnjährigen Knaben das Quorum erfüllt ist. Kern des synagogalen, des sabbatlichen Gottesdienstes ist die sogenannte »Alyah«, der »Aufstieg« zu einem meist in der Mitte der Synagoge stehenden Lesepult, auf dem die fünf Bücher Mose in hebräischer, unpunktierter Schrift enthaltende Torarolle liegt, und zwar an jener Passage, an der der jeweilige »Wochenabschnitt« steht. In der Regel werden (männliche) Mitglieder der Gemeinde nach einer bestimmten Regel »aufgerufen«, beugen sich nach einigen einschlägigen Segenssprüchen neben dem Vorbeter über den jeweiligen Wochenabschnitt, während der Vorbeter den Text auf die Melodie einer altertümlich wirkenden Kantillation vorträgt. Das ist eine Handlung, die die normalen Beter auch dann nicht vollziehen könnten, wenn sie den unpunktierten, in biblischem Hebräisch, das sich vom Neuhebräischen unterscheidet, lesen könnten. Und zwar deshalb nicht, weil zum Lesen des Toratextes bestimmte Melodien vorgegeben sind, die Spezialwissen von Rabbinern und Kantoren sind. Das besondere des »Bar Mitzva«-Rituals besteht nun nicht nur darin, dass der Knabe an einem Sabbat, der möglichst auf seinem gemäß dem jüdischen Mondkalender festgestellten Geburtstag folgen soll, eine »Alyah« erhält,

sondern dass er den entsprechenden Wochenabschnitt selbst singend der Gemeinde vorträgt. Dazu erhalten die Knaben je nach Größe der Gemeinde entweder alleine oder zu mehreren Wochen und Monate zuvor Unterricht, werden sie mit den Grundlagen des jüdischen Glaubens und der jüdischen Geschichte vertraut gemacht, mit Weisungen, Riten und Narrativen, vor allem aber mit der Technik des kantillierenden Vortrags des ihnen zugewiesenen Abschnitts aus der Tora.

Wendet man den Blick weg von den rituellen, im engeren Sinne praktisch-theologischen Vorgaben und hin zu den sozialpsychologischen Aspekten dieses »Rite de Passage«, so lässt sich vermuten, dass die Erlebensqualität intensiver ist als bei den funktional äquivalenten Ritualen der christlichen Kirchen, also den Riten der Konfirmation bzw. der Erstkommunion. Und zwar nicht deshalb, weil den Knaben und Mädchen, die »Bar« oder (weibliche Form) »Bat« Mitzva werden, nicht nur eine größere und anstrengendere Lernleistung zugemutet wird, sondern vor allem deshalb, weil sie in diesem Ritual als besonders herausgestellte, markierte Einzelpersonen aus dem Kreis der Familie, einer gleichsam »natürlichen« Umgebung heraus- und ins Licht der gemeindlichen Öffentlichkeit treten. Die Jugendlichen, die auf der Kanzel stehend nach Wochen des Übens laut kantillierend den Abschnitt der Tora vortragen, stehen sozusagen im Scheinwerferlicht: Sie wissen, dass nicht nur die Augen ihrer Eltern und ihres Lehrers, sondern die Augen der ganzen Gemeinde auf sie gerichtet sind, dass die synagogale Öffentlichkeit gespannt verfolgt, ob der schwierige, kantillierende Vortrag gelingt oder mißlingt, sie einen souveränen oder verschämten Eindruck machen. Auf diese schwierige Pflicht folgt dann in aller Regel noch eine »Kür«, nämlich eine von »Bar« oder »Bat« Mizvah gehaltene, lehrhafte Ansprache, eine Art lehrhafter Predigt, der »Derasha«, die traditionell immer auch einen öffentlich ausgesprochenen Dank an Eltern und Lehrer für die bisher erhaltene Erziehung enthält. Nach Abschluss des Gottesdienstes folgt dann im Allgemeinen in den Vorräumen der Synagoge noch ein von den Eltern gespendeter Empfang, ein »Kiddusch«, d. h. eine »Heiligung« des Weines, bei dem die Jugendlichen und ihre Eltern von den einzelnen Mitgliedern der Gemeinde Glückwünsche und die Jugendlichen Geschenke empfangen. Wohlhabendere Familien laden dann häufig am Abend, nach Ausgang des Sabbat, zu einer Art bei Ball ein, bei der auch wiederum der/die Jugendliche jedenfalls zunächst im Zentrum der Aufmerksamkeit steht, nicht selten auf einen Stuhl gesetzt zu den Klängen chassidischer Musik durch den Raum getragen wird. Die Verbindung von angestrengten, Wochen und Monate zuvor beginnenden Phasen des Übens und Lernens, der hohen Anspannung während des synagogalen Rituals vor den Augen einer kritischen Öffentlichkeit und der anschließenden, Selbstbewusstsein und Selbstgefühl erhöhenden Feier lassen dies Ritual zu einem »kritischen Lebensereignis« im positiven Sinne werden, einem

»Lebensereignis«, das in sehr vielen Fällen später tatsächlich als außerordentlich prägnant erinnert wird und damit sowohl die Strukturiertheit des Lebenslaufs unterstreicht als auch die Besonderheit eines »jüdischen« Lebenslaufs betont.

Nachzutragen ist noch, dass analog zu der im orthodoxen Judentum gepflogenen differenztheoretischen Auffassung männlicher und weiblicher Lebensvollzüge (Bebe, 2004) sich auch die Rituale religiösen Mündigwerdens unterscheiden. Während in der strengen Orthodoxie Mädchen überhaupt keinen Auftritt in der Synagoge haben, kennen modernere Formen der Orthodoxie immerhin den Brauch, den Mädchen zwar keinen Aufruf zum Lesen aus der Tora zuzubilligen, wohl aber einen Vortrag vor der Gemeinde der Betenden, vor dem Toraschrein. In den sogenannten konservativen oder liberalen Denominationen des Judentums, die sich seit der Mitte des 19. Jahrhunderts herausgebildet haben und etwa die Ordination von Rabbinerinnen als Regelverfahren seit den 1970er Jahren kennen, erhalten auch Mädchen einen Aufruf zur Tora und vollziehen Ritual und Feier mit allen Variationen analog zu den Knaben.

20.5   Pubertät

Tatsächlich fallen die Lebensalterzeiten der religiösen Mündigkeit und der Pubertät, d. h. der sexuellen Reifung, dem Auftreten der ersten Menstruation bei Mädchen sowie der ersten Samenergüsse bei Knaben, in etwa in dieselben Zeitabschnitte, und wiederum kennt das traditionelle, orthodoxe Judentum seit den Zeiten der späten Antike verschiedene Formen, darauf zu reagieren. Damit sind nun nicht Formen von Sexualunterricht gemeint, sondern wiederum spezielle Rituale. Nach biblischer Auskunft

stellen Menstruation und Samenerguss, also das Austreten jener Körperflüssigkeiten, die als Träger des Lebens gelten, Krisen (vor allem bei geschlechtsreifen Frauen) im Lebenszyklus dar, die dazu führen, dass Personen, die durch Austritt dieser Flüssigkeiten an ihrer Leiboberfläche mit ihnen in Berührung kommen, als »unrein« gelten, was aber nicht im trivialen Sinne als »schmutzig« anzusehen ist – obwohl solche körperlichen Ereignisse im alltäglichen Verständnis oft genug so bewertet werden (Ganzfried, 1978,

S. 889–908). Die Menstruation von Frauen hat im sog »gesetzestreuen« Judentum zur Folge, dass sich die Frauen bis zu drei Tagen nach dem Ende der Menstruation aller Näherungen und Berührungen ihres Mannes auf jeden Fall zu enthalten hat und sich anschließend einem rituellen Reinigungsbad in einem Grundwasser gespeisten Brunnen zu unterziehen hat (Biale, 1984, S. 147–147; Bebe, 2004, S. 229–238).

20.6   Heirat und Hochzeit

Im Unterschied zu vielen christlichen Traditionen kennt das rabbinische Judentum keine asketische, zölibatäre Tradition, weshalb der Heirat, die in Aschkenas seit Anfang des 11. Jahrhunderts nur noch als monogame zulässig ist, eine herausgehobene Bedeutung zukommt (Ganzfried, 1978, S. 121–146; Rayner & Hooker, 1992, S. 151–157).

Während es kein festgelegtes Heiratsalter gibt und wir aus der Memoirenliteratur sogar noch aus dem 18. Jahrhundert über Heiraten vierzehnjähriger Knaben mit noch jüngeren Mädchen informiert sind, kann für die Gegenwart gelten, dass das Heiratsalter umso später beginnt, je länger Schul- und Ausbildungszeiten von Knaben und Mädchen dauern, was sich insbesondere in den unterschiedlichen Spielarten der Orthodoxie von »modern orthodox« bis »ultraorthodox« niederschlägt. Dabei spielt es nicht nur eine Rolle, ob Jungen und Mädchen überhaupt Gelegenheit haben, sich in gegebenen Öffentlichkeiten zu begegnen und kennenzulernen, sondern auch, welchen Keuschheits- bzw. Anstandsregeln sie unterliegen. In ultraorthodoxen Lebenswelten jedenfalls werden Ehen nach wie vor ohne vorheriges persönliches Kennenlernen über einen Heiratsvermittler arrangiert, so dass die künftigen Eheleute sich im Extremfall überhaupt bei der Hochzeitszeremonie erstmals sehen.

Das Ritual der Verheiratung findet dann in aller Regel so statt, dass Braut und Bräutigam – sie noch verschleiert, er in schwarzem Anzug, beide in feierlichen Hochzeitskleidern – oft genug im Hof einer Synagoge oder in einem großen Festsaal, umringt von der großen Gruppe der Hochzeitsgäste vor einem Rabbiner unter einem Baldachin, der sogenannten »Chuppa« (Ganzfried, 1978, S. 865) stehen. Diesem Augenblick ging der getrennte Besuch der Brautleute im Tauchbad, der Mikve, voraus, wobei nicht selten ein letztes Mal festgestellt wurde, ob die Braut tatsächlich noch Jungfrau ist bzw. an diesem Tag keine Anzeichen von Menstruation aufweist. Danach – unter dem Baldachin, in aller Öffentlichkeit, umkreist der Bräutigam seine Braut dreimal, die Braut den Bräutigam siebenmal, anschließend deckt der Bräutigam den Schleier, der das Gesicht der Braut bis dahin verdeckte, auf, nimmt ihre linke Hand und steckt ihr den Ehering an, während er den einschlägigen, nach religiösem Recht verbindlichen Segensspruch sagt: »Harei at mekudeschet li kedai dat mosche we jissrael«, zu Deutsch: »Hiermit bis du mir nach dem Glauben von Moses und Israel angetraut«. Damit ist ein Akt besiegelt und rechtsverbindlich gemacht, der schon vorher durch Eltern oder Vertreter der Brautleute auch schriftlich festgesetzt und besiegelt wurde, die sog. »Ketubba«, als das »schriftliche Dokument«, eine Eheurkunde, die Bestimmungen über die Mitgift sowie Festlegungen über evtl. Versorgungsansprüche der Frau bei Scheidung enthält. Im Anschluss an das Anstecken des Ringes zertritt der Bräutigam ein in ein Tuch gewickeltes Glas, ein halachisch nicht vorgeschriebener, sondern überlieferter Brauch, der je nach Deutung eine Erinnerung an den zerstörten Tempel in Jerusalem ist oder die Endgültigkeit des geschlossenen Vertrages symbolisiert.

Bei alledem muss man sich klar machen, dass die Ehe im Judentum – anders als im Katholizismus – zwar einen höchst wünschenswerten Akt und Status darstellt, aber eben auch kein Sakrament – mit der Folge, dass das Zerbrechen von Ehen und somit Scheidungen von vorneherein mit einkalkuliert sind, ohne dass dadurch die Scheidungsrate – soweit das zu ermitteln ist – höher wäre als bei modernen, auf wechselseitiger Liebe und Einwilligung von Partnern, die sich schon vor der Hochzeit kennengelernt haben, beruhenden Ehen. Freilich weist die so geschlossene, traditionelle jüdische Ehe zwei Besonderheiten auf: zum Ersten sieht sie verpflichtend regelmäßigen – mindestens einmal die Woche in jenen Zeiten, da Frauen nicht ihre Menstruation haben – Geschlechtsverkehr vor (Feldman, 1968, S. 60–80; Biale, 1984, S. 70–101), der als eine Bringschuld des Ehemannes gilt, zum Zweiten liegt das Recht der Auflösung der Ehe ebenfalls einzig beim Mann, der wiederum seiner Frau, damit die Ehe getrennt werden kann, vor einem rabbinischen Gericht einen Scheidebrief zu übergeben hat (Bebe, 2004, S. 321; Feldman, 1968, S. 70–102). Das heißt im Umkehrschluss nichts anderes, als dass Frauen jedenfalls im (ultra-)orthodoxen Judentum sich nicht scheiden lassen können und beim Scheitern der Ehe vom Wohlwollen ihres Mannes abhängig. Neben alledem gelten in

der extremen Orthodoxie besonders strenge – so in der Tora gar nicht vorgesehene – Keuschheitsregeln: verheiratete Frauen sollen ihre ganze Schönheit ihrem Mann vorbehalten, weshalb sie in der Öffentlichkeit jenseits der eigenen vier Wände auf jeden Fall ihr Haupthaar verdecken sollen. Das hat in ultraorthodoxen Lebenswelten die Folge, dass sich die Frauen ihre noch in der Jungmädchenzeit getragenen langen Haare auf Stoppellänge abschneiden (müssen), um künftig Kopftücher oder Perücken zu tragen, während Frauen in der Mehrheitsorthodoxie ihre Haare behalten, sie aber in der Öffentlichkeit verbergen.

Zurück zum Hochzeitszeremonial. Nach der Trauung feiern die Gäste und tanzen – Männer und Frauen getrennt, Braut und Bräutigam werden auf Stühle gesetzt und auf den Schultern der tanzenden Männer durch den Saal getragen. Anschließend zieht sich das verheiratete Paar zurück, um den Geschlechtsakt zu vollziehen. Wiederum wird – ausschließlich in ultraorthodoxen Milieus, die in Israel und in den USA grob gerechnet 10 % der jüdischen Bevölkerung ausmachen – nach dem Vollzug der Ehe das durch die Verletzung des Jungfernhäutchens mit Blut benetzte Bettuch von Mutter und Vertrauten der Braut der Hochzeitsgesellschaft gezeigt, was wiederum mit Beifall bedacht wird. Nach Hochzeit, Schwangerschaft und schließlich Geburt (Rayner & Hooker, 1992, S. 145–150), wiederholt sich zyklisch, was bereits oben über Beschneidung, Segnung von Knaben und Mädchen sowie die Bar/Bat Mitzva Zeremonie mitgeteilt wurde.

20.7 Alltag

In der (Ultra-)Orthodoxie, deren Lebensläufe hier als idealtypischer Extremfall betrachtet werden, ist es üblich, dass der Lebensunterhalt entweder durch den Erhalt von Spenden oder durch das Arbeiten der Ehefrauen bestritten wird, und zwar aus dem Grund, den Männern das ebenfalls vom religiösen Brauch gewiesene lebenslange Studium der Tora zu ermöglichen. Abgesehen davon werden die Lebensläufe jedenfalls der Männer im Grundsatz allenfalls dadurch weiter markiert, dass es ihnen gelingt, aufgrund ihrer Leistungen im Studium der Tora als Gelehrte bekannt zu werden und so Ruhm zu erwerben oder gar zu Rabbinern zu werden, die nach dem Besuch einer Talmud/Tora Jeschiwa (das ist der hebräische Ausdruck für »Akademie«) eine entsprechende Ordination zu erhalten, die aber wiederum in den Strömungen der Ultraorthodoxie nicht mit einem akademischen Studium bzw. einem dem universitären Studium analogen Studium verbunden sind.

20.8   Sterben und Tod

Auch dieses im Lebenslauf- und im Rhythmus des rituellen Jahres verlaufende Leben endet mit dem Tode, wobei sich die Sterbe- und Begräbnisrituale in der Orthodoxie durch eher asketische Formen auszeichnen (Klein, 2000; Ganzfried, 1978, S. 1016–1030). Auf dem Sterbebett sollen die Sterbenden noch einmal das »Höre Israel« sprechen bzw. ein ansonsten vor allem am Versöhnungstag, dem höchsten jüdischen Feiertag, zu sprechendes Sündenbekenntnis ablegen. Nach dem Exitus wird die Leiche zum Friedhof überführt und dort von einer ehrenamtlichen »Gemeinschaft zur Heiligung« (»Chevra Kadischa«) gesäubert und in ein einfaches Leinenhemd gekleidet und nach spätestens drei Tagen, aber nicht am Sabbat, beerdigt, und zwar entweder in einem möglichst einfachen Holzsarg oder auch in einem Leinensack. Im Hause des/der Verstorbenen werden die Spiegel verhängt, die Bewohner entledigen sich während der unmittelbar auf den Tod folgenden Trauerwoche ihrer Schuhe und »sitzen Schiwe«, d. h. trauern zu Hause sieben Tage (»schiwa«), sagen unter großer Anteilnahme von Freunden und Verwandten, die die Trauernden besuchen und ihnen etwas zu essen mitbringen, die täglichen Gebete, darunter das Totengebet, das »Kaddisch«, das auch und zumal als Trauergebet in seinem Text keine Trauer zum Ausdruck bringt, sondern ein Lobpreis auf Gott ist. Bei der Beerdigung, die schließlich unter Aufsicht eines Rabbiners vorgenommen wird, stehen die männlichen Angehörigem am Grabe – nach Möglichkeit in ein altes Hemd, ein altes Kleidungsstück gewandt, so dass der Rabbiner zum Zeichen der Trauer dieses Kleidungsstück ein Stück weit symbolisch zerreißen kann. Nach dem Verlassen des Friedhofs waschen sich die Trauergäste die Hände, um den Unterschied zwischen dem Bereich des Lebens und dem Bereich des Todes zu markieren. Grundsätzlich geht es dabei nur um Erdbestattungen. Im Judentum sind Blumen als Grabschmuck auf Friedhöfen im Grundsatz ebenso unüblich wie ein auf die Beerdigung folgender Leichenschmaus. An die Beerdigung schließt sich eine intensivierte Trauerzeit von dreißig Tagen an, der Grabstein selbst wird nach frühestens einem Jahr gesetzt. Anstatt dessen werden die Hinterbliebenen im ersten Jahr nach dem Tod jeden Tag in die Synagogen gehen und das Kaddisch sprechen sowie später an jedem nach jüdischem Kalender Todestag ein Gedenklicht anzünden und am Versöhnungstag ein besonderes Gebet für die Verstorbenen sprechen. Besucht man später den ebenfalls möglichst schmucklosen Grabstein, wird man keine Blumen, sondern einen Stein hinterlegen. Religionshistoriker vermuten, dass hinter der demonstrativen Einfachheit der Bestattungsrituale auch eine kritische Haltung zu paganen, leicht ins Polytheistische kippenden Ahnenkulten steht.

20.9 Ausblick

Empirisch lassen sich diese Stationen eines nach (ultra-)orthodoxem Verständnis vollzogenen Lebenslaufs auf keinen Fall auch nur im Leben der meisten Jüdinnen und Juden finden. Tatsächlich unterscheiden sich ihre Lebensläufe, je nachdem ob sie sich säkular oder religiös verstehen, oder ob sie sich – wenn religiös – der modernen Orthodoxie, dem konservativen oder dem liberalen Judentum zugehörig sehen, ganz erheblich – und zwar so, dass unter geschätzten 14. Millionen Mitgliedern dieser religiös-ethnischen Gruppe weitreichende Unterschiede bezüglich aller genannten kritischen Lebensereignisse und ihrer rituellen Formung bestehen dürften. Dabei dürften heute – auch bis in die Orthodoxie hinein – mit unterschiedlichem Aplomb darauf geachtet werden, Mädchen und Frauen gleiche liturgische Rechte, liturgische Zugänge zu ermöglichen. Alle Spielarten der Orthodoxie unterscheiden sich von allen Spielarten des konservativen oder liberalen Judentums darin, dass sie die Rolle von Mädchen und Frauen aufwerten wollen, ohne doch die ihrer Überzeugung nach alleine Männern vorbehaltenen öffentlich synagogalen Rollen auch Frauen und Mädchen zu öffnen.

Doch ist diese »Genderfrage« nur der hervorstechendste Aspekt einer Problematik, die auch und gerade in der Gegenwart, in der die Zugehörigkeit zu religiösen Gemeinschaften stark nachlässt, das öffentliche Interesse an Religion jedoch stark zunimmt, immer mehr Aufmerksamkeit auf sich zieht: ob und wie nämlich traditionelle, gerahmte Lebensvollzüge so in einen säkularen Alltag so transformiert werden können, dass sie ohne große Verluste die Herkunftsidentitäten jener, die sie mit mehr oder minder Kenntnis vollziehen, bewahren können.

Literatur

»Bar Mitzvah/Bat Mitzvah« (o. J.) in: *Encyclopedia Judaica* (Vol. 4, S.243–247). Jerusalem.

Bebe, P. (2004). *Isha. Frau und Judentum. Enzyklopädie*. Egling an der Paar: Kovar.

Behm, B. L. (2002). *Moses Mendelsohn und die Transformation der jüdischen Erziehung in Berlin*. Münster/N.Y.: Waxmann.

Biale, R. (1984). *Women and Jewish Law*. New York: Schocken.

Boyarin, D. (2009). *Abgrenzungen. Die Aufspaltung des Judäo-Christentums*. Berlin: Evangelische Verlagsanstalt.

Della Pergola, S. (2012). World Jewish Population 2010. In: Dashefsky, A., & Sheskin, I. (Eds.), *Current Jewish Population Reports* (S.4–71). Storrs: Connecticut North American Jewish Data Bank.

Deusel, A. J. (2012). *Mein Bund, den ihr bewahren sollt. Religionsgesetzliche und medi-*

zinische Aspekte der Beschneidung. Freiburg: Herder.

Feldman, D. M. (1968). *Marital Relations, Birth Control and Abortion in Jewish Law*. New York: Schocken.

Goschler, C. & Kauders, A. (2012). Positionierungen. In: M. Brenner (Hrsg.) *Geschichte der Juden in Deutschland* (S. 295–303). München: Herder.

Ganzfried, S. (1978). *Kizzur Schulchan Aruch* (Neue Verbesserte Auflage Band II). Basel: Victor Goldschmidt.

Heil, J. & Kramer, S. (Hrsg.) (2012). *Beschneidung: Das Zeichen des Bundes in der Kritik*. Berlin: Metropol.

Jacobs, L. (1995). The Emergence of Modern Denominationalism II: The development of Orthodox, Conservative and Reconstructionist Judaism. In: Jacobs, L. (Ed.), *The Jewish Religion. A Companion*. Oxford: Oxford University Press.

Klein, M. H. (2000). *Vom Abschied nehmen*. Basel.

Rayner, J. D. & Hooker, B. (1992). *Judaism for Today*. London: Union of Liberal and Progressive Synagogues.

Stemberger, G. (2009). *Das klassische Judentum. Kultur und Geschichte der rabbinischen Zeit*. München: Beck.

21 Neue Entwicklungsanforderungen über die Lebensspanne aus Sicht des Christentums

Uwe Sperling

Zusammenfassung

In diesem Beitrag geht es vor allem um die Frage, welche Herausforderungen, Chancen und Risiken das in historisch recht kurzer Zeit entstandene »lange Leben« bzw. »lange Altern« für das Christentum in Deutschland mit sich bringt. Im ersten Teil werden theologische Ansätze verfolgt, welche sich mit der (Glaubens-)Entwicklung unter den Vorzeichen eines sich verlängernden Lebens und der damit einhergehenden Individualisierung auseinandersetzen. Dann werden praktische Ansätze dargestellt. Als besonders herausfordernd werden die unterschiedlichen Perspektiven und Ansprüche herausgearbeitet, die sich aus einer von nennenswerten Beeinträchtigungen freien Altersphase im Vergleich zu einer von Verlusten und Behinderung stärker geprägten Altersphase ergeben. Das Spannungsfeld von Religiosität und Spiritualität wird angesprochen. Nach Hinweisen auf organisatorische und strukturelle Herausforderungen für die Kirchen wird auf die Bedeutung einer verlängerten Altersphase als Anstoß zur Weiterentwicklung im Christentum im Spannungsfeld zwischen Solidarität und Differenzierung hingewiesen.

21.1 Einführung

Das in historisch recht kurzer Zeit entstandene »lange Leben« bzw. »lange Altern« soll in diesem Kapitel unter spezifisch christlicher Perspektive betrachtet werden. Welche Entwicklungsanforderungen stellen sich unter den solchermaßen veränderten Lebensperspektiven für den Einzelnen und seine religiöse oder spirituelle Gemeinschaft?

Wenn man sich Gedanken über die Spanne des Alters macht, fällt einem zunächst das sprichwörtliche »biblische Alter« ein. 930 Jahre erreichte Adam, 969 Jahre der als »Methusalem« bekannte Metuschelach; die dahinter stehende Zahlensymbolik ist uns fremd. Nanobiologen äußern sich heute durchaus davon über-zeugt, solche Lebensspannen mit entsprechenden Reparaturtechnologien realisieren zu können. Näher an unserer Lebenswirklichkeit stehen die Worte aus Psalm 90, 10: »Unser Leben währt siebzig Jahre, und wenn es hoch kommt, sind es achtzig. Das Beste daran ist nur Mühsal und Beschwer, rasch geht es vorbei, wir fliegen dahin.« Im Neuen Testament spricht die hochbetagte 84-jährige Prophetin Hanna über das Kind Jesus im Tempel und der »greise« Simeon kann nach der Begegnung mit dem Kind in Frieden seinem Lebensende entgegensehen (Lukas 2, 25–38). Aber es scheint, dass es der Bibel auf das tatsächliche Alter am wenigsten ankommt. Im Vordergrund stehen die Bedeutung und die Botschaft dieser hochaltrigen Personen für die Gesellschaft. Nichts spricht dafür, dass diese biblischen Ausnahmegestalten und weitere Vertreter des Christentums, die im Kontrast zu einer aus heutiger Perspektive kurzen allgemeinen Lebenserwartung ein hohes Alter erreicht haben, einfach als Folie für ein aus heutiger christlicher Sicht zu skizzierendes »best aging« genommen werden können. Um Herausforderungen, Chancen und Risiken zu erkennen und zu bewerten, bedarf es einer Auseinandersetzung mit der geschichtlich neuen Situation einer langen Phase des Alters für einen großen Teil der Bevölkerung und ihren Implikationen. Inwieweit diese Auseinandersetzung vor dem Hintergrund christlicher Traditionen, Werte und Verhaltensweisen in Deutschland bereits stattfindet, welche Ergebnisse und welche Akzente bislang erkennbar sind, soll im Folgenden dargestellt werden. Vollständigkeit und Ausgewogenheit werden angesichts der Multidimensionalität des Themas und der Vielfalt innerhalb des Christentums dabei nicht beansprucht.

21.2 Theologische Ansätze für die verlängerte Altersphase

Vollendung des Lebens im verzeihenden Rückblick und verbleibende Aufgaben

Bereits in den achtziger Jahren hat sich der bekannte Theologe Karl Rahner mit der Bedeutung des Alters für den Lebenslauf des Menschen auseinandergesetzt (Rahner, 1982). Freilich merkte er dabei bescheiden an, dass er selbst zu alt sei, um die gerontologischen Aspekte in seiner Theologie hinreichend zu würdigen. Er stellt die Eigenständigkeit des Alters als Lebensphase heraus, indem er darauf hinweist, dass im Alter zwar der größte Teil des Lebens vorbei ist, dass dadurch jedoch genau dieses Leben dem Menschen zum ersten Mal als nahezu Ganzes vor Augen steht. Das Leben ist aus dem dunklen Grund des bloß Möglichen hervorgetreten und in Freiheit so geworden, wie es nun ist und ewig bleibt. Es ist allerdings noch nicht ganz fertig; Rahner nennt zwei Aufgaben, die Gelingen und Scheitern als Möglichkeit in sich tragen: Zum Einen muss der alt gewordene Mensch, da er weiterhin lebt, seine Gegenwart und Zukunft handelnd gestalten, indem er sich weiterhin seinen Lebensaufgaben insbesondere im intergenerationellen Bereich stellt. Zum Anderen kann und muss er die Vergangenheit erneut gestalten. Das geschieht, wenn der Mensch mit dem verzeihenden Gott noch einmal sein Leben beurteilen darf. So kann er ein besseres Verständnis für sein Leben und das, was misslungen ist, gewinnen. Alles, was er getan hat, kann in Gottes Ewigkeit gültig bleiben und doch so verwandelt werden, dass der Mensch es ohne Verbitterung annehmen kann. Das von Rahner beschriebene Spannungsfeld wird so auch von Romano Guardini gesehen, der in der Altersphase einerseits von der Vollendung und dem Durchscheinen des Ganzen spricht, andererseits aber auch die Chance und Notwendigkeit betont, sich aktuellen Aufgaben zu stellen (Guardini, 1986).

Stufenmodelle der Glaubensentwicklung: von der Normativität hin zur Individualität

Als Pastoraltheologe hat James W. Fowler die menschliche Seite des Phänomens »faith« in den Vordergrund seines theologischen Schaffens gestellt und ein Stufenmodell der Glaubensentwicklung (Fowler, 1981) erarbeitet, mit dem sich die praktische Theologie bis heute auseinandersetzt. Nach Fowler kann jeder Mensch »faith« entwickeln als das, woran wir unser Herz mit hoher Intensität und Verbindlichkeit hängen. Folgende drei wesentliche Bestimmungen von »faith« hat Klappenecker (1998) aus dem Werk Fowlers herausgearbeitet: (1) Fowler hat »faith« bewusst nicht als »christlichen Glauben« definiert, jedoch dessen Rezeptionsbereitschaft für christlichen Glauben und christliches Gläubigsein herausgestellt. (2) »Faith« wird als Ausdruck strukturierender Aktivität im Rahmen der Sinnfindung und Sinnbewahrung und (3.) auch als ein psychischer Akt der Identitätsbildung verstanden. Diese »kraftvollen Erfahrungen« (Fowler, 1977, zitiert in Klappenecker, 1988, S. 153) im Zusammenhang mit der »Faith«-Entwicklung werden durch die Auseinandersetzung mit (Glaubens-)Inhalten ausgelöst und manifestieren sich in neuen Inhalten. Fowler hat theoriegeleitet sieben Entwicklungsstufen definiert, denen er die Aussagen seiner sog. »faith«-Interviews zugeordnet hat. In aller Knappheit sollen sie hier charakterisiert werden (vgl. im Folgenden Klappenecker, 1988, S. 157–166):

1. *undifferenzierter »faith«:* Es ist die Stufe des einverleibenden Ich, einer Gegenseitigkeit mit der ersten Fürsorgeperson mit dem Ziel des Aufbaus eines grundlegenden Vertrauens in die Umwelt und in sich selbst (vgl. Erikson: Vertrauen versus Misstrauen).
2. *intuitiv-protektiver »faith«:* Aufgrund der ihm erzählten Geschichten bildet das Kind moralische Urteile und entwickelt ein Gottesbild mit Anteilen des Bewundern- und des Erschauern-Machenden (*fascinosum et tremendum;* vgl. Erikson: Autonomie versus Scham, Initiative versus Schuld, und Kohlberg: kognitiver Egozentrismus).

3. *mythisch-wörtlicher »faith«:* In dieser Phase dominiert die Suche nach Konkretheit, Wörtlichkeit und Eindimensionalität der Bedeutungen (vgl. Erikson: Werksinn versus Minderwertigkeit, Piaget: konkret-operationale Stufe).
4. *synthetisch-konventioneller »faith«:* Jetzt entstehen mystisch tiefe Glaubensbilder. Menschen und Gott werden zu Beziehungspartnern. Emotionale Bestätigung ist für die spirituelle Entwicklung unabdingbar (vgl. Piaget: Fähigkeit zu formalen Operationen, Kohlberg: Anlehnung an die Peer-group).
5. *postkonventioneller »faith«:* Die in der ersten Naivität eine Beziehung zur Transzendenz stiftenden Symbole werden nun als nur symbolisch erkannt. Ein System des Glaubens wird aufgestellt und mit der Umwelt diskutiert (vgl. Erikson: Intimität versus Isolation, Piaget: dichotomische Logik).
6. *verbindender »faith«:* Die Dinge des Glaubens können aus unterschiedlicher Perspektive wahrgenommen werden. Das Ich ist so stark, dass es sich nicht mehr über Institutionen und Ideologien definieren muss (vgl. Erikson: Generativität versus Stagnation, Piaget: dialogisches Erkennen).
7. *universalisierender »faith«:* Für diese Stufe hat Fowler keine Interviewbelege. Gandhi, Bonhoeffer, Mutter Theresa u. a. ordnet Fowler dieser Stufe zu und beschreibt ihre Spiritualität als ein Gegründetsein in Gott als Prinzip allen Seins.

Fowler hat keine feste Zuordnung der Stufen zu bestimmten Lebensaltern vorgenommen. Kritisiert wurde jedoch u. a. eine Leistungstendenz, die zu wenig den Geschenkcharakter des Glaubens berücksichtige. Wenn man die »faith«-Interviews genauer betrachtet, kann man jedoch erkennen, dass von ihren Inhalten her der Leistungsgedanke nicht im Vordergrund steht. Die heutige Rezeption geht deshalb eher in Richtung einer Relativierung der Bewertung der einzelnen Stufen. Damit wird es möglich, das Stufenmodell Fowlers ohne den wertenden Drang hin zu einer möglichst hohen Entwicklungsstufe zur Beschreibung der menschlichen Seite der Glaubensentwicklung zu nutzen. Das Modell Fowlers trägt damit das Potential in sich, in einer weiter zu modifizierenden Form zu einem der ersten Zugänge für den Einstieg in eine praktische Theologie der christlichen Glaubensentwicklung im Alter zu werden. Solche Zugänge werden benötigt, um die Glaubensentwicklung des Menschen, die ja auch in der gegenuber der früheren Zeit verlängerten Altersphase nicht ruht, in ihrer Dynamik abzubilden.

Zunehmende Integration gerontologischer Erkenntnisse in den theologischen Diskurs

Die Hinwendung der Theologie zu den Themen des Alters und die zunehmende Integration gerontologischer Erkenntnisse dokumentiert Alfons Auer (1995) und entwickelt bereits erste Perspektiven für die weitere Arbeit, deren Ergebnisse sich derzeit abzeichnen. Ausgehend von humanwissenschaftlichen Hinweisen erarbeitet er eine anthropologische Grundlegung, in der für unser Thema vor allem die von ihm eingenommene lebensgeschichtliche Perspektive von Interesse ist. Während das Alter traditionell unter dem Gesichtspunkt der verdichteten Erfahrung des Seins zum Tode (*prolixitas mortis*) verstanden wurde, hebt Auer hervor, dass durch die verlängerte Lebenserwartung der Tod aufgeschoben wird. Zusammen mit der Individualisierung der Lebensläufe werden dadurch u. a. folgende Fragen zu neuen Herausforderungen: Wie erleben der Einzelne und die Gesellschaft Tod und Sterben? Welche Bezüge baut das älterwerdende Individuum, das sich von der Notwendigkeit, durch die Gesellschaft im Überlebenskampf unmittelbar gestützt

zu werden, gelöst hat, zu eben dieser Gesellschaft wieder auf? Und was verändert sich, wenn die Altersphase auf weite Strecken nicht mehr unmittelbar vom nahenden Lebensende geprägt wird und davon nicht mehr ihren vorherrschenden authentischen Sinnwert erhält? Im dritten Teil seines Buches entwickelt Auer individualethische und sozialethische Perspektiven aufgrund der durch die verlängerte Altersphase veränderten Situation und weist die Richtung zu einer empirisch ausgerichteten Betrachtungsweise, die noch weniger als die eher traditionell angelegte Sicht Rahners und Guardinis oder das Stufenmodell Fowlers festlegt, welche Ziele ein Gläubiger im Laufe seines Lebens erreichen sollte. Die verlängerte Altersphase erweitert die Lebensmöglichkeiten und Aufgaben im Alter derart, dass die theologische und kirchliche Arbeit nicht mehr ohne deren genaue Kenntnisnahme denkbar ist. Von Blasberg-Kuhnke (1985) übernimmt er die Forderung, dass sich die Altenpastoral, d. h. die kirchliche Seelsorge und Arbeit mit älteren Menschen, an der Lebenswirklichkeit der Menschen orientieren müsse. Während sie sich zwar vom Ansatz einer Betreuungskirche vielfach bereits zu dem einer Angebotskirche hin verändert habe, muss sie sich jetzt zu einer basisorientierten Altenarbeit hin weiterentwickeln. Mit Wittrahm (1991) formuliert Auer drei weitere Ziele für eine moderne Altenpastoral: (1.) materiell und sozial angemessene Lebensverhältnisse herstellen helfen, (2.) Hilfen zu sinnerfülltem Leben anbieten und (3.) dazu beitragen, dass das Alter als nachberufliche bzw. nachfamiliäre Lebensphase bewusst und selbstbestimmt gelebt wird. Das Gelingen der Altenpastoral misst er an folgenden Maßstäben: (1.) Sie stellt die selbstbestimmte Beteiligung der älteren Menschen in den Vordergrund, während Ältere bisher oft mehr als Objekte der Versorgung in den Blick genommen wurden. (2.) Integrative Ansätze ermöglichen, dass die bislang oft durch unverbunden praktizierte zielgruppenorientierte

Pastoral getrennten Gruppen (z. B. Kinder, Männer, Frauen, Ältere etc.) miteinander in Kontakt kommen und einander anregen. (3.) Sie nimmt die Individualität und subjektive Lebensdeutung des Einzelnen ernst. (4.) Sie nimmt die zeitliche Verfasstheit und den historischen Kontext des Menschen und seiner (Glaubens-)Geschichte ernst und sucht mit den heute Lebenden, gerade angesichts der neuen Erfahrung einer für viele verlängerten Altersphase, nach angemessenen Ausdrucksformen.

Typisierung empirischer Befunde: Veränderungen der religiösen Gestalt im Lebenslauf

Unter dem Titel »Selbst die Senioren sind nicht mehr die alten …« (Fürst et al., 2003) hat ein Projekt wegweisende Schritte unternommen, religiöse Entwicklung im Lebenslauf empirisch zu beschreiben. Es hat gezeigt, dass sich nicht nur die persönliche Entwicklung im Zusammenspiel von individuellen Entwürfen und gesellschaftlichen Rahmenbedingungen über die gesamte länger gewordene Lebensspanne erstreckt, sondern dass auch die jeweilige religiöse Entwicklung längst von dieser Dynamik erfasst worden ist. Das erste wichtige Ergebnis ist, dass sich beispielsweise das Gottesbild oder die religiöse Praxis bei 60 % der Studienteilnehmenden im Erwachsenenalter ein- oder mehrmals so gewandelt haben, dass man sie unterschiedlichen religiösen Gestalttypen zuordnen konnte. Fürst et al. (2003) haben

dabei 5 religiöse Gestalten unterschieden, die von einer traditionalen, in Kindheit und Jugend kirchlich vermittelten Gestalt über eine communiale, Gott als Partner auffassende Gestalt, eine kulturchristliche Gestalt mit einem eher diffusen Gottesbild bis hin zu einer postmodernen, individuell geprägten Gestalt und zu einer indifferenten religiösen Gestalt fast ohne religiöse Praxis reichen. Solche Wechsel von einer religiösen Gestalt zu einer anderen wurden dann häufiger beobachtet, wenn es kritische Veränderungen im Lebenslauf gab. Besonders interessant ist jedoch das zweite Ergebnis, dass im Erwachsenenalter, ausgehend von der aus der Kindheit stammenden, überwiegend »traditional« geprägten religiösen Gestalt, eine Pluralisierung erfolgt, die bereits bei den jetzt Älteren (Geburtsjahrgänge 1930–1935), noch stärker aber bei den zukünftig Älteren (Geburtsjahrgänge 1950–1955) zu erkennen war. Feeser-Lichterfeld (2007) weist außerdem darauf hin, dass praktische Dimensionen, wie z. B. der Kirchgang oder das Gebet, im Lebenslauf stabiler waren als religiöse Vorstellungen und Inhalte, die sich häufiger veränderten. Mit dem Alter scheinen die interindividuellen Unterschiede zwischen den Verläufen des religiösen Gestaltwandels eher größer als kleiner zu werden. Als Herausforderung aus christlicher Perspektive ergibt sich daraus die Aufgabe, diese Veränderungen im Lebenslauf immer individueller zu begleiten und sich den dabei ergebenden inhaltlichen Auseinandersetzungen zu stellen.

21.3 Praktische Ansätze im Kontext des sich verlängernden Lebens und seiner differentiellen Verläufe im Alter

Im Fürbittgebet der Kirchen findet sich traditionell das unmittelbar kombinierte

Gebet für die Alten und Kranken. Es ist Spiegel einer auf Betreuung hin orientierten

Sichtweise des älteren Menschen. Auf der anderen Seite engagiert sich gerade in den Kirchen eine große Zahl älterer Menschen, angefangen bei gelegentlichen Diensten in einer Gemeinde bis hin zu leitenden Ämtern. Sie treten dann aber weniger als Menschen im höheren Lebensalter in den Blick, sondern eher unter dem altersunabhängigen Aspekt derjenigen, die ihre christliche Verantwortung in der Welt wahrnehmen. Bisher mag es vielleicht ausgereicht haben, die für die meisten Menschen relativ begrenzte Zeit des Alters einerseits unter dem Aspekt der Fürsorge bei Bedürftigkeit und des Abschließens des Lebens zum Tode hin oder andererseits als unmittelbare Fortführung der christlich engagierten Lebensgestaltung eher unabhängig von Alternsaspekten zu fassen. Dadurch, dass diese Zeit in den letzten Jahrzehnten für immer mehr Menschen jedoch immer ausgedehnter geworden ist, ist ein neuer Abschnitt in der Biografie entstanden, der auch aus christlicher Sicht erst erkannt und kultiviert werden will. Themen, die bei diesem Prozess eine Rolle spielen oder spielen könnten, sollen im Folgenden angesprochen werden.

Praktische Ansätze im Kontext einer verlängerten Altersphase ohne schwerwiegende Beeinträchtigungen

Zunächst sollen vor allem Themen in den Blick genommen werden, die sich konkret als Herausforderung und Chance für die christliche Auseinandersetzung mit der verlängerten Phase eines weitgehend von schweren Beeinträchtigungen freien Alters stellen.

Religionsausübung im Alter – für die einen zentral, für die anderen unbedeutend

Die gegenwärtig älteren Menschen über 60 Jahre weisen gegenüber den jüngeren im Durchschnitt höhere Religiositätswerte auf. Ebertz (2007) konnte aufgrund der Zahlen des Religionsmonitors für Deutschland zeigen, dass sie häufiger öffentlich und privat religiös praktizieren, dass sich ihre Religiosität häufiger auf ihren Umgang mit Alltagsfragen auswirkt und dass sie ein stärker ausgeprägtes Interesse an der Auseinandersetzung mit religiösen Themen haben. Sie weisen den größten Anteil an Hochreligiösen auf. Relativierend muss jedoch gesagt werden, dass sie bereits in ihrer Jugend weit stärker kirchlich eingebunden waren als die nachfolgenden Generationen, so dass die Gleichung, dass mit dem Alter die Religiosität zunehme, keineswegs belegt ist. Relativierend ist auch die Tatsache, dass bei den über 60-Jährigen 68 % als sog. Randmitglieder oder nominelle Mitglieder anzusprechen sind. Es ist also eher nicht davon auszugehen, dass die künftig weiter steigende Zahl älterer Menschen zu einer wesentlichen Verstärkung der Zahl der Religiösen führt. Die im Zusammenhang mit der Pluralisierung der Glaubensgestalten bereits angesprochene Freiheit, die viele Menschen im Alter gewinnen, zeigt sich im Religionsmonitor in Bezug auf die religiösen Glaubensüberzeugungen insbesondere die Vorstellung von einem Leben nach dem Tod, das von 37 % verneint wird. Religiosität als ein mit der zeitlichen Annäherung an den Tod im Alter zunehmendes und die damit verbundenen Härten linderndes Phänomen zu sehen, wird durch diese Zahlen zumindest in Frage gestellt.

Zwei auf den ersten Blick einander widersprechende Anforderungen sind aus diesen Ergebnissen abzuleiten: Unter den älteren Menschen findet sich ein relativ hoher Anteil, der an religiöser Praxis und an religiösen und spirituellen Themen interessiert ist. Zugleich haben gerade diese Menschen im Lauf ihres Lebens eine zunehmende Freiheit und Autonomie gegenüber diesen Inhalten entwickelt. Im Sinne des lebenslangen Lernens und der Weiterentwicklung bis ins höchste Alter benötigen sie geeignete

Angebote, bei denen nicht einfach traditionelle Glaubensinhalte wiederholt werden, sondern Angebote, die dieser gewonnenen Freiheit Rechnung tragen, sie fördern und für die älteren Menschen selbst und für ihre Gemeinde oder Kirche fruchtbar machen.

Ganz in dieser Linie betont der Freiburger Theologe Janson (2010, S. 31): »Stärkt also die Menschen in dem, was in ihnen ist, gerade im hohen Alter! [...] Jeder wächst aus seinem Ursprung. Im Wachsen ist Wandel und Dynamik, also das Gegenteil von dem, was viele im Alter erwarten.« Auf der anderen Seite weist er darauf hin, dass sich viele ältere Menschen in ihrer religiösen Praxis an feste Strukturen halten. Daraus ergibt sich für die christlichen Kirchen als weitere Aufgabe zugleich, diese Strukturen in einer sich wandelnden Gesellschaft für eine immer größere Zahl älterer Menschen über einen längeren Zeitraum als bisher bereitzuhalten. Janson (2010, S. 28) stuft die so gesuchte Geborgenheit in Strukturen als ebenso bedeutend ein wie die zuvor beschriebene Freiheit des Loslassens und bezeichnet beide als »heilsam für die Seele, beruhigend für den Geist, ›barmherzig‹ für unsere Hoffnung und sie nehmen die Furcht vor dem Tod.«

Moderne christliche Seelsorge und Arbeit mit Älteren

Unter den Stichwörtern der Altenseelsorge oder der christlichen Altenarbeit sind aktuelle Ansätze, die sich dieser Wirklichkeit stellen, bereits vielfach zu entdecken. Blasberg-Kuhnke & Wittrahm (2007) haben diese gesammelt und weiter entwickelt. Den Autoren geht es in erster Linie darum, dass sich alle Beteiligten in den gesellschaftlichen Diskurs einbringen sollen, »um die individuelle und gesellschaftliche Lebenswirklichkeit alter Menschen zur Kenntnis zu nehmen bzw. ihre Erkenntnisse über diese Lage einzuspeisen, wollen sie nicht

der Gefahr erliegen, geistliche Ideale und leibliche Wirklichkeit zu trennen und durch ihren mildtätigen Einsatz bestenfalls Reservate für Alte zu schaffen, die diese abschirmen und zugleich die gesellschaftliche Ausgrenzung verstärken.« (S. 19). Altern wird zugleich als soziale und als existentielle Herausforderung begriffen. Im Folgenden sollen die wichtigsten Themenbereiche kurz angesprochen werden.

Zunächst geht es um die lebenslange Aufgabe der Identitätsfindung. Sie endet auch im Alter nicht und betrifft nicht nur das Leben in seinem Rückblick, sondern auch das Leben in der Phase des Alters selbst. Weiterhin besteht die Möglichkeit und Notwendigkeit, auszuwählen und zu entscheiden, wenn Rollen wegfallen oder gewechselt werden sollen. Darin ist auch Freiheit enthalten, die eigene Identität in Bezug auf die eigene Glaubensgeschichte weiterzuentwickeln. Hervorgehoben wird die Unabschließbarkeit und Bruchstückhaftigkeit (Fragmentarität), die dieser Identitätssuche immanent ist und die auch im Alter in Krisen führen kann.

Daran wird das Thema der sozialen Beziehungen innerhalb der eigenen Generation und zwischen den Generationen angeschlossen. Angesichts einer verlängerten Altersphase gewinnt die Frage des Lebens als Mann und Frau an Bedeutung und eröffnet die Chance, Partnerschaft und Sexualität aus ungewohnten Blickwinkeln erneut zu thematisieren.

Diese auf das Individuum zentrierten Ansätze werden durch solche ergänzt, die die Gemeinde als Lebensraum für alte Menschen und das Lernen im und für das Alter zum Gegenstand haben. Gemeinde wird dabei weniger als Ort, an dem ältere Menschen versorgt werden oder zur Versorgung anderer beitragen sollen, sondern als lebensfördernde Umgebung für die Älteren und als Lebensraum dargestellt, den die Älteren selbst in der Verwirklichung ihrer Anliegen gestalten. Bildungsarbeit mit älteren

Menschen umfasst sowohl gemeindliche wie auch individuelle Aspekte und kann in ihrer Bandbreite so umfassend sein wie das Interesse der älteren Menschen selbst. Dabei kommen auch Themen der Solidarität in der Gemeinde und in der globalisierten Welt zur Sprache.

Erst an fünfter Stelle werden ausdrücklich Ansätze thematisiert, die Grenzerfahrungen im Alter und notwendige institutionelle Unterstützung betreffen. Damit trägt das Handbuch der veränderten Lebenswirklichkeit von immer mehr älteren Menschen Rechnung, für die es zunächst darauf ankommt, die gewonnene Lebenszeit zu gestalten.

Dialoginitiativen: Beteiligung älterer Menschen an der Ausrichtung kirchlicher Arbeit mit Älteren

Hinweise darauf, dass die christlichen Kirchen begonnen haben, in ihrer praktischen Arbeit mit älteren Menschen die neuen Herausforderungen anzunehmen, kann auch der Blick auf Initiativen und Programme auf Bistums- oder Landeskirchenebene geben, hier am Beispiel der Erzdiözese Freiburg. Dort gaben 19 ehrenamtlich oder beruflich in der Altenpastoral Tätige in einer Dialoginitiative Empfehlungen an die Diözesanleitung (Bäuerle et al., 2012): Gefordert werden eine erhöhte Präsenz von Kirche an Orten von Krankheit, Leiden, Sterben und Tod, die Förderung überschaubarer Gruppen, in denen zwischenmenschliche Beziehung wachsen kann, eine vielfältige Gottesdienstgestaltung, hingehende und nachfragende Seelsorge, Unterstützung und Eigenverantwortung für die Ehrenamtlichen, eine Ausdehnung der Katechese auch auf Ältere und eine Lösung des Problemstaus hinsichtlich wiederverheirateter Geschiedener und konfessionsverbindender Paare. Gerade dieser letzte Punkt zeigt, wie biografische Erfahrungen älterer Menschen

festgefahrene Themen erneut in Bewegung bringen könnten. Parallel dazu setzen sich mittlerweile auch offizielle Dokumente, z.B. das »Grundlagenpapier der Altenpastoral« (Erzbischöfliches Ordinariat Freiburg, 2011), mit den neuen Herausforderungen einer verlängerten Altersphase auseinander. Leider überwiegen noch immer Anforderungen, die sich aus der Auseinandersetzung mit Abbauprozessen im Alter und der Endlichkeit des Lebens ergeben (z.B. Trauer leben, Selbstachtung haben, ohne auf Leistung und Besitz verweisen zu müssen, Hilfe annehmen können). Sie stehen relativ unverbunden neben solchen, die sich auf die Entfaltung von Fähigkeiten und Möglichkeiten der Teilhabe im Alter beziehen (z.B. Hilfe geben, sich in neuen Rollen engagieren, eine Zukunftsperspektive entwickeln) (Erzbischöfliches Ordinariat Freiburg, 2011, S. 22).

Glaubensweitergabe, Entwicklung, Gerechtigkeit und Frieden

Die Tatsache eines längeren Lebens im Alter stellt also eine große Herausforderung in Bezug auf die Angebote für und mit den älteren Menschen selbst dar und trägt die Chance einer Verlebendigung christlichen Lebens in sich, wo es gelingt, die Anliegen der Älteren zum Tragen zu bringen. Von hier aus ergeben sich aber auch Herausforderungen in Bezug auf die nachfolgenden Generationen, die unter den Stichworten der Glaubensweitergabe einerseits und der Generationengerechtigkeit andererseits angesprochen werden sollen.

Glaubensweitergabe. Gerade in Deutschland als einem der führenden Industrieländer ist die Weitergabe eines christlichen Glaubens heute weniger selbstverständlich als früher. Die Tatsache, dass sich Glaubensgestalten bis ins hohe Alter wandeln, mahnt zur Vorsicht gegenüber Programmen, die lediglich versuchen, bestimmte Inhalte erneut zu vermitteln. Man hat inzwischen Erfahrung gesammelt mit Glaubenskursen für Erwachsene, die entweder zum ersten Mal oder erneut mit dem christlichen Glauben in Berührung kommen. Sie richten sich bislang im Wesentlichen an Menschen im mittleren Erwachsenenalter. Das Thema des Alterns wird kaum angesprochen und ist auch in der Praxis der Gruppen, die z. B. am Pastoralkonzept »Wege erwachsenen Glaubens« (Armbruster et al., 2005) teilnehmen, kaum präsent. Neue Anstrengungen scheinen hier notwendig.

Das EKD-Projekt »Erwachsen glauben« (Arbeitsgemeinschaft Missionarische Dienste (AMD) & EKD-Zentrum Mission in der Region Olpe 35, 2012) versucht, den unterschiedlichen Ausgangssituationen der Erwachsenen, die angesprochen werden sollen, gerecht zu werden. Dafür wurde auf die vom Heidelberger Sinus-Institut beschriebenen lebensweltlichen Milieus in Deutschland zurückgegriffen und es wurden jeweils passende Einladungen und Kurse verfasst. Bei den 10 sogenannten Sinus-Milieus® unterscheidet man beispielsweise »Traditionelle«, deren wichtigste Orientierung in der Erhaltung des Status quo besteht, die »Bürgerliche Mitte« als Kern der Gesellschaft, »Postmaterielle«, die durch hohe Individualität als auch Toleranz gekennzeichnet sind, und »Moderne Performer«, die man als experimentierfreudige Angehörige der Oberschicht ansprechen könnte. Methodisch setzten diese Kurse weniger auf theologische Belehrung, sondern auf die katalytische Wirkung des Austauschs von Lebensgeschichten und Erfahrungen.

Lebenslanges Lernen des christlichen Glaubens beginnt natürlich auch heute für viele Menschen in ihrer Kindheit und Jugend. Die verlängerte Altersphase bietet Kindern und Jugendlichen die Chance, eine größere Zahl älterer Menschen zu erleben und von ihren Erfahrungen zu hören. Auf der anderen Seite sind diese Erfahrungen aber oft so anders als die eigenen, dass ältere Menschen deshalb bisweilen sogar als abstoßend erlebt werden. Wenn die Wandelbarkeit der Glaubensgestalt im Lebenslauf ernst genommen wird, dann ist es wichtig, dass den Kindern und Jugendlichen eigene Zugänge ermöglicht werden. Es kann nicht erwartet werden, dass Kinder und Jugendliche den gesamten Lebensweg bis ins verlängerte Alter hinein antizipieren. Entscheidend ist allerdings, dass Kinder und Jugendliche bereits die Erfahrung machen, dass Religiosität die eigene Lebensweise formt und Konsequenzen für den Alltag hat. Warren (2004) zeigt an konkreten Beispielen der Beteiligung Jugendlicher an einer Suppenküche in New York, wie dieses konkrete Engagement genau zu dieser Erfahrung führt, die nach den Ergebnissen des Religionsmonitors eine wichtige Dimension der Religiosität im Alter darstellt. Demgegenüber dürfte der Ansatz der Neuevangelisation, wie er vom Vatikan favorisiert wird, wohl eher zu kurz greifen, da hier der Schwerpunkt noch zu sehr auf die Wiederholung der traditionellen Glaubensinhalte und zu wenig auf das Aufgreifen der Situation und der damit verbundenen Lebens- und Glaubenserfahrungen gelegt wird.

Entwicklung, Friede und Gerechtigkeit. Wenn man in theologischen Literaturdatenbanken (z. B. ATLA Religion Database) oder im Katholischen Erwachsenenkatechismus (Deutsche Bischofskonferenz, 1985, 1995) nach »Entwicklung« bzw. »Entwicklungsaufgaben« sucht, stößt man in den seltensten Fällen auf die bisher besprochenen Themen, sondern die Fundstellen verweisen überwiegend auf Fragen der gerechten Entwicklung der Länder dieser Welt oder auf die Entwicklung gerechter Lebensbedingungen auch für die Schwachen in den jeweiligen Ländern, oder es geht um Entwicklung und Frieden, Entwicklung und (Umwelt-)Ethos, um die Entwicklung des Gewissens oder um theologische bzw. kirchliche Entwicklung. Damit stoßen wir zwar nicht unmittelbar auf

Themen, die in unserem Zusammenhang zu besprechen sind, aber es liegt nahe, das Thema der Entwicklung gerechter Lebensbedingungen in ihren unterschiedlichen Aspekten mit der Frage zu verbinden, welche Herausforderungen und Chancen die länger werdende Altersphase aus christlicher Sicht mit sich bringt.

Fragen der wirtschaftlichen Kraft älterer Menschen in den Industrieländern, aber auch Fragen der Verteilungsgerechtigkeit und der sozialen Gerechtigkeit im eigenen Land und weltweit stehen damit zur Debatte. Wenn weiter oben bereits die Rede davon war, wie wichtig die (Wohn-)Gemeinde für ältere Menschen als Lebensraum ist, dann stellen sich neue Fragen, wie Ältere, die dazu in der Lage sind, vor Ort und weltweit beitragen können, dass diejenigen Solidarität erfahren, denen die Mittel fehlen. Die derzeit auch in den Kirchen zunehmenden Bemühungen zur Stärkung des Ehrenamts markieren den Anfang einer Entwicklung dahingehend, Formen zu finden, wie Ältere in ihrer hinzugewonnenen Lebenszeit diese solidarische Verantwortung übernehmen können. Fragen einer neu entstehenden Altersarmut werden die Christen in Zukunft stärker herausfordern als bisher.

Auf globaler Ebene hat Hans Küng (1990) das Projekt Weltethos angestoßen. Auch in seinem Programm, das weiterhin aktiv betrieben wird (Stiftung Weltethos), wird die Rolle älterer Menschen zwar nicht eigens thematisiert, allerdings ist dieses Projekt die Frucht seiner langen beruflichen Arbeit und menschlichen Erfahrung. Küng hat drei grundlegende Thesen: (1.) Es gibt in der Postmoderne kein Überleben ohne ein Weltethos. (2.) Es gibt keinen Weltfrieden ohne Religionsfrieden. (3.) Es gibt keinen Religionsfrieden ohne Religionsdialog. Küng betont den notwendigen Paradigmenwechsel hin zum ökumenischen Dialog der Religionen, der mit allen Gruppen, wie Politikern, Geschäftsleuten, Wissenschaftlern, Kirchen und Religionen, und auf allen Ebenen wie inoffiziell und offiziell, wissenschaftlich und spirituell sowie auf der Alltagsebene der Menschen untereinander geführt werden soll. Ältere Menschen mit ihrer Lebenserfahrung und ihrer vielfach erworbenen Freiheit gegenüber zu engen Festlegungen von Glaubensaussagen können hierbei sicherlich einen wesentlichen Beitrag leisten. Küng gibt mit seinem epochalen Projekt ein Beispiel, welcher Reichtum eines christlich solidarischen Engagements durch die verlängerte Lebenszeit im Alter möglich werden kann.

Praktische Ansätze im Kontext einer verlängerten Altersphase mit (schwerwiegenden) Beeinträchtigungen

In den industrialisierten Ländern ist mit der Überwindung der Säuglingssterblichkeit und der weitgehenden Sicherung des Überlebens im Erwachsenenalter ein Lebensgefühl der »Unsterblichkeit auf Zeit« entstanden ist (Imhof, zitiert in Rüegger, 2007, S. 145). Dennoch müssen in einem Zeitalter des langen Lebens immer mehr Menschen auch mit Zeiten rechnen, in denen sie von Verlusterfahrungen, Multimorbidität und Pflegebedürftigkeit betroffen sein werden. Diese Seite des Alters wird gedanklich überwiegend in den noch entfernten letzten Lebensabschnitt verschoben. Andererseits wirken die für die letzte Lebenszeit befürchteten Beeinträchtigungen im Sinne eines negativen Altersbildes doch schon in das Erleben von Kindern, Jugendlichen und Erwachsenen hinein, zumal sie durch den weiter wachsenden Anteil älterer Menschen an der Gesamtbevölkerung häufiger in den Blick kommen. In der so skizzierten Situation stehen Christen vor der Herausforderung, einerseits ihre traditionelle diakonische Arbeit den sich verändernden Bedingungen anzupassen, andererseits aber auch sich aktiv mit den in Bezug auf das

Alter mit Beeinträchtigungen gerichteten Vorstellungen und ihren Implikationen für das Erleben und Verhalten theoretisch und praktisch auseinanderzusetzen.

Kunst des Alterns statt Anti-Aging und erfolgreiches Altern?

Die praktischen Antworten darauf können mit Rüegger (2007) den Stichwörtern Anti-Aging, erfolgreiches Altern und Kunst des Alterns zugeordnet werden. An der Auseinandersetzung mit drei unterschiedlichen Begriffen soll auf das gegenwärtig zu beobachtende Ringen um eine tragfähige christliche Perspektive des Alterns gezeigt werden, die Beeinträchtigungen und Tod bewusst nicht ausblendet.

Anti-Aging. Rüegger (2007) setzt sich intensiv mit diesem Begriff auseinander. Wer möchte nicht beeinträchtigende Alterserscheinungen vermeiden oder wenigstens hinausschieben? Anti-Aging ist zu einem bedeutenden Wirtschaftsfaktor geworden und erfasst mit seiner Werbung und seinen Produkten mittlerweile breite Schichten der Bevölkerung. Kritisch erscheint jedoch das zugrunde liegende negative Bild vom Altern, mit dem gearbeitet wird. Die Angst vor Alterserscheinungen wird aufgegriffen und verstärkt. Als Lösung werden Produkte beworben, mit denen Altern zu vermeiden sei. Es besteht die Gefahr, dass die existentielle Auseinandersetzung mit der Endlichkeit des Lebens darüber zu sehr verdrängt wird.

Erfolgreiches Altern. Gerade um die Auseinandersetzung mit dem zum Menschsein gehörenden Alternsprozess geht es in den aktuellen gerontologischen und interventionsgerontologischen Ansätzen, die auf ein erfolgreiches Altern abzielen, also auf ein Altern, das Ressourcen optimiert, unnötige Beeinträchtigungen vermeidet und Lebensqualität bzw. Wohlbefinden im Alternsprozess bis hin in den Sterbeprozess anstrebt. Anstoß erregt im Blick auf das Altern der Begriff »erfolgreich«. Schneider-Flume

(2008) kritisiert ihn, wie es von theologischer Seite immer wieder geschieht, als einseitig normativen Begriff einer Kultur der Machbarkeit. Rüegger mahnt zu einer ideologiekritischen Reflexion und betont, dass auch tragisch verlaufendes Alter durchaus »von beeindruckendem menschlichen Gehalt sein mag« (Rüegger, 2007, S. 156). Schneider-Flume (2008) warnt mit Blick auf den Sterbeprozess davor, im Sinne eines erfolgreichen Alterns bestimmte psychosoziale oder christlich motivierte Leistungsanforderungen definieren zu wollen, mit deren Hilfe die menschliche Entwicklung sich in einem guten Tod vollendet, da der Mensch eher auf das Leben als auf einen gelingenden Sterbeprozess orientiert sei.

Kunst des Alterns. Mit der Formulierung einer Kunst des Alterns versucht Rüegger (2007) ein aus christlicher Sicht vertretbares Konzept zu formulieren, in dem das Altern in seiner biologischen Verfasstheit vom Menschen nicht nur angenommen, sondern reflexiv gestaltet wird. Der Kern dieser Kunst des Alterns besteht darin, in seinem Leben die Chance ergriffen zu haben, »durch vielfältige Erfahrungen seinen Lebenshunger zu stillen und irgendwann einmal lebenssatt zu werden« (Rüegger, 2007, S. 162). Die Bibel berichtet von Abraham, David, Hiob u. a., dass sie alt und lebenssatt gestorben seien. Lebenssättigung bemisst sich weniger nach der Menge des Erlebten, sondern eher nach dessen Qualität. Konkret nennt Rüegger (2007) die Fähigkeit, achtsam zu leben, Gutes dankbar zu genießen, aber auch die Bereitschaft, Schwierigkeiten und Zumutungen des Schicksals anzunehmen, sich mit ihnen auseinanderzusetzen und sie so zu bewältigen.

Beschleunigung des Lebensendes?

Medizinischer und technischer Fortschritt haben in den letzten Jahrzehnten dazu beigetragen, dass mehr Menschen das hohe und höchste Alter erreichen und im hohen

und höchsten Alter weitere Lebensjahre da-
zugewinnen. Auch wenn die gewonnenen
Jahre für viele zu einem großen Anteil in
weitgehender Selbstständigkeit verbracht
werden können, nimmt die absolute Zahl
von Menschen mit Pflegebedarf zu. Angesichts der Erfolge auf der einen und der
Grenzen der medizinischen Möglichkeiten
auf der anderen Seite wird aus unterschiedlichen Motiven heraus immer häufiger die
Frage gestellt, ob der Mensch mit Hilfe der
Medizin nicht auch die Gestaltung des Le-
bensendes selbst in die Hand nehmen solle.
Besonders dann, wenn das Leben im höchsten Alter und der Sterbeprozess mit extremen Härten verbunden sind, wird die Frage
gestellt, ob der Mensch nicht selbst ein Ende setzen solle. Nach einer TNS Infratest-
Umfrage (2012) stimmte jeder zweite Deutsche zu, dass er sich kostenlos beim Suizid
begleiten ließe, wenn er innerhalb eines
Jahres pflegebedürftig würde. Die Antwort
darauf, welches Leiden und welche damit
verbundene Abhängigkeit Menschen auf
sich zu nehmen bereit sind, unterliegt heute stark veränderten Voraussetzungen und
wird offensichtlich in großem Stil anders
beurteilt als früher. Wenn man auch davon
ausgehen kann, dass nicht alle, die in der
Umfrage zugestimmt haben, tatsächlich
den Suizid wählen würden, zeigt das Ergebnis jedoch deutlich, dass tragfähige Perspektiven im Zusammenhang mit der Pflegebedürftigkeit am Lebensende dringend benötigt werden, die nicht erst bei der letzten
zugespitzten Situation ansetzen, sondern
die die Wünsche, Ressourcen, Ängste und
Nöte der Menschen unter einer Lebenslaufperspektive reflektieren.

Neuausrichtung von Pflege und Palliation

Auf kirchlicher Seite haben sich die Krankenhausseelsorge und die angesichts der
wachsenden Zahl pflegebedürftiger älterer
Menschen meist auf überörtlicher Ebene
im Aufbau befindliche Altenheimseelsorge
fachlich und organisatorisch neu aufgestellt
bzw. etabliert, da man erkannt hat, dass
die örtlichen Kirchengemeinden, die traditionell die Altenheimseelsorge getragen
haben, mit den sich stellenden Aufgaben
allein überfordert sind (z. B. Konvent Evangelische Altenheimseelsorge, 2012).

Die Hospizbewegung hat vielfach kirchliche Trägerschaft gefunden. Religiöse und
spirituelle Aspekte gewinnen in den letzten
Jahren nicht nur bei der Palliativversorgung
onkologischer Patienten, sondern auch bei
der Versorgung chronisch kranker und pflegebedürftiger Menschen, unter denen die
Zahl älterer Menschen zunimmt, an Bedeutung. Dabei entstehen auch unmittelbar aus
den medizinischen und pflegerischen Berufen heraus Ansätze einer Spiritual Care.
Sie basieren auf der klinischen Erfahrung
und auf der wissenschaftlichen Erkenntnis
von Zusammenhängen zwischen Religiosität bzw. Spiritualität und Gesundheit bzw.
Wohlbefinden. Die Professur für Spiritual
Care am Interdisziplinären Zentrum für
Palliativmedizin der Universität München
und die dort herausgegebene Zeitschrift
»Spiritual Care – Zeitschrift für Spiritualität in den Gesundheitsberufen« unterstreichen die Bedeutung dieser Ansätze für die
Gesundheitsberufe. In der Transdisziplinä-
ren Arbeitsgruppe Spiritualität und Krankheit (TASK) und in der Internationalen
Gesellschaft für Gesundheit und Spiritualität e. V. (IGGS) arbeiten christliche und
nichtchristliche Forscher und Praktiker zusammen.

Welche religiösen oder spirituellen Formen und Inhalte tatsächlich in die Pflege einbezogen werden, wird meist vom Patienten
selbst unter dem Gesichtspunkt bestimmt,
was ihm zu mehr Gesundheit, Wohlbefinden oder Lebensqualität verhilft. Vielfach
wurde beispielsweise gezeigt (z. B. Krause
& Ellison, 2003), dass Patienten davon
profitieren, wenn sie im Zusammenhang

mit erlittenem Unrecht die religiöse Copingform des Vergebens einsetzen konnten. Mit ihrer Hilfe konnten sie sich von dem erfahrenen Unrecht und dessen Urheber lösen und wieder frei für sich selbst und die Auseinandersetzung mit ihrer Gegenwart werden. Gewährte Vergebung scheint mit noch größerem Benefit einherzugehen als erfahrene. In einem religiöse und spirituelle Copingressourcen integrierenden Ansatz beschreiben Ramsey & Blieszner (2012) mit dem Begriff der spirituellen Resilienz die Stärke des Menschen, mit Verlusten im Alter und dem unausweichlichen Tod zurechtzukommen. Diese Resilienz gewinnt er über die bekannten Resilienzfaktoren hinaus aufgrund seiner spirituellen und religiösen Überzeugungen und Aktivitäten.

Inwiefern die Wiederentdeckung der Spiritualität, die in den Gesundheits- und Pflegeberufen gerade beginnt und die von den Kirchen getragene Seelsorge miteinander in Dialog kommen, einander ergänzen oder zur Konkurrenz werden, wird sich zeigen müssen. Die vielfach vorgenommene Trennung von Spiritualität und Religiosität, eine nahezu freie Auswahl spiritueller Formen und Inhalte und der Einsatz von Spiritualität unter dem Nützlichkeitsaspekt fordern Christen heraus. Wer setzt die Erkenntnisse um? Wie werden Christen die Herausforderung annehmen, wenn Spiritualität als Ressource für ein besseres und gesünderes Leben, eine qualitativ hochwertige Pflege bis in den Sterbeprozess hinein ohne ausschließliche Bindung an christliche Glaubensinhalte und kirchliche Organisationsformen Anwendung findet?

Demenz als Herausforderung für christliche Theologie und Praxis

Rahner (1982) hatte zu seiner Zeit den an Demenz erkrankten Menschen von jeglicher Pflichterfüllung, die ihm nicht möglich ist, freigesprochen und ihn in die Fürsorge seiner Nächsten übergeben. Seither hat die Zahl der an Demenz Erkrankten zusammen mit der wachsenden Zahl Hochaltriger deutlich zugenommen. Die Symptome der Demenz und die damit einhergehenden Veränderungen des Denkens, Erlebens und Verhaltens stellen aus christlicher Perspektive insofern ganz besondere Herausforderungen, dass dadurch für die Theologie zentrale Konzepte wie Person, Identität, Verantwortung und (Glaubens-)Entwicklung massiv in Frage gestellt werden, bzw. dass sie unter diesen Voraussetzungen neu gedacht werden müssen. Die damit verbundene Not brachte ein Demenzpatient zum Ausdruck, der sagte: »Ich habe mich selbst verloren« (zitiert in Roser, 2007, S. 307). Wetzstein (2010) hat in diesem Zusammenhang den Ansatz einer integrativen Demenz-Ethik vorgestellt. Von der Grundannahme ausgehend, dass dem Menschen über seine gesamte Lebensspanne die gleiche Würde zukommt, sieht sie die Identität der Person durch ihre Kontinuität mit der Vergangenheit auch beim Demenzkranken unabhängig von seinen aktuellen (kognitiven) Fähigkeiten gegeben. Anstelle einer Fixierung auf die kognitiven Fähigkeiten ist gerade jetzt die Leiblichkeit des Menschen zu beachten, denn mit seinem Leib drückt er sich aus und tritt weiterhin mit seiner (sozialen) Umwelt in Beziehung. Man hat begonnen, den Menschen in seiner Erkrankung differenzierter wahrzunehmen, und erkennt Dimensionen von Lebensqualität, die bei Demenz möglich sind. Personsein wird wahrgenommen, wenn sie relational gefasst wird und Ansätze gewählt werden, welche das Ziel der Teilhabe auch des so schwer Erkrankten anstreben (Roser, 2007). Baumann (2010) weist darauf hin, wie im frühen Leben gelernte religiöse Praxis Demenzkranken im Gottesdienst den Zugang zu spiritueller Erfahrung öffnen kann, wenn man auf sie eingeht. Um diesem Ziel auch im Bereich der Krankenhausseelsorge näher zu kommen, wird derzeit im

Rahmen eines Lern- und Qualitätssystems (lqs, 2012) eine Spezifikation entwickelt, welche 5 Stadien der Qualifikation der Seelsorger für die Begegnung mit Demenzkranken im Krankenhaus beschreibt. Das Ziel, Demenz nicht zu einem Ausschlusskriterium werden zu lassen, ergibt sich unmittelbar aus der christlichen Grundbotschaft und stellt in ihrer Umsetzung hohe Ansprüche. Bis in die Theologie hinein stellen sich Fragen, wie beispielsweise Verantwortung und Gnade neu formuliert werden können, dass die Wirklichkeit Demenzerkrankter Würdigung findet.

21.4 Anpassungen auf der Ebene kirchlicher Verwaltung und Organisation: Konsequenzen für die älter werdenden Menschen

Schlaglichtartig soll auf Herausforderungen hingewiesen werden, die sich im kirchlichen Kontext in Bezug auf die Organisation der Seelsorge und deren Finanzierung abzeichnen.

Seelsorgeeinheiten versus individualisierte Glaubensentwicklung

Vor eine besondere Situation sieht sich derzeit die katholische Kirche durch den starken Rückgang ihrer Priesterzahlen gestellt. Dies hat seine Ursachen zwar nicht in der Zunahme der Lebenszeit im Alter, könnte sich aber gerade für die Älteren sehr negativ auswirken. In den vergangen Jahren wurden die Pfarreistrukturen so überarbeitet, dass beispielsweise in der Erzdiözese Freiburg die 1076 selbstständigen Pfarreien zunächst in 327 Seelsorgeeinheiten zusammengefasst wurden. Ab 2015 soll es nur noch 225 Seelsorgeeinheiten geben. Für das kirchliche Leben vor Ort mit seiner Differenziertheit und Vielfalt soll am Ort der bisherigen Pfarrgemeinden zwar ein Gemeindeteam gebildet werden, das die Aufgabe erhält, das kirchliche und pastorale Leben vor Ort zu fördern und zu entfalten (Keck, 2010), aber in dieser Entwicklung stecken nicht nur Chancen, sondern auch

Risiken. Gemeindemitglieder vor Ort müssen zunehmend ehrenamtlich aktiv werden, wenn die oben herausgearbeiteten Anforderungen, die sich aus dem längeren Leben im Alter ergeben, aufgegriffen und realisiert werden sollen. Inwieweit dies in den Stadtteile und Orte zusammenfassenden Strukturen der Seelsorgeeinheiten gelingen mag, bleibt abzuwarten.

Finanzierung von Kirchenaufgaben

Als weitere Aufgabe kommt auf die Kirchen in Deutschland die Frage zu, wie sie auch in Zukunft die Finanzierung ihrer Aufgaben ausreichend sichern können. Der demografische Wandel führt zu einer Verringerung der Kirchensteuereinnahmen durch die Berufstätigen und eine wachsende Zahl älterer Menschen zahlt über eine steigende Zahl von Lebensjahren im beruflichen Ruhestand geringere oder keine Kirchensteuer. Auf der anderen Seite beteiligen sich jedoch gerade die älteren Menschen am Leben der Kirche und fragen ihre Leistungen nach, außerdem wollen die bestehenden Leistungen für alle Altersgruppen finanziert werden. Auf diese künftige Finanzierungslücke hat der Freiburger Erzbischof in einem Interview hingewiesen. Mit der darin vorgestellten »Initiative Wert-volle Zukunft« soll gerade älteren Menschen die Gelegenheit gegeben werden, sich auch finanziell daran zu beteiligen, »Kirche für die nächste Generation fit zu machen« (Zollitsch, 2009).

Nächstenliebe unter den Bedingungen des Wettbewerbs

Ein wesentlicher Ausdruck des christlichen Glaubens ist die Sorge um den Nächsten. Krankenhäuser, Pflegeeinrichtungen, Tagesstätten, Bildungs- und Beratungsangebote gehören zu ihren selbstverständlichen Diensten, die von immer mehr älteren Menschen in Anspruch genommen werden. Sie stehen im Wettbewerb mit privaten und öffentlichen Anbietern und unterliegen denselben vielfältigen Vorschriften und finanziellen Regulierungen, die das Gesundheits- und Pflegewesen unter Gesetzmäßigkeiten der Wirtschaftlichkeit und des Sparens verändern. Ein Risiko besteht darin, dass kirchliche Einrichtungen in diesem Wettbewerb ihr Plus an ganzheitlicher Fürsorge gegenüber ihren Klienten und Mitarbeitern möglicherweise nicht mehr ausreichend verwirklichen können. Schädlich würde eine solche Entwicklung besonders dann, wenn unter dem Anspruch christlicher Nächstenliebe und dem Anspruch einer Organisation als Dienstgemeinschaft diese Einrichtungen für die Öffentlichkeit nicht mehr länger als Ausdruck eines christlichen Engagements erkennbar wären. Auf der anderen Seite besteht die Chance der gegenwärtigen Stunde beispielsweise darin, gerade in der Pflege älterer Menschen Trends zu setzen, die die Würde des älteren Menschen auch dort erfahrbar machen, wo sie missachtet oder in Zweifel gezogen wird.

21.5 Ausblick

Die Auseinandersetzung mit den Herausforderungen des sich verlängernden Lebens im Alter hat auch aus christlicher Perspektive gerade erst begonnen. Sie findet in der theologischen Arbeit vor allem in der Pastoraltheologie Aufnahme, was deren Bedeutung stärken dürfte. Deutlich intensiver beschäftigt man sich im praktischen Bereich der Altenpastoral mit den Fragen des Alterns, wenngleich der Akzent dort vielfach auch weithin noch auf der Hilfsbedürftigkeit im Alter liegt. Dringend wird die Ausweitung in Richtung auf die gesamte Bandbreite des Alterns benötigt. Folgende Veränderungen in den Lebensläufen und ihre Konsequenzen verdienen dabei besondere Beachtung: Während bis vor wenigen Jahrzehnten eine lange Altersphase nur wenigen vorbehalten war und man diese Phase theologisch im Spannungsfeld der Vollendung des Lebens, der Übernahme von neuer Verantwortung und des Empfangs christlicher Fürsorge begreifen konnte, ist mittlerweile der Bedarf einer das Massenphänomen des langen Alters mit seinen eher aktiven und eher hilfebedürftigen Anteilen berücksichtigenden integrierenden Theologie stark gewachsen. In der Konsequenz ist die Hinwendung zu einer praktischen Theologie zu beobachten, die bei den neuen Erfahrungen der älteren Menschen ansetzt und damit die Individualisierung der Lebensverläufe und der Verläufe der religiösen bzw. spirituellen Entwicklung ernst nimmt. Die mit dem Alter zunehmende Freiheit schlägt sich auch in den Glaubensinhalten und Ausrucksformen älterer Menschen nieder. Deshalb ist die Weitergabe und Stärkung von Religiosität und Spiritualität als ein lebenslanger dynamischer Dialogprozess zu konzipieren, der nicht von der jeweiligen Lebenssituation abstrahieren kann. Noch nie standen so viele ältere Menschen vor der Aufgabe, nach Aufgabe oder Verlust bisheriger sozialer Rollen wiederum neue Rollen entsprechend ihren Möglichkeiten und Wünschen zu übernehmen oder zu schaffen. Darüber hinaus verändert die länger gewordene Altersphase auch das wirtschaftliche Gefüge der Gesellschaft: Neue Formen der christlich motivierten Verwirklichung von Gerechtigkeit vor Ort und in der globalisierten Welt werden benötigt. Massiv verändert haben sich die Optimierungsmöglichkeiten des Alternsprozesses durch Sozialpolitik, Technik, Medizin, wodurch das Leben weitgehend als sicher erlebt werden kann. Damit ist die Gefahr der Ausgrenzung von Behinderung und Sterben bzw. der Menschen in diesen Situation verbunden: Es gilt, einen neuen »Ageism« des höchsten Alters zu vermeiden und Teilhabe zu fördern. Auf der anderen Seite steht christliche Diakonie weiterhin in der Verantwortung, die Pflege einer wachsenden Zahl älterer Menschen in einer Zeit zunehmend umkämpfter finanzieller und personeller Ressourcen lebenswert zu organisieren. Die Nutzung spiritueller Ressourcen wird zunehmend als ein Weg beschritten, der die Identitäts- und Sinnsuche im Alter unterstützt.

Erfolgversprechende Ansätze, die Herausforderungen des sich verlängernden Lebens im Alter anzunehmen, sind bereits bis in höhere kirchliche Ebenen zu beobachten. In diesem Zusammenhang wird vielfach die Unterscheidung eines dritten und vierten Alters aus der Gerontologie übernommen. Aus christlicher Perspektive sollte diese Unterscheidung, die zur Beschreibung der Phänomene zunächst einmal hilfreich ist, jedoch wieder überwunden werden, wie in der zweiten Hälfte des vergangenen Jahrhunderts die defizitorientierte Sichtweise des Alters überwunden worden ist. Sonst droht die Gefahr, dass vor allem negative Sichtweisen des Alters auf das hohe und höchste Alter übertragen werden. Die größte Aufgabe, die sich aus christlicher Perspektive angesichts einer sich verlängernden Lebenszeit im Alter jedoch stellt, besteht darin, die neu hinzugekommene Lebenszeit als Anstoß zur Weiterentwicklung im Spannungsfeld zwischen Solidarität und Differenzierung aufzunehmen.

Literatur

Arbeitsgemeinschaft Missionarische Dienste (AMD), Projektbüro »Erwachsen glauben« & EKD-Zentrum Mission in der Region Olpe 35 (2012). *Aufbruch in die Lebenswelten. Milieusensibles Marketing für Kurse zum Glauben in der Modellregion Heidelberg/ Ladenburg-Weinheim. Projektabschlussbericht.* www.¬ekiba.de. Weitere Informationen: www.¬kurse-zum-glauben.de (abgerufen am 30.09.2013).

Armbruster, K., Tanner, L. et al. (2005). *Leitfaden – Zum Pastoralkonzept »Wege erwachsenen Glaubens«.* Lachen: Verlag biblische Erneuerung.

Auer, A. (1995). *Geglücktes Altern. Eine theologisch-ethische Ermutigung.* 2. Auflage Freiburg, Basel, Wien: Herder.

Bäuerle, E. et al. (2012). »Dialoginitiative« – Empfehlungen von Seniorenreferat/Altenwerk an die Diözesanleitung. *Mitteilungen für die Altenarbeit,* Heft 1, S. 6–8. www.senioren¬web-freiburg.de (abgerufen am 30.09.2013).

Baumann, K. (2010). Michelangelo, Demenz und religiöses Erleben. Vortrag beim 6. Kongress der Deutschen Alzheimer Gesellschaft, Braunschweig, 7. bis 9. Oktober 2010. http://www.¬caritaswissenschaft.uni-freiburg.de/personen¬/Baumann/veroeffentlichungen_general/bau¬

mann-2011-michelangelo-demenz-und-re¬ligioses-erleben.pdf (abgerufen am 30.09. 2013).

Blasberg-Kuhnke, M. (1985). *Gerontologie und praktische Theologie. Studien zu einer Neuorientierun der Altenpastoral.* Düsseldorf: Patmos.

Blasberg-Kuhnke, M. & Wittrahm, A. (Hrsg.) (2007). *Altern in Freiheit und Würde. Handbuch christliche Altenarbeit.* München: Kösel.

Deutsche Bischofskonferenz (Hrsg.) (1985 Bd. I, 1995 Bd. II). *Katholischer Erwachsenenkatechismus.* Freiburg: Herder. http://www.alt.¬dbk.de/katechismus/index.php (abgerufen am 30.09.2013).

Ebertz, M. N. (2007). Je älter, desto frömmer? Befunde zur Religiosität der älteren Generation. In: Bertelsmann Stiftung (Hrsg.). *Religionsmonitor 2008* (S. 54–63). Gütersloh: Gütersloher Verlagshaus.

Erzbischöfliches Ordinariat Freiburg (2011). *Grundlagen der Altenpastoral.* www.senio¬renweb-freiburg.de/html/grundlagen613.¬html (abgerufen am 30.09.2013).

Feeser-Lichterfeld, U. (2007). Mit den Augen des Glaubens auf die Lebensgeschichte blicken. In: Blasberg-Kuhnke, M. & Wittrahm, A. (Hrsg.). *Altern in Freiheit und Würde. Handbuch christliche Altenarbeit* (S. 104–111). München: Kösel.

Fowler, J. W. (1977). Alienation as a human experience. In: Eigo, F. A. & Fittipaldi, S. E., *From alienation to at-one-ness* (S. 1–18), Villanova, Zitiert nach Klappenecker, 1998.

Fowler, J. W. (1981). *Stages of Faith. The Psychology of Human Development and the Quest for Meaning.* San Francisco: Harper and Row. (Deutsch: 1991. *Stufen des Glaubens. Die Psychologie menschlicher Entwicklung und die Suche nach Sinn.* Gütersloh: Kaiser).

Fürst, W., Wittrahm, A., Feeser-Lichterfeld, U. & Kläden T. (Hrsg.) (2003). *»Selbst die Senioren sind nicht mehr die alten ...«. Praktisch-theologische Beiträge zu einer Kultur des Alterns.* Münster: Lit.-Verlag.

Guardini, R. (1986). *Die Lebensalter.* 10. Auflage. Unveränderter Nachdruck der 9. Auflage, Würzburg: Werkbund, 1967. Mainz: Matthias Grünewald.

Janson, U. (2010). Wandel der Religiosität mit dem Alter. In: *Altern und Lebensgestaltung. Dokumentation der Tagung »Altern und Lebensgestaltung« in Rastatt,* S. 27–32. www.¬seniorenweb-freiburg.de (abgerufen am 30.09.2013).

Keck, F. (2010). *Kräfte bündeln und Gemeinden stärken.* http://www.ebfr.de/html/aktuell/¬aktuell_u.html?&cataktuell=955l957&m=¬

19781&artikel=6947&stichwort_aktu¬ell=&default=true (abgerufen am 30.09.2013).

Klappenecker, G. (1998). *Glaubensentwicklung und Lebensgeschichte. Eine Auseinandersetzung mit der Ethik James W. Fowlers, zugleich ein Beitrag zur Rezeption von H. Richard Niebuhr, Lawrence Kohlberg und Erik H. Erikson.* Stuttgart: Kohlhammer.

Konvent Evangelische Altenheimseelsorge (2012). www.diakonie-baden.de/de/themen/¬senioren/altenheimseelsorge/index.html (abgerufen am 30.09.2013).

Krause, N. & Ellison, C. G. (2003). Forgiveness by God, forgiveness of others, and psychogical well-being in later life. *Journal for the Scientific Study of Religion,* 32: 77–93.

Küng, H. (1990). *Projekt Weltethos.* München: Piper.

lqs (2012). http://www.lqssupport.com/support/¬cgi-bin/ViewDownloadsExec.pl?targetid=¬5085&fileid=1497 (abgerufen am 30.09.2013).

Rahner, K. (1982). Lebensstationen im 20. Jahrhundert. Zum theologischen und anthropologischen Grundverständnis des Alters. In: M. Schmid, W. Kirchschläger (Hrsg.), *Nochmals glauben lernen: Sinn und Chancen des Alters* (S. 9–21). Innsbruck, Wien: Tyrolia.

Ramsey, J. L., Blieszner, R. (2012). *Spiritual Resiliency and Aging.* Baywood Publishing Company.

Roser, T. (2007). »Ich habe mich selbst verloren!« Demenzerkrankung als Problem evangelischer Seelsorge. In: R. Kunz (Hrsg.), *Religiöse Begleitung im Alter. Religion als Thema der Gerontologie* (S. 307–319). Theologischer Verlag Zürich.

Rüegger, H. (2007). Altern im Spannungsfeld von »Anti-Aging« und »Successful Aging«. Gerontologische Perspektiven einer seelsorglichen Begleitung älterer Menschen. In: R. Kunz (Hrsg.), *Religiöse Begleitung im Alter. Religion als Thema der Gerontologie* (S. 143–182). Theologischer Verlag Zürich.

Schneider-Flume, G. (2008). *Alter –Schicksal oder Gnade? Theologische Überlegungen zum demografischen Wandel und zum Alter(n).* Göttingen: Vandenhoeck & Ruprecht.

TNS Infratest-Umfrage (2012). *Was denken die Deutschen über drohende Pflegebedürftigkeit und assistierten Suizid. Umfragezeitraum 5.–6.12.2012.* Veröffentlicht durch die Patientenschutzorganisation Deutsche Hospiz Stiftung am 12.12.2012. http://www.hospize.de/¬docs/hib/Patientenschutz-Umfrage-begleite¬ter-Suizid-TNS-Infratest-12.12.2012.pdf (abgerufen am 30.09.2013).

Wetzstein, V. (2010). Alzheimer-Demenz: Perspektiven einer integrativen Demenz-Ethik. In:

M. Christen, C. Osman & R. Baumann-Hölzle (Hrsg.), *Herausforderung Demenz. Spannungsfelder und Dilemmata in der Betreuung demenzkranker Menschen* (S. 53–69). Frankfurt: Peter Lang.

Warren, M. (2004). The goal of youth ministry. Christian skill set. *Christian Century*, September 7: 25–31.

Wittrahm, A. (1991). *Altenpastoral*. Düsseldorf: Patmos

Zollitsch, R. (2009). Interview über die Initiative Wert-volle Zukunft. Volker Farrenkopf von der Redaktion KIP mit Erzbischof Robert Zollitsch. http://www.erzbistum-freiburg.de/¬ html/wert_volle_zukunft.html (abgerufen am 30.09.2013).

22 Ein Blick auf islamische Traditionen: Die Stellung älterer Menschen im islamisch geprägten Ägypten

Michael Bolk

Zusammenfassung

Die Quellenlage zur Lebenslaufforschung in islamisch geprägten Staaten des Nahen und Mittleren Ostens ist mangelhaft. Gleiches gilt hinsichtlich der Quellenlage zur kulturellen Stellung älterer Menschen in diesen Staaten. Aufgrund fehlender anderer empirischer Grundlagen werden in diesem Artikel ausschließlich die validierten Ergebnisse einer Feldforschung in Ägypten dargestellt, die durch den Autor selbst durchgeführt worden ist. Folgende Bereiche wurden in dieser Feldforschung auf der Basis von persönlichen, mehrstündigen Interviews untersucht: (1) Gesundheit und Krankheit, (2) Autonomie und Abhängigkeit, (3) Kompetenzen und Defizite, (4) Freiräume, (5) Gelassenheit, (6) Weisheit, (7) Befürchtete materielle Einbußen, (8) Sterben und Tod, (9) Normative Vorstellungen von Rechten und Pflichten. Zudem wird die Seniorenpolitik Ägyptens in den Kontext anderer Dokumente mit Bedeutung für globales Altern gestellt. Um die Bewertung der Forschungsergebnisse zu erleichtern, werden einige allgemeine Überlegungen zur Stellung älterer Menschen im interkulturellen Vergleich vorangestellt. Von zentraler Bedeutung des hier dargestellten Kulturbegriffs ist das von Dan Sperber entwickelte Konzept der kulturellen Attraktoren.

22.1 Einführung

Aufgrund der fehlenden Verfügbarkeit empirischer Quellen basiert das Bild, das in »der westlichen Welt« über das tägliche Leben von Menschen in den islamisch geprägten Staaten des Nahen und Mittleren Ostens kursiert, auf fragwürdigen Grundlagen. Häufig erweisen sich als gesichert angenommene Erkenntnisse als unzutreffend. Allzu oft genügen die Quellen, die den Vorstellungen und Bildern von »den anderen« zugrunde gelegt werden, nicht einmal minimalen Qualitätskriterien. Eine willkürliche Mischung aus zufälligen Begegnungen, der eigenen Biografie, normativen philosophischen Ansätzen und Meinungen von politischen oder familiären Autoritäten schließt dann die Informationslücke, die durch das Fehlen erfahrungsbasierter Daten entstanden ist. Auch theologische Literatur, wie der Koran, die Hadithe oder die Lehrmeinungen religiöser Autoritäten, eignen sich nur bedingt, um sich ein Bild davon machen zu können, wie das tägliche Leben der Menschen in anderen Ländern und anderen Kulturen wirklich beschaffen ist.

Eine Darstellung neuer Lebensläufe in islamisch geprägten Staaten des Nahen und Mittleren Ostens ist aus mehreren Gründen ein außerordentlich problematisches Unterfangen. Dies liegt zum einen an der – auch in diesem Bereich – fehlenden Verfügbarkeit empirischer Quellen zu diesem Thema. Verlässliche zeitgenössische, empirisch basierte Forschungen zu biografischen Verläufen, intergenerativen Beziehungen oder zur Stellung älterer Menschen in islamisch geprägten Gesellschaften liegen nicht vor. Dass Studien zu diesen Themen fehlen, ist wahrscheinlich vor allem darauf zurückzuführen, dass besonders in den größeren Flächenstaaten wie Ägypten oder Syrien die infrastrukturellen Bedingungen für solche Forschungen ungenügend sind. Abgesehen von den kleineren Anrainerstaaten des Arabischen Golfes (z. B. die Emirate Katar und Kuwait oder die Vereinigten Arabischen Emirate) entspricht der behördliche Standard der für die Erfassung der Einwohner verantwortlichen Ämter nicht der Qualität westlicher Staaten. Aber selbst in den kleineren Golfstaaten sind jeweils deutlich über die Hälfte der Einwohner nicht im Besitz der Staatsbürgerschaft des Landes, in dem sie ihren Wohnsitz haben. Laut Auswärtigem Amt der Bundesrepublik Deutschland (Stand April 2013) besitzen zum Beispiel lediglich 12 % der Einwohner des Emirats Katar die katarische Staatsbürgerschaft. Studien zur Frage der biografischen Entwicklung von Einwohnern dieser Staaten sind also schon deshalb kaum durchzuführen, da die meisten dort lebenden Personen nur eine begrenzte Lebensphase in diesen Staaten verbringen und durch Behörden nicht dauerhaft erfasst werden.

Die Problematik liegt zum anderen darin, dass sozialwissenschaftliche Forschungen in den islamisch geprägten Staaten des Nahen und Mittleren Ostens, die auf persönlichen Interviews beruhen, einer aufwändigen Genehmigung bedürfen, die nur in den wenigsten Fällen erteilt wird. Um Aufwände zu sparen, werden die meisten empirischen Studien online durchgeführt. Dies führt dazu, dass an diesen Studien nur Personengruppen mit einem überdurchschnittlichen Bildungsstand teilnehmen können – wie im Fall der großangelegten Längsschnittstudie der Hongkong Shanghai Banking Corporation *Future of Retirement* (HSBC, 2011, S. 6[49]). Aber gerade in den islamisch geprägten Flächenstaaten wie Ägypten und Syrien verfügen nur die wenigsten Staatsangehörigen über den Bildungsstand und die finanziellen Mittel, um an einer solchen Studie überhaupt teilnehmen zu können. Im günstigsten Fall werden so ca. 20 % der Bevölkerung, also Oberschicht und obere Mittelschicht, erreicht.

Im bisher größten sozialwissenschaftlichen Forschungsprojekt im Nahen und Mittleren Osten, das auf persönlich geführten Interviews in der Lebensumwelt der Befragten beruhte, wurde auf Themenfelder wie Lebensgestaltung, Lebenslauf oder intergeneratives Miteinander vollständig verzichtet. Das Ziel dieser Forschung bestand in der Ermittlung des unter Muslimen verbreiteten Bildes der »westlichen Welt« (Esposito & Mogahed, 2007).

Aus den oben genannten Gründen beschränkt sich der empirische Teil dieses Artikels auf die Erkenntnisse einer Feldforschung aus dem Jahr 2007, die vom Autor selbst durchgeführt worden ist. Ein Abschnitt allgemein gehaltener Überlegungen, die für die Besonderheiten kulturbezogener Texte sensibilisieren sollen, ist dem empirischen Teil vorangestellt.

---

[49] »The report surveyed ›financial trendsetters‹ of working age (mostly between 30 and 60 years old) who tend to be more educated than average, live in urban areas and have greater access to the internet.«

22.2 Allgemeine Überlegungen: Zur Stellung älterer Menschen im interkulturellen Vergleich

1928 veröffentlichte die Anthropologin Margaret Mead im Alter von 24 Jahren eine wissenschaftliche Arbeit, die für fast ein halbes Jahrhundert stilbildend für die Kulturwissenschaften bleiben sollte. *Coming of Age in Samoa* ist wahrscheinlich die einflussreichste Schrift des sog. Kulturrelativismus. Das zweite Kapitel *Ein Tag in Samoa* beginnt sie mit folgenden Sätzen:

> »Das Leben des Tages beginnt in der Morgendämmerung; wenn der Mond bis zum Tagesanbruch geschienen hat, sind die Rufe der jungen Männer auch schon vor der Dämmerung von den Hügeln zu hören. Nach der unbehaglichen, von Geistern bevölkerten Nacht schallen fröhliche Zurufe vom einen zum andern, während sie eilig mit ihrer Arbeit beginnen. Sobald der Tag zwischen den sanften braunen Dächern dämmert und die schlanken Palmen sich vom farblosen, glitzernden Meer abheben, schlüpfen Liebende vom Stelldichein unter Palmen oder auf dem Strand im Schatten von Kanus nach Hause, damit das Licht jeden Schläfer am richtigen Ort findet. Hähne krähen schläfrig, und von den Brotfruchtbäumen ertönt eine schrille Vogelstimme. Das eindringliche Tosen der Riffsee scheint plötzlich gedämpft – nur noch Begleitmusik für die Geräusche des erwachenden Dorfes.« (Mead & Carnegie, 1965, S. 19).

Mead schildert den Anbruch eines beliebigen normativen Tages auf der südpazifischen Insel Samoa, der von Geistern, Liebenden unter Palmen und dem musikalischen Erwachen eines Dorfes an tosender Riffsee geprägt wird. Ihr sprachliches Präludium ist umso bemerkenswerter, als es sich hier nicht um den Auftakt eines Romans handelt, sondern um die Einleitung zu einer wissenschaftlichen Arbeit. Wichtig für die vorliegende Arbeit: Schon zur Zeit der Veröffentlichung von *Coming of Age in Samoa* ließ sich nur noch mit erheblicher Schwierigkeit ein Kulturbegriff vertreten, der die deutlich abgrenzbare Verschiedenheit kultureller Räume postuliert.

Will man heute halbwegs ernsthaft über *andere Kulturen* schreiben, taugt aber auch der Blick in die Südsee nicht mehr. Gleich in welches Land der Blick heutzutage fällt – mittlerweile erkennt der Betrachter überall die Spuren von mehr oder weniger gut integrierten rechtlichen, finanziellen, philosophischen, medialen, baulichen oder technischen Artefakten des europäischen Geistes. Für den Nahen und Mittleren Osten und besonders für Ägypten gilt dies in besonderer Weise. Seit Muhammad Ali Pascha (1805–1848 Vizekönig von Ägypten sowie osmanischer Pascha) und dann wiederum besonders unter der Herrschaft Anwar-as-Sadats (Regierungszeit 1970–1981) und später Husni Mubaraks (Präsident von 1981–2011) war die ägyptische Regierung darum bemüht, soziale und gesetzliche Konstrukte westlicher Staaten (besonders aus Frankreich, Großbritannien und unter Mubarak aus den USA) in Ägypten zu implementieren.

22.3 Das Phänomen der kulturellen Wandlung

Um die Frage nach der Stellung älterer Menschen im islamisch geprägten Ägypten angemessen beantworten zu können, wäre zunächst die Frage der Stellung älterer Menschen in der eigenen Kultur zu klären, um so eine hinreichende Vergleichsgrundlage zu erhalten. Die Klärung dieser Frage gestaltet sich allerdings nicht weniger problematisch als die Frage nach der Abgrenzbarkeit kultureller Räume im Allgemeinen. Die Stellung älterer Menschen ist weder textlich fixiert, wie zum Beispiel das Bürgerliche Gesetzbuch. Sie drückt sich weder durch eine eigene Sprache aus, noch wird sie gemäß eines bestimmten Curriculums in staatlichen Bildungseinrichtungen gelehrt. Es besteht kein Punkte- oder Bewertungssystem zur Frage der Stellung älterer Menschen.

Die sechste Expertenkommission zur Erstellung des Altenberichtes der Bundesregierung hatte zur Aufgabe, die in der Gesellschaft vorherrschenden Altersbilder und die daraus abzuleitende Stellung älterer Menschen zu untersuchen. Das Ergebnis war eine höchst differenzierte Analyse von insgesamt zwölf Bereichen der deutschen Gesellschaft: Geschichte, Zivilgesellschaft, Bildung und Weiterbildung, Arbeitswelt, Konsumverhalten, Medien, Gesundheitliche Versorgung, Pflege, Recht, Christliche Religionen, Politik sowie Altersbilder als Teil der individuellen Biografie (Sachverständigenkommission, 2010). So verfügen wir heute auf Basis dieses Berichtes zwar über eine detaillierte Bestandsaufnahme der Altersbilder in Deutschland aus den Jahren 2008 bis 2010, vergleichbare Dokumente zur Situation in anderen Staaten oder gar anderen Kulturen fehlen aber. Aber nicht nur aus diesem Grund der fehlenden Vergleichbarkeit ist die Behandlung der Frage der Stellung älterer Menschen in anderen Kulturen äußerst problematisch, denn entscheidend ist, auf welchen Bereich der fremden Kultur der analysierende Blick fällt. Ein in Kairo wohnender, wohlhabender älterer Mensch dürfte mit einem Älteren, der in ländlicher Umgebung unter prekären Verhältnissen lebt, kulturell ebenso wenig teilen, wie Letzterer mit einem in Deutschland lebenden Bezieher einer durchschnittlichen Altersrente.

Ferner ist zu fragen, wie denn eine *fremde Kultur* überhaupt zu definieren ist. Laut dem Sechsten Altenbericht der Bundesregierung ist die Genese von kulturell geprägten Altersbildern ein Prozess, in dem sich institutionelle und individualpsychologische Dynamiken verschränken (a. a. O.). Interessant ist in diesem Zusammenhang der Ansatz des Anthropologen Dan Sperber, der eine Theorie der kulturellen Evolution vertritt und Kulturzugehörigkeit anhand geteilter *kultureller Attraktoren* (*cultural attractors*; siehe dazu Claidière & Sperber, 2007 und Sperber, 1996) erklärt. Kulturelle Attraktoren sind danach diejenigen institutionellen Bedingungen, Vorgaben und Diskurse, denen sich jedes Mitglied einer Kultur in besonderer Weise aussetzen muss, um das Stadium einer hinreichenden Integration zu erreichen. Kulturelle Attraktoren können zum Beispiel historisch gewachsene Bedingungen oder Überzeugungen sein, die von einer Mehrheit der Mitglieder einer klar definierten Gruppe als maßgebliche, das Zusammenleben regelnde Faktoren akzeptiert werden. Steuererklärung und Rechtssystem würden das Merkmal eines kulturellen Attraktors im gleichen Maße erfüllen wie die in den deutschen Schulen gelehrte Erkenntnis, dass der Nationalsozialismus deutscher Prägung das größte Desaster der Menschheitsgeschichte zu verantworten hat. Aber auch die Positionierung der Arbeit, der Familie oder der Ausbildung wären geeignete kulturelle Attraktoren. Kultur definiert sich bei Sperber also nicht mehr über gleiche Überzeugungen oder ähnlich gelagerte kollektive Motive oder Empfindungen, sondern über eine Auseinandersetzung mit gleichen Dingen, unabhängig von der persönlichen emotionalen Haltung gegenüber diesen. Eine besondere Eleganz dieses Modells der kulturellen Evolution besteht darin, dass sie die Integration kulturverändernder Einflüsse erlaubt.

Bei der Vielgestaltigkeit und Multioptionalität, die der Kulturbegriff bietet, ist die

Frage der kulturellen Identität einer größeren Gruppe von Menschen immer eine Frage der Auswahl zugrunde liegender Kulturkriterien. Denn auch nach der Theorie Sperbers könnte es bei Auswahl bestimmter Kriterien durchaus dazu kommen, dass zwischen Deutschen und Chinesen eine größere kulturelle Gleichheit konstatiert werden könnte als zwischen in Nachbarschaft lebenden Bürgern. Erschwerend kommt aber auch bei der Beschränkung auf einige wenige Kulturkriterien der Aspekt der Veränderlichkeit hinzu. Wenn die Kulturwissenschaften in den vergangenen Dekaden zu einer allseits akzeptierten Erkenntnis gekommen sind, dann zu der, dass sich Kultur ständig verändert und sich dieser Prozess des kulturellen Wandels spätestens seit Ende des Zweiten Weltkriegs stetig beschleunigt. Die Aneignung von Kultur wird unter dem Eindruck von *cultural flows* (Appadurai, 2005) beliebiger und flexibler, wodurch die Mischung von Kulturgütern verschiedenster regionaler Herkunft begünstigt wird und in der Manifestation kulturell neuartiger Ausdrucksformen mündet. Heidemann & de Alfonso (2006) beschreiben diesen Prozess der kulturellen Entwicklung als Hybridisierung. Eine andere Variante der kulturellen Entwicklung besteht in der von Firat u. a. (1997) so bezeichneten Fragmentierung: Kulturelle Inhalte – seien es Texte, Bilder, Musik, Kleidungsstile oder Nahrungsmittel – werden aus ihrem ursprünglichen Zusammenhang gelöst und in zergliederter (eben fragmentierter) Form einem erweiterten Personenkreis zugänglich gemacht. Mittlerweile befeuert die Diskussion über diese neue Art der Reproduktion und Akkommodation von Kulturgütern eine als Consumer Culture Theory (CCT) bezeichnete Schule der kulturwissenschaftlichen, marketingbezogenen Forschung (vgl. Arnould & Thompson, 2005).

Unter dem Eindruck dieser wissenschaftlichen Ansätze wird es zusehends schwieriger, überhaupt von so etwas wie einer normativ fremden oder auch normativ islamischen oder ägyptischen Kultur auszugehen. Denn als fremd oder spezifisch *kulturell anders* könnte nur das gelten, was der eigenen Erfahrung dauerhaft verschlossen bleibt. Erweitert sich aber die gegenwartsbezogene persönliche Erfahrung auf etwas noch vor kurzer Zeit Fremdes, wird es im Moment der sinnlichen Erfahrung höchstpersönlich akkommodiert und verliert damit den zentralen Aspekt der Fremdheit. Insofern ließe sich bereits heutzutage mit einigem Recht die These vertreten, dass aufgrund des Konsums gleicher Produkte und der Allverfügbarkeit medialer Inhalte die kulturelle Gleichheit zwischen ähnlichen sozialen Schichten diverser Staaten, etwa Deutschlands und Ägyptens, soweit fortgeschritten ist, dass diese mittlerweile weit mehr verbindet als trennt.

22.4 Zur Stellung älterer Menschen im islamisch geprägten Ägypten

Die folgende Darstellung basiert auf einer empirischen Studie aus dem Jahr 2007 (Bolk, 2007). Die empirische Grundlage der herangezogenen Studie beruht auf acht- zehn 90- bis 360-minütigen strukturierten Interviews mit politischen und religiösen Repräsentanten der Arabischen Republik Ägypten, ärztlichen und pflegerischen

Dienstleistern und Wissenschaftlern. Alle Interviews entstanden im Zuge eines mehrmonatigen Forschungsaufenthaltes. Zu den Interviewpartnern zählte u.a. der Großmufti der Al-Azhar-Moschee, der Minister für Soziale Solidarität, die Chefin des Roten Halbmonds Ägypten aber auch der Clan-Chef eines Beduinenstamms der Sinai-Halbinsel.

Die Kategorisierung der Ergebnisse, die sich ihrer Charakteristik nach an Dan Sperbers Theorie der kulturellen Attraktoren zu orientieren versucht, ist dem Dritten Altenbericht der Bundesrepublik Deutschland (Sachverständigenkommission 2001) entlehnt. Demzufolge gliedert sich die Betrachtung in insgesamt neun Kategorien: (1) Gesundheit und Krankheit, (2) Autonomie und Abhängigkeit, (3) Kompetenzen und Defizite, (4) Freiräume, (5) Gelassenheit, (6) Weisheit sowie (7) Befürchtungen bezüglich materieller Einbußen und (8) Sterben und Tod. Thematisiert werden außerdem (9) normative Vorstellungen von Rechten und Pflichten.

Gesundheit und Krankheit

Alter wird in erhöhtem Grade mit Krankheit assoziiert. Beide Begriffe werden teilweise synonym verwendet. Dies kann dazu führen, dass selbst Personen im relativ jungen Lebensalter als alt (*musin*) beschrieben werden, wenn an ihnen die Krankheit *sheikhuha* diagnostiziert wird (bes. Demenz, Unfähigkeit zur selbständigen Durchführung basaler Tätigkeiten). Das Wort *sheikhuha* entstammt ebenso wie *sheikh* der Wurzel شاخ (altern, alt werden). Dabei erstaunt die Tatsache, dass die Anrede *sheikh* eigentlich ein Ehrentitel ist. Bei vielen Interviews und Gesprächen fiel auf, dass das Alter im Zusammenhang mit körperlicher Einschränkung betrachtet wird. Alt-Sein erhält in diesem Sinne eine negative Bedeutung, da es impliziert, nicht mehr ordnungsgemäß

»funktionieren« zu können. Krankheit gilt als deutliches Merkmal des Alter(n)s. Erst eine Person fortgeschrittenen Alters, die krank ist, kann auch als »alt« (*musin*) bezeichnet werden. Alter wird weniger in Jahren als viel mehr am Gesundheitszustand und an den Beiträgen gemessen, die eine Person nach wie vor zu leisten imstande ist. Das erinnert sehr stark an das Referenzsystem zur Lebensalterbestimmung bei den Touareg (Spittler, 1990).

Dem Erhalt der Gesundheit wird teilweise sehr viel Aufmerksamkeit geschenkt, denn als »alt« (*musin*) bezeichnet zu werden, gilt als nachteilig. Auch in den Sozialministerien genießen Maßnahmen zur Erhaltung der körperlichen Fitness älterer Menschen Priorität. So können einhundertsiebzig ägyptische Sportklubs für Ältere fast kostenfrei genutzt werden. Eine Aussage über die Qualität der dort zur Verfügung gestellten Betreuung kann an dieser Stelle nicht getroffen werden. Ein im weiteren Kontext von Gesundheit zu behandelndes Thema ist die plastische Chirurgie. Chirurgische Eingriffe etwa zur Ganzkörperstraffung scheinen gesellschaftlich positiv bewertet zu werden. Die Inanspruchnahme plastischer Chirurgie gilt als Statussymbol. Die kurzfristigen Folgen ästhetischer Eingriffe werden nicht verborgen, sondern eher zur Schau gestellt.

Autonomie und Abhängigkeit

Die Bewertung von Autonomie und Abhängigkeit variiert stark zwischen den Geschlechtern. Frauen begegnen diesem Thema wesentlich gelassener als Männer. Im Selbst- und Fremdbild wurden Männer ab dem Renteneintritt eher als »nutzlos« beschrieben. Die mit dem Renteneintritt einhergehende Aussicht, den Lebensunterhalt nicht mehr selbst bestreiten zu können, erfüllt viele Männer mit Sorge. Das mag auch religiöse Gründe haben, da vom Islam vorgeschrieben werde, dass Männer für eine möglichst lange Lebensdauer erwerbstätig bleiben sollten. Häufig wurde in Gesprächen bestätigt, dass die Erwartungshaltung für die Nacherwerbsphase bei Männern eher pessimistisch geprägt ist. Diese Tendenz stimmt mit der Studie *Future of Retirement* der HSBC überein (HSBC, 2006).

Selbständigkeit, Selbstverantwortung, vor allem aber Mitverantwortung für Dritte (etwa als Familienernährer) bleibt für Männer bis ins hohe Lebensalter wichtig. Die Idee bewusst angenommener Abhängigkeit (Kruse, 2005) dagegen wird von Männern durchweg negativ bewertet. Doch ist hierbei einschränkend zu bemerken, dass die Einstellung zur bewusst angenommenen Abhängigkeit nicht empirisch zu eruieren war. Es wurde lediglich deutlich, dass dieser Bereich sehr emotional besetzt ist: Sobald man im Gespräch die Möglichkeit einer eigenen Pflegeabhängigkeit streifte, wurde dieses Szenario als eine im eigenen Fall unmöglicherweise eintretende Realität betrachtet.

Frauen reagierten im Allgemeinen wesentlich gelassener, wenn sie sich zu den genannten Kategorien äußerten. Selbständigkeit und Selbstverantwortung sind zwar auch ihnen wichtig, aber eine mögliche Pflegebedürftigkeit wird nicht tabuisiert. Dies mag damit zusammenhängen, dass die bewusst angenommene Abhängigkeit den Alltag der Frauen ohnehin bestimmt, denn der Gelderwerb blieb in den Kohorten der heutzutage 50- bis 70-Jährigen meist den Männern vorbehalten. Was Frauen den Ausblick auf das eigene Alter zusätzlich erleichtern mag, ist die Annahme, dass sie nach wie vor eine wichtige Rolle im Leben ihrer Kinder spielen werden. Mitverantwortung bleibt für sie weiterhin bestehen. Aus diesen Gründen fällt es möglicherweise Frauen leichter als Männern, sich im fortgeschrittenen Alter besser zurechtzufinden. Frauen scheinen auch innerhalb der Familie häufig eine Vermittlerrolle einzunehmen.

Kompetenzen und Defizite

Die Kompetenz alter Menschen wird sehr unterschiedlich bewertet. Ein Zitat aus dem WHO Report *A Strategy for Active, Healthy Ageing and Old Age Care in the Eastern Mediterranean Region 2006–2015* stellt den Paradigmenwechsel im Altersbild der Region durchweg negativ dar:

> »(...) older persons are being projected as a drain and a burden on the economy, and the positive view, concepts and evaluation based on respect for older persons and their experience has been replaced by an image of weakness and dependency. Such negative, harmful notions must be counteracted and efforts must be made to re-establish respect in the community for older persons« (WHO EMRO, 2006, S. 23f.).

Die vorliegende Studie kann diesen Befund in seiner Pauschalität nicht bestätigen. Es scheint häufiger vorzukommen, dass ältere Menschen auch über den Renteneintritt hinaus noch die finanzielle Hauptlast für andere Familienmitglieder tragen, vor allem für Kinder und Geschwister. Dieses Abhängigkeitsverhältnis bleibt vor allem dann bestehen, wenn Familienmitglieder arbeitslos bleiben. Das Problem der Arbeitslosigkeit und unterbezahlter qualifizierter Arbeitsplätze ist in Ägypten weit verbreitet. Zudem wandert ein Großteil der hochqualifizierten heimischen Arbeitskräfte in westliche Staaten oder in die Staaten des Arabischen Golfes aus. In vielen Fällen müssen mehrere Personen von einer Rente leben, was in Anbetracht der Tatsache, dass der ausgezahlte Rentenbetrag zumeist deutlich unter der Hälfte des Nettoeinkommens liegt, zu erheblichen Einschränkungen führt (dies zumindest in den Fällen, in denen überhaupt eine sozialversicherungspflichtige Beschäftigung vorlag). Umgekehrte, aber gleichwohl negative Bedingungen herrschen dann, wenn Kinder ihre Eltern finanziell unterstützen müssen. In diesem Fall wird die ältere Generation als Last empfunden. Repräsentative Daten liegen dazu leider nicht vor.

Als Schwierigkeit gilt den Experten der juristische Schutz älterer Menschen, die häufig nicht zu einer juristischen Folgeabschätzung vertraglicher oder geschäftlicher Tätigkeiten fähig seien. Unmoralische Geschäftemacher würden daraus häufig Kapital schlagen und in Kauf nehmen, dass ältere Menschen ihren Besitz aufs Spiel setzen und vollkommen verarmen. Um diesen Herausforderungen zu begegnen, ist ein größeres Dienstleistungsangebot für ältere Menschen vonnöten. Mangel besteht vor allem in der Verfügbarkeit von Pflegeheimplätzen, im juristischen Beistand und in den Möglichkeiten zur (privaten, gesellschaftlichen) Neubeschäftigung älterer Männer nach Renteneintritt. Ein weiteres Thema ist der Mangel an qualifiziertem Pflegepersonal. Kreatives oder gemeinnütziges Engagement sei unter älteren Menschen selten.

Für gestalterische Ansätze seitens der politischen Entscheidungsträger bleibt also genügend Spielraum, zudem herrscht hier dringender Handlungsbedarf.

Freiräume

Mit dem Renteneintritt entstehende Freiräume werden nicht nur selten (kreativ) genutzt, sondern darüber hinaus häufig eher negativ bewertet (siehe auch HSBC 2006). Bei der Diskussion der Freiräume ist es wiederum sinnvoll, den Genderaspekt zu berücksichtigen. Von Frauen und Männern wird gleichermaßen als problematisch betrachtet, dass Männer mit dem Renteneintritt plötzlich sehr viel Zeit zu Hause verbringen würden, was zu Problemen in der Ehe führen könne. Ehepaare verbrächten während der Erwerbsjahre des Mannes in Fällen nur wenig Zeit miteinander, so dass der plötzliche Renteneintritt des Mannes die Ehe mit erheblichen neuen Herausforderungen konfrontieren kann. In einem Interview wurde explizit betont, wie wichtig es sei, dass der Mann nach dem Renteneintritt einen neuen Zeitvertreib finde, so dass er möglichst außerhalb des Hauses beschäftigt bleibe.

Ehemänner (Väter) scheinen innerhalb des Familiennetzwerkes eine geringere Rolle zu spielen als Frauen (Mütter). Es sei auch nicht üblich, dass ältere Männer regelmäßig von ihren Kindern Besuch empfingen. Männer würden nach dem Renteneintritt viel Zeit in der Moschee, in Cafés oder vor dem Fernseher verbringen. Für den Fall, dass für soziale Aktivitäten außerhalb der Moschee kein Geld zur Verfügung steht, seien die sozialen Konsequenzen negativ.

Da in Ägypten das hohe Alter häufig als zeitliche Verlängerung der Beschäftigung im vorhergehenden Lebensalter betrachtet wird, scheint älter werdenden Frauen die soziale Positionierung grundsätzlich leichter zu fallen. Sie bestimmen auch im Alter die innerfamiliären Geschicke. Männer dagegen müssen sich mit dem Ausscheiden aus dem Arbeitsleben zwangsläufig neu orientieren. Doch diese Neuorientierung kollidiert mit dem tradierten Selbstverständnis, das einen biografischen Einschnitt durch den Eintritt in das Rentenalter nicht vorsieht. Soziale Neuorientierung oder Weiterbildung werden nicht als Möglichkeit betrachtet. Das gängige Sprichwort: »Schicke ihn nicht wieder zur Schule, sein Haar ist doch schon grau« zeigt dies. In Ägypten ist der Blick auf das Alter häufig von biografischem Determinismus geprägt. Der Renteneintritt wird weniger als Neuanfang, sondern als Fortsetzung unter eingeschränkten Bedingungen betrachtet.

In beiden vom Autor besuchten Altersheimen bemüht man sich darum, dem Negativbild positive Konzepte des Alter(n)s entgegenzusetzen. Herkömmliche diskriminierende Benennungen älterer Menschen sollen durch neue, optimistischere ersetzt werden, wie zum Beispiel *weise an Jahren* oder *Frühling des Alters*.

Gelassenheit

Außer vereinzelten positiven Äußerungen gibt es keine Belege dafür, dass dem Alter(n) mit Gelassenheit begegnet würde. Sorgen jeglicher Art, politische, juristische, gesundheitliche, soziale und vor allem finanzielle, überschatten das Altersbild. Viele Interviews thematisieren die als dramatisch empfundene Veränderung der Zeitwahrnehmung und deren Auswirkungen auf das individuelle Leben. Es ist davon auszugehen, dass das von Böwering beschriebene atomistische Zeitkonzept (Böwering, 1997) bis weit in das 20. Jahrhundert hinein nachwirkte: Jede Sekunde, jeder beliebige Vorgang erscheint als direkter Eingriff Gottes und somit als etwas, das zu akzeptieren ist. Mit den nachrückenden Alterskohorten allerdings scheint sich dieses Zeitkonzept sukzessive zu verändern. Das Leben wird unter den Begriffen von Eigenverantwortung und Erfolgsorientierung neu überdacht. Gelegentlich bestärkt dieses neuerlich erfahrene Zeitkonzept Impulse sozialer Unrast. Das Bestreben, leichtfertig verpasste Möglichkeiten aufzuholen, treibt viele Großstadtbewohner entweder zu einem unverhältnismäßigen Leistungsdruck oder lässt sie resignieren. Im Prozess dieses Wandels wird das familienorientierte soziale Netzwerk stark gefordert: Auf der einen Seite erstrebt eine sehr gut ausgebildete Elite ein effizientes marktorientiertes Funktionieren, auf der anderen Seite stehen diejenigen, die sich radikalisierten islamischen Randgruppen zuwenden. Dabei werden private Ambitionen, die sich an wirtschaftlichen Zielen orientieren, vor allem durch die volkswirtschaftlichen Rahmenbedingungen beschränkt: Ein nur einer Minderheit zugutekommender wirtschaftlicher Aufschwung schafft kaum neue Arbeitsplätze. Unterbezahlung und Arbeitslosigkeit stellen massive Probleme dar. Viele gut und sehr gut ausgebildete Fachkräfte drängt es ohne Gedanken an Rückkehr ins westliche Ausland

oder in die Golfstaaten. Lösungsvorschläge für die dringenden Herausforderungen, die mit dem demografischen Wandel einhergehen, erhofft man sich vom europäischen Ausland.

Weisheit

In vielen Interviews äußerten die Befragten, dass das wichtigste Kapital älterer Menschen in ihrer beratenden Funktion bestehe. Häufig leitet sich der bekundete Respekt vor alten Menschen aus religiösen Quellen (*sunnah*) her, die kaum Platz für differierende Meinungen lassen. Soziale Kritik an alten Menschen wird im öffentlichen Diskurs nicht thematisiert, traditionell wird ihren Wünschen und Beiträgen gleichsam Gesetzeskraft beigemessen.

Es ist davon auszugehen, dass alte Menschen insofern einen starken Einfluss auf das Leben ihrer nahen Verwandten ausüben, als sie deren Leben moralisch begleiten. Vorstellungen richtigen Handelns werden durch den Rat der Älteren häufig normiert und durch Zitate aus der *sunnah* untermauert. Die Autorität der Älteren leitet sich dabei sowohl aus ihrer Lebenserfahrung, als auch aus der Vertrautheit mit den Familienmitgliedern ab. Das kann unter anderem dazu führen, dass solche Ratschläge eine biografisch determinierende Wirkung entfalten. An dieser Stelle wäre es wünschenswert, auf mehr Daten zurückgreifen zu können, die bessere Rückschlüsse auf das Menschenbild erlauben würden. Die verfügbaren Daten können lediglich bruchstückhaft darauf hinweisen, wie der individuelle biografische Gestaltungsrahmen beschaffen ist. Besonders im fortgeschrittenen Alter scheint Weisheit in ihrer religiös-traditionellen Dimension an Bedeutung zuzunehmen. Ältere Menschen scheinen insbesondere in religiösen Dokumenten nach funktionalen sozialen Rollen zu suchen.

Befürchtete materielle Einbußen

Die Interviewten wiesen in allen Fällen darauf hin, dass die mit dem Rentenalter einhergehenden finanziellen Sorgen sehr bedrückend sind. Das Rentenniveau wird als unzureichend beschrieben. Die nur im Fall einer sozialversicherungspflichtigen Beschäftigung garantierte staatliche Mindestrente liegt in Ägypten bei ca. 10 Euro monatlich (65 Ägyptische Pfund; Stand Juli 2007), in jedem Fall können Rentenansprüche von höchstens 25 bis 50 % des durchschnittlichen Nettoeinkommens erworben werden. Die Ärmsten, z. B. die Beduinen, leiden besonders, da sie nur äußerst selten von einem finanziell leistungsfähigen sozialen Familiennetzwerk gestützt werden können. Am größten ist die finanzielle Not dort, wo Familienmitglieder im erwerbsfähigen Alter wegen Arbeitslosigkeit nicht aushelfen können. Finanzielle Möglichkeiten für eine aktive Gestaltung des Alters bestehen daher kaum. Staatlich geförderte Kultur- und (medizinische) Dienstleistungsangebote für ältere Menschen bestehen, bilden aber eher die Ausnahme. Die Mittel der staatlichen Altenfürsorge fließen hauptsächlich in präventive Sportprogramme.

Sterben und Tod

Die interpretativ aus der islamischen Tradition abgeleiteten Vorstellungen von Sterben und Tod sind in Ägypten sehr präsent. Die Auswertung der Interviews ergab, dass die allgemeinen Überlegungen zu Sterben und Tod die Lebensqualität im Alter mitbestimmen. Die Angst vor dem Jüngsten Gericht und möglichen Konsequenzen wurde mehrmals explizit thematisiert. Eine sehr gelassene Einstellung gegenüber dem Tod konnte in zwei Fällen festgestellt werden. Besonders eindrücklich war hier die volkstümliche Darstellung einer »Tasche voller Gold« (*Kata min dahab*) als Äußerung einer ägyptischen Muslima kurz vor ihrem To-

de. Sie beschrieb damit ihre hoffnungsvolle Aussicht auf ein dem körperlichen Tod nachfolgendes ewiges Leben im Paradies.

Es ist davon auszugehen, dass medizinische Maßnahmen sowohl zur Verbesserung der Lebensqualität als auch zur Lebensverlängerung im Allgemeinen positiv bewertet und auch wahrgenommen werden. Die Vorstellung, durch den Tod von der Familie getrennt zu werden, stellt eine hohe emotionale Belastung dar, dies umso mehr, als man sich über das eigene Schicksal, das dem Tod nachfolgen wird, bis zuletzt im Unklaren fühlt. Das göttliche Urteil im Zuge des Jüngsten Gerichts gilt als unvorhersehbar; auch die Art der Lebensführung könne keinen Hinweis auf das zu erwartende Urteil geben, da Gott in seinem Urteil vollkommen unabhängig sei und frei nach eigenem Belieben über den Einzelnen urteilen könne. In seiner Urteilsfindung sei Gott niemandem verpflichtet, auch nicht der biografischen Ausgestaltung eines einzelnen menschlichen Lebens. Es wurde kein Hinweis darauf gefunden, dass dem islamischen Nachtodkonzept ein eher symbolischer Wert beigemessen wird. Für alle Interview- und Gesprächspartner waren die jeweiligen religiösen Konzepte von Sterben und Tod ein Aspekt der Realität. Eine Untersuchung der Frage, inwiefern diese Vorstellungen das alltägliche Handeln beeinflussen, wäre sicherlich hochinteressant.

Normative Vorstellungen von Rechten und Pflichten

Das Konzept der familiären Generationensolidarität (*Circulation of guardianship*) prägt die Biografie der Menschen in der Region. Eltern haben die Pflicht, ihre Kinder bestmöglich zu fördern. Im Alter sind sie berechtigt, die Hilfe ihrer Kinder zu beanspruchen. Dieses Konzept umfasst mehr als nur finanziellen Austausch, es beinhaltet zusätzlich gegenseitige Fürsorge und Anteilnahme am Alltag. Unterschiede zwischen muslimischen und christlichen Familien wurden hinsichtlich dieses Prinzips nicht festgestellt.

Die Ausbildung der Kinder genießt höchste Priorität. Dem Wunsch, die eigenen Kinder auf allen Ebenen erfolgreicher zu machen, als man es selbst gewesen ist, wird sehr viel Gewicht gegeben. Gemessen an den Einkünften sind die Geldsummen, die in die schulische und akademische Ausbildung des Nachwuchses investiert werden, sehr hoch. Aus zahlreichen Gesprächen ging hervor, dass unabhängig vom Einkommensniveau mindestens 20 % des monatlichen Familieneinkommens in die Ausbildung der Kinder fließt. Es scheint keine Seltenheit zu sein, dass mittelständische Familien mit zwei studierenden Kindern mehr als 50 % ihrer monatlichen Mittel für die Hochschulausbildung ihrer Söhne und Töchter aufwenden.

Im Umkehrschluss wird von den erwachsenen Kindern erwartet, dass sie ihre Eltern im Alter finanziell versorgen und sich um sie kümmern. Diese zirkuläre Transferleistung als Teil der Generationensolidarität wird seitens der Kinder zunehmend als Last empfunden. Infolge der Anforderungen des modernen Lebens sehen sich diese stetig weniger imstande, der sozialen Fürsorgepflicht nachzukommen. Obwohl auch die finanzielle Unterstützung eine Belastung darstellt, scheint diese in den meisten Fällen gewährleistet zu sein. Besonders in den Städten scheint die Vereinsamung alter Menschen ein erhebliches Problem darzustellen. Alternative Konzepte, die das herkömmliche Verständnis der Generationensolidarität ergänzen könnten, sind bisher öffentlich kaum diskutiert worden.

22.5 Seniorenpolitik Ägyptens im Kontext anderer Dokumente mit Bedeutung für globales Altern

Die offizielle Seniorenpolitik Ägyptens ist mit der Programmatik des UN Weltaltenplans (UN, 2003) von 2002 vereinbar. Die regional- und weltpolitische Ausrichtung der von den jeweiligen Sozialministerien verfolgten Seniorenpolitik ist erkennbar; es besteht eine enge Zusammenarbeit mit den internationalen Körperschaften UN ESCWA und WHO EMRO. Bedeutsam sind insbesondere zwei Schlüsseldokumente, deren Formulierung mit der Veröffentlichung des Weltaltenplans von 2002 einherging. Zum einen ist dies *A Strategy for Active, Healthy Ageing and old Age Care in the Eastern Mediterranean Region 2006–2015*,

zum anderen *The Arab Plan of Action on Ageing to the Year of 2012*. Es besteht großes Engagement, vereinbarte Ziele zu verfolgen und Pläne umzusetzen.

Anders als diese positiv erscheinenden politischen Bemühungen sind die empirischen Grundlagen der beiden Dokumente äußerst mangelhaft. Abgesehen von medizinischen und demografischen Statistiken fehlen hierzu die notwendigen empirischen Studien. Vor allem der *Arab Plan of Action on Ageing* (UN ESCWA, 2002), der auf Regierungsebene der ESCWA-Region[50] die größte Aufmerksamkeit genießt, beruht nicht auf empirischen Erhebungen, sondern

---

50 Die ESCWA-Region umfasst Bahrain, Ägypten, Irak, Jemen, Jordanien, Kuwait, Libanon, Oman, Palästina, Qatar, Saudi Arabien, Syrien und die Vereinigten Arabischen Emirate.

auf Schätzungen, die von den Sozialministerien der Region formuliert worden sind (a. a. O., S. 1).

Nach dem *Arab Plan* seien Frauen höheren Alters sozial und finanziell besonders benachteiligt. In der hier zugrunde liegenden Forschung konnte die Feststellung sozialer Benachteiligung von Frauen, soweit sich eine repräsentative Aussage treffen lässt, allerdings nicht verifiziert werden (ihr finanzieller Status bleibt dabei unklar). Die konkreten Auswirkungen des demografischen Wandels werden im *Arab Plan* genauso wenig benannt, wie die prägenden Kulturtraditionen der Region. Dabei wird weder auf die Spezifika der verschiedenen christlichen Bekenntnisse noch selbst die des Islam, dem mehr als 90 % der Bevölkerung der ESCWA-Region angehören, eingegangen.

Bisweilen scheint es, als würde sich die Seniorenpolitik Ägyptens viel mehr an der Umsetzung internationaler Programme orientieren, als an den Bedürfnissen der Bürger vor Ort. Dieser Ansatz verfehlt bisweilen seinen Zweck zur Hilfeleistung, da die seniorenpolitischen Maßnahmen die Menschen kaum erreichen. Bei dem Versuch, die regionale Variante des Weltaltenplans in der Seniorenpolitik zu implementieren, bleiben die Betroffenen zu stark unberücksichtigt. Hier fehlt es vor allem an kulturell sensibilisierten Konzepten, die den Großteil der (größtenteils sehr traditionsbewussten) Bevölkerung tatsächlich von der Seniorenpolitik profitieren lassen könnte.

Das Problem mangelnder Rückkopplung zwischen Politik und Gesellschaft am Beispiel Ägyptens veranschaulicht folgendes Zitat aus der *Egyptian Mail*:

> »Prime Minister Ahmed Nazif has every reason to stay in office and celebrate major successes his Government has achieved over the past couple of years. But do ordinary citizens want him to stay? (. . .) Despite his resounding successes, Nazif faces a real dilemma. He has been unable to gain the popularity of ordinary citizens, many of whom protest that his successes have come at the expense of their welfare, especially the welfare of the very poor among them (. . .).« (Egyptian Mail, 2007, S. 3).

Zukünftig sollte es gelingen, die seniorenpolitischen Maßnahmen Ägyptens besser auf die Bedürfnisse der Bevölkerung abzustimmen, damit der demografische Wandel erfolgreich gestaltet werden kann. Ob hierbei die jüngsten politischen Veränderungen in Ägypten eher eine förderliche oder behindernde Rolle spielen, ist derzeit nur schwer zu sagen.

22.6 Ausblick

Die Ergebnisse der Studie zeigen, dass sich die ägyptischen Altersbilder gegenwärtig stark verändern. Scheint in der Vergangenheit, vor dem Einsetzen des demografischen Wandels, die Gesellschaft dem Alter(n) sehr respektvoll und positiv begegnet geworden zu sein, so spricht vieles dafür, dass Alter(n) heutzutage mit vielen Befürchtungen assoziiert wird. Diese Befürchtungen sind nicht nur finanzieller Natur, sondern beziehen sich ebenfalls auf soziale, gesundheitliche und politische Aspekte. Die Wissenschaftler des *Ain Shams Department for Geriatric Medicine* betrachten insbesondere die sozialen Konsequenzen des demografischen Wandels mit Sorge. So steht die ägyptische Gesellschaft dem Verfall des tradierten Systems der Generationensolidarität bislang ratlos gegenüber. Die Tatsache, dass immer weniger Kinder die soziale Ver antwortung der Generationensolidarität übernehmen und ihre Eltern im höheren Alter nicht mehr voll an ihrem Privatleben beteiligen wollen oder können, gilt als Dilemma – obwohl die vergrößerte Distanz zwischen den Generationen vielen nachvollziehbar ist. Dass die ägyptische Version des Islam, dem etwa 90 % der Bevölkerung angehören, bisher keine legitime Alternative für den gesellschaftlichen Umgang mit älteren Menschen bereitstellt, vergrößert das Unbehagen. In meinen Begegnungen mit ägyptischen Gerontologen und Geriatern war häufig zu spüren, dass man darauf vertraute, die Herausforderungen des Alter(n)s mit »westlicher« Hilfe zu meistern. Viele Amtsträger suchen nach Mitteln und Wegen, inwiefern sich Deutschland an der ägyptischen Altenpflege finanziell und wissenschaftlich beteiligen könne. Es wird häufig davon ausgegangen, dass eine Kopie des »Deutschen Modells« der Altenfürsorge die lokalen Probleme weitaus besser zu lösen vermöge als ein explizit ägyptischer Ansatz. Kulturspezifika werden vernachlässigt. Obwohl diese Bereitschaft, »Westliches« fast unverändert übernehmen zu wollen, hauptsächlich von wissenschaftli-

cher Seite geäußert wurde, besteht Grund zur Annahme, dass eine ähnliche Motivation auch die Altenpolitik der ägyptischen Regierung prägt.

Die ägyptische Altenpolitik steht in direkter Abhängigkeit zur Programmatik des UN Weltaltenplans und der daraus abgeleiteten regionalen UN- und WHO-Pläne mit Laufzeit bis 2015. Auf den ersten Blick erscheint diese Politik sehr transparent und engagiert. Bei genauerer Betrachtung offenbart diese politische Orientierung aber ein erhebliches Defizit. Die Ergebnisse der eigenen Studie (Bolk, 2007) deuten darauf hin, dass bei einer Bewertung der nationalen Altenpolitik nicht die ägyptische Bevölkerung als maßgebliche Instanz gilt, sondern vielmehr die inhaltlich zuständigen Abteilungen internationaler Organisationen, besonders der UN und der WHO, mit denen in kontinuierlichen Prozessen klar messbare Zielvorgaben vereinbart werden. Ob diese Politik ein allgemeines Merkmal von Gesellschaften mit Demokratiedefiziten ist, die etwa aus Legitimationsgründen eine enge Zusammenarbeit mit internationalen Körperschaften pflegen, kann nur weiterführende Forschung beantworten.

Literatur

Appadurai, A. (2005). *Modernity at Large. Cultural Dimensions of Globalization.* Minneapolis, Minn.: University of Minnesota Press.

Arnould, E. J. & Thompson, C. J. (2005). Consumer Culture Theory (CCT): Twenty Years of Research. *Journal of Consumer Research, 31* (4), 868–882.

Bolk, M. (2007). *UNO, Ageing und Islam. Ein interdisziplinärer Forschungsbeitrag zu Altersbildern in Ägypten.* Magisterarbeit, Ruprecht-Karls-Universität. Heidelberg.

Böwering, G. (1997). The Concept of Time in Islam. *Proceedings of the American Philosophical Society, 14* (1), 55–67.

Claidière, N. & Sperber, D. (2007). Commentary. The role of attraction in cultural evolution. *Journal of Cognition and Culture, 7,* 89–111.

Egyptian Mail (2007, 19. Juni). Dilemma of a successful Government. *Egyptian Mail,* S. 3.

Esposito, J. L. & Mogahed, D. (2007). *Who speaks for Islam? What a billion muslims really think* (1. Aufl.). New York, NY: Galupp Press.

Firat, A. F., Shultz, I. & Clifford, J. (1997). From segmentation to fragmentation: Markets and marketing strategy in the postmodern era. *European Journal of Marketing, 31* (3/4), 183–207.

Heidemann, F. & Alfonso de, T. (Hrsg.) (2006). *New Hybridities: Societies and Cultures in Transition*. New York: Georg Olms.

HSBC – Hongkong Shanghai Banking Cororporation Insurance Holdings (Hrsg.). (2011). *The Future of Retirement. Why Family Matters. Global Report*. London: HSBC Insurance Holdings Ltd.

HSBC – Hongkong Shanghai Banking Cororporation Insurance Holdings (Hrsg.) (2006). *The Future of Retirement. What People Want*. London: HSBC Insurance Holdings Ltd.

Kruse, A. (2005). Selbständigkeit, bewusst angenommene Abhängigkeit, Selbstverantwortung und Mitverantwortung als zentrale Kategorien einer ethischen Betrachtung des Alters. *Zeitschrift für Gerontologie und Geriatrie, 38*, 273–287.

Mead, M. & Carnegie, G. (1965). *Leben in der Südsee. Jugend und Sexualität in primitiven Gesellschaften*. München: Szczesny.

Sachverständigenkommission 3. Altenbericht. (2001). *Dritter Bericht zur Lage der älteren Generation in der Bundesrepublik Deutschland*. Alter und Gesellschaft und Stellungnahme der Bundesregierung (Drucksache / Deutscher Bundestag, 14. Wahlperiode, 14/5130). Berlin.

Sachverständigenkommission 6. Altenbericht. (2010). *Sechster Bericht zur Lage der älteren Generation in der Bundesrepublik Deutschland*. Altersbilder in der Gesellschaft und Stellungnahme der Bundesregierung. Köln: Bundesanzeiger Verlagsgesellschaft.

Sperber, D. (1996). *Explaining Culture: A Naturalistic Approach*. Cambridge, Mass.: Blackwell.

Spittler, G. (1990). Lebensalter und Lebenslauf bei den Touareg. In G. Elwert (Hrsg.), *Im Lauf der Zeit. Ethnographische Studien zur gesellschaftlichen Konstruktion von Lebensaltern* (S. 107–123). Saarbrücken: Breitenbach.

United Nations. (2003). Political Declaration and Madrid International Plan of Action on Ageing. New York: United Nations.

UN ESCWA United Nations Economic and Social Commission for Western Asia (Ed.). (2002). *The Arab Plan of Action on Ageing to the Year of 2012*. Beirut: UN Publications.

WHO EMRO World Health Organisation Regional Office for the Eastern Mediterranean Region (Ed.). (2006). *Strategy for Active, Healthy Ageing and old Age Care in the Eastern Mediterranean Region 2006–2015*. Kairo: Metropole Advanced Printing Facilities.

353

IV Neue Lebensläufe als Herausforderung einer interdisziplinären Lebenslaufforschung: (De-)Standardisierung des Lebenslaufs, Genderaspekte und Resümee

Teil IV – Vorspann der Herausgeber

Drei Kapitel warten noch auf Sie. Diese werden Sie zu ausgewählten Disziplinen der Lebenslaufforschung zurückbringen, erweitern aber nochmals die Perspektive. Das letzte Kapitel versucht eine Zusammenführung.

Ändern sich nun unsere Lebensläufe oder nicht? Bleibt alles in den gängigen Bahnen oder gibt es eine zunehmende Tendenz zur De-Standardisierung des Lebenslaufs, wie häufig behauptet, aber selten systematisch untersucht wird (▶ Kap. 23, Scherger)? Wir werden sehen, eindeutige Antworten auf diese Fragen sind schwierig, und manches spricht dafür, dass der Ablauf unseres Lebens vielleicht doch fester gefügt ist, als wir bisweilen wahrhaben möchten.

Und welche Rolle spielt das Geschlecht im Rahmen von Erörterungen zum Ablauf unseres Lebens (▶ Kap. 24, Fooken)? Diese Frage ist sehr bedeutsam, denn die gesamte Lebenslaufforschung ist auf dem geschlechtsspezifischen Auge bislang relativ blind geblieben. Dabei sind die Unterschiede zwischen den Geschlechtern doch offensichtlich. Man denke nur an das Thema der Familiengründung und der Kindererziehung. Würden Männer, so könnten wir etwas provokativ und sicherlich sehr theoretisch fragen, wirklich mit Frauen tauschen wollen, wenn es um Lebensablaufgestalten geht – und *vice versa*?

Die Aufgabe der Zusammenführung (▶ Kap. 25, Kruse und Wahl) steht schließlich angesichts der Pluralität und Interdisziplinarität von Zugängen der Lebenslaufforschung vor großen Schwierigkeiten. Ein Ausweg könnte sein, sich auf sehr grundlegende Fragen bzw. Dimensionen zu besinnen. Eine derartige Dimension ist wohl jene des Grades an Autonomie, den wir heute in der Gestaltung und im Ablauf unseres Lebens besitzen. Ist unser diesbezüglicher Gestaltungs-, ja, Lebensspielraum größer geworden oder eher kleiner? Sind wir heute gar mehr zum Spielball von »äußeren Kräften« geworden als in früherer Zeit? Was sind politische Implikationen des Wissens zu Lebensläufen im Wandel, das in diesem Buch zusammengetragen wurde?

23 Neue Lebenslaufmuster im Wechselspiel von Standardisierung und De-Standardisierung

Simone Scherger

Zusammenfassung

Der Beitrag diskutiert die Begriffe der Standardisierung und De-Standardisierung als Möglichkeiten, Veränderungen in individuellen Lebenslaufmustern zu beschreiben. (De-)Standardisierung kann sich auf einzelne Übergänge, aber ebenso auf die synchrone oder diachrone Verknüpfung verschiedener Übergänge beziehen und beinhaltet immer einen Vergleich über die Zeit, zwischen verschiedenen Gruppen oder Gesellschaften. Beispielhafte Befunde zu familialen Übergängen der ersten Lebenshälfte, zu Erwerbsverläufen und zum Übergang in den Ruhestand dienen dazu, die empirische Geltung der These der De-Standardisierung von Lebensläufen zu erörtern. Insgesamt lassen sich dabei neben dem Aufschub wichtiger Übergänge in ein höheres Lebensalter allenfalls begrenzte Anzeichen einer De-Standardisierung von Lebenslaufmustern finden. Im Weiteren werden wichtige Erklärungsmuster für die beobachteten Veränderungen dargelegt und bewertet. Unter Einbezug der Konzepte der Individualisierung und De-Institutionalisierung von Lebensläufen wird die Komplexität des Wandels herausgestellt, bei dem strukturelle, kulturelle und auf biografische Handlungsmuster bezogene Veränderungen zusammenwirken.

23.1 Einführung

Der Ablauf menschlichen Lebens ist sozial geprägt: Institutionen und die mit ihnen einhergehenden Sets von Rollen, Normen und Werten regeln in allen Gesellschaften, wann und wie Menschen verschiedene Alters- und Lebensphasen sowie die Übergänge zwischen ihnen durchleben. In modernen Gesellschaften stellt der individuelle Lebenslauf eine zentrale Instanz der Vergesellschaftung dar, mithin eine »eigenständige gesellschaftliche Strukturdimension« (Kohli, 1985, S. 1), die sich direkt auf den individuellen Akteur bezieht und an dessen chronologischem Alter orientiert ist. Die Dreiteilung individueller Lebensläufe in Vorbereitungs-, Erwerbs- und Ruhestandsphase ist das Ergebnis des Zusammenspiels einer Reihe gesellschaftlicher Institutionen, insbesondere des Bildungssystems, des marktförmigen Erwerbssystems und des Wohlfahrtsstaats. Innerhalb einzelner Lebensphasen beeinflussen diese und andere Institutionen den Ablauf individueller Leben und die synchrone Verknüpfung verschiedener Lebensbereiche. Das »lebenszeitliche Regelsystem« (Kohli, 1985, S. 3) ist indes nicht nur auf der objektiven Ebene individueller Lebensläufe verankert. Es schlägt sich ebenfalls auf der subjektiven Ebene nieder und strukturiert »lebensweltliche[...] Horizonte bzw. Wissensbestände«, an denen sich individuelle Akteure etwa bei der Planung ihres Lebens orientieren (ebd.).

Der stetige Wandel moderner Gesellschaften schließt auch individuelle Lebenslaufmuster ein. Veränderungen auf der institutionellen (Makro-)Ebene einerseits und auf der Ebene individueller Lebensläufe andererseits hängen eng zusammen: Gesellschaftlicher Wandel vollzieht sich unter anderem über individuelle Lebensläufe, deren sich verändernde Gestalt sowohl Folge und Indikator als auch Ursache oder Triebfeder gesellschaftlicher Entwicklungen und ihrer jeweiligen Richtung sein kann. Eine Vielzahl von Konzepten wird dazu benutzt, um Veränderungen in individuellen Lebenslaufmustern näher zu charakterisieren, ihre Dynamik und Reichweite zu beschreiben und ihren Ursachen auf die Spur zu kommen. Wenngleich ihr inhaltlicher Gehalt und ihre Implikationen oft nur unzureichend expliziert werden und sie manchmal nur schwer empirisch überprüft werden können, erlangen diese Konzepte zuweilen gar den Status umfassender Gesellschaftsdiagnosen (z. B. in den

Ideen der »individualisierten« oder »flexibilisierten« Gesellschaft).

Im Mittelpunkt dieses Kapitels steht das Konzept der Standardisierung bzw. De-Standardisierung von Lebensläufen, das mit Blick auf seinen theoretischen Gehalt und seine empirische Aussage erläutert und diskutiert wird. Im folgenden zweiten Abschnitt des Textes wird zunächst dargelegt, was mit der (De-)Standardisierung von Lebenslaufmustern gemeint ist und wie sich der Begriff von verwandten Konzepten der Beschreibung veränderter Lebenslaufmuster unterscheidet. Um die empirische Geltung der These der De-Standardisierung von Lebensläufen einschätzen zu können, werden im dritten Abschnitt empirische Befunde zu veränderten Lebenslaufmustern skizziert. Dabei werden als Beispiele familiale Übergänge der ersten Lebenshälfte, Erwerbsverläufe sowie der Übergang in den Ruhestand angeführt. Wie die angedeuteten Veränderungen in der soziologischen Forschung erklärt werden, wird im vierten Abschnitt diskutiert, der auch die Konzepte der De-Institutionalisierung und Individualisierung behandelt. Ein den Beitrag abschließender kurzer Ausblick greift fünftens die Frage nach den biografischen Deutungen veränderter Lebenslaufmuster auf.

23.2 Die (De-)Standardisierung von Lebenslaufmustern – begriffliche Bestimmung

Dass Lebensläufe gesellschaftlich geprägt sind, zeigt sich unter anderem daran, dass es typische (oder »normale«) Lebenslaufmuster gibt, in denen einzelne Übergänge zu bestimmten Zeiten durchlebt werden und zu anderen nicht, und in denen Übergänge auf eine bestimmte Weise miteinander zusammenhängen und aufeinander

verweisen. Diesen Mustern und Regelmäßigkeiten ist zumeist auch ein normatives Moment zu eigen, das etwa in gesetzlichen Rahmenregelungen seinen Niederschlag findet oder in diffuseren Vorstellungen davon, welche die »richtige« Zeit im Leben für bestimmte Übergänge oder ihre »richtige« Reihenfolge ist. Regelmäßigkeiten im

Ablauf von Lebensläufen können allerdings auch auftreten, ohne dass es entsprechende normative Grundlagen gibt. Umgekehrt haben nicht alle lebenslaufbezogenen Normen eine zeitliche Dimension und schlagen sich in zeitlichen Regelmäßigkeiten der beobachtbaren Lebenslaufmuster nieder (z. B. die besonders für Frauen geltende normative Verpflichtung, nahe Familienangehörige zu pflegen).

Die einander entgegengesetzten Begriffe Standardisierung und De-Standardisierung beschreiben Veränderungen in Lebenslaufmustern. Sie können sich einerseits auf einzelne Übergänge, andererseits auf die diachrone und synchrone Verknüpfung von Übergängen beziehen (Scherger, 2007, S. 120; Brückner & Mayer, 2005; Konietzka, 2010, S. 126). Dabei sind in Bezug auf einzelne Übergänge ihr Vorkommen, ihr Timing und ihre Eindeutigkeit wichtige Dimensionen der Standardisierung, während bei mehreren Übergängen die Ordnung ihrer Abfolge oder ihre Verknüpfung miteinander fokussiert werden.

Von einer hohen Standardisierung kann dementsprechend unter folgenden Bedingungen gesprochen werden: Erstens sind Lebenslaufmuster standardisiert, wenn wenige und klar definierte Übergänge und Zustände weit verbreitet sind und nur in wenigen Lebensläufen nicht vorkommen. Weniger klar definierte Zwischen-Zustände (z. B. Erwerbstätigkeit im Ruhestand) sowie die Wiederholung oder Reversibilisierung, d. h. das Rückgängigmachen von Übergängen (z. B. der Eheschließung durch eine Scheidung), sind dementsprechend als De-Standardisierung zu betrachten. Sie können aber durch ihre Verbreitung im Zeitverlauf wieder Teil stärker standardisierter Lebenslaufmuster werden. »(De-)Standardisierung« stellt also keinen völlig wertneutralen und überzeitlichen Beschreibungsrahmen dar, sondern übernimmt den gesellschaftlich vordefinierten (und normativ geladenen) Merkmalsraum typischer Zustände und

Übergänge. Beispielsweise gab bzw. gibt es in manchen Gesellschaften keine Ehescheidung oder wurde in den letzten Jahrzehnten der Merkmalsraum in vielen modernen Gesellschaften um den eheähnlichen (oder der Ehe gleichgesetzten) Status der eingetragenen Partnerschaft für gleichgeschlechtliche Paare erweitert. Eine hohe Standardisierung von Lebenslaufmustern geht außerdem mit einem relativ einheitlichen Timing, d. h. einer geringen zeitlichen Streuung dieser Übergänge einher, bezogen auf das Alter, in dem sie durchlaufen werden. Mit Blick auf Zusammenhänge mehrerer Übergänge bedeutet eine hohe Standardisierung, dass es typische, relativ festgelegte Sequenzen von Übergängen gibt (etwa: Erwerbseinstieg, Heirat, Elternschaft) sowie enge Verknüpfungen des Auftretens einiger dieser Übergänge. Bei hoher Standardisierung sind die Gestalt und der zeitliche Ablauf individueller Lebensläufe also relativ festgelegt und variieren wenig.

Die Vagheit dieser Bestimmung von (De-)Standardisierung rührt daher, dass es sich um einen *relativen*, immer auf Vergleichen beruhenden Begriff handelt, der zudem auf das vielfältige und vielschichtige Phänomen individueller Lebensläufe bezogen ist. Deswegen bleibt das Konzept solange vage und allgemein, wie seine zeitlichen, räumlichen oder sozialen Bezugspunkte und Vergleichshorizonte unbestimmt sind. Weder eine vollkommene Standardisierung von Lebenslaufmustern ist vorstellbar, nicht einmal in sehr traditionalen Gesellschaften, noch eine gänzliche Auflösung jedweder sozialer Regelmäßigkeiten: Prozesse der Standardisierung oder der De-Standardisierung ereignen sich immer auf einem kontinuierlichen Spektrum zwischen diesen beiden Extremen. Die Frage danach, ob Lebenslaufmuster standardisiert oder destandardisiert sind, impliziert also immer (mindestens) einen Vergleich: Lebenslaufmuster können heute bzw. bei später geborenen Kohorten[51] de-standardisierter sein als zu einem früheren Zeitpunkt oder bei früher geborenen Kohorten – oder sie können in einer Gesellschaft oder in einer gesellschaftlichen Subpopulation (etwa einer Schicht) standardisierter sein als in einer anderen. Da individuelle Lebensläufe eine Vielfalt von Übergängen und Lebensbereichen umfassen, können sich zudem verschiedene Lebensbereiche oder -zeiten in ihrer Veränderungsdynamik voneinander unterscheiden (etwa familiale von beruflichen Übergängen oder Übergänge früh im Lebenslauf von denen in der zweiten Lebenshälfte).

Die zeitliche Struktur von Lebensläufen, also ihre »äußere« Gestalt, erlaubt keinen direkten Schluss auf ihre normative Verankerung: Eine wachsende Vielfalt von Lebenslaufmustern oder ein weiter streuender Zeitpunkt eines einzelnen Übergangs deuten nicht unbedingt darauf hin, dass sich die entsprechenden Normen und Regelungen generell gelockert haben – das gilt allenfalls für ihre zeitliche Dimension. Auch können es gerade sich wandelnde Institutionen (z. B. eine veränderte Regulierung des Arbeitsmarkts) sein, die eine Lockerung oder Flexibilisierung zeitlicher Muster mit sich bringen. Eine Beschränkung des Begriffs der Standardisierung auf die vor allem beschreibende Ebene zeitlicher Lebenslaufstrukturen ist deswegen zweckmäßig, weil so die Beschreibung von Veränderungen nicht mit möglichen Erklärungen und anderen Phänomenen vermischt wird, wie eben mit der normativen Regulierung individueller Lebensläufe. Erst auf Basis einer sorgfältigen Beschreibung

der Dynamik von Lebenslaufmustern kann im zweiten Schritt zu Erklärungsversuchen übergegangen werden.

Zudem entsprechen Deutungen und Erfahrungen, seien sie individuell-subjektiver, kollektiver oder gesellschaftlich-diskursiver Art (z. B. in den Medien), nicht unbedingt gänzlich den solchermaßen beschreibenden Befunden zu faktischen Lebenslaufmustern. Ebenso wie die individuelle Erfahrung von Verschiebungen in Lebenslaufmustern weist auch ihre mediale Dramatisierung eine eigene Dynamik auf, die eben nicht nur die faktischen Veränderungen, sondern weitere Einflüsse widerspiegelt. So prägen etwa die Erfahrung sozialer Ungleichheit (über den Lebenslauf oder im Generationenvergleich) oder Vergleiche mit Anderen die subjektiv wahrgenommene biografische Unsicherheit, die nicht unbedingt dem Ausmaß faktischer Tendenzen der De-Standardisierung entspricht. Auf der medialen Ebene wiederum werden letztere aus inszenatorischen oder politischen Gründen zuweilen übertrieben und instrumentalisiert oder umgekehrt vollständig geleugnet.

(De-)Standardisierung stellt nur eines von vielen möglichen Konzepten dar, die Veränderungen von Lebenslaufmustern charakterisieren (vgl. Scherger, 2007, S. 96–101). Dabei sind eher beschreibende Begriffe wie Entstrukturierung, Auflösung, Erosion, Flexibilisierung, Diversifizierung, (Ent-)Differenzierung oder Pluralisierung von solchen zu unterscheiden, die schon eine Erklärung für den Wandel beinhalten, wie etwa Individualisierung oder De-

---

51 Das Timing von Lebenslauf-Übergängen kann auf verschiedene Weise betrachtet werden: differenziert nach dem historischen Zeitpunkt des Auftretens der Übergänge (z. B. alle Eheschließungen eines Jahres) oder nach den Geburtskohorten, die einen Übergang durchlaufen (z. B. alle ersten Eheschließungen der 1960 bis 1965 geborenen Personen). Die letztere Betrachtungsweise wird der Logik von Veränderungen und dem individuellen Lebenslauf als Zusammenhang eher gerecht, mit der Ausnahme starker Periodeneffekte, d. h. der Auswirkungen historischer Ereignisse oder Umstände, die alle oder viele verschiedene (Alters-)Gruppen gleichzeitig betreffen (wie etwa der Geburten- und Scheidungsrückgang in Ostdeutschland Anfang der 1990er Jahre).

Institutionalisierung. Einige der genannten Konzepte, etwa Entstrukturierung, Erosion oder De-Institutionalisierung, haben mit De-Standardisierung die Betonung von Auflösungsprozessen gemeinsam: Sie implizieren, dass (zeitliche) Standards, Institutionen oder Strukturen schwächer werden oder schwinden. Wie in Bezug auf (De-)Standardisierung sind solche Beschreibungen oder Erklärungen in fast allen Fällen (nur) als *relative* sinnvoll, die in irgendeiner vergleichenden Perspektive getroffen werden. Andere der genannten Begriffe beinhalten schon genauere Annahmen dazu, in welcher Weise sich Lebenslaufmuster verändern – zum Beispiel nach welchen Mustern und wie weitgehend sich Regelmäßigkeiten lockern oder vervielfältigen.

Eine deutliche Trennung von Beschreibung und Erklärung ist sowohl auf begrifflicher als auch auf empirischer Ebene aus den genannten Gründen sinnvoll, um der Komplexität der Befunde sowie möglicher Erklärungen gerecht zu werden. So beschränkt sich der folgende Abschnitt zunächst auf eine zusammenfassende Beschreibung einiger Veränderungen von Lebenslaufmustern.

23.3 Zwischen Standardisierung, De-Standardisierung und Re-Standardisierung: Befunde zu veränderten Lebenslaufmustern

Die vieldiskutierte Annahme, dass Lebenslaufmuster sich destandardisieren, kann nur in Bezug auf konkrete Lebensbereiche oder Lebensphasen überprüft werden. Hier werden Befunde aus drei Bereichen und für (West-)Deutschland[52] zusammengefasst und genutzt, um Aspekte von Standardisierung und De-Standardisierung zu illustrieren: erstens zu familialen Lebenslauf-Übergängen der ersten Lebenshälfte (Auszug aus dem Elternhaus, erste Eheschließung/nichteheliche Lebensgemeinschaft, erste Elternschaft), zweitens zu Erwerbskarrieren und drittens zum Übergang in den Ruhestand. Diese drei Beispielbereiche unterscheiden sich unter anderem hinsichtlich des Aus-

maßes, in dem sie direkten institutionellen Prägungen unterliegen.

Familiale Übergänge der ersten Lebenshälfte

Im Vergleich zu Erwerbskarrieren und dem Übergang in den Ruhestand werden familiale Übergänge der ersten Lebenshälfte in ihrem Vorkommen und zeitlichen Ablauf weniger direkt durch Arbeitsmärkte, das Bildungssystem, den Sozialstaat und entsprechende gesetzliche Regeln beeinflusst. So ist der individuelle Entscheidungsspielraum, ob und wann der entsprechende

---

52 Der breite historische Vergleich bezieht sich auf Westdeutschland, da die starken Periodeneffekte in Ostdeutschland um die Zeit von Wende und Wiedervereinigung ein eigenes Thema darstellen würden (vgl. aber etwa Buchholz, 2008 für Erwerbseinstieg und -ausstieg in Ostdeutschland oder Konietzka, 2010 für den Übergang ins Erwachsenenalter). Einige der im Folgenden aufgeführten Studien beziehen Ostdeutschland mit ein, auch wenn die entsprechenden Ergebnisse hier nicht im Einzelnen berichtet werden.

Übergang durchlaufen wird, beim Auszug aus dem Elternhaus, der ersten Eheschließung oder nicht-ehelichen Lebensgemeinschaft sowie der ersten Elternschaft größer als bei den weiter unten betrachteten Übergängen.

Markante Veränderungen in Bezug auf frühe familiale Übergänge lassen sich insbesondere seit den 1970er Jahren beobachten. Das mittlere Alter beim Auszug aus dem Elternhaus[53] steigt im Vergleich der Geburtskohorten und für beide Geschlechter, ebenso das Erstheiratsalter und das Alter bei der ersten Elternschaft (Konietzka, 2010, S. 147–176; Scherger, 2007, S. 155–179; Schmidt, 2012). Über diese Verschiebungen hinaus finden sich – in den oben beschriebenen ersten beiden Dimensionen des Vorkommens und des Timings von Übergängen – deutliche Tendenzen der De-Standardisierung: Das Alter beim Auszug aus dem Elternhaus streut stärker als früher (Scherger, 2007, S. 155–179)[54], ebenso das bei Erstheirat und erster Elternschaft. Zudem nimmt der Anteil derer zu, die gar nicht heiraten oder vor der Eheschließung länger in einer nicht-ehelichen Lebensgemeinschaft leben.

Ein genauer Blick auf den Zusammenhang dieser Übergänge zeigt, dass sich ihre Abfolge über die Geburtskohorten diversifiziert hat (Schmidt, 2012, S. 479). Was Verknüpfungen zwischen Auszug aus dem Elternhaus, erster Eheschließung und erster Elternschaft angeht, so finden sich zum einen starke Belege für eine Entkopplung von Auszug und erster Eheschließung (Konietzka, 2010, S. 213). Zum anderen besteht aber offensichtlich zumindest in Westdeutschland weiterhin eine enge Verbindung zwischen Eheschließung und erster Elternschaft[55] (Konietzka, 2010, S. 259–263; Scherger, 2007) sowie zwischen Aufnahme einer ersten Erwerbstätigkeit nach Ausbildungsabschluss und erster Elternschaft. Vieles deutet außerdem darauf hin, dass die Gründung einer nicht-ehelichen Lebensgemeinschaft in den jüngeren Kohorten einen wichtigen Anlass darstellt, aus dem Elternhaus auszuziehen – eine Rolle, die in älteren Kohorten der Eheschließung zukam (Konietzka, 2010, S. 235f.). Auch die Befunde zur aufgeschobenen Eheschließung und zu ihrem stärker streuenden Zeitpunkt werden durch die Annahme relativiert, dass die nicht-eheliche Lebensgemeinschaft in

---

53 Allerdings ist der Anstieg des Auszugsalters kein über alle Studien und Datengrundlagen hinweg bestätigter Befund – so findet er sich etwa nicht in den Analysen von Konietzka (2010) im Gegensatz zu Scherger (2007), was vermutlich mit unterschiedlichen Datengrundlagen zusammenhängt. Die Befunde von Scherger (2007) für die jüngsten Kohorten und auf Basis des Sozio-Ökonomischen Panels werden von Schmidt (2012, S. 467) bestätigt. Vgl. Scherger (2007, S. 156f.) für weitere empirische Studien.

54 So ist der Quartilsabstand beim Auszug aus dem Elternhaus gewachsen, d. h. der Abstand zwischen dem Alter, in dem 25 % einer Geburtskohorte ausgezogen sind, und dem Alter, in dem 75 % den Übergang durchlaufen haben – von etwa vier Jahren bei den in der zweiten Hälfte der 1950er Jahre geborenen Kohorten auf sieben Jahre bei den in der ersten Hälfte der 1970er geborenen. Gleichzeitig stieg das Median-Alter dieses Übergangs bei Frauen von 21 auf 23 Jahre und bei Männern von 23 auf 27 Jahre (Scherger, 2007, S. 158).

55 Dies steht nicht im Widerspruch zur steigenden Quote nicht-ehelicher Geburten. Diese sind auf den ersten Blick als Anzeichen zunehmender De-Standardisierung zu sehen, da sich die feste Sequenz von Eheschließung und Elternschaft auflöst. Gegen diese Interpretation spricht aber die Tatsache, dass, während früher mit dem ersten Zusammenzug der Partner geheiratet wurde, heute die Geburt eines Kindes häufig den Anlass zur Eheschließung zwischen bereits zusammenlebenden Partnern darstellt. Diese erfolgt aber nicht selten kurz nach der Geburt des Kindes. Für Ostdeutschland gilt dieser Zusammenhang viel weniger, hier bleiben sehr viel mehr Elternpaare unverheiratet.

mancherlei Hinsicht als ein Äquivalent zur Eheschließung betrachtet werden kann.

Insgesamt zeigen Analysen zu den Verknüpfungen der verschiedenen frühen familialen Übergänge, dass die auf den ersten Blick neue Unübersichtlichkeit weiterhin klar definierbaren Mustern folgt. Eine noch weiter differenzierte Betrachtung dieser so nur grob zusammengefassten Befunde trägt nicht nur dazu bei, Ausmaß und Reichweite der Veränderungen einzuschätzen, sondern gibt auch schon Hinweise auf ihre Ursachen. Hier seien nur drei wichtige Punkte genannt, an denen eine differenzierende Beschreibung zentral ist. Erstens sind die aktuellen Tendenzen der De-Standardisierung im Bereich der frühen familialen Übergänge auch als vorübergehende denkbar, wenn sich im Laufe der Zeit bestimmte Muster durchsetzen, die zum Zeitpunkt der Beobachtung noch allein von einer Minderheit individueller Akteure gelebt werden. Eine solche Annahme scheint mit Blick auf die Aufeinanderfolge eines nicht-ehelichen Zusammenlebens und einer späten Eheschließung plausibel, die inzwischen fast zu einer Normal-Sequenz geworden ist. Zweitens spielen verlängerte Bildungsprozesse insbesondere von Frauen eine zentrale Rolle beim Aufschub von familialen Übergängen (Konietzka, 2010; Scherger, 2007). Bei vielen Erscheinungen der De-Standardisierung handelt es sich bei genauerer Betrachtung teilweise um Ausdifferenzierungen der Lebensläufe verschiedener Bildungsgruppen. Allerdings lassen sich Tendenzen der De-Standardisierung nicht gänzlich auf solche Prozesse der Ausdifferenzierung reduzieren und auch die Übergangsmuster *innerhalb* einzelner Bildungsgruppen haben sich diversifiziert; so streut beispielsweise das Alter der ersten Elternschaft selbst bei alleiniger Betrachtung derer mit Hauptschulabschluss (oder derer mit Hochschulabschluss) stärker als früher. Drittens kann anhand der frühen familialen Übergänge die Bedeutung des jeweiligen Vergleichs-

horizonts illustriert werden: Geht man mit der Beschreibung des Vorkommens und Timings der Übergänge genügend weit zurück, erscheinen zumindest einige der Tendenzen der De-Standardisierung als eine Rückkehr zu unübersichtlicheren Mustern der Familiengründung, wie sie bei den zu Beginn des letzten Jahrhunderts geborenen Kohorten zu beobachten waren (Scherger, 2007). Damit ist freilich nichts über die diesen einander ähnlichen Mustern zugrundeliegenden Ursachen gesagt, die für verschiedene historische Phasen unterschiedlich sein können. Zwar finden sich Ähnlichkeiten nur in Hinsicht auf einige der genannten Dimensionen (etwa den Zeitpunkt der Erstheirat) und nicht für andere (etwa die Verbreitung nicht-ehelicher Lebensgemeinschaften). Zudem sind weitreichende Schlussfolgerungen nicht gesichert, da mit dem Zweiten Weltkrieg zusammenhängende Periodeneffekte (z. B. niedrigere Geburtenraten und seltenere Eheschließungen am Ende des Krieges und kurz danach) langfristige Veränderungen überdecken und die verfügbaren Daten nicht genügend weit zurückreichen. Dennoch erscheinen die heutigen Tendenzen der De-Standardisierung im weiten historischen Vergleich weniger außergewöhnlich als auf den ersten Blick. Vor diesem weiteren Zeithorizont hebt sich hingegen der hohe Standardisierungsgrad familialer Lebenslaufmuster bei den um das Ende des Zweiten Weltkriegs herum geborenen Kohorten deutlicher ab, die zu Zeiten stetigen Wirtschaftswachstums aufwuchsen und erwachsen wurden. In einer langfristigen historischen Perspektive erscheint also eher diese Zeit mit ihren (hochstandardisierten) Lebenslaufmustern als exzeptionell.

Erwerbskarrieren

Individuelle Erwerbsverläufe sind sehr vielfältigen Veränderungen unterworfen, die nur schwer auf einen Nenner gebracht werden können. Diese betreffen den Übergang vom Bildungs- in das Erwerbssystem, den Verlauf individueller Erwerbskarrieren und den Übergang in den Ruhestand (s. nächster Abschnitt). Im Zuge der Bildungsexpansion, d.h. des Bedeutungszuwachses von Abitur und tertiärer Bildung, hat sich das Alter beim Erwerbseinstieg seit den 1970er Jahren deutlich nach oben verschoben, von im Median 18 Jahren bei den Ende der 1940er Jahre geborenen Geburtskohorten auf 20 und mehr Jahre bei den in den 70er Jahren geborenen. Von einer deutlichen zeitlichen De-Standardisierung des Übergangs kann gleichwohl allenfalls bei den von der Bildungsexpansion besonders profitierenden Frauen gesprochen werden (Scherger, 2007, S. 143 ff.).[56] Allerdings wird der Erwerbseinstieg selbst vielfältiger und unsicherer und scheint insofern auszufransen, als mehr und mehr erste Beschäftigungen erst nach einer längeren Suchphase aufgenommen werden, zeitlich befristet sind oder nur in Teilzeit ausgeübt werden (Buchholz, 2008, S. 41–92).

Die markanteste Veränderung über den weiteren Erwerbsverlauf sind häufiger als früher auftretende Arbeitslosigkeitsepisoden und die Zunahme von Langzeitarbeitslosigkeit (Erlinghagen, 2004, S. 159f.). Arbeitslosigkeit kommt zwar über alle Erwerbsgruppen hinweg vermehrt vor; gleichzeitig bleibt ihr Vorkommen aber deutlich nach Bildung und beruflicher Tätigkeit strukturiert. So sind etwa besonders Personen mit niedrigeren Bildungsabschlüssen und in weniger qualifizierten (insbesondere un- und angelernten) beruflichen Tätigkeiten von (Langzeit-)Arbeitslosigkeit betroffen (Erlinghagen, 2004, S. 221ff.). Als weiterer Indikator destandardisierter Er-

werbskarrieren kann die größere Verbreitung atypischer Erwerbsformen betrachtet werden, zum Beispiel befristeter Arbeitsverträge und von Teilzeittätigkeiten (oft in nicht-sozialversicherungspflichtigen Mini-Jobs). Beide nehmen unter anderem aufgrund der Deregulierung des Arbeitsmarkts in allen Lebensphasen zu. Teilzeittätigkeiten werden freilich größtenteils von Müttern ausgeübt, die in älteren Kohorten oft gar nicht oder erst sehr spät im Lebenslauf wieder erwerbstätig waren. In Bezug auf Beschäftigungsstabilität und Betriebswechsel konkurrieren widersprüchliche Befunde miteinander: Während Erlinghagen (2004, S. 155f.) kaum Veränderungen hinsichtlich der Dauer von Betriebszugehörigkeiten findet, beschreiben Struck et al. (2007) sehr wohl eine insbesondere in den 1990er Jahren sinkende Beschäftigungsstabilität, die jedoch nicht mit erhöhter Beschäftigungsunsicherheit, d.h. vermehrten Übertritten in die Arbeitslosigkeit einhergeht. Diese Widersprüche kommen aufgrund unterschiedlicher Vergleichszeiten und -gruppen zustande.[57] Das Ergebnis der empirischen Untersuchung von De-Standardisierungsprozessen hängt also mitunter von den zugrundegelegten Dimensionen und zeitlichen Horizonten des Vergleichs ab.

Diese wenigen Schlaglichter unterstreichen, dass Erwerbskarrieren jüngerer Kohorten zwar eindeutig weniger standardisiert sind als früher, insbesondere beim Berufseinstieg. Gleichzeitig kann von einer weitgreifenden zeitlichen De-Standardisierung nicht die Rede sein, und insbesondere die soziale Strukturierung von Erwerbsmustern z.B. nach Qualifikation hat sich

---

56 Wegen der letzten Studienreformen ist demnächst möglicherweise mit einem erneuten Sinken des Alters beim Erwerbseinstieg zu rechnen.

57 Bei Erlinghagen werden durchschnittliche Beschäftigungsdauern bei betrieblichen Einsteigerkohorten Ende der 1970er und Ende der 80er Jahre betrachtet, im Kontrast zu Fünf-Jahres-Überlebensraten bei Bestandskohorten über gut zehn Kalenderjahre (Mitte der 1980er bis Mitte der 1990er Jahre) bei Struck et al.

nicht grundlegend verändert. Subjektive (und diskursive) Deutungen werden allerdings auch durch Merkmale von Erwerbskarrieren beeinflusst, die mit der hier verwendeten strengen Abgrenzung von De-Standardisierung allenfalls teilweise erfasst sind – die sich aber ebenfalls stark verändern. So haben ebenso wie die gerade skizzierten destandardisierteren Erwerbsmuster wahrscheinlich auch die Ausweitung des Niedriglohnsektors und die zunehmende Lohnungleichheit (vgl. Konietzka, 2010, 74f.) zur Zunahme subjektiver biografischer Unsicherheit beigetragen sowie die im Zuge verstärkter Aktivierungsdiskurse und -politiken deutlichere Tendenz, den individuellen Akteuren selbst die Verantwortung für berufliches Scheitern zuzuschreiben.

Der Übergang in den Ruhestand

Der Übergang in den Ruhestand ist vergleichsweise stark und direkt sozialpolitisch reguliert, und zwar durch die Festlegung eines Rentenübergangsalters vor allem in der Gesetzlichen Rentenversicherung, aber auch in den anderen Teilsystemen der Altersvorsorge. Bis Mitte der 1990er Jahre war im Rahmen großzügiger tarifpolitisch vereinbarter Frühverrentungsregelungen und besonderer abschlagsfreier Rentenformen mit niedrigerer Rentengrenze ein immer früherer Übergang in den Ruhestand zu beobachten (vgl. Ebert & Trischler, 2012; Buchholz, 2008). Zudem hatte sich die Übergangssequenz vervielfältigt und zeitlich destandardisiert: Arbeitslosigkeitsepisoden kurz vor dem Übergang kamen in jünge-

ren Kohorten häufiger vor, der Erwerbsaustritt fiel immer seltener mit dem Beginn von Rentenzahlungen zusammen (Ebert & Trischler, 2012) und der Zeitpunkt des endgültigen Übergangs streute immer stärker (Buchholz, 2008, S. 123; Scherger, 2007, S. 197). Nachdem fast alle abschlagsfreien Formen der Frühverrentung und die staatliche Förderung der Altersteilzeit ausgelaufen sind und die Regelaltersgrenze für Frauen angehoben wurde, steigen sowohl das Erwerbsaustritts- als auch das Renteneintrittsalter seit Ende der 1990er Jahre wieder (Brussig, 2010). Ob damit eine Re-Standardisierung und eine abnehmende Vielfalt der Übergangsmuster einhergeht, ist (noch) nicht klar; vieles deutet aber darauf hin, dass der Übergang unübersichtlich bleibt, d.h. zeitlich weiter stark streut und in seinen Teilschritten sehr vielfältig abläuft, und dass immer noch nur eine Minderheit der Älteren aus einer (Vollzeit-)Erwerbstätigkeit in den Ruhestand wechselt. In Zukunft ist aufgrund der im Jahr 2012 begonnenen Anhebung der Altersgrenze ein weiterer Anstieg des Rentenübergangsalters zu erwarten. Eine weitere Form der De-Standardisierung, die eine wachsende Minderheit der über 65-Jährigen betrifft, stellt Erwerbstätigkeit jenseits der Rentengrenze und trotz des Bezugs einer Altersrente dar (Scherger et al., 2012). Über diese zeitlichen De-Standardisierungstendenzen hinaus sind es auch hier auf die Verteilung und Sicherheit von Alterseinkommen bezogene Veränderungen (und zunehmende Unsicherheiten), welche sowohl die individuelle Erfahrung als auch die diskursive Darstellung dieser Übergänge zusätzlich beeinflussen.

23.4 Erklärungen veränderter Lebenslaufmuster

Die genannten Beispiele untermauern, warum verallgemeinerte Diagnosen der Auflö-

sung oder De-Institutionalisierung von Lebensläufen den tatsächlichen Veränderungen von Lebenslaufmustern nicht gerecht werden. Einige der beschriebenen Übergänge und Sequenzen sind tatsächlich weniger standardisiert als früher. In anderen Bereichen sind De-Standardisierungsprozesse möglicherweise nur vorübergehende, in eine Re-Standardisierung mündende Verschiebungen und Ausdifferenzierungen oder erweisen sich eher als Oberflächenerscheinungen, hinter denen sich fortbestehende, wenn auch komplexere Bedingungsgefüge und institutionelle Prägungen verbergen. Diese sind nur differenzierteren Analysen zugänglich, weswegen sorgfältige und umfassende Beschreibungen zentral für die Lebenslaufforschung sind (Konietzka, 2010, S. 51). Insgesamt kann von begrenzten Tendenzen der zeitlichen De-Standardisierung gesprochen werden, die aber nicht mit einer sozialen Entstrukturierung von Lebensläufen gleichzusetzen sind. In der öffentlichen Wahrnehmung von Lebenslaufmustern und auch in mancher sozialwissenschaftlichen Gesellschaftsdiagnose werden Grad und Reichweite der tatsächlichen Veränderungen damit tendenziell überschätzt. Dies kann wie angedeutet auf ihre Vermischung mit ungleichheitsbezogenen Veränderungen zurückgeführt werden sowie auf einen vorschnellen Schluss von gestiegenen *Risiken* bestimmter nachteilhafter Übergänge auf deren *tatsächliche Verbreitung* – ein Schluss, der die subjektive biografische Unsicherheit erhöht, ohne das dem reale De-Standardisierungserfahrungen entsprechen müssen.

Mit der Beschreibung veränderter Lebenslaufmuster ist außerdem wenig gesagt über die Ursachen dieses Wandels. Zwei wichtige Differenzierungen helfen dabei, eine Schneise in das Dickicht der skizzierten Befunde zu schlagen: die (oben nur angedeutete) Differenzierung nach Geschlecht und die nach Bildung. Die Lebensläufe von Frauen haben sich umfassender verändert als die von Männern, vor allem weil Frauen inzwischen genauso häufig wie Männer

mittlere und höhere Qualifikationen erlangen und ihre Erwerbsbeteiligung deutlich gestiegen ist. Der wachsende Anteil von Männern *und* Frauen mit tertiärer Bildung hat außerdem zu dem oben beschriebenen Aufschub wichtiger familialer Übergänge geführt, etwa zu einem höheren mittleren Alter bei der ersten Eheschließung und der ersten Elternschaft.

In der inzwischen sehr umfangreichen Literatur zu veränderten Lebenslaufmustern und ihren Ursachen können grob zwei Argumentationsstränge unterschieden werden, wobei sich der Schwerpunkt der Lesarten im Zeitverlauf in Richtung des zweiten Stranges verschoben hat (Brückner & Mayer, 2005, S. 29f.). Der erste bezieht sich auf Erklärungen, die der im weitesten Sinne *kulturellen* Sphäre zuzuordnen sind: Demnach haben der Wertewandel hin zu nicht-materiellen Werten (wie Selbstverwirklichung), die sich verändernden Geschlechternormen und weitere normative Umbrüche eine Lockerung von lebenslaufbezogenen Normen und Zeitvorgaben sowie veränderte biografische Deutungsmuster mit sich gebracht, die sich in neuen Lebenslaufmustern niederschlagen (vgl. z. B. Lesthaege, 1995). Häufig wird in diesem Argumentationsstrang der wachsende Entscheidungsspielraum individueller (Lebenslauf-)Akteure hervorgehoben, der sich durch weniger direkte normative Vorgaben ergibt. Der zweite Argumentationsstrang betont *institutionelle* und *strukturelle* Einflüsse auf individuelle Lebensläufe: Insbesondere die seit den 1970er Jahren wachsende Arbeitslosigkeit, die in der zweiten Hälfte der 1980er Jahre beginnende Deregulierung des Arbeitsmarkts, veränderte Qualifikationsanforderungen und sich wandelnde wohlfahrtsstaatliche Strukturen prägen nach dieser Perspektive die Dynamik der Lebenslaufmuster der letzten Jahrzehnte. Hier werden diejenigen Bedingungen unterstrichen, die individuelles Handeln formen und vor allem einschränken.

Überträgt man diese nur knapp umrissenen Argumente auf die oben beschriebenen Befunde, so wird offensichtlich, dass für die jeweiligen Lebensphasen und -bereiche verschiedene oder zumindest verschieden gewichtete Kombinationen von Erklärungen plausibel sind. Für den Fall des stark institutionell gerahmten Übergangs in den Ruhestand folgen die Veränderungen relativ direkt den institutionellen Anreizstrukturen, was für das Beispiel der Erwerbstätigkeit jenseits der Rentengrenze weniger eindeutig ist (Scherger et al., 2012). Auch die zunehmende Diskontinuität von Erwerbsverläufen ist vorrangig mit Veränderungen auf dem Arbeitsmarkt zu erklären – das bedeutet aber nicht, dass sämtliche Veränderungen in Erwerbskarrieren strukturell induziert sind.

Für die weniger direkt durch Institutionen und Strukturen geprägten familialen Übergänge der ersten Lebenshälfte bietet sich auf den ersten Blick eher eine Begründung der erstgenannten Art an, nach der ein Wandel hin zu liberaleren und in Bezug auf Geschlecht egalitäreren Normen und Werten mit veränderten Präferenzen bei der Gestaltung des Weges von der Herkunfts- in eine eigene Familie einhergehen. Gleichwohl sind komplexere Deutungen vorstellbar, in denen strukturelle und institutionelle Vorgaben wieder ins Spiel kommen. Verlängerte Bildungsprozesse, die zum Aufschub von Familiengründungen führen, sind letztendlich auf die Bildungsexpansion und damit auf veränderte Qualifikationsanforderungen in einer sich modernisierenden und zur Dienstleistungsgesellschaft entwickelnden Ökonomie zurückzuführen. Auch der Wertewandel wird in seinen klassischen Beschreibungen mit wachsendem materiellem Wohlstand in Verbindung gebracht (Inglehart, 1971). Zudem gibt es Belege dafür, dass die Verbreitung der im Vergleich zur Ehe leichter auflösbaren und flexibleren nicht-ehelichen Lebensgemeinschaften und der Aufschub der Familiengründung auch

eine Reaktion auf zunehmende erwerbsbiografische Unsicherheiten darstellen (Nazio & Blossfeld, 2003). Dennoch wären die Veränderungen in den familialen Lebenslaufmustern der ersten Lebenshälfte nicht denkbar gewesen ohne einen gleichzeitig stattfindenden Wertewandel, der etwa zur Akzeptanz nicht-ehelicher Lebensgemeinschaften und anderer alternativer Lebensformen geführt hat.

Zumeist sind es also eher Kombinationen verschiedener Argumente, welche Veränderungen von Lebenslaufmustern sinnvoll erklären – monokausale Deutungen sind aufgrund der Komplexität des Zusammenhangs von Lebensläufen und Institutionen nur selten angemessen (ausführlicher Scherger, 2007, S. 101–115). Individuelle Lebenslaufmuster veranschaulichen so das klassische soziologische Problem der Spannung zwischen Handlung und Struktur, d. h. der Konkurrenz zwischen strukturbezogenen Erklärungen, die davon ausgehen, dass Strukturen individuelles Handeln prägen, und handlungsbezogenen Ansätzen, die betonen, dass individuelles Handeln fast immer über Spielräume verfügt und Strukturen (immer neu) konstituiert. Im Beispiel der Lebenslaufmuster besteht zwischen Handeln und Struktur eben keine Dominanz der einen oder anderen Richtung, sondern ein Wechselverhältnis. Institutionen und Strukturen prägen biografische Entscheidungen und ihre Ergebnisse – in modernen Gesellschaften meist, indem sie nicht etwa direkte Handlungsvorgaben machen, sondern Spielräume eröffnen und begrenzen. Umgekehrt werden Strukturen und Institutionen durch individuelle Handlungsentscheidungen (mit-)konstituiert und können unter bestimmten Bedingungen durch sie verändert werden – man denke etwa an die Einführung eingetragener Lebenspartnerschaften für homosexuelle Paare.

Kontrovers diskutiert werden gleichwohl die Größe individueller Spielräume, die damit zusammenhängende Frage individueller

Handlungsfreiheit sowie Grad und Art der institutionellen Strukturierung von Lebensläufen. Die Konzepte der De-Institutionalisierung und der Individualisierung, die sich ebenfalls auf veränderte Lebenslaufmuster beziehen, enthalten implizite Aussagen zu diesen Fragen. Da sie auf diese Weise schon Erklärungen für Veränderungen beinhalten, waren sie weiter oben als Konzepte charakterisiert worden, die für eine reine Beschreibung nicht in Frage kommen. Der Begriff der *De-Institutionalisierung* deutet an, dass individuelle Lebensläufe weniger als früher durch Institutionen und ihre Regeln geprägt seien. Die obigen Beispiele dürften demonstriert haben, dass dies nicht der Fall ist. Zwar hat sich der institutionelle Zugriff auf individuelle Lebensläufe verändert: Er ist indirekter, komplexer, vielleicht auch widersprüchlicher geworden und viele direkt auf den Lebenslauf bezogenen Normen haben sich gelockert. Eine völlige Loslösung individueller Lebensläufe von institutionellen Handlungsregeln ist aber kein plausibles Szenario, weder in empirischer noch in gesellschaftstheoretischer Hinsicht.

Das Konzept der *Individualisierung* bezieht sich zum einen auf die Art der gesellschaftlichen Integration von Individuen durch Institutionen (Scherger, 2007, S. 30–36). Der moderne Lebenslauf etwa bindet Individuen direkt und ohne den Zwischenschritt über Kleingruppen gesellschaftlich ein.[58] Individuelles Verhalten wird so meist nicht mehr direkt sanktioniert, sondern Institutionen (z. B. wohlfahrtsstaatlicher Art) eröffnen Handlungsspielräume für individuelle Akteure, die aber gleichzeitig entscheiden und handeln *müssen*. Dabei sind ihre Optionen oftmals indirekt durch beispielsweise ökonomische Verhältnisse begrenzt. Zum anderen schließt die Aussage zunehmender Individualisierung auch Veränderungen auf der Deutungsebene individueller Lebenslaufmuster ein: Die Verantwortung für ihr Leben wird zunehmend den individuellen Akteuren selbst zugeschrieben (Wohlrab-Sahr, 1992), auch wenn ihre tatsächlichen Handlungsspielräume klein sein mögen. Dies wirkt sich auf die biografische Fremd- und Selbstthematisierung aus: Wenn individuelle Akteure andere Menschen (Fremdthematisierung) oder sich selbst (Selbstthematisierung) z. B. als (etwa beruflich) erfolglos beschreiben, schwingt zumeist und deutlich stärker als früher bzw. in traditionaleren Gesellschaften eine an den individuellen Akteur gerichtete Schuldzuschreibung mit, bei gleichzeitig schwindendem Glauben an äußere, den Menschen steuernde Mächte (wie Gott oder das Schicksal). Damit zusammenhängend und obwohl individuelle Lebensläufe weiterhin durch Ungleichheiten strukturiert sind, weichen subjektive Gruppenzugehörigkeiten und entsprechende Deutungen auf (z. B. Klassenidentitäten). Ein solches (Mehrebenen-)Verständnis der Individualisierungsthese vorausgesetzt[59], lässt sich mit Blick auf die oben beschriebenen Veränderungen allein noch nicht von Individualisierung sprechen. Denn von den zeitlichen Lebenslaufmustern, mithin ihrer partiellen De-Standardisierung, kann nicht eindeutig auf subjektive Erfahrungen und biografische Deutungsmuster geschlossen werden.

---

58 Der klassische individualisierte Normallebenslauf ist allerdings ein männlicher, dessen Realisierung auch auf der Verknüpfung mit einem davon abweichenden weiblichen Normallebenslauf beruht. Dieser impliziert die ökonomische Abhängigkeit von Frauen. Die Beschreibung von Individualisierungsprozessen muss dementsprechend in Hinblick auf Geschlecht und die sich erst verspätet verwirklichende Individualisierung von Frauen differenziert werden (vgl. Scherger, 2007, S. 49–53).

59 Über den konzeptionellen Gehalt der Individualisierungsthese herrscht allerdings ohnehin keine Einigkeit, ebenso wenig wie über ihre empirische Geltung.

23.5 Ausblick

Nicht nur die öffentliche und manchmal auch die sozialwissenschaftliche Debatte um die De-Standardisierung von Lebenslaufmustern überschätzen Grad und Reichweite dieser Prozesse regelmäßig. Auch die Zunahme subjektiv-biografischer Verunsicherung scheint – möglicherweise durch mediale Debatten beeinflusst – über das Ausmaß hinauszugehen, das aufgrund der begrenzten De-Standardisierung von Lebenslaufmustern zu erwarten wäre. Dafür sind mehrere Gründe denkbar. Zunächst trennt die subjektive Wahrnehmung nicht zwischen verschiedenen, nur analytisch trennbaren Dimensionen der Veränderung von Lebensläufen. Insbesondere ungleichheitsbezogene Verschiebungen, beispielsweise zunehmende Einkommensungleichheiten, wachsende Risiken der Arbeitslosigkeit oder atypischen Beschäftigung, damit verbundene Abstiegsängste oder scheinbar sinkende Bildungsrenditen (vgl. etwa Mau, 2012) prägen biografische Unsicherheiten mindestens ebenso nachhaltig wie zeitliche De-Standardisierungen. Zudem deutet vieles darauf hin, dass die Referenzpunkte individueller biografischer Deutungen maximal in einem mittelfristigen Zeithorizont liegen: Für die Erfahrung individueller biografischer Stabilität und biografischen Erfolgs der heutigen mittleren Erwachsenen zählt der Vergleich mit der Generation der eigenen Eltern mehr als der Vergleich mit den eigenen Großeltern. Und die Eltern haben meist (abgesehen von der Kindheit der Älteren unter ihnen) relativ stabile und standardisierte Lebensläufe in Zeiten wirtschaftlichen Wachstums durchlaufen.

So stellen die subjektiv-biografische Erfahrung von und der Umgang mit veränderten Lebenslaufmustern einen eigenen Forschungsgegenstand dar. Dieser kann nicht nur mit der Beschreibung und Analyse veränderter Ablaufmuster ertragreich zusammengebracht werden, sondern ermöglicht es zudem, biografische Deutungen und Entscheidungen als eigenen Einfluss auf diese Muster in den Blick zu nehmen.

Literatur

Brückner, H. & Mayer, K. U. (2005). De-Standardization of the life course: What it might mean? And if it means anything, whether it actually took place? In R. MacMillan (Ed.), *The structure of the life course: Standardized? Individualized? Differentiated?* (pp. 27–53). New York: Elsevier.

Brussig, M. (2010). *Höhere Alterserwerbsbeteiligung durch längere Erwerbsphasen. In jüngeren Kohorten sind mehr Menschen länger erwerbstätig als in älteren Kohorten* (Altersübergangs-Report 2010–04). Düsseldorf, Berlin, Duisburg: Hans-Böckler-Stiftung, Forschungsnetzwerk Alterssicherung, Institut Arbeit und Qualifikation.

Buchholz, S. (2008). *Die Flexibilisierung des Erwerbsverlaufs: Eine Analyse von Einstiegs- und Ausstiegsprozessen in Ost- und Westdeutschland.* Wiesbaden: VS Verlag.

Ebert, A. & Trischler, F. (2012). Altersübergänge. In Forschungsverbund Sozioökonomische Berichterstattung (Redaktion: Peter Bartelheimer, Jürgen Kädtler) (Hrsg.), *Berichterstattung zur sozioökonomischen Entwicklung in Deutschland. Teilhabe im Umbruch. Zweiter Bericht* (S. 533–561). Wiesbaden: VS Verlag.

Erlinghagen, M. (2004). *Die Restrukturierung des Arbeitsmarktes. Arbeitsmarktmobilität und Beschäftigungsstabilität im Zeitverlauf.* Wiesbaden: VS Verlag für Sozialwissenschaften.

Inglehart, R. (1971). The silent revolution in Europe: Intergenerational change in post-industrial societies. *American Political Science Review, 65*(4), 991–1017.

Lestaeghe, R. (1995). The second demographic transition in western countries: An interpretation. In K. O. Mason & A.-M. Jensen (Eds.), *Gender and family change in industrialized countries* (pp. 17–62). Oxford: Clarendon Press.

Kohli, M. (1985). Die Institutionalisierung des Lebenslaufs. *Kölner Zeitschrift für Soziologie und Sozialpsychologie, 37*(1), 1–29.

Konietzka, D. (2010). *Zeiten des Übergangs. Sozialer Wandel des Übergangs in das Erwachsenenalter.* VS Verlag: Wiesbaden.

Mau, S. (2012). *Lebenschancen: Wohin driftet die Mittelschicht?* Frankfurt am Main: Suhrkamp.

Nazio, T. & Blossfeld, H.-P. (2003). The Diffusion of Cohabitation among Young Women in West Germany, East Germany and Italy. *European Journal of Population, 19,* 47–82.

Scherger, S. (2007). *Destandardisierung, Differenzierung, Individualisierung. Westdeutsche Lebensläufe im Wandel.* Wiesbaden: VS Verlag für Sozialwissenschaften.

Scherger, S., Lux, T., Hagemann, S. & Hokema, A. (2012). *Between privilege and burden. Work past retirement age in Germany and the UK* (ZeS-Working paper No.4/2012). Bremen: Zentrum für Sozialpolitik.

Schmidt, T. (2012). Junge Erwachsene. In Forschungsverbund Sozioökonomische Berichterstattung (Redaktion: Peter Bartelheimer, Jürgen Kädtler) (Hrsg.), *Berichterstattung zur sozioökonomischen Entwicklung in Deutschland. Teilhabe im Umbruch. Zweiter Bericht* (S. 470–505). Wiesbaden: VS Verlag.

Struck, O., Grotheer, M., Schröder, T. & Köhler, C. (2007). Instabile Beschäftigung. Neue Ergebnisse zu einer alten Kontroverse. *Kölner Zeitschrift für Soziologie und Sozialpsychologie, 59*(2), 294–317.

Wohlrab-Sahr, M. (1992). Institutionalisierung oder Individualisierung des Lebenslaufs? Anmerkungen zu einer festgefahrenen Debatte. *BIOS, 5*(1), 1–19.

24 Neue Lebensläufe der Geschlechter aus entwicklungspsychologischer Sicht

Insa Fooken

Zusammenfassung

Die Differenzierung über das Geschlecht hat in der Lebenslauf- und Lebensspannenforschung bislang zu einer heterogenen Befundlage geführt. Die Forderung, Lebensläufe aus einer Gender-Perspektive heraus zu betrachten, besteht zwar seit Längerem, wurde aber selten systematisch umgesetzt. Im vorliegenden Beitrag werden drei Annäherungen an den Themenkomplex der neuen Lebensläufe der Geschlechter vorgenommen. Zunächst geht es um die Frage, ob es bei den Geschlechterverhältnissen im Rahmen von Lebensläufen deutsche Besonderheiten gibt. Sodann wird der Stand zur Entwicklung der Geschlechtstypisierung über die Lebensspanne als themenrelevanter theoretischer Bezugsrahmen aufbereitet. Schließlich geht es um die Betrachtung des lebenslaufbezogenen »doing gender« als eine bio-psycho-soziale Entwicklungsaufgabe auf der Grundlage empirischer Evidenz. Das Fazit lautet: Auch aus entwicklungspsychologischer Sicht gibt es gute Gründe für die Etablierung neuer Lebensläufe der Geschlechter.

24.1 Einführung

Der Stratifizierung bzw. Differenzierung nach Geschlecht kommt in den verschiedenen sozial- und verhaltenswissenschaftlichen Disziplinen und Traditionen der Lebenslaufforschung (»life course«) einerseits und der Lebensspannenbetrachtung (»life span«) andererseits ein unterschiedlicher Stellenwert zu. So werden innerhalb der sozialwissenschaftlich geprägten Lebenslaufforschung geschlechtsspezifische Strukturen und gesellschaftliche Geschlechterarrangements zumeist stärker berücksichtigt und ausgewiesen, als es in den eher geschlechtsneutral gefassten psychologischen Ansätzen der Entwicklungspsychologie der Lebensspanne der Fall ist. Lange Zeit galt ohnehin für beide Forschungszusammenhänge: Wurden Gender-Bezüge explizit, handelte es sich in der Regel darum, die Besonderheiten der Lebensläufe von Frauen im Sinne ihrer Abweichung von normativ gesetzten männlichen Lebensverlaufsmustern zu fokussieren und ihre im Lebensverlauf kumulativ angehäuften Benachteiligungen herauszuarbeiten. In dem vor fast 30 Jahren erschienenen Sammelband der American Sociological Association mit dem Titel »Gender and the Life Course« (vgl. Rossi, 1985) wurde in diesem Zusammenhang die Forderung nach einer integrierten biopsychosozialen Perspektive erhoben. Der damalige theoretische Erkenntnisstand wurde als (noch) eher bescheiden charakterisiert, aber man ging davon aus, dass in nachfolgenden Auflagen eine »sophisticated integration« neuer Theorien und Forschungsbefunde geleistet werden könnte. Prognostiziert wurde aber damals bereits, dass sich im Zuge anstehender sozial-struktureller und demografischer Veränderungen insbesondere weibliche Lebenslaufstrukturen wandeln und neu konturieren würden. Riley (1985) ging sogar davon aus, dass der enorme Anstieg der Lebenserwartung gerade für (ältere) Frauen neue Freiräume für Selbstverwirklichung schaffen würde, die sie aller Wahrscheinlichkeit nach für die Überwindung überholter Strukturen und für die Etablierung neuer Maßstäbe von Mitmenschlichkeit und Menschenrechten einsetzen würden.

Diese damals fast euphorisch proklamierte Zukunftsvision einer schönen neuen Welt mit neuen Geschlechterarrangements und Geschlechterrollen hat sich, wenn überhaupt, nur partiell erfüllt. Zwar haben sich in der Tat die Lebenslagen und Entwicklungsoptionen für Frauen deutlich erweitert, andererseits kann man aber davon ausgehen, dass es trotz (oder möglicherweise auch wegen) der Freisetzungen aus traditionellen Geschlechtsrollenbezügen im Rahmen weiblicher Lebensverlaufskontexte auch zu neuen Risiken gekommen ist. Zugleich wurde deutlich, dass auch Männer mittlerweile davon bedroht sind, ihren traditionellen geschlechterhierarchi-schen Vorsprung zu verlieren. Männer sind in vielen Lebens- und Entwicklungsphasen neu herausgefordert, so dass auch männliche Lebensläufe prekärer und brüchiger werden. Insofern verwundert es nicht, dass neue Überlegungen zu den sich wandelnden Formen und Varianten von »gendered life courses« angestellt werden (vgl. Moen, 2011; Motel-Klingebiel, Wurm & Tesch-Römer, 2010). Herkömmliche Polaritäten und Dualitäten tendieren mittlerweile ohnehin dazu, diskursiv aufgehoben zu werden. In diesem Rahmen gehört auch die nicht neue, aber neu gewichtete Erkenntnis, dass Frauen und Männer als »homines ambivalentes« (Lüscher, 2012, S. 11) fähig sind, »die Erfahrung von Ambivalenzen zu machen« (ebd.). Im vorliegenden Beitrag werden vorsichtige Prognosen zu möglichen »neuen Lebensläufen der Geschlechter« schwerpunktmäßig aus einer entwicklungspsychologischen Perspektive heraus angestellt. Der folgende Text versucht, diesen postulierten Wandel in drei Annäherungsschritten und Kontexten zu verorten: (1) unter Bezugnahme auf die Frage nach deutschen Spezifika, (2) im Kontext geschlechtstypisierter Entwicklungsprozesse über die gesamte Lebensspanne und (3) als eine Variante des »doing gender« im Sinne einer immer wieder neu zu bestimmenden Entwicklungsaufgabe.

24.2 Geschlechterverhältnisse im Lebenslauf – Neue Antworten auf alte Fragen

Erste Annäherung: Besonderheiten deutscher Lebensläufe?

Im deutschsprachigen Raum stellt sich sowohl der theoretische Erkenntnisstand als auch die empirische Befundlage zur Frage von Geschlechterverhältnissen und ge-schlechtsspezifischen Lebensläufen als vergleichsweise unübersichtlich und im Zweifelsfall als kontrovers dar. So konstatiert Backes (2009), dass hinsichtlich der gesellschaftlichen und individuellen Bedeutung von Geschlecht und Lebens(ver)lauf eine »tiefer gehende Analyse der Geschlechterverhältnisse [...] und ihrer Auswirkungen auf die Lebenslagen beider Geschlechter« (S. 155) in den einschlägigen deutschsprachigen Wissenschaftsdisziplinen noch weitgehend fehlt. Hinzu kommt, dass ein simpler Transfer angloamerikanischer Erkenntnisse auf deutsche Verhältnisse angesichts erheblicher kultureller und sozialstruktureller Unterschiede nur partiell möglich ist. Selbst der Vergleich mit entsprechenden Erkenntnissen aus anderen europäischen Ländern ist nicht unproblematisch, da die zeithistorischen und politischen Rahmenbedingungen in Deutschland in der Zeit von Nationalsozialismus und Zweitem Weltkrieg sowie in den Dekaden danach eine Reihe von Besonderheiten aufweisen. Dies hängt nicht zuletzt auch mit der deutschen Teilung und späteren (Wieder-)Vereinigung zusammen und mit den damit ganz unterschiedlich gegebenen Lebenslauf- und Sozialisationsstrukturen für Männer und Frauen in Ost- und Westdeutschland.

Auch das in den westlichen Ländern unisono beschworene Phänomen der »Babyboomer« weist in (West-)Deutschland eine spezifische Ausprägung auf: Die (west-)deutschen Babyboomer wurden nicht in der unmittelbaren Nachkriegszeit geboren, sondern erst später Ende der 1950er bis etwa zur Mitte der 1960er Jahre, sie haben ein (ungewöhnlich) niedriges Geburtenniveau (ca. 20 % Kinderlose) und sie stehen als zahlenmäßig sehr große Altersgruppe aktuell in der »Mitte ihres Lebens« – mit all den Konsequenzen, die das für genderbezogene Themen ihrer Lebensläufe hat und für das zukünftige Alter dieser Generation haben wird (Deutsches Zentrum für Altersfragen, 2009). Im Deutschen Alterssurvey (DEAS) werden ab dem mittleren Erwachsenenalter drei Altersgruppen unterschieden, deren subjektive Altersantizipationen hinsichtlich materieller Sicherheit, Gesundheit und sozialer Integration sowohl objektiv als auch in der subjektiven Wahrnehmung unterschiedlich sind. So kann

man für die jüngeren Männer und Frauen davon ausgehen, dass ihre Lebensverläufe mehr Belastungen, Unsicherheiten und Unwägbarkeiten aufweisen (werden), als das bei den älteren der Fall ist (vgl. Motel-Klingebiel et al., 2010). Generell wird auch im deutschsprachigen Raum zunehmend realisiert, dass sich für beide Geschlechter sowohl Lebenslage-Risiken als auch Ressourcen und Chancen – einschließlich der sich daraus ergebenden Widersprüche und erlebten Ambivalenzen – in veränderten Lebensverlaufsmustern neu auffächern. Es etablieren sich sowohl neue strukturelle Besonderheiten von Erwerbskarrieren (z. B. häufigere Unterbrechungszeiten auch für Männer, verlängerte Lebensarbeitszeit für Männer und Frauen etc.) als auch neue Qualitäten und Strukturen sozialer Netzwerke (z. B. mehr Singles jenseits des jungen Erwachsenenalters, mehr alleinerziehende Mütter). Somit werden die alten Fragen nach Sinnstiftung und einer selbstbestimmten und aktiven Aneignung der eigenen Lebensvollzüge, die ja nicht losgelöst waren und sind von Geschlechtsrollenbezügen, neu aufgerollt. Angesichts der partiellen Aufhebung von vertrauten Männlichkeits- und Weiblichkeitsnormen sind bestimmte Formen von Lebenszusammenhängen prekärer und nicht mehr selbstverständlich gegeben (z. B. in Bezug auf familiäres Zusammenleben, Haushalts- und Wohnformen). Die klassischen Einflussfaktoren und Bestimmungsgrößen von Lebenszufriedenheit wie internale Kontrollüberzeugungen (z. B.: Mit wem möchte man wie zusammenleben?) und die Erfahrung von Selbstwirksamkeit konstituieren sich weniger aus tradierten Geschlechter- und Lebensverhältnissen, sondern müssen von den Subjekten der neuen Lebensläufe neu definiert und erfahrbar werden. Noch unübersichtlicher wird die Lage, wenn man die angestellten Überlegungen nicht nur auf veränderte Geschlechter-Differenzen bezieht, sondern sich das Phänomen der Intersektionalität vergegenwärtigt im Sinne weiterer Einfluss nehmender Differenz- und Diskriminierungskategorien (wie z. B. Alter, Ethnizität, Behinderung, Bildung, Armut, Arbeitslosigkeit etc.). Das würde bedeuten, dass bestimmte Formen von Bildungsferne bzw. fehlenden formalen Qualifikationen im Zusammenspiel mit bestimmten Varianten ethnischer Zugehörigkeit bei Männern und Frauen neue Formen von prekären Lebensverhältnissen mit sich bringen. Dabei wird man davon ausgehen können, dass sich traditionell sozialstrukturell verankerte Geschlechterhierarchien und soziale Ungleichheiten – samt der subjektiven Wahrnehmung dieser Verhältnisse – im Rahmen von neuen Lebensläufen verschärfen, aber auch aufheben können. Bei Bildungsverlierern mit Migrationshintergrund dürfte ersteres zutreffen, bei Frauen und Männern mit Migrationserfahrung und hohen Bildungsabschlüssen letzteres. In jedem Falle werden hier auch die neuen (EU-)politischen Vorgaben im Zusammenhang mit dem Konzept des »gender mainstreaming« und den Antidiskriminierungsvorgaben weiterhin an Einfluss gewinnen, da traditionelle Formen von Benachteiligungen (vor allem über Geschlecht und Alter) obsolet geworden sind. So wird die Frage nach möglichen neuen Privilegien (z. B. für Frauen und Mütter) und neuen Benachteiligungen (z. B. für ledige Männer) in den Lebensläufen der Geschlechter kontrovers diskutiert und beantwortet, so dass sich neue Spannungsfelder im Geschlechterdiskurs eröffnen können. Dabei scheint es in Anbetracht dieser Gemengelage ein deutsches Spezifikum zu sein, dass die Familienplanung mittlerweile bei beiden Geschlechtern zugunsten der beruflichen Orientierung zurückgestellt wird, so dass Eltern- und Großelternrollen zunehmend weniger ein normativer Bestandteil von Lebensverlaufsmustern sein werden.

Trotz vielfach prognostizierter Angleichung der Lebensläufe von Männern und Frauen gibt es derzeit allerdings noch viel Ungleichzeitigkeit in den Entwicklungsverläufen. Dies zeigt sich beispielsweise daran, dass Frauen zum einen (immer noch) aus bestimmten privilegierten Statusgruppen (z. B. hohe Leitungsfunktionen, Vorstandsposten) ausgeschlossen sind, so dass hier die Frage der politisch erwirkten Zwangsquotierung kontrovers diskutiert wird, dass sie zum anderen aber im Rahmen akademischer Studiengänge traditionell männlich dominierte Disziplinen wie Medizin, Jura oder das (gymnasiale) Lehramt weitgehend erobert haben und damit auch die entsprechenden Berufsbilder anders prägen, als es Jahrhunderte lang der Fall war. Gleichzeitig haben sich aber andere, traditionell geschlechtsrollenbezogene Berufsbereiche gar nicht oder nur kaum verändert: Frauen dominieren weiterhin unvermindert das pädagogische und pflegerische Feld, Männer das ganze Spektrum technischer Berufe. Männliche Lebensläufe werden allerdings durch die Aussetzung der Wehrpflicht ganz neu vom Wegfall einer bislang ganz selbstverständlich männlich konnotierten Geschlechterrolle betroffen sein. Auch dadurch gleichen sich männliche und weibliche Lebensläufe im frühen Erwachsenenalter an, nicht zuletzt deswegen, weil sich beide Geschlechter für freiwillige Dienste entscheiden und ähnliche Erfahrungen machen können. So resultieren aus den Veränderungen der gesetzlichen Regelungen neue paradoxe Phänomene: Die (temporäre) Soldatenrolle, eine *der* klassischen Männerrollen, war verpflichtender Bestandteil männlicher Lebensläufe, wurde aber in der langen Periode des Friedens nach dem Zweiten Weltkrieg faktisch kaum aktiv ausgeübt. Seit Deutschland an internationalen kriegsähnlichen Einsätzen beteiligt ist, ist die aktive Ausübung der soldatischen Rolle zunehmend zu einer *freiwilligen* Entscheidung geworden, die mittlerweile nun auch Frauen treffen können – eine der letzten Bastionen »reiner Männerrollen« ist somit gefallen.

War das Thema Kriegserfahrungen bzw. Kriegstraumata in Deutschland bislang weitgehend ein Bestandteil der Lebensläufe alter Menschen, wird es absehbar die Lebensläufe jüngerer Männer bestimmen (und partiell auch jüngerer Frauen als Soldatinnen und/oder als Partnerinnen). Die Frage nach neuen Geschlechterrollen und Selbstverständnissen stellt sich auch in diesem Zusammenhang neu. Dabei dürfte es in Anbetracht der sich rapide wandelnden und partiell erodierenden Lebensverhältnisse schwer sein, »Gewinner« und »Verlierer« neuer Lebensläufen der Geschlechter eindeutig zu bestimmen.

Auch die Lebenslagen und Lebensverlaufsstrukturen älterer Menschen lassen sich nicht mehr generell als Resultat geschlechterhierarchischer Verhältnisse bestimmen. So sind ältere Frauen (im Geschlechtergruppenvergleich) hinsichtlich ihrer materiellen Alterssicherung zwar immer noch benachteiligt (vgl. Backes, 2009), gleichwohl verringern sich die Abstände zwischen den Geschlechtern durch eigene Sicherungsansprüche der Frauen. Zudem häufen sich die Hinweise darauf, dass auch Männer eine spezifische Art von sozialer Marginalisierung und doppelter Benachteiligung ihres Selbstwerts im Alter erfahren können (vgl. Fooken, 1999). Insbesondere werden die neuen Geschlechterdisparitäten bei den Bildungsabschlüssen, die mittlerweile zuungunsten der Männer zu Buche schlagen, langfristig zählebige Benachteiligungsstrukturen von Frauen im Erwerbsleben aufheben und den politischen Gleichstellungsanspruch möglicherweise weitgehend einlösen.

Zweite Annäherung: Entwicklung der Geschlechtstypisierung über die Lebensspanne

Im vorliegenden Beitrag geht es weniger um den objektiven Gehalt und die Auswirkungen sozialstruktureller Rahmenbedingungen auf Lebensläufe, sondern um die damit interdependent verschränkte Binnenperspektive des Subjekts. Lassen sich insofern neue Formen und Muster lebenslaufbezogener Entwicklung, (antizipatorischer) Sozialisation und Subjektgenese unter Gender-Vorzeichen identifizieren? Will man Antworten auf diese Frage finden, müssen die zumeist nur bis zum Ende der Adoleszenz formulierten Konzepte von Geschlechterdifferenzierung und Geschlechtsidentitätsentwicklung in jedem Fall um die Perspektive einer lebenslang sich vollziehenden Geschlechtstypisierung im Rahmen einer Entwicklungspsychologie der Lebensspanne erweitert werden (vgl. Brandtstädter, 2007; Hannover & Schmidthals, 2007). Die Evidenz (neuer) männlicher und weiblicher Selbstverständnisse samt zugehöriger Geschlechtsidentitätsentwicklung, Geschlechterrollen und Geschlechterverhältnisse im gesamten Lebensverlauf bis hin zur Lebensphase Alter ist dabei nicht so einfach zu verorten. Als strukturierender Rahmen sollen hier im Folgenden einige themenrelevante theoretische Betrachtungsperspektiven herangezogen werden.

Innerhalb der Psychologie gibt es vergleichsweise wenig Konsens über die Bewertung der Geschlechtervariable und eine Standortbestimmung über die verschiedenen Teildisziplinen hinweg ist erst in jüngster Zeit vorgenommen worden (vgl. Steins, 2010). So lassen sich drei unterschiedlich akzentuierte Forschungszugänge im Hinblick auf die Bedeutung der Variable Geschlecht festmachen (vgl. Trautner, 2008): (1) Geschlecht wird innerhalb differentiellpsychologischer Ansätze als ein *individuelles Merkmal* betrachtet, das sich sowohl auf das biologische als auch psychologische Geschlecht (Maskulinität und Femininität) beziehen kann, über das sich Menschen in vielen Merkmalen voneinander unterscheiden (können); (2) die Geschlechtszugehörigkeit wird als ein *sozialer Stimulus* gesehen, bei dem es sich um genderbezogene Hinweisreize in sozialen Kontexten handelt, die vor allem die Wahrnehmung der eigenen und »anderen« Geschlechtergruppe und die wechselseitige Abgrenzung der beiden Geschlechter voneinander beeinflussen; (3) Geschlecht stellt eine zentrale Komponente der *Selbstwahrnehmung* und Informationsverarbeitung dar, bei der es um die Wahrnehmung der eigenen Maskulinität bzw. Femininität und damit um die Entwicklung und Etablierung der Geschlechtsidentität geht.

All diese Aspekte konstituieren den Prozess der Geschlechtstypisierung über die Lebensspanne hinweg. Dabei können hier noch einmal vier verschiedene Dimensionen unterschieden werden:

- die Entwicklung von Überzeugungen, *Konzepten* und »Wissen« über Geschlechterrollen und Geschlechtsspezifität,
- die Entwicklung der *Geschlechtsidentität* und eines genderbezogenen Selbstkonzepts,
- die Entwicklung von *Präferenzen* für bestimmte genderbezogene Kontexte und
- die Entwicklung und Manifestation von einem konkreten geschlechtstypischen *Verhalten.*

Mit Rekurs auf diese Dimensionen eröffnet sich für die Frage nach »neuen Lebensläufen der Geschlechter« aus entwicklungspsychologischer Sicht ein interessanter Zugang. Von daher wird im Folgenden die Entwicklung der Geschlechtstypisierung (mitsamt der Frage nach damit einhergehenden Geschlechterdifferenzen) über die Lebensspanne hinweg in groben Zügen skizziert.

Auch wenn es auf den ersten Blick etwas weit hergeholt erscheint, sich im Rahmen einer Lebenslaufperspektive ausführlich mit der Entwicklung der Geschlechtstypisierung in der Kindheit zu befassen, sollte nicht unterschätzt werden, dass die Lern-,

Nachahmungs-, Kategorisierungs- und (Selbst-)Sozialisationsprozesse in Kindheit und Adoleszenz eine entscheidende Erfahrungsgrundlage für genderbezogene Lebensläufe im Erwachsenenalter sind. Bereits kleine Kinder wissen, dass das Geschlecht in der sozialen Umwelt einen hohen Stellenwert hat, so dass es auch bei ihnen bereits ein bevorzugtes Merkmal der Selbstkategorisierung darstellt. Kinder wissen um Geschlechtsrollenstereotype, sie brauchen diese zunächst zur subjektiven Verortung in einer komplexen »gendered world« und können dann allmählich flexibler damit umgehen. Aber auch hier deuten sich bereits Phänomene an, die eine Fortsetzung in den Geschlechterverhältnissen der Erwachsenen haben: Mädchen wissen beispielsweise deutlich mehr über die geschlechtsrollenbezogenen Kontexte und normativen Merkmale der Jungenrolle, als es umgekehrt bei den Jungen über Mädchennormen der Fall ist.

Im Erwachsenenalter zeigen sich entsprechende Geschlechterdifferenzen oft als Beziehungskompetenzen der Frauen, während Männer – in einer Art »atrophierten Empathie« – häufig keinen befriedigenden Zugang zu Beziehungsthemen und Gestaltung von Beziehungen haben. Mädchen können zudem vergleichsweise sanktionsfrei übergreifendes Geschlechtsrollenverhalten zeigen, während Jungen diesbezüglich kaum Spielräume haben und bei Normabweichungen nicht zuletzt von ihren Peers deutlich sanktioniert werden. Auch hier gibt es Parallelen im Erwachsenenalter. Der Zugang zu den traditionell weiblich konnotierten Berufsfeldern ist bei Männern eingeschränkter als es umgekehrt der Fall ist. »Männlichkeit« scheint durch weibliche Rollenmerkmale (Fürsorge und »caring«) immer noch stärker bedroht zu sein als »Weiblichkeit« durch Interesse für Männerthemen.

Auch wenn mit Beginn der Adoleszenz zumeist erkannt wird, dass Geschlechtsrollen keine Naturgesetze, sondern Ausdruck sozialer Konventionen sind, müssen mit den neuen Entwicklungsaufgaben im Jugendalter die zentralen Inhalte der Geschlechterrolle neu akzentuiert und mit dem Selbstkonzept integriert werden. Dieses Phänomen der »gender-intensification« kommt dabei sozusagen durch die Hintertür und konterkariert die im Prinzip bestehende kognitive Kompetenz, den stereotypen Gehalt vieler Geschlechtsrollennormen durchschauen zu können. Gerade die spezifischen körperlichen Veränderungen in dieser Phase tangieren das Selbstkonzept eigener Maskulinität bzw. Femininität erheblich und gehen oft mit einer stark erlebten Ambivalenz einher. Dabei befinden sich Jungen mit ihren identitätsrelevanten Männlichkeits-Inszenierungen (»cool sein«) weitaus häufiger auf Konfrontationskurs mit den normativen Erwartungen in den einschlägigen Sozialisationskontexten (z. B. Schule) als es bei den Mädchen der Fall ist (Stichwort Schulabschlüsse: Jungen als neue Bildungsverlierer?).

Mit dem Beginn des Erwachsenenalters fädeln sich junge Männer und junge Frauen somit in gewisser Weise mit unterschiedlichen Voraussetzungen und einem neu geschlechtstypisierten »mentalen Gender-Gepäck« in die Umlaufbahn ihrer Lebensläufe ein. Lange Zeit erwies sich dabei vor allem die Generativitätsfrage, das heißt die Elternschaft, als eine Art Imperativ (»parental imperative«). Die Familiengründung war die entscheidende Klippe, an der sich die Geschlechterrollen trotz vorhergehender Offenheit und Flexibilisierung wieder in ganz geschlechter-normative Bahnen einpendelten und die Lebensläufe von Männern und Frauen einem deutlichen Traditionalisierungsschub unterwarfen. Nicht von ungefähr verweisen empirische Daten noch immer wieder darauf, dass die Verhaltensspielräume im Erwachsenenalter letztlich weitaus stärker durch die Geschlechtszugehörigkeit bestimmt werden

als im Kindes- und Jugendalter. Mit der Aufschiebung der Entscheidung zur Familiengründung (deutlich gestiegenes durchschnittliches Erstgebäralter auf mittlerweile 28,9 Jahre, siehe Statistisches Bundesamt, 2012, S. 36) bzw. der endgültigen Absage an eine parentale Generativität, mit der abnehmenden Heiratsneigung und der deutlich höheren Erwerbsorientierung der Frauen haben sich allerdings Lebenslaufstrukturen etabliert, die nicht mehr so eindeutig entlang traditioneller Geschlechtsrollen-Bahnen laufen. Aktuelle Repräsentativerhebungen verweisen darauf, dass es somit zu einer deutlichen Dynamisierung und Pluralität von Lebensläufen gekommen ist und partiell weiter kommen wird (vgl. Motel-Klingebiel et al., 2010). Pluralität heißt in diesem Zusammenhang, dass sowohl traditionell geschlechtsspezifische als auch neue Lebensläufe parallel nebeneinander existieren. In den traditionellen Lebensläufen der Geschlechter wird zumeist eher eine geschlechtsspezifische Arbeitsteilung praktiziert: Frauen investieren hier nur begrenzt in eine berufliche Karriere und leisten schwerpunktmäßig Familien- und Beziehungsarbeit, während Männer sich auf Statuserhalt bzw. Berufskarrieren konzentrieren. In Lebensläufen, die zwischen alten Traditionen und neuen Entwürfen changieren, sind es vor allem die Frauen, die den Balanceakt zwischen Erwerbsleben und Familienarbeit vollbringen. In manchen »neuen Lebensläufen« der Geschlechter wird die Vereinbarkeit von Beruf und Familie – zumindest vom Anspruch her – noch stärker auf beide Geschlechter verteilt und es werden verschiedene Varianten von »dual-career-families«-Existenzen erprobt. In diese Richtung gehen auch die meisten geschlechterpolitischen Vorgaben.

Wie schwierig es letztlich ist, die Vorgaben und Ideale von Geschlechterpolitik und Familienpolitik zu integrieren, darauf verweisen die aktuellen politischen Debatten. Oft bedeuten »neue Lebensläufe der

Geschlechter«, dass sowohl Männer als auch Frauen primär in die berufliche Karriere investieren, eher keine (oder sehr spät) Familie gründen und tendenziell kinderlos bleiben. Das Phänomen der Lebensabschnittsgefährtenschaften verweist zudem darauf, dass in solchen Lebensläufen (partielle) Partnerlosigkeit einkalkuliert werden muss. So finden sich gerade bei Männern in der Lebensmitte vergleichsweise viele »beziehungslose« Lebensläufe (ohne feste Partnerschaft, ohne Kinder), bei denen sich für die weiteren Lebensdekaden erhebliche Probleme hinsichtlich tragfähiger und verlässlicher sozialer Netzwerke andeuten. Frauen scheinen hingegen bei einer ähnlichen »Entbindung« aus familialen Zusammenhängen zumindest stärker auf außerfamiliale soziale Netze und Unterstützungsstrukturen zurückgreifen zu können, die bei Bedarf mit Rat und Trost zur Verfügung stehen (vgl. Motel-Klingebiel et al., 2010). Hier könnten Erfahrungen im Rahmen von Patchwork-Familien-Systemen, anderen nicht-familialen Formen von »Wahrverwandtschaften« oder neuen Wohn-, Haus- und Lebensgemeinschaften Modellcharakter für neue Lebensläufe jenseits geschlechtsrollentradierter Strukturen haben.

Interessanterweise verweist der Prozess der Geschlechtstypisierung für das späte Erwachsenenalter auf die Möglichkeit der Entwicklung hin zu einer Angleichung der Lebensverläufe, auch im Sinne einer zunehmenden Androgynie beider Geschlechter. Wird dieser Entwicklungspfad eingeschlagen, gilt das als gute Voraussetzung für psychische Gesundheit im Alter. Dabei schwingen einerseits Vorstellungen von einer Entdifferenzierung der Geschlechtsidentität und der Geschlechterrollen im Sinne einer geschlechtsneutralen »Unisex«-Entwicklung mit, andererseits aber auch die Idee der Etablierung einer »Alters-Androgynie« im Sinne einer Integration männlicher und weiblicher Persönlichkeitsanteile und Über-

windung von bisherigen einseitigen Geschlechtsrollenbezügen. Zumindest scheint die Freisetzung aus strukturellen Zwängen der Berufs- und Familienrolle und damit unter Umständen auch die Entlastung aus einem normativen Geschlechtsrollendruck neue Lebensverläufe im Alter zu ermöglichen. Die Vorstellung, dass möglicherweise die aktuell zahlenmäßig sehr große Gruppe der »jungen Alten« positiv konnotierte androgyne Selbstkonzepte entwickelt, die zu einer Art »spill-over« auf die Lebensverläufe von jüngeren Erwachsenen führen und damit zur Exploration neuer Lebensläufe der Geschlechter anregen könnten, erscheint durchaus reizvoll. Es wird sich zeigen, ob die strukturellen Rahmenbedingungen, in denen sich die nachfolgenden Lebensläufe vollziehen, solche Spielräume ermöglichen werden.

Grundsätzlich wird man trotz struktureller Veränderungen und modifizierter subjektiver Ansprüche davon ausgehen können, dass auch traditionelle Geschlechterrollen und die zugehörigen Überzeugungen weiterhin eine subtile Wirksamkeit entfalten. Angesichts der enorm gestiegenen kulturellen Diversität in Partnerschaften und Familien und der damit einhergehenden unterschiedlichen Bewertung der Geschlechterfrage wäre es unwahrscheinlich, dass es absehbar einen einheitlich zu bestimmenden Trend gibt. Allerdings wäre die ungebrochen nachhaltige Wirkung traditioneller Geschlechtsrollenkonzepte weniger ein Beleg dafür, dass Männer und Frauen »von Natur aus anders« sind (vgl. Bischof-Köhler, 2011), sondern dafür, dass beide Geschlechter weiterhin in bestimmten Lebenslaufphasen dem Druck normativer, geschlechtsrollenbezogener Erwartungen ausgesetzt sind, die immer auch das Selbstkonzept und die daraus abgeleitete Handlungsbereitschaft tangieren. Zudem kann man gerade in den Lebensphasen des frühen und mittleren Erwachsenenalters davon ausgehen, dass Männer und Frauen oft immer noch mit zweierlei Maß gemessen werden sowie weiterhin erhebliche Statusunterschiede zwischen den Geschlechtern vorzufinden sind (vgl. Athenstaedt & Alfermann, 2011). So bleibt ein letztlich paradoxes Phänomen: Trotz der immer wieder durch Metaanalysen nachgewiesenen Befundlage, dass sich die beiden Geschlechter relativ ähnlich hinsichtlich vieler Persönlichkeitsmerkmale sind, wird die Verschiedenheit der Geschlechter im öffentlichen Diskurs »häufiger thematisiert [...] als die Arbeitslosigkeit, die Erderwärmung, die Überalterung der Gesellschaft oder andere aktuelle Probleme« (Lautenbacher, Güntürkün & Hausmann, 2007, S. VII).

Dritte Annäherung: »Doing gender« – eine (neue) bio-psycho-sozial konnotierte Entwicklungsaufgabe?

Bei der hier interessierenden Thematik handelt es sich um eine Gemengelage bio-psycho-sozialer Dimensionen und Einflussfaktoren. Von daher bietet sich das Konzept der »Entwicklungsaufgaben« über die gesamte Lebensspanne als eine themenrelevante Betrachtungsperspektive an (vgl. Havighurst, 1948/1972). So war es nicht zuletzt Havighurst, der genau diese drei Wirkfaktoren (*biologische* Reifungsfaktoren, *persönliche* Werthaltungen, *soziale* Erwartungen) als zentrale »Quellen« der sich im Lebensverlauf immer wieder neu konstituierenden Entwicklungsaufgaben postulierte. Die Differenzierung nach Geschlecht unterstreicht im Kontext von Lebensläufen und lebenslangen Entwicklungsprozessen die Bedeutung sowohl *biologischer* Prozesse als auch *sozialer* Implikationen sowie zudem die Tatsache, dass beide Dimensionen subjektiv bestimmt und wahrgenommen werden und somit ein zentraler Bestandteil *individueller* Identitätsentwicklung sind (vgl. Trautner, 2008). Alle drei Einflussfaktoren sind in einen komplexen, dynamischen und interdependenten Prozess eingebunden. Dabei wird davon ausgegangen, dass biologische und soziale Determinanten ganz wesentlich über die subjektive Wahrnehmung und Deutung handlungsrelevant werden und zur Etablierung neuer Lebensläufe der Geschlechter führen. Beide Geschlechter, weibliche und männliche Individuen, sind handelnde, intentionale, zielorientierte Subjekte und damit auch (partiell) aktiv Gestaltende ihrer eigenen Entwicklung und der in ihren Lebensverläufen stattfindenden Geschlechtstypisierungsprozesse. Was sie als Wissen, Konzepte, Überzeugungen, Identitäten, Präferenzen, Einstellungen und konkreten Verhaltenspraktiken in Bezug auf Genderfragen erfahren haben und konkret leben, bestimmt Art und Ausmaß neuer Lebensläufe der Geschlechter. »Doing gender« im Lebenslauf heißt somit, sich darauf einzulassen, dass Geschlecht keine anthropologische Konstante ist, sondern als eine jeweils kulturell codierte, bio-psycho-sozial vermengte Grundierung menschlichen Handelns und menschlicher Entwicklung im individuellen Lebensvollzug immer wieder neu bestimmt werden muss.

Was heißt das für die Identifizierung möglicher neuer Lebensläufe der Geschlechter? An dieser Stelle wird zunächst einmal ein sehr grundlegender Gedanke im Zusammenhang mit der Bewertung körperlich-biologischer Merkmale angesprochen. Bislang wurde das *biologische Geschlecht* mitsamt seinen genetischen, hormonellen, physiologischen und anatomischen Ausprägungen und Korrelaten zumeist als weitgehend invariant und klar bestimmbar betrachtet. Man ging davon aus, dass jeder Mensch ein bestimmtes Geschlecht »hat« bzw. ihm eine männliche oder weibliche Geschlechtszugehörigkeit bei der Geburt eindeutig zugewiesen werden kann. Mittlerweile steht aber diese Annahme auf dem Prüfstand, denn das Geschlecht wird als biologische Konstante relativiert. Das zeigt sich zum einen am Phänomen der »Geschlechtsdysphorie«, der Belastung durch einen Konflikt zwischen biologischem Geschlecht und Geschlechtsidentiät (Transsexualität, Transgender) mit der resultierenden Praxis der Geschlechtsumwandlung (vgl. Lautenbacher et al., 2007). Das zeigt sich zum anderen aber auch daran, dass – unter Verweis auf Menschenrechte – z. B. in einem Land wie Argentinien jedes Individuum sein »biologisches« Geschlecht selbst bestimmen kann. Hierzu gehört beispielsweise auch das Phänomen, dass eine zum Mann geschlechtsveränderte Frau unter Beibehaltung des Uterus als »Mann« drei Kinder gebären kann. Noch etwas anders gelagert sind die verschiedenen Dekonstruktionsansätze der »normativen Zweigeschlechtlichkeit«, wie sie beispielsweise von intersexuellen Menschen formuliert werden und in der Forderung nach formaler Anerkennung eines »dritten Geschlechts« münden. In Zeiten zunehmender Sensibilisierung gegenüber den verschiedenen Formen der Diskriminierung von Differenz und sexueller bzw. genderbezogener Diversität (sei es Homo- und Bisexualität, Intersexualität, Transidentität etc.) werden bestehende Praktiken, Herrschaftsverhältnisse, Normen und Hierarchien mittlerweile genderpolitisch neu »vermessen«. Somit werden Strukturen für neue Selbst- und Lebenskonzepte geschaffen, ohne dass zum jetzigen Zeitpunkt genau bestimmt werden kann, ob und wie diese veränderten Rahmenbedingungen neue Lebensläufe der Geschlechter hervorbringen.

Interessant erscheint in diesem Zusammenhang, dass die »Neurowissenschaft des kleinen Unterschieds zwischen Frau und Mann« (vgl. Lautenbacher et al., 2007) vergleichsweise unaufgeregt und unideologisch auf eine Vielzahl von neurobiologischen und genetischen Unterschieden (und Gemeinsamkeiten) zwischen Männern und Frauen verweist. Auch wenn es hier um mögliche neurowissenschaftliche Ursachenerklärung und Folgen für psychi-

sche Funktionen und Erkrankungen des zentralen Nervensystems geht, wird dabei die moderierende oder auch ursächliche Bedeutung kultureller Kontexte, Skripte, sozialer Erwartungen und individueller Verarbeitungsformen nicht ausgeblendet. Umgekehrt wird auch aus sozialpsychologischer Sicht davon ausgegangen, dass die lebenslange »Plastizität der menschlichen Entwicklung« (Athenstaedt & Alfermann, 2011, S. 196) nicht ohne die Berücksichtigung genetischer Einflussfaktoren verständlich wird, auch wenn hier der Einfluss von Stereotypen, Rollenerwartungen und Selbstkonzepten sowie die Auswirkungen der konkreten Erfahrungen in den zentralen Lebensbereichen von Familie, Beruf und Alltag höher angesetzt wird für die Erklärung psychologischer und sozialer Geschlechterunterschiede. Unabhängig davon, in welchem Ausmaß »nachweisbare« geschlechtsspezifische Unterschiede (partiell) biologisch bzw. genetisch grundiert sind, werden sie in jedem Fall immer auch von den Veränderungs- und Anpassungsanforderungen der *sozialen Umwelten* beeinflusst und über *subjektive* Wahrnehmungs- und Verarbeitungsformen in eine konkrete individuelle, mehr oder weniger geschlechtsspezifische Praxis des Lebensvollzugs transformiert. Diese Lebensstile hinterlassen dann durchaus wieder Spuren in hirnanatomischen Strukturen, die aber nicht primär auf ein genetisches Erbe zurückgeführt werden müssen, sondern als Ausdruck umweltspezifischer Einwirkungen sowie kultureller Einflüsse und individueller Erfahrungen verstanden werden können.

In welchen (sozialen) Kontexten lassen sich Indikatoren von neuen Lebensläufen der Geschlechter ausmachen? Können solche Nachweise als Ausdruck eines neuen »doing gender« gedeutet werden? Lassen sich »neue soziale Rollen« identifizieren, die als neue Optionen im Rahmen der Lebenslaufentwicklung zur Verfügung stehen? Da die lange Zeit kriegsbedingte Geschlechterdisparität im Alter abnimmt, weil mittlerweile die nicht mehr von unmittelbarer Kriegsteilnahme betroffenen Generationen in großer Anzahl ins Alter kommen und die Lebenserwartung für beide Geschlechter ohnehin steigt, ergeben sich beispielsweise neue Varianten für partnerschaftliche Lebenszusammenhänge. So hat es noch nie so viele Paare jenseits der Goldenen Hochzeit gegeben. Die hohe Wahrscheinlichkeit, dass Lebensläufe von Frauen in einer langjährigen Witwenschaft münden, hat sich deutlich verringert. Lebensläufe von Männern und Frauen werden sich zunehmend dadurch auszeichnen, dass beide Geschlechter, wenn es vorher keine ehelichen Trennungen gegeben hat, wahrscheinlich erst im relativ hohen Alter verwitwen. Ist das Phänomen langjähriger »hochaltriger Erstehen« historisch neu, gilt das auch für die Tatsache, dass in den zukünftigen Lebensläufen beider Geschlechter der Anteil derjenigen steigen wird, die (mindestens einmal) geschieden sind. Auch wenn Scheidungen immer noch am häufigsten innerhalb der ersten zehn Ehejahre passieren (43 %), steigt der Anteil der Paare, die sich nach 10 bis 20 Jahren (32 %) oder auch nach 20 und mehr Jahren (24 %) scheiden lassen (Statistisches Bundesamt, 2012, S. 56). Da es nur wenige »Vorbilder« für Geschiedene nach langen Ehejahren gibt, ergeben sich somit für beide Geschlechter neue Optionen für Lebensverläufe jenseits der mittleren Lebensjahre. Wenngleich es immer noch eher die Frauen sind, die den Antrag auf eine gerichtliche Trennung der Ehe stellen, steigt der Anteil der antragstellenden Männer, je länger die Ehe gedauert hat. Gleichzeitig nimmt auch generell der Anteil lediger Männer zu, möglicherweise als Folge eines ohnehin gegebenen leichten Männerüberschusses. Partnerschaftskarrieren werden somit für beide Geschlechter unvorhersehbarer und brüchiger. Es sind allerdings vorwiegend die Männer, die aus verlässlichen Beziehungsstrukturen herausfallen, während

Frauen Trennungen und Beziehungsverluste besser durch andere Netzwerkstrukturen kompensieren können. Wenn demnach »doing gender« für Männer bedeutet, dass sie (weiterhin) ihr Verhalten an traditionellen männerstereotypisierten Rollenbezügen ausrichten, gelten sie im Lebensverlauf als zunehmend gefährdet. Eine im Lebenslauf sozialisatorisch erworbene und zunehmend verfestigte Distanzierung von sozio-emotionalen Beziehungen wäre damit eine problematische Hypothek in neuen männlichen Lebensläufen.

In einem gewissen Sinne deutet sich aber auch moderat ausgeprägte *Gegenevidenz* an. Auch wenn die steigende Tendenz zur Alleinerziehung Frauen als Mütter immer noch weitaus stärker betrifft und betreffen wird als für Männer als Väter der Fall ist, wird es in Folge von veränderten gesetzlichen Regelungen (z. B. Anspruch auf öffentliche Kinderbetreuung, gemeinsame Sorge als Regelfall) und einem »neuen« Väterverständnis auch mehr alleinerziehende oder zumindest engagiertere Väter geben, als das früher der Fall war. So wird beispielsweise die deutlich gestiegene männliche Lebenserwartung in Schweden mit der stärkeren Bereitschaft der Männer für die Übernahme von Verantwortung gegenüber den Kindern und einem daraus folgenden reduzierten Risikoverhalten in den Lebensstilen in Verbindung gebracht (Cornelißen, 2005). Ähnliches gilt auch für die Frage der Übernahme von Pflege- und Kümmeraufgaben im Zuge des Älterwerdens. Auch hier ändern sich (gemäß der Androgynie-These im Alter) partiell männliche Selbstverständnisse.

Ein weiteres, historisch eher neues Ergebnis sozialwissenschaftlicher Lebenslaufforschung ist die wachsende und fast durchgängig hoch positiv konnotierte Rolle als Großeltern anzusehen. Auch wenn hier immer noch ein leichter Bedeutungsvorsprung bei den Frauen vorherrscht, ist diese soziale Rolle aber auch ein Beispiel für eine zunehmende Beziehungsorientierung der Männer im Zuge des Älterwerdens. Insofern kann man hinsichtlich vieler Bereiche konstatieren: Der Stress, der sich aus den traditionellen Männerrollen ergibt, wird nicht abnehmen, aber die Zahl der Männer, die sich diesem Stress nicht mehr unreflektiert aussetzen wollen, steigt moderat an. Ähnliches gilt für das Gesundheitsverhalten. Auch wenn Männer hinsichtlich ihrer Gesundheitsvorsorge noch einen deutlichen Nachholbedarf haben, steigt auch hier allmählich das Problembewusstsein. Dass es im Rahmen der Erfahrung von AIDS zu ganz neuen Hilfe- und »Kümmer«-Formen unter (homosexuellen) Männern gekommen ist, zeigt ebenfalls, dass viel Potenzial vorhanden ist, um alte Geschlechtsrollen-Strukturen aufzubrechen.

Ein weiterer Bereich, in dem veränderte Lebensläufe der Geschlechter zu erwarten sind, betrifft die Liberalisierung und Flexibilisierung von Genderbezügen und sexuellen Orientierungen im Verlauf der gesamten Lebensspanne. Hier werden in Zukunft wahrscheinlich viele unterschiedliche Partnerschafts- und Familienformen sowie Geschlechterkonstellationen in Partnerschaften zu konstatieren sein. Das betrifft tendenziell auch die Frage der Familien-

gründung unter neuen Vorzeichen. Auch wenn »Regenbogenfamilien« nur eine kleine Minderheit darstellen werden, kann man auch hier davon ausgehen, dass sich die Spielräume für ganz unterschiedliche Formen von Selbstbestimmung und Generativität bei beiden Geschlechtern erweitern werden.

Auch im Bereich der beruflichen Entwicklung, der Arbeitswelt und des Erwerbslebens dürfte es wahrscheinlicher werden, dass sich männliche und weibliche Lebensläufe annähern. Die Nachteile und Einschränkungen an autonomer Lebensführung und materieller Sicherheit, die Frauen aus traditionellen Geschlechterverhältnissen erwuchsen, werden sich tendenziell weiter aufheben. Der enorme Zuwachs an Bildungsabschlüssen bei Frauen wird sich langfristig auch auf eine Verbesserung der Einkommensbezüge auswirken. Männer werden wahrscheinlich ihre schlechteren Bildungsabschlüsse im weiteren Lebensverlauf in einer gewissen Weise nachbessern können. Zumindest steht nicht zu erwarten, dass es eine neue generelle Geschlechterhierarchie zugunsten der Frauen geben wird – wahrscheinlicher ist es, dass Gleichstellung und Gleichberechtigung selbstverständlicher parallel existieren.

24.3 Ausblick

Welches (vorläufige) Fazit kann man aus den hier angestellten Überlegungen ziehen? Es steht zu vermuten, dass es zu neu zu entwerfenden (»gendered«) Lebens(ver)laufsmustern der Geschlechter kommen wird. Diese zu erwartenden Veränderungen hängen mit vielerlei Phänomenen zusammen: Mit einer veränderten Sicht auf vorgeblich invariante biologische Tatbestände (Dekonstruktionen nicht nur der

sozialen Geschlechtsrolle, sondern auch des biologischen Merkmals Geschlecht), mit veränderten sozialen und sozio-ökonomischen Opportunitätsstrukturen in Folge komplexer globaler Zusammenhänge, mit der wachsenden kulturellen Diversität innerhalb der Gesellschaften und nicht zuletzt mit den aus all diesen Umwandlungen resultierenden veränderten subjektiven Ansprüchen und Ziel- und Wertsetzungen.

Moen (2011) argumentiert in diesem Zusammenhang vehement für die Überwindung einer unterkomplexen »Beruf-Familie-Vereinbarkeitsdebatte« (im Sinne eines Frauen-Themas) und fordert eine »gendered life course«-Perspektive, in der heimliche Agenda-Zwänge aufgedeckt und radikal verändert werden. Dabei geht es vor allem um die Schaffung von angemessenen Passungen zwischen Strukturen, zeitlichen Anforderungen, Entwicklungsphasen und individuellen Ressourcen im Rahmen männlicher und weiblicher Lebensverläufe. Für die Sozial- und Verhaltenswissenschaften gilt, dass »life-course«- und »lifespan«-Zugänge stärker integriert werden sollten. Aus der Sicht der Entwicklungspsychologie geht es in diesem Zusammenhang um die Erkenntnis, dass die Entwicklung der Geschlechtsidentität ein lebenslanger Prozess ist, in dem optimalerweise Fixierungen auf einseitige Geschlechtsrollenaspekte aufgehoben werden sollten. Aus sozialwissenschaftlicher Sicht kann man fragen: Werden die Lebensläufe beider Geschlechter in neuer Weise *altersdifferenziert* sein und somit bestimmte Lebensabschnitte eher sequentiell und nacheinander ablaufen? Oder gilt weiterhin das Postulat einer neuen *Altersintegration*, bei der man davon ausgeht, dass beide Geschlechter die zentralen Lebensbereiche (z.B. Ausbildung, Familiengründung, Beruf, Freizeit) mehr oder weniger gleichzeitig und synchron ausbalancieren (wollen)? Geht man davon aus, dass Lebenszusammenhänge offen sind und Spielräume für die Überwindung von Einseitigkeit und Polarität darstellen, dann sollten die Rahmenbedingungen von Lebensläufen so beschaffen sein, dass Männer *und* Frauen sowohl traditionell männlich konnotierte Bedürfnisse nach Individuation (»agency«) als auch traditionell weiblich konnotierte Bedürfnisse nach Verbundenheit (»communion«) jenseits aller normativen Zuschreibungen verwirklichen können. Das würde die Chancen für ein ganzheitliches und erfülltes langes Leben auch im 21. Jahrhundert für beide Geschlechter optimieren (vgl. Fooken & Rott, 2000). Das wären dann Menschen, die »vermögen […], hinter oder neben sich zu treten und sich selbst in ihrem Handeln mit der Um- und Mitwelt zu beobachten und […] sich so in der eigenen Körperlichkeit und Umweltbezogenheit erkennen [können]« (Lüscher, 2012, S. 30), es wären Frauen und Männer, die »Ambivalenzerfahrungen machen können« (a.a.O., S.29). Neue Lebensläufe der Geschlechter – muss das sein? Die Antwort lautet entschieden: Ja, bitte.

Literatur

Athenstaedt, U. & Alfermann, D. (2011). *Geschlechterrollen und ihre Folgen. Eine sozialpsychologische Betrachtung*. Stuttgart: Kohlhammer.

Backes, G. (2009). Geschlecht und Alter(n) im Wandel von Forschung und Gesellschaft. In R. Kampling & A. Middelbeck-Varwick (Hrsg.), *Alter – Blicke auf das Bevorstehende* (S. 153–181). Frankfurt a. M.: Peter Lang.

Bischof-Köhler, D. (2011). *Von Natur aus anders: Die Psychologie der Geschlechtsunterschiede* (4. Auflage). Stuttgart: Kohlhammer.

Brandtstädter, J. (2007). Entwicklungspsychologie der Lebensspanne: Leitvorstellungen und paradigmatische Orientierungen. In J. Brandtstädter & U. Lindenberger (Hrsg.), *Entwicklungspsychologie der Lebensspanne* (S. 34–66). Stuttgart: Kohlhammer.

Cornelißen, W. (Hrsg.) (2005). *Gender-Datenreport. 1. Datenreport zur Gleichstellung von Frauen und Männern in der Bundesrepublik Deutschland*. Im Auftrag des Bundesministeriums für Familie, Senioren, Frauen und Jugend. Erstellt durch das Deutsche Jugendinstitut e. V. in Zusammenarbeit mit dem Statistischen Bundesamt. München (http://www.¬bmfsj.de/Pubikationen/genderreport; Abruf: 29.11.2012).

Deutsches Zentrum für Altersfragen (2009). *Report Altersdaten. Gerostat. Die Babyboomer – ein demografisches Porträt.* 02/2009 (http://¬www.dza.de/fileadmin/dza/pdf/GeroStat_¬Report_Altersdaten_Heft_2_2009.pdf; Abruf: 18.03.2013).

Fooken, I. (1999). Geschlechterverhältnisse im Lebensverlauf – Ein entwicklungspsychologischer Blick auf Männer im Alter. In B. Jansen, F. Karl, H. Radebold & R. Schmitz-Scherzer (Hrsg.), *Soziale Gerontologie. Ein Handbuch für Lehre und Praxis* (S. 441–452). Weinheim: Beltz.

Fooken, I. & Rott, Chr. (2000). Geschlechtstypische Wege in die Langlebigkeit? Zum differentiellen Stellenwert von Ressourcen, Risiken und Resilienz bei über 70jährigen Männern und Frauen. *Zeitschrift für Medizinische Psychologie,* 9 (1), 27–36.

Hannover, B. & Schmidthals, K. (2007). Geschlechtsdifferenzen in der Entwicklung. In M. Hasselhorn & W. Schneider (Hrsg.), *Handbuch der Entwicklungspsychologie* (S. 419–428). Göttingen: Hogrefe.

Havighurst, R. J. (1948/1972). *Developmental tasks and education.* New York: MacKay.

Lautenbacher, S., Güntürkün, O. & Hausmann, M. (Hrsg.) (2007). *Gehirn und Geschlecht.*

Neurowissenschaft des kleinen Unterschieds zwischen Frau und Mann. Heidelberg: Springer Medizin Verlag.

Lüscher, K. (2012). Menschen als »homines ambivalentes«. In D. Korczak (Hrsg.), *Ambivalenzerfahrungen* (S. 11–32). Kröning: Asanger.

Moen, P. (2011). From ›Work-Family‹ to the ›Gendered Life Course‹ and ›Fit‹: Five challenges to the field. *Community, Work & Family,* 14 (1), 81–96.

Motel-Klingebiel, A., Wurm, S. & Tesch-Römer, C. (Hrsg.) (2010). *Altern im Wandel. Befunde des Deutschen Alterssurveys (DEAS).* Stuttgart: Kohlhammer.

Riley, M. W. (1985). Women, men and the lengthening life course. In A. Rossi (Ed.), *Gender and the Life Course* (pp. 333–347). New York: Aldine.

Rossi, A. (Ed). (1985). *Gender and the Life Course.* New York: Aldine.

Statistisches Bundesamt (Hrsg.) (2012). *Statistisches Jahrbuch. Deutschland und Internationales 2012.* (www.destatis.de; Abruf: 18.02.2013).

Steins, G. (Hrsg.) (2010). *Handbuch Psychologie und Geschlechterforschung.* Wiesbaden: VS Verlag für Sozialwissenschaften.

Trautner, H. M. (2008). Entwicklung der Geschlechtsidentität. In R. Oerter &. L. Montada (Hrsg.), *Entwicklungspsychologie* (S. 625–651, 6. Auflage). Weinheim/Basel: Beltz.

25 Selbstbestimmte vs. fremdbestimmte Entwicklung im Lebenslauf – Ein Resümee vor dem Hintergrund der Beiträge des Buches

Andreas Kruse und Hans-Werner Wahl

25.1 Entwicklung im Lebenslauf zwischen Selbst- und Fremdbestimmung

Wie im einleitenden Kapitel zu diesem Buch ausgeführt, gründet Lebenslaufforschung auf der Idee eines Entwicklungsgesamtzusammenhangs: Dies insofern, als die in verschiedenen Lebensaltern für die verschiedenen Dimensionen lebenslanger Entwicklung jeweils zu konstatierenden Stabilitäten und Veränderungen, Kontinuitäten und Diskontinuitäten, kumulativen und innovativen Prozesse jeweils vor dem Hintergrund der Entwicklung in früheren Lebensphasen verstanden und als Einflussfaktoren weiterer Entwicklung interpretiert werden. Unabhängig davon, ob Lebenslaufforschung im konkreten Einzelfall Entwicklungsveränderungen in der frühen Kindheit, im Jugendalter, Erwachsenenalter oder Alter fokussiert, legitimiert sie sich wesentlich dadurch, dass sie für die Heterogenität von Entwicklungsbedingungen und deren Auswirkungen auf die Möglichkeiten und Anforderungen der Gestaltung von Entwicklung sensibilisiert. Zudem betont sie die längerfristigen, zum Teil lebenslangen Konsequenzen alternativer Entwicklungsergebnisse in verschiedenen Lebensaltern.

Vor dem Hintergrund der für die Lebenslaufforschung charakteristischen Annahme des Kontextualismus von Entwicklung sind Entwicklungsveränderungen – unabhängig vom jeweils fokussierten Lebensalter – weder allein das Ergebnis endogener, noch allein das Ergebnis exogener Einflussfaktoren. Vielmehr werden Entwicklungsprozesse grundsätzlich als das Ergebnis von Person-Umwelt-Interaktionen betrachtet: Merkmale der Person entfalten ihre Wirkung auf den Entwicklungsprozess ebenso umweltspezifisch, wie sich Umweltfaktoren in Abhängigkeit von Personmerkmalen auf den Entwicklungsprozess auswirken. Die vorliegenden empirischen Befunde, wie sie in mehreren der vorangegangenen Kapitel diskutiert wurden (vgl. z. B. ▶ Kap. 12, Kolland und Wanka, ▶ Kap. 11, Kruse und ▶ Kap. 13, Schilling und Wahl), machen dabei deutlich, dass interindividuelle Unterschiede in physiologischen, psychologischen und sozialen Merkmalen bis ins sehr hohe Alter nicht ab-, sondern vielmehr zunehmen: Die in früheren Jahren bestehenden interindividuellen Unterschiede und sozialen Ungleichheiten werden über die Lebensspanne im Allgemeinen nicht geringer und verlieren nicht an Bedeutung für die weitere Entwicklung.

Wenn Entwicklung als Interaktion von Person- und Umweltbedingungen verstanden wird, dann ist auch zu berücksichtigen, dass Umweltbedingungen nicht lediglich im Sinne von für den Einzelnen unabänderlichen Begebenheiten vorgefunden, sondern bereits von der frühen Kindheit an auch aktiv aufgesucht und gestaltet werden. Bereits sehr kleine Kinder sind in der Lage (vgl. dazu das ▶ Kap. 5, Pauen), durch die Zuwendung von Aufmerksamkeit und durch ihr Habituationsverhalten den jeweils gegebenen

Entwicklungskontext maßgeblich mitzugestalten. Aus handlungstheoretischer Perspektive ist hervorzuheben, dass Menschen Entwicklungskontexte gezielt aufsuchen und gestalten, Entwicklungsziele und zugehörige Zielkriterien definieren, adjustieren und gegebenenfalls aufgeben. Aus diesem Grunde sind Veränderungen im Lebenslauf nicht nur vor dem Hintergrund eines »kausalen Nexus«, sondern eben auch vor dem Hintergrund eines »intentionalen Nexus« zu betrachten (Brandtstädter, 2007).

Ein derart aktionales Verständnis von Entwicklung zeigt sich vielleicht am deutlichsten in den Theorien der psychologischen Lebenslaufforschung (vgl. auch ▸ Kap. 1, Kruse und Wahl sowie ▸ Kap. 3, Wahl und Kruse). Verwiesen sei an dieser Stelle zunächst auf die Persönlichkeitstheorie von Hans Thomae, der zufolge Persönlichkeitsentwicklung angemessen nur vor dem Hintergrund der für das Individuum charakteristischen daseinsthematischen Struktur verstanden werden kann und Veränderungen im Erleben und Verhalten nicht den objektiven Charakter einer Situation, sondern vielmehr deren kognitive Repräsentanz im individuellen subjektiven Lebensraum widerspiegeln (Thomae, 1968). Die von Heckhausen und Schulz (1995) vorgeschlagene Lebenslauftheorie kontrollbezogenen Verhaltens verdeutlicht ebenso wie das Zwei-Prozess-Modell der Bewältigung von Brandtstädter (2007) oder das Modell der Selektiven Optimierung und Kompensation von Baltes und Baltes (Baltes, Lindenberger & Staudinger, 2006), dass Menschen auf der Grundlage adaptiver Präferenzbildungen und des intentionalen Einsatzes von Handlungsressourcen eigene Entwicklung steuern und regulieren.

Die Idee, dass Menschen durch intentionales Handeln Einfluss auf ihre eigene Entwicklung nehmen, lebenslange Entwicklung mithin ohne eine Rekonstruktion individueller Perspektiven und der auf diesen gründenden Entscheidungen nicht

angemessen zu verstehen ist, findet sich aber nicht nur in der psychologischen Lebenslaufforschung. In der Soziologie hat ein handlungstheoretisches Menschenbild, demzufolge Individuen als Agenten eigener Entwicklung zu betrachten sind, eine lange Tradition (vgl. dazu das ▸ Kap. 2, Backes). Verwiesen sei hier zunächst auf das Thomas-Theorem (Thomas & Thomas, 1928), demzufolge die Bedeutung sozialer Strukturen für menschliches Handeln ohne Kenntnis der subjektiven Situationsdefinition nicht angemessen verstanden werden kann, da menschliches Handeln immer auf subjektiven Deutungen basiert, unabhängig davon, inwiefern diese jeweils objektiven Gegebenheiten entsprechen. Das auf Max Weber (1922) und Talcott Parsons (1935) zurückgehende Theorem des sozialen Handelns begreift das Individuum als einen intentional und reflexiv auf der Grundlage der jeweiligen Gegebenheiten optimal Handelnden. Das von Kohli (1981) entwickelte Konzept des *wahrscheinlichsten Pfades* gründet auf der Idee, »dass Individuen stets möglichst ihren Entscheidungsspielraum nutzen und ihren biografischen Lebenswert optimieren«, wobei sie ihr Handeln an Interessen orientieren, »die ihrerseits im Sinne ihrer biografischen Handlungsorientierungen interpretiert werden« (Gerhardt, 1998, S. 257). Eine Untersuchung von Uta Gerhardt zur Frühberentung versus Berufsrückkehr nach Bypass-Operation (Gerhardt, 1998) zeigte in diesem Zusammenhang, dass gesellschaftliches Altern vor allem bei Arbeitern häufig ein *aktiv* eingeleiteter biografischer Schritt ist, dessen Rationalität auf der Grundlage einer Handlungsorientierung, die Gesundheit und Existenzsicherung im Alter in den Vordergrund stellt, deutlich wird (Altersorientierung). Im Unterschied dazu fand sich unter Angestellten, Beamten und Selbständigen häufiger eine ausgeprägte Identifikation mit dem Beruf, auf deren Hintergrund eine Rückkehr ins Erwerbsleben, relativ unabhängig vom Erfolg der Operation, als rational begründbares biografisches Handeln erscheint (Berufsorientierung).

Biografische Statusübergänge sind aber nicht lediglich als gesellschaftlich definierte Kollektivphänomene, sondern auch als von Individuen in spezifischer Weise erfahrene und gedeutete Phänomene von Interesse, die aus emischer Perspektive, also ausgehend von dem »natürlichen« Standpunkt der Betroffenen, zu rekonstruieren sind (Malinowski, 1922; vgl. auch das ▸ Kap. 4, Poser und Poser).

Schließlich sei an dieser Stelle hervorgehoben, dass auch aus der Perspektive der biologischen, medizinischen und epidemiologischen Lebenslaufforschung, insbesondere der Präventionsforschung, subjektiven Entwicklungstheorien und den auf diesen gründenden Entscheidungen zentrale Bedeutung beigemessen wird (vgl. ▸ Kap. 15, Remmers). Die bildungswissenschaftliche Lebenslaufforschung schließlich zielt gerade auf die Vermittlung von Fähigkeiten, Fertigkeiten, Erfahrungen und Wissenssystemen, die Menschen eine effektive Gestaltung eigener Entwicklung ermöglichen (vgl. ▸ Kap. 16, Tippelt und Gebrande).

Wenn Menschen als Agenten eigener Entwicklung bezeichnet werden, dann ist damit in der Regel gemeint, dass sie durch eigenes Verhalten – insbesondere durch intentionales, an individuellen Bedürfnissen, Präferenzen und Zielen orientiertes Handeln – ihre weitere Entwicklung beeinflussen können. Dabei sind sich Menschen nicht notwendigerweise der jeweils prinzipiell bestehenden Verhaltensspielräume oder der wahrscheinlichen Konsequenzen aktuellen Verhaltens für ihre zukünftige Entwicklung bewusst. Vorhandene Entwicklungsressourcen und Potenziale bleiben in vielen Fällen ungenutzt, für die Person durchaus erreichbare und attraktive Ziele werden in vielen Fällen vorzeitig aufgegeben oder gar nicht erst angestrebt. Entsprechend ist in der *Vermittlung von Entwicklungswissen* mit dem

Ziel, eine selbstbestimmte (und gleichzeitig selbstverantwortliche) Gestaltung eigener Entwicklung zu fördern, auch eine wichtige Strategie zur Optimierung von Entwicklungsprozessen zu sehen – darauf wird noch im Kontext von Bildung einzugehen sein.

Es sei hinzugefügt, dass die rückblickende Ordnung des eigenen Lebens im höheren Alter für viele Menschen zu einem wichtigen Anliegen wird. Die von Erikson (1967) als Ich-Integrität vs. Verzweiflung beschriebene psychosoziale Krise verweist auf die Deutung eigenen Lebens als kreative Leistung. Diese spiegelt sich auch in Identität konstituierenden Selbsterzählungen wider (McAdams et al., 2006), die nicht lediglich als das Ergebnis der Reproduktion von Episoden gelebten Lebens anzusehen sind, sondern die sich vielmehr, wie alle Erzählungen, durch die (Re-)Konstruktion von Ereignissen, narrative Glättung und die Verwendung kulturell verfügbarer Plots auszeichnen:

> »Narratives Wissen ist kein bloßes Zurückrufen der Vergangenheit. Narratives Verstehen ist eine retrospektive, interpretative Komposition, die vergangene Ereignisse im Lichte der aktuellen Auffassung und Beurteilung ihrer Bedeutung zeigt. Während sich die Erzählung auf die ursprünglichen, vergangenen Lebensereignisse bezieht, transformiert sie diese, indem sie sie zu einer Plotstruktur anordnet, deren Teile sich stimmig zum Ganzen verhalten (und vice versa). Narrative Darstellungen von Lebensepisoden sind keine Widerspiegelungen ehemaliger Geschehnisse. Die narrative Strukturierung ist eine Interpretation des Lebens, durch die vergangene Ereignisse und Vorfälle aus der gegenwärtigen Perspektive, das heißt: wegen ihres Beitrags zum Ausgang einer Geschichte, als bedeutungsvoll verstanden werden« (Polkinghorne, 1998, S. 26).

Wenn man Entwicklung als lebenslangen Prozess konzeptualisiert und den für die Lebenslaufforschung grundlegenden Gedanken des Gesamtentwicklungszusammenhanges aufnimmt, dann wird deutlich, dass das Bemühen um eine Optimierung von Entwicklungsprozessen im Idealfall möglichst früh einsetzten sollte (vgl. ▸ Kap. 5, Pauen, ▸ Kap. 6, Spinath sowie ▸ Kap. 7, Kruse und Schmitt). Denn die für eine »positive Entwicklung« in den verschiedenen Lebensabschnitten jeweils förderlichen Ressourcen hängen in starkem Maße von sehr viel früheren Entwicklungsprozessen ab – an dieser Stelle sei nur darauf hingewiesen, dass sich interindividuelle Unterschiede in Begabungen und Persönlichkeitsmerkmalen schon sehr früh ausbilden und stabilisieren, dass die im Vergleich zu Gleichaltrigen bestehenden Defizite häufig in Form eines Schereneffekts zunehmen, dass Fördermaßnahmen entsprechend in ihrer Effektivität in hohem Maße davon abhängen, dass sie frühzeitig angeboten und verstetigt werden. Auch wenn Präventionsmaßnahmen im Allgemeinen umso effektiver sind, je früher sie umgesetzt werden, bedeutet dies nicht, dass in späteren Lebensabschnitten Interventionen keine Aussicht auf Erfolg mehr hätten. Aus der Lebenslaufforschung ergeben sich gerade auch deutliche Hinweise auf eine lebenslang bestehende Plastizität; empirische Untersuchungen belegen bis ins höchste Lebensalter die Möglichkeit, bislang nicht genutzte Entwicklungsmöglichkeiten zu realisieren (Kruse, 2002; Kruse & Wahl, 2010).

Wenn in der modernen Lebenslaufforschung Menschen als Agenten eigener Entwicklung angesehen werden, ist dies nicht gleichbedeutend damit, dass Entwicklungsprozesse in jedem Fall als ausschließlich oder auch nur primär selbstbestimmt betrachtet werden. Menschliche Entwicklung ist vielmehr immer zum Teil selbst- und zum Teil fremdbestimmt. Zum einen sind Entwicklungsmöglichkeiten und Handlungsspielräume bei aller Plastizität menschlicher Entwicklung prinzipiell und notwendig begrenzt, zum anderen sind Entwicklungsprozesse durch altersbezogene, kulturwandelbezogene und non-normative Einflussfaktoren (mit-)bedingt, die im Einzelfall nur in vergleichsweise engen Grenzen gestaltbar sind.

Insbesondere die Ergebnisse der soziologischen und ethnologischen Lebenslaufforschung belegen, dass Entwicklungsprozesse in Abhängigkeit von sozialen und kulturellen Merkmalen sehr unterschiedlich verlaufen – dies sowohl mit Blick auf Entwicklungsvoraussetzungen und Entwicklungsergebnissen wie auch mit Blick auf die jeweils verfolgten Entwicklungsziele und die Bewertung von Entwicklungsprozessen (vgl. hier z. B. auch das ▸ Kap. 23, Scherger). In der zeitlichen Taktung von Entwicklungsprozessen spiegelt sich nicht alleine (und auch nicht primär) das chronologische Alter wider, Altersnormen, Altersrollen und Altersbilder variieren vielmehr in Abhängigkeit von der jeweils betrachteten Gesellschaft und dem jeweiligen Zeitpunkt der Betrachtung. Des Weiteren sind die Definition von Entwicklungszielen und Zielkriterien sowie die Investition von Entwicklungsressourcen im Sinne von Wachstum, Aufrechterhaltung oder Kompensation auf verschiedenen Entwicklungsdimensionen nicht lediglich das Ergebnis einer individuellen Entscheidung. Entscheidungs- und Handlungsspielräume spiegeln zu einem guten Teil gesellschaftlich definierte und von gesellschaftlichen Positionen abhängige, als normatives Entwicklungswissen übernommene Perspektiven wider, die als solche nicht ohne weiteres zum Gegenstand von Reflexionsprozessen werden. In der soziologischen Lebenslaufforschung wird in diesem Zusammenhang auch auf die Interdependenz von Lebensläufen (»linked lives«, Elder, 1999) hingewiesen: Lebenslange Entwicklung ist auch als Entwicklung in Beziehungen zu verstehen, altersbezogene, kulturwandelbezogene und non-normative Entwicklungseinflüsse entfalten ihre Wirkung in Beziehungen zu anderen Menschen, in der Selbstsicht des Menschen spiegeln sich von anderen Menschen übernommene Sichtweisen wider, entwicklungsbezogene Entscheidungen und Entwicklungsziele verweisen immer auch auf das Verhältnis zu anderen Menschen.

25.2   Investition in Bildung als Beitrag von Politik und Gesellschaft zur Förderung von Entwicklung

Blicken wir auf die in den verschiedenen Kapiteln berichteten empirischen Befunde sowie theoretischen Argumentationen, so wird deutlich, wie wichtig kompetenzförderliche Umwelten für alle Phasen des Lebenslaufs sind, sodass Bildung und Teilhabe in allen Lebensaltern sicherzustellen sind – hier besteht auch die Notwendigkeit umfassender *Investition öffentlicher Mittel* in entsprechende Angebote. Welche Bedeutung der Abbau von Bildungsungleichheit in frühen Lebensaltern für die Entwicklungschancen in den späteren Lebensaltern besitzt, zeigen auch Befunde gerontologischer Forschung, die auf enge Beziehungen zwischen vorschulischer und schulischer Bildung und Förderung einerseits sowie den (kognitiven und körperlichen) Ressourcen und Teilhabemöglichkeiten im mittleren und hohen Erwachsenenalter andererseits deuten. So lassen sich zum Beispiel Gesundheitszustand und Grad der Selbstständigkeit im hohen Alter bereits auf der Grundlage des erreichten Schulabschlusses vorhersagen (siehe schon Amaducci et al., 1998). Mehrere Beiträge dieses Bandes unterstreichen diese Aussage eindrucksvoll: Stimulation, Motivation und Bildung in allen Phasen der Kindheit und Jugend bilden zentrale Voraussetzungen für den Aufbau kognitiver, emotionaler, alltagspraktischer, sozialkommunikativer und körperlicher Ressourcen, die ihrerseits Grundlage für die Entwicklungspotenziale in den verschiedenen Abschnitten des Erwachsenenalters – bis in das sehr hohe Alter hinein – bilden. Und doch geht aus Beiträgen dieses Bandes speziell zur Entwicklung im mittleren und hohen Erwachsenenalter hervor, wie wichtig Bildungsinitiativen – wie auch Stimulation und Motivation – in den *späteren* Lebensphasen für den Poten-

zialaufbau und die Potenzialverwirklichung in eben diesen Lebensphasen sind. Dabei ist zu berücksichtigen, dass Bildung in den verschiedenen Abschnitten des Erwachsenenalters in Teilen eine »kompensatorische« Funktion für fehlende Bildungserfahrungen in früheren Lebensjahren annehmen kann (Expertenkommission, 2006) – was auf eine bemerkenswerte Plastizität kognitiver, emotionaler und körperlicher Funktionen über den gesamten Lebenslauf spricht. Diese Plastizität ist auch für das Verständnis der beruflichen Leistungsfähigkeit in den verschiedenen Abschnitten der Erwerbsbiografie wichtig. Bestehende berufliche Bildungsangebote wirken sich in allen Phasen der Berufstätigkeit positiv auf die Potenzialentwicklung und Potenzialverwirklichung aus; sie stellen eine entscheidende Bedingung für den Erhalt der beruflichen Leistungsfähigkeit und die Ausbildung von Expertenwissen wie auch von effektiven Handlungsstrategien dar; zudem sind sie essenziell für den kompetenten Umgang mit Innovationen (zum Beispiel technischen Innovationen) in der Arbeitswelt. Fehlende Bildungsangebote hingegen tragen zur De-Qualifizierung von Mitarbeiterinnen und Mitarbeitern bei: Diesen bietet sich nicht die Möglichkeit, Innovationen mit zu vollziehen, woraus ein kontinuierlicher Funktionsverlust der einmal erworbenen Qualifikation resultiert. Die politischen Anforderungen, die aus diesen Aussagen erwachsen, sind eindeutig: Der *Investition in Bildungsangebote für alle Lebensalter* ist Priorität einzuräumen, zugleich ist die Entwicklung von Rahmenbedingungen zum Abbau von sozialer Ungleichheit zu fördern, um damit allen Kindern angemessene Startbedingungen mit Blick auf ihre Entwicklung zu bieten.

Welche Überlegungen gehen von einer Lebenslauforientierung im Hinblick auf die *Gestaltung von schulischen Bildungsangeboten* aus? Neben einer deutlich größeren Durchlässigkeit der verschiedenen Schultypen, neben der Vermittlung von Unterricht in dem klassischen Kanon von Schulfächern, neben der Verbindung von Allgemeinbildung und Spezialbildung – also Aspekten, die das heutige Schulsystem sicherstellt – erscheint eine stärkere Akzentsetzung auf Lebenskompetenzen, so zum Beispiel auf Kompetenzen zur Verwirklichung einer selbstverantwortlichen und mitverantwortlichen Lebensführung, als wichtige Aufgabe: Von diesen Kompetenzen, die sich in den einzelnen Unterrichtsfächern ebenso vermitteln lassen wie in weiteren schulischen Bildungsaktivitäten, können wertvolle Anregungen für die weitere Entwicklung nach Beendigung der schulischen Bildung ausgehen. Im Kontext des Unterrichts sollte auch eine Entwicklungsperspektive vermittelt werden, die den Lebenslauf in seiner Totalität betrachtet und für Entwicklungsaufgaben sensibilisiert, die sich in den einzelnen Lebensaltern ergeben (Expertenkommission, 2012). Die Vermittlung von Wissen zu den Selbstgestaltungskräften unter dem Eindruck unterschiedlicher Entwicklungsaufgaben in den verschiedenen Lebensaltern kann eine wichtige Anregung für den reflektierten Umgang mit diesen Entwicklungsaufgaben geben. Die Förderung von Gruppenprozessen in der Schule (im Unterricht wie bei weiteren Schulaktivitäten) darf in ihrer Bedeutung für das mitverantwortliche Handeln nicht unterschätzt werden, zumal dann nicht, wenn sich entsprechende Erfahrungen innerhalb der Familie oder des Bekanntenkreises nicht einstellen. Die Erfahrung, auch für andere Menschen Verantwortung zu übernehmen und in diesem Motiv von anderen Menschen anerkannt zu sein, kann bis in das hohe Alter fortwirken und damit eine der Grundlagen für Generativität (im

Sinne der Verantwortungsübernahme für nachfolgende Generationen) bilden (Kruse & Schmitt, 2010).

Und welche Anforderungen lassen sich mit Blick auf die berufliche Bildung definieren? Hier erscheinen drei Perspektiven als bedeutsam (Expertenkommission, 2006): Erstens sollte die berufliche Bildung für ein breiteres Spektrum möglicher beruflicher Tätigkeiten qualifizieren, sodass im Berufsleben ein ausreichendes Maß an Wahlfreiheit besteht – ein enges Funktions- und Fertigkeitsprofil kann diese Wahlfreiheit nachhaltig einschränken. Wenn wir auf Anforderungen blicken, die die Berufs- und Arbeitswelt an den Einzelnen richtet, dann ist gerade die Flexibilität ein wichtiges Merkmal. Und dieses wird vor allem durch ein breiteres Spektrum an Tätigkeiten, in denen qualifiziert wird, gefördert. Zweitens sollten in der beruflichen Bildung vermehrt Kompetenzen vermittelt werden, die das Individuum in die Lage versetzen, sich selbstverantwortlich zu bilden, selbstverantwortlich neue Bildungsinhalte aufzunehmen, neue Handlungsstrategien auszubilden – diese selbstverantwortliche Bildung könnte durch institutionalisierte (formale) Bildungsinhalte ergänzt werden. Drittens ergibt sich die Notwendigkeit einer *lebenszyklusorientierten Bildung* – mit dem Recht auf betriebliche und überbetriebliche Bildungsangebote wie auch mit Blick auf die Verpflichtung zur Bildung. Wie heute von einer lebenszyklusorientierten Personalförderung gesprochen wird, so sollte auch von einer lebenszyklusorientierten Bildungsförderung gesprochen werden, die Rechte und Verpflichtungen des Einzelnen umfasst.

Eine besondere Stärkung verdienen auch Bildungsangebote nach Ausscheiden aus dem Beruf – Angebote, die nicht nur auf Erfüllung von Bildungsinteressen ausgerichtet sind, sondern die Kompetenzen fördern und erhalten sowie den Austausch zwischen Generationen fördern.

25.3 Selbstgestaltungspotenziale über den gesamten Lebenslauf

Den Beiträgen in diesem Band liegt übereinstimmend die Annahme zugrunde, dass Entwicklung über den gesamten Lebenslauf als ein Prozess potenzieller Selbstgestaltung zu verstehen ist, der an anregende, motivierende und unterstützende Umweltbedingungen gebunden ist. Schon William Stern, der Begründer der Differentiellen Psychologie, hat in einer frühen Schrift hervorgehoben, dass Entwicklung immer auch im Sinne von »individueller Gestaltung« zu verstehen sei, das heißt von »Eigendisposition«, von »Gerichtet- und Gerüstetsein« (Stern, 1923). Und auch in der neueren Persönlichkeitspsychologie werden theoretische Ansätze vorgelegt, die diese individuelle Gestaltung in das Zentrum stellen (siehe Beiträge in Jüttemann & Thomae, 2002). Dabei wird zugleich hervorgehoben, um hier in den Worten William Sterns zu sprechen, dass diese Selbstgestaltung immer auch als eine individuelle Antwort auf die gegebenen Umwelt- und Lebensbedingungen zu verstehen ist – die absolute Freiheit in der Gestaltung von Entwicklung ist uns versagt. Doch, und dies bildet den dritten Argumentationsstrang, sollte die Umwelt, sollte die Lebenssituation immer im Sinne eines »elastischen Rings« (Stern, 1923) verstanden werden, der das Individuum in seinem Gerichtet- und Gerüstetsein, in seiner Autopoiesis (Selbstgestaltung) nicht behindert, sondern vielmehr anregt, motiviert und unterstützt. Folgen wir schon den ersten Arbeiten zu einer Entwicklungspsychologie der Lebensspanne (Bühler, 1959; Thomae, 1959), so gilt diese Aussage nicht nur für die frühen Lebensjahre – Kindheit, Jugend, frühes Erwachsenenalter –, sondern vielmehr für den gesamten Lebenslauf. So wurde in den Beiträgen zum mittleren Erwachsenenalter, aber auch zum hohen und sehr hohen Alter deutlich, dass eben auch in diesen Lebensaltern ausdrücklich von dem Potenzial zur Selbstgestaltung auszugehen ist, auch wenn im hohen, vor allem aber im sehr hohen Alter dieses Potenzial aufgrund gesundheitlicher und sozialer Belastungen verringert sein kann – was vermehrte Anregungen und Unterstützungsleistungen durch die räumliche, soziale und infrastrukturelle Umwelt erfordert. In der Altersforschung tritt der Potenzialbegriff mehr und mehr in das Zentrum theoretisch-konzeptioneller Beiträge (ausführlich dazu Beiträge in Kruse, 2010a), wobei dieses Potenzial begrifflich in Konstrukten wie jenem der Plastizität, der Resilienz, der Aktualgenese und der Selbstaktualisierung zum Ausdruck gebracht wird (siehe Kruse & Wahl, 2010).

Nun wurde aber hervorgehoben, wie wichtig es ist, dass die Umwelt und die Lebensbedingungen dieses Selbstgestaltungspotenzial nicht blockieren, sondern – im Gegenteil – die Entwicklung entsprechender Ressourcen (die ihrerseits ja Grundlage für dieses Potenzial bilden) und die Verwirklichung des Selbstgestaltungspotenzials in allen Lebensaltern fördern, das heißt in allen Lebensaltern entsprechende Anregungs-, Motivations- und Unterstützungsbedingungen bereitstellen. Dies heißt mit Blick auf politische Entscheidungen, in die Schaffung von Bildungs- und Teilhabemöglichkeiten, übrigens auch in die Schaffung von Präventions-, Therapie-, Rehabilitations- und Pflegeangebote zu investieren, durch die ein Beitrag zur Entwicklung, Wiedergewinnung und Verwirklichung dieses Selbstgestaltungspotenzials geleistet wird. Dies heißt mit Blick auf unsere Gesellschaft und Kultur, *Menschenbilder* weiterzuentwickeln, in deren Zentrum dieses Selbstgestaltungspotenzial – auch verstanden als Ergebnis eines gelungenen Person-Umwelt-Austauschs – steht.

25.4 Zur Bedeutung von Menschenbildern für die Verwirklichung von Selbstgestaltungspotenzialen

Die Rezeption von empirischen Befunden zu diesem Potenzial und den potenzialförderlichen Bedingungen in den verschiedenen Lebensaltern kann in besonderem Maße der hier geforderten Weiterentwicklung von Menschenbildern dienen. Was genau ist damit gemeint? Im Folgenden seien diesbezüglich fünf Lebensalter näher untersucht.

Entwicklung in der frühen Kindheit

Während in den Anfängen der Entwicklungspsychologie die Entwicklung in der frühen Kindheit aus der Perspektive des »biologischen Mängelwesens« betrachtet wurde, das sich nach und nach zu einem kompetenten Individuum entwickelt, weisen die neueren entwicklungspsychologischen Befunde auf die Kompetenzen hin, die Säuglinge und Kleinkinder zeigen, wenn sie in einer anregenden, motivierenden und unterstützenden Umwelt leben. An die Stelle des »Mängelwesens« tritt also in theoretischen Konzeptionen mehr und mehr der »kompetente Säugling«, der nicht überbehütet werden darf, sondern der sozial, emotional, kognitiv und motorisch stimuliert, motiviert werden will, ohne dabei überfordert, ohne dabei – im Sinne eines Idealbildes gelungener Entwicklung – benutzt und ausgenutzt zu werden. Schon für unser Menschenbild sind solche Befunde wichtig, zeigen sie uns doch, welche Bedeutung Selbstbestimmung, Selbstverantwortung und Autonomie, aber auch Bezogenheit, Stabilität von Beziehungen und eine anregende, motivierende, unterstützende Umwelt für unser Verständnis des Menschen in dessen ersten Lebensjahren besitzen. Dabei ist notwendig, dass Familien über jene kognitiven, emotionalen, sozialen und finanziellen Ressourcen verfügen, um eine entsprechende Umwelt bereitstellen zu können.

Entwicklung im Jugendalter

Die empirischen Beiträge deuten darauf hin, wie wichtig nicht nur die Umwelt-, sondern auch die gesellschaftlichen Rahmenbedingungen – hier vor allem die Zuverlässigkeit von Institutionen im Hinblick auf die von ihnen vertretenen Werte und Normen wie auch im Hinblick auf die von ihnen erwarteten und erbrachten soziokulturellen Angebote und Hilfeleistungen – für die Ausbildung und Festigung von Identität, für die Entwicklung einer differenzierten, motivierend wirkenden Gegenwarts- und Zukunftsperspektive sind. Sodann zeigen die Beiträge eine bemerkenswerte Generationensolidarität auch zwischen Jugendlichen und älteren Menschen – in der Hinsicht nämlich, dass erstere nach Identität streben, diese zu entwickeln und zu festigen versuchen, dass letztere nach Berufsaustritt oder nach schweren gesundheitlichen und sozialen Verlusten zu einer Neudefinition ihrer Identität gelangen müssen. Gerade diese Generationensolidarität bildet eine wichtige Rahmenbedingung für Intergenerationenprojekte in der Arbeitswelt, aber auch im Bereich der Bildung. Und schließlich unterstreichen die Befunde das Potenzial eines selbst- und mitverantwortlichen Lebens, das gerade im Schulalter und im Jugendalter einen deutlichen Anschub erfahren kann. Dabei ist von besonderem Interesse, dass Jugendliche heute sehr viel stärker als politisch und gesellschaftlich interessiert und engagiert erscheinen, als häufig angenommen wird. Für unsere Gesellschaft bedeutet dies, Jugendliche sehr viel akzentuierter als selbstverantwortlich und mitverantwortlich handelnde Menschen anzusprechen und in dieser Ansprache auch das Vertrauen »in die Jugend« zum Ausdruck zu bringen. Zugleich – und hier sind nun die Institutionen angesprochen – müssen alle Jugendlichen jene Bildungs- und Berufsbedingungen finden, die für das Vertrauen in Staat, Politik und Gesellschaft wie auch in die eigenen Kräfte essenziell sind. Die Bedeutung der gesellschaftlichen und institutionellen Rahmenbedingungen für die Identitätsentwicklung und Identitätsfestigung im Jugendalter kann nicht hoch genug gewertet werden.

Mittleres Erwachsenenalter

Das mittlere Erwachsenenalter stellt vor dem Hintergrund der berichteten Befunde eine Lebensphase dar, in der die Relation zwischen Vergangenheits- und Zukunftsperspektive eine besondere Bedeutung gewinnt. Was ist damit gemeint? Gerade in dieser Lebensphase findet eine Bewertung des bislang zurückgelegten Lebens statt, zugleich ist eine intensive Beschäftigung mit der persönlichen Zukunft, aber auch mit der Zukunft der Partnerin oder des Partners, der eigenen Kinder und Eltern, erkennbar. Je nachdem, wie die Relation zwischen Vergangenheits- und Zukunftsperspektive qualitativ ausfällt, werden bestehende Orientierung und Lebensstile verstärkt oder aber modifiziert. Die ausdrückliche Bestätigung der bislang entwickelten Identität oder aber eine Neuorientierung – die auch zur Auflösung bestehender und Herstellung neuer intimer Beziehungen führen kann – bildet eine gerade im mittleren Erwachsenenalter anzutreffende Alternative. Dies gilt übrigens auch und in besonders starkem Maße für die Berufs- und Arbeitswelt. Die erlebte und wahrgenommene Verantwortung für die nachfolgende Generation wird im mittleren Erwachsenenalter zu einem wichtigen Thema, zugleich aber auch die Verantwortung für die vorausgehende Generation, wenn diese nämlich auf Unterstützung angewiesen ist. Frauen und Männer im mittleren Erwachsenenalter sind nicht nur mit Blick auf ihre persönliche Zukunft anzusprechen, sondern auch mit Blick auf die – gesellschaftlich geachtete und anerkannte – Sorge für die nachfolgende und die vorangehende Generation. Es ist sicherlich kein Zufall, dass helfende oder pflegende Angehörige gerade in der gesellschaftlichen Anerkennung ihrer Hilfe- und Pflegeleistungen ein wichtiges sinnförderliches und belastungsreduzierendes Moment erkennen. In der Gestaltung des mittleren Erwachsenenalters lassen sich durchaus Veränderungen zwischen den aufeinanderfolgenden Kohorten erkennen: Das mittlere Erwachsenenalter bietet heute vielen Menschen die Möglichkeit, ihrem beruflichen und persönlichen Leben eine ganz neue Richtung zu geben. Zugleich aber stellen sich auch neue Anforderungen ein, hier vor allem die Hilfe- und Pflegeleistungen gegenüber den alten oder sehr alten Eltern.

Höheres Lebensalter

Wenn wir auf das höhere Alter blicken, so können wir zum einen deutliche Veränderungen in der Gestaltung dieser Lebensphase feststellen, die auf eine weitaus höhere Selbstverantwortung und Mitverantwortung zielen. Gerade im Hinblick auf die Gestaltung des Alters zeigen sich deutliche Veränderungen im Lebenslauf. Schon mit dem Begriff des Dritten Alters wird zum Ausdruck gebracht, dass viele Menschen (durchaus nicht alle!) über bemerkenswerte gesundheitliche, kognitive, soziale und finanzielle Ressourcen verfügen, die sie in die Lage versetzen, ein selbst- und mitverantwortliches Leben zu führen. Nicht nur das Motiv der selbstverantwortlichen Lebensführung, sondern auch jenes der mitverantwortlichen Lebensführung im Alter ist stark ausgeprägt – verbunden mit einer relativ hohen Lebenszufriedenheit. Die älteren Generationen selbst besitzen mit ihrer Produktivität, ihrer Kreativität, ihrem gesellschaftlichen Engagement das Potenzial, zu einer erkennbaren Veränderung dieser eingeengten und einengenden Altersbilder beizutragen (siehe dazu schon Riley & Riley, 1994; siehe auch Lehr, 2011) und damit ein neues gesellschaftliches und kulturelles Verständnis von Altern und Alter zu fördern, das sich langfristig auf institutionelle Praktiken auswirken wird – etwa in dem Sinne, dass offene oder verdeckte Altersgrenzen wenn unnötig, dann aufgegeben werden, wenn starr, dann flexibel gehandhabt werden. Die Heterogenität älterer Menschen, die sich mit Blick auf physiologische, psychologische und soziale Parameter nur zu deutlich zeigt, wird im gesellschaftlichen und politischen Diskurs immer mehr anerkannt. Wenn es gelingt, diese Heterogenität – ebenso wie das Selbstgestaltungspotenzial (Plastizität) im Alter – noch stärker in die im öffentlichen Raum vermittelten Altersbilder einfließen zu lassen, dann wird auch die individuelle Sicht auf das Alter kontinuierliche Veränderungen erfahren. Im Hinblick auf die Tatsache, dass im Kontext des demografischen Wandels die vermehrte Verantwortung älterer Menschen für unser Gemeinwohl intensiver diskutiert wird, sind solche Wandlungen sehr bedeutsam.

Hohes Alter und Lebensende

Noch im sehr hohen Alter finden wir Selbstgestaltungspotenziale, das heißt das Bedürfnis des Menschen, sein Leben bewusst zu gestalten (dabei die Abhängigkeit von der Hilfe anderer Menschen bewusst annehmend), und dies auch im Anblick der letzten Grenzen des eigenen Lebens. Die Religionen betonen dieses Potenzial ausdrücklich und heben dabei hervor, wie wichtig die Annahme dieser letzten Grenzen für die Gestaltung des Lebens in diesen Grenzen und für eine Gesamtbewertung des Lebens ist. Und auch in philosophisch-ethischen Beiträgen, die in diesem Band niedergelegt sind, wird ausdrücklich vom hohen Alter in seinen Potenzialen zum »Werden zu sich selbst« gesprochen. Eine derartige – auch empirisch eindrucksvoll gestützte – Perspektive auf das Leben in seiner Verletzlichkeit und Endlichkeit, die zugleich die Grenzen der Selbstgestaltungspotenziale differenziert beschreibt und anerkennt, ist gerade mit Blick auf Menschenbilder und Altersbilder sehr wichtig (Kruse, 2007; Wahl & Schilling, 2012). Denn sie betont das Bedürfnis nach Selbstgestaltung genauso wie die Notwendigkeit, die Abhängigkeit von der Hilfe anderer Menschen mehr und mehr anzunehmen, sie betont die körperlichen und kognitiven Grenzen, aber auch die emotionalen Grenzen in der Belastungsverarbeitung genauso wie das Bedürfnis und das Potenzial, in der psychischen Auseinandersetzung mit den letzten Grenzen des Lebens die eigene Person immer wieder »zu Gehör zu bringen« – eine Tatsache, auf die wir gerade im Kontext der Hospizhilfe hingewiesen werden. In einer eindrucksvollen Art und Weise lässt sich die Fähigkeit des Menschen, auch mit Blick auf die eigene Verletzlichkeit und Endlichkeit Selbstgestaltungspotenziale zu verwirklichen und trotz der körperlichen Einschränkungen bemerkenswerte geistige und emotionale Kräfte zu zeigen, bei Malern und Komponisten zeigen, die die Auseinandersetzung mit der individuellen Existenz am Ende des Lebens bildlich oder musikalisch ausdrücken (Kruse, 2013; Thane, 2009). Von diesen Beispiel einmal abgesehen: Durch die Stärkung einer fachlich und ethisch anspruchsvollen medizinisch-pflegerischen, psychologisch-sozialen und seelsorgerischen Begleitung können Menschen in deutlich in höherem Maße in die Lage versetzt werden, auch ihr Lebensende bewusst zu gestalten: auch darin zeigen sich Veränderungen im Hinblick auf die Gestaltung einzelner Phasen des Lebenslaufs.

25.5   Abschluss: Selbstverantwortung und Mitverantwortung als bedeutende Kategorien einer Analyse von Veränderungen des Lebenslaufs

Wenn wir die heutige fachliche und gesellschaftliche Diskussion reflektieren, die mit Blick auf Veränderungen des Lebenslaufs geführt wird, so treten zwei Kategorien besonders deutlich in den Vordergrund: jene der Selbstverantwortung und der Mitverantwortung (siehe Beiträge in Kruse, 2010b). Inwiefern?

Ein wichtiges Entwicklungsziel bildet die *Selbstverantwortung* des Menschen, das heißt seine Fähigkeit, frühzeitig Verantwortung für sich, für die eigene Entwicklung zu tragen. Dabei sind die Möglichkeiten, die durch Bildungsangebote, aber auch durch die Berufs- und Arbeitswelt geschaffen werden, um ein selbstverantwortliches Leben zu führen, für einen Großteil der Bevölkerung gegeben. Und auch nach dem Ausscheiden aus dem Beruf, im hohen und sehr hohen Lebensalter, wird das selbstverantwortliche Leben als ein wichtiges Ziel angesehen, das sich vor allem in erhaltener Selbstständigkeit und selbstverantwortlicher Tages- und Lebensgestaltung ausdrückt. Doch zugleich sind die Hinweise auf wachsende soziale Ungleichheit immer deutlicher vernehmbar, wobei sich diese soziale Ungleichheit durchaus über den gesamten Lebenslauf erstrecken kann: Zu denken ist an Frauen und Männer (vor allem an alleinerziehende Frauen), die nicht die Möglichkeit gehabt haben, in einen von ihnen angestrebten Beruf einzutreten, die schon früh aus dem Erwerbsleben ausgeschieden sind, bei denen sich mehrfach unterbrochene Erwerbsbiografien finden. Diese Benachteiligungen wirken sich bis in das hohe Alter aus. So wie das Erreichen von Selbstverantwortung und deren Erhaltung als Merkmal einer gelungenen Entwicklung – unter günstigen Entwicklungsbedingungen – betrachtet wird,

so ist die nicht erreichte und bewahrte Selbstverantwortung – vielfach unter ungünstigen Entwicklungsbedingungen – ein Risiko, von dem schon heute, vor allem aber in Zukunft eine wachsende Personengruppe betroffen sein wird. Solche Risikolagen frühzeitig zu erkennen und Handlungsansätze zu entwickeln und umzusetzen, durch die diese Risikolagen abgewendet oder abgebaut werden, ist eine bedeutende politische Aufgabe in unserer Gesellschaft – vor allem in einer Gesellschaft des langen Lebens, in der einmal eingetretene Risikolagen im hohen und sehr hohen Alter kulminieren können (siehe Beiträge in Naegele, 2010).

Ein weiteres wichtiges Entwicklungsziel bildet die *Mitverantwortung* des Menschen, das heißt dessen Fähigkeit und Bereitschaft, sich in andere Menschen hineinzuversetzen, sich für diese zu engagieren. Die Mitverantwortung des Menschen wird heute vermehrt im Hinblick auf den Beitrag des Einzelnen zum Gemeinwohl diskutiert (v. Nell-Breuning, 1987) – und dies vor allem im Kontext des demografischen Wandels und der Zukunft sozialer Sicherungssysteme. Hier sei nur an die große Aufmerksamkeit erinnert, die die verschiedenen Formen des zivilgesellschaftlichen Engagements finden – eines Engagements, dessen Notwendigkeit in verschiedenen Lebensaltern gesehen wird (siehe Beiträge in Hüther & Naegele, 2012). Aber auch die Mitverantwortung des Einzelnen bei der Bewältigung von Risikolagen innerhalb der Familie – hier ist zum Beispiel die Hilfe- und Pflegebedürftigkeit von älteren Menschen zu nennen – findet wachsendes öffentliches Interesse. Ohne die vermehrte Mitverantwortung des Einzelnen, so wird hervorgehoben, werden die Folgen des demografischen Wandels nicht mehr zu bewältigen sein. Dies bedeutet: Menschen werden sich nicht mehr vorwiegend auf sich selbst, auf ihre Selbstentfaltungs- und Selbstgestaltungspotenziale zurückziehen können, sondern sie werden sich vermehrt mit der Anforderung konfrontiert sehen, Verantwortung auch für andere Menschen zu übernehmen und damit einen Beitrag zu einer neuen Sorgekultur zu leisten – die Auswirkungen auf den Lebenslauf werden beträchtlich sein.

Literatur

Amaducci, L., Maggi, S., Langlois, J., Minicuci, N., Baldereschi, M., Di Carlo, A. & Grigoletto, F. (1998). Education and the risk of physical disability and mortality among men and women aged 65 to 84: The Italian Longitudinal Study on Aging. *Journal of Gerontology: Medical Sciences, 55*, 484–490.

Baltes, P. B., Lindenberger, U. & Staudinger, U. M. (2006). Life-span theory in developmental psychology. In W. Damon & R. M. Lerner (eds.), *Handbook of child psychology* (6. ed., Vol. 1: Theoretical models of human development, pp. 569–664). New York: Wiley.

Brandtstädter, J. (2007). Entwicklungspsychologie der Lebensspanne: Leitvorstellungen und paradigmatische Orientierungen. In J. Brandtstädter & U. Lindenberger (Hrsg.), *Entwicklungspsychologie der Lebensspanne*. (S. 34–66). Stuttgart: Kohlhammer.

Bühler, Ch. (1959). *Der menschliche Lebenslauf als psychologisches Problem*. Göttingen: Verlag für Psychologie.

Elder, G. H. (1999). The life course and aging: some reflections: Distinguished Scholar Lecture, Section on Aging and Life Course. *Annual Meetings of the American Sociological Association*.

Erikson, E. H. (1967). The problem of ego integrity. In M. R. Stein, A. J. Vidich, & M. White (Eds.), *Identity and anxiety* (pp. 37–87). New York: Free Press.

Expertenkommission (2006). *Altersbilder in unserer Gesellschaft. Sechster Altenbericht der Bundesregierung. Bundestagsdrucksache*. Berlin: Deutscher Bundestag.

Expertenkommission (2012). Generationenbeziehungen im Demografischen Wandel. Bundeskanzleramt (Hrsg.), *Der Zukunftsdialog der Bundeskanzlerin* (S. 8–16). Berlin: Bundeskanzleramt.

Gerhardt, U. (1998). »Und dass ich Rente kriege«: Zur Dynamik des gesellschaftlichen Alterns. In A. Kruse (Hrsg.), *Psychosoziale Gerontologie*, Bd. I: Grundlagen (S. 253–275). Göttingen: Hogrefe.

Heckhausen, J. & Schulz, R. (1995). A life-span theory of control. *Psychological Review, 102*, 284–304.

Hüther, M. & Naegele, G. (Hrsg.) (2012). *Demografiepolitik – Herausforderungen und Handlungsfelder*. Wiesbaden: Springer VS.

Jüttemann, G. & Thomae, H. (Hrsg.) (2002). *Persönlichkeit und Entwicklung*. Weinheim: Beltz.

Kohli, M. (1981). Biographische Organisation als Handlungs- und Strukturproblem. In J. Matthes, A. Pfeifenberger & M. Stosberg (Hrsg.), *Biographie in handlungswissenschaftlicher Perspektive* (S. 157–168). Nürnberg: Nürnberger Forschungsvereinigung.

Kruse, A. (2002). *Gesund altern. Stand der Präventionsforschung*. Baden-Baden: Nomos.

Kruse, A. (2007). *Das letzte Lebensjahr. Die körperliche, psychische und soziale Situation des alten Menschen am Ende seines Lebens*. Stuttgart: Kohlhammer.

Kruse, A. (2013). *Die Grenzgänge des Johann Sebastian Bach. Psychologische Einblicke*. Heidelberg: Verlag Spektrum.

Kruse, A. (Hrsg.) (2010a). *Potenziale im Alter*. Heidelberg: Akademische Verlagsgesellschaft.

Kruse, A. (Hrsg.) (2010b). *Leben im Alter – Eigen- und Mitverantwortlichkeit aus der Perspektive von Gesellschaft, Kultur und Politik*. Heidelberg: Akademische Verlagsgesellschaft.

Kruse, A. & Schmitt, E. (2010). Potenziale im Alter – Person- und Gesellschaftskonzepte zum Verständnis eines selbstverantwortlichen und mitverantwortlichen Lebens im Alter. In A. Kruse (Hrsg.), *Potenziale im Altern* (S. 14–32). Heidelberg: Akademische Verlagsgesellschaft.

Kruse, A. & Wahl, H.-W. (2010). *Zukunft Altern. Individuelle und gesellschaftliche Weichenstellungen*. Heidelberg: Verlag Spektrum.

Lehr, U. (2011). Kreativität in einer Gesellschaft des langen Lebens. In A. Kruse (Hrsg.), *Kreativität im Alter* (S. 73–95) Heidelberg: Universitätsverlag Winter.

Malinowski, B. (1922). *Argonauts of the Western Pacific. An account of native enterprise and adventure in the archipelago of Melanesian New Guinea.* London: Routledge & Kegan Paul.

McAdams, D. P., Josselson, R., & Lieblich, A. (2006). *Identity and story: Creating self in narrative.* Washington (APA Books).

Naegele, G. (Hrsg.) (2010). *Soziale Lebenslaufpolitik.* Wiesbaden: VS Verlag für Sozialwissenschaften.

Nell-Breuning, O. v. (1987). *Unsere Verantwortung. Für eine solidarische Gesellschaft.* Freiburg: Herder.

Parsons, T. (1935). The place of ultimate values in sociological theory. *International Journal of Ethics, 45,* 282–307.

Polkinghorne, D. E. (1998). Narrative Psychologie und Geschichtsbewusstsein. Beziehungen und Perspektiven. In G. Straub (Hrsg.), *Erzählung, Identität und historisches Bewusstsein. Die psychologische Konstruktion von Zeit und Geschichte* (S. 12–45). Frankfurt: Suhrkamp.

Riley, M. W. & Riley, J. W. (1994). Structural lag: Past and future In M. W. Riley, R. L. Kahn & A. Foner (Eds.), *Age and structural lag* (pp. 15–36). New York: John Wiley & Sons.

Stern, W. (1923). *Die menschliche Persönlichkeit* (Band 2, Person und Sache). Leipzig: Barth.

Thane, P. (2009). Die Geschichte des Alterns und Alters in westlichen Kulturen. In T. Fuchs, A. Kruse & G. Schwarzkopf (Hrsg.), *Menschenbild und Menschenwürde am Ende des Lebens* (S. 59–84). Heidelberg: Universitätsverlag Winter.

Thomae, H. (1959). Entwicklungsbegriff und Entwicklungstheorie. In H. Thomae (Hrsg.), *Entwicklungspsychologie* (Bd. 3 – Handbuch der Psychologie, S. 3–20). Göttingen: Hogrefe.

Thomae, H. (1968). *Das Individuum und seine Welt.* Göttingen: Hogrefe.

Thomas, W. I., & Thomas, D. S. (1928). *The child in America: Behavior problems and programs.* New York: Knopf.

Wahl, H.-W & Schilling, O. (2012). Das hohe Alter. In W. Schneider & U. Lindenberger (Oerter/Montada), *Entwicklungspsychologie* (7. Auflage, S. 307–330). Weinheim: Beltz Verlag.

Weber, M. (1922). *Wirtschaft und Gesellschaft. Grundriss der verstehenden Soziologie.* Tübingen: Mohr u. Siebeck.

Verzeichnis der Herausgeber und Autoren

Die Herausgeber

Prof. Dr. Hans-Werner Wahl
Universität Heidelberg
Psychologisches Institut
Hauptstraße 47–51
69117 Heidelberg
h.w.wahl@psychologie.uni-heidelberg.de

Prof. Dr. Dr. h.c. Andreas Kruse
Universität Heidelberg
Institut für Gerontologie
Bergheimer Str. 20
69115 Heidelberg
kruse@gero.uni-heidelberg.de

Die Autoren

Prof. Dr. Gertrud M. Backes
Universität Vechta
Forschungszentrum Altern und
Gesellschaft
Driverstraße 22
49377 Vechta
gertrud.backes@uni-vechta.de

Michael Bolk, M. A.
Universität Heidelberg
Institut für Gerontologie
Bergheimer Str. 20
69115 Heidelberg
michael.bolk@gero.uni-heidelberg.de

Catherine E. Bowen, PhD
Jacobs University Bremen
Research V
Campus Ring 1
28759 Bremen
c.bowen@jacobs-university.de

Prof. Dr. Micha Brumlik
Universität Frankfurt
FB Erziehungswissenschaft
Robert Mayer Straße 1
60054 Frankfurt
m.brumlik@em.uni-frankfurt.de

Dr. Michael Doh
Universität Heidelberg
Psychologisches Institut
Hauptstraße 47–51
69117 Heidelberg
michael.doh@psychologie.uni-
heidelberg.de

Dr. Jan Eckhard
Universität Heidelberg
Max-Weber-Institut für Soziologie
Bergheimer Str. 58
D-69115 Heidelberg
jan.eckhard@soziologie.uni-heidelberg.de

Prof. Dr. Insa Fooken
Universität Siegen - FB 2
Adolf Reichwein Str. 2
57068 Siegen
fooken@psychologie.uni-siegen.de

Johanna Gebrande, M.A.
Universität München
Allg. Pädagogik und Bildungsforschung
Leopoldstr. 13
80802 München
Johanna.Gebrande@edu.lmu.de

Prof. Dr. François Höpflinger
Universität Zürich
Soziologisches Institut
Andreasstr. 15
CH-8050 Zürich-Oerlikon
fhoepf@soziologie.uzh.ch

Prof. Dr. Michael Hüther
Institut der deutschen Wirtschaft Köln
Konrad-Adenauer-Ufer 21
50668 Köln
huether@iwkoeln.de

Dr. Eva-Marie Kessler
Universität Heidelberg
Psychologisches Institut
Netzwerk AlternsfoRschung (NAR)
Hauptstraße 47–51
69117 Heidelberg
kessler@nar.uni-heidelberg.de

Prof. Dr. Thomas Klein
Universität Heidelberg
Max-Weber-Institut für Soziologie
Bergheimer Str. 58
69115 Heidelberg
thomas.klein@soziologie.uni-heidelberg.de

Ao. Univ.-Prof. Dr. Franz Kolland
Universität Wien
Institut für Soziologie
Rooseveltplatz 2
A-1090 Wien
franz.kolland@univie.ac.at

Dr. Anna E. Kornadt
Universität Bielefeld
Fakultät für Psychologie
und Sportwissenschaft
Abteilung für Psychologie
Postfach 10 01 31
33501 Bielefeld
anna.kornadt@uni-bielefeld.de

Dr. Sabina Misoch
Universität Mannheim
Seminar für Medien- und Kommunikations-
wissenschaft
Haus Oberrhein
Rheinvorlandstr. 5
68159 Mannheim
misoch@misoch.ch

Prof. Dr. Sabina Pauen
Universität Heidelberg
Psychologisches Institut
Hauptstraße 47–51
69117 Heidelberg
sabina.pauen@psychologie.uni-heidel¬
berg.de

Prof. Dr. Pasqualina Perrig-Chiello
Universität Bern
Institut für Psychologie
Fabrikstrasse 8
CH-3012 Bern
pasqualina.perrigchiello@psy.unibe.ch

Dr. Anita von Poser
Freie Universität Berlin
Institut für Ethnologie
Landoltweg 9–11
14195 Berlin
anita.poser@fu-berlin.de

Dr. Alexis Themo von Poser
Freie Universität Berlin
Institut für Ethnologie
Landoltweg 9–11
14195 Berlin
alexis.poser@fu-berlin.de

Prof. Dr. Hartmut Remmers
Universität Osnabrück
Fachbereich Humanwissenschaften /
Fachgebiet Pflegewissenschaft
Albrechtstrasse 28
49069 Osnabrück
remmers@uni-osnabrueck.de

Prof. Dr. Thomas Rentsch
TU Dresden
Institut für Philosophie
Helmholtzstraße 10
01069 Dresden
thomas.rentsch@tu-dresden.de

Prof. Dr. Simone Scherger
Universität Bremen
Zentrum für Sozialpolitik
Mary-Somerville-Str. 5
28359 Bremen
simone.scherger@zes.uni-bremen.de

Prof. Dr. Oliver Schilling
Universität Heidelberg
Psychologisches Institut
Hauptstraße 47–51
69117 Heidelberg
oliver.schilling@psychologie.uni-heidel¬
berg.de

Prof. Dr. Eric Schmitt
Universität Heidelberg
Institut für Gerontologie
Bergheimer Str. 20
69115 Heidelberg
eric.schmitt@gero.uni-heidelberg.de

Dr. Uwe Sperling
Universitätsklinikum Mannheim
IV Medizinische Klinik / Geriatrisches Zentrum
Theodor Kutzer Ufer 1–3
68167 Mannheim
uwe.sperling@umm.de

Prof. Dr. Birgit Spinath
Universität Heidelberg
Psychologisches Institut
Hauptstraße 47–51
69117 Heidelberg
birgit.spinath@psychologie.uni-heidel¬
berg.de

Prof. Dr. Rudolf Tippelt
Universität München
Allg. Pädagogik und Bildungsforschung
Leopoldstr. 13
80802 München
tippelt@edu.lmu.de

Anna Wanka, Mag.
Universität Wien
Institut für Soziologie
Rooseveltplatz 2
A-1090 Wien
anna.wanka@univie.ac.at

Stichwortverzeichnis